AF831455

Saueressig

Darlegen und Beweisen im Zivilprozess

AnwaltsPraxis

Darlegen und Beweisen im Zivilprozess

---

5. Auflage 2024

Von

Rechtsanwalt

Dr. Christian Saueressig, München

DeutscherAnwaltVerlag

Zitiervorschlag:
Saueressig, Darlegen und Beweisen, § 1 Rn 1

Hinweis
Die Ausführungen in diesem Werk wurden mit Sorgfalt und nach bestem Wissen erstellt. Sie stellen jedoch lediglich Arbeitshilfen und Anregungen für die Lösung typischer Fallgestaltungen dar. Die Eigenverantwortung für die Formulierung von Verträgen, Verfügungen und Schriftsätzen trägt der Benutzer. Herausgeber, Autoren und Verlag übernehmen keinerlei Haftung für die Richtigkeit und Vollständigkeit der in diesem Buch enthaltenen Ausführungen.

Anregungen und Kritik zu diesem Werk senden Sie bitte an
kontakt@anwaltverlag.de
Autor und Verlag freuen sich auf Ihre Rückmeldung.

Satz: PMGi – Agentur für intelligente Kommunikation GmbH, Hamm
Druck: Hans Soldan Druck GmbH, Essen
Umschlaggestaltung: gentura, Holger Neumann, Bochum
ISBN 978-3-8240-1722-5

Bibliografische Information der Deutschen Nationalbibliothek
Die Deutsche Nationalbibliothek verzeichnet diese Publikation in der Deutschen Nationalbibliografie; detaillierte bibliografische Daten sind im Internet über http://dnb.d-nb.de abrufbar.

Vorwort

Das von Herrn *Meyke* begründete Werk „Darlegen und Beweisen im Zivilprozess“ war in diesem Jahr erneut zu überarbeiten. Nachdem das Werk im Rahmen der letzten Überarbeitung auch systematisch neu geordnet werden musste, stand diesmal die Straffung und Aktualisierung im Vordergrund, wobei die Grundaussage nicht verwässert werden sollte. Ich hoffe, dass mir dies gelungen ist. Mein Dank gilt insbesondere Frau *Lörsch* vom Verlag, die nicht nur Verständnis für die (leider unvermeidbaren) Verzögerungen bei der Überarbeitung des Manuskripts hatte, sondern die Arbeiten vor allem professionell und angenehm begleitet hat.

Garmisch-Partenkirchen, Februar 2024

Dr. Christian Saueressig

Inhaltsverzeichnis

Abkürzungsverzeichnis

a.A.	andere Ansicht
Abs.	Absatz
a.F.	alte Fassung
AG	Amtsgericht, Aktiengesellschaft
AGB	Allgemeine Geschäftsbedingungen
AHRS	Arzthaftpflicht-Rechtsprechung (Zeitschrift)
BauR	Baurecht (Zeitschrift)
Bd.	Band
BeckRS	Beck online Rechtsprechung
bekl.	beklagt/e
BerGer	Berufungsgericht
BGB	Bürgerliches Gesetzbuch
BGH	Bundesgerichtshof
BGHZ	Sammlung der Entscheidungen des BGH in Zivilsachen
BT-Drucks	Bundestags-Drucksache
BVerfG	Bundesverfassungsgericht
DAR	Deutsches Autorecht (Zeitschrift)
DB	Der Betrieb (Zeitschrift)
dgl.	dergleichen
d.h.	das heißt
DNotZ	Deutsche Notarzeitschrift
DStR	Deutsches Steuerrecht (Zeitschrift)
DStRE	DStrR-Entscheidungsdienst
EGMR	Europäischer Gerichtshof für Menschenrechte
entspr.	entsprechend
EuGH	Europäischer Gerichtshof
EWiR	Entscheidungen zum Wirtschaftsrecht
f., ff.	folgende
gem.	gemäß
GG	Grundgesetz
h.L.	herrschende Lehre
h.M.	herrschende Meinung
i.d.S.	in diesem Sinne
insb.	insbesondere
i.S.d.	im Sinne des
i.S.v.	im Sinne von
i.V.m.	in Verbindung mit

JR	Juristische Rundschau
JuS	Juristische Schulung
JZ	Juristenzeitung
Kap.	Kapitel
KG	Kammergericht
LAG	Landesarbeitsgericht
LG	Landgericht
MDR	Monatsschrift für Deutsches Recht
MedR	Medizinrecht (Zeitschrift)
MittBayNot	Mitteilungen des Bayerischen Notarvereins, der Notarkasse und der Landesnotarkasse Bayern
MiZi	Anordnung über Mitteilungen in Zivilsachen
m.w.N.	mit weiteren Nachweisen
NJOZ	Neue Juristische Online-Zeitschrift
NJW	Neue Juristische Wochenschrift
NJW-RR	NJW-Rechtsprechungsreport
NJWE-VHR	NJW-Entscheidungsdienst Versicherungs- und Haftungsrecht
N.N.	nomen nominandum
Nr.	Nummer
NZA	Neue Zeitschrift für Arbeitsrecht
NZA-RR	NZA-Rechtsprechungsreport Arbeitsrecht
NZM	Neue Zeitschrift für Miet- und Wohnungsrecht
NZV	Neue Zeitschrift für Verkehrsrecht
o.Ä.	oder Ähnliches
OLG	Oberlandesgericht
Rdn	Randnummer innerhalb des Werks
RGZ	Sammlung der Entscheidungen des Reichsgerichts in Zivilsachen
Rn	Randnummer in anderen Veröffentlichungen
r+s	recht+schaden (Zeitschrift)
Rspr.	Rechtsprechung
S.	Satz
sog.	sogenannte/r/s
StV	Strafverteidiger (Zeitschrift)
SVR	Straßenverkehrsrecht (Zeitschrift)
u.a.	unter anderen/m
VersR	Versicherungsrecht (Zeitschrift)
WM	Wertpapier-Mitteilungen
z.B.	zum Beispiel
ZfBR	Zeitschrift für deutsches und internationales Bau- und Vergaberecht

ZIP	Zeitschrift für Wirtschaftsrecht und Insolvenzpraxis
ZMR	Zeitschrift für Miet- und Raumrecht
ZPO	Zivilprozessordnung
ZS	Zivilsenat

Literaturverzeichnis

Ahrens, Der Beweis im Zivilprozess, 2015

Anders/Gehle, Zivilprozessordnung, 82. Aufl. 2024

Balzer/Walther, Beweisaufnahme und Beweiswürdigung im Zivilprozess, 5. Aufl. 2023

Baumgärtel/Laumen/Prütting, Handbuch der Beweislast, Bd. 1, Bd. 2 und Bd. 3, 5. Aufl. 2023

Eichele/Hirtz/Oberheim, Berufung im Zivilprozess, 6. Aufl. 2020

Geipel, Handbuch der Beweiswürdigung, 3. Aufl. 2017

MüKo zur Zivilprozessordnung, 6. Aufl.2020

Musielak, Zivilprozessordnung, 20. Aufl. 2023

Prütting/Gehrlein, ZPO Kommentar, 15. Aufl. 2023

Saenger, Zivilprozessordnung, 10. Aufl. 2023

Stein/Jonas, Kommentar zur Zivilprozessordnung, 23. Aufl. ab 2014

Thomas/Putzo, Zivilprozessordnung, 44. Aufl. 2023

Wieczorek/Schütze, Zivilprozessordnung und Nebengesetze, 4. Aufl. 2012

Zöller, Kommentar zur Zivilprozessordnung, 35. Aufl. 2024

§ 1 Mündliche Verhandlung und Antragstellung

A. Mündliche Verhandlung

I. Verhandeln durch Antragstellen

1 Die mündliche Verhandlung wird durch die Antragstellung eingeleitet, § 137 Abs. 1 ZPO. Diese Bestimmung sorgt für Rechtsklarheit. Denn sie regelt nicht nur, wie die Verhandlung ablaufen soll, sondern definiert gleichsam, was eine mündliche Verhandlung ist:

Ohne Antragstellung keine Verhandlung!

Auch wenn der Vorsitzende bereits in den Sach- und Streitstand eingeführt und diesen mit den Parteien erörtert hat, kann von einer mündlichen Verhandlung mit den daran anknüpfenden Rechtsfolgen erst dann gesprochen werden, wenn die Anträge gestellt sind.[1]

OLG Dresden MDR 1997, 498:

> *Es entspricht tatsächlich praktischen Bedürfnissen, die mündliche Verhandlung erst mit Antragstellung beginnen zu lassen, damit* ***zuvor der Sach- und Streitstand erörtert*** *werden kann und sich der Kläger nach Aufzeigen der Erfolgsaussichten, ohne befürchten zu müssen, dass dann von dem Beklagten die Einwilligung verweigert wird, zur Klagerücknahme entschließen kann.*

BGH BB 2004, 741, 742:

> *Wenn das Gericht schon vor der* ***Antragstellung*** *die Sach- und Rechtslage mit den Parteien erörtert und ihnen seine Rechtsauffassung mitteilt, so ist das nicht zu beanstanden. Eine solche Verfahrensweise hat den Vorteil, dass sie es den Parteien ermöglicht, ihr Prozessverhalten und ihre Anträge dementsprechend anzupassen.*

Erfolgen Hinweise des Gerichts erst im Verhandlungstermin (also nach Antragstellung) und wird darauf bezogen in einem nachgereichten Schriftsatz ergänzend vorgetragen, so ist die mündliche Verhandlung wieder zu eröffnen,[2] dasselbe gilt, wenn ein rechtlich notwendiger Hinweis unterblieben ist (vgl. § 156 ZPO),[3] zum Näheren siehe Rdn 26 f.

2 Bei Vertagungen braucht die Antragstellung nicht in jedem Termin wiederholt zu werden; es gilt der Grundsatz der Einheit der Verhandlung.[4] Es empfiehlt sich aber,

1 Vgl. BGH NJW 1987, 3263, 3264; OLG Frankfurt NJW-RR 1998, 280; Zöller/*Greger*, § 137 Rn 1.

2 OLG Köln MDR 1998, 1306.

3 BGH NJW-RR 2004, 281.

4 BGH NJW 2004, 2019, 2021.

die Anträge **nach einer Beweisaufnahme** noch einmal zu stellen („Die Parteien verhandelten mit den Anträgen wie zu Protokoll vom ...“), damit deutlich wird, dass der Bestimmung des § 285 ZPO genügend nach der Beweiserhebung über das Beweisergebnis verhandelt worden ist.

3 Die Kommentarliteratur betont, die Antragstellung **allein** sei noch keine Verhandlung. Dieser Frage kommt aber keine große Bedeutung zu, weil in der Antragstellung die konkludente Bezugnahme auf den Inhalt der eingereichten Schriftsätze liegt.[5]

Mit der Antragstellung gilt alles als vorgetragen, was bis dahin an vorbereitenden Schriftsätzen **zur Gerichtsakte** gelangt ist.[6]

4 Offengelassen hatte der BGH in einer Entscheidung aus dem Jahr 1998 noch,[7] ob in der Berufungsinstanz erstinstanzliche Beweisanträge stillschweigend als in Bezug genommen gelten können.[8] Mittlerweile dürfte es nach der Rechtsprechung des BGH einer zweitinstanzlichen Wiederholung des Beweisantritts insbesondere dann nicht bedürfen, wenn die den Beweis beantragende Partei in erster Instanz obsiegt hatte und dafür der Beweisantritt, der nunmehr in der Berufungsinstanz relevant ist, unerheblich war;[9] zum Näheren siehe § 6 Rdn 31 ff.

Auf jeden Fall aber muss das Gericht gemäß § 139 ZPO nachfragen, ob der nun erstmals in der Berufungsinstanz entscheidungserhebliche erstinstanzliche Beweisantrag nicht mehr gestellt werden soll.[10]

Aber (und dies gilt unabhängig davon in welchem Instanzenzug man sich befindet) BGH NJW 1995, 1841:

> *Wird in einem Schriftsatz auf bestimmte Unterlagen Bezug genommen, ohne dass diese beigefügt worden sind oder nachgereicht werden, so werden sie nicht – auch nicht durch Bezugnahme i.S.v. § 137 Abs. 3 ZPO – Gegenstand der mündlichen Verhandlung.*

Zur Hinweispflicht des Gerichts siehe Rdn 33.

5 Eine Frage in diesem Zusammenhang ist auch, ob das eigene, ihr ungünstige schriftsätzliche Vorbringen einer Partei in jedem Fall durch Bezugnahme als vorgetragen gilt, wenn sie es in der mündlichen Verhandlung nicht ausdrücklich fallen lässt.

5 Zöller/*Greger*, § 137 Rn 3; BGH NJW 2004, 1876, 1879; BGH NJW 2013, 386, 387.
6 BGH NJW 1992, 2148; BGH NJW-RR 1996, 379; BGH NJW-RR 2002, 381.
7 BGH NJW 1998, 155, 156.
8 So KG NJW 1990, 844.
9 BGH NJW-RR 2008, 860, 862.
10 BGH NJW 1998, 155, 156; BGH NJW-RR 2002, 1500, 1501; BVerfG NJW-RR 1995, 828.

Sehr großzügig der BGH MDR 1999, 1025, 1026:

> *Hat der Kläger ein erstes Versäumnisurteil erwirkt und beruft sich der Beklagte in der Einspruchsschrift auf Verjährung, kann nicht ohne weiteres davon ausgegangen werden, dass der Kläger den Inhalt seines Erwiderungsschriftsatzes, mit dem er die Erhebung der Verjährungseinrede durch den Beklagten vorträgt, zum Gegenstand der einseitigen mündlichen Verhandlung vor Erlass des zweiten Versäumnisurteils machen will.*

(Die Frage war, ob sich das Gericht bei der für das Versäumnisurteil durchzuführenden Schlüssigkeitsprüfung mit der von dem Beklagten erhobenen Einrede der Verjährung befassen muss, wenn dieser sie wegen seiner Säumnis nicht in den Rechtsstreit eingeführt hat, wohl aber der Kläger sich in seinem vorbereitenden Schriftsatz dazu geäußert hat, ob er etwa seine Klage selbst unschlüssig gemacht hat.)

Nicht vorgetragen ist auch ein Schriftsatz, der versehentlich auf der Geschäftsstelle liegengeblieben und dem Richter nicht vorgelegt worden ist; bleibt dieser Vortrag deshalb unberücksichtigt, ist der Anspruch der Partei auf Gewährung rechtlichen Gehörs verletzt, Art. 103 Abs. 1 GG; war der Vortrag entscheidungserheblich, beruht die Entscheidung auf einem Verfahrensfehler, **ohne** dass es auf ein Verschulden des Richters ankäme. Ist die Entscheidung des Gerichts nicht rechtsmittelfähig, ist § 321a ZPO (Abhilfe bei der Verletzung des Anspruchs auf rechtliches Gehör) der richtige Rechtsbehelf. 6

Soweit nicht ausnahmsweise im schriftlichen Verfahren entschieden wird, § 128 Abs. 2 ZPO, kann Grundlage der gerichtlichen Entscheidung nur das sein, was **die Schleuse der mündlichen Verhandlung passiert hat**. 7

Wird nach Schluss der mündlichen Verhandlung noch ein Schriftsatz mit neuem Tatsachenvortrag eingereicht, kann er nicht Grundlage der gerichtlichen Entscheidung sein, § 296a ZPO. Will das Gericht das Vorbringen des nicht nachgelassenen Schriftsatzes berücksichtigen, muss es gemäß § 156 ZPO **die mündliche Verhandlung wieder eröffnen**. (Das gilt auch dann, wenn ein nach § 283 ZPO nachgelassener Schriftsatz mehr enthält als eine Erwiderung auf das Vorbringen des Gegners.)

Ob das Gericht die mündliche Verhandlung nach § 156 Abs. 1 ZPO wieder eröffnet, liegt in seinem Ermessen. Ermessen ist aber nicht Willkür. Eine Wiedereröffnung ist insbesondere nicht geboten, wenn die Verspätung des Vorbringens allein auf Nachlässigkeit beruht.[11] Trägt aber eine Partei Gründe vor, weshalb sie ohne ihr Verschulden nicht früher hat vortragen können (z.B. „erst nach Schluss der mündlichen Verhandlung hat sich ein Zeuge gemeldet, der den vom Kläger behaupteten Unfallverlauf bestätigen kann"), muss das Gericht die mündliche Verhandlung wieder eröffnen. Eine Weigerung wäre eine Verletzung rechtlichen Gehörs, Art. 103

11 BGH NJW 2007, 1357, 1360; Musielak/*Stadler*, § 156 Rn 4.

Abs. 1 GG. Eine Wiedereröffnung nach § 156 Abs. 1 ZPO ist insbesondere geboten, wenn das Tatsachenvorbingen auch in der Berufungsinstanz nach § 531 Abs. 2 Nr. 3 ZPO Berücksichtigung finden müsste. Dahinter steht der Gedanke der Konzentration des Prozessstoffes in erster Instanz. Weiter kann sich eine Pflicht zur Wiedereröffnung insbesondere dann ergeben, wenn im Falle eines nachgelassenen Schriftsatzes (§ 283 ZPO) die Notwendigkeit der Gewährung rechtlichen Gehörs für die Gegenseite vorliegt.[12]

Dass ein nachgeschobenes Vorbringen auch nach Auffassung des Gerichts entscheidungserheblich ist, begründet hingegen für sich genommen keinen Anspruch auf Wiedereröffnung der mündlichen Verhandlung,[13] jedoch einen Anspruch auf rechtliches Gehör.[14]

BGH NJW 1988, 2302, 2303:[15]

> *Freilich muss die Partei das Ihre dazu beitragen, dass ihre Rechte im Prozeß nicht verletzt werden. Lässt sie etwa im Anschluss an die Beweisaufnahme bis zum Schluss der mündlichen Verhandlung nicht erkennen, dass sie zu neu aufgetauchten medizinischen Fragen noch Stellung nehmen will, begibt sie sich selbst ihrer Rechte, wenn das Gericht aufgrund des Ergebnisses der mündlichen Verhandlung alsbald eine Entscheidung verkündet. Reicht die Partei aber vor der Verkündung der Entscheidung einen, wenn auch nicht nachgelassenen Schriftsatz ein, dann hat das Gericht diesen, sofern dazu zeitlich Gelegenheit ist, zur Kenntnis zu nehmen. Ergibt sich dann, dass zur Wahrung des rechtlichen Gehörs eine Wiedereröffnung der mündlichen Verhandlung geboten ist,* ***muss von Amts wegen*** *so verfahren werden.*

OLG Frankfurt (OLG-Report 1999, 87) lehnte den Antrag auf Wiedereröffnung der mündlichen Verhandlung ab, der darauf gestützt war, dass ein bereits vernommener Zeuge sich nunmehr (nach Schluss der mündlichen Verhandlung) doch präziser erinnern könne.

Eine Pflicht des Gerichts zur Wiedereröffnung der mündlichen Verhandlung kann – über § 156 Abs. 1 ZPO hinaus – gemäß § 156 Abs. 2 ZPO von Amts wegen bestehen. Ein solch gebundenes Ermessen liegt vor, wenn Verfahrensfehler des Gerichts vorliegen, die zu einer lückenhaften Sachdarstellung geführt haben, ein Restitutionsgrund nachträglich vorgetragen wird oder es zwischen dem Schluss der mündlichen Verhandlung und dem Schluss der Beratung und Abstimmung zu einem Richterwechsel kommt.

12 BGH NJW-RR 2011, 158; Saenger/*Wöstmann*, § 156 Rn 2.

13 BGH NJW 2000, 142, 143.

14 BVerfG BeckRS 2016, 40541.

15 So auch BGH NJW 2001, 2796.

BGH NJW 2007, 1357, 1360:

> *Nach § 156 Abs. 2 ZPO ist – von dem Sonderfall eines Wiederaufnahmegrundes und des Richterwechsels abgesehen – die Wiedereröffnung nur dann geboten, wenn sich aus dem nicht nachgelassenen Vorbringen ergibt, dass es aufgrund eines nicht prozessordnungsgemäßen Verhaltens des Gerichts, insbesondere einer Verletzung der richterlichen Aufklärungspflicht oder des Anspruchs auf rechtliches Gehör, nicht rechtzeitig in den Rechtsstreit eingeführt worden ist.*

BGH MMR 2012, 233, 238:

> *Unterlässt das Gericht den nach der Prozesslage gebotenen Hinweis nach § 139 Abs. 1 ZPO und erkennt es aus einem nicht nachgelassenen Schriftsatz der betroffenen Partei, dass diese sich offensichtlich in der mündlichen Verhandlung nicht ausreichend hat erklären können, ist gem. § 156 Abs. 2 Nr. 1 ZPO die mündliche Verhandlung wiederzueröffnen.*

II. Rechtswirkungen der Antragstellung

Die Antragstellung als notwendige Voraussetzung für den Beginn der mündlichen Verhandlung hat erhebliche praktische Bedeutung, denn die Zivilprozessordnung knüpft eine Vielzahl von Rechtsfolgen daran, dass in die mündliche Verhandlung eingetreten und der Rechtsstreit nicht lediglich mit den Parteien **erörtert** worden ist. 8

Die Bedeutung der Antragstellung als Beginn der mündlichen Verhandlung soll nunmehr an einzelnen Problemkreisen aufgezeigt werden.

1. Klagerücknahme, Berufungsrücknahme

Gemäß § 129 ZPO wird im Anwaltsprozess die mündliche Verhandlung durch Schriftsätze vorbereitet. Deren Inhalt wird aber dadurch, dass er zur Gerichtsakte gelangt, noch nicht zu einem die Parteien bindenden Vortrag. Es handelt sich vielmehr um die **Ankündigung** eines Vortrages, weshalb in den bestimmenden Schriftsätzen zumeist formuliert wird: „Der Kläger **wird** beantragen …" 9

Häufig ist sich eine Partei aber gar nicht im Klaren darüber, ob sie die angekündigten Anträge auch stellen soll. Sie möchte gern vom Gericht wissen, ob es die Klage für schlüssig hält oder ob es der Berufung Aussicht auf Erfolg beimisst. Letzteres ist insbesondere für den Fall bedeutsam, dass der Gegner Anschlussberufung eingelegt hat, der gemäß § 524 Abs. 4 ZPO ihre Wirkung entzogen werden könnte, indem die Berufung zurückgenommen wird.

Eine Klage kann ohne Einwilligung des Gegners nur bis zum Beginn der mündlichen Verhandlung zurückgenommen werden, § 269 Abs. 1 ZPO. Da diese mit der Antragstellung beginnt, muss der Kläger also vorher in Erfahrung bringen, wie das Gericht die Rechtslage einschätzt. 10

Wenn der Richter – wie üblich – die schriftsätzlich angekündigten Anträge zu Protokoll diktiert, muss eine Partei, die sich unschlüssig ist, ob sie überhaupt zur Sache verhandeln will, dem Richter ins Wort fallen, um sich die Möglichkeit der Rücknahme der Klage ohne Zustimmung der Gegenseite offenzuhalten. Die Berufung kann der Berufungskläger nach § 516 Abs. 1 ZPO bis zur Verkündung des Berufungsurteils zurücknehmen. Die Zustimmung des Gegners ist dazu nicht erforderlich. Mit der Normierung dieses späten Zeitpunkts, zu dem eine Berufungsrücknahme möglich ist, soll der Berufungskläger in die Lage versetzt werden, noch nach der mündlichen Verhandlung vor dem Berufungsgericht seine Prozesstaktik dem Verhandlungsergebnis anzupassen, um der Zurückweisung des Rechtsmittels zu entgehen.[16]

Der Richter hat nach § 139 ZPO darauf hinzuwirken, dass die Parteien sachdienliche Anträge stellen. Der Antrag einer unschlüssigen oder unzulässigen Klage kann nicht sachdienlich sein, da insbesondere durch eine unzulässige Klage ein weiteres Gerichtsverfahren über die im Streit stehenden Punkte nicht endgültig vermieden wird.[17] Deshalb wird der Richter zumindest dann, wenn er ausdrücklich nach seiner Bewertung der Rechtslage gefragt wird, vor Antragstellung seine Auffassung darlegen müssen, um dem Kläger die Möglichkeit zu eröffnen, auch ohne Zustimmung des Gegners seine Klage zurückzunehmen.[18] (Der Anwalt des Gegners wird nicht um seine Gebühr gebracht, da die Erörterung der Sache vor Antragstellung eine Terminsgebühr auslöst.) Genauso sollte dem Kläger zumindest die Möglichkeit gegeben werden, seine schriftsätzlich angekündigten Anträge bei Bedenken hinsichtlich der Antragstellung noch zu verändern und ihnen so zur Schlüssigkeit/Zulässigkeit zu verhelfen. Das Gericht hat beispielsweise auf eine erforderliche Klarstellung des Verhältnisses mehrerer Klageanträge (häufig Haupt- und Hilfsanträge) zueinander hinzuweisen. Im Ergebnis geht es darum, dass das sich anhand des Prozessvorbringens ergebende Begehren durch korrekte und zweckmäßige Anträge erzielbar sein soll, wobei es nicht dem Gericht obliegt, die Anträge konkret zu formulieren; dies ist Aufgabe der Partei.[19]

11 Bevor ein Kläger sich zur Klagerücknahme entschließt, sollte er übrigens seine ganze Phantasie bemühen, einen anderen Weg zu suchen, die missliche und unausweichliche Kostenfolge des § 269 Abs. 3 S. 2 ZPO zu vermeiden:

- Ist der Beklagte nicht passivlegitimiert, kann eine Klageänderung nach § 264 ZPO in Betracht zu ziehen sein; vielleicht lässt sich das Gericht auch auf eine Berichtigung des Rubrums ein.[20]

16 BGH NJW 2006, 2124.

17 Materielle Rechtskraft kommt zwar auch solchen Urteilen zu, in denen die Klage deshalb abgewiesen wird, weil sie unzulässig ist (sog. Prozessurteil). Ein Prozessurteil erwächst jedoch nur hinsichtlich der fehlenden Zulässigkeitsvoraussetzung in Rechtskraft, sodass der Kläger nach Beseitigung des Zulässigkeitsmangels regelmäßig erneut klagen kann; vgl. *Arz*, JuS 2022, 321.

18 Vgl. OLG Dresden MDR 1997, 498.

19 BGH NJW-RR 1998, 1005; BGH NJW-RR 2010, 70; MüKo/*Fritsche*, § 139 ZPO Rn 21.

20 Vgl. BGH NJW 1987, 1946, 1947; OLG Düsseldorf NZI 2023, 238.

- Muss der Kläger einsehen, dass seine Klage unschlüssig ist oder er seiner Beweislast nicht wird genügen können, ist auch das noch kein Grund zu sofortiger Klagerücknahme. Schnelligkeit nützt jetzt sowieso nichts mehr, denn die Kosten sind allemal angefallen.

Der Kläger könnte stattdessen das Vergleichsgespräch suchen; dabei mag sich zeigen, dass das Gericht die Erfolgsaussicht weniger ungünstig sieht als der Kläger selbst. Es kann auch sein, dass der Gegner aus Erwägungen, die sich dem Kläger nicht ohne Weiteres erschließen, an einer schnellen Erledigung im Vergleichswege interessiert ist. Vielleicht meint auch das Gericht, wenn nicht aus Rechtsgründen, so doch aus Gründen von „Sitte und Anstand“ zu einem Vergleich raten zu sollen.

Nebenbei: 12

Niemals sollte eine Partei ohne Not erkennen lassen, dass sie selbst ihre Prozesslage als hoffnungslos empfindet. Sie kann nicht sicher sein, ob nicht das Gericht gegenüber der Position des Gegners in tatsächlicher oder rechtlicher Hinsicht Bedenken hegt, die es jedoch nicht offenlegt, wenn jemand seinen Prozess selbst verloren gegeben hat.

Den Zweifel an der eigenen Rechtsposition nicht zum Ausdruck zu bringen, heißt aber wiederum nicht, „den starken Mann“ zu spielen, wenn man schlechte Karten hat. Eine Partei und ihr Anwalt sollten bemüht sein, vom Gericht ernst genommen zu werden. Ein guter Ruf ist schnell verscherzt und nur mühsam wiederzuerlangen. Wer häufig Zeugen benennt, die zum Beweisthema überhaupt nichts aussagen können, oder wer Rechtsansichten mit Zitaten belegt, die diese gar nicht tragen, hilft sich vielleicht vorübergehend, schadet sich aber auf lange Sicht.

2. Rügelose Einlassung, § 295 ZPO

Die Verletzung von Verfahrensvorschriften, auf deren Einhaltung eine Partei verzichten kann, kann nicht mehr gerügt werden, wenn der Mangel nicht bis zur nächsten mündlichen Verhandlung geltend gemacht worden ist, § 295 ZPO. Auch hier ist wieder die Antragstellung der maßgebliche Zeitpunkt. Die sogenannte rügelose Einlassung mit der Wirkung des Verlustes des Rügerechts ist aber nur von Relevanz, wenn der Rechtsmangel nicht schon von Amts wegen zu beachten ist, weil er unverzichtbare Verfahrensvorschriften betrifft (§ 295 Abs. 2 ZPO). 13

Das soll am Beispiel fehlender Zuständigkeit des Gerichts aufgezeigt werden:

Liegt ein Fall **ausschließlicher Zuständigkeit** vor, etwa gemäß § 71 Abs. 2 Nr. 1 GVG die Zuständigkeit des Landgerichts für Amtshaftungsklagen, so kann sich aus dem Nichtrügen des Beklagten nicht die Zuständigkeit des Amtsgerichts ergeben, wenn dort die Klage erhoben worden ist. 14

Anders verhält es sich, wenn beim Amtsgericht eine Klage mit einem Streitwert von mehr als 5.000 EUR erhoben wird, für die das Amtsgericht an und für sich nicht zuständig ist, § 23 Nr. 1 GVG. Hier wird die Zuständigkeit des angerufenen Gerichts gemäß § 39 ZPO begründet, wenn der Beklagte nicht rechtzeitig widerspricht. Der Amtsrichter muss allerdings von Amts wegen auf die Rechtsfolgen der rügelosen Einlassung hinweisen, § 504 ZPO.

15 Hat es eine Prozesspartei versäumt, einen Verfahrensfehler rechtzeitig zu rügen, kann sie auf diesen Verfahrensfehler nicht ihre Berufung stützen, § 534 ZPO: Der Rügeverlust erster Instanz wirkt im Berufungsverfahren fort. Sie kann also in diesem Fall – z.B. – nicht mit Erfolg geltend machen, das erstinstanzliche Gericht habe ein unzulässiges Beweismittel verwertet,[21] die Klage sei nicht wirksam zugestellt (außer bei Notfristen)[22] oder bei der Beweiserhebung sei der Unmittelbarkeitsgrundsatz verletzt.[23]

Die Verwirkung eines Rechts durch rügeloses Einlassen scheidet allerdings aus, wenn das Gericht von Amts wegen gehalten war, aktiv zu werden.

Vgl. dazu den Fall einer fehlerhaften Ermessensausübung wegen unterlassener Ladung des Sachverständigen zur Gutachtenerläuterung, wobei die Partei es versäumt hatte, die Anhörung des Sachverständigen zu seinem Gutachten zu beantragen,

OLG Zweibrücken VersR 1998, 1114, 1115:

> *Da das Erstgericht schon aufgrund pflichtgemäßer Ermessensausübung, d.h. auch ohne den im genannten Schriftsatz gestellten Antrag der Kl. von Amts wegen verpflichtet war, den Sachverhalt weiter aufzuklären, konnte dieser Verfahrensverstoß nicht durch rügelose Einlassung der Kl. im nachfolgenden Termin geheilt werden. Wenn die ZPO ein Vorgehen des Gerichts von Amts wegen anordnet, ist dieser Bereich der Disposition der Parteien entzogen. Solche unverzichtbaren Verfahrensvorschriften sind einer Heilung durch rügelose Einlassung nicht zugänglich.*

(Zur Anhörung des Sachverständigen vgl. § 5 Rdn 189.)

Die Heilung eines Verfahrensmangels durch rügelose Einlassung scheidet auch dann aus, wenn eine Partei überhaupt erst in dem später erlassenen Urteil erkennen konnte, dass das Gericht verfahrensfehlerhaft handeln würde.[24]

BGH NJW 1999, 363:

> *Ein in der Anordnung einer Parteivernehmung liegender Verfahrensverstoß kann grundsätzlich noch in der Berufungsinstanz gerügt werden. Ein nach der Vernehmung erfolgtes rügeloses Einlassen steht der späteren Rüge nicht entgegen. (…)*

21 BGH MDR 1984, 824.
22 Musielak/*Huber*, § 259 Rn 4.
23 BGH MDR 1979, 567.
24 BGH NJW 1999, 363; OLG Zweibrücken VersR 1998, 1114, 1115.

Denn die Beantwortung der Frage, ob das LG von einer für eine Parteivernehmung nach § 448 ZPO erforderlichen gewissen Wahrscheinlichkeit der zu erweisenden Tatsache ausgehen konnte, hängt davon ab, wie das LG das Parteivorbringen und die anderen Beweismittel würdigt. Hierüber geben erst die Entscheidungsgründe Aufschluss. Eine verfahrensfehlerhafte Parteivernehmung nach § 448 ZPO ist daher ebenso zu behandeln wie ein Fehler bei der Urteilsfällung, von dem die Parteien bei der Schlussverhandlung noch keine Kenntnis haben können.

Grund hierfür ist, dass die Partei (oder ihr Prozessbevollmächtigter) den jeweiligen Mangel gekannt hat oder jedenfalls hätte kennen müssen, um das Schweigen zu einem Verfahrensmangel als rügelose Einlassung werten zu können.[25] Wer allerdings nachträglich rügt, muss dartun, dass er den Mangel unverschuldet nicht kannte.[26]

III. Geständnis und Nichtbestreiten

1. Geständnis

Das Geständnis im Sinne des § 288 ZPO ist zu unterscheiden von der Fiktion des Zugestehens nach § 138 Abs. 3 ZPO. **16**

Sie unterscheiden sich in ihren Voraussetzungen und in ihren Rechtswirkungen.

Durch ein Geständnis räumt eine Partei den Tatsachenvortrag des Gegners als zutreffend ein. Nach § 288 ZPO bedürfen die von einer Partei behaupteten Tatsachen insoweit keines Beweises, als sie im Laufe des Rechtsstreits von dem Gegner bei einer mündlichen Verhandlung zugestanden worden sind. Gegenstand eines Geständnisses können zunächst Tatsachen sein, zu denen auch innere Tatsachen wie eine Willensrichtung gehören. Einem Geständnis zugänglich sind darüber hinaus auch juristisch eingekleidete Tatsachen.[27] Es kann auch so sein, dass eine gar nicht darlegungspflichtige Partei von sich aus einen ihr ungünstigen Geschehensablauf eingesteht und der Gegner sich diesen dann zu eigen macht. Man spricht dann von einem **vorweggenommenen** Geständnis.[28] Bei offenkundiger Unwahrheit hat ein Geständnis keine Bindungswirkung. Von diesem Sonderfall abgesehen ist dagegen auch das bewusst falsche Geständnis bindend, es sei denen es liegt betrügerisches Zusammenwirken der Parteien zum Nachteil eines Dritten vor,[29] siehe auch Rdn 18.

25 Saenger/*Saenger*, § 295 Rn 10.
26 BGH NJW-RR 1999, 1251, 1252.
27 BGH NJW-RR 2007, 1563, 1565; BGH NJW 2011, 2130, 2131.
28 BGH NJW 1990, 393; BGH BeckRS 2007, 13464.
29 Zöller/*Greger*, § 288 Rn 7.

Im Anwaltsprozess gesteht eine Partei im Sinne des § 288 ZPO durch den Vortrag ihres Prozessbevollmächtigten, **nicht** durch ihre Aussage bei der Parteivernehmung;[30] siehe auch Rdn 18.

BGH NJW 1995, 1432:

> *Erklärungen einer Partei im Rahmen der Parteivernehmung enthalten kein Geständnis.*

BGH NJW-RR 2009, 1272:

> *Einer Erklärung, die eine Partei bei ihrer persönlichen Anhörung gem. § 137 Abs. 4 ZPO oder § 141 ZPO in der mündlichen Verhandlung abgibt, kann nicht die Wirkung eines Geständnisses beigemessen werden. Eine solche Erklärung hat keine weiterreichendere Wirkung als eine Parteierklärung bei einer Parteieinvernahme gem. § 445 ZPO.*

Das Geständnis ist erst dann bindend, wenn es Gegenstand der mündlichen Verhandlung war,[31] vgl. Rdn 1 ff., oder auch in einem nachgelassenen Schriftsatz vorgetragen war, nicht aber schon, wenn es in einem vorbereitenden Schriftsatz erfolgte. Der Prozessgegner darf also nicht zu früh – und vor allem nicht laut – triumphieren, da der Gestehende sein Geständnis bis zur Antragstellung noch widerrufen kann.

Die Frage, ob ein Geständnis im Sinne des § 288 ZPO bei einer **Anhörung** der Partei nach § 141 ZPO erfolgen kann, hat der BGH grundsätzlich verneint.[32] Einer Erklärung, die eine Partei bei ihrer persönlichen Anhörung gem. § 141 ZPO in der mündlichen Verhandlung abgibt, kann nicht die Wirkung eines Geständnisses beigemessen werden.

An ihr Geständnis bleibt die Partei bis in die Berufungsinstanz hinein gebunden, § 535 ZPO. Die Möglichkeit, sich von einem Geständnis gemäß § 290 ZPO wieder zu lösen, ist mehr theoretischer Natur. Denn es kann schon derjenige ein Geständnis nicht widerrufen, der lediglich eine Ungewissheit bewusst in Kauf nimmt.[33]

OLG Köln NJW-RR 2000, 1478:[34]

> *Nach § 290 ZPO verliert das Geständnis seine Wirkung nur, wenn die das Geständnis widerrufende Partei beweist, dass das Geständnis der Wahrheit nicht entspricht und durch einen Irrtum veranlasst ist. Zum schlüssigen Vorbringen eines begründeten Widerrufs gehört die Darlegung von Tatsachen, die den Zugestehenden an der Erkenntnis des wahren Sachverhalts hinderten oder die unrichtige Darstellung herbeigeführt haben.*

30 BGH NJW 1995, 1432; BGH NJW-RR 2009, 1272.

31 BGH NJW-RR 2007, 1563, 1565.

32 BGH NJW-RR 2009, 1273.

33 OLG Düsseldorf MDR 2000, 1211, BGH NJW 2011, 2794.

34 So auch OLG Koblenz ZInsO 2004, 1037.

Hat die **nicht** darlegungs- und beweisbelastete Partei etwas „zugestanden“, liegt kein Geständnis im Rechtssinne vor, weshalb auch § 290 ZPO einen „Widerruf“ nicht ausschließt. Ein Geständnis kann nur von der nicht beweisbelasteten Partei abgegeben werden. Denn es muss sich auf eine für den Gestehenden ungünstige (im Sinne der Beweislastverteilung) und vom beweisbelasteten Gegner behauptete Tatsache beziehen.[35]

OLG Jena NJW-RR 2018, 260:

> *Ein Geständnis kann nur von der nicht beweisbelasteten Partei abgegeben werden. Denn es muss sich auf eine für den Gestehenden ungünstige (i.S.d. Beweislastverteilung) und vom beweisbelasteten Gegner behauptete Tatsache beziehen.*
>
> *Da die Beweislast für die Höhe des Anfangsvermögens bei dem jeweiligen Ehegatten liegt, hat die Ast. hier ein Geständnis bezüglich des Werts des Grundstücks des Ag. abgegeben. Denn sie ist die nicht beweisbelastete Partei.*
>
> *Die Beweislast für die Höhe des Endvermögens beider Ehegatten liegt dagegen bei der Ast. Sie konnte daher keinen Wert, der für die Bestimmung des Endvermögens zu berücksichtigen ist, zugestehen. Insoweit kommt nur der Ag. als Zugestehender in Betracht. Nach § 290 ZPO verliert das Geständnis seine Wirkung nur, wenn die das Geständnis widerrufende Partei beweist, dass das Geständnis der Wahrheit nicht entspricht und durch einen Irrtum veranlasst ist. Zum schlüssigen Vorbringen eines begründeten Widerrufs gehört die Darlegung von Tatsachen, die den Zugestehenden an der Erkenntnis des wahren Sachverhalts hinderten oder die unrichtige Darstellung herbeigeführt haben.*

Nicht jedes Geständnis ist auch ein Geständnis i.S.d. § 288 ZPO. So hat der BGH mehrfach entschieden, dass ein strafrechtliches Geständnis von den Zivilgerichten nicht als zivilprozessuales Geständnis gewertet werden darf. Ein strafrechtliches Geständnis ist lediglich im Rahmen der freien Beweiswürdigung nach § 286 ZPO als wichtiges Indiz für die Wahrheit der zugestandenen Tatsachen zu berücksichtigen.[36] Möchte sich die beklagte Partei im Zivilprozess von einem strafrechtlichen Geständnis lösen, ist auch dies möglich: In diesem Fall trifft den Anspruchsgegner jedoch eine gesteigerte Erwiderungslast, in deren Rahmen er konkrete Umstände für die von ihm behauptete Unwahrheit seines im Strafverfahren abgelegten Geständnisses darlegen muss. Hat er insoweit substanziiert vorgetragen, obliegt dem Anspruchsteller der Beweis der Richtigkeit des Geständnisses.[37]

35 BGH NJW 2016, 1171, 1174.

36 BGH NJW-RR 2004, 1001; BGH NJW 2022, 705.

37 BGH NJW 2022, 705.

17 **Beispiele aus der Praxis:**

BGH NJW-RR 1996, 699:[38]

> *Begehrt die beklagte Partei die Abweisung der Klage wegen einer von ihr erklärten Hauptaufrechnung, sind damit in der Regel die den Klageanspruch begründenden tatsächlichen Behauptungen i.S.v. § 288 ZPO zugestanden.*

OLG Hamm NJW-RR 1997, 405:

> *Nimmt der beklagte Bauunternehmer gegenüber einer Klage auf Erstattung von Mängelbeseitigungskosten wegen Durchfeuchtung im Keller, die auf ein Fehlen von Abflüssen in Lichtschächten zurückgehen sollen, auf ein vorprozessuales Schreiben Bezug, in dem er sich erboten hat, den von einem Sachverständigen festgestellten Mangel zu beseitigen, dann liegt darin das Geständnis der Mängelursache.*

2. Geständnis im Haftpflichtprozess

18 Große praktische Bedeutung hat das Geständnis im Haftpflichtprozess, wenn der beklagte Versicherungsnehmer bei seiner Parteivernehmung etwas einräumt, das im Widerspruch zu der Einlassung des Versicherers steht. Denn der Haftpflichtprozess entfaltet Bindungswirkung für einen eventuell nachfolgenden Deckungsprozess.[39] Ist der Versicherer nicht mitverklagt, kann er gemäß § 66 ZPO dem Rechtsstreit aufseiten seines Versicherungsnehmers als Streithelfer beitreten.[40]

Die Gefahr, durch einen ungetreuen Versicherungsnehmer einem Dritten gegenüber verpflichtet zu werden, reduziert sich aber durch die bereits unter Rdn 16 zitierte Rechtsprechung des BGH NJW 1995, 1432:[41]

> *Räumt eine Partei bei ihrer Vernehmung etwas ein, was im Widerspruch zu dem Vorbringen ihres Prozessvertreters steht, so liegt darin kein Geständnis i.S.v. § 288 ZPO.*

Unabhängig von der Geständniswirkung nach § 288 ZPO droht aber auch schon bei einem Zugestehen im Sinne des § 138 Abs. 3 ZPO der Prozessverlust mit Bindungswirkung gegenüber der Versicherung, denn OLG Hamm MDR 1996, 962:[42]

> *Räumt der beklagte Versicherungsnehmer ein, den Unfall verschuldet zu haben, so bindet das auch das mitbeklagte Versicherungsunternehmen, solange dieses nicht **nachweist,** dass das Geständnis falsch ist.*

38 So auch OLG München BeckRS 2010, 01909.

39 BGH VersR 1992, 1504; LG Bonn r+s 2013, 493; *Klimke,* r+s 2014, 105.

40 OLG Köln VersR 2000, 1302.

41 Vgl. auch BGH NJW-RR 2009, 1272.

42 So auch *Klimke,* r+s 2014, 105, 109.

Aber OLG Düsseldorf NJW-RR 1998, 606:

> *Bestätigt der als Partei vernommene bekl. Schädiger das die Klageforderung rechtfertigende Vorbringen des geschädigten Klägers, so ist dieses Geständnis bei Wahrheitswidrigkeit ebenso wie ein entsprechendes prozessuales Geständnis wirkungslos und unbeachtlich, wenn Kläger und Beklagter zu Lasten des Haftpflichtversicherers des Beklagten **kollusiv zusammenwirken**.*

Hülsmann, NJW 1997, 617, 620 in Anm. zu BGH NJW 1995, 1432:

> *Die vom BGH gesehene Gefahr, dass der Beklagte in einem Haftpflichtprozess unter Verletzung seiner Wahrheitspflicht zum Nachteil des Versicherers Tatsachen einräumt, ist in der Tat nicht von der Hand zu weisen. Wenn nämlich der Beklagte seine Haftpflichtversicherung zugunsten des (mit ihm bekannten) Klägers schädigen will, so darf er zwar kein Anerkenntnis i.S. des § 307 ZPO erklären, da dies als **Obliegenheitsverletzung** zum Verlust des Haftpflichtversicherungsschutzes führt. Unbenommen ist es ihm aber, als Versicherungsnehmer (wahrheitsgemäße) Erklärungen über Tatsachen abzugeben, auch wenn sie für die „Rechtsverteidigung" nachteilig sind. Und selbst wahrheitswidrige Erklärungen zugunsten des Klägers führen in aller Regel nicht zu einem vollständigen Verlust des Versicherungsschutzes, sondern begründen (nur) einen Verstoß gegen die allgemeine Schadensminderungspflicht (§ 82 Abs. 1 VVG).*

3. Nichtbestreiten

Im Unterschied zum Geständnis i.S.d. § 288 ZPO tritt die **Fiktion** des Zugestehens **19**
nach § 138 Abs. 3 ZPO bereits dann ein, wenn ein Vorbringen lediglich nicht bestritten wird. Darin äußert sich deutlich die Herrschaft der Parteien im Zivilprozess. Das Gericht hat nicht zu fragen, ob eine Parteibehauptung wahr ist, solange sie nicht bestritten ist. Ein nicht bestrittenes Vorbringen kann auch nicht verspätet im Sinne der Präklusionsvorschriften sein, vgl. § 4 Rdn 1 ff.

Während sich eine Partei von ihrem Geständnis nach § 288 ZPO praktisch kaum **20**
noch lösen kann, kann sie die Fiktion des Zugestehens nach § 138 Abs. 3 ZPO jederzeit dadurch wieder aufheben, dass sie nunmehr das Vorbringen des Gegners bestreitet. Ihre jetzige Einlassung kann allenfalls als verspätet gewertet werden und aus diesem Grunde unberücksichtigt bleiben, aber nicht schon deshalb, weil das Vorbringen des Gegners zunächst als zugestanden galt.[43]

Außerdem kann das Gericht in seine Beweiswürdigung einbeziehen, dass ein Vorbringen zunächst unstreitig war und erst bestritten worden ist, nachdem dem Gegner seine Bedeutung bewusst geworden war.

Dass der nicht bestrittene Vortrag im erstinstanzlichen Urteil als unstreitiger Sach- **21**
verhalt erscheint und dem Tatbestand Beurkundungsfunktion zukommt, kann

43 Zöller/*Greger*, § 138 Rn 9.

den Kläger daran hindern, den Vortrag des Gegners in der Berufungsinstanz zu bestreiten.

BGH NJW 2010, 376:

> *Die Berufung hat durch das Gesetz zur Reform des Zivilprozesses vom 27.7.2001 (BGBl I, 1887) einen Funktionswechsel erfahren. Sie ist nicht mehr vollwertige zweite Tatsacheninstanz, sondern dient in erster Linie der Überprüfung des erstinstanzlichen Urteils auf korrekte Anwendung des materiellen Rechts sowie auf Richtigkeit und Vollständigkeit der getroffenen Feststellungen und Beseitigung etwaiger Fehler. Die Reform hat zur Folge, dass sich die Rekonstruktion des entscheidungserheblichen Sachverhalts noch mehr auf die erste Instanz konzentriert. Die Konzentration der Tatsachenfeststellungen in erster Instanz wird dadurch bewirkt, dass das Berufungsgericht grundsätzlich an die fehlerfrei gewonnenen Erkenntnisse der ersten Instanz gebunden wird und neue Angriffs- und Verteidigungsmittel nur zuzulassen sind, soweit dies durch besondere Gründe gerechtfertigt ist.*

Die Beweiskraft des Tatbestandes nach § 314 ZPO beschränkt sich insoweit auf die Feststellung, dass der Vortrag des Gegners in der ersten Instanz nicht bestritten war.[44] Wer das nicht gegen sich gelten lassen will, weil er in Wahrheit das Vorbringen des Gegners doch schriftsätzlich oder auch nur mündlich in der Verhandlung bestritten hatte, dies auch im Sitzungsprotokoll festgehalten ist und das Gericht sein Bestreiten lediglich übersehen hat, muss die Berichtigung des Tatbestandes nach § 320 ZPO beantragen.[45] Dies gilt insbesondere deshalb, weil die Zulassung neuer Angriffs- und Verteidigungsmittel in der Berufungsinstanz durch § 531 ZPO erheblich eingeschränkt ist.[46]

Nicht nur nicht bestrittenes,[47] sondern auch unsubstantiiert bestrittenes Vorbringen gilt als zugestanden nach § 138 Abs. 3 ZPO,[48] schlüssig muss der nach § 138 Abs. 3 ZPO zugestandene Sachvortrag allerdings sein[49] vgl. § 2 Rdn 53 ff.

Die Geständniswirkung des § 138 Abs. 3 ZPO tritt nicht ein, wenn die Unrichtigkeit der zugestandenen Behauptung – zum Beispiel bei offenkundiger Unrichtigkeit einer (nicht bestrittenen) Behauptung – feststeht.[50]

44 BGH NJW-RR 1992, 1214.
45 BGH NJW 1994, 517, 519; OLG Köln BeckRS 2004, 02907.
46 BGH NJW 2010, 376.
47 BGH NJW 2004, 2041, 2043.
48 BGH, NJW 1999, 1404; BGH NJW 2019, 2080, 2082; BGH NZI 2022, 733, 734.
49 Zöller/*Greger*, § 138 Rn 9.
50 Zöller/*Greger*, § 138 Rn 9; OLG Oldenburg VersR 1993, 1094; BGH VersR 1970, 826, 827.

IV. Nichtverhandeln – Versäumnisurteil – Entscheidung nach Lage der Akten

Durch die Antragstellung werden die bis dahin überreichten Schriftsätze in Bezug genommen; sie gelten gemäß § 137 ZPO als vorgetragen.[51] 22

Eine Partei, die das vermeiden will, kann erklären, sie wolle bestimmte Schriftsätze oder bestimmte Teile von Schriftsätzen nicht vortragen. Sie kann auch schlechthin davon absehen zu verhandeln, indem sie keine Anträge stellt; sie gilt dann allerdings als säumig, § 333 ZPO.

Einzelne Schriftsätze oder Teile davon nicht vorzutragen, kann sich empfehlen, wenn die Schriftsätze erst so kurz vor dem Termin eingereicht worden waren, dass dem Gegner gemäß § 283 ZPO auf seinen Antrag vom Gericht Schriftsatznachlass einzuräumen wäre.

Wenn der Inhalt des verzögert eingereichten Schriftsatzes nach der eigenen Einschätzung des Anwaltes sowieso kaum entscheidungserheblich sein kann – der Schriftsatz lediglich überreicht wurde, um den Wünschen des Mandanten zu genügen –, kann es ratsam sein, auf den Vortrag dieses Schriftsatzes zu verzichten, um dem Gegner die Chance zu nehmen, noch nach dem Verhandlungstermin zur Sache vorzutragen. Zwar darf das Gericht – ohne erneut in die mündliche Verhandlung einzutreten, § 156 ZPO – nur das zur Grundlage seiner Entscheidung machen, was als Erwiderung auf den verspäteten Sachvortrag gewertet werden kann, also nicht gänzlich neues Vorbringen.[52] Aber zum einen sind die Grenzen dessen fließend, was noch Erwiderung ist und nicht schon neuer Sachvortrag. Zum anderen erhöht sich das Risiko, dass der Gegner das Gericht dazu bewegt, gemäß § 156 ZPO aufgrund des neuen Vorbringens die mündliche Verhandlung wieder zu eröffnen, weil es ohnehin wegen des Schriftsatznachlasses nicht sogleich entscheiden konnte, sondern erst den nachgelassenen Schriftsatz abwarten musste.

Weigert sich eine Partei zu verhandeln, kann kein **streitiges** Urteil ergehen; es kommt nur ein **Versäumnisurteil** in Betracht, das einen entsprechenden Antrag der erschienenen Partei voraussetzt, §§ 330, 331 ZPO. 23

Die Weigerung zu verhandeln – also Anträge zu stellen –, kann z.B. darin ihren Grund haben, dass die Partei in die Säumnis fliehen möchte, weil sie befürchten muss, ihr Vorbringen werde wegen Verspätung keine Berücksichtigung mehr finden und dann gemäß § 531 Abs. 1 ZPO selbst für die Berufungsinstanz ausgeschlossen bleiben (Näheres dazu vgl. unter § 4 Rdn 42 ff.).

51 Zöller/*Greger*, § 137 Rn 3; BGH WM 1981, 798; BGH NJW 2004, 1876, 1879; BGH NJW 2013, 386, 387.

52 BGH NJW 1966, 1657.

Die Weigerung kommt aber nach der Rspr. des BGH[53] zu spät, wenn die Anträge bereits gestellt sind. Denn dann ist nach dieser Rspr. ein **streitiges Urteil** zu erlassen (das nur noch mit der Berufung angefochten werden kann), obwohl nach der Antragstellung nur noch einseitig verhandelt worden ist.[54] Es ist deshalb eine beliebte – aber gegen den Grundsatz des fairen Verfahrens verstoßende – Taktik mancher Gerichte, die Parteien an der **Flucht in die Säumnis** dadurch zu hindern, dass sie sie erst **nach der Antragstellung** darüber aufklären, dass ihr Vorbringen als verspätet oder unsubstantiiert zurückgewiesen werden könnte, vgl. § 2 Rdn 53 ff.

24 Tritt eine Partei nicht auf, weil sie in die Säumnis fliehen will, kann der Gegner ihr den Weg zur Fortführung des Verfahrens in derselben Instanz dadurch versperren, dass er keinen Antrag auf Erlass eines Versäumnisurteils stellt, sondern stattdessen eine **Entscheidung** nach Lage der Akten beantragt, § 331a i.V.m. § 251a Abs. 2 ZPO. Voraussetzung ist aber, dass in der Sache in einem früheren Termin bereits einmal verhandelt worden ist. Die Entscheidung nach Lage der Akte kann nur mit der Berufung oder Revision in der nächsten Instanz angefochten werden, falls überhaupt ein solches Rechtsmittel zulässig ist. Aber es kann eben nicht – wie bei der Flucht in die Säumnis – durch den Einspruch gegen das Versäumnisurteil die Fortsetzung des Verfahrens in derselben Instanz erzwungen werden.

25 Übrigens: So wie es Parteien gibt, die nicht verhandeln wollen, so gibt es auch Richter, die eine Verhandlung ablehnen, indem sie sich weigern, Anträge der Parteien zu Protokoll zu nehmen. Das kommt dann vor, wenn ein Richter einem neuen Antrag hilflos gegenübersteht und nicht weiß, wie er damit umzugehen hat, oder der Gegenanwalt von einem Antrag – z.B. einer auf eine negative Feststellungsklage gerichteten Widerklage – überrascht wird. Das Gericht kann sich aber rechtens nicht weigern, Anträge entgegenzunehmen. Mag ein Antrag auch unstatthaft oder sonst wie unzulässig sein, mag er verspätet oder auf keinen vollstreckungsfähigen Inhalt gerichtet sein: Das Gericht kann darüber entsprechend entscheiden. Es darf sich jedoch nicht weigern, Anträge überhaupt zu Protokoll zu nehmen. Die Weigerung des Gerichts verletzt den Justizgewährungsanspruch der Parteien.

V. Neues Vorbringen in der mündlichen Verhandlung

1. Frist für vorbereitende Schriftsätze

26 Jeder Partei ist es unbenommen, bis zum Schluss der letzten mündlichen Verhandlung gänzlich Neues vorzutragen. Niemand kann sie daran hindern, weder der Gegner noch das Gericht. Werden die Ausführungen zu ausufernd, kann das Gericht die Verhandlung vertagen, § 227 Abs. 1 ZPO; aber es kann der Partei nicht – etwa unter Berufung auf **§ 132 ZPO** – das Wort entziehen. Denn nach dieser Bestimmung sol-

53 BGH NJW 1974, 2321.

54 Dagegen mit beachtlichen Gründen *Schneider*, MDR 1992, 827.

len zwar Schriftsätze, die neues Vorbringen enthalten, **so rechtzeitig eingereicht** werden, dass sie noch mindestens eine Woche vor dem Termin dem Gegner zugestellt werden können. Aber diese Bestimmung ist im Ergebnis lediglich eine **Sollvorschrift**, deren Verletzung allein nicht dazu führen kann, dass der Inhalt eines kurz vor dem Termin überreichten Schriftsatzes unbeachtet bliebe, da nicht einmal im Termin erstmalig, und zwar lediglich mündlich Vorgetragenes unberücksichtigt bleiben darf. Man wird aber verlangen können, dass die Partei kurz vor dem oder im Termin überreichte Schriftsätze in der Verhandlung mündlich in den Rechtsstreit einführen muss, weil man daran zweifeln kann, dass Schriftsätze, die nicht in der Frist des § 132 ZPO eingereicht sind, noch vorbereitende Schriftsätze i.S.d. §§ 130 ff. sind.[55]

Hat also der Anwalt, mit seinem Mandanten vor dem Sitzungssaal wartend, überraschend ganz neue Informationen bekommen, ist er nicht gehindert, sie gleich anschließend dem Gericht mündlich vorzutragen. Der Gegner kann das nicht verhindern. Er muss vielmehr mit neuem Vorbringen immer rechnen; um in der Lage zu sein, darauf angemessen zu reagieren, sollte die mündliche Verhandlung von einem Anwalt schon aus diesem Grunde ernst genommen werden und jemand mit der Terminswahrnehmung betraut werden, der Sachkenntnis hat und deshalb kompetent verhandeln kann.

OLG Brandenburg NJW-RR 1998, 498:

> *Erfolgt ein Bestreiten erstmals – verspätet – in der mündlichen Verhandlung, so kann eine klagabweisende Entscheidung nicht ohne Gewährung eines von der klagenden Partei beantragten Schriftsatznachlasses darauf gestützt werden, die Berücksichtigung des verspäteten Vorbringens insoweit führe nicht zu einer Verzögerung, weil die klagende Partei ihrerseits keinen Beweis angetreten habe.*

Eine Verzögerung kann begrifflich erst dann eintreten, wenn das neue Vorbringen streitig ist;[56] unstreitiges Vorbringen erlaubt dagegen eine sofortige Entscheidung. Die Frage der Verzögerung kann damit erst nach der Erwiderung des Gegners beurteilt werden.[57] Die Verzögerung, die der Rechtsstreit durch eine Frist nach § 283 ZPO erleidet, rechtfertigt eine Zurückweisung in keinem Fall.[58]

2. Rechte des Gegners bei Fristversäumnis

Der Gegner ist der Überrumpelung mit neuem Vorbringen nicht hilflos ausgeliefert, 27
so dass das bewusste Zurückhalten von Vorbringen unter diesem Gesichtspunkt kein erfolgversprechendes taktisches Mittel sein kann.

55 PG/*Prütting*, § 132 Rn 3.

56 OLG Karlsruhe NJOZ 2004, 298.

57 BGH NJW 1985, 1556, 1558.

58 Saenger/*Saenger*, § 296 ZPO Rn 24; BGH NJW 1985, 1556, 1558; OLG Karlsruhe NJOZ 2004, 298.

Der Anwalt des Gegners kann zum einen eine kurze Unterbrechung der Verhandlung beantragen, um sich mit seinem Mandanten zu beraten; er kann danach direkt auf das neue Vorbringen erwidern und vermeidet eine ansonsten vielleicht notwendige Vertagung.

Denn wenn er zu dem neuen Vorbringen keine Informationen hat, kann er sich nicht auf ein „vorsorgliches" Bestreiten oder auf ein Bestreiten mit „Nichtwissen" zurückziehen. Ein Bestreiten mit Nichtwissen ist nur in den von § 138 Abs. 4 ZPO vorgegebenen Grenzen zulässig, vgl. § 2 Rdn 34 ff. Fehlen dem Anwalt die notwendigen Informationen, muss er sie sich beschaffen.

Der Gegner des verspätet Vortragenden kann auch nicht die Einlassung verweigern und dadurch eine Vertagung erzwingen. Das gilt zumindest für den Fall, dass die Anträge bereits gestellt sind und der Gegner erst danach mündlich ergänzend vorträgt. Die Rspr.[59] verlangt für diesen Fall von ihm, Schriftsatznachlass nach § 283 ZPO zu beantragen, um dann innerhalb der ihm gesetzten Frist auf das verspätete Vorbringen zu erwidern.

28 BGH NJW 1997, 1309, 1311:[60]

> *Der Gegner der verspätet vortragenden Partei hat nicht das Recht, durch Verweigerung jeder – selbst einer nachgereichten – Einlassung das Gericht zu zwingen, von dem verspäteten Vorbringen keine Kenntnis zu nehmen und dieses gem. § 296 ZPO als verspätet zurückzuweisen. Das mit der Einräumung der Erklärungsfrist verbundene Ansetzen eines anschließenden Verkündungstermins stellt für sich genommen keine Verzögerung im Sinne des § 296 ZPO dar.*

Aber OLG Köln NJW-RR 1998, 1076:

> *Das rechtliche Gehör einer Partei ist verletzt, wenn das Gericht ihrem Vertagungsantrag nicht stattgibt, obwohl der* ***Gegner*** *erstmals in der mündlichen Verhandlung auf Befragen des Gerichts erklärt, welche Gegenrechte er gegenüber einer der Höhe nach unstreitigen Werklohnforderung geltend macht.*

(Diese Entscheidung erscheint bedenklich; der Kläger hätte sich wohl auf einen Schriftsatznachlass verweisen lassen müssen, vgl. Rdn 27.)

29 Wenn der neue Vortrag in der mündlichen Verhandlung keine Entgegnung auf Vorbringen der Gegenseite ist und das Gericht nicht von daher schon wissen kann, dass er bestritten ist, kann es erst nach Eingang des nachgelassenen Schriftsatzes beurteilen, ob das neue Vorbringen bestritten wird und die Anwendung der Verspätungsvorschriften in Betracht kommt,[61] vgl. § 2 Rdn 54 ff.

59 BGH NJW 1985, 1539, 1543; OLG Karlsruhe NJOZ 2004, 298, 299.

60 So auch LAG Berlin-Brandenburg BeckRS 2008, 54721.

61 OLG Karlsruhe NJOZ 2004, 298.

Das Gericht wird also z.B. nach dem neuen Sachvortrag Termin zur Verkündung einer Entscheidung in vier Wochen anberaumen und dem Gegner auf dessen Antrag, ihm Schriftsatznachlass zu gewähren, eine Erwiderungsfrist von zwei Wochen setzen. Wird nunmehr das neue Vorbringen bestritten und würde sich bei Berücksichtigung des verspäteten Vorbringens **allein deshalb** die Notwendigkeit ergeben, Beweis zu erheben, stünde **jetzt** fest, dass die Berücksichtigung des verspäteten Vorbringens zu einer Verzögerung des Rechtsstreits führen würde.

Wenn die Voraussetzungen im Übrigen gegeben sind, könnte dann der verspätete Vortrag für die zu treffende Entscheidung unbeachtet bleiben.

Etwas anderes gilt für den Fall, dass der Kläger kurz vor der mündlichen Verhandlung schriftsätzlich Neues vorgetragen hat. Jetzt kann der Beklagte die Einlassung zu diesem neuen Vortrag verweigern. Der Kläger kann dann gestützt auf dieses neue Vorbringen kein Versäumnisurteil gegen den Beklagten erwirken, weil die formalen Voraussetzungen des § 335 Abs. 1 Nr. 3 ZPO nicht erfüllt sind. 30

Neue Rechtsausführungen können in jedem Fall noch in oder **kurz vor der mündlichen** Verhandlung erfolgen. Der Anwalt mag sie aus taktischen Gründen sogar bewusst zurückhalten, damit sich der Gegner nicht rechtzeitig darauf einstellen kann; allerdings wird diesem, in entsprechender Anwendung des § 139 Abs. 2 ZPO, Schriftsatznachlass einzuräumen sein.

VI. Verletzung des rechtlichen Gehörs

Der Anspruch einer Partei auf Gewährung rechtlichen Gehörs hat Verfassungsrang, Art. 103 Abs. 1 GG. Die Verletzung rechtlichen Gehörs ist ein Verfahrensfehler, der auf Rechtsmittel hin zur Aufhebung einer Entscheidung und zur Zurückverweisung der Sache an die Vorinstanz führen kann, bei sogenannter „greifbarer Gesetzeswidrigkeit“ sogar dann, wenn an und für sich kein Rechtsmittel statthaft ist,[62] wobei zuvor stets zu prüfen ist, ob nicht über die Anhörungsrüge zu den Fachgerichten (vgl. § 321a ZPO) vorgegangen werden muss.[63] 31

Das Gebot der Gewährung rechtlichen Gehörs verpflichtet das Gericht, die Ausführungen der Parteien zur Kenntnis zu nehmen und bei der Entscheidung zu berücksichtigen.[64] Das Recht ist verletzt, wenn im Einzelfall Umstände vorliegen, aus denen sich ergibt, dass das Gericht Vorbringen einer Partei entweder überhaupt nicht zur Kenntnis genommen oder bei seiner Entscheidung nicht erwogen hat.[65] So beispielsweise BGH v. 3.12.2015 – VII ZR 77/15 – in einer Sache, in der ein LG in

62 Vgl. dazu auch *Waldner*, Der Anspruch auf rechtliches Gehör, 2. Aufl., Rn 538 ff., und *Meyke*, Berufung, Revision, Beschwerde im Zivilverfahren, Prozessrecht und -taktik, 2005, S. 22 ff.

63 BVerfG NJW 2014, 2635.

64 BVerfG NJW 1999, 1387, 1388; BGH NJW-RR 2016, 210.

65 BVerfG NJW 1978, 989; BVerfG NVwZ 2016, 238, 241.

seinem Urteil einen Vortrag der Klägerin zur Beweisführung eines Vertragsschlusses nicht ausgeschöpft hat.

Nur ausnahmsweise kann das Gebot der Gewährung rechtlichen Gehörs das Gericht dazu zwingen, bereits in der mündlichen Verhandlung auf die Rechtsauffassung hinzuweisen, die das Gericht seiner Entscheidung zugrunde legen will; nämlich dann, wenn die Partei trotz der von ihr zu erwartenden Sorgfalt nicht schon von sich aus die maßgeblichen Gesichtspunkte erkennen konnte.[66]

Siehe auch § 139 Abs. 2 ZPO:

Auf einen rechtlichen Gesichtspunkt, den eine Partei erkennbar übersehen oder für unerheblich gehalten hat, darf das Gericht, soweit nicht nur eine Nebenforderung betroffen ist, seine Entscheidung nur stützen, wenn es Gelegenheit zur Äußerung dazu gegeben hat.[67]

BGH NJW-RR 2000, 1569, 1570:

> *An einer hinreichenden Gelegenheit zur Stellungnahme, die das Gebot des rechtlichen Gehörs gewährleisten will, fehlt es nicht nur dann, wenn ein Beteiligter gar nicht zu Wort gekommen ist oder das Gericht bei seiner Entscheidung Tatsachen zugrunde gelegt hat, zu denen die Parteien nicht Stellung nehmen konnten. Eine dem verfahrens- wie dem verfassungsrechtlichen Gebot genügende Gewähr rechtlichen Gehörs setzt vielmehr voraus, dass die Beteiligten in Anwendung der von ihnen zu verlangenden Sorgfalt erkennen konnten, auf welches Vorbringen es für die Entscheidung ankommen kann und wird.*

32 Der Anspruch auf Gewährung rechtlichen Gehörs ist beispielsweise verletzt, wenn

- neuer Tatsachenvortrag einer Partei ohne die Gewährung einer Stellungnahme der Gegenseite verwertet wird,[68]
- ein erheblicher Beweisantrag übergangen wird,[69]
- das Gericht verfahrensfehlerhaft überspannte Anforderungen an den Parteivortrag stellt,[70]
- Vorbringen zu Unrecht als verspätet zurückgewiesen wird,[71]
- über einen Rechtsbehelf entschieden wird, ohne dass dem Gegner eine angemessene Frist zur Äußerung gegeben wird.[72]

66 BVerfG DVBl 1995, 34.

67 BGH NJW-RR 2014, 1431; BGH MDR 2014, 854.

68 BVerfGE 55, 95, 99; BVerfGE 55, 95.

69 BVerfGE 60, 247, 249; BVerfG WM 2012, 492 f.

70 BGH BeckRS 2017, 109294; BGH BeckRS 2018, 13133; BGH NJW 2019, 607.

71 BVerfGE 59, 330; BGH NJW 2012, 3787, 3788; BGH BauR 2013, 1441; BGH NJW-RR 2017, 1018, BGH BeckRS 2018, 13133.

72 BVerfGE 60, 313; BVerfG NJW 2007, 3486, 3487.

VII. Verletzung der Aufklärungspflicht

Die mündliche Verhandlung ist auch der Ort, an dem das Gericht (spätestens) seiner Aufklärungs- und Hinweispflicht nach § 139 ZPO zu genügen hat. Das Gericht hat gemäß § 139 Abs. 1 S. 2 ZPO darauf hinzuwirken, „dass die Parteien sich rechtzeitig und vollständig über alle erheblichen Tatsachen erklären, insbesondere ungenügende Angaben zu den geltend gemachten Tatsachen ergänzen, die Beweismittel bezeichnen und die sachdienlichen Anträge stellen." 33

Die Aufklärungspflicht ist also eng verwandt mit der Verpflichtung zur Gewährung rechtlichen Gehörs; in ihrer Verletzung kann zugleich ein Verstoß gegen Art. 103 Abs. 1 GG liegen.[73] Die Verpflichtung des Gerichts nach § 139 ZPO geht aber noch über die Gewährung rechtlichen Gehörs hinaus; den Richter trifft nämlich in gewissen Grenzen eine **beratende Pflicht**.[74] Diese richterliche Pflicht sollten sich die Parteien zunutze machen und dem Gericht Hilfen bei der Formulierung ihrer Anträge abverlangen. Selbstverständlich macht es sich nicht gut, die Schriftsätze regelmäßig damit enden zu lassen, es werde um Hinweis gebeten, wenn dem Gericht der Sachvortrag nicht ausreichend erscheine. Es ist auch ärgerlich für eine Partei, die sich um einen sorgfältigen Sachvortrag bemüht, wenn sich der Gegner allzu sehr vom Gericht an die Hand nehmen lässt. Häufig kann eine Partei aber gar nicht erkennen, welchen Sachvortrag das Gericht für entscheidungserheblich und beweisbedürftig hält. Dann ist es sachgerecht, das Gericht zu befragen, um unnötigen Schreibaufwand und unnötige Ermittlungsarbeit zu ersparen. Das Gericht hat sich dazu zu erklären. Im Ergebnis dienen die gerichtlichen Hinweispflichten der Vermeidung von Überraschungsentscheidungen und konkretisieren den Anspruch der Parteien auf rechtliches Gehör.[75]

Da der Richter aber andererseits zu strikter Neutralität verpflichtet ist, liegt es auf der Hand, dass sich trefflich darüber streiten lässt, wann die Grenzen der Pflicht zur Beratung überschritten sind und der Richter den Eindruck der Parteilichkeit erweckt und deshalb wegen Befangenheit abgelehnt werden kann. Mittlerweile ist geklärt, dass ein Richter nicht verpflichtet ist, dass beispielsweise die Möglichkeit einer Partei besteht, sich mit dem Eintritt der Verjährung zu verteidigen. 34

BGH NJW 2004, 164:

> *Zu Unrecht meint mithin das BeschwGer., der Amtsrichter habe sich mit seinem Hinweis auf die Wiedergabe der materiellen Rechtslage beschränkt. Seine prozessleitende Verfügung führte dem Bekl. vielmehr die Möglichkeit vor Augen, durch eine geschäftsähnliche Handlung die bestehende, für das Gericht verbindliche Rechtslage zum Nachteil des Kl. und zu seinen eigenen Gunsten zu*

73 BVerfG NJW 1994, 1274.

74 Vgl. *Waldner*, Der Anspruch auf rechtliches Gehör, 2. Aufl., Rn 209; MüKo/*Fritsche*, § 139 ZPO Rn 7.

75 BGH NJW-RR 2017, 535, 536.

verändern. Ein solcher Hinweis wirkt wie eine Aufforderung, die Einrede auch zu erheben. Für den Hinweis bietet § 139 ZPO keine Grundlage.

Ein solcher Hinweis auf die Verjährungseinrede begründet dementsprechend die Besorgnis der Befangenheit.[76] Allerdings dann, wenn das Parteivorbringen in Bezug auf die bereits angesprochene Verjährungsfrage klärungsbedürftige Anhaltspunkte enthält, besteht gem. § 139 Abs. 2 ZPO eine Hinweispflicht bezüglich der Verjährungseinrede.

35 Der Umfang der richterlichen Hinweispflicht ist über die Jahre immer weiter ausgeformt worden, wobei immer wieder die Frage zu erörtern war, wie weit die richterliche Hinweispflicht reicht, wenn beide Seiten (wie im Anwaltsprozess) anwaltlich vertreten sind. So hat der BGH eine Verpflichtung, die anwaltlich vertretene Partei auf die Unschlüssigkeit ihrer Klage hinzuweisen, zunächst verneint.[77] Dem ist dann das OLG Köln[78] für den Fall entgegengetreten, dass der Prozessbevollmächtigte des Klägers die Rechtslage falsch beurteile oder ersichtlich darauf vertraue, sein schriftsätzliches Vorbringen reiche aus. Die vom BGH[79] vertretene gegenteilige Auffassung sei überholt. Mittlerweile vertritt auch der BGH die Auffassung, dass – auch in einem Anwaltsprozess – eine unmissverständliche Hinweispflicht des Gerichts gegenüber dem Kläger besteht, sofern es Bedenken gegen die Schlüssigkeit der Klageforderung hegt, um dem Kläger die Gelegenheit zum weiteren Vortrag zu geben.[80]

Besonders praxisrelevant ist die Frage, ob die Stellungnahme seitens des Prozessgegners die Hinweispflicht des Gerichts entfallen lässt. Im Grundsatz ist diese Frage zu verneinen. Die Vorschrift des § 139 ZPO spricht ausdrücklich das Gericht an und erlegt ihm die Hinweis- und Aufklärungspflichten auf. Zweitens muss berücksichtigt werden, dass die Partei Hinweise ihres Gegners, der seine eigenen Interessen verfolgt, stets mit einer gewissen Vorsicht genießen sollte. Der Rechtsprechung des BGH dürfte im Ergebnis eine Tendenz zu entnehmen sein, dass Ausführungen des Prozessgegners die gerichtliche Hinweispflicht jedenfalls nicht allzu schnell entfallen lassen. Hinweise des Gegners bleiben aber auch nicht völlig unbeachtet. So kann eine Hinweispflicht dann entfallen, wenn „die betroffene Partei von der Gegenseite die nötige Unterrichtung erhalten“[81] oder diese den fraglichen Gesichtspunkt „aufgegriffen und eingehend dargestellt“[82] hat. Das Gericht muss jedoch stets prüfen, ob die betroffene Partei die Ausführungen des Prozessgegners

76 BGH NJW 2004, 164.

77 BGH NJW 1984, 310.

78 OLG Köln NJW-RR 2001, 1724.

79 BGH NJW 1984, 310.

80 BGH NJW-RR 2004, 281; BGH NJW 2001, 2548.

81 BGH NJW-RR 2010, 70.

82 BGH NJW 2013, 1733, 1735.

auch tatsächlich zutreffend verstanden hat und darauf reagiert. Ist offenkundig, dass die Ausführungen des Prozessgegners nicht zutreffend aufgenommen worden sind, dürfte eine Hinweispflicht bestehen bleiben.[83]

Drei Beispiele aus der Rspr. zu einem Verstoß gegen § 139 ZPO: **36**

BGH MDR 2001, 104:

> *Es ist verfahrensfehlerhaft, eine nur dem* ***Grunde*** *nach, nicht aber zur* ***Höhe*** *ausreichend dargelegte Schadensersatzforderung abzuweisen, ohne zuvor auf die Unvollständigkeit des Vortrags zur Höhe hinzuweisen und Gelegenheit zu ergänzendem Vorbringen zu geben.*

BGH NZG 2009, 581:

> *Das BerGer. hat den Anspruch des Bekl. auf rechtliches Gehör gem. Art. 103 Abs. 1 in entscheidungserheblicher Weise verletzt, indem es den Ausspruch über den Umfang des Zurückbehaltungsrechts im Tenor zu Lasten des Bekl. um die Befreiung von den „sonstigen Verbindlichkeiten" verkürzt hat, ohne dem Bekl. zuvor Gelegenheit zu geben, zu Art und Umfang dieser weiteren Verbindlichkeiten vorzutragen.*

> *Noch zutreffend ist der Ausgangspunkt des BerGer., dass eine hinreichende Konkretisierung der, ein Zurückbehaltungsrecht des Bekl. gem. § 273 BGB begründenden Gesellschaftsverbindlichkeiten für eine etwaige Zwangsvollstreckung § 756 ZPO erforderlich ist. Der Bekl. ist als Gläubiger des Schuldbefreiungsanspruchs aus § 738 Abs. 1 S. 2 BGB darlegungs- und beweispflichtig für das Vorhandensein von Gesellschaftsschulden, soweit er Befreiung von ihnen verlangt. Diese ihn treffende Verpflichtung hat der Bekl. bei der Geltendmachung seines auf §§ 738 Abs. 1 S. 2, 273 Abs. 1 BGB gestützten Zurückbehaltungsrechts offensichtlich übersehen. In einer solchen Situation ist das Gericht gem. § 139 Abs. 2 S. 1 ZPO verpflichtet, der Partei einen Hinweis zu erteilen und ihr die Möglichkeit zu eröffnen, ergänzend vorzutragen. Diese Pflicht besteht insbesondere dann, wenn, wie hier, das LG den Eindruck erweckt hat, auf den vom BerGer. für maßgeblich gehaltenen Gesichtspunkt komme es nicht an.*

BGH DS 2023, 291:

> *Erachtet das Gericht das Vorbringen als widersprüchlich, so ist es gem. § 139 Abs. 1 und Abs. 2 ZPO verpflichtet, eine Partei auf die Widersprüchlichkeit ihres Vorbringens oder zumindest auf die beabsichtigte Interpretation hinzuweisen.*

83 *Nober/Ghassemi-Tabar*, NJW 2017, 3265, 3266.

Nober/Ghassemi-Tabar haben in ihrem Beitrag aus dem Jahr 2015 häufige Fallgruppen der gerichtlichen Hinweis- und Aufklärungspflicht zusammengestellt:[84]

1. Hinweise zu Sachanträgen, Anspruchsgrundlagen und Einreden
2. Hinweise mit Bezug auf den Tatsachenvortrag
3. Hinweise mit Bezug auf Beweisanträge
4. Vorläufige Würdigung der Sach- und Rechtslage
5. Hinweise wegen der von Amts wegen zu berücksichtigenden Umstände
6. Das Verbot der Überraschungsentscheidung

Die richterliche Hinweispflicht nach § 139 ZPO gilt auch im Berufungsrechtszug, wobei natürlich zu berücksichtigen ist, dass es bereits ein erstinstanzliches Urteil gibt. Nach der Rspr. des BGH darf eine in erster Instanz siegreiche Partei beispielsweise darauf vertrauen, vom Berufungsgericht rechtzeitig einen Hinweis nach § 139 ZPO zu erhalten, wenn es der Beurteilung der Vorinstanz nicht folgen will, insbesondere aufgrund seiner abweichenden Ansicht eine Ergänzung des Vorbringens oder einen Beweisantritt für erforderlich hält. Ein rechtlicher Hinweis ist hingegen regelmäßig nicht geboten, wenn eine Partei in erster Instanz obsiegt hat, die ihr günstige Auffassung des erstinstanzlichen Gerichts als zentraler Streitpunkt zur Überprüfung durch das Berufungsgericht gestellt wird und das Berufungsgericht sich sodann der Ansicht des Berufungsklägers anschließt. In diesem Fall muss die in erster Instanz erfolgreiche Partei von vornherein damit rechnen, dass das Berufungsgericht anderer Auffassung ist; seine dementsprechende Entscheidung kann im Grundsatz nicht überraschend sein. Das Berufungsgericht hat nämlich regelmäßig keinen Anlass zu der Annahme, trotz der in der Berufung zentral geführten Auseinandersetzung über den Streitpunkt bestehe noch Aufklärungsbedarf und müsse der Partei Gelegenheit zu weiterem Vortrag und Beweisantritt gegeben werden.[85]

B. Antragstellung

I. Bestimmter Antrag

37 Der von einer Partei zu stellende Antrag muss bestimmt sein, § 253 Abs. 2 Nr. 2 ZPO; ein unbestimmter Antrag ist unzulässig und führt schon aus diesem Grunde zur Abweisung der Klage. Das Gericht ist gehalten, die Anträge auf die Bestimmtheit hin zu überprüfen, und hat notfalls gemäß § 319 ZPO Formulierungshilfe zu leisten. Unbestimmt ist ein Antrag dann, wenn er keinen vollstreckungsfähigen Inhalt hat.

Einem Kläger ist auch nicht damit gedient, wenn es ihm gelingt, mit einem unzulänglich bestimmten Antrag zu obsiegen. Denn er muss befürchten, dass der Voll-

84 *Nober/Ghassemi-Tabar*, NJW 2017, 3265, 3268.
85 BGH NJW-RR 2017, 672.

streckungsbeamte die Zwangsvollstreckung aus dem Titel ablehnt. Der Mangel der Bestimmtheit lässt sich nicht durch Berichtigung des Tenors nach § 319 ZPO oder Ergänzung nach § 321 ZPO korrigieren. Dem Kläger bleibt nichts anderes übrig, als erneut zu klagen. Dieser Klage würde allerdings die **Rechtskraft** der zuvor ergangenen unvollkommenen Entscheidung nicht entgegenstehen.

Eine Erwähnung verdient auch die Bestimmtheit des Antrages im **Mahnverfahren**, 38
da immer wieder in Rechtsstreitigkeiten die Frage auftaucht, ob die **Verjährung** durch das Mahnverfahren rechtswirksam unterbrochen worden ist.

Nach § 690 Abs. 1 Nr. 3 ZPO muss der Antrag enthalten:

die Bezeichnung des Antrages unter bestimmter Angabe der verlangten Leistung; Haupt- und Nebenforderungen sind gesondert und einzeln zu bezeichnen, Ansprüche aus Verträgen, für die das Verbraucherkreditgesetz gilt, auch unter Angabe des Datums des Vertragsabschlusses und des nach dem Verbraucherkreditgesetz anzugebenden effektiven oder anfänglichen effektiven Jahreszinses.

Ein Mahnantrag bedarf grundsätzlich keiner Substantiierung oder gar einer Begründung.[86] Nicht erforderlich ist es also beispielsweise, schon im Mahnbescheid die Schadenshöhe durch Nennung der zerstörten Gegenstände nebst Wertangaben im Einzelnen aufzufächern. Die insoweit erforderliche Substantiierung eines Schadensersatzanspruchs kann im Laufe des Rechtsstreits beim Übergang in das streitige Verfahren nachgeholt werden. Allerdings setzt eine wirksame Hemmung der Verjährung durch einen Mahnbescheid immer voraus, dass die im Wege des Mahnverfahrens geltend gemachten Ansprüche **hinreichend individualisiert** sind. Entscheidend ist der Erkenntnishorizont des Anspruchsschuldners. Er muss genau erkennen können, welcher oder welche/r Anspruch/Ansprüche gegen ihn im Mahnbescheid geltend gemacht werden.

BGH NJW 2000, 1420:

> *Zur Unterbrechung der Verjährung muss der Anspruch durch seine Kennzeichnung von anderen Ansprüchen so unterschieden und abgegrenzt werden können, dass er über einen Vollstreckungsbescheid Grundlage eines Vollstreckungstitels sein kann und dem Schuldner die Beurteilung möglich ist, ob er sich gegen den Anspruch zur Wehr setzen will oder nicht.*

Wenn mehrere Einzelansprüche und nicht nur unselbstständige Rechnungsposten eines einheitlichen (Schadens-) Anspruchs geltend gemacht werden, gehört es zur notwendigen Individualisierung des Anspruchs, dass die Zusammensetzung des geltend gemachten Betrags bereits aus dem Mahnbescheid für den Anspruchsgegner erkennbar ist.[87] Im Mahnbescheid kann zur Bezeichnung des geltend gemachten Anspruchs auch auf Rechnungen oder andere (vorprozessuale) Urkunden Be-

86 BGH NJW 2000, 1420, BGH MDR 2011, 123.
87 BGH NJW 2016, 1083, 1085.

zug genommen werden. Diese sind jedenfalls dann zur Individualisierung des Anspruchs geeignet, wenn sie dem Mahnbescheid in Abschrift beigefügt werden oder dem Gegner bereits zugegangen sind. Die Praxis behilft sich insoweit regelmäßig mit einem außergerichtlichen Anspruchsschreiben. Auf dieses Anspruchsschreiben wird dann im Mahnantrag ausdrücklich Bezug genommen. Das ist für eine Individualisierung ausreichend.[88] Soll ein einheitlicher Antrag auf unterschiedliche Lebenssachverhalte und damit verschiedene Streitgegenstände gestützt werden, muss dies im Mahnantrag hinreichend zum Ausdruck kommen, um dem Gegner die Beurteilung der Erfolgsaussichten eines Widerspruchs zu ermöglichen.[89]

Ob eine Falschbezeichnung des Antragstellers in einem Mahnbescheid für die Individualisierung schädlich oder unschädlich ist, bestimmt sich streng nach dem Empfängerhorizont. Kann bzw. muss der Anspruchsgegner erkennen, dass es sich um ein Versehen (z.B. ein Schreibversehen) handelt, ist dies unschädlich.

BGH NJOZ 2019, 507:

> *Unterschreitet der im Antrag auf Erlass eines Mahnbescheids angegebene Gesamtbetrag der geltend gemachten Ansprüche geringfügig den in einem vorprozessualen Anspruchsschreiben genannten Gesamtbetrag, auf das ohne dessen Beifügung zur Individualisierung der Ansprüche Bezug genommen wird, ist dies unschädlich, wenn für den Antragsgegner ohne Weiteres ersichtlich ist, dass es sich um ein Schreibversehen handelt.*

Die im Mahnbescheid nicht hinreichende Individualisierung des Anspruchs kann im Übrigen nachgeholt werden. Die Nachholung der Individualisierung hemmt die Verjährung nach § 204 Abs. 1 Nr. 3 BGB aber nicht rückwirkend, sondern nur ab dem Zeitpunkt ihrer Vornahme.[90] Für die nachträgliche Individualisierung des Anspruchs im Mahnverfahren ist ebenso wie für die Individualisierung im Mahnbescheid ausschließlich auf den Erkenntnishorizont des Schuldners abzustellen. Dementsprechend ist es ohne Bedeutung, ob die Individualisierung des Anspruchs durch an das Gericht gerichteten Schriftsatz oder außerhalb des Gerichtsverfahrens erfolgt.[91]

II. Unbezifferter Antrag

1. Schmerzensgeld

39 Wichtigster unbezifferter Antrag ist der Schmerzensgeldantrag; seine Zulässigkeit beruht auf Gewohnheitsrecht. Der Kläger beantragt „ein in das Ermessen des Gerichts gestelltes Schmerzensgeld“. Entscheidet nun das Gericht nach seinem Er-

88 BGH NJW 2008, 3498; BGH NJW 2016, 1083, 1084; vgl. auch *Ehricke*, ZIP 2011, 1851.

89 BGH NJW 2016, 1083, 1084.

90 BGH NJW-RR 2009, 544, 545; BGH NJW 2023, 2773.

91 BGH NJW-RR 2022, 1286.

messen – wie ihm vom Kläger eingeräumt –, so stellt sich die Frage, ob und in welchem Umfang er als **beschwert** angesehen werden kann, wenn die Entscheidung des Gerichts von seinen **Vorstellungen** abweicht. Eine hinreichende Beschwer ist aber Voraussetzung dafür, dass – auch – der Kläger gegen das stattgebende Schmerzensgeldurteil Berufung einlegen kann. Deshalb hat er seine Vorstellungen zur Höhe des Schmerzensgeldes darzulegen.[92]

Wenn nun der Streitwert entsprechend diesen Vorstellungen festgesetzt wird und auf dieser Basis auch die Kostenentscheidung ergeht, fragt sich allerdings, wozu ein Kläger seinen Antrag überhaupt unbeziffert lässt und ihn nicht gleich entsprechend seinen Vorstellungen zur Höhe des Schmerzensgeldes fasst.

Dazu hat der BGH[93] in einer Grundsatzentscheidung aus dem Jahr 1996 Stellung **40**
genommen und sieht in der Darstellung der Größenvorstellungen des Klägers unter anderem deshalb einen Gewinn, weil die Auffassung der Partei eine Hilfe bei der Ermittlung des angemessenen Betrages sein könne.

BGH NJW 1996, 2425, 2427:

> *Der angegebenen Größenvorstellung kommt ferner für die Festsetzung des Streitwertes Bedeutung zu. Da das Begehren des Kl. nicht unterschritten werden kann, ohne dass er beschwert wäre, erreicht der Streitwert jedenfalls die angegebene Höhe. Nach oben ist das Gericht hingegen streitwertmäßig nicht an die Angaben des Kl. gebunden, da sich der Streitwert am angemessenen Schmerzensgeld auszurichten hat. [...]*
>
> *Das Bedürfnis nach Rechtsklarheit erfordert eine Bindung des Gerichts an die vom Kl. angegebene Größenordnung nicht. Da der Bekl. seinerseits durch Antrag auf Streitwertfestsetzung jederzeit die dem Gericht als angemessen erscheinende Bewertung des Schmerzensgeldes in Erfahrung bringen kann, ist seinem Interesse, im Rechtsstreit Klarheit darüber zu haben, welchen Verurteilungsrisiken er ausgesetzt ist, im erforderlichen Maße genüge getan; an der Streitwertfestsetzung des Gerichts kann er seine prozessualen Dispositionen (Verteidigung gegen die Klage oder – gegebenenfalls teilweises – Anerkenntnis) ausrichten.*

Die vom BGH zunächst noch offengelassene Frage, ob und in welchem Umfang das **41**
Gericht die Vorstellungen des Klägers überschreiten darf – vielfach wird eine Begrenzung auf 20 % vertreten –, hat der BGH dahingehend entschieden, dass es einer solchen Begrenzung nicht bedarf und gebilligt, dass einem Kläger, der eine Größenordnung von 25.000 EUR angegeben hatte, 50.000 EUR Schmerzensgeld zugesprochen wurden.[94] Der den Umfang des den prozessualen Anspruch bildende Streit-

92 BGH NJW 1982, 340; OLG Hamm MDR 2014, 984.

93 BGH NJW 1996, 2425, 2427.

94 BGH NJW 1996, 2425, 2427.

gegenstand ist mithin nicht durch die Angabe einer Größenordnung begrenzt,[95] es sei denn, es handelt sich um eine vom Kläger angegebene Obergrenze.[96]

Damit ist ein Kläger aber nicht der Verpflichtung enthoben, Angaben dazu zu machen, welchen Betrag er mindestens begehrt.[97]

42 Wird ein bestimmter, bezifferter Betrag eingeklagt und dem Kläger dieser Betrag zugesprochen, kann er nicht mit der Begründung Rechtsmittel einlegen, das Gericht habe keinen Gebrauch von seinem Ermessen gemacht, den eingeklagten Betrag zu überschreiten. Es fehlt an der erforderlichen Beschwer.[98]

(Ein Kläger kann aber, selbst wenn ihm der geltend gemachte Betrag zuerkannt worden ist, mit der Berufung ein höheres Schmerzensgeld verfolgen, wenn sich seine Berufung nicht allein auf die Verfolgung dieses Schmerzensgeldes erstreckt, sondern die erstinstanzliche Entscheidung auch wegen seines Anspruchs zu weiterem Sachschaden angefochten wird. Denn dann ist die Zulässigkeit der Berufung für diesen Punkt erreicht, und da eine Partei – wenn denn die Zulässigkeit der Berufung gegeben ist – nicht gehindert ist, über ihren eigenen erstinstanzlichen Antrag hinauszugehen, kann sie auch ihren Schmerzensgeldantrag erweitern, vgl. auch § 6 Rdn 36.

43 Von der überwiegend vertretenen Auffassung, das Gericht dürfe den Streitwert niedriger festsetzen, wenn es (ohne Beweiserhebung) einen geringeren Betrag zuspricht, als er den Vorstellungen des Klägers entspricht, ist der BGH[99] abgerückt, ohne sich mit der abweichenden Rechtsauffassung auseinanderzusetzen.[100]

44 Damit dem Kläger, wenn dessen Vorstellungen zum Schmerzensgeld den tatsächlich zugesprochenen Betrag nur geringfügig (bis zu 20 %) überschreiten, nicht ein Teil des zuerkannten Schmerzensgeldes durch die Kostenentscheidung sogleich wieder genommen wird, kann das Gericht ihn gemäß § 92 Abs. 2 ZPO trotz des teilweisen Unterliegens von der Kostenlast freistellen.[101]

2. Künftige Schadensentwicklung

45 Prozessuale Schwierigkeiten ergeben sich für einen Kläger, wenn im Zeitpunkt der Klageerhebung noch ungewiss ist, wie die zukünftige Schadensentwicklung (z.B. aufgrund eines noch abzuwartenden Krankheitsverlaufs) voraussichtlich sein wird. Denn generell wird in das vom Gericht festzusetzende Schmerzensgeld die gesamte

95 Vgl. auch OLG Brandenburg VersR 2000, 489; OLG Saarbrücken NJW 2008, 116.
96 BGH NJW 2002, 3769 f.
97 BGH VersR 1999, 902; BGH NJW 2002, 3769.
98 BGH NJW-RR 2004, 863.
99 BGH NJW 1996, 2425, 2427.
100 Vgl. zum Meinungsstand Zöller/*Herget*, § 3 Rn 16, 171 „unbezifferter Klageantrag"; *v. Gerlach*, VersR 2000, 525, 528; OLG Sachsen-Anhalt v. 16.4.2013 – 10 W 20/13, juris.
101 OLG Düsseldorf NJW-RR 1995, 955; zustimmend *v. Gerlach*, VersR 2000, 525, 528.

künftige Entwicklung einbezogen, soweit sie schon jetzt hinreichend sicher beurteilt werden kann.[102]

BGH r+s 2018, 678:[103]

Verlangt der Geschädigte für erlittene Körperverletzungen uneingeschränkt ein Schmerzensgeld, so werden durch den Klageantrag nach dem Grundsatz der Einheitlichkeit des Schmerzensgeldes alle diejenigen Schadensfolgen erfasst, die entweder bereits eingetreten und objektiv erkennbar waren oder deren Eintritt jedenfalls vorhergesehen und bei der Entscheidung berücksichtigt werden konnte.

Die Frage ist, ob ein Kläger ein zeitlich begrenztes Teilschmerzensgeld geltend machen kann, wenn die künftige Entwicklung noch ungewiss ist. Die Rspr. lässt nur für den Fall eine auf ein Teilschmerzensgeld gerichtete Klage zu, wenn sich die künftige Entwicklung noch nicht überschauen und das insgesamt angemessene Schmerzensgeld sich noch nicht endgültig beurteilen lässt.[104]

BGH r+s 2004, 216:

Eine offene Schmerzensgeld-Teilklage ist zulässig, wenn erkennbar und hinreichend individualisierbar ist, um welchen Teil des Gesamtanspruchs es sich handelt.

Die Geltendmachung von Teilschmerzensgeld kritischer gesehen hat zuvor das OLG Hamm r+s 2000, 326, 327:

Die Geltendmachung eines zeitlich begrenzten Teilschmerzensgeldes (zeitlich begrenzt auf einen in der Vergangenheit liegenden Zeitraum oder auf den Schluss der mündlichen Verhandlung) ist auch dann unzulässig, wenn die zukünftige Entwicklung noch ungewiss ist. Durch ein zeitlich unbegrenztes Teilschmerzensgeld wird die schon jetzt überschaubare Entwicklung einschließlich der schon jetzt begründeten Sorge vor möglichen weiteren Unfallfolgen mitumfasst. Nicht abgegolten wird die Verwirklichung schon jetzt erkennbarer, aber noch offener Risiken; hierfür besteht die Möglichkeit der Feststellungsklage.

Im Einzelfall sollte deswegen geprüft werden, ob überhaupt der Weg einer Teilklage bestritten werden muss oder ob dem Geschädigten mit einem Antrag auf Feststellung der Ersatzpflicht für zukünftige Schäden nicht besser geholfen ist.

102 Vgl. *Lemcke*, r+s 2000, 309.

103 Vgl. auch BGH NJW 2015, 1252.

104 Vgl. BGH r+s 2004, 216; OLG Oldenburg NJW-RR 1988, 615; OLG Köln VersR 1992, 975; OLG Düsseldorf VersR 1996, 984.

BGH r+s 2004, 216:

> *So hat er für den Fall, dass mit dem Eintritt weiterer Schäden zu rechnen ist, die letztlich noch nicht absehbar sind, das nach § 256 ZPO erforderliche Feststellungsinteresse für die Feststellung der Ersatzpflicht zukünftiger immaterieller Schäden bejaht, wenn aus der Sicht des Geschädigten bei verständiger Würdigung Grund besteht, mit dem Eintritt eines weiteren Schadens wenigstens zu rechnen (…). Auch im Falle eines solchen Feststellungsantrages bleibt offen, wie hoch der Schmerzensgeldanspruch letztendlich sein wird, und wird der zu zahlende Betrag nach den gegenwärtigen Umständen und unter Außerachtlassung der noch nicht absehbaren Folgen in gewisser Weise vorläufig als Teilbetrag festgesetzt. Im Hinblick darauf hätte es der offenen Teilklage nicht bedurft. Der Kl. hätte sich auch durch einen Antrag auf Feststellung der Ersatzpflicht des Bekl. für zukünftige immaterielle Schäden seinen Anspruch sichern können.*
>
> *3. Andererseits bestehen gegen die Zulässigkeit einer Teilklage, wie sie hier vorliegt, keine rechtlichen Bedenken. Eine offene Schmerzensgeld-Teilklage ist zulässig, wenn erkennbar und hinreichend individualisierbar ist, um welchen Teil des Gesamtanspruchs es sich handelt.*

Das OLG Köln[105] gewährt für etwaige Spätschäden einen Risikozuschlag; ablehnend *Lemcke*;[106] zustimmend *v. Gerlach*,[107] der sich aber zu Recht dagegen wendet, dass das OLG Köln von einer regelmäßigen Pauschale von 25 % ausgeht. Im Ergebnis ist die Entscheidung des OLG Köln abzulehnen: Diese pauschalisierte Betrachtung widerspricht dem Grundsatz, dass in jedem Einzelfall eine individuelle Prüfung des eingetretenen Schadens stattfindet. Will der Geschädigte künftige Entwicklungen berücksichtigen, muss er Teilklage mit Blick auf das geforderte Teilschmerzensgeld oder eine Feststellungsklage erheben.[108]

3. Entgegenstehende Rechtskraft

46 Auf Spätfolgen kann sich der Verletzte nach rechtskräftiger Entscheidung über ein uneingeschränktes Schmerzensgeld wegen der entgegenstehenden Rechtskraft dann nicht mehr berufen, wenn sie in dem früheren Verfahren berücksichtigt werden konnten,[109] weil sie **objektiv erkennbar** und ihr Eintreten **voraussehbar** waren.[110]

105 OLG Köln VersR 1992, 975 vgl. auch OLG Karlsruhe VersR 2010, 924, 925.

106 *Lemcke*, r+s 2000, 309.

107 *v. Gerlach*, VersR 2000, 525, 530.

108 Vgl. IMM-DAT Kommentierung/*Slizyk*, 15. Aufl. 2019, Rn 394.

109 OLG Karlsruhe VersR 2010, 924, 925.

110 BGH NJW 1988, 2300; BGH NJW 1995, 1614; BGH NJW-RR 2006, 712; BGH r+s 2018, 678.

Die entgegenstehende Rechtskraft verneint hat der BGH[111] beispielsweise in einem Fall, in dem einem Verletzten in einem Vorprozess wegen des Schleudertraumas der Halswirbelsäule ein Schmerzensgeld von 750 EUR zugebilligt worden war, und der nunmehr aus demselben Unfallgeschehen 80.000 EUR wegen der dabei erlittenen paranoid-halluzinatorischen Psychose verlangte. Die Psychose sei **kein Folgeschaden** der Halswirbelsäulenverletzung, sondern beruhe auf dem **Unfallerlebnis**. Deshalb sei der Streitgegenstand des zu entscheidenden Rechtsstreits ein anderer als der des früheren Verfahrens. Die Rechtskraft der Vorentscheidung steht auch einer weiteren Klage des Geschädigten nicht entgegen, mit der festgestellt werden soll, ob und in welcher Höhe für einen bestimmten Zeitraum ein Verdienstausfallschaden eingetreten ist. Denn diese Frage betrifft den Umfang des Unfallschadens, also die Höhe des Anspruchs, und wird deshalb von der Rechtskraft eines vorausgegangenen Feststellungsurteils betreffend die Ersatzpflicht sämtlicher materieller Schäden aus dem Unfallereignis nicht erfasst.[112]

Die positive Feststellung zur Ersatzpflicht hinsichtlich eines weiteren immateriellen Schadens bezieht sich regelmäßig auf Verletzungsfolgen, die objektiv nicht erkennbar und gegenwärtig nicht vorherzusehen sind.[113] Eine Verurteilung zu Schmerzensgeld **unter Abweisung eines Antrags auf Feststellung** der Verpflichtung zum Ersatz weiterer immaterieller Schäden umfasst nicht später geltend gemachte, im Zeitpunkt der Entscheidung des Vorprozesses nicht vorhersehbare Folgeschäden.[114]

III. Hauptantrag – Hilfsantrag

Für einen Kläger ist häufig schwer abzuschätzen, welcher Antrag ihm die größten Erfolgsaussichten bietet, denn er kennt bei Klageerhebung weder zuverlässig die Einlassung des Gegners noch die Rechtsauffassung des Gerichts noch das Ergebnis der Beweiserhebung. So kommt etwa bei Vorenthaltung einer Sache gemäß § 985 BGB ein Herausgabeanspruch des Eigentümers in Betracht, wenn der Gegner im Besitz der Sache ist. Besitzt dieser die Sache nicht oder nicht mehr, mag der Kläger einen Schadensersatzanspruch gegen den Beklagten haben. **47**

Das Gesetz erleichtert dem Kläger für diesen Fall seine Entscheidung insofern, als er gemäß §§ 283 BGB, 255 ZPO mit dem Antrag auf Herausgabe sogleich dem Beklagten eine Frist zur Bewirkung seiner Leistung setzen lassen kann, um dann nach Fristablauf von dem Herausgabeanspruch auf einen Zahlungsanspruch überzugehen. Zu den Einzelheiten vgl. die Kommentarliteratur zu §§ 283 BGB, 255 ZPO. **48**

111 BGH NJW 1998, 1786.
112 BGH NJW-RR 2005, 1517.
113 OLG Schleswig BeckRS 2002, 30234626.
114 BGH NJW-RR 2006, 712.

49 Der Kläger kann in dem Beispielsfall aber auch so vorgehen, dass er in erster Linie – „Hauptantrag" – auf Herausgabe, hilfsweise – „Hilfsantrag" – auf Schadensersatz klagt. Der Hilfsantrag gilt nur für den Fall als erhoben, dass das Gericht dem Hauptantrag nicht oder nicht in vollem Umfang entspricht. Das Gericht ist nicht frei darin, in welcher **Reihenfolge** es sich den Anträgen widmet; es hat mit der Prüfung des Hauptantrages zu beginnen und notfalls auch Beweis zu erheben, ehe es sich dem Hilfsantrag zuwenden darf.[115] Die Möglichkeit Haupt- und Hilfsanträge (auch in anderen Fällen als der Vorenthaltung einer Sache) zu kombinieren, ist grundsätzlich anerkannt.[116] Die die Anträge verknüpfende Bedingung muss allerdings innerprozessualer Natur sein; zulässige Bedingungen sind beispielsweise

- Erfolglosigkeit oder Erfolg des Hauptantrags,[117]
- fehlende Entscheidungsreife im Berufungsverfahren,[118]
- nicht aber ein Hilfsantrag unter der Bedingung, dass der Hauptantrag einer Beweisaufnahme bedarf[119] oder
- Bedingungen, die die Klageerhebung insgesamt selbst in Frage stellen.[120]

Entspricht das Gericht in vollem Umfang dem Hauptantrag, ist der Hilfsantrag gegenstandslos. Weist es den Hauptantrag ganz oder teilweise ab und entspricht es dem Hilfsantrag, so bringt es das in seinem Urteilstenor zum Ausdruck: „Im Übrigen wird die Klage abgewiesen." Selbst wenn das Gericht dem Hilfsantrag des Klägers in vollem Umfang entsprochen hat, ist dieser beschwert. Er kann das Urteil mit der Berufung oder Revision anfechten, weil er mit seinem vorrangigen Klageziel unterlegen ist.

Werden Haupt- und Hilfsantrag in erster Instanz abgewiesen und hat die Berufung hinsichtlich des Hauptantrags Erfolg, ist die Abweisung des Hilfsantrags ohne Weiteres gegenstandslos.[121]

50 Wird über Haupt- und Hilfsantrag entschieden, sind gemäß § 45 Abs. 1 S. 2 GKG die Streitwerte von Haupt- und Hilfsantrag zu addieren, sofern sie nicht denselben Streitgegenstand betreffen. Mit dieser Regelung wird dem Kläger also zumindest für den Fall unterschiedlicher Gegenstände von Haupt- und Hilfsantrag die Möglichkeit genommen, das Kostenrisiko völlig dem Beklagten zu überbürden, wenn er ihn mit einem wenig aussichtsreichen Hauptantrag überzieht und er lediglich mit seinem Hilfsantrag obsiegt.

115 BGH NJW-RR 1989, 650.
116 Saenger/*Saenger*, § 260 ZPO Rn 9.
117 BGH NJW 2001, 1285; 1286; OLG Hamm NJW-RR 2011, 1423, 1425.
118 BGH NJW 1996, 3147, 3150.
119 BGH NJW 1995, 1353.
120 Saenger/*Saenger*, § 260 ZPO Rn 9.
121 BGH NJW 2017, 1180.

Sind die Streitgegenstände von Hauptantrag und Hilfsantrag identisch, so wird der Kläger nicht mit Kosten belastet, wenn er mit seinem Hauptantrag voll unterliegt, mit seinem Hilfsantrag aber obsiegt; vorausgesetzt, der Hauptantrag hat keinen höheren Streitwert, § 45 Abs. 1 S. 3 GKG.

IV. Hauptvorbringen – Hilfsvorbringen

Vom Haupt- und Hilfsantrag sind das Haupt- und Hilfsvorbringen zu unterscheiden. 51
Hier stellt der Kläger nur **einen Antrag**, stützt diesen aber auf **verschiedene Sachverhalte**. Hinsichtlich dieser Sachverhalte muss er festlegen, auf welchen er seine Klage vorrangig stützt. Unterlässt er das, ist seine Klage unzulässig. Der Kläger darf in diesem Fall dem Gericht mithin nicht die Auswahl überlassen, auf welchen Klagegrund es die Verurteilung stützt, ansonsten liegt ein Verstoß gegen § 253 Abs. 2 Nr. 2 ZPO vor. Hat der Kläger mehrere Klagegründe im Wege einer alternativen Klagehäufung verfolgt, kann er die gebotene Bestimmung der Reihenfolge, in der er die prozessualen Ansprüche geltend machen will, noch in der Berufungs- oder der Revisionsinstanz nachholen. Nimmt der Kläger die Bestimmung erst in der Revisionsinstanz vor, kann der auch im Prozessrecht geltende Grundsatz von Treu und Glauben den Kläger in der Wahl der Reihenfolge in der Weise beschränken, dass er zunächst die vom Berufungsgericht behandelten Streitgegenstände zur Entscheidung des Revisionsgerichts stellen muss.[122]

Ebenso wie bei Haupt- und Hilfsantrag ist das Gericht an die ihm vorgegebene Reihenfolge gebunden. Selbst wenn das Hilfsvorbringen ohne weitere Ermittlungen zum Erfolg führen würde, muss das Gericht zunächst über das Hauptvorbringen entscheiden, gegebenenfalls nach Beweiserhebung. Denn wenn das Gericht dem Klageantrag schon auf das Hauptvorbringen hin entsprochen hat, ist das Hilfsvorbringen gleichsam unverbraucht, so dass darauf eine neue Klage gestützt werden könnte, ohne dass dem die Rechtskraft des vorausgegangenen Rechtsstreits entgegenstehen könnte.

Unzulässig ist eine Klage, mit der der Kläger Schadensersatzansprüche aus ver- 52
schiedenen Verträgen in einer bestimmten Reihenfolge erhebt, und dabei erklärt, dass das Gericht über die nachrangig erhobenen Ansprüche entscheiden solle, wenn für die vorrangig erhobenen Ansprüche nach Auffassung des Gerichts eine **Beweisaufnahme** erforderlich sei,[123] vgl. Rdn 49.

Ein Kläger kann seinen Antrag **hilfsweise auf das Vorbringen des Beklagten** stüt- 53
zen, wenn er der Meinung ist, dass dieses Vorbringen gleichermaßen geeignet ist, seinen Klageanspruch zu begründen. Das ist z.B. der Fall, wenn der Kläger gegen den Beklagten einen Anspruch aus Vertrag geltend macht und dieser zwar einen

122 BGH GRUR 2011, 521.
123 BGH NJW 1995, 1353.

Vertragsabschluss bestreitet, aber seinerseits einen Sachverhalt vorträgt, der geeignet ist, einen Anspruch aus Geschäftsführung ohne Auftrag nach § 683 BGB zu rechtfertigen.

Oder im Falle des OLG Köln,[124] in dem die Beklagte von einem Arzt gemäß § 611 BGB wegen der Behandlung ihres Ehemannes in Anspruch genommen wird, diese einen Vertragsabschluss bestreitet, nach ihrer eigenen Einlassung aber aus § 1357 BGB (Schlüsselgewalt) haftet.[125] Der Kläger muss sich diese Einlassung des Beklagten aber ausdrücklich – zumindest hilfsweise – zu eigen machen.

Denn nach der jetzigen Rspr. des BGH[126] zu der lange umstrittenen **Lehre vom gleichwertigen oder äquipollenten Parteivorbringen** kann das Gericht seine Entscheidung nicht von Amts wegen zugunsten des Klägers auf das Vorbringen des Beklagten stützen, sondern muss sich den Vortrag des Gegners zumindest hilfsweise zu eigen machen.[127]

BGH NJW-RR 1994, 1405:[128]

> *Ergibt das Vorbringen des Bekl. aufgrund eines anderen als des von dem Kl. vorgetragenen Sachverhalts die Schlüssigkeit des Klagebegehrens, so verhilft dies der Klage* ***nur dann*** *zum Erfolg, wenn sich der Kl. das zu seinem Sachvortrag in Widerspruch stehende Vorbringen des Bekl. wenigstens hilfsweise zu eigen macht und seine Klage (auch) hierauf stützt […].*

54 Während das Gericht ein in sich widersprüchliches Vorbringen nicht zur Grundlage seiner Entscheidung machen kann, steht die Widersprüchlichkeit der Begründetheit des Klageanspruches nicht entgegen, wenn sich Hauptvorbringen und Hilfsvorbringen widersprechen. Voraussetzung ist aber, dass das Hilfsvorbringen auf der Einlassung des Beklagten fußt.

Der Kläger kann also nicht den Sachverhalt „a" und hilfsweise den Sachverhalt „non a" behaupten. Wohl aber kann er sich den vom Beklagten behaupteten Sachverhalt zu eigen machen und gleichwohl daran festhalten, dass der von ihm in erster Linie behauptete allein der Wahrheit entspricht. Er verstößt mit einem solchen Vorbringen nicht gegen seine Wahrheitspflicht nach § 138 Abs. 1 ZPO, vgl. § 2 Rdn 19 ff.

124 OLG Köln FamRZ 1999, 1134.

125 Vgl. dazu auch *Schneider*, MDR 2000, 189, 193.

126 BGH NJW 1989, 2756; BGH NJW-RR 1994, 1405.

127 BGH NJW 1956, 631; BGH NJW 1985, 1841, 1842; BGH NJW 1989, 2756.

128 Ebenso BGH NJW 2000, 1641; vgl. auch OLG Frankfurt am Main GRUR-RR 2017, 294; OLG Düsseldorf NZV 2017, 326; OLG München GRUR-RR 2018, 21.

V. Antrag auf Zug-um-Zug-Verurteilung

Schließen zwei Parteien beispielsweise einen Kaufvertrag, so wird – anders als etwa beim Werkvertrag – der Leistungsanspruch jedes Vertragspartners sofort fällig. Der Verkäufer kann den Käufer auf Zahlung in Anspruch nehmen, ohne dass er seine eigene Leistung erbracht haben müsste. Allerdings kann in diesem Fall der Käufer gemäß § 320 BGB gegenüber dem Zahlungsverlangen des Verkäufers die sogenannte „Einrede des nichterfüllten Vertrages" erheben. Diese Einrede bewirkt aber nicht, dass die Klage abzuweisen wäre, sondern dass der Beklagte verurteilt wird – wenn die Voraussetzungen für den Klageanspruch im Übrigen erfüllt sind –, den Kaufpreis **Zug um Zug** gegen Lieferung der Kaufsache zu zahlen. Wird ein Geschäftsführer von einem Insolvenzverwalter wegen verbotswidrigen Zahlungen nach Insolvenzreife (vgl. § 64 GmbHG a.F. und § 15b InsO) in Anspruch genommen, kann sich der Geschäftsführer u.a. damit verteidigen, dass der Insolvenzverwalter ihm analog § 255 BGB Insolvenzanfechtungsansprüche der Masse gegen den Zahlungsempfänger abtreten oder er (ebenfalls gemäß § 255 analog) jedenfalls im Urteil vorbehalten werden muss, seinen Gegenanspruch, der sich nach Rang und Höhe mit dem Betrag deckt, den der begünstigte Gesellschaftsgläubiger im Insolvenzverfahren erhalten hätte, nach Erstattung an die Masse gegen den Insolvenzverwalter verfolgen zu können.[129] 55

Hatte der Beklagte einen Antrag auf Abweisung der Klage schlechthin gestellt, sind beide Parteien teilweise mit ihren Anträgen unterlegen, und es werden beide anteilig mit den Kosten des Rechtsstreits belastet. Um diese Kostenbelastung zu vermeiden, ist es sowohl für den Kläger wie auch für den Beklagten wichtig, die richtigen Anträge zu stellen.

Denn das Gericht hat **von Amts wegen** eine Zug-um-Zug-Verurteilung auszusprechen, wenn dafür die materiellrechtlichen Voraussetzungen gegeben sind.

Die Zug-um-Zug-Verurteilung ist gegenüber der Verurteilung schlechthin ein minus, kein aliud.[130]

Ebenso von Amts wegen hat es aber auch gemäß § 308 Abs. 2 ZPO über die Kosten des Rechtsstreits zu entscheiden.

> *Hinweis* 56
>
> Wichtig ist im Hinblick auf die spätere Vollstreckung, dass der Kläger seinen Antrag bezüglich der Zug-um-Zug-Einschränkung so fasst, dass sie ihrerseits zum Gegenstand einer Leistungsklage gemacht werden könnte.[131]

129 BGH NJW 2001, 1280; BGH DStR 2017, 2060, 2062.

130 BGH NJW 1992, 1172, 1173.

131 Vgl. BGH Rpfleger 1993, 206; LG Heidelberg CR 2004, 890.

57 *Ein Beispiel aus der Praxis*

V hat dem K einen Gebrauchtwagen verkauft. Jetzt streiten die Parteien darüber, ob sie sich auf einen Kaufpreis von 6.000 EUR oder auf 7.000 EUR geeinigt hatten. V will nicht liefern, wenn K ihm nicht 7.000 EUR zahlt, und K ist nicht bereit, die seiner Meinung nach geschuldeten 6.000 EUR zu zahlen, da V ihm dafür den Pkw nicht herausgeben will.

Damit überhaupt Bewegung in die Angelegenheit kommt, wird einer der Streitenden Klage erheben müssen.

Der Antrag des V als Kläger muss lauten:

„... den Beklagten zu verurteilen, dem Kläger 7.000 EUR (nebst Zinsen) zu zahlen, Zug um Zug gegen Lieferung des Pkw ...“

Der Antrag des Beklagten muss lauten:

„... die Klage abzuweisen, soweit der Kläger mehr begehrt als Zahlung von 6.000 EUR Zug um Zug gegen ...“

Ergibt dann die Beweisaufnahme, dass von dem Beklagten tatsächlich nur 6.000 EUR geschuldet werden, wird entsprechend seinem Antrag entschieden und der Kläger allein mit den Kosten des Rechtsstreits belastet. Der Streitwert beträgt 7.000 EUR, obwohl sich die Parteien im Grunde nur um die Differenz von 1.000 EUR gestritten haben.

58 Da die Vollstreckung aus einem Zug-um-Zug-Titel große praktische Schwierigkeiten macht – dem Schuldner muss bei der Vollstreckung die Gegenleistung angeboten werden –, empfiehlt es sich, diesem die Gegenleistung bereits vorher anzubieten und bei dessen Weigerung der Zug-um-Zug-Annahme auf Feststellung zu klagen, dass der Schuldner mit der Annahme in Verzug ist. Dann braucht die eigene Leistung bei der Vollstreckung von dem Vollstreckungsorgan dem Schuldner nicht mehr angeboten zu werden.

VI. Antrag bei Wechsel des Forderungsinhabers

59 Veräußert ein Kläger während der Rechtshängigkeit die im Streit befangene Sache, ändert dies kraft der ausdrücklichen Regelung des § 265 Abs. 2 ZPO nichts an seiner Klagebefugnis. Der Kläger muss aber seinen Klageantrag umstellen; er kann nicht mehr auf Leistung an sich, sondern nur noch auf Leistung an den Zessionar klagen.[132]

Nur der Kläger, nicht auch der Zessionar, kann gegen das klageabweisende Urteil Rechtsmittel einlegen.

132 BGH NJW 1990, 2755.

VII. Teilklage und negative Feststellungsklage

Erscheint einer Partei das Kostenrisiko zu hoch, den gesamten Betrag einzuklagen, der sich z.B. aus einem Schadensereignis ergeben könnte, so kann sie eine Teilklage erheben. Das kann angebracht sein, wenn ihr ein vor der Beweiserhebung nur schwer abzuschätzendes Mitverschulden angelastet werden könnte oder wenn einzelne Schadenspositionen, etwa zum entgangenen Gewinn, sehr fraglich sind. 60

Fraglich war, ob der Kläger deutlich machen muss, dass seine Klage eine Teilklage sein soll. Denn wenn eine Teilklage erhoben wird, so erfasst die Rechtskraft der Entscheidung nur den Teilanspruch. 61

BGH NJW 1985, 2825, 2826:

> *In einem solchen Fall, in dem der Kl. aufgrund eines feststehenden überschaubaren Sachverhalts einen bestimmten Anspruch erhebt, ohne dass seine Klage als Teilklage erkennbar ist und ohne sich weitergehende Ansprüche vorzubehalten, stellt sich die Frage, ob sich die Rechtskraft auf den gesamten nach dem Sachverhalt gegebenen Anspruch erstreckt.*

In einer Grundsatzentscheidung hat der BGH[133] aber klargestellt: 62

> *Auch bei einer* ***verdeckten Teilklage*** *bleibt es bei dem Grundsatz, dass die Rechtskraft des Urteils nur den geltend gemachten Anspruch im beantragten Umfang umfasst und der* ***Kläger nicht erklären*** *muss, er behalte sich darüber hinausgehende Ansprüche vor.*
>
> *[…]*
>
> *Grundsätzlich braucht ein Kläger, der einen bezifferten Anspruch geltend macht, nicht zu erklären, er behalte sich die darüber hinausgehenden Ansprüche vor, denn das ergibt sich schon daraus, dass die Rechtskraft nur den im Prozess geltend gemachten Anspruch ergreift, der gem. § 308 ZPO durch den Klageantrag beschränkt wird. Die Rechtskraft eines Urteils erstreckt sich nicht auf den nicht eingeklagten Rest eines teilbaren Anspruchs oder auf andere Ansprüche aus dem gleichen Sachverhalt, selbst wenn sich das Urteil darüber auslässt […].*

(Als eine mögliche Ausnahme sieht der BGH[134] weiterhin den Fall an, dass der Kläger im Vorprozess die Höhe eines Schadensersatzanspruchs in das Ermessen des Gerichts gestellt hatte.)

Bei einer Teilklage ist weiter zu berücksichtigen, dass eine Teilklage die Verjährung nur mit Blick auf den eingeklagten Teil des Anspruchs hemmt.

133 BGH ZIP 1997, 1042 f.

134 BGH ZIP 1997, 1042.

BGH NJW-RR 2008, 521:

> *Erhebt der Berechtigte ausdrücklich eine Teilklage, so erstreckt sich eine für den geltend gemachten Teilanspruch eingetretene Hemmung der Verjährung nicht auf den Restanspruch.*

63 Stützt der Kläger seinen Klaganspruch auf mehrere Schadenspositionen, von denen er nur einen Teil geltend macht, erfordert die **Zulässigkeit** der Klage, dass er entweder angibt, welchen Teil der einzelnen Schadenspositionen er einklagt oder in welcher Reihenfolge die Teilklage auf die einzelnen Schadensposten gestützt wird, in welcher Reihenfolge das Gericht diese also prüfen soll.[135] Denn sonst könnte es zu unüberwindbaren Schwierigkeiten bei der Bestimmung des Streitgegenstandes und damit der materiellen Rechtskraft kommen.[136] Ist die Reihenfolge bei Klageerhebung unklar oder nicht angegeben, kann (und muss) dies noch nachgeholt werden.

BGH NJW 2014, 3298:

> *An der ständigen Rechtsprechung des BGH, dass bereits die Erhebung einer Teilklage, mit der mehrere Ansprüche geltend gemacht werden, deren Summe den geltend gemachten Teil übersteigt, die Verjährung aller Teilansprüche hemmt und die Bestimmung, bis zu welcher Höhe bzw. in welcher Reihenfolge die einzelnen Teilansprüche verfolgt werden, nachgeholt werden kann, wird festgehalten.*

Das Gericht ist dann gezwungen, den Klageanspruch in der vom Kläger vorgegebenen Reihenfolge – notfalls durch Beweiserhebung – zu prüfen. Der Kläger wird zweckmäßigerweise die ihm am schwächsten erscheinende Schadensposition an den Anfang stellen, um mit geringerem Kostenrisiko – siehe aber § 45 Abs. 1 S. 2 GKG – eine Prüfung auch dieses Anspruchs zu erzwingen. Greift schon dieser Anspruch ganz oder wenigstens teilweise durch, so kann er noch in dem anhängigen Rechtsstreit den Klageantrag erhöhen und die weiteren (stärkeren) Schadenspositionen nachschieben. An die Zustimmung des Beklagten ist der Kläger nicht gebunden, und verspätet kann der neue Antrag auch nicht sein, vgl. § 4 Rdn 10 ff.

64 Von einer Teilklage, die mehrere prozessual selbstständige Ansprüche zum Gegenstand hat, ist jedoch der Fall zu unterscheiden, dass ein Kläger eine Gesamtsumme geltend macht, die sich aus mehreren Einzelpositionen zusammensetzt.

BGH NJW 2000, 3718, 3719:

> *Insoweit handelt es sich um einen einheitlichen Schaden mit unselbstständigen Rechnungsposten, nicht aber um verschiedene prozessuale Ansprüche. Hier bedarf es grundsätzlich keiner Erklärung über die Reihenfolge der Prüfung [...].*

135 BGH NJW 1990, 2068; BAG v. 17.12.15 – 8 AZR 54/14.
136 BGH NJW 2000, 3718.

Ob das eine oder das andere vorliegt, kann das Gericht nicht mit der Begründung offenlassen, die Klage sei auf jeden Fall unbegründet. Denn wenn mehrere prozessuale Ansprüche gegeben sind, und dem Gericht die Reihenfolge der Prüfung nicht vorgegeben wird, ist die Klage unzulässig; sie muss mit dieser Begründung abgewiesen werden.[137]

Da ein mit einer Teilklage überzogener Beklagter befürchten muss, dass der Kläger, wenn er mit seiner Teilforderung unterliegt, später in neuen Klagen weitere Teilforderungen gegen ihn geltend macht, kann er im Wege der **Widerklage** negative Feststellungsklage erheben, um ein für allemal zu klären, dass die gesamte Forderung nicht begründet ist, derer sich der Kläger berühmt. 65

Sein Risiko liegt aber darin, dass im Falle der Abweisung der Widerklage nunmehr positiv festgestellt ist, dass dem Kläger der über seinen mit der Klage geltend gemachten Anspruch hinausgehende Anspruch zusteht. Denn die Rechtskraftwirkung entspricht dann derjenigen eines Urteils, das einer umgekehrten positiven Feststellungsklage des Beklagten stattgegeben hätte.[138]

Dazu ein Fall aus der Praxis: 66

Die Tante hat ihrer Nichte auf Leibrentenbasis ein Speditionsunternehmen übereignet; für die monatlich zu entrichtende Rente ist eine Gleitklausel vereinbart worden. Gegenüber dem Erhöhungsverlangen der Tante wendet die Nichte ein, die Tante habe bei der letzten Erhöhung zugesagt, auf weitere Erhöhungen zu verzichten. Neben ihrem Antrag auf Klageabweisung beantragt die Nichte im Wege der Widerklage die Feststellung, dass der Tante auch kein weiterer Anspruch auf Erhöhung der Leibrente mehr zusteht. Landgericht und Oberlandesgericht haben nach Beweiserhebung der Klage der Tante stattgegeben und die Widerklage der Nichte abgewiesen. Dem neuerlichen Verlangen der Tante auf Anhebung der Leibrente entspricht die Nichte wiederum nicht. Der dieses Mal vor dem Amtsgericht erhobenen Klage stellt die Nichte dieselben Einwendungen wie in dem vorausgegangenen Rechtsstreit entgegen. Das Amtsgericht erhebt erneut Beweis, kommt zu einem anderen Beweisergebnis als die Richter des Vorprozesses und weist die Klage der Tante ab.

Dass das LG und das OLG die behauptete Zusage der Tante nicht als bewiesen angesehen hatten, brauchte das AG nicht an der erneuten Beweiserhebung zu hindern. Denn durch das klagstattgebende Urteil des Vorprozesses war nur die Feststellung in Rechtskraft erwachsen, dass der Tante für den geltend gemachten Zeitraum die erhöhte Leibrente zusteht, nicht die diesem Urteilsausspruch zugrundeliegende Feststellung, dass eine Zusage der Tante nicht bewiesen sei. Gleichwohl war das AG an der erneuten Beweiserhebung gehindert, weil aufgrund der abgewiesenen

137 BGH NJW 2000, 3718.

138 BGH NJW 1986, 2508; Zöller/*Vollkommer*, § 322 Rn 11.

negativen Feststellungsklage auch für das AG bindend die Nichte mit dem Einwand der Zusage der Tante ausgeschlossen war. Die Berufungskammer des LG hat deshalb ohne weitere Prüfung des Vorbringens der Parteien zu der behaupteten Zusage der Tante das angefochtene Urteil geändert und deren erneutem Erhöhungsverlangen entsprochen.

VIII. Berufungsantrag

67 Der Berufungsantrag ist (wie die Klage)[139] **bedingungsfeindlich.**[140] Auch die Einlegung eines Schriftsatzes innerhalb der Berufungsfrist, dem nicht mit hinreichender Klarheit zu entnehmen ist, ob er eine Berufungsbegründung darstellt, ist mit Rücksicht auf die schwerwiegenden Folgen einer bedingten Erklärung, unzulässig.[141]

BGH NJW 2006, 693, 694:

> *[…] [F]ür die Annahme einer derartigen Bedingung [ist] eine **ausdrückliche zweifelsfreie Erklärung** erforderlich, die beispielsweise darin gesehen werden kann, dass der Schriftsatz als „Entwurf einer Berufungsbegründung" oder als „Begründung zunächst nur des Prozesskostenhilfegesuchs" bezeichnet wird, von einer „beabsichtigten Berufungsbegründung" die Rede ist oder angekündigt wird, dass die Berufung „nach Gewährung der Prozesskostenhilfe" begründet werde […].*

Der Berufungsführer kann sich darauf beschränken, das erstinstanzliche Urteil mit seinem Berufungsantrag nur teilweise anzufechten, ohne dass der nicht angefochtene Teil nach Ablauf der Begründungsfrist in Rechtskraft erwachsen würde. Auch der nur teilweise Angriff **hemmt** den Eintritt der Rechtskraft insgesamt.[142]

Anders OLG Oldenburg MDR 2004, 1199:

> *Das neue Berufungsrecht erfordert eine Modifizierung der bisherigen Rechtsprechung zur Hemmung des Eintritts der Rechtskraft bei Teilanfechtung eines Urteils. Der Teil des Urteils, der mit der Berufung nicht angegriffen wird, auf den der Berufungskläger (etwa mangels Beschwer) die Berufung nicht (mehr) erweitern kann und der nach Ablauf der Anschlussberufungsfrist auch vom Berufungsbeklagten nicht mehr angegriffen werden kann, erwächst in Teilrechtskraft.*

139 Vgl. *Baudewin/Scheffer*, NVwZ 2023, 469.

140 BGH NJW-RR 2000, 879.

141 BGH NJW 2006, 693.

142 BGH NJW 1992, 2296.

Während nach älterer Rspr. des BGH ein Antrag, der ausschließlich auf **Aufhebung und Zurückverweisung** gerichtet war, als unzulässig galt, sieht der BGH[143] inzwischen einen solchen Antrag als zulässig an. Es sei nämlich regelmäßig davon auszugehen, dass der Berufungsführer seinen erstinstanzlichen Antrag weiterverfolgen wolle. 68

Vgl. im Übrigen zu den Berufungsanträgen § 6 Rdn 36.

143 BGH NJW-RR 1995, 1154; BGH NJW 2006, 2705.

§ 2 Darlegungslast – Substantiierungslast

A. Verhandlungsmaxime

Die Parteien sind die Herren des Verfahrens. Es liegt in ihrer Hand, was sie vortragen, wie umfangreich sie das tun, ob sie Beweis antreten und mit welchen Beweismitteln. Sie legen durch ihr Vorbringen und Gegenvorbringen das Streitprogramm fest.[1] 1

BVerfGE 52, 131, 153:[2]

> *Diese Ausgestaltung des „Erkenntnisverfahrens" in Zivilsachen ist von der Überzeugung geprägt, dass aufgrund einer solchen, der Natur des Privatrechts entsprechenden Ordnung der zutreffende, für die gerichtliche Entscheidung erhebliche Sachverhalt von den Parteien nach ihrem Interesse am Ausgang des Rechtsstreits selbst beigebracht, unter Beweis gestellt und so die vom Gesetz angestrebte „richtige", auch mit dem Rechtsstaatsprinzip und dem darin enthaltenen Postulat der Gerechtigkeit in Einklang stehende Grundlage für die gerichtliche Entscheidung geschaffen werde.*

Von hier auszuklammernden besonderen Verfahren abgesehen, ermittelt das Gericht **nicht von Amts wegen**. Es hat seine Unparteilichkeit zu wahren und darf nach überwiegend vertretenem Prozessrechtsverständnis nur in engen Grenzen durch Anregungen und Handlungsaufforderungen in den Prozessablauf eingreifen. 2

Die ZPO legt den streitenden Parteien nur wenig echte **Pflichten** auf, wie zum Beispiel die Pflicht, vor Gericht zu erscheinen, wenn gemäß § 141 ZPO das persönliche Erscheinen der Parteien angeordnet ist oder die Wahrheitspflicht (§ 138 Abs. 1 ZPO). Statt Pflichten, deren Nichtbefolgung mit einem Ordnungsgeld geahndet werden (z.B. § 141 Abs. 3 S. 1 ZPO) oder strafrechtliche Sanktionen nach sich ziehen kann (Prozessbetrug), bürdet es den Parteien häufiger **Lasten** auf. Diese verpflichten die Partei zu nichts – sie kann „lediglich" den Prozess verlieren, wenn sie etwa ihrer Darlegungslast nicht genügt.

B. Darlegungslast

I. Was muss eine Partei vortragen?

Durch ihren Klageantrag hat sie das Klageziel selbstständig und frei bestimmt. Es ist nun an ihr, Tatsachen vorzutragen, die in Verbindung mit einem Rechtssatz ge- 3

1 *Muthorst*, JuS 2014, 686.

2 So auch BVerfG BeckRS 2013, 55213.

eignet sind, das geltend gemachte Recht als entstanden erscheinen zu lassen.[3] Die beklagte Partei genügt bei einem von ihr zur Rechtsverteidigung gehaltenen Sachvortrag ihren Substantiierungspflichten, wenn sie Tatsachen vorträgt, die in Verbindung mit einem Rechtssatz geeignet sind, das von der anderen Seite geltend gemachte Recht als nicht bestehend erscheinen zu lassen.[4] Die Anforderungen an das „**Was**" des Vortrages bestimmen sich also nach den Gesetzen des materiellen Rechts, in der Auslegung, die sie durch die Rechtspraxis erfahren haben.

Da Darlegungs- und Beweislast sich aufeinander beziehen, ist für die Frage, was eine Partei zur Begründung ihres Prozessantrages vorzutragen hat, schon für dessen Schlüssigkeit oder Erheblichkeit von Bedeutung, ob die Beweislast eine besondere gesetzliche Regelung gefunden hat. Das ist z.B. in §§ 179, 280, 363 BGB der Fall. Wird also etwa jemand als Vertreter ohne Vertretungsmacht nach § 179 BGB in Anspruch genommen, ergibt sich aus der Regelung des § 179 Abs. 1 BGB, wonach ihn die Beweislast für seine Vertretungsmacht trifft, dass er auch Tatsachen vorzutragen hat, die seine Vollmacht begründen können.

Gibt es keine ausdrückliche gesetzliche Regelung, gilt der eingangs erwähnte Grundsatz, dass Tatsachen vorzutragen sind, die geeignet sind, das geltend gemachte Recht als entstanden erscheinen zu lassen. Der Vortrag muss schlüssig, substantiiert und nicht ins Blaue erfolgen.[5]

Das bedeutet in seiner praktischen Anwendung:

Macht etwa der Kläger einen Anspruch auf Zahlung eines Kaufpreises geltend, so genügt er seiner Darlegungslast zunächst damit, dass er den Abschluss eines Kaufvertrages behauptet, der einen Anspruch in Höhe seiner Klageforderung zu begründen geeignet ist. Sein Vorbringen muss nur dem Bestimmtheitserfordernis des § 253 Abs. 2 Nr. 2 ZPO genügen; es muss klargestellt sein, über welchen Kaufgegenstand eine Entscheidung getroffen werden soll, damit es keinen Zweifel darüber geben kann, welche Streitsache mit der Rechtskraft der gerichtlichen Entscheidung so abgeschlossen ist, dass sie nicht wieder aufgegriffen werden kann.

4 Darüber hinaus bedarf es zunächst keines weiteren Vortrages zu Zeit, Ort und näheren Umständen des Vertragsabschlusses. Das ändert sich erst, wenn der Beklagte seinerseits auf die Klage erwidert hat. In welchem Umfang der Kläger nun sein Vorbringen zergliedern und spezifizieren muss, beantwortet sich nach seiner Substantiierungslast, vgl. Rdn 40 ff.

Ob der Kläger von dem Recht des zunächst knappen Vortrags Gebrauch macht, ist eine Frage der Ökonomie und der Taktik. Auf der einen Seite wird es arbeitsspa-

3 BGH NJW 1984, 2888; BGH NJW-RR 2010, 1217, 1218; BGH NJW-RR 2012, 1240; BGH BeckRS 2013, 10649; BGH NJW-RR 2021, 147, 148; BGH DS 2023, 291, 292.

4 BGH NJW-RR 2016, 1291; BGH BeckRS 2019, 36247.

5 *Dölling*, NJW 2013, 3121.

rend sein, schon in der Klageschrift auf die aus der Vorkorrespondenz bekannten oder zu erwartenden Einwendungen einzugehen. Andererseits kann es hilfreich sein, zunächst einmal abzuwarten, über welche Informationen der Gegner verfügt und welche Marschroute er verfolgt.

Der Vortrag sog. negativer Tatsachen – beispielsweise die nicht rechtzeitige Über- 5
gabe eines Emissionsprospekts oder das Fehlen eines Rechtsgrunds bei § 812 BGB – stellt die Partei regelmäßig vor besondere Herausforderungen. Regelmäßig wird diese Not der beweisbelasteten Partei nicht durch eine Beweislastumkehr oder eine Herabsetzung des Beweismaßes, sondern durch eine gesteigerte Substantiierungspflicht des Beweisgegners gemildert.[6] So trägt beispielsweise der geschädigte Anleger für die nicht rechtzeitige Übergabe des Emissionsprospekts die Darlegungs- und Beweislast. Die mit dem Nachweis der negativen Tatsache der fehlenden Prospektübergabe verbundenen Schwierigkeiten werden dadurch ausgeglichen, dass die andere Partei die behauptete fehlende Übergabe substantiiert bestreiten muss. Im Regelfall geschieht dies durch die Darlegung, wann und unter welchen Umständen der Prospekt übergeben wurde.[7]

Bei Ansprüchen aus Bereicherungsrecht muss beispielsweise auch der Bereicherungsgläubiger das Fehlen des rechtlichen Grundes darlegen und beweisen. Das gilt für die Leistungs- wie Eingriffskondiktion.[8] Dies gilt nach Ansicht des BGH auch für Rechtsgründe, die der Empfänger zur Verteidigung gegen die Herausgabepflicht hilfsweise vorträgt. Der Bereicherungsgläubiger soll allerdings nicht gehalten sein, alle theoretisch in Betracht kommenden Rechtsgründe auszuschließen, sondern sich darauf beschränken dürfen, die vom Empfänger geltend gemachten Rechtsgründe auszuräumen.

BGH NJW-RR 2009, 1142, 1144:

> *Wer einen Anspruch geltend macht, muss das Risiko einer Klagabweisung tragen, wenn sich die sein Begehren tragenden Tatsachen nicht feststellen lassen. Hieraus folgt, dass grundsätzlich derjenige alle anspruchsbegründenden Tatsachen behaupten und im Bestreitensfalle nachweisen muss, der den Anspruch – sei es im Wege der Klage, sei es zum Zwecke der Aufrechnung – geltend macht. Dieser Grundsatz gilt auch, soweit so genannte negative Umstände anspruchsbegründend sind. Deshalb hat nach ständiger Rechtsprechung des BGH derjenige, der einen Anspruch aufgrund § 812 Abs. 1 BGB geltend macht, die Darlegungs- und Beweislast für dessen negatives Tatbestandsmerkmal, nämlich dass die Vermögensmehrung, die der als Schuldner in Anspruch Genommene herausgeben soll, ohne Rechtsgrund besteht. Das gilt grundsätzlich auch in Fällen der Eingriffskondiktion.*

6 Vgl. BLP/*Laumen*, Bd. 1, Kap. 20 Rn 12 ff.

7 BGH BeckRS 2018, 27356.

8 BGH NJW-RR 2009, 1142, 1144.

Hieraus kann allerdings nicht abgeleitet werden, dass der Bereicherungsschuldner als Gegner des grundsätzlich darlegungs- und beweisbelasteten Bereicherungsgläubigers zu Sachvortrag im Hinblick auf den Rechtsgrund der erfolgten Vermögensmehrung überhaupt nicht verpflichtet sei. Mit seiner Weigerung, das Erlangte dem Anspruchsteller herauszugeben, bringt ein wegen ungerechtfertigter Bereicherung in Anspruch Genommener zwar zum Ausdruck, sich auf das Bestehen eines Rechtsgrundes berufen zu wollen. Worauf sich dieser Wille gründe, wird allein hierdurch jedoch nicht erkennbar. Ohne weitere Angaben des in Anspruch Genommenen müsste der Anspruchsteller daher alle auch nur entfernt in Betracht zu ziehenden Gründe durch entsprechende Darlegungen ausräumen. Das ist zwar nicht unmöglich, aber dann nicht zumutbar, wenn es andererseits dem Anspruchsgegner unschwer möglich ist, den Grund seiner Weigerung, das Erlangte zurückzugewähren, näher darzulegen.

Wenn der zu beurteilende Sachverhalt durch derart unterschiedliche Möglichkeiten gekennzeichnet ist, hat aus Zwecken der Prozessförderung zunächst die als Schuldner in Anspruch genommene Partei, hier also der Kl., die Umstände darzulegen, aus denen sie ableitet, das Erlangte behalten zu dürfen. Erst wenn sie diese Mitwirkungshandlung vorgenommen hat, kann und muss die für den Anspruch aus § 812 BGB darlegungs- und beweisbelastete Partei im Rahmen zumutbaren Aufwands diese Umstände durch eigenen Vortrag und – im Falle des Bestreitens – durch geeigneten Nachweis widerlegen, um das Fehlen eines rechtlichen Grundes darzutun. Danach obliegt dem Prozessgegner eine sogenannte sekundäre Behauptungslast, wenn die darlegungspflichtige Partei außerhalb des von ihr darzulegenden Geschehensablaufs steht und keine nähere Kenntnis der maßgebenden Tatsachen besitzt, während der Gegner sie hat und ihm nähere Angaben zumutbar sind.

II. Darlegungslast in Einzelfällen

1. Amtshaftung

6 Unter dem Gesichtspunkt der Darlegungslast enthält der Amtshaftungsanspruch nach § 839 BGB insoweit eine Besonderheit, als zu seinen Anspruchsvoraussetzungen ein Negativum gehört. Dem Geschädigten steht nur dann ein Schadensersatzanspruch zu, wenn er keine **anderweitige Ersatzmöglichkeit** hat. Zumindest immer dann, wenn es nicht völlig fernliegend ist, dass auch ein Anspruch gegen einen Dritten in Betracht kommt, muss er **von sich aus vortragen**,[9] dass und gegebenenfalls warum ihm keine Ersatzmöglichkeit zur Seite steht. Sonst ist seine Klage schon wegen dieses Mangels als unschlüssig abzuweisen. Kommt ein Anspruch ge-

9 BGHZ 121, 65; BLP/*Luckey*, § 839 BGB Rn 24.

gen einen Dritten in Betracht, muss der Kläger darlegen, weshalb dessen Inanspruchnahme keine Aussicht auf Erfolg bietet.[10] Sache des Beklagten ist es sodann, auf Ersatzmöglichkeiten hinzuweisen.[11]

Dasselbe gilt für den Schadensersatzanspruch aus Amtspflichtverletzung gegen den **Notar** nach § 19 Abs. 1 S. 1 BNotO. Häufigste anderweitige Ersatzmöglichkeit ist hier, nebenbei gesagt, der Rechtsanwalt.[12] Sobald für den Vertragschließenden oder auch nur den durch eine Amtshandlung des Notars Begünstigten ein Anwalt tätig geworden ist, kommt er als vorrangig Ersatzpflichtiger in Betracht, wenn er die Amtshandlung des Notars nicht auf ihre Rechtsgültigkeit überprüft hat. Z.B. haftet der Anwalt für die Kosten des Rechtsstreits, wenn er den Verkäufer des Grundstückskaufvertrages vertritt und dieser in dem Rechtsstreit gegen den Käufer wegen der von dem Notar verschuldeten Nichtigkeit des Vertrages unterliegt; der Anwalt musste den Rechtsmangel erkennen. Der Anwalt haftet allein, obwohl der Notar die erste Ursache für den Schadenseintritt gesetzt hat. 7

Die Darlegung und der Nachweis des Fehlens einer anderweitigen Ersatzmöglichkeit durch den Anspruchsteller ist – wie bei Ansprüchen nach § 839 BGB, vgl. Rdn 6 – Voraussetzung für die Erhebung der Haftpflichtforderung gegen den Notar.[13]

2. Ersparte Aufwendungen bei Werkvertrag

Nach § 648 S. 2 BGB hat der Werkunternehmer, dem nach § 648 S. 1 BGB gekündigt wurde, einen Anspruch auf die vertragliche Vergütung. Er muss sich aber auf seinen Anspruch unter anderem das anrechnen lassen, was er infolge der Aufhebung des Vertrags an Aufwendungen erspart oder durch anderweitige Verwendung seiner Arbeitskraft erwirbt oder zu erwerben böswillig unterlässt. Es wird ferner vermutet, dass danach dem Unternehmer fünf vom Hundert der auf den noch nicht erbrachten Teil der Werkleistung entfallenden vereinbarten Vergütung zustehen (§ 648 S. 3 BGB). Diese ersparten Aufwendungen zu errechnen, ist mit Mühen verbunden. Denen kann sich der Unternehmer nach der Rspr. des BGH[14] aber nicht entziehen, nach Aufgabe der früheren Rspr. des BGH auch nicht durch Pauschalvereinbarungen in den Allgemeinen Geschäftsbedingungen. Zwar hält der BGH[15] daran fest, dass es **Sache des Bestellers** ist, darzulegen und zu beweisen, dass hö- 8

10 BLP/*Luckey*, § 839 BGB Rn 26.

11 BGH DB 1969, 788; BLP/*Luckey*, § 839 BGB Rn 27.

12 Vgl. beispielsweise BGH WM 1963, 754; BGH DNotZ 1985, 231; BGH DNotZ 1988, 379; BGH NJW 1993, 1587; BGH DNotZ 1996, 563, 566.

13 BGH BeckRS 1963, 31184036.

14 BGH NJW 1996, 1282; BGH WM 2011, 1997.

15 BGH NJW 1996, 1282; BGH WM 2011, 1997, 1998; BGH NJW-RR 2015, 469, 470.

here Ersparnisse oder mehr anderweitiger Erwerb erzielt wurde als der Unternehmer sich anrechnen lässt.[16]

> *Aber:*
>
> Was er sich in diesem Sinne als Aufwendungen anrechnen lässt, **hat der Unternehmer vorzutragen und zu beziffern**, denn in der Regel ist nur er dazu in der Lage – es handelt sich um einen Anwendungsfall der sekundären Darlegungslast.[17] Der Unternehmer hat daher zur Darlegung seiner Forderung aus § 648 S. 2 BGB ersparte Aufwendungen und anderweitigen Erwerb vorzutragen und zu beziffern. Dabei ist auf die Aufwendungen abzustellen, die durch Nichtausführung des konkreten Vertrags entfallen sind. Maßgebend sind die Aufwendungen, die sich nach den Vertragsunterlagen unter Berücksichtigung der Kalkulation ergeben.[18] Dabei sind Einheitspreisverträge nach Positionen des Leistungsverzeichnisses abzurechnen.[19]

Zur Vereinfachung der Abrechnung hat das Forderungssicherungsgesetz eine Vermutung eingeführt, die dem Unternehmer die Rechtsdurchsetzung erleichtern soll. Die Pauschalierung ist auf die Vergütung für die noch nicht erbrachten Leistungen zu beziehen, so dass eine Aufteilung des Vergütungsanspruchs auf erbrachte und nicht erbrachte Leistungen auch weiterhin erforderlich ist.

BGH NJW-RR 2011, 1588:

> *Der Unternehmer kann seinen Anspruch auf Vergütung nach einer freien Kündigung des Werkvertrags nur dann auf die Vermutung in § 648 S. 3 BGB stützen, wenn er den Teil der vereinbarten Vergütung darlegt, der auf den noch nicht erbrachten Teil der Werkleistung entfällt. Denn dieser Teil und nicht die gesamte vereinbarte Vergütung ist Bemessungsgrundlage für die Pauschale von 5 %.*

Die Vermutung kann sowohl vom Unternehmer, der einen höheren Gewinnanteil geltend macht, als auch vom Besteller, der den Gewinnanteil niedriger ansetzt, widerlegt werden. Behauptet der Besteller, der Vergütungsersatzanspruch sei geringer als die vermuteten 5 %, hat er den vollen Beweis für die Höhe der ersparten Aufwendungen zu erbringen. Da der Besteller keinen Einblick in die Betriebsabläufe des Unternehmers hat, trifft den Unternehmer eine sekundäre Darlegungslast, was aber streitig ist.[20] Behauptet der Unternehmer, der Vergütungsersatzanspruch sei

16 BLP/*Küpper*, § 648 BGB Rn 15.

17 BLP/*Küpper*, § 648 BGB Rn 15 ff.; BeckOK-BGB/*Voit*, § 648 Rn 17–20 m.w.N.

18 BGH NJW 1999, 1253; BGH WM 2015, 1073, 1075.

19 BGH NJW 1996, 1282; anders im Fall einer sog. gemischten Kalkulation, bei der eine Gesamtabrechnung vorzunehmen ist: OLG Düsseldorf BauR 2005, 719.

20 BeckOK-BGB/*Voit*, § 648 Rn 17–20 m.w.N.

höher als 5 %, hat er die Vermutung zu widerlegen, wobei dies ebenfalls streitig ist.[21] Ist der Beweis, dass die Pauschale jedenfalls überschritten ist, vom Unternehmer geführt, bleibt die Beweislast für die einzelnen Abzugsposten wie vor der Neuregelung beim Besteller.[22]

Diese Rspr. hat der BGH auch auf die ersparten Aufwendungen beim **Architektenhonorar** ausgedehnt. Eine in den Allgemeinen Geschäftsbedingungen zum Architektenvertrag enthaltene Regelung, die ersparten Aufwendungen mit 40 % des Honoraranteils für erbrachte Leistungen zu berechnen, ist unwirksam[23] 9

Nunmehr gilt nach BGH NJW-RR 2004, 445, 446 Folgendes:

> *Verlangt der Architekt nach der vorzeitigen Beendigung des Vertrages Honorar für nicht erbrachte Leistungen, genügt seine Schlussrechnung diesen zur Prüffähigkeit entwickelten Grundsätzen im Regelfall nur, wenn in der Schlussrechnung die Honorarforderungen des Architekten sowohl für die bereits erbrachten als auch für die nicht erbrachten Leistungen prüffähig ausgewiesen sind […]. Der Architekt muss angeben, was er bei den nicht erbrachten Leistungen konkret erspart oder anderweitig erworben hat. Diese Anforderungen an eine prüffähige Rechnung gelten auch in den Fällen, in denen die Parteien in dem vom Architekten verwendeten Einheitsarchitektenvertrag vereinbart haben, dass dem Architekten nach einer freien Kündigung der Anspruch auf das vertragliche Honorar unter Abzug der ersparten Aufwendungen zusteht und dieser Anspruch mit 40 % des Honorars pauschaliert wird, wenn der Bauherr im Einzelfall keinen höheren Anteil an ersparten Aufwendungen nachweist. Diese Klausel ist unwirksam. Der Architekt muss deshalb die Ersparnis und den anderweitigen Erwerb konkret abrechnen. Diese Abrechnung ist Bestandteil der Schlussrechnung […].*

3. Geschäftsführerhaftung nach §43 Abs. 2 GmbHG

Will die GmbH – oder im Fall der Insolvenz der Insolvenzverwalter – den Geschäftsführer der Gesellschaft wegen pflichtwidrigen Verhaltens gem. § 43 Abs. 2 GmbHG auf Schadensersatz in Anspruch nehmen, so hat die Gesellschaft Dreierlei darzulegen und zu beweisen: erstens das Verhalten des Geschäftsführers, das sich als möglicherweise pflichtwidrig darstellt. Zweitens den Eintritt und die Höhe des entstandenen Schadens. Drittens die Kausalität zwischen Organhandeln und Schaden.[24] Hinsichtlich des Schadens kommen der Gesellschaft zudem Erleichterungen 10

21 Im Anschluss an BeckOK-BGB/*Voit*, § 648 Rn 17–20; andere Ansicht aber z.B. KG BeckRS 2014, 08804.

22 BeckOK-BGB/*Voit*, § 648 Rn 17–20 unter Verweis auf BGH NJW 1996, 1282.

23 BGH NJW 1997, 259.

24 BGH NJW 2003, 358; BGH NZG 2008, 314; BGH NZG 2011, 549, 550; *Meckbach*, NZG 2015, 580, 581.

der Substantiierungslast zugute: Es genügt, dass sie die Tatsachen vorträgt und unter Beweis stellt, die für eine Schadensschätzung nach § 287 ZPO hinreichende Anhaltspunkte bieten. Ähnliche Erleichterungen gelten für den Ursachenzusammenhang zwischen Organhandeln und Schaden.[25] Der Geschäftsführer hat demgegenüber – ebenso wie der Vorstand der Aktiengesellschaft nach § 93 Abs. 2 S. 2 AktG und anders als ein leitender Angestellter – die Behauptungs- und Beweislast dafür, dass er die Sorgfalt eines ordentlichen Geschäftsmannes erfüllt hat oder dass der Schaden auch bei Anwendung dieser Sorgfalt entstanden wäre oder dass ihm die Einhaltung der Sorgfaltspflicht unverschuldet unmöglich war; sein Verschulden wird – widerlegbar – **vermutet**.[26]

BGH NJW 2003, 358:

> *Eine Gesellschaft mit beschränkter Haftung trifft im Rechtsstreit um Schadensersatzansprüche gegen ihren Geschäftsführer gem. § 43 Abs. 2 GmbHG – entsprechend den Grundsätzen zu § 93 Abs. 2 AktG, § 34 Abs. 2 GenG – die Darlegungs- und Beweislast nur dafür, dass und inwieweit ihr durch ein Verhalten des Geschäftsführers in dessen Pflichtenkreis ein Schaden erwachsen ist, wobei ihr die Erleichterungen des § 287 ZPO zugutekommen können. Hingegen hat der Geschäftsführer darzulegen und erforderlichenfalls zu beweisen, dass er seinen Sorgfaltspflichten gem. § 43 Abs. 1 GmbHG nachgekommen ist oder ihn kein Verschulden trifft, oder dass der Schaden auch bei pflichtgemäßem Alternativverhalten eingetreten wäre.*

Gleiches gilt, wenn bereits feststeht, dass es im Warenlager oder in der Kasse der GmbH Fehlbestände gibt; dann hat der Geschäftsführer die Verwendung und den Verbleib der Ware oder des Geldes im Einzelnen darzulegen und zu beweisen.[27] Er kann zum Beispiel geltend machen, dass der Fehlbestand auf der Unzulänglichkeit der Buchführung beruht; Nichterweislichkeit geht jedoch zu seinen Lasten.[28] Im Einzelfall kann den Geschäftsführer sogar eine Kausalitätsvermutung treffen, wenn die Art des Schadens einen deutlichen Hinweis darauf ergibt, dass er seine Gründe in einem Handeln oder Unterlassen des beklagten Geschäftsführers hat oder wenn eine unzureichende Buchführung, die der Geschäftsführer zu vertreten hat, die Kontrolle darüber vereitelt.

BGH NJW-RR 1991, 485, 486:

> *Wenn der Kl., der als Geschäftsführer der Bekl. für ein geordnetes Abrechnungswesen verantwortlich war, die Abrechnung pflichtwidrig schuldhaft so gestaltet hat, dass der Betrag der Einnahmen und ihr schließlicher Verbleib am*

25 BGH ZIP 1992, 108; BGH NJW 2003, 358; BGH NZG 2011, 549, 550.

26 BGH WM 1992, 223, 224; BGH NZG 2008, 314; BGH NJW 2009, 2598; BGH NZG 2011, 549, 550.

27 BGH NJW 1986, 54; BGH NJW 2003, 358.

28 BGH BB 1985, 1753, 1754.

Ende nicht mehr nachvollziehbar ist, so kann dies keinesfalls zu Lasten der Bekl. gehen. Es muss dann vielmehr Sache des Kl. sein nachzuweisen, dass die von ihm für die Bekl. vereinnahmten Beträge ordnungsgemäß in die von ihm gemeldeten Umsatzzahlen eingeflossen und abgeführt worden sind, was bei einem ordentlich gestalteten Rechnungswesen keine Schwierigkeiten bereiten könnte.

Steht fest, dass der Geschäftsführer Gelder für die Gesellschaft eingenommen hat, ist aber deren Verbleib aufgrund nicht ordnungsgemäßer, vom Geschäftsführer zu verantwortender Buch- und Kassenführung nicht mehr aufklärbar, so ist es seine Sache nachzuweisen, dass er die Gelder pflichtgemäß an die Gesellschaft abgeführt hat; das gilt selbst dann, wenn sich aus den Büchern kein Kassenfehlbestand ergibt.[29]

Bei Streit über eine Zahlung des Geschäftsführers an sich selbst muss die Gesellschaft nur darlegen, dass der Geschäftsführer auf einen möglicherweise nicht bestehenden Anspruch geleistet hat. Darlegungs- und Beweislast für das Bestehen des Anspruchs treffen danach den Geschäftsführer.[30]

Die vorstehenden Erleichterungen der Darlegungs- und Beweislast zugunsten der Gesellschaft gelten ferner nur für die organschaftliche Haftung des Geschäftsführers, nicht jedoch für eine anderweitige Haftung, insb. nicht für die deliktische.[31]

Die dargestellte Beweislastumkehr ist auch auf den wohl praxisrelevantesten Fall der bereits ausgeschiedenen Organmitglieder anzuwenden. Zwar könnte die in der Regel größere Sach- und Beweisnähe der Gesellschaft im Vergleich zum Organmitglied, bedingt durch die Rückgabepflicht aller Unterlagen nach Amtsbeendigung, für eine teleologische Reduktion der Beweislastumkehr sprechen,[32] jedoch ist dies mit dem Argument abzulehnen, dass den ausgeschiedenen Organmitgliedern Einsichts- und Auskunftsrechte zustehen.[33]

4. Vereinbarung der VOB/B

Welche Anforderungen an das Vorbringen zur Vereinbarung der Anwendung der VOB zu stellen sind, hängt davon ab, mit wem der Unternehmer einen Vertrag geschlossen hat. **11**

Schließt der Unternehmer einen Vertrag mit einem **Verbraucher,** so gehört zu einem schlüssigen Vortrag für die Einbeziehung der VOB auf der Basis des § 305 Abs. 2 BGB,

29 BGH ZIP 1991, 159.
30 BGH NJW 2009, 2598.
31 BGH NJW 2002, 3777, 3778.
32 *Meckbach*, NZG 2015, 580, 584.
33 BGH NZG 2008, 834.

- dass der Unternehmer den Bauherrn ausdrücklich auf die VOB hingewiesen hat,
- er ihm in zumutbarer Weise die Möglichkeit verschafft, von der VOB Kenntnis zu nehmen, was voraussetzt, dass der Text der VOB/B an den Verbraucher ausgehändigt oder ihm wenigstens vorgelegt wird[34] und
- der Bauherr sich mit der Geltung der VOB (zumindest stillschweigend) einverstanden erklärt hat.
- Soll mit einem **Bauhandwerker** die Anwendung der VOB vereinbart werden, so erübrigt sich, ihm die Möglichkeit zur Kenntnisnahme einzuräumen.[35]
- Dasselbe gilt, wenn der Bauherr beim Vertragsschluss durch einen **Architekten** vertreten wird.[36]
- Wird gegenüber einem Kaufmann in einem Vertrag die Geltung der VOB einbezogen, so reicht gemäß § 310 Abs. 1 BGB der Hinweis auf die VOB aus.
- Nach der Rspr. des BGH[37] bindet es das Gericht nicht, dass die Parteien übereinstimmend davon ausgehen, die VOB sei Gegenstand ihres Vertrages geworden. Zumindest dann nicht, wenn tatsächliche Anhaltspunkte aus dem Vertragsformular gegen eine wirksame Einbeziehung sprechen.

5. Verkehrsunfall

12 Für einen Anspruch aus § 7 Abs. 1 StVG braucht der Kläger nicht mehr vorzutragen, als dass er beim Betrieb eines Kraftfahrzeugs, dessen Halter der Beklagte ist, geschädigt worden ist.

> *Beispiel*
>
> Ein betrunkener Fußgänger wird auf der Landstraße von einem Pkw überfahren und kommt dabei zu Tode. Die polizeiliche Ermittlung hat den Unfallverlauf nicht klären können: War der Pkw-Fahrer unaufmerksam oder ist der Fußgänger ihm plötzlich vor das Fahrzeug gelaufen, wie der Fahrer behauptet?

Die Hinterbliebenen des Fußgängers klagen gegen den Halter des Fahrzeugs (§ 7 Abs. 1 StVG) und den hinter diesem stehenden Versicherer (§ 115 Abs. 1 Nr. 1 VVG). Obwohl sie zu dem Unfallhergang nichts Anderes vortragen können als die unstreitige Tötung des Erblassers durch das Fahrzeug der Gegenseite, gebührt ihnen Ersatz ihres vollen Schadens, wenn es den Gegnern nicht gelingt, die Unabwendbarkeit des Unfalles gemäß § 7 Abs. 2 StVG oder wenigstens ein Mitverschulden des Fußgängers nachzuweisen.

34 BGH NJW 1990, 715; OLG München NJW-RR 1992, 349.
35 BGH BauR 1989, 87; OLG Stuttgart BeckRS 2014, 08715.
36 BGH BauR 1983, 163; OLG Saarbrücken NZBau 2012, 113; OLG Hamburg BeckRS 2018, 39785.
37 BGH NJW 1994, 2547; ebenso OLG Düsseldorf BauR 2012, 1662; OLG Saarbrücken NZBau 2012, 113 und OLG Koblenz IBR 2014, 196.

Anders stellt sich die Rechtslage dar, wenn sowohl der Kläger wie auch der Beklagte selbst mit Kraftfahrzeugen an einem Verkehrsunfall beteiligt waren. Begehrt der Kläger dann Ersatz seines vollen Schadens, hat er wegen der in Betracht kommenden Ausgleichspflicht nach § 17 Abs. 1 StVG seiner Darlegungslast erst dann genügt, wenn er einen Sachverhalt vorträgt, aus dem sich ergibt, dass der Unfall für ihn unabwendbar war oder wenigstens die Betriebsgefahr seines Fahrzeugs so sehr hinter dem Verschulden des Fahrers des gegnerischen Fahrzeugs zurücktritt, dass eine Mithaftung entfällt.

Nimmt ein Kläger aus der feststehenden Unfallbeteiligung eines anderen Kraftfahr- 13
zeugs dessen **Fahrer** auf Schadensersatz in Anspruch, spricht gemäß § 18 Abs. 1 S. 2 StVG die Vermutung für eine Sorgfaltspflichtverletzung des Fahrzeugführers nach § 276 BGB. Dieser muss die gegen ihn sprechende Vermutung widerlegen, indem er Tatsachen vorträgt (und im Bestreitensfalle beweist), die sein Verschulden ausschließen (§ 18 Abs. 1 S. 2 StVG).

Zur Beweislast vgl. § 5 Rdn 219.

6. Werklohnforderung

Macht ein Unternehmer einen Vergütungsanspruch nach Zeitaufwand geltend, 14
muss er zur schlüssigen Begründung seines Vergütungsanspruchs im Ausgangspunkt zunächst nur darlegen und ggf. beweisen, wie viele Stunden für die Erbringung der Vertragsleistungen mit welchen Stundensätzen angefallen sind. Demgegenüber setzt die schlüssige Abrechnung eines Stundenlohnvertrags grundsätzlich keine Differenzierung in der Art voraus, dass die abgerechneten Arbeitsstunden einzelnen Tätigkeiten zugeordnet und/oder nach zeitlichen Abschnitten aufgeschlüsselt werden. Solch eine Zuordnung mag zwar sinnvoll sein. Zur nachprüfbaren Darlegung des vergütungspflichtigen Zeitaufwands erforderlich ist sie jedoch nicht, weil seine Bemessung und damit die im Vergütungsprozess erstrebte Rechtsfolge nicht davon abhängt, wann der Unternehmer welche Tätigkeit ausgeführt hat. Sie muss deshalb vom Unternehmer nur in den Fällen vorgenommen werden, in denen die Vertragsparteien eine dementsprechend detaillierte Abrechnung rechtsgeschäftlich vereinbart haben. Umgekehrt ist es Sache des Bestellers, eine Begrenzung der Stundenlohnvergütung dadurch zu bewirken, dass er Tatsachen vorträgt, aus denen sich die Unwirtschaftlichkeit der Betriebsführung des Unternehmers ergibt. Soweit infrage steht, ob es sich bei den abgerechneten Stunden um Nachbesserungsarbeiten handelt, trifft die Darlegungslast den Besteller.[38]

Bei einem Werklohnanspruch nach BGB ist weiter sorgfältig zu prüfen, ob die Fälligkeit der Vergütung zusätzlich von der Erteilung einer prüffähigen Schlussrech-

38 BGH NZBau 2023, 224, 225.

nung abhängig ist oder nicht. Bei einem BGB-Vertrag ist grundsätzlich die Abnahme die einzige Fälligkeitsvoraussetzung, der Erteilung einer Schlussrechnung bedarf es allgemein nicht.[39] Der BGH hat jedoch – und unabhängig von der Vereinbarung der VOB/B bzw. einer entsprechenden vertraglichen Verpflichtung zur Erstellung einer Schlussrechnung – jedenfalls eine Verpflichtung des Unternehmers, innerhalb angemessener Frist nach Beendigung des Bauvorhabens, eine Schlussabrechnung vorzunehmen, angenommen. Insbesondere bei der Vereinbarung von Voraus- und Abschlagszahlungen erscheint dies sinnvoll, da diesen nur ein vorläufiger Charakter zukommt und der Unternehmer Auskunft darüber zu erteilen hat, ob und inwieweit der endgültige Vergütungsanspruch diesen Zahlungen entspreche. Die Verpflichtung zur Abrechnung folge – so der BGH – aus der Abrede über die vorläufigen Zahlungen und bestehe unabhängig davon, ob sie im Vertrag, z.B. durch die Vereinbarung der VOB/B, ausdrücklich geregelt sei.[40]

Für einen Bauvertrag (§ 650a BGB ff.) ist die Erteilung einer prüffähigen Schlussrechnung mittlerweile – wegen § 650g Abs. 4 S. 1 Nr. 2 BGB – Fälligkeitsvoraussetzung. Wenn die VOB/B oder die HOAI vereinbart ist, setzt ein Werklohnanspruch neben der vertragsmäßigen Fertigstellung des Werkes und dessen Abnahme im Übrigen voraus, dass der Unternehmer dem Auftraggeber eine **prüffähige Schlussrechnung** vorlegt; für den Werklohn nach VOB Teil B ist das ausdrücklich in § 14 VOB/B geregelt, für die Honorarforderung des Architekten in § 15 Abs. 1 HOAI. Solange keine prüffähige Schlussrechnung vorgelegt wird, ist die Werklohnforderung bzw. der Honoraranspruch **nicht fällig**.[41] Zu einem schlüssigen Vorbringen bei einem Vertrag nach VOB/B oder HOAI gehört deshalb regelmäßig der Vortrag, dass dem Gegner eine prüffähige Schlussrechnung **zugegangen** ist. Diese Rechnung braucht dem **Gericht** aber nicht vorgelegt zu werden, wenn der Beklagte insoweit keine Einwendungen erhebt.[42] Wird sie aber vorgelegt und springt die mangelnde Prüfbarkeit dem Gericht ins Auge – was bei den Honorarrechnungen der Architekten immer wieder vorkommt – so müsste das Gericht die Klage mangels Fälligkeit schon aus diesem Grunde abweisen. Denn wenn die Prüffähigkeit Anspruchsvoraussetzung ist, kann das Gericht die Unzulänglichkeit der Rechnung nicht übergehen, ganz gleich, ob sich der Beklagte auf diesen Mangel berufen hat oder nicht. Relativiert wird dies allerdings dadurch, dass der BGH entschieden hat, dass der Werklohn bei einer objektiv nicht prüfbaren Schlussrechnung auch dann fällig wird, wenn nicht binnen zwei Monaten nach Zugang der Schlussrechnung Einwendungen gegen deren Prüfbarkeit erhoben werden.[43] Hat der Gegner die Schlussrechnung mithin nicht rechtzeitig gerügt, kann auch die fehlende

39 Vgl. BLP/*Küpper*, § 641 BGB Rn 2; MüKo/*Busche*, § 641 BGB Rn 7.

40 BGH NJW 1999, 1867, 1869; BGH NJW 2002, 1567.

41 BGH BauR 1987, 329; BGH NJW 2014, 1306.

42 A.A. *Koeble*, BauR 1997, 193, ohne nähere Begründung.

43 BGH BauR 2004, 1937; BGH NJW 2011, 918.

Prüffähigkeit nicht dazu führen, dass das Gericht nicht in die Sachprüfung einsteigt, ob die Forderung berechtigt ist oder nicht.

In ähnlicher Weise hat der BGH einer allzu rigorosen Nichtberücksichtigung des klägerischen Parteivorbringens wegen mangelnder Prüffähigkeit der Schlussrechnung in entsprechenden Entscheidungen für den Honoraranspruch des Architekten einen Riegel vorgeschoben. 15

Bestreitet der Beklagte die sachliche und rechnerische Richtigkeit der Rechnung des Architekten gar nicht, so kann das Gericht seinen Honoraranspruch nicht mehr mit der Begründung verneinen, die Schlussrechnung sei nicht prüffähig;[44] das gilt jedenfalls dann, wenn der Auftraggeber die Architektenrechnung als im Ergebnis sachlich und rechnerisch richtig außer Streit gestellt hat. Ferner hat der BGH auch mit Blick auf den Honoraranspruch des Architekten entschieden, dass der Auftraggeber nach Treu und Glauben mit solchen Einwendungen gegen die Prüffähigkeit der Schlussrechnung ausgeschlossen ist, die er nicht spätestens innerhalb einer Frist von zwei Monaten nach Zugang der Rechnung vorgebracht hat.[45] Das Erfordernis der Prüffähigkeit einer Architektenrechnung ist kein Selbstzweck und schützt den Auftraggeber auch nicht ohne Ansehung des Informations- und Kontrollinteresses des Auftraggebers.

BGH NJW-RR 2004, 445, 447:

> *Der Auftraggeber darf sich deshalb auf die fehlende Prüffähigkeit einer Rechnung nicht berufen, wenn seine Kontroll- und Informationsinteressen auch ohne Vorlage einer prüffähigen Rechnung gewahrt sind. Der Auftraggeber handelt rechtsmissbräuchlich, wenn er sich auf die fehlende Prüffähigkeit einer Schlussrechnung beruft, obwohl er des ihm durch die Prüffähigkeit garantierten Schutzes nicht bedarf. Das ist z.B. dann der Fall, wenn der Auftraggeber die Rechnung geprüft hat […], er die sachliche und rechnerische Richtigkeit der Schlussrechnung nicht bestreitet […], Angaben zu anrechenbaren Kosten fehlen, der Auftraggeber diese Kosten jedoch nicht in Zweifel zieht oder ihm die Überprüfung trotz einzelner fehlender Angaben möglich war […]. Dazu gehören auch die Fälle, in denen der Auftraggeber die notwendigen Kenntnisse für die Berechnung des Honorars bereits anderweitig erlangt hat und deshalb deren ergänzende Aufnahme in die Schlussrechnung reine Förmelei wäre. Dieser Ausschluss der Einwendungen gegen die Prüffähigkeit führt nicht dazu, dass die Rechnung prüffähig ist. Er führt vielmehr dazu, dass der Auftraggeber sich nach Treu und Glauben nicht auf die an sich nicht gegebene Fälligkeit berufen kann und diese damit zu bejahen ist.*

44 BGH BauR 1997, 1065.

45 BGH NJW-RR 2004, 445; BGH NJW-RR 2010, 1176.

Mithin ist unter anderem der Kenntnisstand über die tatsächlichen und rechtlichen Umstände von Bedeutung, auf denen die Berechnung des Honorars beruht.

Hinsichtlich der Anforderungen an die Prüfbarkeit ist es – z.B. – deshalb für den BGH[46] von Belang, dass der Beklagte selbst Architekt ist und deshalb die Leistungen seines Auftragnehmers beurteilen kann.

Selbst wenn nach BGH[47] die Prüffähigkeit der Schlussrechnung nicht abstrakt beurteilt werden kann, sondern immer von den Umständen des Einzelfalles abhängt, wird es aber dabei bleiben, dass die Rechnung nicht von vornherein ungeeignet sein darf, die Richtigkeit der einzelnen Ansätze zu beurteilen.

16 Fehlt der dem Gericht vorgelegten Rechnung die Prüffähigkeit, muss das Gericht den Kläger gemäß § 139 ZPO darauf hinweisen und Gelegenheit zur Nachbesserung geben.[48]

In der Praxis zeigt sich dann immer wieder, dass manche Architekten gar nicht in der Lage sind, eine den Anforderungen der HOAI genügende Rechnung zu schreiben.

Der unschlüssige Vortrag kann nicht durch einen Beweisantritt auf Einholung eines Sachverständigengutachtens schlüssig gemacht werden.[49] Der Kläger läuft Gefahr, mit seiner Klage abgewiesen zu werden, wobei er – allerdings nur soweit es lediglich um die fehlende prüffähige Schlussrechnung geht – im Folgeprozess nachbessern kann, da die erste Klage nur „als zur Zeit unbegründet“ abgewiesen werden kann; „eine endgültige Klageabweisung wegen fehlender Substantiierung des Vergütungsanspruchs kommt nicht in Betracht.“[50]

7. Zinsanspruch

17 Gemäß § 286 Abs. 3 S. 1 BGB tritt der Verzug bei nicht erfüllten Geldforderungen 30 Tage nach Fälligkeit und Zugang einer Rechnung oder gleichwertigen Zahlungsaufforderung ein. Gemäß § 288 Abs. 1 S. 1 BGB liegt der Verzugszinssatz fünf Prozentpunkte über dem Basiszinssatz, sofern ein Verbraucher am Geschäft beteiligt ist. Bei Rechtsgeschäften, an denen ein Verbraucher nicht beteiligt ist, beträgt der Zinssatz für Entgeltforderungen neun Prozentpunkte über dem Basiszinssatz (§ 288 Abs. 2 BGB).

Der Gläubiger kann darüber hinaus einen höheren Verzugsschaden geltend machen, § 288 Abs. 4 BGB.

46 BGH NJW 2000, 2587; OLG Düsseldorf BeckRS 2011, 21339.
47 BGH NJW 1998, 3123; BGH NJW-RR 2004, 445.
48 Vgl. BGH BauR 1994, 655; BGH BauR 2007, 110.
49 BGH MDR 1990, 330.
50 BGH BauR 1999, 635; BGH NJW 2014, 1306.

Für einen über den gesetzlichen Anspruch nach §§ 286 BGB, 352 HGB hinausgehenden Zinsanspruch aus Verzug (§§ 280 Abs. 1 und 2, 286 BGB) wegen Kreditzinsen ist der Gläubiger für die Tatsache der Kreditaufnahme, der Kausalität zwischen Verzug und Kreditaufnahme sowie für die Höhe der Kreditzinsen darlegungs- und beweispflichtig.[51] War die Kreditaufnahme bereits vor Verzugseintritt erfolgt, gilt Folgendes:

BGH NJW-RR 1991, 1406:

> *Hat der Gläubiger den Kredit vor Eintritt des Verzuges aufgenommen, ist er für seine Eigenverschuldung, den dafür gezahlten Zinssatz sowie für die Absicht, bei rechtzeitiger Zahlung des Schuldners den Kredit entsprechend abzutragen, darlegungs- und beweispflichtig.*

Problematisch ist allerdings, wie der Beweis der Kausalität zu führen ist, denn der Schaden beruht nur dann auf dem Verzug, wenn der Gläubiger beweisen kann, dass er den Kredit bei rechtzeitiger Zahlung sofort entsprechend zurückgeführt hätte.[52] Bei Großbetrieben oder Kaufleuten, die ständig mit Kontokorrentkreditlinien arbeiten, ist zu vermuten, dass die rechtzeitige Zahlung zu einer Verringerung des Kreditvolumens geführt hätte.[53] Bei Privatleuten, die im Einzelfall einen Kontokorrentkredit in Anspruch nehmen, dürfte nichts anderes gelten.[54] Bei langfristigen Krediten, die nicht sofort rückzahlbar sind, greift eine entsprechende Vermutung demgegenüber nicht ein. In diesem Fällen muss der Gläubiger darlegen und beweisen, dass er einen kurzfristigen, rückzahlbaren Kredit in Anspruch nimmt.[55]

Der Beklagte sollte den behaupteten Zinsschaden mit Nichtwissen bestreiten. Denn häufig hat der Anwalt des Klägers in der Vorbesprechung mit seinem Mandanten vergessen, ihn nach einem eventuellen Zinsschaden zu befragen, und deshalb von sich aus den marktüblichen Zins als Schaden behauptet, was nach der Rechtsprechung des BGH gerade nicht ausreicht.

Der Kläger wird daraufhin in aller Regel eine Zinsbescheinigung eines Kreditinsti- **18**
tutes vorlegen. Diese muss Angaben enthalten:

- über den Zeitraum der Kreditinanspruchnahme,
- die Höhe des Kredits und
- den Zinssatz.[56]

Legt der Kläger die Zinsbescheinigung einer **Sparkasse** vor, so ist das die **Auskunft** einer öffentlich-rechtlichen Körperschaft, die geeignet ist, die Behauptung des Klägers zu beweisen.

51 BGH NJW-RR 1991, 1406.

52 BLP/*Repgen*, § 288 BGB Rn 11 f.

53 BGHZ 43, 337; KG VersR 1974, 36, 37; LG Bielefeld NJW 1972, 1995.

54 BLP/*Repgen*, § 288 BGB Rn 12; a.A. aber LG Koblenz NJW-RR 1991, 171, 172.

55 BLP/*Repgen*, § 288 BGB Rn 12.

56 Zum Näheren vgl. *Doms*, NJW 1999, 2649.

Für die Bescheinigung einer **Privatbank** gilt das nicht. Diese Auskunft ist lediglich eine privatschriftliche Urkunde, die nach § 416 ZPO nicht mehr beweist, als dass die Unterzeichner sie abgegeben haben. Gleichwohl gibt die Praxis sich damit zufrieden, indem sie unterstellt, das Vorbringen des Klägers sei unstreitig geworden, wenn der Inhalt der Urkunde vom Beklagten nicht ausdrücklich **weiterhin** bestritten wird. Hält der Beklagte hingegen an seinem Bestreiten fest, wird das Gericht den Kläger gemäß § 139 ZPO auffordern müssen, nunmehr geeigneten Beweis anzutreten.

III. Wahrheitspflicht

19 Gemäß § 138 Abs. 1 ZPO haben die Parteien ihre Erklärungen über tatsächliche Umstände vollständig und der Wahrheit gemäß abzugeben. Das heißt, dass sie bei der Schilderung des von ihnen Darzulegenden wahrheitsgemäß vorgehen müssen; die Pflicht zur **Vollständigkeit** bedeutet, dass sie nicht das ihnen Günstige heraussuchen und anderes dagegen verschweigen dürfen.[57] Andererseits führt die Pflicht zum vollständigen Vortrag aber nicht dazu, dass alle Einzelheiten des streitgegenständlichen Lebenssachverhalts detailliert darzulegen sind. Insoweit bleibt es dabei, dass es ausreichend ist, wenn die Partei Tatsachen vorträgt, die in Verbindung mit einem Rechtssatz geeignet sind, das geltend gemachte Recht als in ihrer Person entstanden erscheinen zu lassen.[58]

Die Parteien eines Rechtsstreits dürfen nichts behaupten, von dem sie **wissen**, dass es nicht stimmt, und nichts bestreiten, von dem sie wissen, dass es sich in Wirklichkeit so verhält, wie der Gegner vorgetragen hat. Sie dürfen aber durchaus etwas behaupten, was sie nur für **möglich** halten, selbst dann, wenn es ihnen sehr zweifelhaft erscheint. Umgekehrt dürfen sie eine Tatsachenbehauptung auch dann noch bestreiten, wenn sie die Wahrheit der gegnerischen Behauptung sehr wohl für möglich, ja sogar für wahrscheinlich halten. Erst **positives** Wissen verbietet gegenteiliges Behaupten und Bestreiten.[59] Dementsprechend darf eine Partei nicht bewusst falsch vortragen, auch wenn sie den tatsächlichen Umstand für nicht entscheidungsrelevant hält.[60]

20 Die Wahrheitspflicht kann eine Partei in eine heikle Lage bringen, wie der vom OLG Brandenburg[61] entschiedene Fall zeigt:

Ein **Generalunternehmer** war von einem **Subunternehmer** auf Zahlung des Restwerklohnes in Anspruch genommen worden, machte aber wegen Mängeln der Leistung des Subunternehmers ein Zurückbehaltungsrecht geltend. Zugleich berief sich

57 BGH NJW 1961, 826.

58 BGH NJW-RR 2013, 296.

59 PG/*Prütting*, § 138 Rn 4; BGH WM 2011, 1534, 1536.

60 BGH NJW 2011, 2794.

61 OLG Brandenburg BauR 2001, 130.

der Generalunternehmer in einem anderen, von dem Bauherrn gegen ihn erhobenen Rechtsstreit auf die Mangelfreiheit der erbrachten Werkleistung. Das OLG Brandenburg ist dem Einwand des Subunternehmers, das sei unzulässig, nicht gefolgt. Solange weder in dem einen noch in dem anderen Verfahren die Mangelfreiheit oder Mangelhaftigkeit der Leistung feststehe, bleibe dem Generalunternehmer gar nichts anderes übrig, als sich so zu verteidigen.

Dem ist in dieser Allgemeinheit nicht zuzustimmen. Wenn der Beklagte **konkret** um die Mangelhaftigkeit oder -freiheit der Leistung weiß, darf er nichts Gegenteiliges behaupten. Dass das Gericht zu einem anderen Ergebnis gelangen könnte, ist kein ausreichender Rechtfertigungsgrund für seinen subjektiv wahrheitswidrigen Vortrag. Etwas anderes wird allerdings dann gelten müssen, wenn die Partei sich ihrer Sache selbst nicht sicher ist.[62] Und da das Gericht zumeist nicht wissen kann, was eine Partei wirklich weiß oder glaubt, bleibt dem Gericht auch nichts anderes übrig, als sie mit ihrem widersprüchlichen Vorbringen zuzulassen.

Ein erkennbar – weil z.B. durch Beweis ermittelt – falscher Tatsachenvortrag der **21**
Partei bleibt vom Gericht unberücksichtigt. Trägt eine Partei in späteren Schriftsätzen anders als in früheren vor, hält aber gleichzeitig an ihrem ursprünglichen Sachvortrag konkludent oder ausdrücklich fest, liegt ein Verstoß gegen die Wahrheitspflicht nach § 138 Abs. 1 ZPO vor: Der widersprüchliche Vortrag ist unbeachtlich.[63] Ferner tritt die aus § 331 Abs. 1 ZPO folgende Geständniswirkung nicht ein, wenn das Gericht den Vortrag der Partei als unwahr erkannt hat.[64] Die Verletzung der Wahrheitspflicht kann auch dazu führen, dass sich eine Partei um die Vergünstigung der Beweiserleichterung des § 287 ZPO (vgl. § 5 Rdn 27 ff.) bringt.[65] Im Übrigen löst der Verstoß gegen die Wahrheitspflicht keine zivilprozessualen Sanktionen aus,[66] kann aber natürlich strafrechtlich relevant sein (Stichwort: Prozessbetrug).

Dass der Prozessvortrag einer Partei im Widerspruch zu ihrem vorprozessualen **22**
Vorbringen steht, kann es nicht rechtfertigen, den Beweisantritten dieser Partei nicht nachzugehen.[67] Im Zweifel wird ein sog. überholender Vortrag angenommen, welcher zwar im Widerspruch zum vorherigen Vorbringen steht, sich aber entsprechend von diesem distanziert.[68] (Allerdings wird man wohl von ihr verlangen können, dass sie dazu vorträgt, wie sich dieser Widerspruch erklärt.)[69]

62 BGH NJW-RR 2015, 829.
63 *Dölling*, NJW 2013, 3121.
64 PG/*Prütting*, § 138 Rn 6.
65 Vgl. OLG Celle VersR 1981, 357.
66 MüKo-ZPO/*Fritsche*, § 138 Rn 15.
67 BGH NJW 1996, 1541; BGH NJW-RR 2000, 208; BGH WM 2013, 1030, 1031.
68 *Dölling*, NJW 2013, 3122.
69 Vgl. *Seutemann*, DRiZ 1998, 79 in seiner Kritik zu dieser Rspr.

23 Eine Partei braucht nicht kenntlich zu machen, dass es sich bei ihrer Behauptung lediglich um eine Vermutung handelt.[70] Sie schuldet weder dem Gericht noch dem Gegner Auskunft darüber, woher sie ihre Informationen bezieht.

BGH GRUR 2012, 945, 949:

> *[Eine Partei genügt bei einem zur Rechtsverteidigung gehaltenen Sachvortrag ihren Substantiierungspflichten bereits dann], wenn sie Tatsachen vorträgt, die in Verbindung mit einem Rechtssatz geeignet sind, das von der Gegenseite geltend gemachte Recht als nicht bestehend erscheinen zu lassen. Unerheblich ist dabei, wie wahrscheinlich die Darstellung ist und ob sie auf eigenem Wissen oder auf einer Schlussfolgerung aus Indizien beruht.*

Stellt die Partei ihr Vorbringen in das Wissen eines Zeugen, braucht sie nicht darzulegen, woraus sie entnimmt, dass der Zeuge ihr Vorbringen bestätigen wird. Anders ist dies, wenn jemand als Zeuge dafür benannt wird, dass bei einer anderen Personen als dem Zeugen innere Tatsachen eingetreten oder vorhanden sind: Der Beweisantrag, einen Zeugen zu einer nicht in seiner Person eingetretenen inneren Tatsache zu vernehmen, ist im Allgemeinen nur erheblich, wenn schlüssig dargelegt wird, aufgrund welcher Umstände der Zeuge von der inneren Tatsache Kenntnis erlangt hat.[71] In einem solchen Fall kann ein Zeuge nur die äußeren Umstände bekunden, die einen Rückschluss auf den zu beweisenden inneren Vorgang zulassen. Dann genügt es beim Beweisantritt nicht, nur den Zeugen zu benennen. Es müssen auch die äußeren Umstände mitgeteilt werden, die Gegenstand der Beweisaufnahme sein sollen. Die Partei genügt jedoch diesen Anforderungen, wenn sie zum Beweis der von ihr behaupteten Kenntnis des Gegners – z.B. – von einem Mangel den Zeugen auch dafür benennt, dass dieser mit dem Gegner über den Mangel gesprochen habe.[72]

Das Gericht kann allerdings nähere Erläuterungen verlangen, wenn der Eindruck entsteht, dass eine Behauptung und der Beweisantritt ins Blaue hinein erfolgen, vgl. Rdn 29 ff.

Aber BGH BeckRS 2018, 13133:[73]

> *Kann sich eine Partei an ein Geschehen nicht erinnern, kann sie dazu gleichwohl eine ihr günstige Behauptung unter Zeugenbeweis stellen, wenn sie hinreichende Anhaltspunkte dafür vorträgt, dass der Zeuge das notwendige Wissen hat.*

70 BGH NJW-RR 1988, 1529; BGH DStR 2015, 1646.

71 BGH NJW 1983, 2034; BGH ZMR 1996, 122; anders für den Strafprozess BGHSt 43, 321: Es muss erkennbar sein, weshalb der Zeuge etwas zu der Beweisfrage sagen kann; sonst fehlt es an der nötigen Konnexität. Der Zusammenhang zwischen Beweistatsache und Beweismittel muss erkennbar sein.

72 BGH BeckRS 2013, 19862.

73 Vgl. auch BGH NJW-RR 2013, 296; BGH NJW-RR 2017, 120.

Ungeschickt ist ein Vorbringen des Inhaltes: „… deshalb muss behauptet werden, dass …“ Denn damit wird deutlich gemacht, dass es sich bei dem Vorbringen lediglich um eine **Schlussfolgerung** handelt. Das Gericht wird dann die Schlussfolgerung auf ihre Stichhaltigkeit hin überprüfen und einem Beweisantritt nicht nachgehen, wenn der von der Partei gezogene Schluss wenig Zwingendes hat. 24

Vorsätzlich falsches Vorbringen ist **Betrug** oder Betrugsversuch im strafrechtlichen Sinne. Kann das Gericht positiv feststellen, dass eine Partei bewusst wahrheitswidrig vorgetragen hat – etwa dadurch, dass sie ihr eigenes Vorbringen später widerruft –, ist es gemäß der Anordnung über Mitteilungen in Zivilsachen (MiZi) gehalten, der Staatsanwaltschaft davon Mitteilung zu machen. 25

Schwindeln ist Nichtkönnen. Es begründet Abhängigkeiten und verlangt ein so hohes Maß an Konzentration, die sich aus der Unwahrheit ergebenden Ungereimtheiten zu verdecken, dass diese Arbeit besser aufgewandt wird, einen Weg zu suchen, mit wahrheitsgemäßem Vortrag wenigstens einen Teilerfolg zu erzielen. Ein Schwindler fällt mit Sicherheit irgendwann auf, selbst wenn ihm eine konkrete Tat nicht nachgewiesen wird. Ist der Ruf aber erst einmal ruiniert, so begegnet dem Anwalt seitens des Gerichts so viel an negativem „Vorverständnis“, dass ihm eine erfolgreiche Arbeit ungemein erschwert wird. 26

Außerdem verletzt ein bewusst wahrheitswidriger Sachvortrag auch die Standespflicht aus § 43a Abs. 3 BRAO:

Der Rechtsanwalt darf sich bei seiner Berufsausübung nicht unsachlich verhalten. Unsachlich ist insbesondere ein Verhalten, bei dem es sich um die **bewusste** Verbreitung von Unwahrheiten oder solche herabsetzenden Äußerungen handelt,[74] zu denen andere Beteiligte oder der Verfahrensablauf keinen Anlass gegeben haben.

§ 138 Abs. 1 ZPO verlangt von den Parteien nicht nur, dass sie wahrheitsgemäß vortragen, sondern der Vortrag muss darüber hinaus auch **vollständig** sein.[75] Dem Gericht dürfen keine **Halbwahrheiten** vorgetragen werden. Es ist etwa unzulässig, den für eine Partei günstigen Teil einer Vereinbarung vorzutragen, die gleichzeitig vereinbarten Einschränkungen aber zu verschweigen. Andererseits braucht sich niemand dem Gegner ans Messer zu liefern. Insbesondere führt die Pflicht zum vollständigen Vortrag – wie bereits bei Rdn 19 erwähnt – nicht dazu, dass alle Einzelheiten des streitgegenständlichen Lebenssachverhalts detailliert darzulegen sind. Ausreichend ist, wenn die Partei Tatsachen vorträgt, die in Verbindung mit einem Rechtssatz geeignet sind, das geltend gemachte Recht als in ihrer Person entstanden erscheinen zu lassen.[76] 27

74 BGH NJW 2000, 2433.
75 Musielak/*Stadler*, § 138 Rn 5.
76 BGH NJW-RR 2013, 296.

28 Eine insbesondere von *Stürner*[77] propagierte **allgemeine Aufklärungspflicht** hat der BGH[78] ausdrücklich abgelehnt.

BGH MDR 1991, 226 f.:

> *Dass im Zivilprozess die Wahrheitspflicht wesentliche Bedeutung hat, erlaubt nicht den Schluss, die Parteien seien generell zu dem Verhalten verpflichtet, das am besten der Wahrheitsfindung dient. Weder die Aufgabe der Wahrheitsfindung noch das Rechtsstaatsprinzip hindern den Gesetzgeber daran, den Zivilprozess der* ***Verhandlungsmaxime*** *zu unterstellen und es in erster Linie den Parteien zu überlassen, die notwendigen Tatsachenbehauptungen aufzustellen und die Beweismittel zu benennen. Darauf beruht auch die Regelung der Behauptungs- und Beweislast im Zivilprozess. Ob eine Partei Ansprüche gegen die andere auf Erteilung von Auskünften, Rechnungslegung, Herausgabe von Unterlagen usw. hat, ist eine Frage des materiellen Rechts […]. Dieses enthält darüber eine Reihe ausdrücklicher Vorschriften; zudem kann je nach dem Inhalt des Rechtsverhältnisses und der Interessenlage der Gesichtspunkt von Treu und Glauben solche Pflichten rechtfertigen [...].*

IV. Behauptung ins Blaue hinein

29 Das Gericht braucht einer ins Blaue hinein aufgestellten Behauptung nicht nachzugehen; ihre Nichtbeachtung verletzt auch nicht den Anspruch der Parteien auf Gewährung rechtlichen Gehörs nach Art. 103 Abs. 1 GG.[79] Ins Blaue hinein ist eine Behauptung aufgestellt, wenn ihr jegliche Anhaltspunkte fehlen, sie **aus der Luft gegriffen ist und aufs Geratewohl** aufgestellt wird. Darin liegt ein Fall von Willkür oder Rechtsmissbrauch, mit einem solchen Vorbringen braucht nicht nur das Gericht sich nicht zu beschäftigen,[80] sondern auch der Prozessgegner ist davor zu bewahren, sich darauf einlassen zu müssen. Ihm ist nicht zuzumuten, sich mit einem Vorbringen auseinanderzusetzen, das an den Haaren herbeigezogen ist.

BGH NJW-RR 2005, 1450, 1451:

> *Nach der Rechtsprechung des Bundesgerichtshofs ist die Ablehnung eines für eine beweiserhebliche Tatsache angetretenen Beweises zulässig, wenn die unter Beweis gestellten Tatsachen* ***so ungenau bezeichnet sind, dass ihre Erheblichkeit nicht beurteilt*** *werden kann, oder wenn sie zwar in das Gewand einer bestimmt aufgestellten Behauptung gekleidet, aber aufs Geratewohl gemacht, gleichsam „ins Blaue hinein“ aufgestellt, mit anderen Worten, aus der Luft gegriffen sind und sich deshalb als* ***Rechtsmissbrauch*** *darstellen.*

77 *Stürner*, Die Aufklärungspflicht der Parteien im Zivilprozess, 1976.
78 BGH MDR 1991, 226; BGH NJW 2007, 155, 156; BGH NJW 2007, 2989.
79 BVerfG NJW 1994, 848; BGH BeckRS 2015, 08999.
80 BGH NJW 1988, 2100, 2101; BGH BGHReport 2003, 891.

Es ist also nicht nur ein solches Vorbringen von der Beweiserhebung ausgeschlossen, das auf das Geratewohl hin erfolgt, sondern auch ein solches, das zu ungenau ist.[81]

Was für das Behaupten gilt, gilt auch für das Bestreiten. 30

OLG Köln MDR 1992, 79:

> *Auf eigene Faust darf der Prozessbevollmächtigte einer Partei urkundlich belegten Vortrag der Gegenseite nicht bestreiten. Ein solches Bestreiten „ins Blaue hinein" ohne Information der vertretenen Partei ist prozessual unbeachtlich und veranlasst keine Beweisaufnahme.*

Der Anwalt, der im Verhandlungstermin vom Gegner mit neuem Vorbringen über- 31
rascht wird, kann dieses also nicht „vorsorglich" bestreiten, ohne seinen Mandanten danach zu befragen, ob dieser über Informationen verfügt, vgl. § 1 Rdn 27 ff. Denn ein Anwalt unterliegt ebenso wie sein Mandant der Wahrheitspflicht des § 138 ZPO.[82]

Selbst wenn ein Bestreiten mit Nichtwissen nach § 138 Abs. 4 ZPO in Betracht kommt, hat der Anwalt zunächst durch Rücksprache zu klären, ob sein Mandant, auf dessen Wissen oder Nichtwissen es ankommt, über Informationen verfügt. Das Bestreiten des nicht informierten Anwalts „ins Blaue hinein" ist unbeachtlich.[83]

Das Gericht hat in der Annahme der Willkür und des Rechtsmissbrauchs von Vor- 32
bringen **Zurückhaltung** zu üben; niemand soll voreilig seines Rechtes beschnitten werden, seine eigenen Interessen zu vertreten.[84] Im Einzelnen:

BGH NJW 1995, 2111, 2112:

> *Allerdings konnte das BerGer die nicht näher dargelegte Behauptung des Klägers als **Vermutung** werten. Das steht jedoch, wie die Revision zutreffend geltend macht, der Zulässigkeit des Beweisantritts nicht entgegen [...]. Es wird einer Partei häufig nicht erspart bleiben, im Zivilprozess Tatsachen zu behaupten, über die sie **keine genauen Kenntnisse** haben kann, die sie aber nach der Lage der Dinge für wahrscheinlich hält. Unzulässig wird ein solches prozessuales Vorgehen erst dort, wo die Partei ohne greifbare Anhaltspunkte für das Vorliegen eines bestimmten Sachverhaltes willkürlich Behauptungen „aufs Geratewohl" oder „ins Blaue hinein" aufstellt [...]. Anerkanntermaßen ist jedoch bei der Annahme von Willkür in diesem Sinne Zurückhaltung geboten; in der Regel wird sie nur das Fehlen jeglicher tatsächlicher Anhaltspunkte rechtfertigen können [...].*

81 Vgl. BGH NJW 2000, 2587; KG Berlin Grundeigentum 2002, 664.
82 Vgl. Thomas/Putzo/*Reichold*, § 138 Rn 2.
83 Musielak/Voit/*Stadler*, § 138 ZPO Rn 13.
84 Vgl. z.B. BVerfG BeckRS 2012, 06218.

BGH NJW 1995, 1160, 1161:[85]

Aber auch dann, wenn eine Partei mangels Kenntnis von Einzeltatsachen nicht umhin kann, von ihr zunächst nur vermutete Tatsachen als Behauptung in einen Rechtsstreit einzuführen, liegt regelmäßig ***keine unzulässige „Ausforschung“*** *vor […]*

BGH NJW-RR 2015, 829:

1. *Bei der tatrichterlichen Annahme, eine Partei stelle willkürlich Behauptungen „aufs Geratewohl“ oder „ins Blaue hinein“ auf, ist grundsätzlich Zurückhaltung geboten; diese Annahme lässt sich in der Regel nur bei Fehlen jeglicher tatsächlicher Anhaltspunkte rechtfertigen.*
2. *Für das Vorliegen eines hinreichend bestimmten Beweisantrags ist es grundsätzlich nicht erforderlich, dass die Partei das Beweisergebnis im Sinne einer vorweggenommenen Beweiswürdigung wahrscheinlich macht.*
3. *Eine Partei ist nicht gehindert, ihr Vorbringen im Laufe des Rechtsstreits zu ändern, insbesondere zu präzisieren, zu ergänzen oder zu berichtigen. Darum können für einen Klageantrag, sofern nicht eine bewusste Verletzung der Wahrheitspflicht (§ 138 Abs. 1 ZPO) gegeben ist, in tatsächlicher Hinsicht widersprechende Begründungen gegeben werden, wenn das Verhältnis dieser Begründungen zueinander klargestellt ist, sie also nicht als ein einheitliches Vorbringen geltend gemacht werden.*

BGH NJW-RR 1991, 888, 890f.:[86]

Unzulässig sind lediglich Beweisantritte, die darauf zielen, erst aufgrund der Beweisaufnahme die zur Konkretisierung des Parteivorbringens benötigten eigentlichen beweiserheblichen Tatsachen in Erfahrung zu bringen, die sodann behauptet, unter Beweis gestellt und damit zur Grundlage neuen Parteivorbringens gemacht werden sollen – sog. Ausforschungsbeweis […]

Zur Unzulässigkeit von Beweisantritten siehe auch § 5 Rdn 212 und 217.

33 Trotz dieser Einschränkung ergeben sich nicht unerhebliche praktische Schwierigkeiten. Denn die Frage ist, woran das Gericht erkennen kann, dass eine Behauptung ins Blaue hinein aufgestellt ist, ihr also jegliche Anhaltspunkte fehlen, wenn eine Partei doch berechtigt ist, auch Ungewisses als feststehend zu behaupten, und nicht einmal verpflichtet ist, ihre Vermutung als solche zu kennzeichnen.[87]

Eine Partei braucht grundsätzlich auch keine Ausführungen darüber zu machen, woher sie weiß, dass ein von ihr benannter Zeuge etwas zu ihrem Vorbringen wird aussagen können (es sei denn es handelt sich um innere Tatsachen, siehe oben Rdn 23):

85 Vgl. auch BGH GRUR 2012, 945.

86 Siehe auch BVerfG BeckRS 2012, 06218.

87 BGH NJW-RR 1988, 1529.

BGH ZMR 1996, 122, 124:[88]

> *Angaben darüber, wie ein Zeuge die unter Beweis gestellte Tatsache erfahren hat, können grundsätzlich nicht verlangt werden, es sei denn, es handelt sich um innere Tatsachen [...]*

Diesem Dilemma kann nur dadurch abgeholfen werden, dass das Gericht in den Fällen, in denen ihm ein Missbrauch naheliegend erscheint – weil gegen die Lebenserfahrung des Richters verstoßend –, die Partei entgegen der Regel, ihre Informationsquellen nicht preisgeben zu müssen, eben doch auffordert, Anhaltspunkte für ihre Behauptung vorzutragen. Hat nicht schon der Gegner geltend gemacht, die Behauptung sei ins Blaue hinein aufgestellt, darf das Gericht eine Behauptung nicht übergehen, ohne den Vortragenden zu näheren Erläuterungen aufzufordern. Denn es liegt auf der Hand, dass es leicht zu Missverständnissen kommen kann. Wenn die Parteien auf der einen Seite aufgefordert werden, nicht zu ausufernd vorzutragen, kann es auf der anderen Seite nicht rechtens sein, dass bei Beachtung der gebotenen Kürze eine Partei sogleich Gefahr läuft, mit ihrem Vorbringen ausgeschlossen zu werden.

Der geeignetste Weg, solche Missverständnisse zu vermeiden, ist die Anordnung des persönlichen Erscheinens der Parteien zum Zwecke der Anhörung nach § 141 ZPO, vgl. dazu § 5 Rdn 94 ff.

BGH ZMR 1996, 122, 124:[89]

> *Eine Behauptung kann erst dann als willkürliche Vermutung unberücksichtigt bleiben, wenn das Gericht* ***mit der Partei erörtert*** *hat, welche greifbaren Anhaltspunkte sie für ihre Behauptung vorbringen will und dieses Vorbringen nicht für ausreichend erachtet wird [...]*

V. Bestreiten mit Nichtwissen

Behauptungen des Gegners über Tatsachen, „die weder eigene Handlungen der Partei noch Gegenstand ihrer eigenen Wahrnehmung gewesen sind“, darf sie mit Nichtwissen bestreiten, § 138 Abs. 4 ZPO. Sie wird also **nicht gezwungen**, zur Wahrnehmung ihrer Interessen zu behaupten, das Vorbringen des Gegners sei falsch, sondern kann sich generell auf ein Bestreiten mit Nichtwissen zurückziehen, wenn sie nicht positiv um die Wahrheit des Vorbringens des Gegners weiß. 34

Nach BGH MDR 2019, 242 schadet es der mit Nichtwissen bestreitenden Partei nicht, wenn sie substantiiert zu Bestreiten versucht und dabei „über das Ziel hinausschießt“ und (ohne Not) eine Behauptung ins Blaue hinein aufstellt:[90]

88 So auch BGH BeckRS 2003, 06448.

89 Vgl. auch BGH NJW 1968, 1233.

90 Vgl. bereits BGH NJW-RR 1989, 41, 43.

War eine Tatsachenbehauptung der Gegenseite weder eigene Handlung der Partei noch Gegenstand ihrer eigenen Wahrnehmung, steht die Erklärung mit Nichtwissen in ihrer Wirkung dem schlichten Bestreiten gleich und schließt die Zulässigkeit einer solchen Erklärung die Verpflichtung der Partei zu einem substantiierten Bestreiten aus. Unternimmt diese Partei gleichwohl den Versuch, ihr Bestreiten näher zu begründen, führt das auch dann nicht zur Unbeachtlichkeit ihrer Erklärung mit Nichtwissen, wenn sie dabei eine Behauptung ins Blaue hinein aufstellt.

Durch ein zulässiges Bestreiten mit Nichtwissen erhöhen sich die Substantiierungsanforderungen für die andere Partei im Übrigen nicht. Es führt allein dazu, dass die mit Nichtwissen bestrittene Behauptung beweisbedürftig wird.[91]

35 Behauptet eine Partei einen Sachverhalt, der Gegenstand der Wahrnehmung des Gegners gewesen sein soll, kann dieser allerdings auch dann noch mit Nichtwissen bestreiten, wenn er die Wahrheit des gegnerischen Vorbringens nicht schlechthin in Abrede stellen will, sich aber **nicht mehr genau erinnern** kann. Nach Auffassung des BGH ist dazu erforderlich, dass die fragliche Partei nach der Lebenserfahrung glaubhaft macht, sich an gewisse Vorgänge nicht mehr erinnern zu können.[92] Allerdings muss die Partei die ihr gegebenen Möglichkeiten ausnutzen, ihr Wissen wieder aufzufrischen, indem sie eigene Unterlagen prüft oder gegebenenfalls auch Erkundigungen bei dritten Personen einholt,[93] vgl. dazu Rdn 36. Über die Bemühungen hierüber ist die Partei dann wiederum darlegungs- und beweisbelastet.[94]

BGH NJW 1995, 130, 131:[95]

Einer Partei ist es grundsätzlich gemäß § 138 Abs. 4 ZPO verwehrt, eigene Handlungen und Wahrnehmungen mit Nichtwissen zu bestreiten. Nur ausnahmsweise kommt ein Bestreiten eigener Handlungen und Wahrnehmungen in Betracht, wenn die Partei nach der Lebenserfahrung ***glaubhaft macht****, sich an gewisse Vorgänge* ***nicht mehr erinnern*** *zu können […]. Die bloße Behauptung, sich nicht zu erinnern, reicht indessen nicht aus. Ferner scheidet ein Bestreiten mit Nichtwissen aus, wenn eine Partei in ihrem eigenen Unternehmensbereich Erkundigungen einziehen kann […]*[96]

91 BGH NJW 2019, 607.

92 BGH BeckRS 2019, 3267.

93 BGH NJW-RR 2002, 612.

94 *Bischoff*, JA 2010, 532, 534.

95 So auch BGH NJW-RR 2002, 612, 613.

96 Vgl. auch OLG Hamm NJW 1998, 3358; BAG NZA 2008, 246, 248; BGH NJW-RR 2010, 110, 112.

Beruht ein Nichtwissen auf eigenem Verschulden, ist es wie eine Beweisvereitelung zu behandeln.[97] Beim Bestreiten mit Nichtwissen wird grundsätzlich auf den Zeitpunkt abgestellt, in dem sich die Partei im Prozess zu erklären hat.[98]

Über den Wortlaut des Gesetzes hinaus legt die Rspr. den Parteien **Informationspflichten** auf, wenn es ihnen zumutbar ist, sich die erforderlichen Kenntnisse zu verschaffen. So muss sich eine Prozesspartei durch Studium von Urkunden kundig machen; sie muss den Ehegatten,[99] Mitarbeiter[100] sowie den Zedenten,[101] und der Insolvenzverwalter muss den Insolvenzschuldner[102] sowie seinen Amtsvorgänger[103] befragen. Generell wird einer Partei zugemutet, Erkundigungen einzuziehen, wenn andere Personen unter Aufsicht oder Anleitung der Partei gearbeitet haben.[104] Kommt es bei einem Verkehrsunfall auf besondere Bedingungen der Örtlichkeit an, wird ihr eine Augenscheinnahme zugemutet. 36

Der Befragung von Mitarbeitern steht nicht entgegen, dass diese für den Rechtsstreit als Zeugen in Betracht kommen. Liegt ein gegnerisches Sachverständigengutachten vor oder ein gleichwertig substantiierter Vortrag der gegnerischen Partei, kann dieser, sofern die weiteren Voraussetzungen des § 138 Abs. 4 ZPO vorliegen, trotzdem mit Nichtwissen bestritten werden.[105]

Auch bei Bestehen einer Informationspflicht ist eine Erklärung mit Nichtwissen im Ergebnis aber dann zulässig, wenn sich für die Partei nach Einholen der Erkundigungen bei den maßgeblichen Personen keine weiteren Erkenntnisse ergeben oder die Partei nicht beurteilen kann, welche von mehreren unterschiedlichen Darstellungen über den Geschehensablauf der Wahrheit entspricht, und sie das Ergebnis ihrer Erkundigungen in den Prozess einführt.[106]

Beispiele aus der Rspr. zum Bestreiten mit Nichtwissen: 37

Das OLG Düsseldorf[107] hat entschieden, dass der frühere Geschäftsführer einer GmbH aus §§ 823 Abs. 2 BGB, § 266a StGB auf Schadensersatz in Anspruch genommen kann, weil er die Arbeitnehmeranteile nicht zur Sozialversicherung abgeführt hat und in diesem Fall die Höhe der nicht abgeführten Arbeitnehmeranteile **nicht** mit Nichtwissen bestreiten kann.

97 *Lange*, NJW 1990, 3233, 3238.
98 BGH NJW-RR 2002, 612.
99 OLG Düsseldorf OLGR 1995, 101.
100 BGH NJW 1995, 130; OLG München OLGR München 2008, 777.
101 *Lange*, NJW 1990, 3233, 3238.
102 OLG Köln NJW-RR 1995, 1407; BGH NJOZ 2013, 1333; BGH NJW-RR 2012, 1004.
103 BGH WM 2015, 1246, 1248.
104 BGH NJW 1995, 130; BGH NJW-RR 2002, 612.
105 BGH NJW 2015, 468, 469; BGH NZM 2023, 677, 679.
106 BGH r+s 2019, 602, 603.
107 OLG Düsseldorf NJW-RR 1993, 1128.

Nach dem LG Frankfurt[108] ist im Fall, dass der Urlauber konkret zu Reisemängeln vorträgt, der Reiseveranstalter gehalten, von der örtlichen Reiseleitung Informationen einzuholen und dann seinerseits substantiiert vorzutragen; sein Vortrag, er bestreite vorsorglich mit Nichtwissen, da er keine Kenntnis von Reisemängeln habe, ist unbeachtlich.

OLG Köln VersR 1997, 596:

> *Ein Bestreiten von Einwendungen des Beklagten gegen eine auf den Kläger übergegangene Forderung ist in Anwendung dieses Grundsatzes nicht statthaft, wenn der Rechtsvorgänger des Klägers hinreichende Kenntnisse über die entsprechende(n) Tatsache(n) hat und dem Kläger zur Auskunft verpflichtet ist.*

BGH NJW 1995, 130:[109]

> *Über geschäftliche Vorgänge kann sich eine Partei nur dann mit Nichtwissen erklären, wenn sie in ihrem Unternehmen ohne Erfolg Erkundigungen angestellt hat […]*

Der BGH hat in einer Entscheidung aus dem Jahr 1989[110] eine Pflicht des Geschäftsführers ausgeschlossen, sich bei einem **früheren** bereits ausgeschiedenen Geschäftsführer zu erkundigen. In einer späteren Entscheidung spricht der BGH[111] von einer möglichen Verletzung der Erkundigungspflicht des Geschäftsführers bei seinem bereits ausgeschiedenen Vorgänger, weshalb das Bestehen einer entsprechenden Erkundigungspflicht noch nicht als vollständig geklärt angesehen werden kann. Bei **früher** angestellten Monteuren soll eine Partei aber z.B. nicht verpflichtet sein, Erkundigungen einzuholen.[112]

Weiter hat der BGH[113] dem Insolvenzverwalter erlaubt, einen Tatsachenvorgang mit Nichtwissen zu bestreiten, wenn er darlegt, dass er die ihm zur Verfügung stehenden Informationsquellen (Befragung des Geschäftsführers, Auswertung der Buchhaltungsunterlagen etc.) ausgewertet hat und unbeschadet dessen keine Informationen über den in Rede stehenden Sachverhalt ermitteln konnte.

Nur wenn eine Partei dartut, sich hinreichend um Aufklärung bemüht zu haben, ist ein Bestreiten mit **Nichtmehrwissen** zulässig.[114]

OLG Hamm NJW 1998, 3358:

> *Pauschaliertes Bestreiten mit Nichtmehrwissen der einzelnen Abrechnungsposten in einem Kreditkartenverhältnis verbunden mit dem Verlangen, der Karten-*

108 NJW-RR 1991, 317, 318; wie auch AG Bad Homburg NJW-RR 2002, 1283.

109 So auch BGH NJW-RR 2002, 612.

110 BGH NJW 1990, 453, 454.

111 BGH NJW-RR 2002, 612, 613.

112 BGH NJW 1990, 454.

113 BGH NJOZ 2013, 1333.

114 BGH NJW-RR 2002, 612; OLG Hamm NJW 1998, 3358; BAG DB 2014, 2973, 2974.

herausgeber möge die einzelnen Abrechnungsbelege zur Prüfung vorlegen, ist unbeachtlich. Denn einmal ist der Karteninhaber gehalten, bei jedem Geschäftsabschluss einen Beleg zu verlangen, und im Übrigen ist es ihm zumutbar, sich fernmündlich mit den angeblichen Geschäftspartnern in Verbindung zu setzen und zweckdienliche Erkundigungen einzuholen.[115]

BGH BeckRS 2019, 3267:

Die Kläger sind Miteigentümer einer Box in einer Bootsschuppenanlage. Die Anlage wurde durch einen Brand völlig zerstört. Der Beklagte hatte ebenfalls eine Box in der Anlage gepachtet. Er war zum Zeitpunkt des Brandes an und in der Anlage und wurde durch den Brand erheblich verletzt. Die Kläger behaupten, der Beklagte habe den Brand bei der Betankung seines Bootes sorgfaltswidrig verursacht. Ein Betanken der Boote in der Box sei untersagt gewesen, der Beklagte habe um die Gefährlichkeit eines derartigen Betankungsvorgangs gewusst. Der Beklagte bestreitet den Hergang der Brandentstehung mit Nichtwissen. Er behauptet, sich aufgrund seiner schweren Verletzungen nicht an die damaligen Ereignisse erinnern zu können.

VI. Einwand der Rechtskraft der Vorentscheidung

Ist eine Entscheidung in Rechtskraft erwachsen, kann derselbe Streitgegenstand nicht mehr Gegenstand eines weiteren Verfahrens sein, § 325 ZPO. Einem darauf gerichteten Antrag steht das Wiederholungsverbot entgegen; der Antrag ist unzulässig. Das Problem liegt nun darin, abzugrenzen, wann von einer Identität der Streitgegenstände auszugehen ist. Die h.M.[116] bestimmt den Streitgegenstand von dem **Antrag** des Klägers und dem zugrundeliegenden **Lebenssachverhalt** her. Entscheidend ist, ob die dem Gericht in dem zweiten Verfahren vorgetragenen Tatsachen zu dem Lebenssachverhalt gehören, der bereits den Streitgegenstand des ersten Prozesses bildete.[117] Dabei ist von einer natürlichen Betrachtungsweise auszugehen, orientiert am Standpunkt der Parteien bzw. an der allgemeinen Verkehrsanschauung.[118] Stützt eine Partei ihren Zahlungsanspruch auf einen Kaufvertrag und kann sie dessen Abschluss nicht beweisen, kann sie eine spätere Klage nicht mehr auf ungerechtfertigte Bereicherung stützen.[119] Denn das Gericht hätte auch schon nach dem bisherigen Sachvortrag (eine entsprechende Aufklärung gemäß § 139 Abs. 2 ZPO vorausgesetzt) der Klage aus ungerechtfertigter Bereicherung entsprechen können. 38

115 Zum Näheren vgl. *Lange*, NJW 1990, 3233; *Nicoli*, JuS 2000, 584.

116 Vgl. BGH NJW 1992, 1172; BGH NJW 2013, 540; BGH NJW 2015, 3040; BGH NJW 2018, 1259, 1260.

117 *Musielak*, NJW 2000, 3593, 3594; BGH NJW 2014, 314, 315.

118 BGH NJW 1993, 2685; BGH NJW-RR 1996, 826; BGH NJW 2014, 314, 315.

119 BGH NJW 1990, 1975.

Noch klarer wird das Problem durch die Ausführungen von *Musielak*, NJW 2000, 3593, 3596 zu BGH NJW 2000, 590:

> *Ist eine Klage deshalb abgewiesen worden, weil die Fälligkeit der geltend gemachten Forderung vom Gericht verneint wurde, dann kann nach Eintritt der Fälligkeit erneut die Forderung eingeklagt werden. War jedoch Grund für die Klageabweisung, dass der Kläger keine nachvollziehbare Abrechnung vorlegen konnte und deshalb sein Anspruch nicht schlüssig begründet war, dann kann er nicht nach Erstellung einer neuen Abrechnung seine Klage wiederholen [OLG Düsseldorf NJW 1993, 802, 803]. Die nachträglich erstellte Abrechnung schafft zwar eine neue Tatsache, ändert aber nichts an der rechtskräftig getroffenen Feststellung, dass dem Kläger kein Anspruch gegen den Beklagten zusteht [...] Anders als bei der fehlenden Fälligkeit, bei der die Klage als nur zur Zeit nicht begründet erscheint, ist die Abweisung wegen der fehlenden Abrechnung endgültig und deshalb auch nicht dem Kläger vorbehalten, nachträglich die fehlende Schlüssigkeit seiner Klage herbeizuführen [...]*

39 Zur weiteren Veranschaulichung ein vom BGH[120] entschiedener Fall:

Ein Architekt hatte eine Honorarklage auf eine (mangels Schriftform unwirksame) Pauschalpreisvereinbarung gestützt, die abgewiesen worden war. Nunmehr verlangte er mit einer neuen Klage das nach der HOAI zulässige Mindesthonorar. Diese wurde vom OLG unter Berufung auf die Rechtskraft des Vorprozesses abgewiesen. Der BGH ließ zwar gelten, dass zwei gleiche Streitgegenstände vorlagen, das OLG habe jedoch nicht beachtet, dass die Klage des Vorprozesses nur **als zurzeit unbegründet** abgewiesen worden sei.

Der BGH BB 2000, 2490 führt aus:

> *Gegenstand eines Rechtsstreits ist der als Rechtsschutzbegehren oder Rechtsfolgenbehauptung aufgefasste eigenständige prozessuale Anspruch. Dieser wird bestimmt durch den Klageantrag, in dem sich die vom Kläger in Anspruch genommene Rechtsfolge konkretisiert, und den Lebenssachverhalt, aus dem der Kläger die begehrte Rechtsfolge herleitet. Der Klagegrund geht über die Tatsachen hinaus, welche die Tatbestandsmerkmale einer Rechtsgrundlage ausfüllen. Zu ihm sind alle Tatsachen zu rechnen, die bei einer natürlichen, vom Standpunkt der Parteien ausgehenden Betrachtungsweise zu dem durch den Vortrag des Klägers zur Entscheidung gestellten Tatsachenkomplex gehören, den der Kläger zur Stützung seines Rechtsschutzbegehrens dem Gericht zu unterbreiten hat [...]. Danach betreffen die beiden Honorarklagen denselben Streitgegenstand. Der Lebenssachverhalt, aus dem der Kläger seinen Anspruch herleitet, ist der Architektenvertrag über die Errichtung eines Mehrfamilienhauses. Der Honoraranspruch ergibt sich gemäß § 631 Abs. 1 BGB aus der Vergütungsver-*

120 BGH BB 2000, 2490.

einbarung. Dadurch, dass die HOAI bei einer gemäß § 4 Abs. 4 unwirksamen Vergütungsvereinbarung dem Architekten einen Anspruch auf Honorar nach den Mindestsätzen einräumt, ändert sich der Lebenssachverhalt nicht.

(Dass die Klage des Vorprozesses entsprechend der Rspr. des BGH (BGHZ 127, 254) lediglich (aber entscheidend) als zurzeit unbegründet abgewiesen worden sei, sei zwar nicht im Tenor des ersten Urteils zum Ausdruck gebracht, ergebe sich aber aus den Entscheidungsgründen.)

In einem anderen Urteil schließt der BGH das Vorliegen neuer Tatsachen für den Fall aus, dass ein Kaufvertrag nach Abschluss des Vorprozesses aufgrund arglistiger Täuschung angefochten wurde, sofern der Anfechtungsgrund bereits im Zeitpunkt der letzten mündlichen Verhandlung vorlag.[121] Insbesondere gehört zur Rechtskraftwirkung nicht nur die Präklusion der im ersten Prozess vorgetragenen Tatsachen, sondern auch die der nicht vorgetragenen Tatsachen, sofern diese nicht erst nach Schluss der mündlichen Verhandlung im ersten Prozess entstanden sind, sondern bei natürlicher Anschauung zu dem im Vorprozess vorgetragenen Lebenssachverhalt gehören. Im Einzelfall kann eine Korrektur eines materiell unrichtigen Urteils regelmäßig nur beim Vorliegen von Nichtigkeits- und Restitutionsgründen oder bei einer sittenwidrigen Schädigung (z.B. bei der sittenwidrigen Erschleichung eines Vollstreckungstitels, Stichwort: Durchbrechung der materiellen Rechtskraft) in Betracht kommen.[122]

C. Substantiierungslast

I. Wie genau ist vorzutragen?

Aus der Regelung des § 138 Abs. 1 und 2 ZPO, wonach Parteien nicht nur wahrheitsgemäß, sondern über die tatsächlichen Umstände vollständig vorzutragen haben sowie jede Partei sich über die vom Gegner behaupteten Tatsachen zu erklären hat, wird eine Substantiierungslast der Parteien abgeleitet. 40

Der Begriff der „Substantiierungslast" lässt sich abstrakt schlecht greifen, weil der Umfang der konkreten Behauptungslast von der jeweiligen Prozesssituation und der Einlassung des Gegners abhängt.[123] Das führt zu Unsicherheiten bei der Anwendung des Begriffs der „Substantiierungslast". Das ist umso bedauerlicher, als in der Praxis der Gerichte ständig Parteivorbringen mangels Substantiierung prozessentscheidend außer Betracht bleibt. Ein Rechtsanwalt sprach kritisch von „Die Unsubstantiiertheit, Justitias Schwert?"[124] Ein anderer gibt seine Erfahrungen dahingehend wieder, dass „in mindestens 30 % der Fälle die Landgerichte ihre Ent-

121 BGH NJW 2004, 1252 m.w.N.

122 Vgl. zum Beispiel BGH NJW-RR 1990, 303.

123 BLP/*Laumen*, Bd. 1, Kap. 9 Rn 61.

124 *Riemer*, DRiZ 1997, 259.

scheidungen auf nicht hinreichend substantiiertes Vorbringen des Klägers oder des Beklagten gründen."[125] Das deckt sich mit Beobachtungen aus der Praxis. Die (Kommentar-) Literatur widmet sich diesem wichtigen Problemkreis nur sehr zurückhaltend.[126]

41 Der BGH hat bereits häufiger Veranlassung gesehen, sich zu den – nach *Dölling*[127] nicht zu engen – Anforderungen zu äußern, die an die Substantiierungslast der Parteien zu stellen sind.

Das ist umso wichtiger, da die Instanzgerichte im Einzelfall die Anforderungen an substantiierten Sachvortrag deutlich überspannen, was im Ergebnis eine Verletzung des Anspruchs auf rechtliches Gehör darstellt.[128]

Beispielsweise hat der BGH die Anforderungen an die Substantiiertheit des Klagevortrags in dem folgenden Fall als überspannt angesehen; BGH NJW-RR 2013, 296:

In diesem Fall ging es um eine Inanspruchnahme aufgrund einer fehlerhaften Kapitalanlagenberatung. Das Berufungsgericht hielt den Vortrag des Klägers für nicht hinreichend substantiiert, da es an einem Vorbringen zu der Anbahnungssituation, den Vorkenntnissen des Anlegers, den Kenntnissen des Anlagevermittlers über das Vorwissen des Anlegers sowie zu dem Umfang, der Dauer und dem konkreten Ablauf der Beratungsgespräche fehle. Diese Anforderungen an die Substantiiertheit hielt der BGH für überspannt. Der Kläger sei nicht gehalten, die genauen Formulierungen darzustellen, die der Anlageberater in seinem Gespräch gewählt hat. Es genüge, wenn er die behaupteten Angaben und Versäumnisse des Beraters in ihrem inhaltlichen Kerngehalt wiedergebe.

Ein weiteres Beispiel aus der Rechtsprechung des BGH (NJW 2019, 607), in dem das Berufungsgericht die Anforderungen an die Substantiierung überspannt hat:

In diesem Fall hat es der BGH für einen Anspruch nach § 1 HaftPflG als ausreichend angesehen, dass der Kläger die Behauptung in den Prozess eingeführt hat, die Verletzung sei am Abend des 9.10.2014 an der Haltestelle H. beim Einstieg in eine von der Beklagten betriebenen Straßenbahn und dabei durch die sich schließende Tür eingetreten. Das OLG Braunschweig hat demgegenüber die Zurückweisung der Berufung im Wesentlichen damit begründet, dass es an hinreichend substanziierten Vortrag zum Unfallhergang fehle. So sei die Klage-

125 *Graf Lambsdorff*, AnwBl 1994, 339.

126 Vgl. aber u.a. *Dölling*, NJW 2013, 3123, *Schultz*, NJW 2017, 16 und *Mertins*, NJ 2009, 441. Gründliche Untersuchungen finden sich beispielsweise bei *Brehm*, Bindung des Richters an den Parteivortrag und Grenzen freier Verhandlungswürdigung, 1982, S. 47 ff. sowie in der Habilitationsschrift von *Prütting*, Gegenwartsprobleme der Beweislast, 1983, S. 44.

127 *Dölling*, NJW 2013, 3123.

128 BGH NJW-RR 2021, 147; BGH NJW-RR 2020, 1320.

partei beispielsweise gehalten gewesen, weitere Einzelheiten zu Uhrzeit, Straßenbahnlinie oder Straßenbahnzug vorzutragen. Auch dass sie als Unfallzeitpunkt zunächst 19.50 Uhr angegeben und dies später auf „genau" 19.15 Uhr bzw. „ca." 19.15 Uhr korrigiert habe, stehe der Annahme einer hinreichenden Substantiierung entgegen. Der BGH hat dem entgegengehalten, dass es mit Blick auf die Substantiierung lediglich darauf ankomme, dass die Partei Tatsachen vorträgt, die in Verbindung mit einem Rechtssatz geeignet sind, das geltend gemachte Recht als in ihrer Person entstanden erscheinen zu lassen.

Die Rspr. des BGH zur Substantiierungslast ist andererseits aber auch nicht einheitlich. *Stürner*[129] hat in diesem Zusammenhang festgehalten, dass sich der BGH in manchen Fragen des Prozessrechts wie eines Steinbruchs bedient, aus dem immer nur die gerade passenden Brocken gebrochen werden. Da es beim BGH für das Prozessrecht keine Spezialzuständigkeit gibt (geben kann), wird Verfahrensfragen offenbar weniger Interesse entgegengebracht und kaum darauf geachtet, die Rspr. der Senate einander anzugleichen. **42**

Einigkeit bestand beispielswiese zunächst noch darin, dass ein Vorbringen so hinreichend konkret sein müsse, dass es dem Gegner eine sachgerechte Verteidigung ermögliche; der Gegner müsse zur Überprüfung und sachlichen Stellungnahme in der Lage sein.[130] Angaben zu **Zeit, Ort und anderen näheren Umständen** müssen nicht gemacht werden, sofern die Gegenpartei die eigenen Darstellungen nicht substantiiert angreift.[131] Ein Vorbringen oder Bestreiten, das diesen Anforderungen nicht genüge, wurde als nicht existent behandelt. Das Vorbringen des Gegners **galt als zugestanden** im Sinne des § 138 Abs. 3 ZPO.[132] Die neueren Formulierungen in der Rspr. des BGH lesen sich hingegen so, dass nicht vorrangig maßgeblich ist, dass sich der Gegner sachgerecht verteidigen könne. Im Mittelpunkt steht zunächst die allgemeine Regel, dass es ausreichend ist, wenn die Partei Tatsachen vorträgt, aus denen sich die für die gewünschte Rechtsfolge notwendigen Voraussetzungen ergeben.[133] Ist diese Schwelle genommen, kommt es auf den Vortrag der Gegenseite an, ob und in welchem Umfang die andere Partei weiter vortragen muss.[134]

Einigkeit besteht jedenfalls darin, dass die Frage, wann ein Vorbringen nicht mehr hinreichend substantiiert ist, sich nicht abstrakt, sondern jeweils danach beantwortet, wie differenziert der Gegner vorgetragen hat.[135]

129 *Stürner*, JZ 1985, 185.
130 BGH NJW 1992, 1967.
131 BGH NJW 2011, 3291; BGH NJW-RR 2020, 1320, 1321.
132 BGH NJW 1993, 1200.
133 BGH NJW-RR 2010, 1217, 1219; BGH DStR 2015, 1646, 1647; BGH NJW 2019, 607, 608.
134 Vgl. z.B. BGH NJW 2011, 3291.
135 BGH NJW 2015, 468.

BGH VersR 2016, 133, 134:

> *Gemäß § 138 Abs. 2 ZPO hat sich eine Partei grundsätzlich über die von dem Gegner behaupteten Tatsachen zu erklären. Sie darf sich also, wenn der Gegner seiner Erklärungslast nachgekommen ist, nicht mit einem bloßen Bestreiten begnügen, sondern muss erläutern, von welchem Sachverhalt sie ausgeht. Der Umfang der erforderlichen Substantiierung richtet sich dabei aber nach dem Vortrag der darlegungsbelasteten Partei. Je detaillierter dieser ist, desto höher ist die Erklärungslast gemäß § 138 Abs. 2 ZPO. Ob ein einfaches Bestreiten als Erklärung gemäß § 138 Abs. 2 ZPO ausreicht oder ob ein substantiiertes Bestreiten erforderlich ist, hängt somit von dem Vortrag der Gegenseite ab [...]*

Die Substantiierungslast kann also zwischen den Prozessparteien hin und her springen. Man spricht von einem Wechselspiel von Vorbringen und Gegenvorbringen.[136] Zur Veranschaulichung ist auch schon der Vergleich mit dem Pingpong-Spiel gewählt worden.

Trotz dieser Einigkeit in einigen Grundsatzfragen, gibt es in der praktischen Anwendung aber nicht nur gegenüber der Rechtslehre, sondern auch innerhalb der Rspr. stark divergierende Auffassungen bzw. Handhabungen.

1. Praxis der Instanzgerichte

43 Die Instanzgerichte sehen überwiegend die Funktion des Substantiierungsgebotes nicht nur darin, dem Gegner eine sachgerechte Verteidigung zu ermöglichen, sondern sie setzen die Substantiierungslast als Instrument ein, den **Streitstoff einzugrenzen**. Trägt eine Prozesspartei eingehend und differenziert vor, soll der Gegner auf das – entscheidungserhebliche – Vorbringen seinerseits differenziert erwidern müssen. Ein Vorbringen, das dieser Anforderung nicht genügt, bleibt unberücksichtigt, und zwar nicht erst dann, wenn ein Vortrag durch die Einlassung des Gegners unklar wird, vgl. dazu Rdn 48 ff., sondern schon immer dann, wenn ihm nicht § 138 Abs. 4 ZPO ausnahmsweise ein Bestreiten mit Nichtwissen gestattet, vgl. Rdn 34 ff.

Dem liegt folgende Überlegung zugrunde:

44 Ist eine Partei außerstande oder nicht willens, ihr Vorbringen näher zu präzisieren, so ist die Wahrscheinlichkeit groß, dass ihre Behauptung unwahr ist. Es sollen aber keine Tatsachenbehauptungen zur Sachverhaltsermittlung zugelassen werden, die von vornherein sehr unwahrscheinlich sind. Zwar wird nicht in Frage gestellt, dass auch Ungewisses als feststehend behauptet werden darf. Die Instanzgerichte nehmen aber für sich in Anspruch, das Vorbringen der Parteien einer **Plausibilitätskontrolle** zu unterziehen. Damit sollen die geringen Anforderungen an die Wahr-

136 BGH BauR 1992, 265; BLP/*Laumen*, Bd. 1, Kap. 9 Rn 61.

heitspflicht ausgeglichen werden.[137] Durch diese Kontrolle soll auch dem **Ausforschungsbeweis** begegnet werden. Wer nicht in der Lage ist, auf detaillierten Vortrag entsprechend zu erwidern, soll mit seiner Entgegnung ausgeschlossen bleiben, zu Ausnahmen vgl. Rdn 78 ff. Eine Prozesspartei soll sich ihre Informationen nicht erst in der Beweisaufnahme beschaffen dürfen, um sie dann als neue Tatsachenbehauptungen unter Beweis zu stellen.[138] Nach *Kiethe*[139] ist von einem unzulässigen Ausforschungsbeweis nur auszugehen bei offensichtlicher Willkür oder Rechtsmissbrauch, also wenn Behauptungen **aufs Geratewohl** oder **ins Blaue hinein** aufgestellt werden.

(Das Problem des Ausforschungsbeweises wird aus dieser Sicht zu einer Frage, ob hinreichend differenziert vorgetragen ist, um dem Beweisantritt für die Parteibehauptung überhaupt nachzugehen.)

Trägt etwa in einem Unterhaltsrechtsstreit die Klägerin ein bestimmtes Monatseinkommen des von ihr verklagten Ehemannes vor, kann dieser sich auf ein bloßes Bestreiten beschränken, wenn sie keine Anhaltspunkte dafür benennt, wie sie auf diesen Betrag kommt. Macht sie aber geltend, dieser Betrag entspreche seinem monatlichen Einkommen, als die Parteien noch zusammenlebten, oder trägt sie zu der beruflichen Stellung des Ehemannes vor und ermöglicht damit dem Gericht, aus seiner allgemeinen Erfahrung auf ein bestimmtes Einkommen zu schließen, kann sich der Beklagte nicht auf ein lapidares Bestreiten beschränken. Denn dann gilt der Vortrag der Klägerin gemäß § 138 Abs. 3 ZPO als zugestanden. Will der Beklagte das vermeiden, muss er konkrete Angaben zu seinem tatsächlichen (niedrigeren) Einkommen vortragen. **45**

Kennt der Unterhaltsberechtigte das Einkommen des Unterhaltsverpflichteten nicht, hat er aber Anhaltspunkte, aus denen sich das ungefähre Einkommen erschließen lässt, kann er sich häufig den Umweg einer Auskunftsklage ersparen und ein geschätztes Einkommen behaupten.[140] Er geht allerdings das Risiko ein, mit seiner Schätzung zu niedrig zu liegen, oder, wenn er zu hoch liegt, mit einem Teil der Prozesskosten belastet zu werden.

Die Praxis der Instanzgerichte steht nicht im Einklang mit der unter Rdn 48 ff. näher dargelegten Rspr. des BGH, zumindest derjenigen, die sich grundlegender mit der Substantiierungslast befasst. **46**

137 Vgl. *Meyke*, NJW 2000, 2230.

138 Zöller/*Greger*, vor § 284 Rn 8c.

139 *Kiethe*, MDR 2003, 1325, 1329.

140 Vgl. *Vorwerk*, MDR 1996, 870; OLG Hamm OLGR Hamm 2005, 442.

Auch in der Rechtsliteratur stößt die Rechtspraxis der Instanzgerichte überwiegend auf Ablehnung.[141] Es gibt aber auch zustimmende Äußerungen, so *Stürner*, JZ 1985, 185:

> *Wer sich auf bloße* ***Erheblichkeitskontrolle*** *beschränkt, wird die Schwierigkeit kaum bewältigen können, den Vortrag erheblicher Tatsachen vom Vortrag des Subsumtionsergebnisses abzugrenzen. Er wird eigentlich jede Beweisaufnahme zulassen müssen; denn Tatsachen, Rechtstatsachen und rechtliche Wertungen als Vertragsgegenstand sind kaum voneinander zu unterscheiden [...]*
>
> *Indessen wird m.E. das Verständnis der Substantiierung als* ***Plausibilitätskontrolle*** *und damit als* ***Missbrauchskontrolle*** *der Rechtsprechungskasuistik besser gerecht. In den meisten Fällen, in denen die Rechtsprechung eine Sachverhaltsklärung abgelehnt hat, konnte die Partei nicht nachvollziehbar darlegen, wie sie zu ihrer Behauptung kommt. Bei Behauptungen aus eigener Wahrnehmung liegt ihre Plausibilität in ihrer detaillierten Darlegung, bei Behauptungen über fremde Geschäfts- und Persönlichkeitssphären werden Details oft unbekannt sein, die Plausibilität liegt in der Darlegung von Anhaltspunkten für die behauptete Sachverhaltsgestaltung. Der in der Plausibilität liegende Wahrscheinlichkeitsgrad ist sehr niedrig, er hat mit vorweggenommener Beweiswürdigung und mit einem prima-facie-Beweis nichts zu tun. Er ist bloßer Missbrauchsschutz.*

47 Der Schluss von **auffällig** knappem Vortrag auf Unwahrheit findet sogar eine gewisse Bestätigung in der Glaubwürdigkeitslehre zum Zeugenbeweis. Hier gilt eine auffallend kurze Aussage, wenn nach der Lebenserfahrung eine längere zu erwarten wäre, als Lügenindikator.[142]

2. Rechtsprechung des BGH

48 Die Rspr. des BGH ist nicht einheitlich.[143] Soweit sie sich überhaupt grundsätzlicher mit der Frage befasst, welche Anforderungen an die Substantiierung des Parteivorbringens zu stellen sind, weicht sie von der zuvor dargestellten der Instanzgerichte erheblich ab.

Zwar geht auch der BGH davon aus, dass die an die Substantiierung des Vorbringens einer Partei zu stellenden Anforderungen sich nach dem Vorbringen der Gegenseite richten. Aber nicht in dem Sinne, dass von dem knappen Vortrag auf mangelnde Wahrscheinlichkeit und deshalb auf Missbrauch geschlossen werden dürfte. Nicht einmal der Vortrag eines unüblichen oder ungewöhnlichen Sachverhalts vermag solche erhöhten Anforderungen zu begründen.[144]

141 Vgl. *Laumen*, DStR 2015, 1646, 1647.

142 Vgl. *Bender/Röder/Nack*, Tatsachenfeststellung vor Gericht, 1981, Bd. I, Rn 158 ff.

143 Eine systematische Darstellung der BGH-Rechtsprechung findet sich bei *Schultz*, NJW 2017, 16.

144 BGH NJW 1984, 2888, 2889; BGH GRUR 2012, 534; BGH DStR 2015, 1646.

BGH NJW 1984, 2888, 2889:

> *Für die Frage der Darlegungslast […] ist es schließlich ohne Bedeutung, wie wahrscheinlich die Darstellung der Kl. ist. Ob für den Sachvortrag der Kl. tatsächliche Vermutungen oder ein durch die allgemeine Erfahrung begründeter Anschein sprechen, kann sich zwar auf die Beweisführung und auf die Beweiswürdigung auswirken. Erhöhte inhaltliche Anforderungen an die Darlegungslast lassen sich damit aber entgegen der Auffassung des BerGer nicht begründen. Nicht einmal der Vortrag eines unüblichen oder ungewöhnlichen Sachverhaltes […] vermag solche erhöhten Anforderungen zu begründen […]*

Für den BGH liegt nach dieser Rspr. die Funktion der Substantiierungslast ausschließlich darin, für Klarstellung zu sorgen, wenn der eigene Vortrag aufgrund der Einlassung des Gegners unklar wird:

BGH NJW 1992, 2427, 2428:[145]

> *Die Angabe näherer Einzelheiten ist nur dann erforderlich, wenn diese für die Rechtsfolgen von Bedeutung sind. Das Gericht muss nur in der Lage sein, aufgrund des tatsächlichen Vorbringens zu entscheiden, ob die Voraussetzungen für das Bestehen des geltend gemachten Anspruchs vorliegen. Zergliederungen der Sachdarstellung in Einzelheiten können allenfalls bedeutsam werden, wenn der Gegenvortrag dazu Anlass bietet.* ***Das bedeutet jedoch nicht****, dass derjenige, der ein Recht beansprucht, schon deshalb weil der Gegner bestreitet, gezwungen ist, den behaupteten Sachverhalt in allen Einzelheiten wiederzugeben. Dem Grundsatz, dass der Umfang der Darlegungslast sich nach der Einlassung des Gegners richtet,* ***liegt nicht etwa der Gedanke zugrunde****, ein Kl. sei zur Förderung der Wahrheitsermittlung und zur Prozessbeschleunigung verpflichtet, um den bestreitenden Gegner in die Lage zu versetzen, sich möglichst eingehend auf die Klagebehauptungen einzulassen. Der Grundsatz besagt vielmehr nur, dass der Tatsachenvortrag der Ergänzung bedarf,* ***wenn er infolge der Einlassung des Gegners unklar wird*** *und nicht mehr den Schluss auf die Entstehung des geltend gemachten Rechts zulässt.*

Mit dieser Entscheidung – die sich weit von der täglichen Praxis der Instanzgerichte entfernt – hat der BGH keineswegs eine neue Rechtsprechung begründet, sondern er konnte sich auf teilweise wortgleiche Ausführungen früherer Entscheidungen berufen: BGH NJW 1962, 1394; BGH NJW 1984, 2888. 49

Der BGH hat seinen Standpunkt wiederholt bekräftigt.

BGH NJW-RR 1993, 189:

> *Der Pflicht zur Substantiierung ist nur dann nicht genügt, wenn das Gericht aufgrund dieser Darstellung nicht beurteilen kann, ob die gesetzlichen Voraussetzungen der an eine Behauptung geknüpften Rechtsfolge erfüllt sind […]*

145 BGH BeckRS 2015, 9787.

Und noch deutlicher BGH NJW 1999, 2887, 2888:

Eine Substantiierungspflicht dient nicht dazu, zur Förderung der Wahrheitsermittlung und/oder zur Prozessbeschleunigung den Gegner in die Lage zu versetzen, sich möglichst eingehend auf Behauptungen einzulassen [...]. Ihr Umfang hat sich vielmehr am Zweck der Darlegungen zu orientieren.

BGH NZG 2007, 516:

Ein Beweisantritt für eine bestimmte rechtserhebliche Tatsache bedarf nicht der Angabe zusätzlicher, erst für die Beweiswürdigung relevanter Begleitumstände (z.B. „wo, wann, gegenüber wem").

A.A. OLG Düsseldorf mit der Begründung, es verstoße gegen den Grundsatz der Waffengleichheit, über einen unsubstantiierten Vortrag Beweis zu erheben; denn,

OLG Düsseldorf NVwZ 1995, 201:

Eine Partei kann sich auf ein gegnerisches Vorbringen nur ausreichend einrichten und dagegen verteidigen, wenn dies [...] hinreichend bestimmt ist, um dann selbst Zeugen zur Entkräftigung oder zum Beweis des Gegenteils zu benennen.

Demgegenüber etwas theatralisch das OLG Köln OLGR 1999, 232:

Die Auffassung einzelner Gerichte, der Klagevortrag sei unsubstantiiert, weil der Kläger nicht angegeben habe, wer – wann – wo – mit wem – warum usw. etwas getan oder unterlassen habe, ist falsch, war immer falsch, findet in der Rechtsprechung des Bundesgerichtshofes keine Stütze, ist aber bisher nicht auszurotten.[146]

Die teilweise überzogenen Begründungen beider Seiten zeigen, dass hier nicht irgendeine belanglose Frage im Streit ist, sondern das Grundverständnis des Wesens des Zivilprozesses berührt wird.

50 Was der BGH darunter versteht, ein Vorbringen könne durch das des Gegners unklar werden, hat er in seiner grundlegenden Entscheidung erläutert.

BGH NJW 1962, 1394, 1395:

Will beispielsweise eine Partei mit der anderen eine Abrede getroffen haben und bringt diese daraufhin vor, es sei zu wiederholten Verhandlungen gekommen, so kann die Partei, die aus der behaupteten Vereinbarung Rechte herleitet, allerdings genötigt sein, zur Schlüssigkeit ihres Vertrages im Einzelnen anzugeben, bei welcher dieser Verhandlungen und in welcher Weise die Einigung erfolgt ist.

146 Zustimmend *Schneider*, MDR 2000, 1385.

Sehr anschaulich das Beispiel von *Brehm*,[147] der der Auffassung des BGH zustimmt:

> *Bei einer Klage aus Darlehen kann der Beklagte z.B. behaupten, der Kläger habe ihm mehrere Darlehen gegeben. Dann muss der Kläger durch weitere Umstände seinen Vortrag präzisieren, da sonst nicht feststehen würde, welcher prozessuale Anspruch geltend gemacht wird.*

In der Sache BGH NJW 1962, 1394 ging es um Folgendes: 51

Eine Bank hatte mit einem Darlehensnehmer einen Vergleich geschlossen, in dem dieser einen Schuldsaldo von rund 40.000 DM anerkannte. Auf Zahlung in Anspruch genommen, wandte der Beklagte ein, er habe mit dem Inhaber der Klägerin „Ende 1957 oder Anfang 1958“ mündlich vereinbart, dass ihm aus anderen Vorgängen Gutschriften über insgesamt 27.500 DM erteilt würden.

Diese Einlassung des Beklagten hatte das OLG wegen mangelnder Substantiierung unberücksichtigt gelassen.[148]

Das fand nicht die Billigung des BGH.

Die meisten Instanzgerichte würden aber auch heute noch so wie das OLG entscheiden.

Der Rspr. des BGH u.a. angeschlossen haben sich jedoch OLG Koblenz,[149] das OLG Thüringen[150] und das OLG Hamburg;[151] ganz anders aber wiederum das OLG Köln.[152]

Diese Auswahl von Entscheidungen zur Substantiierungslast lässt keinerlei Rückschlüsse darauf zu, wie das Gericht in einem konkreten Fall entscheiden würde. Denn trotz seiner großen praktischen Relevanz wird dieser Problemkreis nur selten eingehender erörtert, so dass die unterschiedlichen Rechtsauffassungen zu dieser Frage den Rechtsanwendern zumeist gar nicht bewusst sind. 52

Stürner[153] hat nachgewiesen, dass der BGH[154] auch Anforderungen der Oberlandesgerichte an die Substantiierung des Parteivorbringens gebilligt hat, die mit den hier dargelegten Grundsätzen nicht zu vereinbaren sind.

Dass die Praxis der Instanzgerichte einen starken Bedarf nach Eingrenzung des Rechtsstreits durch Plausibilitätskontrolle sieht, zeigt der vom BGH VersR 2000, 1565 entschiedene Fall: Der BGH zitiert die angefochtene Entscheidung des OLG

147 *Brehm*, Bindung des Richters an den Parteivortrag und Grenzen freier Verhandlungswürdigung, 1982, S. 85.

148 So auch OLG Brandenburg BeckRS 2008, 25058.

149 OLG Koblenz AnwBl 1990, 275.

150 OLG Thüringen OLG Report Ost 10/2012.

151 OLG Hamburg NJW-RR 1990, 63.

152 OLG Köln NJW-RR 1993, 864.

153 *Stürner*, JZ 1985, 185.

154 Z.B. BGH NJW 1982, 1708.

dahingehend, dass diesem durchaus bewusst war, dass an die Substantiierung des Parteivorbringens keine überzogenen Anforderungen gestellt werden dürfen. Gleichwohl hat es Parteivorbringen wegen mangelnder Substantiierung unbeachtet gelassen, was aber nicht die Billigung des BGH fand.

II. Rechtsfolgen unzureichender Substantiierung

53 Genügt eine Partei ihrer Substantiierungslast nicht, gilt das Vorbringen der Gegenseite als zugestanden.[155] Sie wird behandelt, als ob sie das Vorbringen gar nicht bestritten hätte, § 138 Abs. 3 ZPO. Aber anders als bei einem Geständnis im Sinne des § 288 ZPO, von dem sich eine Partei gemäß § 290 ZPO nur schwer wieder lösen kann, vgl. § 1 Rdn 16 ff., kann sie bei dem nur fingierten Zugestehen des § 138 Abs. 3 ZPO bis zum Ende der mündlichen Verhandlung die Substantiierung nachholen; vorausgesetzt allerdings, dass nicht die Präklusionsvorschriften eingreifen, vgl. § 4 Rdn 9 ff. Ein Bestreiten in der Berufungsinstanz wird in der Regel nicht mehr möglich sein, da sich die Bindungswirkung des erstinstanzlichen Urteils auch auf zugestandene Tatsachen erstreckt.[156]

54 Will das Gericht ein Vorbringen mangels Substantiierung unbeachtet lassen, ist es gehalten, rechtzeitig darauf hinzuweisen. Ein Verstoß gegen die Hinweispflicht (§ 139 ZPO) kann eine Verletzung rechtlichen Gehörs sein, Art. 103 Abs. 1 GG.[157] Das gilt insbesondere dann, wenn für die Prozessbeteiligten nicht vorhersehbar ist, auf welche Erwägungen das Gericht seine Entscheidung stützen wird, und eine Partei aus diesem Grunde entscheidungserheblichen Vortrag unterlässt.[158] Nähere Einzelheiten zur richterlichen Hinweispflicht finden sich unter § 1 Rdn 33 ff.

55 Häufig erteilt das Gericht seinen Hinweis erst in der mündlichen Verhandlung. Das liegt daran, dass ein intensives Durchdenken des Streitstoffes meistens erst unmittelbar vor der mündlichen Verhandlung erfolgt, und der Richter erst jetzt die mangelnde Substantiierung des Parteivorbringens bemerkt. Mit einem nunmehr erteilten Hinweis ist der Partei jedoch dann wenig gedient, wenn von ihr verlangt wird, ihr Vorbringen unmittelbar zu ergänzen. Insbesondere dann, wenn ein Anwalt ohne seinen Mandanten den Verhandlungstermin wahrnimmt und sich deshalb von diesem nicht kurzerhand Informationen verschaffen kann, ist er dazu gar nicht in der Lage. Der Hinweis des Gerichts genügt also nicht der Verpflichtung, rechtliches Gehör zu gewähren, wenn nicht zugleich durch eine Vertagung oder wenigstens durch einen **Schriftsatznachlass**, § 283 ZPO, die Möglichkeit gegeben wird, das Vorbringen zu ergänzen.[159]

155 BGH NJW 1993, 1200, 1203; OLG Celle MDR 1998, 306; BVerfG ZIP 2011, 2094, 2097.

156 Zöller/*Heßler*, § 529 Rn 2.

157 Vgl. BVerfG NJW 1994, 848.

158 BVerfG NJW 1991, 2823; BVerfG NJW 2015, 1867.

159 Zöller/*Greger*, § 139 Rn 14 ff.

Ebenso wie bei einem verspäteten Hinweis auf die Änderung des rechtlichen Gesichtspunktes (§ 139 Abs. 2 ZPO) hat eine Prozesspartei darauf einen **Anspruch**. Wird ein Hinweis erst in der mündlichen Verhandlung gegeben und kann eine sofortige Äußerung nach den konkreten Umständen und den Anforderungen des § 282 Abs. 1 ZPO nicht erwartet werden, darf die mündliche Verhandlung nicht ohne Weiteres geschlossen werden. Auf Antrag der hingewiesenen Partei kann dieser auch eine Schriftsatzfrist (mit gleichzeitigem Schluss der Verhandlung und Bestimmung eines Verkündungstermins wie bei § 283 ZPO) gewährt werden (§ 139 Abs. 5 i.V.m. § 296a S. 2). Dieses Vorgehen empfiehlt sich jedoch regelmäßig nicht, da der Gegner zu neuem Vorbringen im nachgelassenen Schriftsatz erneut rechtliches Gehör erhält, also die mündliche Verhandlung nach § 156 ZPO ohnehin wieder eröffnet werden muss.[160] **56**

BGH NJW-RR 1997, 441: **57**

> *Mit dem von ihm eingeschlagenen Verfahren hat das OLG seiner Hinweispflicht nicht genügt. Denn ein Hinweis macht – selbstverständlich – nur Sinn, wenn der Partei zugleich Gelegenheit gegeben wird, auf den Hinweis zu reagieren und den ihr mitgeteilten Bedenken durch eine Ergänzung ihres Sachvortrages und gegebenenfalls durch Beibringung weiterer Unterlagen Rechnung zu tragen […]. Dies hat das BerGer dem Kl. verwehrt, indem es unmittelbar nach Erteilung des Hinweises die mündliche Verhandlung geschlossen, einen Verkündungstermin anberaumt und die vom Kl. beantragte Wiedereröffnung der [mündlichen] Verhandlung abgelehnt hat. Bei einer solchen Verfahrensweise ist ein solcher Hinweis* ***sinnlos*** *und verfehlt den mit der gerichtlichen Hinweispflicht (§ 139 ZPO) und dem Verbot von Überraschungsentscheidungen (§ 139 Abs. 3 ZPO) verfolgten Zweck […].*

OLG München JZ 1997, 188:

> *Bemängelt das Gericht in der mündlichen Verhandlung die Substantiierung von Parteivortrag und ergänzt der Parteivertreter diesen noch im Termin, muss ein* ***weiterer*** *Hinweis erteilt werden, falls auch der präzisierte Vortrag nicht als hinreichend angesehen werden soll.*

OLG Düsseldorf WM 1996, 1573:

> *Im Ergebnis einer Verhinderung von Vortrag kommt es jedoch gleich, wenn das Gericht ohne vorherigen Hinweis entweder* ***besondere nicht vorhersehbare Anforderungen an den Sachvortrag der Parteien stellt*** *oder mit seiner Entscheidung auf einen rechtlichen Gesichtspunkt abstellt, mit dem ein gewissenhafter und kundiger Prozessbeteiligter selbst unter Berücksichtigung der Vielfalt vertretbarer Rechtsauffassungen nicht zu rechnen brauchte […]*

160 BGH NJW 1999, 2123; BGH NJW-RR 2007, 412; BGH NJW-RR 2021, 249; Zöller/*Greger*, § 139 Rn 14a, 14b.

(Das Landgericht hatte in einer Forderungsabtretung einen Verstoß gegen § 11 RBerG gesehen, ohne dass eine der Parteien davon überhaupt gesprochen hatte.)

Die Fehlerhaftigkeit solcher Überraschungsentscheidungen betonen auch OLG Saarbrücken[161] und OLG Bamberg.[162]

Deutlich auch BGH NJW-RR 2007, 412:

> *Erteilt das Gericht entgegen § 139 Abs. 4 ZPO den Hinweis erst in der mündlichen Verhandlung, muss es der betroffenen Partei genügend Gelegenheit zur Reaktion hierauf geben. Kann eine sofortige Äußerung nach den konkreten Umständen nicht erwartet werden, darf die mündliche Verhandlung nicht ohne Weiteres geschlossen werden. Vielmehr muss das Gericht die mündliche Verhandlung dann vertagen, soweit dies im Einzelfall sachgerecht erscheint, ins schriftliche Verfahren übergehen oder gem. § 139 Abs. 5 i.V.m. § 296a ZPO einen Schriftsatznachlass gewähren.*

58 Von einer umfassenden Hinweispflicht geht der BGH[163] auch für den Fall aus, dass ein Vorbringen zwar zum Grund des Anspruchs, nicht aber zur Höhe hinreichend substantiiert ist:

Es ist verfahrensfehlerhaft, eine nur dem Grunde nach, nicht aber zur Höhe ausreichend dargelegte Schadensersatzforderung abzuweisen, ohne zuvor auf die Unvollständigkeit des Vortrags zur Höhe hinzuweisen und Gelegenheit zu ergänzendem Vorbringen zu geben.

Weigert sich eine Partei, auf einen erst in der mündlichen Verhandlung erteilten Hinweis hin einen Antrag zu stellen, liegt kein Fall der Säumnis vor; der Gegner kann nicht mit Erfolg Erlass eines Versäumnisurteils beantragen. Ein solcher Antrag ist vielmehr in entspr. Anwendung des § 337 ZPO abzulehnen[164] (siehe aber auch § 1 Rdn 27).

59 Dass ein Gericht seiner Aufklärungspflicht nicht vollumfänglich genügt hat, entnimmt der BGH dem Schweigen des **Sitzungsprotokolls** und der **Entscheidungsgründe**.

BGH NJW 1999, 2123, 2124:[165]

> *Das Sitzungsprotokoll und die Entscheidungsgründe des angefochtenen Urteils lassen nicht erkennen, dass dem Beklagten auch nur in Bezug auf den tatsächlich allgemeinen Hinweis zu § 181 BGB die hinreichende Möglichkeit zur sachdienlichen Ergänzung seines Sachvortrags, ggf. durch Beibringung weiterer Unterlagen, eröffnet worden wäre. Nach Aktenlage ist vielmehr davon auszuge-*

161 OLG Saarbrücken NJW-RR 1998, 1609; OLG Saarbrücken OLGR Saarbrücken 2001, 309.

162 OLG Bamberg NJW-RR 1998, 1608.

163 BGH NJW 2001, 75.

164 OLG Köln MDR 2000, 657.

165 So auch BGH NJW-RR 2007, 412.

hen, dass das Berufungsgericht dem Kläger verfahrenswidrig diese Möglichkeit verwehrt hat, indem es unmittelbar nach Erteilung des Hinweises die mündliche Verhandlung geschlossen, einen Verkündungstermin anberaumt und schließlich die von diesem beantragte Wiedereröffnung der Verhandlung abgelehnt hat [...]

Da die Substantiierungslast (wie auch die Beweislast, vgl. § 5 Rdn 219 ff.) eine Frage des **materiellen Rechts**, nicht des Prozessrechts ist,[166] führt eine fehlerhafte rechtliche Wertung durch das erstinstanzliche Gericht **nicht** zu einer Zurückverweisung nach § 538 ZPO. 60

Ein (die Zurückverweisung rechtfertigender) Verfahrensfehler kann aber darin liegen, dass das Vorbringen als unsubstantiiert abgetan wird, ohne dass vorher zu weiterer Substantiierung aufgefordert wurde.[167] Wird ein Vorbringen zu Unrecht wegen fehlender Substantiierung vom erstinstanzlichen Gericht übergangen, ist gemäß § 538 Abs. 2 Nr. 1 ZPO eine Zurückverweisung wegen eines Verfahrensmangels möglich.

III. Substantiierungslast in besonderen Fällen

In welchem Umfang die Rspr. zur Rechtsfortbildung aufgerufen ist, wird immer streitig bleiben. Einigkeit besteht darüber, dass Rechtsfortbildung nicht allein durch den Gesetzgeber erfolgen kann; Einigkeit besteht aber auch insoweit, dass die Rechtsfortbildung durch die Rspr. nicht in die Kompetenz des Gesetzgebers eingreifen darf. 61

Die unauffälligste Art der Rechtsfortbildung vollzieht sich durch die Veränderung prozessrechtlicher Maximen. Materiell-rechtliche Normen erlangen häufig erst Entfaltungsmöglichkeit bzw. werden umgekehrt völlig wirkungslos, je nachdem wie die Anforderungen an die Substantiierung des Vortrages der Parteien, an die Beweislast und an das Beweismaß ausgestaltet sind.

Über das Prozessrecht wird tiefgreifend auf das materielle Recht eingewirkt. Da die Prozessrechtsmaximen weniger scharf definiert sind – zumeist findet sich in der ZPO nicht einmal eine eindeutige Grundlage – kann mit dem Prozessrecht flexibel auf gesellschaftliche Veränderungen reagiert werden.

Eine Konsequenz dieser Unbestimmtheit ist, dass der Rechtsberater die Erfolgsaussicht einer Rechtsverfolgung nur schwer abschätzen kann. Hinzu kommt, dass die Prozessrechtsgrundsätze mitunter in den verschiedenen Rechtsgebieten eine ganz unterschiedliche Ausgestaltung erfahren. Es gibt nicht mehr nur eine Zivilprozessordnung, sondern eine für das Straßenverkehrsrecht, eine andere für die Arzthaf-

166 BGH BB 1988, 799; MüKo-ZPO/*Prütting*, § 286 Rn 137 f.
167 OLG München NJW-RR 1997, 944.

tung, für das Versicherungsrecht und auch eine für die Haftung des GmbH-Geschäftsführers.

Wegen der starken Verflechtung von materiellem Recht und Prozessrecht muss auch der nicht forensisch tätige Rechtsberater die Entwicklung des Prozessrechtes zumindest auf dem Rechtsgebiet kennen, auf dem er tätig ist.

1. Sekundäre Behauptungslast

62 Wenn der BGH auch die Praxis der Instanzgerichte, das Substantiierungsgebot zur Missbrauchskontrolle einzusetzen, nicht gelten lassen will, so kommt er doch seinerseits nicht umhin, die Anforderungen an die Darlegungslast zu variieren, und zwar unabhängig davon, welcher Vortrag erforderlich ist, um die Schlüssigkeit oder Erheblichkeit eines Vorbringens darzutun. Wenn eine darlegungspflichtige Partei **außerhalb des von ihr darzulegenden Geschehensablaufes steht** und **keine nähere Kenntnis** der maßgeblichen Tatsachen besitzt, während der Prozessgegner sie hat und ihm nähere Angaben zumutbar sind,[168] wird ihm abverlangt, zur Entlastung des Darlegungspflichtigen Tatsachen vorzutragen, derer er selbst nicht bedürfte, um sein Vorbringen schlüssig zu machen. Der BGH[169] spricht insoweit von einer **sekundären Behauptungslast**. Kommt eine Partei dieser Verpflichtung nicht nach, gilt das Vorbringen des Gegners als zugestanden, § 138 Abs. 3 ZPO. Die Zumutbarkeit setzt aber stets **besondere Anknüpfungspunkte** voraus, die sich durch die Art des vorangegangenen Tuns der beweisbegünstigten Partei oder ihrer persönlichen Verhältnisse und Beziehungen zum Gegner ergeben können.[170]

Erst dann, wenn die an sich darlegungs- und beweispflichtige Partei alles ihr Mögliche und Zumutbare getan hat, um den rechtserheblichen Tatsachenstoff aufzuklären, kann sich die Frage stellen, ob von der Gegenpartei zusätzliche Angaben zu verlangen sind.

Musielak, 50 Jahre Bundesgerichtshof, Festgabe aus der Wissenschaft, 2000, Bd. III, S. 195, 197:

> *Nur wenn die Darlegung des entscheidungserheblichen Geschehensablaufs an der fehlenden Kenntnis der behauptungsbelasteten Partei scheitert, kann von der Gegenpartei erwartet werden, dass sie dem Gericht die ihr bekannten Tatsachen zur Aufklärung des Geschehensablaufs mitteilt, es sei denn, dass ihr ein solcher Tatsachenvortrag nicht zugemutet werden kann. Nicht zumutbar erscheint beispielsweise der Vortrag von Betriebsgeheimnissen; die berechtigten Interessen an der Geheimhaltung solcher Daten müssen berücksichtigt werden, BGH NJW 1961, 828.*

168 BGH NJW 1990, 3151, BGH NJW 2014, 2797, 2798.

169 BGH NJW 1990, 3151.

170 BGH NJW 1997, 128; BGH VersR 2013, 1395, 1397.

Eine sekundäre Behauptungslast wurde z.B. in folgenden Fällen angenommen: 63

- für die persönlichen Verhältnisse des Schadensersatz einklagenden Geschädigten wegen des Mitverschuldenseinwands gem. § 254 Abs. 2 BGB dahin, dass der Geschädigte sich nicht um eine zumutbare Ersatzarbeit bemüht habe,[171]
- für den aus ungerechtfertigter Bereicherung in Anspruch Genommenen, der geltend macht, das Erlangte behalten zu dürfen,[172]
- für den Geschäftsführer einer GmbH, dem die vertragswidrige Verwendung von Gesellschaftsmitteln vorgeworfen wird,[173]
- für den Geschäftsführer einer GmbH, der geltend macht, trotz Überschuldung der Gesellschaft nicht verpflichtet gewesen zu sein, den Insolvenzantrag nach § 15a InsO GmbH zu stellen,[174]
- für den Versicherungsnehmer, wenn der Versicherer Anknüpfungstatsachen vorgetragen hat, die als schlüssige Indizien für eine wissentliche Pflichtverletzung betrachtet werden können,[175]
- für denjenigen, dem eine Verletzung seiner Beratungs- und Auskunftspflichten vorgeworfen wird,[176]
- für denjenigen, dem eine Verletzung von Hygienebestimmungen und Vorgaben zur Infektionsprävention in der Notaufnahme vorgeworfen wird.

BGH, NJW-RR 2019, 467:

> *Im Arzthaftungsprozess wird die erweiterte – sekundäre – Darlegungslast der Behandlungsseite ausgelöst, wenn die primäre Darlegung des Konfliktstoffs durch den Patienten den insoweit geltenden maßvollen Anforderungen genügt und die Vermutung eines fehlerhaften Verhaltens der Behandlungsseite aufgrund der Folgen für ihn gestattet, während es dieser möglich und zumutbar ist, den Sachverhalt näher aufzuklären. Letzteres wird bei der Behauptung eines Hygieneverstoßes regelmäßig der Fall sein.*

Über die Anforderungen, die an die Schlüssigkeit eines Parteivorbringens zu stellen sind, hinaus wird also mitunter demjenigen ein erweiterter Sachvortrag abverlangt, der dem Geschehensablauf nähersteht als der an sich darlegungs- und beweispflichtige Gegner. 64

Der BGH[177] unterscheidet dahingehend, dass eine Partei, die sich in **typischer Unkenntnis** der ihrer Substantiierungspflicht unterliegenden Tatsachen befindet, noch keine Aufklärungspflicht des Gegners auslösen soll; wohl aber sich die Substantiie-

171 BGH NJW 1979, 2142; OLG Celle OLGR Celle 2007, 805, 809.

172 BGH NJW 1999, 2887, 2888; BGH NJW 2014, 3089.

173 BGH NJW 1987, 2008; BGH ZInsO 2014, 197.

174 BGH NJW 1994, 2220, 2224.

175 BGH NJW 2015, 947.

176 OLG Düsseldorf OLGR Düsseldorf 1996, 158, 159.

177 BGH NJW 1990, 3151.

rungspflicht des Gegners erweitern soll, wenn die darlegungspflichtige Partei **außerhalb des von ihr darzulegenden Geschehensablaufes steht**; bestätigt in BGH NJW 1997, 128.[178]

65 Die erweiterten Pflichten werden auf § 242 BGB gestützt, der auch im Zivilprozessrecht entsprechende Anwendung findet.

BGH NJW 1994, 2289, 2292:[179]

> *[Aus dem]* ***Grundsatz von Treu und Glauben*** *[kann] sich eine Verpflichtung der nicht beweisbelasteten Partei ergeben, dem Gegner gewisse Informationen zur Erleichterung seiner Beweisführung zu bieten, zu denen* ***namentlich die Spezifizierung*** *von Tatsachen gehören, wenn und soweit diese der Kenntnis der mit der Beweisführung belasteten Partei nicht oder nur unter unverhältnismäßiger Erschwerung zugänglich sind, während ihre Offenlegung für den Gegner sowohl* ***ohne Weiteres möglich*** *als auch bei Berücksichtigung der maßgeblichen Umstände und Interessen* ***zumutbar*** *erscheint [...]*
>
> *Zu den im Rahmen von Treu und Glauben für eine Mitwirkungspflicht zu berücksichtigenden Umständen [kann] auch eine aufgrund der Lebenserfahrung (oder aufgrund anderer Umstände) schon bestehende* ***hohe Wahrscheinlichkeit*** *der von der beweisbelasteten Partei zu beweisenden Tatsache zu zählen sein.*

66 Während es für die Substantiierungspflicht unerheblich sein soll, wie wahrscheinlich das Vorbringen einer Partei ist,[180] und auch eine allgemeine Aufklärungspflicht der Parteien verneint wird,[181] wird also eine **besondere Mitwirkungspflicht** für den Fall bejaht, dass

- sie dem Gegner der darlegungs- und beweisbelasteten Partei **ohne Weiteres möglich** ist,
- die von der beweisbelasteten Partei zu beweisenden Tatsachen eine **hohe Wahrscheinlichkeit** haben,
- dem Gegner eine Mitwirkung unter Berücksichtigung der maßgeblichen Umstände und Interessen **zumutbar** erscheint.

67 Über die sekundäre Behauptungslast – anstelle der von ihm zuvor vertretenen Haftung für vermutetes Verschulden – hat der BGH auch das Problem der **Haftung im qualifizierten faktischen Konzern** gelöst:

In diesem Fall wollte der Gläubiger einer insolvent gewordenen GmbH deren Gesellschafter auf Schadensersatz in Anspruch nehmen. Ein solcher Anspruch besteht, wenn der in Anspruch genommene Gesellschafter zugunsten eines anderen von ihm beherrschten Unternehmens, das zu dem Konzern des insolventen Unterneh-

178 Ebenso BGH NJW 2014, 2797.

179 So auch BGH GRUR 2004, 268.

180 BGH NJW 1984, 2888; BGH NJW-RR 2015, 910.

181 BGH NJW 1990, 3151; FG Hamburg DStRE 2012, 711, 712.

mens gehört, die Leitungsmacht gegenüber der abhängigen insolventen GmbH missbraucht hat. Dieser Schwierigkeit für den Gläubiger, einen solchen **Missbrauch** nachzuweisen, begegnet der BGH auf folgende Weise:

BGH NJW 1993, 1200, 1203:[182]

Grundsätzlich muss die Klägerin die tatsächlichen Umstände, aus denen sich ihr Anspruch ergeben soll, darlegen und beweisen. Dabei ist jedoch nicht zu verkennen, dass es insbesondere für einen außenstehenden Gläubiger außerordentlich schwierig sein kann, seiner Darlegungs- und Beweislast hinsichtlich des eine konzernrechtliche Haftung auslösenden Sachverhaltes voll zu genügen, weil er in der Regel keinen Einblick in die inneren Angelegenheiten des herrschenden Unternehmens und erst recht nicht in diejenigen der übrigen Konzernmitglieder hat. Nach der Rspr. des BGH können dem Anspruchsteller in derartigen Fällen Erleichterungen hinsichtlich seiner Substantiierungslast in der Weise gewährt werden, dass der ***Beklagte*** *nähere Angaben zu machen hat, wenn er im Gegensatz zum Kläger die maßgeblichen Tatsachen kennt und ihm die Darlegung des Sachverhaltes zumutbar ist. Kommt er dieser Darlegungslast nicht nach, so hat das zur Folge, dass das Vorbringen des Klägers auch insoweit, als dieses mangels Einblicks in den dem Beklagten zugänglichen Geschehensbereich nicht den sonst zu stellenden Anforderungen genügt, gemäß § 138 Abs. 3 ZPO als zugestanden gilt […]*

Die sich einem Gesellschaftsgläubiger eröffnenden Möglichkeiten werden deutli- 68
cher durch folgenden Fall, OLG Oldenburg OLG-Report 2000, 346:

Der von einer GmbH in Anspruch genommene Beklagte hatte zur Abwendung der Zwangsvollstreckung dieser einen größeren Geldbetrag gezahlt. Als das erstinstanzliche Urt. v. Berufungsgericht geändert wurde und er sein Geld zurückhaben wollte, war die GmbH zahlungsunfähig geworden. Er nahm darauf deren früheren geschäftsführenden Alleingesellschafter auf Schadensersatz in Anspruch und machte unter anderem geltend, dieser habe das Geld anderen Unternehmen zugewandt, die ebenfalls in seiner Hand und der GmbH konzernrechtlich verbunden waren. Als der nunmehrige Beklagte zum Verbleib des Geldes nichtssagende Angaben machte, hat das OLG seine Einlassung dahin gewertet, dass er seiner **sekundären Behauptungslast** nicht genügt habe und deshalb das Vorbringen des Klägers als zugestanden im Sinne des § 138 Abs. 3 ZPO zu werten sei.

(Der BGH hat die Revision des Beklagten durch Beschl. v. 13.11.2000 nicht angenommen, weil sie „im Endergebnis" keine Aussicht auf Erfolg habe.) Durch Anheben (vgl. Rdn 69 ff.) oder Senken (vgl. Rdn 78 ff.) der Anforderungen an die Substantiierungslast lässt sich flexibel auf geänderte wirtschaftliche Entwicklungen reagieren oder auch darauf, dass eine Anspruchsgrundlage durch eine Neuausrich-

182 Ebenso BGH NJW-RR 2008, 1722.

tung der Rspr. – etwa der Verschärfung der Haftungsvoraussetzungen – wertlos zu werden droht.

Kiethe/Groeschke, NZG 2000, 1151 zu der zuvor aufgezeigten Problematik der Haftung im qualifizierten faktischen Konzern:

> *Es bedarf daher zur Verteilung der Darlegungs- und Beweislast eines beweglichen Systems, welches sich nicht am Postulat eines fixierten Maßstabes für die Darlegungs- und Beweislast orientiert, sondern dem Einzelfall sowie der dogmatischen Haftungsbegründung Rechnung trägt.*

Zu weiteren Tendenzen in der Rspr. des BGH vgl. insbesondere den Vorsitzenden des zuständigen 2. ZS des BGH *Röhricht*, in: Festschrift aus Anlaß des 50jährigen Bestehens von Bundesgerichtshof, Bundesanwaltschaft und Rechtsanwaltschaft beim Bundesgerichtshof, 2000, S. 83 ff.

2. Gesteigerte Anforderungen an die Substantiierung im Einzelfall

69 Hinsichtlich der Beweislastverteilung hält die Rspr. mit großer Konsequenz an dem Grundsatz fest, dass jede Partei die Voraussetzung der ihr günstigen Norm zu beweisen hat, vgl. § 5 Rdn 219 ff.

Nur selten geht sie wegen besonderer Schwierigkeiten der Beweisführung von einer Umkehr der Beweislast aus.

Die konsequente Anwendung der Beweislastregelung gefährdet jedoch dann eine sachgerechte Entscheidung, wenn einer Partei die Führung eines **negativen** Beweises abverlangt wird. Diese Beweisschwierigkeit gleicht die Rspr. dadurch aus, dass sie den Gegner mit erhöhten Anforderungen an die Substantiierung seines Vorbringens belastet.

a) Anwaltshaftung

70 Ein Kläger findet in den Gründen des klagabweisenden Urteils, er sei für eine entscheidungserhebliche Behauptung beweisfällig geblieben. Er macht gegenüber seinem **Anwalt** geltend, ihm Zeugen benannt zu haben. Das räumt der Anwalt auch ein, verteidigt sich aber damit, letztlich habe der Kläger jedoch aus persönlichen Gründen den Beweisantritt nicht gewollt.

Will der Mandant den Anwalt aus Vertragsverletzung auf Schadensersatz in Anspruch nehmen, muss er die Einlassung des Anwaltes widerlegen.[183] Dass ihm damit ein schwer zu führender negativer Beweis aufgebürdet wird, nimmt der BGH[184] ausdrücklich in Kauf. Weil die Rspr. sich bislang – aus gutem Grunde – nicht entschließen konnte, zur Vermeidung solcher Beweisschwierigkeiten, dem

183 BGH NJW 1985, 264, 265; BGH VersR 2011, 817; ebenso beim Steuerberater: OLG Brandenburg DStR 2014, 1940.

184 BGH NJW 1985, 264, 265; BGH GuT 2005, 234.

Anwalt wie einem Arzt eine Dokumentationspflicht aufzuerlegen,[185] hilft sie dessen Mandanten durch erhöhte Anforderungen an die Substantiierungslast des Anwaltes.[186]

BGH NJW 1987, 1322, 1323:

> *Die Anforderungen an die Substantiierungspflicht des wegen unzureichender Belehrung in Anspruch genommenen Anwaltes werden durch die Umstände des Einzelfalles bestimmt. Keinesfalls kann sich der Anwalt damit begnügen, eine Pflichtverletzung zu bestreiten oder ganz allgemein zu behaupten, er habe den Mandanten ausreichend unterrichtet. Vielmehr muss er den Gang der Besprechung im Einzelnen schildern, insbesondere konkrete Angaben darüber machen, welche Belehrung und Ratschläge er erteilt und wie der Mandant darauf reagiert hat. Der Anwalt hat darzulegen, dass und wie er auf ein eventuell bestehendes hohes Kostenrisiko hingewiesen hat [...]*[187]

BGH NJW 2008, 371:

> *Den Mandanten trifft die Beweislast dafür, dass der Rechtsanwalt seiner Hinweispflicht aus § 49 V BRAO nicht nachgekommen ist. Der Anwalt muss allerdings konkret darlegen, in welcher Weise er belehrt haben will.*

Andererseits betont der BGH[188] allerdings auch, dass die Anforderungen nicht überzogen werden dürfen.

Vgl. des Weiteren § 5 Rdn 275 zur Beweislast.

b) Arbeitsverhältnis

Begründet der Arbeitgeber seine **Kündigung des Arbeitsverhältnisses** damit, dass der Arbeitnehmer vertragswidrig nicht zum Dienst erschienen sei, kann der Arbeitnehmer den Vorwurf der Vertragswidrigkeit seines Fernbleibens nicht einfach pauschal bestreiten, sondern er muss **im einzelnen Gründe angeben**, die ihn an der Erbringung seiner Arbeitsleistung gehindert haben;[189] ihn trifft also die Substantiierungslast. 71

c) Aufschiebende Bedingung/Auflösende Bedingung

Ist streitig, ob ein Vertrag unbedingt oder unter einer aufschiebenden Bedingung abgeschlossen worden ist, trägt diejenige Partei die Beweislast für den unbedingten Vertragsabschluss, die daraus Rechte ableiten will. Diejenige Partei, die sich auf 72

185 *Borgmann*, NJW 2000, 2953, 2926; BGH NJW 2008, 371, 372.

186 BGH NJW 1987, 1322; ebenso beim Steuerberater: OLG Düsseldorf DStR 2015, 1135.

187 BGH NJW 1991, 2280; OLG Düsseldorf JurBüro 2013, 42.

188 BGH NJW 1996, 2571.

189 BAG NJW 1977, 167; BLP/*Gäntgen*, § 626 BGB Rn 3.

eine aufschiebende Bedingung beruft, macht nach der Rspr. des BGH[190] keine von ihr zu beweisenden Einwendungen geltend, sondern leugnet die Wirksamkeit des Vertrages. Voraussetzung ist aber, dass sie **substantiiert** vorträgt.[191]

Für die Vereinbarung und den Eintritt einer auflösenden Bedingung ist derjenige beweispflichtig, der sich gegenüber einem Anspruch darauf beruft, der entstandene Anspruch sei durch Eintritt einer vereinbarten auflösenden Bedingung untergegangen.[192]

d) Ehelichkeitsanfechtung

73 BGH NJW 1998, 2976:[193]

> *Für eine Ehelichkeitsanfechtungsklage des Ehemannes reicht das Vorbringen, der Kläger sei nicht der Vater des beklagten Kindes, seine Vaterschaft könne durch Sachverständigengutachten ausgeschlossen werden, nicht aus. Vielmehr muss der Kläger Umstände vortragen, die bei objektiver Betrachtung geeignet sind, Zweifel an der Ehelichkeit zu wecken und die Möglichkeit nichtehelicher Abstammung als nicht fernliegend erscheinen lassen (siehe auch § 5 Rdn 17).*

e) Festpreisvereinbarung

74 Aus der Fassung des § 632 Abs. 2 BGB, wonach der übliche Werklohn geschuldet ist, sofern keine Preisabrede getroffen worden ist, schließt die Rspr., dass der Unternehmer den **negativen** Beweis führen muss, es sei keine Preisabsprache getroffen worden, wenn der Bauherr gegenüber seinem auf der Basis des Üblichen berechneten Werklohn eine Festpreisabsprache behauptet;[194] vgl. auch § 5 Rdn 246.

Dieser negative Beweis wird dem Unternehmer aber dadurch erleichtert, dass der **Bauherr** detailliert zu Ort, Zeit und Höhe der Festpreisvereinbarung vortragen muss.[195] Er hat seiner Substantiierungslast nicht genügt, wenn sein Vorbringen widersprüchlich und unstimmig ist.[196] Hat er substantiiert vorgetragen, obliegt es dem **Unternehmer**, die behaupteten Angaben zu den Umständen der Festpreisvereinbarung zu widerlegen. An diese Beweisführung wiederum werden keine allzu strengen Anforderungen gestellt.[197]

(Nebenbei bemerkt: Dieses Problem stellt sich auch für den Dienstvertrag, da § 612 Abs. 2 BGB genauso gefasst ist wie § 632 Abs. 2 BGB.)

190 BGH NJW 1985, 497; BGH NJW 2004, 2825.
191 BLP/*Prütting,* § 158 BGB Rn 7.
192 BLP/*Prütting,* § 158 BGB Rn 1.
193 So auch BGH FamRZ 2003, 155; OLG Bremen FamRZ 2012, 1736, 1737.
194 BGH NJW-RR 1996, 952; OLG Köln OLG Report NRW 10/2015 Anm. 8.
195 OLG Düsseldorf NJW-RR 2007, 901.
196 OLG Düsseldorf BauR 2000, 269; OLG Köln BeckRS 2001, 30166221.
197 BGH NJW-RR 1992, 848; OLG Köln OLG Report NRW 10/2015 Anm. 8.

f) Unterhaltsanspruch

Wird für eine auf Zahlung von Unterhalt gerichtete Klage plausibel ein bestimmtes monatliches Einkommen des selbstständig tätigen **unterhaltspflichtigen** Ehegatten vorgetragen, darf dieser sich nicht auf ein einfaches Bestreiten beschränken. Er ist vielmehr gehalten, diesem Vorbringen **positive Angaben** entgegenzusetzen.[198] 75

Vorwerk[199] empfiehlt einen vorsichtigen Klageantrag zu stellen; das Gericht könne dann dem Beklagten nach § 139 ZPO aufgeben, zu seinem Einkommen vorzutragen; gegebenenfalls könne auf dieser Basis der Klageantrag erhöht werden.

g) Verletzung der Aufklärungspflicht durch den Verkäufer

BGH BB 2001, 16:[200] 76

> *Die Darlegungs- und Beweislast dafür, dass der Verkäufer den Käufer über offenbarungspflichtige Umstände nicht aufgeklärt hat, trifft den Käufer. Dieser muss allerdings nicht alle theoretisch denkbaren Möglichkeiten einer Aufklärung ausräumen. Vielmehr genügt er seiner Darlegungslast, wenn er die vom Verkäufer vorzutragende konkrete, d.h. räumlich, zeitlich und inhaltlich spezifizierte, Aufklärung widerlegt.*

h) Vermutung der Richtigkeit und Vollständigkeit einer Urkunde

Der Verkäufer eines Grundstücks macht geltend, abweichend von dem im notariellen Vertrag festgehaltenen Preis sei in Wahrheit ein anderer, höherer vereinbart worden. Kann er mit diesem (von dem Beklagten bestrittenen) Vorbringen gehört werden? 77

Dem nach seinem Vorbringen gewollten Preis fehlt es an der nach § 311b Abs. 1 S. 1 BGB erforderlichen Beurkundung, der beurkundete Vertrag ist als Scheingeschäft gemäß § 117 BGB nichtig.

Der Vertrag könnte aber gemäß § 311b Abs. 1 S. 2 BGB mit dem angeblich gewollten Preis Rechtswirksamkeit erlangt haben, wenn es zur Auflassung und zur Umschreibung ins Grundbuch gekommen ist.

Doch wird der Verkäufer mit der schlichten Behauptung einer vom Vertrag abweichenden Vereinbarung nicht gehört. Ihr steht die **Vermutung der Vollständigkeit und Richtigkeit von Vertragsurkunden** entgegen, vgl. § 5 Rdn 205 ff.

Diese Vermutung kann zwar widerlegt werden, doch um mit dem Beweis überhaupt zugelassen zu werden, sind **hohe Anforderungen an die Substantiierung** zu erfüllen.[201]

198 OLG Hamm NJW-RR 1990, 1286; OLG Zweibrücken EzFamR aktuell 2000, 317.
199 *Vorwerk*, MDR 1996, 870.
200 So auch BGH IBR 2002, 383; OLG Brandenburg ZfIR 2013, 687.
201 OLG Köln WM 1976, 362; BGH NJW 2015, 409, 410; LG Ravensburg BKR 2012, 286.

3. Reduzierte Anforderungen an die Substantiierung im Einzelfall

78 So wie die Rspr. gesteigerte Anforderungen an die Substantiierung des Parteivorbringens kennt, kennt sie auch reduzierte. Damit soll zumeist ein typisches Informationsdefizit einer Partei gegenüber einem Schädiger oder sonst wie Verpflichteten ausgeglichen werden.

a) Arzthaftung

79 Der Arzthaftungsprozess zeichnet sich insbesondere durch die von der Rspr. geschaffenen Erleichterungen hinsichtlich der Substantiierungslast und Beweislast des Patienten aus.[202]

Mit diesen Erleichterungen soll die in der Regel schwächere Position des Patienten, dem die Sachkunde und der Einblick in den Behandlungsablauf fehlen, ausgeglichen werden.

Zur Verwirklichung der Grundsätze eines fairen Verfahrens und der Waffengleichheit sollen an die Schlüssigkeit des Vorbringens und die Erheblichkeit der Einlassung gegenüber dem Vorbringen des Arztes nicht die sonst üblichen Maßstäbe angelegt werden.[203]

Deutsch, NJW 2000, 1745, 1748:

> *Im Arzthaftungsprozess braucht der Kläger einen von ihm behaupteten Fehler nicht in allen Einzelheiten darzulegen. Es genügt, dass er konkrete Verdachtsgründe angibt. Dann hat das Gericht die Krankenhausunterlagen beizuziehen und das Gutachten eines Sachverständigen einzuholen. Es wäre eine Überspannung der Substantiierungspflicht, wenn der Patient bei der Klage gegen den Arzt die einzelnen Mängel jedem besonderen Arbeitsschritt zuordnen müsste. Trotz des Entgegenkommens der Rechtsprechung schon bei der Darlegung und Beweisführung bleibt dem Patienten doch ein erheblicher Druck aus seiner Beweissituation.*

Das Vorbringen des Patienten muss lediglich in groben Zügen erkennen lassen, welches tatsächliche ärztliche Verhalten fehlerhaft gewesen sein und welcher Schaden sich daraus ergeben soll. Es reicht aus, dass er Verdachtsgründe vorträgt, aus denen sich ein ärztlicher Fehler ergeben soll. Der Arzt andererseits darf sich auch gegenüber einem unvollständigen und ungenauen Vortrag nicht auf ein bloßes Bestreiten zurückziehen, da ihm näherer Vortrag möglich und zumutbar ist.[204]

202 Saenger/*Saenger*, § 286 ZPO Rn 71.
203 BGH NJW 1981, 630; *Laufs/Katzenmeier/Lipp*, Arztrecht, 8. Aufl. 2021, XI. Rn 53.
204 BGH NJW 1987, 1479; BGH VersR 2005, 1238.

BGH NJW 2004, 2825:

> *Auch nach der Reform der Zivilprozessordnung dürfen beim Vortrag zu medizinischen Fragen im Arzthaftungsprozess an den Vortrag zu Einwendungen gegen ein Sachverständigengutachten ebenso wie an den klagebegründenden Sachvortrag nur maßvolle Anforderungen gestellt werden. [...]*
>
> *Der Patient und sein Prozessbevollmächtigter sind nicht verpflichtet, sich zur ordnungsgemäßen Prozessführung medizinisches Fachwissen anzueignen.*

Die Erleichterungen hinsichtlich der Substantiierungspflicht finden noch eine Er- 80
gänzung darin, dass abweichend von der Parteimaxime dem Gericht zugunsten des Patienten eine gesteigerte Verpflichtung zur Sachaufklärung auferlegt wird.[205]

Über die Verfahrensgrundsätze des Parteiprozesses hinaus muss es den Patienten durch **Fragen und Hinweise** zu einer Ergänzung seines Sachvortrages auffordern.[206] Medizinische Einzelheiten dürfen in dem Sachvortrag des Patienten nicht verlangt werden.[207]

Das Gericht hat zu beachten, dass die Schilderung einer nicht medizinisch gebildeten Partei nicht ohne Weiteres als unstreitiger Vortrag gewertet werden darf; vielmehr muss der Patient u.U. in Gegenwart eines Sachverständigen befragt werden, was er aus eigenen Krankheitsempfindungen zu schildern weiß, damit daraus ein medizinisch verwertbarer Befund gebildet werden kann.[208]

Das LG München I wendet diese Grundsätze auch auf das Verhältnis des Versicherungsnehmers zu seinem Versicherer an.

LG München I NVersZ 2000, 568:

> *Beim Prozess eines medizinischen Laien gegen seine Krankenversicherung hat das Gericht Defizite im Vortrag, die sich aus mangelnder Sachkunde ergeben, durch entsprechende Hinweise auszugleichen und dem von vornherein gegebenen Ungleichgewicht der Parteien im Fachwissen über medizinische Behandlungsmethoden durch eine gewisse Großzügigkeit auch gegenüber pauschalierten Beweisangeboten zu begegnen.*

Allerdings sind die Gerichte, insbesondere die auf Arzthaftung spezialisierten 81
Kammern und Senate, nicht ausschließlich amtsermittelnd zugunsten der Patienten tätig. So ist es z.B. weit verbreitete Praxis, dem klagenden Patienten gleich zu Beginn des Rechtsstreits aufzugeben, Nachbehandlungsunterlagen vorzulegen, um anhand derer dem verklagten Arzt seine Verteidigung zu erleichtern.

205 Vgl. *Laufs/Katzenmeier/Lipp*, Arztrecht, 8. Aufl. 2021, XI. Rn 53.

206 BGH NJW 1984, 1408, 1409; OLG Koblenz VersR 2012, 336.

207 BGH NJW 2016, 1328, 1329.

208 BGH VersR 1979, 939, 942.

82 Fast in jeder Arzthaftungssache hat das Gericht **von Amts wegen** einen Sachverständigen beizuziehen.[209] Reicht der Sachvortrag des Patienten als Grundlage für ein Sachverständigengutachten nicht aus, hat das Gericht von sich aus die erforderlichen zusätzlichen Tatsachen zu ermitteln.[210]

Geht es um die Frage, ob ein Patient bei zutreffender und vollständiger **Aufklärung** in eine Operation eingewilligt hätte, soll es nach BGH[211] verfahrensfehlerhaft sein, wenn das Gericht nicht gemäß § 141 ZPO (vgl. Rdn 98 ff.) sein persönliches Erscheinen zur Klärung der Frage anordnet, ob er in nachvollziehbarer Weise einen für ihn bestehenden Entscheidungskonflikt darlegen kann. Zur Beweislast im Arzthaftungsprozess vgl. § 5 Rdn 282 ff.

b) Entgangener Gewinn

83 Geringeren Anforderungen an seine Substantiierungspflicht ist auch derjenige ausgesetzt, der einen Anspruch aus entgangenem Gewinn geltend macht.

Nach § 252 S. 2 BGB gilt „als entgangen der Gewinn, welcher nach dem gewöhnlichen Lauf der Dinge oder nach den besonderen Umständen, insbesondere nach den getroffenen Anstalten und Vorkehrungen, mit Wahrscheinlichkeit erwartet werden konnte."

Die Regelung enthält eine den § 287 ZPO ergänzende Beweiserleichterung, vgl. § 5 Rdn 27 ff. Und diese Beweiserleichterung wirkt sich eben nicht erst auf die Beweiserhebung und die Würdigung des Beweises aus, sondern schon früher: Die Anforderungen an die Darlegungslast werden reduziert. Es genügt, wenn Ausgangs- und Anknüpfungstatsachen für einen Schadenseintritt vorgetragen werden;[212] zu hohe Anforderungen dürfen nicht gestellt werden: Die Klage darf nicht wegen lückenhaften Vortrags zur Schadensentstehung und Schadenshöhe abgewiesen werden, solange greifbare Anhaltspunkte für eine Schadensschätzung vorhanden sind.[213]

84 Dazu ein eindrucksvolles Beispiel aus der Rspr. des BGH:[214]

Ein Käufer hat – auch nach Fristsetzung und Ablehnungsandrohung, § 323 Abs. 1 BGB – dem Händler den Gebrauchtwagen nicht abgenommen. Dieser verkauft den Wagen anderweitig und macht gleichwohl gegen den Käufer einen Anspruch auf den vereinbarten pauschalierten Schadensersatz geltend. Es ist anerkannt, dass ein solcher Anspruch beim Verkauf **marktgängiger** Ware durch einen Kaufmann trotz Weiterverkaufs besteht, weil davon auszugehen ist, dass er sie – nach dem gewöhn-

209 BGH VersR 1971, 764; BGH NJW 2001, 2791; BGH BeckRS 2008, 11738.
210 BGH VersR 1971, 764.
211 BGH NJW 1990, 2928; BGH NJW 2005, 1364.
212 BGH NJW 1998, 1633, 1635; BGH NJW 2005, 3348; BGH MedR 2018, 686, 687.
213 BGH NJW 1993, 1990; BGH NJW 2005, 3348, 3349; BGH MedR 2018, 686, 687.
214 BGH ZIP 1994, 1362.

lichen Lauf der Dinge, § 252 BGB – jederzeit ein weiteres Mal zum Marktpreis hätte absetzen können.[215]

Diesen Grundsatz wendet der BGH auch auf den Gebrauchtwagenhandel an:

Der Händler hat für das Eingreifen der **Vermutung** aus § 252 BGB lediglich vorzutragen, in welcher Weise das Zweitgeschäft möglich gewesen wäre, insbesondere, ob er das Zweitgeschäft mit einem – weiteren – Wagen aus seinem Gebrauchtwagenbestand oder in der Weise durchgeführt hätte, dass er den von dem Zweitkunden gewünschten Wagen anderweitig beschafft hätte. Gegenstand der Vermutung ist dann, dass das Zweitgeschäft in der von dem Händler angegebenen Weise zustande gekommen wäre. **Demgegenüber ist es Sache des Käufers darzutun**, dass es sich entweder bei der Kaufsache nicht um eine marktgängige Ware gehandelt habe oder der Verkäufer zur Erfüllung eines zusätzlichen Auftrages nicht imstande gewesen wäre.

Besondere Probleme wirft auch die Frage auf, wie sich die **Erwerbsmöglichkeiten** eines noch in der Ausbildung begriffenen **Jugendlichen** entwickelt hätten. 85

Dazu BGH r+s 2000, 415, 416:[216]

> *Bei der Beurteilung der voraussichtlichen beruflichen Entwicklung eines Geschädigten ohne das Schadensereignis gebietet § 252 BGB eine Prognose entsprechend dem gewöhnlichen Lauf der Dinge bzw. nach den besonderen Umständen, insbesondere auf der Grundlage dessen, was zur Ausbildung und zur beruflichen Situation des Betroffenen festgestellt werden kann. Zwar ist es hierbei Sache des Geschädigten, möglichst* ***konkrete Anhaltspunkte und Anknüpfungstatsachen*** *für diese Prognose darzulegen. Die insoweit zu stellenden Anforderungen dürfen indes nicht überspannt werden […]. Dies gilt insbesondere in den Fällen, in denen der Geschädigte sich noch in der Schule, in der Ausbildung oder am Anfang seiner beruflichen Entwicklung befindet, weil er dann regelmäßig nur wenige Anhaltspunkte dafür darzutun vermag, wie sich seine berufliche Entwicklung voraussichtlich gestaltet hätte. In solchen Fällen darf der Tatrichter den Geschädigten deshalb im Rahmen der Schadensermittlung gemäß § 252 BGB, § 287 ZPO nicht vorschnell auf die Unsicherheiten möglicher Prognosen verweisen und insbesondere nicht daraus herleiten, dass kein Erwerbsschaden eingetreten sei. Ergeben sich keine Anhaltspunkte, die überwiegend für einen Erfolg oder einen Misserfolg sprechen, dann liegt es vielmehr nahe, nach dem gewöhnlichen Lauf der Dinge von einem* ***voraussichtlich durchschnittlichen Erfolg*** *des Geschädigten in seiner Tätigkeit auszugehen und auf dieser Grundlage die weitere Prognose der entgangenen Einnahmen*

215 BGH NJW 1988, 2234, 2236.

216 Vgl. auch BGH NJW 2011, 1145.

anzustellen und den Schaden gemäß § 287 ZPO zu schätzen. Verbleibenden Risiken kann durch gewisse ***Abschläge*** *Rechnung getragen werden [...]*

86 Vgl. auch BGH NJW 1998, 1633 zu einem Fall, in dem ein verletzter Vertragsspieler Fußballtrainer werden wollte und diesen Berufswunsch aufgrund eines Unfalls nicht mehr verwirklichen kann.

BGH NJW-RR 1999, 1039:[217]

An die Darlegung zur voraussichtlichen beruflichen Fortentwicklung des Geschädigten ohne das Unfallgeschehen dürfen, wenn er sich zur Zeit des Unfalles in wechselnden, auch vorübergehenden, Beschäftigungsverhältnissen oder in Bemühungen um eine Weiterbildung befand, keine allzu hohen Anforderungen gestellt werden.

Liegen die Voraussetzungen für eine auf § 252 S. 2 BGB gestützte **abstrakte** Schadensberechnung nicht vor, kann der Geschädigte versuchen, seinen Schaden **konkret** darzulegen.[218]

Keine ausreichende Grundlage für die Schätzung eines entgangenen unternehmerischen Gewinns ist allerdings gegeben, wenn es für das Unternehmen bisher lediglich gedankliche Vorbereitungen gegeben hatte, aber bislang nichts ins Werk gesetzt war.[219]

Obwohl die Instanzgerichte die Aufforderung des BGH, die Anforderungen an den Nachweis des entgangenen Gewinns nicht zu überziehen, nicht ablehnen, die Grundsätze der einschlägigen Rspr. häufig sogar zitieren, zeigen sie doch nicht selten große Hemmungen, einem Geschädigten einen Anspruch nach dem gewöhnlichen Lauf der Dinge zuzubilligen, wenn sich nur schwer absehen lässt, wie die Dinge ohne das Unfallgeschehen gelaufen wären.

c) Haftung wegen Insolvenzverschleppung

87 Die Bedeutung der Darlegungs- und Substantiierungslast kann auch am Problembereich der Inanspruchnahme des Geschäftsführers einer GmbH durch einen Gläubiger der Gesellschaft wegen Insolvenzverschleppung hervorragend aufgezeigt werden.

Zum besseren Verständnis bedarf es einer kurzen Einführung in die damit verbundenen materiell-rechtlichen Fragen.

Nach § 15a InsO i.V.m. § 823 Abs. 2 BGB haftet der Geschäftsführer der GmbH für den Schaden, der ihr dadurch entsteht, dass er im Falle der Zahlungsunfähigkeit oder Überschuldung nicht spätestens innerhalb von drei Wochen einen Antrag auf Eröffnung des Insolvenzverfahrens gestellt hat.

217 So auch KG Berlin NZV 2002, 95, 96.
218 BGH NJW 2000, 1409, 1411.
219 OLG Hamm NZV 1994, 109.

Zahlungsunfähigkeit liegt vor, wenn der Schuldner nicht mehr in der Lage ist, die fälligen Zahlungspflichten zu erfüllen. Zahlungsunfähigkeit ist in der Regel anzunehmen, wenn der Schuldner seine Zahlungen eingestellt hat, § 17 Abs. 2 InsO. Danach ist der Schuldner zahlungsunfähig, wenn eine innerhalb von drei Wochen nicht zu beseitigende Liquiditätslücke mehr als zehn Prozent der fälligen Gesamtverbindlichkeiten ausmacht.[220]

Eine Überschuldung ist dann gegeben, wenn die Verbindlichkeiten den Wert des vorhandenen Vermögens der GmbH überschreiten, es sei denn, die Fortführung des Unternehmens ist nach den Umständen überwiegend wahrscheinlich, § 19 Abs. 2 S. 1 InsO.

Demnach ist zur Bestimmung der Überschuldung des Unternehmens eine Fortführungsprognose anzustellen. Anders als früher ist nach der aktuellen gesetzlichen Regelung gerade kein Insolvenzantrag zu stellen, wenn die Fortführungsprognose positiv ist.

§ 15a InsO ist ferner ein Schutzgesetz im Sinne von § 823 Abs. 2 BGB. Das bedeu- **88**
tet, dass der Gläubiger einer GmbH, der mit seiner Forderung gegen die GmbH ganz oder teilweise ausfällt, den Geschäftsführer unmittelbar auf Schadensersatz in Anspruch nehmen kann, wenn sein Schaden auf dem verspäteten Antrag auf Eröffnung des Insolvenzverfahrens beruht.

Bei den Rechtsfolgen einer Haftung nach § 823 Abs. 2 BGB i.V.m. § 15a InsO un- **89**
terscheidet die Rspr. mittlerweile zwischen Alt- und Neugläubigern. Nach der früheren Rspr. wurde den Gläubigern gegen den Geschäftsführer – ohne diese Unterscheidung – nur ein Anspruch auf Ersatz des sogenannten **Quotenschadens** zugebilligt. Mit der Aufgabe dieser Rspr. durch die Entscheidung des BGH[221] hat sich die Rechtslage für die Gläubiger verbessert.

Von besonderer Bedeutung ist die prozessrechtliche Ausgestaltung der Anspruchsgrundlage.

Für den Quotenschaden – das ist die Differenz zwischen der Insolvenzquote, die bei rechtzeitiger Insolvenzeröffnung angefallen wäre, und der geringeren, die der Gläubiger erhält, weil der Geschäftsführer den Insolvenzantrag verzögert hat – muss der Gläubiger den genauen Zeitpunkt des Eintritts der Zahlungsunfähigkeit oder Überschuldung vortragen. Die insolvenzrechtliche Überschuldung kann allerdings auch durch einen Verweis auf die handelsrechtliche Bilanz dargelegt werden, da die handelsrechtliche Bilanz zumindest indizielle Bedeutung für eine insolvenzrechtliche Überschuldung haben kann.

BGH NZG 2009, 750:

> *Beruft sich der für den objektiven Tatbestand der Insolvenzverschleppung darlegungs- und beweispflichtige Gläubiger für die behauptete insolvenzrechtliche*

220 BGH NZI 2005, 547.

221 BGH ZIP 1994, 1103.

Überschuldung der Gesellschaft auf eine Handelsbilanz, die einen nicht durch Eigenkapital gedeckten Fehlbetrag ausweist, und trägt er außerdem vor, ob und in welchem Umfang stille Reserven oder sonstige aus der Handelsbilanz nicht ersichtliche Vermögenswerte vorhanden sind, ist es Sache des bekl. Geschäftsführers, im Rahmen seiner sekundären Darlegungslast im Einzelnen vorzutragen, welche stillen Reserven oder sonstige für eine Überschuldungsbilanz maßgeblichen Werte in der Handelsbilanz nicht abgebildet sind.

Für den Insolvenzgrund der Zahlungsunfähigkeit kann sich der geschädigte Gläubiger grundsätzlich auf die anerkannten Beweiserleichterungen, insbesondere die Vermutung der Zahlungseinstellung nach § 17 Abs. 2 InsO berufen. Darüber hinaus hat der BGH weitere Beweiserleichterung – z.B. in Beweisvereitelungskonstellationen – angenommen.

BGH NZI 2012, 413:

Die Voraussetzungen der Zahlungseinstellung gelten nach den Grundsätzen der Beweisvereitelung als bewiesen, wenn der Geschäftsführer einer GmbH, der von einem Gesellschaftsgläubiger wegen Insolvenzverschleppung in Anspruch genommen wird, seine Pflicht zur Führung und Aufbewahrung von Büchern und Belegen verletzt hat und dem Gläubiger deshalb die Darlegung näherer Einzelheiten nicht möglich ist.

Des Weiteren muss der (Alt-)Gläubiger allerdings darlegen, wie hoch zu diesem Zeitpunkt die Verbindlichkeiten der GmbH waren und wieviel an Vermögen diesen Verbindlichkeiten gegenüberstand. Denn nur so kann bestimmt werden, welche Quote dem Gläubiger bei rechtzeitigem Insolvenzantrag zugefallen wäre.

90 Dies darzulegen ist dem (Alt-)Gläubiger, wenn überhaupt, nur mit großem Aufwand an Zeit und Kosten möglich. Eben wegen der hohen Anforderungen an seine Darlegungslast, denen der (Alt-)Gläubiger zu genügen hat, ist dieser Anspruch praktisch wertlos.

91 Das hat sich nach der aktuellen Rspr. des BGH[222] – zumindest für den sog. Neugläubiger – geändert.

Nunmehr ist zwischen Alt- und Neugläubigern zu unterscheiden. **Altgläubiger** sind diejenigen, die schon eine Forderung gegen die GmbH begründet haben, als diese noch nicht überschuldet war, und deren Schaden allein darauf beruht, dass sich wegen der Insolvenzverschleppung durch den Geschäftsführer ihre Insolvenzquote verringert hat. Insoweit bleibt es bei den erheblichen Beweisschwierigkeiten für den Altgläubiger. Dieser Anspruch kann gemäß § 92 InsO ferner allein vom Insolvenzverwalter geltend gemacht werden – die Altgläubiger sind insoweit nicht aktivlegitimiert.[223]

222 BGH ZIP 1994, 1103.
223 BGH NZG 2007, 347, 349.

Für einen sog. **Neugläubiger** erfolgt die Schadensberechnung allerdings anders. Neugläubiger sind diejenigen, die der GmbH zu einem Zeitpunkt noch Leistungen erbracht haben, als der Geschäftsführer wegen der Überschuldung oder Zahlungsunfähigkeit bereits den Insolvenzantrag hätte stellen müssen. Wenn sie dafür keine Gegenleistung mehr erhalten, ist die Säumnis des Geschäftsführers kausal für ihren Schaden: Hätte er rechtzeitig den Antrag gestellt, hätten sie nicht mehr geleistet. Es ist ferner anerkannt, dass auch ein Altgläubiger wie ein Neugläubiger zu behandeln sein kann, wenn ein bestehendes Dauerschuldverhältnis mit Insolvenzeröffnung endet oder gekündigt werden kann oder eine Lösung vom Vertrag bei Stellung eines Eröffnungsantrags möglich ist. In diesem Fall kann die Fortsetzung des vertraglichen Verhältnisses darauf beruhen, dass der Gläubiger seine Leistung im Vertrauen auf die Solvenz der Gesellschaft fortsetzt, obwohl er sich bei Kenntnis der Insolvenzreife vom Vertrag gelöst hätte. Neugläubiger haben nach der Rspr. des BGH deshalb einen Anspruch auf Ersatz ihres vollen Schadens.[224]

Da für den Anspruch der Neugläubiger keine Quote zu errechnen ist, braucht von ihnen auch **nicht exakt vorgetragen** zu werden, wann der Zeitpunkt der Überschuldung eingetreten ist. Entscheidend ist allein, dass er vor der Leistung des (Neu-)Gläubigers oder dem Zeitpunkt der Nichtausübung des Kündigungsrechts lag. **92**

Das erleichtert es dem Gläubiger, seiner Darlegungslast zu genügen. Denn der (Neu-)Gläubiger hat zwar den Zeitpunkt der aufgrund der Zahlungsunfähigkeit oder Überschuldung begründeten objektiven Insolvenzreife der GmbH darzulegen und im Bestreitensfalle zu beweisen.[225] Er braucht den Zeitpunkt aber eben nicht exakt bestimmen zu können.

Eine weitere Beweiserleichterung für den geschädigten Gläubiger mit Blick auf den Zeitpunkt des Insolvenzereignisses hat der BGH in NJW 2011, 2427 angenommen:

> *Entgegen der Auffassung des BerGer hängt aber die Feststellung einer Überschuldung im Zeitpunkt des Vertragsabschlusses mit dem Neugläubiger nicht zwingend davon ab, dass für diesen konkreten (unterjährigen) Zeitpunkt aufgrund der noch verfügbaren Geschäftsunterlagen eine Überschuldungsbilanz aufgestellt werden kann. Ist die Insolvenzreife für einen früheren Zeitpunkt bewiesen, so gilt der Nachweis der im Zeitpunkt des Geschäftsabschlusses noch andauernden Verletzung der Insolvenzantragspflicht (Dauerdelikt) jedenfalls bei relativ zeitnah erteilten Aufträgen als geführt, sofern der beklagte Geschäftsführer nicht seinerseits darlegt, dass im Zeitpunkt der Auftragserteilung die Überschuldung nachhaltig beseitigt und damit die Antragspflicht – wieder – entfallen war [...]*

224 BGH NJW 2014, 698, 699.
225 BGH ZIP 1994, 891.

93 Ferner hat der BGH jedenfalls zu § 19 InsO a.F. entschieden, dass es Sache des in Anspruch genommenen Geschäftsführers ist, zu beweisen, dass eine positive Fortführungsprognose gegeben war, die die rechnerische Überschuldung entfallen lässt.[226]

Kann der Gläubiger den Nachweis der Überschuldung schließlich nur deshalb nicht führen, weil der Beklagte seine Pflicht zur Führung und Aufbewahrung von Büchern und Belegen (vgl. § 257 HGB, § 273 Abs. 2 AktG, § 74 Abs. 2 GmbHG) verletzt hat, gilt der Nachweis nach dem Rechtsgedanken der §§ 427, 441 Abs. 3, 444, 446, 453 Abs. 2, 454 Abs. 2 ZPO, § 242 BGB als geführt.[227]

94 Der Anspruch aus § 823 Abs. 2 BGB, § 15a InsO ist ein deliktischer Anspruch und setzt deshalb Verschulden voraus. Stehen die übrigen Voraussetzungen fest, wird das Verschulden des Geschäftsführers nach allgemeinen Regeln (widerleglich) **vermutet**.[228]

d) Kraftfahrzeugdiebstahl

95 Will ein Versicherungsnehmer seinen Versicherer aus einem Kfz-Diebstahl in Anspruch nehmen, gelten grundsätzlich die allgemeinen Regeln: Der Versicherungsnehmer muss den Versicherungsfall dartun und im Bestreitensfalle beweisen; der Versicherer den objektiven Tatbestand einer Obliegenheitsverletzung oder den Einwand, der Versicherungsfall beruhe auf Vorsatz oder grober Fahrlässigkeit des Versicherungsnehmers.

Kaum überwindbaren Schwierigkeiten stünde aber ein Versicherungsnehmer gegenüber, wenn er diesen üblichen Anforderungen uneingeschränkt genügen müsste. Die Rspr. kommt ihm deshalb zur Hilfe und leitet die dem Versicherungsnehmer gewährten Erleichterungen seiner Darlegungslast aus dem materiellen Recht ab. Der Zweck der Diebstahlsversicherung liegt nach BGH[229] auch darin, den Versicherungsnehmer für die Fälle zu schützen, in denen die Umstände der Entwendung nicht umfassend aufgeklärt werden können.

Die Rspr. begnügt sich deshalb damit, dass der Versicherungsnehmer für den behaupteten Diebstahl als Anspruchsvoraussetzung einen Sachverhalt vorträgt, der nach der Lebenserfahrung mit hinreichender Wahrscheinlichkeit darauf schließen lässt, der versicherte Entwendungsfall habe stattgefunden.[230]

226 BGH NZG 2010, 1393.
227 BGH NJW 2007, 3130, 3131.
228 Vgl. MüKo-BGB/*Grundmann*, § 276 Rn 44.
229 BGH NJW 1981, 684, 685; BGH NJW-RR 2007, 466.
230 BGH VersR 1984, 29; BGH NJW-RR 2015, 1247.

OLG Hamm VersR 1994, 854:[231] 96

> *An die Darlegung und Beweisführung eines Versicherungsnehmers in einem Fahrzeugdiebstahlsfall [sind] keine allzu strengen Anforderungen zu stellen, weil der Wert einer Diebstahlversicherung sonst in vielen Fällen fehlender Tataufklärung von vornherein in Frage gestellt und der Versicherungsnehmer sehr oft entgegen dem Zweck des Versicherungsvertrages schutzlos wäre. Der Versicherungsnehmer genügt seiner Darlegungs- und Beweislast für den behaupteten Diebstahl deshalb jedenfalls vorläufig schon dann, wenn er einen Sachverhalt vorträgt und erforderlichenfalls Beweis erbringt, der nach der Lebenserfahrung mit hinreichender Wahrscheinlichkeit darauf schließen lässt, dass die versicherte Sache in einer den Versicherungsbedingungen entsprechenden Weise entwendet worden ist. Dazu genügt die Feststellung von Beweisanzeichen (Indizien), denen hinreichend deutlich das* ***äußere Bild eines versicherten Diebstahls*** *entnommen werden kann. Dieser Mindestbeweis ist bei einem Fahrzeugdiebstahl in der Regel dann erbracht, wenn feststeht, dass das versicherte Fahrzeug zu einer bestimmten Zeit an einem bestimmten Ort abgestellt und es dort später nicht mehr vorgefunden worden ist [...]*[232]

Ist das äußere Bild eines versicherten Diebstahls bewiesen, hat der **Versicherer** Tatsachen vorzutragen und gegebenenfalls zu beweisen, die die **erhebliche** Wahrscheinlichkeit der **Vortäuschung** eines Diebstahls nahelegen.[233] 97

Zopfs, VersR 1993, 140, 141:

> *Immerhin müssen also beide Seiten das Vorliegen der Indiztatsachen, aus denen der Schluss auf die zu beweisende Haupttatsache mit hinreichender oder erheblicher Wahrscheinlichkeit gezogen wird, zur vollen Überzeugung beweisen[;] für diese Indiztatsachen gibt es* ***keine Beweismaßabsenkung****.*

Das gilt im Übrigen auch für Anzahl und Wert der von einer Entwendung betroffenen Sachen; allerdings kommt hier eine Schadensschätzung nach § 287 ZPO in Betracht.[234]

Das LG Frankfurt am Main (NJOZ 2019, 382) hat entscheiden, dass zur Klärung der Frage, ob vorgefundene Schäden an einem entwendeten Fahrzeug, deren Ursachen nicht festgestellt werden können, der Entwendung oder mut- bzw. böswilligen Handlungen zuzurechnen sind, für die Behauptung des Vorliegens von durch mut- oder böswillige Handlungen entstandene Schäden auf das äußere Bild abzustellen ist. Grundsätzlich obliegt dem Versicherungsnehmer für die Behauptung eines Schadens aufgrund mut- oder böswilliger Handlung nach Auffassung der oberge-

231 So auch BGH NJW-RR 2015, 1247.

232 Ebenso BGH NJW 1995, 2169.

233 BGH NJW-RR 2000, 315; OLG Koblenz RuS 2013, 543.

234 BGH VersR 1988, 75.

richtlichen Rechtsprechung der Vollbeweis. Diesem sollen insoweit keine Beweiserleichterungen zugutekommen, da das Fahrzeug im Gegensatz zu Entwendungsfällen zur Feststellung, ob ein Versicherungsfall eingetreten ist, besichtigt werden könne. Allerdings würde der Versicherungsnehmer bei Abstellen auf die Erforderlichkeit des Vollbeweises regelmäßig beweispflichtig bleiben, wenn, wie im vom LG Frankfurt am Main zu entscheidenden Fall, die Hintergründe der Schadensursachen nicht im Detail bekannt sind und insofern immer auch als möglich in Betracht gezogen werden muss, dass sich bei der Beschädigung ein der Entwendung innewohnendes Risiko verwirklicht haben könnte. Deswegen stellt das LG auf das äußere Bild der Beschädigungen ab und stellt insoweit eine wertende Gesamtbetrachtung an, um zu entscheiden, ob sich bei der Beschädigung ein der Entwendung innewohnendes Risiko verwirklicht hat oder ein mut- oder böswilliges Verhalten vorliegt.

> *Im Falle der Entwendung eines voll-, jedoch nicht teilkaskoversicherten Fahrzeugs ist für den Beweis der Beschädigung durch mut- oder böswillige Handlungen nach Wiederauffinden auf das äußere Bild abzustellen, wenn die Ursachen vorgefundener Schäden nicht festzustellen ist.*

98 Weil aber selbst diese reduzierten Anforderungen an die Substantiierungslast dem Versicherungsnehmer noch Schwierigkeiten bereiten können, geht die Rspr. des BGH[235] noch einen Schritt weiter, indem sie dem Instanzrichter aufgibt, gemäß § 141 ZPO (vgl. § 5 Rdn 94 ff.) den Versicherungsnehmer zu seinem eigenen Vorbingen als Partei anzuhören – ohne dass die Voraussetzungen des § 448 ZPO vorzuliegen bräuchten – und sich notfalls aufgrund dieser Anhörung eine Überzeugung im Sinne des § 286 ZPO zu bilden.

Aber BGH NJW 1997, 1988:

> *Hat der Versicherungsnehmer zum Beweis des äußeren Bildes eines Kfz-Diebstahls Zeugen benannt, sind diese zu vernehmen.*

Das Gericht darf sich also – auch nach der Rspr. des BGH – zumindest dann nicht mit einer Anhörung des Versicherungsnehmers begnügen, wenn dieser gar nicht in Beweisnot ist.[236]

99 Von der Redlichkeit des Versicherungsnehmers ist als Regelfall auszugehen; selbst dann noch, wenn für eine früher gemeldete Entwendung eines anderen Fahrzeugs die erhebliche Wahrscheinlichkeit besteht, dass dieser Diebstahl vorgetäuscht war.

BGH NJW 1996, 1348:[237]

> *Von der Redlichkeit eines Versicherungsnehmers ist aber dann nicht mehr auszugehen, wenn konkrete Tatsachen* ***unstreitig und bewiesen*** *sind, die den Ver-*

235 BGH VersR 1993, 572.

236 Vgl. BGH NJW 2013, 2601; BGH NJW 2011, 1364.

237 So auch OLG Düsseldorf NJW-RR 2015, 1129.

sicherungsnehmer als unglaubwürdig erscheinen lassen oder die geeignet sind, dass sich schwerwiegende Zweifel an seiner Glaubwürdigkeit aufdrängen. Auch Unredlichkeiten, die im Zusammenhang mit einem früher gemeldeten Diebstahl stehen, kommen als solche Tatsachen in Betracht, wenn sie feststehen.

Wird der Versicherungsnehmer zu einer Anhörung gemäß § 141 ZPO geladen und bleibt er dieser unentschuldigt fern, kann das Gericht dies (für diesen konkreten Fall) gemäß § 286 ZPO zu seinem Nachteil werten.[238]

(Diese hier für den Kfz-Diebstahl als dem häufigsten Fall aufgezeigten Grundsätze gelten ebenso für andere versicherte Entwendungsfälle, den Einbruchdiebstahl,[239] den Nachschlüsseldiebstahl[240] und den Raub.)[241]

e) Unfallversicherung

Der Versicherer ist gemäß § 183 Abs. 1 VVG dem Versicherungsnehmer gegenüber **100**
von der Leistungsverpflichtung aus einer Unfallversicherung frei, wenn dieser den Unfall widerrechtlich durch eine vorsätzliche Handlung herbeigeführt hat. Gemäß § 178 Abs. 2 S. 2 VVG wird die Unfreiwilligkeit jedoch bis zum Beweis des Gegenteils vermutet. Diese Bestimmung hat insbesondere in Fällen Bedeutung, in denen der Verdacht der Selbstverstümmelung aufkommt. Das vorsätzliche Handeln des Versicherten wird dann oft schwer zu beweisen sein.

Dazu *Zopfs*, VersR 1993, 140:

Meistens kann der Versicherer den ihm obliegenden Freiwilligkeitsbeweis in Fällen der Selbstverstümmelung schon dadurch erbringen, dass er überzeugend dartut, der Geschehensablauf könne unmöglich so gewesen sein, wie vom Versicherungsnehmer substantiiert behauptet. Allein damit kann er je nach Lage des Einzelfalls den Richter deshalb überzeugen, weil der Versicherungsnehmer bei dem behaupteten Geschehen selbst und allein zugegen war: Dass dessen Darlegung als falsch entlarvt wird, lässt sehr häufig den Schluss zu, dass er falsch vortragen, also Unfreiwilligkeit vortäuschen wollte.

f) Vergabeverfahren

Wird einem Bieter in einem öffentlichen Vergabeverfahren zu Unrecht der Zu- **101**
schlag versagt, steht ihm ein Schadensersatzanspruch aus culpa in contrahendo gegen die öffentlich-rechtliche Körperschaft zu.[242] Zur Darlegung und zum Nachweis des Vergabeverstoßes, der darin liegen kann, dass einem weniger qualifizierten und weniger kostengünstigen Mitbieter der Vorzug gegeben wird, türmen sich aber

238 OLG Frankfurt NJW-RR 2000, 1344; LG Köln BeckRS 2008, 53300.

239 BGH VersR 1987, 146.

240 BGH VersR 1991, 297.

241 Vgl. *Zopfs*, VersR 1993, 140, 141.

242 Vgl. zum Beispiel BGH NZBau 2019, 798.

nicht unerhebliche Schwierigkeiten vor dem Kläger auf. Zur Lösung dieses Problems hat *Schnorbus*[243] beherzigenswerte Überlegungen aus dem Prozessrecht angestellt. Der Auftraggeber habe detailliert seine Vergabeentscheidung darzulegen. Er habe den Vergabevermerk nach § 30 VOB/A mit den einzelnen Verfahrensstufen, den maßgebenden Feststellungen und den Begründungen der einzelnen Entscheidungen vorzulegen. In entsprechender Anwendung des § 111 GWB sei dem Bieter Akteneinsicht zu gewähren. Hinsichtlich der haftungsausfüllenden Kausalität und der Schadenshöhe komme dem Bieter § 287 ZPO zur Hilfe. Mache der Auftraggeber den Einwand des rechtmäßigen Alternativverhaltens geltend, berufe er sich also darauf, dass dem Bieter auch bei einem korrekten Verfahren kein Schaden entstanden wäre, sei der Auftraggeber dafür darlegungs- und beweispflichtig.

g) Zukunftsschaden

102 Zur Substantiierung eines Feststellungsantrages (§ 256 ZPO) auf Ersatz von Zukunftsschäden reicht es aus, dass bei verständiger Würdigung Grund zu der Annahme besteht, mit ersatzpflichtigen Schäden sei wenigstens zu rechnen,[244] und für die Feststellung der Ersatzpflicht genügt die nicht eben fernliegende Möglichkeit, dass künftig weitere bisher nicht erkennbare und voraussehbare Schäden auftreten.[245]

243 *Schnorbus*, BauR 1999, 77, 98.

244 BGH NJW 1993, 1523; BGH NZV 1997, 476; bzw „die Möglichkeit besteht" BGH NJW-RR 2007, 601.

245 BGH NJW-RR 1989, 1367.

§3 Erledigung des Rechtsstreits

A. Erledigung des Rechtsstreits

Erfüllt der Schuldner den Anspruch des Gläubigers (z.B. durch Zahlung oder Aufrechnung), nachdem dieser schon den Rechtsweg gegen ihn beschritten hat (Wegfall des Klageanlasses/erledigendes Ereignis), liegt es auf der Hand, dass der Gläubiger die eingeleitete Rechtsverfolgung nicht wie vorgesehen fortsetzen kann. Und es stellt sich die Frage, wer die bis dahin aufgelaufenen Kosten zu tragen hat. Insoweit ist zu unterscheiden, ob das erledigende Ereignis **vor Rechtshängigkeit** (dazu unter Rdn 2 ff.) oder **nach Rechtshängigkeit** (dazu sogleich Rdn 8 f.) oder eintritt. Von der Erledigung in der Hauptsache spricht man immer dann, wenn eine ursprünglich zulässige und begründet Klage durch ein Ereignis nach Rechtshängigkeit gegenstandslos (unzulässig oder unbegründet) geworden ist.[1] Ergänzend sei erwähnt, dass das erledigende Ereignis bei einer Aufrechnung trotz der materiell-rechtlichen Rückwirkung der Aufrechnung (§ 389 BGB) erst die Aufrechnungserklärung das „erledigende Ereignis“ für eine bis dahin zulässige und begründete Klage ist.[2] In ähnlicher Weise ist auch die erstmalige Erhebung der Einrede der Verjährung im Laufe des Rechtsstreits das erledigende Ereignis, auch wenn die Verjährung bereits vor Rechtshängigkeit eingetreten war.[3] 1

B. „Erledigung“ vor Rechtshängigkeit

Das Problem der Erledigung stellt sich nicht erst mit der Rechtshängigkeit, sondern auch **vor Rechtshängigkeit**. Folgende Fallkonstellationen kommen in der täglichen Praxis immer wieder vor: 2

Ein Mandant hat seinem Anwalt den Auftrag erteilt, einen Schuldner unter Fristsetzung zur Zahlung aufzufordern. Zahlt er nicht innerhalb der ihm gesetzten Frist, soll der Anwalt ohne weitere Zahlungsaufforderung Klage erheben.

Der Anwalt hat daraufhin den Schuldner aufgefordert, die Zahlung auf eines seiner Konten zu leisten und unter Fristsetzung für den Fall der Nichtzahlung Klage angedroht; seine Kostennote hat er dem Schreiben beigefügt.

I. Variante 1 – Teilweise Leistung des Schuldners

Der Schuldner zahlt innerhalb der ihm gesetzten Frist den Forderungsbetrag nebst Zinsen, nicht jedoch die Kosten des Anwaltes. 3

1 BGH NJW 2003, 3134.
2 BGH NJW 2003, 3134.
3 BGH NJW 2010, 2422.

Ob er diese noch zu zahlen hat, hängt davon ab, ob er bereits im Verzug (§ 286 BGB) war, als er die Zahlungsaufforderung des Anwaltes erhielt. Denn wenn die Zahlungsaufforderung des Anwaltes die erste Mahnung im Sinne des § 286 Abs. 1 BGB war, ist die Beauftragung des Anwaltes **nicht Verzugsfolge**, sondern sie hat den Verzug überhaupt erst ausgelöst, so dass der Gläubiger die Anwaltskosten von seinem Schuldner **nicht** als Verzugskosten ersetzt verlangen kann.

II. Variante 2 – Leistung auf falsches Konto

4 Der Schuldner hat innerhalb der Frist gezahlt, aber nicht auf das Konto des Anwaltes, sondern auf das des Gläubigers. Da dieser seinen Anwalt nicht darüber informiert, erhebt dieser Klage auf Zahlung eines bereits geleisteten Betrages. Wenn in diesem Fall der Schuldner tatsächlich alles gezahlt hat, nämlich Hauptforderung, Zinsen und auch die Anwaltskosten, bleibt dem Kläger nichts anderes übrig als die Klage zurückzunehmen. Die angefallenen Prozesskosten hat der Kläger zu tragen, der seinen Anwalt von dem Forderungseingang hätte in Kenntnis setzen müssen.

Hat der Beklagte aber nicht alles gezahlt, etwa nur die Hauptforderung beglichen, so ist der Rechtsstreit vom Kläger mit dem Antrag, „den Beklagten zu verurteilen, X EURO nebst … Zinsen abzüglich gezahlter X EURO zu zahlen“ fortzusetzen. Da der geleistete Betrag X gemäß § 367 Abs. 1 BGB zunächst auf die Zinsen und erst danach auf die Hauptforderung anzurechnen ist, ist immer noch ein Teil der Hauptforderung anhängig.

Selbst wenn der Beklagte sich bereit erklärt, auch die Restforderung zu begleichen, sollte der Kläger seine Klage erst zurücknehmen, wenn der Beklagte auch tatsächlich alles gezahlt hat, um sich nicht des Druckmittels zu begeben, notfalls den Rechtsstreit fortzusetzen. Dem Gericht kann der Kläger anzeigen, es möge im Hinblick auf eine zu erwartende außergerichtliche Erledigung des Rechtsstreits die Terminsanberaumung zunächst noch zurückstellen.

III. Variante 3 – Leistung nach Anhängigkeit der Klage

5 Der Schuldner zahlt vor Zustellung der Klage an den Beklagten aber nach Anhängigkeit. Er hat also im Zeitraum der Anhängigkeit, aber vor Rechtshängigkeit (§ 265 ZPO) gezahlt. Wenn jetzt **beide Parteien** nach Zustellung der Klage den Rechtsstreit in der Hauptsache für erledigt erklären, entscheidet das Gericht nach § 91a ZPO über die Kosten des Rechtsstreits.[4] Dass der Schuldner bereits vor Rechtshängigkeit gezahlt hat, ist unerheblich; denn das Gericht hat bei beiderseitiger Erledigterklärung gar nicht zu prüfen, ob sich der Rechtsstreit tatsächlich im Sinne des § 91a ZPO erledigt hat; es ist an die Erklärung der Parteien gebunden.[5]

4 OLG Koblenz NJW-RR 2000, 1092.

5 BGH NJW 1982, 1598; BGH NJW 1956, 301.

Schließt sich der Beklagte jedoch der Erledigterklärung des Klägers nicht an, sondern bleibt er bei seinem Abweisungsantrag, und bleibt die Erledigterklärung des Klägers somit einseitig (vgl. Rdn 16), ist dessen Klage abzuweisen. Und zwar auch dann, wenn sein Klaganspruch bis zur Zahlung durch den Beklagten begründet war. Entscheidend ist, dass die „Erledigung“ bereits vor Rechtshängigkeit eingetreten war und der Kläger deshalb den Rechtsstreit nicht **einseitig** für erledigt erklären kann.[6]

Dem Kläger verbleiben in einem solchen Fall drei verschiedene Möglichkeiten: 6

- Er kann die Klage mit der Kostenfolge des § 269 Abs. 3 S. 3 ZPO zurücknehmen. Nach dieser Vorschrift bestimmt sich die Kostentragungspflicht unter Berücksichtigung des bisherigen Sach- und Streitstands, wenn der Anlass zur Klageeinreichung vor Rechtshängigkeit weggefallen und die Klage daraufhin zurückgenommen wird. Dies gilt auch, wenn die Klage nicht zugestellt wurde (§ 269 Abs. 3 S. 3 a.E. ZPO). Voraussetzung ist, dass die Erledigung vor Rechtshängigkeit eintritt.[7] Die Vorschrift des § 269 Abs. 3 ZPO ist ferner analog anwendbar, wenn der Anlass für die Klage bereits vor Anhängigkeit weggefallen ist und der Kläger hiervon ohne Verschulden keine Kenntnis hatte.[8] Eine analoge Anwendung bei Erledigung nach Rechtshängigkeit scheidet allerdings aus, weil der Kläger durch eine Erledigungserklärung eine für ihn günstige Kostenentscheidung erwirken kann.[9] Veranlassung zur Klage gibt ein Verhalten des Beklagten, aufgrund dessen der Schluss gerechtfertigt ist, dass ein Prozess notwendig ist, um das klägerische Recht durchzusetzen.[10] Eine Kostenentscheidung zulasten des Beklagten setzt – dem Rechtsgedanken des § 91a ZPO entsprechend – voraus, dass der Kläger subjektiv Veranlassung hatte, die Klage zu erheben. Daran kann es z.B. bei einer Räumungsklage fehlen, wenn der Mieter angekündigt hat, zu einem wenige Tage hinter der gesetzten Frist liegenden Termin die Mieträumlichkeiten zu räumen.[11] Genauso fehlt es an einer Veranlassung zur Klage, wenn der Kläger vor Ablauf einer angemessenen Prüfungsfrist des gegnerischen Haftpflichtversicherers Klage einreicht.[12] Der Kläger ist darlegungs- und beweisbelastet dafür, dass seine Belastung mit Kosten billigem Ermessen widerspricht.[13]
- Unbeschadet der Möglichkeit des § 269 Abs. 3 S. 3 ZPO kann ein Kläger nach zutreffender Auffassung nicht gezwungen werden, sich nur deshalb durch die

6 PG/*Hausherr*, § 91a ZPO Rn 23 und Rn 51 f.
7 OLG Hamm NJW-RR 2011, 1563.
8 Vgl. dazu OLG Frankfurt NJW-RR 2014, 1406; OLG Hamm NJW-RR 2011, 1563.
9 BGH NJW 2014, 3520.
10 BGH MDR 2007, 858; PG/*Geissler*, § 269 ZPO Rn 27.
11 OLG Dresden NJW 2015, 497.
12 OLG Düsseldorf NJW-RR 2008, 114.
13 BGH NJW 2006, 775.

Klagerücknahme in die Rolle des Unterlegenen zu begeben, weil das erledigende Ereignis vor Rechtshängigkeit eintrat. In einem solchen Fall kann er auch an seiner Klage festhalten und seinen Antrag auf Erstattung der durch die Klageerhebung entstandenen Kosten umstellen. Kann er diese Kosten nicht beziffern, ist ein Feststellungsantrag zulässig.[14]

- Ferner ist anerkannt, dass die Möglichkeit, nach § 269 Abs. 3 S. 3, Abs. 4 ZPO eine Entscheidung über die Kosten einer Klagerücknahme herbeizuführen, dem Kläger regelmäßig nicht den Weg abschneidet, einen materiell-rechtlichen Kostenerstattungsanspruch gesondert einzuklagen.[15] Aufgrund der mit einer Billigkeitsentscheidung verbundenen Unwägbarkeiten einer Kostenentscheidung nach § 269 Abs. 3 S. 3 ZPO (aber auch nach § 91a ZPO) kann dies sogar im Einzelfall der vorzugswürdige Weg sein.

C. Erledigung nach Rechtshängigkeit

7 Bei einer Erledigung nach Rechtshängigkeit kommen grundsätzlich eine Klagerücknahme oder einer Erledigterklärung in Betracht, um auf den Wegfall des Klageanlasses zu reagieren.

8 Nimmt der Kläger seine Klage **nach Rechtshängigkeit** zurück, sieht § 269 Abs. 3 S. 2 ZPO als Regel vor, dass der Kläger verpflichtet ist, die Kosten des Rechtsstreits zu tragen, soweit nicht bereits rechtskräftig über sie erkannt ist oder sie dem Beklagten aus einem anderen Grund aufzuerlegen sind.

Die Kostentragung durch den Kläger, der seine Klage zurücknimmt, wird damit begründet, dass sich der Kläger in diesem Fall freiwillig in die Lage des Unterliegenden begeben habe und dies unabhängig von der materiellen Rechtslage.[16] Soweit nicht ein Ausnahmetatbestand des § 269 Abs. 3 S. 2 ZPO („soweit nicht bereits rechtskräftig über sie erkannt ist oder sie dem Beklagten aus einem anderen Grund aufzuerlegen sind“) greift, bleibt es bei dieser Rechtsfolge. Nach der Rechtsprechung des BGH erfasst die Ausnahmevorschrift des § 269 Abs. 3 S. 2 Hs. 2 ZPO nur diejenigen Fälle, in denen aus einem (anderen) prozessualen Grund eine Kostentragungspflicht des Beklagten abweichend von dem Veranlassungsprinzip des § 269 Abs. 3 S. 2 Hs. 1 ZPO gegeben ist (z.B. bei einem Vergleich,[17] Säumnis-

14 OLG Naumburg BeckRS 2010, 30215; OLG Koblenz FamRZ 1996, 882; KG NJW 1991, 499; MüKo/*Becker-Eberhard*, § 269 ZPO Rn 67, auch mit Nachweisen zur Gegenansicht.

15 BGH NJW 2013, 2201.

16 BGH NJW-RR 2005, 1662; BGH NJW 2004, 223.

17 BGH NJW-RR 2004, 1506.

kosBGH NJW 2004, 2309. oder nach der Regel des § 93d ZPO[18]). Materiell-rechtlich begründete Kostenerstattungsansprüche sollen von der Ausnahmeregelung nicht erfasst sein.[19]

Der Kläger kann aber auch für den Fall, dass der **Rechtsstreit** sich in der Hauptsache **nach Rechtshängigkeit** erledigt, ohne Rücknahme der Klage von der Verfolgung des Klagezieles ablassen, indem er den Rechtsstreit in der Hauptsache für erledigt erklärt. 9

Für die Erledigterklärung besteht kein Anwaltszwang;[20] was auch dann gilt, wenn die Erledigterklärung in der mündlichen Verhandlung abgegeben wird.[21]

Schließt sich der Beklagte der Erledigterklärung an, hat das Gericht gemäß § 91a ZPO **von Amts wegen nach billigem Ermessen unter Berücksichtigung des bisherigen Sach- und Streitstandes** über die Kosten des Rechtsstreits zu entscheiden, vgl. Näheres unter Rdn 10 ff. Schließt sich der Beklagte der Erledigterklärung des Klägers nicht an, wird dessen Erklärung als auf Feststellung der Erledigung des Rechtsstreits gerichtet gewertet;[22] die Kostenentscheidung hängt dann von der Begründetheit des ursprünglich verfolgten Klaganspruchs ab, vgl. Rdn 17.

Ein Rechtsverhältnis, das sich im Sinne des § 91a ZPO erledigen kann, ist aber erst gegeben, wenn durch Zustellung der Klage an den Beklagten gemäß § 265 ZPO die **Rechtshängigkeit** begründet worden ist.[23]

Eine übereinstimmende (anders bei einseitiger) Erledigterklärung kann noch nach Erlass des Urteils beim erstinstanzlichen Gericht bis zum Ablauf der Rechtsmittelfrist erfolgen.[24] Die Erledigterklärung ist grundsätzlich frei widerruflich, solange sich der Beklagte ihr nicht angeschlossen und das Gericht noch keine Entscheidung über die Erledigung der Hauptsache getroffen hat.[25] Bis zu diesem Zeitpunkt kann der Kläger regelmäßig – auch in der Revisionsinstanz – von der einseitig gebliebenen Erledigungserklärung Abstand nehmen und ohne das Vorliegen weiterer Voraussetzungen zu seinem ursprünglichen Klageantrag zurückkehren.[26]

Der Beschluss nach § 91a ZPO entfaltet keine materielle Rechtskraft, so dass eine erneute Klage mit demselben Streitgegenstand erhoben werden kann.[27]

18 BGH NJW 2004, 223.

19 BGH NJW-RR 2005, 1662; im Einzelfall kann sich allerdings eine Analogie anbieten, z.B. bei einer mangelhaften oder verspäteten Drittschuldnererklärung, vgl. *Saueressig*, ZZP Bd. 119, 463.

20 Vgl. z.B. BGH BeckRS 2012, 05393; BGH BeckRS 2011, 16126.

21 Vgl. Zöller/*Vollkommer*, § 91a Rn 10; OLG Schleswig-Holstein MDR 1999, 252.

22 BGH NJW 2002, 442; BGH NJW 1994, 2363, 2364; KG NJW 1991, 499.

23 BGH NJW 1982, 1598; BGH NJW 2003, 3134.

24 BGH NJW 1995, 1095, 1096.

25 Vgl. BGH MDR 2013, 927.

26 BGH NJW 2002, 442.

27 BGH NJW 1991, 2280, 2281.

D. Beiderseitige Erledigterklärung

10 Erklären die Parteien den Rechtsstreit übereinstimmend in der Hauptsache für erledigt, hat das Gericht **nicht** zu prüfen, ob auch tatsächlich ein erledigendes Ereignis eingetreten ist,[28] sondern von Amts wegen (§ 308 Abs. 2 ZPO) über die Kosten des Rechtsstreits zu entscheiden. Da von Amts wegen über die Kosten zu entscheiden ist, können die Parteien auch nicht den Rechtsstreit für erledigt erklären und „auf eine Kostenentscheidung verzichten".

11 Ist der Rechtsstreit in der Hauptsache durch **Prozessvergleich** beendet worden, können sich die Parteien aber über die Kosten des Rechtsstreits nicht einigen, ist wichtig, dass sie die Hauptsache für erledigt erklären. Denn wenn die Erledigterklärung nicht erfolgt, ist gemäß § 98 ZPO automatische Folge des Vergleichs, dass die Kosten als gegeneinander aufzuheben anzusehen sind.

Zeichnet sich ab, dass die Parteien sich hinsichtlich der Kosten nicht einigen werden, und droht daran der Vergleich insgesamt zu scheitern, so wird das Gericht eine Erledigterklärung und ergänzend unter Hinweis auf die Kostenersparnis einen Verzicht auf die Begründung der nach § 91a ZPO zu erlassenden Kostenentscheidung anregen. Verzichten die Parteien auf die Begründung einer Kostenentscheidung, tritt entsprechend KV Nr. 1211 Nr. 4 eine Ermäßigung ein.

12 Hinsichtlich der Beendigung des Rechtsstreits durch einen **außergerichtlichen Vergleich** haben das OLG Saarbrücken[29] sowie der BGH[30] entschieden:

Erklären die Parteien aufgrund eines außergerichtlichen Vergleichs den Rechtsstreit in der Hauptsache für erledigt und haben die Parteien in dem Vergleich nicht vereinbart, dass das Gericht über die Kosten des Rechtsstreits befinden soll, kann eine Kostenentscheidung nach § 91a ZPO nicht ergehen. Die Kosten des Rechtsstreits sind dann nach § 98 ZPO als gegeneinander aufgehoben anzusehen, was bei Streit der Parteien über die Kostenfrage durch deklaratorischen Beschluss auszusprechen ist.

(§ 98 ZPO ist lex specialis gegenüber § 91a ZPO; § 91a ZPO findet nur Anwendung, wenn die Parteien in dem Vergleich die Kostenregelung bewusst ausklammern und zur Entscheidung des Gerichts stellen.)

13 Die Kostenentscheidung trifft das Gericht „unter Berücksichtigung des bisherigen Sach- und Streitstandes nach billigem Ermessen", vgl. § 91a Abs. 1 ZPO.

Es prüft, wie der Rechtsstreit zu entscheiden gewesen wäre, wenn er nicht für erledigt erklärt worden wäre. War die Klage gar nicht schlüssig, trägt der Kläger die Kosten; war die Klage schlüssig und das Vorbringen des Beklagten nicht erheblich, so trägt sie dieser.

28 BGH NJW 1982, 1598; BGH NJW 1956, 301; Zöller/*Vollkommer*, § 91a Rn 12.

29 OLG Saarbrücken NJW-RR 1996, 320.

30 BGH NJW 2009, 519; BGH NJW 2007, 835.

War das Vorbringen des Beklagten erheblich und hätte die Entscheidung des Rechtsstreits ohne die übereinstimmende Erledigterklärung der Parteien der Beweiserhebung bedurft, werden nach h.M. die bei streitiger Entscheidung erforderlichen Beweise nach Abgabe der beiderseitigen Erledigterklärung nicht mehr erhoben; teilweise wird demgegenüber die Ansicht vertreten, die Vorlage von Urkunden, Beiziehung von Akten und die Verwertung von Zeugenaussagen aus anderen Verfahren sei auch noch nach übereinstimmender Erledigterklärung zulässig.[31]

Das Gericht nimmt (ohne Beweiserhebung) eine hier zulässige **vorwegnehmende** 14
Beweiswürdigung vor. Es stellt Mutmaßungen darüber an, wie das Beweisergebnis voraussichtlich ausgefallen wäre. Berief sich der Beweisbelastete etwa allein auf die Parteivernehmung des Gegners, wird das Gericht in aller Regel davon ausgehen, dass der Beweisbelastete in dem Rechtsstreit unterlegen wäre. Gleiches gilt, wenn er sich auf die Aussage von Zeugen beruft, die in einem Parallelrechtsstreit zum selben Beweisthema schon abweichend ausgesagt haben.

Hatte das Gericht vor der übereinstimmenden Erledigterklärung bereits Beweis erhoben, würdigt es diesen gemäß § 286 ZPO.

Lässt sich ohne Beweiserhebung überhaupt nicht abschätzen, wie der Rechtsstreit voraussichtlich ausgegangen wäre, hebt das Gericht die Kosten des Rechtsstreit gegeneinander auf.

Im Rahmen der nach § 91a ZPO zu treffenden Billigkeitsentscheidung findet auch **§ 93 ZPO** Anwendung. Hat der Beklagte keine Veranlassung zur Klage gegeben, sind dem Kläger die Kosten des erledigten Rechtsstreits aufzuerlegen.[32]

Besonderheiten ergeben sich für die **Stufenklage** nach § 254 ZPO, bei der leicht 15
kostenträchtige Fehler unterlaufen.

Die Stufenklage besteht aus drei Stufen: Dem Auskunftsverlangen, dem Antrag auf Erteilung einer eidesstattlichen Versicherung und dem Leistungsverlangen. Erteilt der Beklagte auf das Verlangen des Klägers hin Auskunft, muss der Kläger hinsichtlich der ersten Stufe den Rechtsstreit in der Regel in der Hauptsache für erledigt erklären und zwar auch dann, wenn er die Auskunft für falsch hält. Er kann durch die weitere Verfolgung des Auskunftverlangens keine „richtige" Auskunft erzwingen. Bleibt er bei seinem Klageantrag, wird die Klage abgewiesen, eben weil die geforderte Auskunft erteilt ist. Ihm verbleibt aber, in die zweite Stufe zu wechseln und Antrag auf Abgabe der eidesstattlichen Versicherung zu stellen, wenn dafür die Voraussetzungen erfüllt sind. Ergibt die Auskunft des Beklagten, dass der Kläger keinen Anspruch gegen ihn hat, kann der Kläger den Rechtsstreit nicht für

31 Zöller/*Vollkommer*, § 91a Rn 26 m.w.N.
32 OLG Köln MDR 1985, 505.

erledigt erklären, da die Klage nie begründet war, eine Erledigung jedoch einen bestehenden Anspruch voraussetzt.[33]

BGH NJW 1994, 2895:

> *Ergibt bei der Stufenklage die erteilte Auskunft, dass ein Leistungsanspruch nicht besteht, so tritt insoweit eine Erledigung der Hauptsache nicht ein; bei einseitiger Erledigungserklärung kommt ein Kostenausspruch zugunsten des Klägers weder nach § 91 ZPO noch in entsprechender Anwendung des § 93 ZPO in Betracht. Dem Kläger kann jedoch ein* ***materiell-rechtlicher*** *Kostenerstattungsanspruch [aus Verzug] zustehen, den er in dem anhängigen Rechtsstreit geltend machen kann.*

E. Einseitige Erledigterklärung

16 Da die Parteien bei einem ungewissen Ausgang des Rechtsstreits befürchten müssen, dass die Kosten gegeneinander aufgehoben werden, weil das Gericht bei beiderseitiger Erledigterklärung keinen Beweis mehr erhebt, muss sich ein Beklagter sehr wohl überlegen, ob er sich der Erledigterklärung des Klägers anschließt. Denn während diesem nichts anderes übrig bleibt, als den Rechtsstreit für erledigt zu erklären, wenn der Beklagte zahlt oder der Kläger auf sonstige Weise sein Klageziel erreicht, kann der Beklagte an seinem Abweisungsantrag festhalten.

Beharrt er auf einer Abweisung, wird die Erledigterklärung des Klägers als Antrag auf Feststellung der Erledigung des Rechtsstreits gewertet.[34] Der Kläger beantragt festzustellen, dass die vor Eintritt des erledigenden Ereignisses begründete Klage infolge eines nach Rechtshängigkeit eingetretenen Ereignisses unbegründet geworden ist. Das Gericht prüft also, ob es ein erledigendes Ereignis gegeben hat.

Das Gericht entscheidet durch Urteil.

17 War die Klage von vornherein unbegründet, kann sich die Sache nicht durch irgendein Ereignis erledigt haben; ein unbegründeter Anspruch kann sich nicht erledigen. Um das zu klären, muss das Gericht – anders als bei der beiderseitigen Erledigungserklärung – den entscheidungserheblichen **Beweisantritten** nachgehen.

Ist sich der Beklagte seiner Sache sicher, kann er also auf diesem Wege verhindern, auch nur teilweise mit den Kosten des Rechtsstreits belastet zu werden. Andererseits geht er auch das Risiko ein – wenn die Kosten eben nicht wegen ungewissen Ausgangs des Rechtsstreits gegeneinander aufgehoben werden – mehr als nur seine eigenen Kosten tragen zu müssen; nämlich dann, wenn das Beweisergebnis für ihn ungünstig ist.

33 Vgl. Musielak/Voit/*Foerster*, § 254 Rn 7, 7a.

34 BGH NJW 2002, 442; BGH NJW 1994, 2363, 2364.

Für den Fall, dass die Erledigung des Rechtsstreits zweifelhaft ist, ist dem Kläger anzuraten, seinen Hauptantrag **hilfsweise** weiter zu verfolgen, wenn der Beklagte sich seiner Erledigterklärung nicht anschließt.

Eine einseitige Erledigterklärung des **Beklagten** ist unzulässig, da nur der Kläger den Streitgegenstand bestimmen kann.[35]

F. Streitwert

Bei **beiderseitiger Erledigterklärung** ist bis zur Abgabe der Erklärung der Streit- **18**
wert nach den allgemeinen Regeln zu bestimmen; für die Zeit danach bestimmt sich der Gebührenstreitwert nach dem Wert der entstandenen Kosten, also nach den außergerichtlichen Kosten der Parteien und den Gerichtskosten. Das gilt auch für den Beschwerdewert.

Für die **einseitige Erledigterklärung** ist die Streitwertbestimmung sehr umstritten. Die h.M. folgt dem BGH[36] darin, dem Streitwert den **Wert der Kosten** zugrunde zu legen, also der bis dahin angefallenen Gerichts- und Anwaltskosten.

G. Rechtsbehelf

Bei beiderseitiger Erledigterklärung ist gegen den Gerichtsbeschluss nach § 91a **19**
ZPO die sofortige Beschwerde statthaft. Voraussetzung ist gemäß § 567 Abs. 2 ZPO allerdings, dass der Wert des Beschwerdegegenstandes 200 EUR übersteigt und in der Hauptsache die Berufungssumme von 600 EUR erreicht ist.[37]

Problematisch ist das Rechtsmittel bei **teilweiser** Erledigterklärung. Hier muss das Gericht in seiner Kostenentscheidung die auf den erledigten Teil entfallenden Kosten gesondert auswerfen. Dass das unterblieben ist, darf den Parteien nicht zum Nachteil gereichen. Sie können die Kostenentscheidung insgesamt mit der sofortigen Beschwerde anfechten. Allerdings darf die Kostenentscheidung nur insoweit geändert werden, als sie auf § 91a ZPO beruht.[38]

Bei einseitiger Erledigterklärung sind gegen die Gerichtsentscheidung die gewöhnlichen Rechtsmittel statthaft; wird durch Urteil entschieden also die Berufung.

35 Thomas/Putzo/*Hüßtege*, § 91a Rn 42.

36 BGH NJW 1986, 588; BGH NJW-RR 1993, 765; BGH BeckRS 2009, 09078.

37 Vgl. BGH NJW-RR 2003, 1504; OLG Frankfurt NJW-RR 1988, 838; Zöller/*Vollkommer*, § 91a Rn 28.

38 BGHZ 40, 265; BGH NJW-RR 2003, 1504.

§ 4 Zurückweisung verspäteten Vorbringens

A. Beschleunigungsgrundsatz und Verspätungsregeln

Den Prozessparteien obliegt die Verpflichtung, zu einer beschleunigten Abwicklung des Rechtsstreits beizutragen, was im Übrigen auch im selbstständigen Beweisverfahren gilt (§ 492 Abs. 1 ZPO).[1] Nach Möglichkeit soll der Rechtsstreit **mit nur einem Verhandlungstermin** (Haupttermin) einer Entscheidung zugeführt werden, § 272 Abs. 1 ZPO. Dazu bedarf es der Vorbereitung des Termins – sowohl durch das Gericht wie auch durch die Parteien. Sie sollen so rechtzeitig vortragen, dass sich der Gegner zu ihrem Vorbringen erklären kann. Verspätetes Vorbringen darf das Gericht unbeachtet lassen. Es wird in Kauf genommen, dass die materiellrechtlich richtige Entscheidung deshalb verfehlt werden kann. 1

BVerfG NJW 2000, 945, 946:

> *[...] Zwar hindert Art. 103 Abs. 1 GG den Gesetzgeber nicht, durch Präklusionsvorschriften auf eine Prozessbeschleunigung hinzuwirken, sofern die betroffene Partei ausreichend Gelegenheit hatte, sich zu allen für sie wichtigen Punkten zur Sache zu äußern, dies aber aus von ihr zu vertretenden Gründen versäumt hat [...]. Diese das rechtliche Gehör beschränkenden Vorschriften haben jedoch wegen der einschneidenden Folgen, die sie für die säumige Partei nach sich ziehen,* ***strengen Ausnahmecharakter*** *[...]. Die Fachgerichte sind daher bei der Auslegung und Anwendung der Präklusionsvorschriften einer strengeren verfassungsrechtlichen Kontrolle unterworfen, als dies üblicherweise bei der Anwendung einfachen Rechts geschieht. Die verfassungsrechtliche Kontrolle muss über eine bloße Willkürkontrolle hinausgehen [...]. Art. 103 Abs. 1 GG ist jedenfalls dann verletzt, wenn die Anwendung der einfachrechtlichen Präklusionsvorschriften durch das Fachgericht offenkundig unrichtig ist [...]. Eine Präklusion ist insbesondere dann nicht mit dem Anspruch auf Gewährung rechtlichen Gehörs zu vereinbaren, wenn eine unzulängliche Verfahrensleitung oder eine Verletzung der gerichtlichen Fürsorgepflicht die Verzögerung mitverursacht hat [...].*

Die Sorge, diesen Anforderungen nicht zu genügen, hat zu einer starken Aufweichung der Regeln für die mit der Vereinfachungsnovelle aus dem Jahre 1977 beabsichtigte Prozessbeschleunigung geführt. 2

Es gibt so viele Fallstricke, in denen sich der Richter bei der Anwendung der Verspätungsvorschriften verfangen kann, dass viele Instanzrichter diese völlig ignorieren; selbst dann, wenn es sich um zwingendes Recht handelt, z.B. § 296 Abs. 1 ZPO. Eine Rechtfertigung wird daraus abgeleitet, dass die Zulassung von weiterem

1 BGH NZBau 2010, 697.

Vorbringen der Wahrheitsfindung nur förderlich sein könne und ein Richter, der auch verspätetes Vorbringen zulasse, sich lediglich Mehrarbeit aufbürde. Dabei wird außer Acht gelassen, dass der Richter, der nur geringen Einfluss auf die Beibringung des Streitstoffes, die Auswahl und Güte der Beweismittel hat, nie dafür garantieren kann, die wirklich gerechte Entscheidung zu treffen. Lässt er also an sich verspätetes Vorbringen zu, kann das dazu führen, dass er gerade aus diesen Gründen die materiell-rechtlich richtige Entscheidung verfehlt.

Das Verfehlen der richtigen Entscheidung ist keine seltene und deshalb zu vernachlässigende Ausnahme. Die Legitimation, gleichwohl zu entscheiden, ergibt sich aus der peniblen Anwendung der Verfahrensvorschriften, eben auch der Regeln über die Zurückweisung verspäteten Vorbringens.

3 Richtig ist aber auch, dass ein Gericht sich in der Anwendung der Verspätungsvorschriften Zurückhaltung aufzuerlegen hat.

BVerfG NJW 1998, 2044:

> *Nach Art. 103 Abs. 1 GG haben die Beteiligten eines gerichtlichen Verfahrens ein Recht darauf, sich vor Erlass der Entscheidung zu dem zugrunde liegenden Sachverhalt zu äußern. Daraus folgt die Verpflichtung des Gerichts, Anträge und Ausführungen der Parteien zur Kenntnis zu nehmen und in Erwägung zu ziehen. […] Bei der Beurteilung der Frage, ob die Anwendung der Präklusionsvorschriften durch das Gericht den vorstehend genannten verfassungsrechtlichen Anforderungen genügt, müssen die Grundsätze rechtsstaatlicher Verfahrensgestaltung in die Prüfung einbezogen werden. […]*

Die Präklusion ist keine Prozessstrafe für individuelles Fehlverhalten einer Partei, sondern eine drohende Sanktion im Interesse der Prozessbeschleunigung.[2]

BGH NJW 2012, 2808, 2809:

> *Durch die Vorschriften über die Zurückweisung verspäteten Vorbringens soll nicht die prozessuale Nachlässigkeit einer Partei als solche sanktioniert werden, und schon gar nicht soll die Anwendung dieser Vorschriften dem Gericht die Mühe einer der Sache nach gebotenen sorgfältigen Sachverhaltsaufklärung ersparen.*

B. Absoluter Verzögerungsbegriff

4 Zwar hält die Rspr. im Prinzip an dem **absoluten Verzögerungsbegriff** fest.[3] Danach kann ein verspätetes Vorbringen (etwa bei Fristverletzung) grundsätzlich selbst dann unberücksichtigt bleiben, wenn auch bei rechtzeitigem Vorbringen der

2 *Otto*, 50 Jahre Bundesgerichtshof, Festgabe aus der Wissenschaft, 2000, S. 182; BGH NJW 2008, 1312; BGH NJW 2012, 2808.

3 BGH NJW 1983, 575; BGH NJW 2012, 2808, 2809; MüKo/*Prütting*, § 296 ZPO Rn 75, 79.

Rechtsstreit nicht mit nur einem Verhandlungstermin, einer abschließenden Entscheidung hätte zugeführt werden können. Die Verzögerung soll nicht durch einen Vergleich zwischen der, ohne Berücksichtigung des verspäteten Vorbringens, möglichen Verfahrensdauer und der hypothetischen Verfahrensdauer bei rechtzeitigem Vorbringen zu ermitteln sein; es soll vielmehr allein auf den Vergleich der Verfahrensdauer bei Zurückweisung gegenüber dem Fall der Berücksichtigung ankommen.[4]

BGH NJW 2012, 2808, 2809:

> *Der BGH vertritt deshalb in ständiger Rechtsprechung die Ansicht, dass es für die Feststellung einer Verzögerung des Rechtsstreits allein darauf ankommt, ob der Prozess bei Zulassung des verspäteten Vorbringens länger dauern würde, als bei dessen Zurückweisung. Dagegen ist es grundsätzlich unerheblich, ob der Rechtsstreit bei rechtzeitigem Vorbringen ebenso lange gedauert hätte. Das Gericht ist allerdings verpflichtet, die Verspätung durch zumutbare Vorbereitungsmaßnahmen gem. § 273 ZPO so weit wie möglich auszugleichen und dadurch eine drohende Verzögerung abzuwenden. Die Anwendung dieses so genannten absoluten Verzögerungsbegriffs ist grundsätzlich mit dem Anspruch auf rechtliches Gehör aus Art. 103 Abs. 1 GG vereinbar.*

Die Rspr. zum absoluten Verzögerungsbegriff ist aber durch das BVerfG[5] für den Fall wesentlich eingeschränkt worden, dass die Verzögerung auch bei rechtzeitigem Vorbringen **offenkundig** ist.

Das BVerfG[6] ist der Auffassung, dass die Zurückweisung eines Vorbringens als verspätet gegen den Anspruch der Prozessbeteiligten auf rechtliches Gehör nach Art. 103 Abs. 1 GG verstößt, wenn sich **ohne weitere Erwägungen** aufdrängt, dass diese Verzögerung auch bei rechtzeitigem Vorbringen eingetreten wäre. Die Präklusionsvorschriften dürfen nicht dazu benutzt werden, verspätetes Vorbringen auszuschließen, wenn **ohne jeden Aufwand erkennbar** ist, dass die Pflichtwidrigkeit – die Verspätung allein – **nicht kausal** für eine Verzögerung ist.

Auf dieser Linie liegt auch ein anderer, nicht veröffentlichter Beschluss des BVerfG v. 2.3.1988 – BvR 1170/87:

> *Ein prozessvorbereitend geladener Zeuge war nicht erschienen. Eine Partei, die sich auf diesen Zeugen gar nicht berufen hatte, stellt erstmals in der mündlichen Verhandlung der Berufungsinstanz entscheidungserhebliches, neues Vorbringen in das Wissen dieses Zeugen. Das Oberlandesgericht hält das Vorbringen, wegen dessen es den Zeugen geladen hatte, nicht mehr für entscheidungserheblich; den vom Gegner in der mündlichen Verhandlung angetretenen*

4 BGHZ 75, 138.

5 Zuletzt BVerfG NJW 1995, 1417.

6 BVerfG NJW 1987, 2733.

Beweis durch Vernehmung dieses Zeugen zu anderem entscheidungserheblichen Vorbringen weist es als verspätet zurück. Die Partei habe nicht darauf vertrauen dürfen, dass der bisher nur von der Gegenseite benannte und vom Gericht geladene Zeuge zum Termin erscheine.

Das BVerfG hat diese Entscheidung mit der Begründung aufgehoben, die durch eine Vertagung eintretende Verzögerung beruhe nicht auf dem verspäteten Vorbringen, weil diese Verzögerung auch bei rechtzeitigem Vorbringen (wegen des Nichterscheinens des Zeugen) eingetreten wäre. Es stellt also darauf ab, ob die Verspätung für die Verzögerung ***kausal*** *sein konnte.*

5 Der BGH hat die notwendigen Einschränkungen des absoluten Verzögerungsbegriffs in NJW 2012, 2808, 2809 wie folgt zusammengefasst:

Die Anwendung dieses so genannten absoluten Verzögerungsbegriffs ist grundsätzlich mit dem Anspruch auf rechtliches Gehör aus Art. 103 Abs. 1 GG vereinbar. ***Die Zulässigkeit einer Präklusion wird verfassungsrechtlich allerdings bedenklich, wenn sich ohne weitere Erwägungen aufdrängt, dass dieselbe Verzögerung auch bei rechtzeitigem Vorbringen eingetreten wäre.*** *Einerseits kann es nicht Sinn der, der Beschleunigung dienenden Präklusionsvorschriften sein, das Gericht mit schwierigen Prognosen über hypothetische Kausalverläufe zu belasten und damit weitere Verzögerungen zu bewirken;* ***diese Vorschriften dürfen aber andererseits auch nicht dazu benutzt werden, verspätetes Vorbringen auszuschließen, wenn ohne jeden Aufwand erkennbar ist, dass die Pflichtwidrigkeit – die Verspätung allein – nicht kausal für eine Verzögerung ist. In diesen Fällen ist die Präklusion rechtsmissbräuchlich, denn sie dient erkennbar nicht dem, mit ihr verfolgten Zweck.*** *Da aber allein dieser Zweck, die Abwehr pflichtwidriger Verfahrensverzögerungen, die Einschränkung des Anspruchs auf Gewährung rechtlichen Gehörs verfassungsrechtlich rechtfertigt, liegt in einem solchen Rechtsmissbrauch zugleich ein Verstoß gegen Art. 103 Abs. 1 GG. Durch die Vorschriften über die Zurückweisung verspäteten Vorbringens soll nicht die prozessuale Nachlässigkeit einer Partei als solche sanktioniert werden, und schon gar nicht soll die Anwendung dieser Vorschriften dem Gericht die Mühe, einer der Sache nach gebotenen sorgfältigen Sachverhaltsaufklärung ersparen.* ***Gerade in Fällen, in denen ein Sachverständigengutachten eingeholt werden müsste, stellt sich deshalb die Frage, ob dieselbe Verzögerung – offenkundig – nicht auch bei rechtzeitigem Vorbringen eingetreten wäre und einer Zurückweisung des neuen Vorbringens, das verfassungsmäßige Verbot einer Überbeschleunigung entgegensteht.***

Zum Sachverständigenbeweis schon OLG Celle BauR 2000, 1900:[7]

> *Verzögert sich durch verspätetes Beklagtenvorbringen die Erledigung des Rechtsstreits deshalb, weil ein* ***Sachverständigengutachten*** *eingeholt werden muss, führt dies trotzdem nicht zur Zurückweisung des Beklagtenvorbringens als verspätet, wenn der zu beauftragende Sachverständige mit überwiegender Wahrscheinlichkeit auch bei Wahrung der Klageerwiderungsfrist sein Gutachten nicht rechtzeitig vor dem Verhandlungstermin hätte vorlegen können. […]*
>
> *Der Senat verkennt hierbei nicht, dass er sich mit dieser Ansicht in gewisser Weise in* ***Gegensatz*** *zu dem vom BGH vertretenen Begriff der absoluten Verzögerung setzt. Er hält insbesondere bei der hier gegebenen Sachlage, die von der Präklusion grundsätzlich nicht gedeckte* ***Überbeschleunigung*** *des Verfahrens, für unangebracht (vgl. BVerfG 75, 302).*

Vgl. ebenfalls OLG Zweibrücken BeckRS 2018, 36147:

> *1. Für die Feststellung einer Verzögerung i.S.v. §296 Abs. 1 ZPO kommt es grundsätzlich allein darauf an, ob der Prozess bei Zulassung des verspäteten Vorbringens länger dauern würde als bei dessen Zurückweisung (sog. absoluter Verzögerungsbegriff). Dagegen ist grundsätzlich unerheblich, ob der Rechtsstreit bei rechtzeitigem Vorbringen ebenso lange gedauert hätte.*
>
> *2. Eine Präklusion verspäteten Vorbringens ist aber (ausnahmsweise) dann rechtsmissbräuchlich und verstößt gegen Art. 103 Abs. 1 GG, wenn ohne jeden Aufwand erkennbar ist, dass die Verspätung nicht kausal für die Verzögerung geworden ist, wenn also offenkundig ist, dass dieselbe Verzögerung auch bei rechtzeitigem Vorbringen eingetreten wäre.*

Ebenfalls für eine **Einschränkung** des absoluten Verzögerungsbegriffes OLG Frankfurt NJW-RR 1993, 62:

> *[E]ine Zurückweisung verspäteten Vorbringens im frühen ersten Termin [ist] dann nicht zulässig […], wenn dieser nach seiner gesetzlichen Funktion unter Berücksichtigung des konkreten Prozessstoffes* ***nicht zu einer abschließenden Entscheidung*** *– also durch Urteil –, sondern lediglich zu einer* ***weiterführenden Entscheidung*** *– nämlich zu einem Beweisbeschluss – führen könnte. In einem solchen Falle erscheint die strikte Anwendung des absoluten Verzögerungsbegriffs* ***missbräuchlich****. Wenn* ***eindeutig erkennbar*** *ist, dass bei rechtzeitigem Vortrag das Verfahren unter Durchführung einer Beweisaufnahme* ***ebenso lange*** *gedauert hätte, ist im Ergebnis der „relative Verzögerungsbegriff" maßgebend […]. Dies läuft praktisch darauf hinaus, dass die Zurückweisung verspäteten Vorbringens* ***im frühen ersten Termin*** *weitgehend ausgeschlossen wird […]*

7 Vgl. auch OLG-Dresden NJW-RR 1999, 214.

6 *Maihold*, JA 1995, 827, sucht die Rspr. des BGH und BVerfG auf folgende Weise in Einklang zu bringen:

> *Eine Zurückweisung von Angriffs- und Verteidigungsmitteln als verspätet verlangt nach dem von der Rspr. vertretenen absoluten Verzögerungsbegriff lediglich, dass der Rechtsstreit bei Zulassung des verspäteten Vorbringens länger dauern würde als bei dessen Zurückweisung. Ist aber ohne weitere Prüfung eines hypothetischen Verfahrensablaufs erkennbar, dass das Verfahren auch bei rechtzeitigem Vortrag nicht schneller abgeschlossen worden wäre, als dies auf Grundlage des verspäteten Vorbringens möglich ist, so darf eine Zurückweisung dieses Vorbringens nicht erfolgen.*
>
> *Wäre somit auch bei rechtzeitiger Benennung von Zeugen deren Ladung zu einem bestimmten Termin noch möglich gewesen, so kann deren verspätete Benennung nicht kausal für die Notwendigkeit eines weiteren Termins zur Beweisaufnahme sein. Eine Präklusion ist damit mangels Verzögerung des Prozesses ausgeschlossen, da auch bei rechtzeitigem Vortrag ganz offensichtlich das Verfahren nicht schneller abgeschlossen worden wäre.*

C. Grundnorm des § 296 ZPO

I. Regelungsgehalt

7 **§ 296 Abs. 1** ZPO regelt den Fall, dass das Gericht eine Schriftsatzfrist gesetzt hat und diese von einer Partei nicht eingehalten worden ist; sie also noch nach Fristablauf vorgetragen hat.

Werden aber Angriffs- und Verteidigungsmittel (§ 282 Abs. 1 ZPO) unter Verstoß gegen bestimmte Fristen vorgebracht, stellt deren Zurückweisung den gesetzlichen Regelfall dar, von dem nur bei **ausreichender Entschuldigung** oder **fehlender Verzögerung** abgewichen werden darf.

Aber BGH NJW-RR 2017, 1018:

> *Hat das Gericht eine Frist zur Stellungnahme zum Gutachten gem. § 411 Abs. 4 S. 2 ZPO gesetzt, so kann nach Fristablauf eingehender Parteivortrag, der sich nicht auf die im Gutachten behandelte Beweisfrage bezieht, nicht nach § 296 Abs. 1 ZPO als verspätet zurückgewiesen werden.*

Führt die Berücksichtigung des verspäteten Vorbringens zu einer Verzögerung, wird das Verschulden des verspätet Vortragenden **vermutet**; ihn trifft die Darlegungslast für eine Entschuldigung, wobei eine Glaubhaftmachung grundsätzlich nur nach Verlangen des Gerichts erforderlich ist.[8]

Ein Verschulden ist zu bejahen, wenn die Partei nicht mit der erforderlichen Sorgfalt handelt, die in der konkreten prozessualen Situation und aufgrund ihrer persön-

8 Saenger/*Saenger*, § 296 Rn 39 ff.; *Zimmermann*, JuS 2023, 31, 34.

lichen Verhältnisse von ihr zu erwarten ist; es genügt also schon einfache Fahrlässigkeit.[9] Diese ist bereits gegeben, wenn ein Beweismittel aus Nachlässigkeit, das heißt aus Versehen, nicht benannt wurde.

BGH BeckRS 2012, 4075:

> *Dies gilt nicht nur bei bewusstem Zurückhalten aus Prozesstaktik oder aus anderen Gründen, sondern auch, wenn ein weiterer Zeuge zunächst nur aus Nachlässigkeit nicht benannt wurde,* ***weil im Rahmen von § ZPO § 296 Abs. 1 ZPO bereits leichte Fahrlässigkeit schadet.***

Ist die Partei durch einen Rechtsanwalt vertreten, muss sie sich dessen Verschulden nach § 85 Abs. 2 ZPO zurechnen lassen. Dabei stellt die Rechtsprechung an die anwaltlichen Sorgfaltspflichten strengere Anforderungen als an die der Partei selbst.

Aber BGH NJW 1986, 3193:

> *Das Gericht darf ein verspätetes Vorbringen nicht wegen Unglaubwürdigkeit des vorgetragenen Entschuldigungsgrundes zurückweisen, ohne daß es die Partei zur Glaubhaftmachung aufgefordert und ihr dazu in angemessener Weise – regelmäßig unter Einräumung einer kurzen Frist – Gelegenheit gegeben hat. Das gilt auch, wenn die Partei bereits von sich aus eine Glaubhaftmachung versucht hat, das Gericht diese jedoch nicht für ausreichend hält.*

§ 296 Abs. 2 ZPO regelt die Verletzung der **allgemeinen Pflicht**, so frühzeitig vor- 8
zutragen, dass der Gegner seinerseits noch rechtzeitig zum Termin erwidern kann. Anders als bei § 296 Abs. 1 ZPO (hier genügt einfache Fahrlässigkeit) muss hier für eine Verspätung grobe Nachlässigkeit vorliegen.

BGH NJW 1987, 501, 502:[10]

> *Grob nachlässig im Sinne des § 296 Abs. 2 ZPO handelt die Prozesspartei, wenn sie ihre Prozessförderungspflicht in besonders hohem Maße vernachlässigt, wenn sie also dasjenige unterlässt, was nach dem Stand des Verfahrens jeder Partei als notwendig hätte einleuchten müssen [...]*

Die Partei muss nicht mit Verschleppungsabsicht handeln, also etwa den Zeugen aus prozesstaktischen Gründen zunächst nicht benennen. Geschieht dies aber, ist grobe Nachlässigkeit erst recht gegeben. Wer ein Beweismittel zu einem zentralen Punkt des Rechtsstreits bewusst zurückhält, um erst einmal abzuwarten, zu welchem Ergebnis die Erhebung der bisher angebotenen Beweise führt, verstößt in grober Weise gegen die allgemeine Prozessförderungspflicht des Zivilprozesses.[11] Denn danach ist die Partei gehalten, den ihr günstigen Vortrag in gesammelter Form und so bald wie möglich in den Rechtsstreit einzuführen, um diesen einer möglichst umfassenden und sachlich richtigen Entscheidung zuzuführen.

9 BGH BeckRS 2012, 4075.

10 BGH BeckRS 2013, 16136; OLG Köln BeckRS 2013, 16185.

11 BGH BeckRS 2007, 00402.

Von einer groben Nachlässigkeit kann z.B. keine Rede sein, wenn eine Partei erst in der Verhandlung neue Informationen bekommt, was häufig der Fall ist:

Beispiel

Ein Zeuge wird zu dem Inhalt vertraglicher Absprachen vernommen. Er bekundet, dass bei den Verhandlungen noch eine weitere Person zugegen war, was dem Beweisführer bislang nicht bekannt war. Dieser kann sich auf deren Zeugnis berufen, und das Gericht hat ihn nicht zu fragen, woher er denn wisse, dass dieser Zeuge seine Version der Vertragsvereinbarung bestätigen werde. Das wird der Zeuge deshalb tun, weil er die Wahrheit zu sagen hat, und das, was der Beweisführer vorträgt – selbstverständlich – die Wahrheit ist.

Die Berufung auf diesen Zeugen führt zwar zu einer Verzögerung des Rechtsstreits, weil ein neuer Termin zur Beweisaufnahme anzuberaumen ist. Aber diese Verzögerung ist dem Beweisführer nicht anzulasten; sie ist nicht von ihm verschuldet, schon gar nicht grob nachlässig.

9 Ist gegen eine der in § 296 Abs. 1 und 2 ZPO geregelten Pflichten verstoßen worden, kommt eine Zurückweisung von Parteivorbringen wegen Verspätung in Betracht, wenn

- der Rechtsstreit ohne Berücksichtigung des verspäteten Vorbringens **insgesamt** entscheidungsreif wäre;[12] es kann also kein Teilurteil hinsichtlich des Teils des Anspruchs ergehen, zu dem verspätet vorgetragen wurde, und im übrigen Beweis erhoben werden, siehe auch Rdn 17;
- die Zulassung des Vorbringens zu einer Verzögerung des Rechtsstreits führen würde, also wenn bei Berücksichtigung des verspäteten Vorbringens ein weiterer Termin zur mündlichen Verhandlung oder zur Beweisaufnahme erforderlich würde, wobei streitig ist, ob es auf jede Verzögerung ankommt[13] oder ob diese Verzögerung nicht völlig unerheblich sein darf,[14]
- im Fall des § 296 Abs. 1 ZPO die Verspätung **verschuldet** ist, sie im Falle des § 296 Abs. 2 ZPO auf grober Nachlässigkeit beruht; diese wird der **groben Fahrlässigkeit** gleichgestellt. Doch sollen an die im Prozess erforderliche Sorgfalt höhere Anforderungen zu stellen sein als im außergerichtlichen Verkehr;[15] streitig ist, ob eine **nicht vorhersehbare Arbeitsüberlastung** des Anwaltes ein Entschuldigungsgrund sein kann.[16] Die Entschuldigungsgründe sind im Übrigen glaubhaft zu machen,
- es dem Gericht nicht möglich ist, die Verzögerung durch **prozessvorbereitende Maßnahmen** auszugleichen,[17] vgl. dazu Rdn 28 ff.

12 BGH NJW 1980, 2355; BGH NJW-RR 1999, 787.

13 So OLG Stuttgart NJW 1984, 2538, 2539; MüKo/*Prütting*, § 296 ZPO Rn 107 f.

14 So OLG Hamburg NJW 1979, 1717; Zöller/*Greger*, § 296 Rn 18.

15 BGH NJW 1975, 1928.

16 Bejahend Stein/Jonas/*Leipold*, § 296 ZPO Rn 86.

17 BGH NJW 1983, 1495, 1496; BGH NJW 1996, 528; BGH NJW 2002, 290.

10 § 296 Abs. 1 und 2 ZPO unterscheiden sich noch darin, dass im Falle der Fristverletzung (§ 296 Abs. 1 ZPO) die Nichtzulassung des verspäteten Vorbringens **zwingend** ist. Das heißt, dass das Gericht nach seinem freien Ermessen entscheidet, ob eine Verzögerung vorliegt und im Falle der positiven Feststellung das verspätete Vorbringen zwingend abweisen muss.[18] Liegt hingegen ein Fall der Verletzung der allgemeinen Prozessförderungspflicht vor (§ 296 Abs. 2 ZPO), kann das Gericht nach seinem **freien Ermessen** entscheiden; außerdem muss die Verzögerung im Falle des § 296 Abs. 2 ZPO auf grober Nachlässigkeit beruhen, Rdn 8.

11 Das Gericht darf Vorbringen nicht pauschal zurückweisen. Eine Zurückweisung wegen Präklusion muss sich auf konkrete Angriffs- und Verteidigungsmittel beziehen.[19]

OLG Celle NJW 2010, 1535:

> *Es ist unzulässig, das Vorbringen einer Partei in einem verspätet eingereichten Schriftsatz pauschal zurückzuweisen. Eine Zurückweisung kann sich immer nur auf bestimmte, konkret bezeichnete Angriffs- bzw. Verteidigungsmittel beziehen. Die Zurückweisungsvoraussetzungen müssen insofern für jede einzelne Tatsachenbehauptung und für jedes Beweisangebot gesondert geprüft werden.*

Die Entscheidung des Gerichts muss weiter klar erkennen lassen, auf welchen der beiden Absätze des § 296 ZPO die Zurückverweisung gestützt wird. Das OLG Oldenburg hat die Entscheidung des erstinstanzlichen Gerichts aufgehoben und die Sache zur erneuten Verhandlung **zurückverwiesen**, weil sich der angefochtenen Entscheidung nicht entnehmen lasse, ob die Zurückweisung nach § 296 Abs. 1 oder 2 ZPO erfolgte.

OLG Oldenburg Nds. Rpfl. 1996, 119, 120:

> *Die Verfahrensweise des LG ist für den Senat mangels ausreichender Begründung der getroffenen Zurückweisungsentscheidung nicht nachprüfbar. Das Berufungsgericht darf die erstinstanzliche Anwendung der Verspätungsvorschriften lediglich einer Rechtskontrolle unterziehen und ist deshalb auch dann gehindert, eine fehlerhafte Begründung durch eine Eigene zu ersetzen, wenn nach dem Akteninhalt die sachlichen Voraussetzungen für eine Zurückweisung nach den Tatbeständen des § 296 Abs. 1 und/oder Abs. 2 gegeben sind (BGH NJW 1990, 1304). Bei der angefochtenen Entscheidung fehlt die für die Rechtskontrolle ausreichende Begründung schon deshalb, weil nicht zu erkennen ist, ob das LG sich auf den, eine Fristversäumung voraussetzenden Tatbestand der* ***obligatorischen*** *Zurückweisung nach § 296 Abs. 1 ZPO stützen, oder eine* ***Ermessensentscheidung*** *nach § 296 Abs. 2 ZPO mit dem Vorwurf grob nachlässigen Prozessverhaltens treffen wollte. Der Senat kann diese Frage auch nicht of-*

18 MüKo/*Prütting*, § 296 ZPO Rn 179.

19 BGH NJW-RR 1996, 961.

fenlassen, weil sowohl die Wahl der anzuwendenden Regelung (BGH NJW 1982, 1710) als auch die für die Zurückweisungsentscheidung erforderliche, erstmalige Tatbestandskonkretisierung (namentlich die Ermessensentscheidung nach § 296 Abs. 2 ZPO) ausschließlich dem erstinstanzlichen Gericht obliegt.

Das entspricht der Rechtsprechung des BGH NJW 1981, 2255:

Ist in erster Instanz Parteivorbringen nach § 296 Abs. 1 ZPO zu Unrecht zurückgewiesen worden, so kann das Berufungsgericht die Zurückweisung nicht auf § 296 Abs. 2 ZPO gestützt nachholen.

Vgl. weiter BGH NJW 2006, 1741:

Das Verbot, Präklusionsgründe in der nächsten Instanz auszuwechseln, gilt unterschiedslos, ob den Gerichten bei der Entscheidung über die Zurückweisung ein Ermessen eingeräumt oder sie bei Vorliegen der Voraussetzungen zwingend ist.

Und BGH NJW-RR 2013, 655:

Das Rechtsmittelgericht kann eine in der Vorinstanz unterbliebene Zurückweisung wegen Verspätung nicht nachholen oder auf eine andere Verfahrensvorschrift stützen.

12 Nur **Angriffs- und Verteidigungsmittel** können verspätet sein.

Dazu der BGH FamRZ 1996, 1071, 1072:

*[Unter Angriffs- und Verteidigungsmitteln] versteht man das **Aufstellen und Bestreiten** von Tatsachenbehauptungen, das **Benennen** von **Beweismitteln** und das Erheben von **Beweiseinreden** zur Begründung bzw. zur Abwehr der Klage […]*

*Andere Parteihandlungen wie z.B. das Stellen von **Sachanträgen** sind keine Angriffs- und Verteidigungsmittel im Sinne dieser Vorschrift [§ 296 Abs. 2 ZPO] und können deshalb auch nicht wegen Verspätung zurückgewiesen werden […]. Ist – wenn auch verspätet – ein ordnungsgemäßer Sachantrag gestellt, so ist über ihn zu entscheiden. Ist er nicht gestellt, so hat das Gericht nach § 139 Abs. 1 ZPO auf das Stellen eines sachdienlichen Antrages hinzuwirken, notfalls muss es die Klage mangels eines Klageantrages als unzulässig abweisen.*

Also ein Behaupten und Bestreiten, Beweisantritte, Einwendungen und Einreden[20] – beispielsweise auch die Aufrechnung[21] – können verspätet sein, **nicht** jedoch **Rechtsausführungen, Klageänderung, Klageerweiterung und Widerklage**.[22]

20 BGH NJW 2004, 2828, 2830.

21 BGH NJW 1984, 1964, 1967.

22 BGH NJW 2000, 2513; BGH NJW 2001, 1210, 1211; BGH NJW 2017, 491; MüKo/*Prütting*, § 296 ZPO Rn 40 ff.

Da ein neuer Sachantrag nicht verspätet sein kann, können auch der Tatsachenvortrag zu seiner Begründung sowie die zugehörigen Beweisantritte nicht verspätet sein.[23] 13

Weil kein neues Angriffsmittel vorliegt, scheidet auch eine Zurückweisung wegen Verspätung aus, sofern das Klagevorbringen um einen weiteren **Streitgegenstand** ergänzt wird.

BGH BB 2001, 437:[24]

> *Begründet der Kläger einen zunächst auf Vertrag gestützten Zahlungsanspruch im Laufe des Rechtsstreits zusätzlich damit, dass der Beklagte ihm wegen vorsätzlichen Verschuldens bei Vertragsschluss Schadensersatz zu zahlen habe, kommt eine Zurückweisung des neuen Vorbringens als verspätet nicht in Betracht, weil es sich dabei nicht um ein Angriffsmittel i.S.v. § 296 ZPO handelt, sondern wegen der Verschiedenheit der zugrunde liegenden Streitgegenstände eine nachträgliche objektive Klagehäufung vorliegt.*

(Eine nachträgliche Klagehäufung ist nach (zwar streitiger) Auffassung des BGH[25] eine Klageänderung im Sinne des § 263 ZPO, so dass das Gericht, wenn der Gegner widerspricht, ihre Sachdienlichkeit zu prüfen hat, und dann daran die Zulässigkeit der Klage scheitern könnte.)

BGH NJW 2017, 491:

> *Die Änderung oder Erweiterung einer Klage stellt einen selbstständigen prozessualen Angriff dar, dessen Zulassung sich nicht nach den §§ 296, 530, 531 ZPO, sondern nach den §§ 263, 264, 533 ZPO bestimmt.*
>
> *Dementsprechend können die gleichzeitig zur Begründung derart erweiterter Anträge vorgetragenen Angriffs- oder Verteidigungsmittel nicht als verspätet zurückgewiesen werden, weil dies andernfalls in unzulässiger Weise die nach dem Gesetz grundsätzlich ausgeschlossene Präklusion des Angriffs selbst zur Folge hätte. Das gilt auch in Fällen, in denen eine an sich zulässige Klageänderung oder -erweiterung in erster Linie darauf abzielt, mit den dazu vorgebrachten Angriffs- und Verteidigungsmitteln den bisherigen unzureichenden Klageantrag, wenn auch insoweit verspätet, zu rechtfertigen.*

Verspätet kann auch nur das sein, was vom Gegner **bestritten** wird.[26] Trägt eine Partei in der mündlichen Verhandlung völlig Neues vor, kann das Gericht zumeist noch gar nicht wissen, ob dieses Vorbringen wegen Verspätung unberücksichtigt zu bleiben hat, denn es muss zunächst einmal abwarten, ob der Gegner – z.B. in einem 14

23 BGH NJW 1986, 2257, 2258.

24 So auch BGH NJW 2014, 314, 317.

25 BGH NJW 1985, 1841, 1842.

26 BGH NJW 1985, 1556, 1558; OLG Brandenburg NJW-RR 1998, 498; OLG Stuttgart NJW 2009, 1089.

nachgelassenen Schriftsatz – diesen verspäteten Vortrag bestreitet,[27] vgl. § 1 Rdn 26 ff. Der Gegner kann also nicht darauf verzichten, sich zu neuem Sachvortrag zu äußern, nur weil für diesen Sachvortrag die vom Gericht gesetzte Frist nicht eingehalten war.[28]

Da die Verspätungsvorschriften von Amts wegen zu beachten sind, kommt es **nicht** darauf an, ob der Gegner die Verspätung gerügt hat.

Wird ein Vorbringen wegen Verspätung präkludiert, ist eine Partei mit diesem Vorbringen für immer ausgeschlossen. Sie kann nicht etwa wie bei der Nichtzulassung einer Aufrechnung nach § 533 ZPO oder einer Klageänderung (§ 263 ZPO) dieses Vorbringen in einem späteren Rechtsstreit wiederholen.

Instruktiv zum Verhältnis von selbstständigem Beweis- und anschließendem Hauptverfahren OLG Frankfurt a.M. NZBau 2019, 172:

> *Das LG ist zu Recht davon ausgegangen, dass die Bekl. im Hauptsacheverfahren mit weiteren Einwänden gegen das Gutachten des Sachverständigen gem. § 411 Abs. 4 S. 2 i.V.m. § 296 Abs. 1, 4 ZPO ausgeschlossen war. Die Bekl. hat im selbstständigen Beweisverfahren zahlreiche Einwände gegen das Gutachten erhoben, die das LG veranlasst haben, zu dem ursprünglichen Gutachten vom 11.5.2013 insgesamt drei weitere Ergänzungsgutachten einzuholen, in denen sich der Sachverständige jeweils umfassend mit den Einwänden der Bekl. als dortiger Ag. auseinandergesetzt hat. Mit Verfügung vom 13.4.2015 hat das LG den Parteien im Hinblick auf das letzte Ergänzungsgutachten eine Frist von drei Wochen zur abschließenden Stellungnahme gesetzt, die es auf Antrag der Antragsgegnerseite bis zum 22.5.2015 verlängert hat. Mit Schriftsatz vom 19.5.2015 hat die Bekl. zwar das Gutachten weiterhin pauschal kritisiert („keine taugliche Größe für ein Verfahren in der Hauptsache"), aber weder konkrete weitere Einwände erhoben noch eine erneute Gutachtenergänzung beantragt. Folglich war die Bekl. hiermit auch im nachfolgenden Hauptsacheverfahren gem. § 411 Abs. 4 S. 2 i.V.m. § 296 Abs. 1, 4 ZPO ausgeschlossen. Dieser Ausschluss setzt sich im Berufungsverfahren gem. § 531 Abs. 1 ZPO fort.*

Das mit der Einräumung einer Erklärungsfrist verbundene Ansetzen eines anschließenden Verkündungstermins stellt für sich genommen keine Verzögerung i.S.v. § 296 ZPO dar.[29]

15 Will das Gericht ein Vorbringen wegen Verspätung zurückweisen, muss es dem verspätet Vortragenden **Gelegenheit** geben, sich dazu zu äußern.[30] Ihm soll die Möglichkeit gegeben werden, seine Verspätung zu **entschuldigen**. Das kann allerdings

27 Vgl. BGH NJW 1985, 1556, 1558.

28 Vgl. auch *Abrahams*, AnwBl 1999, 111, 112.

29 BGH NJW 1997, 1309, 1311.

30 BGH NJW 1990, 1302; BGH BeckRS 2012, 04075.

nur dann gelten, wenn das Gericht in der mündlichen Verhandlung schon weiß, dass eine Zurückweisung des neuen Vorbringens in Betracht kommt, etwa weil der neue Vortrag eine Erwiderung auf abweichenden Vortrag des Gegners ist.

Will das Gericht Vorbringen aus einem nachgelassenen Schriftsatz als verspätet zurückweisen gilt nach BGH BeckRS 2012, 04075 Folgendes:

> *Das Gericht, das in einem nachgelassenen Schriftsatz enthaltenes Vorbringen einer Partei als verspätet zurückweisen will, muss die mündliche Verhandlung wiedereröffnen und auf die beabsichtigte Präklusion hinweisen, um der Partei Gelegenheit zur Stellungnahme und gegebenenfalls zur Entschuldigung der Verspätung zu geben. Die Zurückweisung ohne einen vorherigen Hinweis und Gelegenheit zur Äußerung scheidet aus.*

Ein Vorbringen kann auch schon dann verspätet sein und deshalb der Zurückweisung unterliegen, wenn das Gericht einen sogenannten **frühen ersten Termin** (§ 275 ZPO) gemäß § 272 Abs. 2 ZPO anberaumt hatte; das gilt allerdings nur für den Fall der Fristversäumnis nach § 296 **Abs. 1** ZPO.[31] Es gilt nicht für Fälle des § 296 **Abs. 2** ZPO,[32] auch nicht, wenn es sich bei diesem Termin um einen sogenannten **Durchlauftermin** handelt.[33] Darunter versteht man einen Termin, bei dem das Gericht mehrere Sachen auf dieselbe Uhrzeit anberaumt, weil es schnell klären will, was durch Klagerücknahme oder Versäumnisurteil erledigt werden kann. Da das Gericht dann schon aus Zeitgründen einem Beweisantritt gar nicht nachgehen kann, kann der verspätete Beweisantritt auch nicht zu einer Verzögerung des Rechtsstreits führen. 16

Lässt in einem solchen Fall das Gericht gleichwohl Parteivorbringen wegen Verspätung unbeachtet, liegt darin eine Verletzung rechtlichen Gehörs nach Art. 103 Abs. 1 GG.[34] Das BVerfG hat sich schon Terminszettel vorlegen lassen, um zu prüfen, ob es sich bei einem Verhandlungstermin um einen Durchlauftermin handelte.

Ergibt sich, dass das Gericht die Parteien persönlich zu dem Termin geladen und auch angehört hatte, kann wiederum eine Präklusion verspäteten Vorbringens erfolgen, da kein Durchlauftermin in diesem Sinne vorliegt.[35]

Die Zurückweisung verspäteten Vorbringens ist nur dann zulässig, wenn der Rechtsstreit ohne Berücksichtigung dieses Vorbringens **insgesamt** entscheidungsreif wäre.[36] Muss also über einen Teilbereich sowieso noch Beweis erhoben werden, kann 17

31 BGHZ 86, 31.

32 BVerfG NJW 1985, 1149.

33 BVerfG NJW 1985, 1149; BVerfG NJW 1990, 2373.

34 BVerfGE 69, 139.

35 OLG Hamm NJW-RR 1995, 958; MüKo/*Prütting*, § 296 ZPO Rn 102.

36 BGH NJW-RR 1999, 787; OLG Brandenburg NJW-RR 1998, 498, 499.

das Gericht nicht etwa hinsichtlich des verspätet Vorgetragenen durch Teilurteil entscheiden und das rechtzeitig Vorgetragene der Beweiserhebung zuführen.[37]

Deshalb kann eine Partei, der die Ablehnung ihres Vorbringens wegen Verspätung droht, durch teilweise Antragsänderung eine Präklusion ihres Vorbringens insgesamt vermeiden, vgl. Rdn 12 ff. Die Flucht in die Säumnis, vgl. Rdn 36 ff., ist also nicht das einzige Mittel, der Zurückweisung zu entgehen.

18 So kann etwa ein Kläger, der rückständige Miete einklagt und mit seiner Erwiderung auf das Vorbringen des Beklagten ausgeschlossen zu werden droht, der Zurückweisung seines Vorbringens dadurch entgehen, dass er seinen Klageantrag um die – inzwischen fällig gewordene – Mietzinsforderung der Folgemonate erhöht. Diese **Klageerweiterung** kann nicht verspätet sein, weil sie nicht zu den verspätungsfähigen Angriffs- und Verteidigungsmitteln zählt.[38] Ist aber das Vorbringen nicht verspätet, soweit es den ergänzend eingeklagten Teilbetrag betrifft, so kann es auch nicht im Hinblick auf den bereits anhängigen Anspruch verspätet sein.

19 Eine Zurückweisung wegen verspäteten Vorbringens kann auch dadurch vermieden werden, dass der Beklagte gegen den Kläger **Widerklage** erhebt.[39] Er kann also trotz der eingetretenen Verspätung noch auf die Klage erwidern, wenn der Vortrag zur Klageerwiderung zugleich auch zur Begründung der Widerklage dient. Eine solche Widerklage ist auch nicht rechtsmissbräuchlich, selbst wenn sie gezielt zur Präklusionsvermeidung eingesetzt wird.[40]

Durch Widerklage die Präklusion zu vermeiden kommt z.B. bei Verkehrsunfallsachen in Betracht, wenn ein Mitverschulden oder zumindest eine Mitursächlichkeit der Klägerseite gegeben sein könnte.

Der Widerklage kann sich ein Beklagter auch bedienen, wenn er gegenüber einer Werklohnforderung nicht mehr rechtzeitig mit einer Schadensersatzforderung aufrechnen kann; die auf die Schadensersatzforderung gestützte Widerklage verhindert, dass das Vorbringen des Beklagten gegenüber dem Klagevorbringen als verspätet zurückgewiesen werden kann.

Verallgemeinernd lässt sich sagen, dass einer Partei niemals ein Anspruch wegen Prozessverzögerung aberkannt werden kann, der vor der Antragstellung noch gar nicht im Streit war.[41]

20 Ist das Angriffs- oder Verteidigungsmittel, das verspätet vorgetragen ist, ein **Zeugenbeweis**, kann die Verspätung dadurch vermieden werden, dass der Zeuge sistiert

37 BGH NJW 1980, 2355; BGH BauR 1998, 632; BGH NJW 2007, 60, 62.

38 *Baudewin/Wegener*, NJW 2014, 1479, 1483; *Zimmermann*, JuS 2023, 31, 37; BGH NJW 2017, 491.

39 BGH NJW 1995, 1223; *Baudewin/Wegener*, NJW 2014, 1479, 1483; *Zimmermann*, JuS 2023, 31, 37.

40 BGH NJW 1995, 1223, 1224; BGH NJW 2017, 491.

41 *Otto*, 50 Jahre Bundesgerichtshof, Festgabe aus der Wissenschaft, 2000, S. 183.

wird. Allerdings kann der Gegner diesen Versuch, die Präklusion zu vermeiden, dadurch zunichtemachen, dass er der Vernehmung des sistierten Zeugen widerspricht, vgl. dazu § 5 Rdn 131.

Legt ein Anwalt sein Mandat nieder und nimmt er es erst kurz vor dem Verhandlungstermin wieder auf, kann sein Vorbringen verspätet sein, OLG Celle NJW-RR 1998, 69: 21

> *Legt der Prozessbevollmächtigte des Berufungsklägers sein Mandat nieder, so entfällt der Berufungsvortrag als für die zweite Instanz zu berücksichtigender Streitstoff und das Vorbringen des Gegners wird erst dann wieder streitig, wenn sich erneut ein Rechtsanwalt für den Berufungskläger meldet.*

Wird noch nach der mündlichen Verhandlung ein Schriftsatz zur Akte gereicht, der nicht nachgelassen war, kann sein Inhalt nicht Grundlage der Entscheidung sein, § 296a ZPO. Der nicht berücksichtigte Vortrag ist in der zweiten Instanz neues Vorbringen, weshalb er nicht nach § 531 Abs. 1 ZPO zurückgewiesen werden kann. Es gilt aber § 531 Abs. 2 ZPO.[42]

Hat das erstinstanzliche Gericht **zu Unrecht** davon abgesehen, verspäteten Vortrag zu präkludieren, kann dieser Fehler nicht vom Berufungsgericht behoben werden. Zwar stellt seine Berücksichtigung einen wesentlichen Mangel i.S.d. § 538 Abs. 2 Nr. 1 ZPO dar, doch kann der Vortrag nicht mehr gemäß § 531 Abs. 2 Nr. 3 ZPO ausgeschlossen werden.[43] Begründet wird dies damit, dass der Rechtsstreit in der Berufungsinstanz mit allen aktenkundigen Vorträgen zur Entscheidung anfällt.[44]

II. Zurückweisung bei Fristsetzung, § 296 Abs. 1 ZPO

Die für die Zurückweisung verspäteten Vorbringens bedeutsamsten Fristen im Sinne des § 296 Abs. 1 ZPO sind die **Klageerwiderungsfristen**, §§ 275, 276 ZPO. 22

Aber BGH NJW 2012, 2808:

> *Verteidigungsmittel sind in der Regel nicht „nach Ablauf einer hierfür gesetzten Frist" (§ 296 Abs. 1 ZPO) vorgebracht, wenn das Gericht nach Ablauf der gem. § 276 Abs. 1 S. 2 ZPO gesetzten (und verlängerten) Klageerwiderungsfrist dem Beklagten ohne Fristsetzung nochmals Gelegenheit zur Klageerwiderung gibt.*

Die gesetzte Frist und das Vorbringen, welches als verspätet zurückgewiesen werden soll, müssen auch aufeinander bezogen sein.

BGH NJW-RR 2017, 1018:

> *Hat das Gericht eine Frist zur Stellungnahme zum Gutachten gem. § 411 Abs. 4 S. 2 ZPO gesetzt, so kann nach Fristablauf eingehender Parteivortrag, der sich*

42 BGH NJW-RR 1998, 1514; Zöller/*Greger*, § 296a Rn 3.

43 OLG Hamm VersR 2005, 1444, 1445; BGH BeckRS 2014, 15333; BGH NJW-RR 2013, 655.

44 Vgl. dazu BGH NJW 2004, 1876.

nicht auf die im Gutachten behandelte Beweisfrage bezieht, nicht nach § 296 Abs. 1 ZPO als verspätet zurückgewiesen werden.

Für die Klageerwiderungsfristen kann eine Verspätung zunächst einmal dadurch vermieden werden, dass ein Antrag auf **Fristverlängerung** nach § 224 ZPO gestellt wird. Nach OLG Karlsruhe[45] soll das verspätete Vorbringen trotz unterlassenen Fristverlängerungsantrages schon dann nicht präkludiert werden können, wenn einem solchen Antrag mit Sicherheit entsprochen worden wäre.

Für eine wirksame **richterliche Frist** hat der BGH folgende Anforderungen aufgestellt: Zum einen muss die fristsetzende Verfügung vom zuständigen Richter unterzeichnet sein (die bloße Paraphe genügt nicht!) und förmlich zugestellt oder mündlich verkündet sein. Inhaltlich müssen Fristdauer, die jeweiligen Anforderungen und die Folgen der Fristversäumung erkennbar sein.

BGH NJW 2009, 515:

Die Zustellung einer bloßen Mitteilung der Geschäftsstelle, über die vom Vorsitzenden der Berufungskammer gesetzte Frist zur Berufungserwiderung, löst nicht die Frist des § 524 Abs. 2 S. 2 ZPO für die Einlegung der Anschlussberufung aus; es bedarf auch insoweit der Zustellung einer beglaubigten Abschrift der richterlichen Verfügung gem. § 329 Abs. 2 S. 2 ZPO.

OLG Frankfurt am Main NJW-RR 2011, 1001:

Eine Fristsetzung für die schriftliche Stellungnahme auf die Klageerwiderung ist ohne Belehrung gem. § 277 Abs. 2 ZPO und ohne Unterschrift mit dem vollständigen Namen des Richters nicht wirksam.

Weiter muss die gesetzte Frist **angemessen** sein, vgl. dazu OLG Düsseldorf BeckRS 2011, 27232:

Es spricht im Ergebnis einiges dafür, dass bereits die gesetzte Klageerwiderungsfrist unangemessen kurz war und dadurch die Verteidigung der Beklagten unangemessen behindert wurde. Der Vorsitzende der Zivilkammer hat am gleichen Tag, als der Klägerin (nur) eingeschränkt PKH bewilligt wurde, das schriftliche Vorverfahren angeordnet und neben der zweiwöchigen Frist für die Verteidigungsanzeige eine weitere Frist von zwei Wochen für die Klageerwiderung gesetzt. Die gesetzte Frist hielt zwar das gesetzliche Mindestmaß (§ 276 Abs. 1 S. 2 ZPO) ein, auch war die erforderliche Belehrung gemäß § 276 Abs. 2 ZPO beigefügt und die Fristsetzung ist der Beklagten in beglaubigter Abschrift förmlich zugestellt worden. Die gesetzte Frist war jedoch aus mehreren Gründen unangemessen kurz: Bereits aus der Klageschrift ergab sich, dass es sich um ein komplexes Behandlungsgeschehen handelte, das sich über mehrere Monate in verschiedenen Kliniken der Beklagten hinzog und in dessen Verlauf

45 OLG Karlsruhe NJW-RR 1997, 828.

nach Darstellung der Klägerin diverse Behandlungsfehler vorgekommen sein sollen. Auch wenn die Beklagte bereits seit der Zustellung des PKH-Antrags am 6.4.2010 mit der Problematik vertraut war und sich auf den bevorstehenden Prozess vorbereiten konnte, war zu berücksichtigen, dass sie zunächst einen Rechtsanwalt beauftragen und ihn mit der Sache vertraut machen musste und,dass sie zur angemessenen Verteidigung, auf Informationen mehrerer Ärzte aus verschiedenen Abteilungen angewiesen war. Davon, dass die Beklagte sich gegen die Klage nicht verteidigen würde, konnte ungeachtet der Tatsache, dass eine Stellungnahme im PKH-Verfahren nicht abgegeben wurde, nicht ausgegangen werden. Die Einräumung lediglich der gesetzlichen Mindestfrist zur Klageerwiderung war auch deshalb nicht sachgerecht, weil von vorneherein abzusehen war, dass der medizinische Sachverhalt voraussichtlich nicht ohne Sachverständigengutachten würde geklärt werden können.

Siehe auch BGH NJW 1994, 736:

Der Beklagte kann mit dem Verteidigungsvorbringen nicht gem. § 296 Abs. 1 ZPO ausgeschlossen werden, wenn die dem Beklagten gesetzte Klageerwiderungsfrist unangemessen kurz war.

Die Auswirkung einer Fristverletzung veranschaulicht am besten ein Beispiel. **23**

Beispiel

Das Gericht hat nach Klageeingang im März Verhandlungstermin auf den 20.6. anberaumt und dem Beklagten mit der Ladung zu diesem Termin gemäß § 276 ZPO eine Frist zur Klageerwiderung zum 5.5. gesetzt. Die Klageerwiderung geht am 7.5. bei Gericht ein.

Eine Zurückweisung des Vorbringens des Beklagten wegen Verspätung kommt nicht in Betracht. Zwar hat er die ihm gesetzte Frist nicht beachtet. Wenn er seine Verspätung nicht von sich aus entschuldigt, ist auch davon auszugehen, dass die Nichteinhaltung der Frist auf seiner Nachlässigkeit beruht. Dabei spielt es keine Rolle, ob der Mandant seinem Anwalt die Informationen zu spät zukommen lässt oder ob der Anwalt die Sache verzögerlich behandelt. Denn gemäß § 85 ZPO muss sich eine Prozesspartei das Verschulden ihres Anwaltes zurechnen lassen.

Gleichwohl scheidet eine Präklusion aus, weil die Verspätung nicht kausal für eine Verzögerung sein kann. Alle prozessvorbereitenden Maßnahmen, die dem Gericht noch am 5.5. zur Terminsvorbereitung möglich waren, sind auch noch am 7.5. möglich. Macht das neue Vorbringen die Einholung eines Sachverständigengutachtens erforderlich und kann dieses Gutachten am 7.5. nicht mehr rechtzeitig zum Verhandlungstermin am 20.6. beschafft werden, wäre dies auch bei rechtzeitigem Vorbringen bis zum 5.5. nicht möglich gewesen.[46] Das Vorbringen der Prozesspartei kann aber nicht allein schon deshalb präkludiert werden, weil sie die ihr gesetzte Frist nicht eingehalten hat.

24 Eine Zurückweisung verspäteten Vorbringens ist eben nur zulässig, wenn die Berücksichtigung dieses Vorbringens zu einer **Verzögerung** des Rechtsstreits führen würde. Das ist dann der Fall, wenn das Gericht bei Beachtung des verspätet Vorgetragenen nicht abschließend entscheiden kann,

- weil eine weitere mündliche Verhandlung erforderlich würde,
- weil das Gericht gezwungen würde, Beweis zu erheben,
- **nicht** aber weil das Gericht bei Schriftsatzgewährung nach § 283 ZPO sein Urteil erst zu einem späteren Zeitpunkt würde verkünden können.

Musste das Gericht wegen anderen streitigen Vorbringens, das rechtzeitig vorgetragen war, sowieso Beweis erheben, oder hätte auch bei rechtzeitigem Vorbringen die Sache nicht in einem Termin zum Abschluss gebracht werden können, war die Fristverletzung nicht kausal für die Verzögerung und kann deshalb auch nicht zur Präklusion des verspäteten Vorbringens führen. Denn der sogenannte absolute Verzögerungsbegriff, vgl. Rdn 4 ff., hat wesentliche Einschränkungen erfahren.

25 § 296 Abs. 1 ZPO gilt gemäß § 340 Abs. 3 ZPO auch für den Fall, dass die Angriffs- und Verteidigungsmittel in der Einspruchsschrift gegen ein Versäumnisurteil nicht innerhalb der Frist des § 339 Abs. 1 ZPO vorgetragen werden. Eine Präklusion scheidet allerdings aus, wenn die säumige Partei bei Zustellung des Versäumnisurteils nicht auf die Erklärungsfrist und die möglichen Versäumnisfolgen hingewiesen worden ist.[47] Die unterbliebene Belehrung kann aber noch mit der Terminsladung nachgeholt werden.[48] Im Übrigen scheidet die Zurückweisung von Vorbringen als verspätet auch nach § 340 Abs. 3 ZPO aus, wenn das Vorbringen erkennbar zu keiner Verzögerung führt.[49]

III. Zurückweisung wegen Verletzung der allgemeinen Prozessförderungspflicht, § 296 Abs. 2 ZPO

26 Angriffs- und Verteidigungsmittel, die entgegen § 282 Abs. 1 ZPO nicht rechtzeitig vorgebracht oder entgegen § 282 Abs. 2 ZPO nicht rechtzeitig mitgeteilt werden, **können** zurückgewiesen werden.

Eine Präklusion nach § 282 Abs. 1 ZPO (im Unterschied zu § 282 Abs. 2 ZPO) kann nicht erfolgen, wenn die Verspätung im **frühen ersten Termin** zur mündlichen Verhandlung eintritt, vgl. auch Rdn 16.

46 Vgl. zu einem Arzthaftungsprozess BGH NJW 2012, 2808, 2809.
47 Zöller/*Herget*, § 340 Rn 12.
48 OLG Oldenburg Nds.Rpfl. 1999, 148.
49 BVerfG NJW 1995, 1417, 1418.

BGH NJW 1992, 1965:

> *Die Vorschrift des § 282 Abs. 1 ZPO betrifft nur das rechtzeitige Vorbringen „in der mündlichen Verhandlung". Insoweit ist der erste Termin vor Gericht der frühestmögliche in Betracht kommende Zeitpunkt. Daraus folgert die h.M., [...] dass § 282 Abs. 1 ZPO nur dort einen Anwendungsbereich hat, wo innerhalb der Instanz mehrere Verhandlungstermine stattgefunden haben und das Vorbringen nicht bereits im ersten Termin erfolgt ist. Vorbringen im ersten Termin zur mündlichen Verhandlung kann dagegen nie nach § 282 Abs. 1 ZPO verspätet sein.*

Wichtig ist auch, dass **§ 296 Abs. 2** i.V.m. **§ 282 Abs. 2** ZPO eine Schutzvorschrift **27** **zugunsten des Gegners** ist und nicht dazu dient, dem Gericht die rechtzeitige Terminsvorbereitung zu ermöglichen.[50]

BGH NJW 1999, 2446 f.:

> *Nach der Rspr. des BGH verlangt § 282 Abs. 2 ZPO dagegen nicht, dass neues Vorbringen so rechtzeitig schriftsätzlich angekündigt wird, dass das Gericht noch vorbereitende Maßnahmen nach § 273 ZPO treffen kann. Die Vorschrift bezweckt nach ihrer Gesetzgebungsgeschichte und ihrer jetzigen Fassung nicht, dem Richter die rechtzeitige Terminsvorbereitung zu ermöglichen [...]*

Das Gericht kann deshalb Angriffs- und Verteidigungsmittel, die innerhalb der gemäß § 282 Abs. 2 ZPO zu beachtenden Frist mitgeteilt werden, nicht mit der Begründung zurückweisen, es hätte „aktueller" vorgetragen werden müssen.[51]

D. Prozessvorbereitende Maßnahmen

Das Gericht muss weiter durch prozessvorbereitende Maßnahmen sorgen, dass es **28** nach Möglichkeit nicht zu einer Verzögerung kommt.

BGH NJW 2012, 2808:

> *Das Gericht ist [...] verpflichtet, die Verspätung durch zumutbare Vorbereitungsmaßnahmen gem. § 273 ZPO so weit wie möglich auszugleichen und dadurch eine drohende Verzögerung abzuwenden.*

Je näher in dem Beispielsfall, Rdn 23, der Eingang des Schriftsatzes an den Termin vom 20.6. rückt, umso größer ist die Gefahr, dass das Gericht die Verspätung durch prozessvorbereitende Maßnahmen, also z.B. Zeugenladungen, nicht mehr ausgleichen kann.

50 Zöller/*Greger*, § 282 Rn 4.
51 BGH NJW 1997, 2244.

Denn das Gericht darf auf den in dem verspäteten Schriftsatz angetretenen Zeugenbeweis hin nicht sogleich die Ladung des Zeugen verfügen, sondern muss dem Gegner zunächst die Möglichkeit zur Stellungnahme einräumen.[52]

Darüber setzen sich die Gerichte allerdings häufig hinweg, und die Prozessgegner finden sich zumeist kritiklos damit ab. Der Richter beruft sich darauf, seine prozessvorbereitende Maßnahme löse noch keine Gebühr aus und er könne seine Verfügung auch jederzeit wieder aufheben, falls der Gegner des verspätet Vortragenden ihn von der Entbehrlichkeit der Beweiserhebung überzeuge. Es sollte aber der psychologische Aspekt nicht unterschätzt werden, dass ein Richter – wie jeder andere auch – zumindest eine Hemmschwelle zu überwinden hat einzuräumen, dass seine Verfügung voreilig und falsch war. Deshalb sollte eine Partei auf ihrem Recht bestehen, sich zunächst zum Vorbringen des Gegners zu äußern, bevor das Gericht auf dessen Vorbringen hin prozessvorbereitende Maßnahmen trifft.

29 Die Verpflichtung, dem Gegner des verspätet Vortragenden zunächst die Möglichkeit zur Stellungnahme zu geben und vorher von prozessvorbereitenden Maßnahmen abzusehen, hat der BGH[53] allerdings für den Fall verneint, dass die neu vorgetragenen Tatsachen bereits früher **vorweggenommen bestritten** worden waren.

30 Die dem Gericht aufgegebene Vermeidung von Präklusionen durch prozessvorbereitende Maßnahmen geschieht am häufigsten dadurch, dass Zeugen zum Termin geladen werden. Kann das Gericht selbst die Zeugen nicht mehr rechtzeitig zum Termin laden, so hat es u.U. die **Sistierung** von Zeugen anzuregen.[54]

Das Gericht braucht Zeugen nur im normalen Geschäftsgang zu laden; es ist nicht verpflichtet, Eilanordnungen zu treffen, um eine Präklusion zu vermeiden.[55] Die Ladung eines zehn Tage vor dem Termin benannten Zeugen gilt jedoch als zumutbar.[56]

31 Dass die vorgesehene Terminsstunde nicht ausreicht, um alle von den Parteien benannten Zeugen zu vernehmen, rechtfertigt nicht generell, den Beweisantritt insgesamt nicht mehr zuzulassen.[57] Selbst wenn sechs Zeugen benannt sind, darf das Gericht deren Vernehmung noch nicht unter Berufung auf Zeitmangel ablehnen.[58] In einer weiteren Entscheidung hat der BGH[59] es aber gebilligt, dass das Berufungsgericht die Ladung von **acht** verspätet benannten Zeugen als unzumutbar abgelehnt hat, zumal auch noch weitere Bereiche hätten aufgeklärt werden sollen.

52 BGH MDR 1996, 411; BGH BeckRS 2003, 06448.
53 BGH MDR 1996, 411.
54 BGH NJW 1990, 1358.
55 BGH NJW 1980, 1102, 1104.
56 BVerfG NJW-RR 1995, 1469.
57 BGH NJW 1989, 281; BGH NJW 1991, 1182; BVerfG NJW 1992, 299.
58 BVerfG NJW 1990, 2373.
59 BGH NJW 1999, 3272.

BGH NJW 1999, 3272, 3273:

> *Zumutbar sind vorbereitende Maßnahmen ohne Weiteres nur dann, wenn es sich um einfache und klar abgegrenzte Streitpunkte handelt, die sich im Rahmen der mündlichen Verhandlung ohne unangemessenen zeitlichen Aufwand klären lassen [...]. Zwar stellt die Vernehmung eines oder mehrerer greifbarer Zeugen für sich keinen unzumutbaren Zeitaufwand dar [...]. Dies gilt aber nicht schrankenlos.*

Ein früher gern angewandter taktischer Kniff bleibt aber auch nach dieser neueren Rspr. weitgehend wirkungslos: Benennt der Gegner verspätet drei Zeugen, nützt es nichts, drei Gegenzeugen zu benennen, um dadurch das Gericht wegen Zeitmangels außerstande zu setzen, die Sache in einem Termin zum Abschluss zu bringen. Denn das Gericht darf die Partei mit ihren verspätet benannten Beweismitteln nicht unter Berufung auf Zeitmangel ausschließen; es muss die Sache **vertagen**, § 227 ZPO. **32**

Eine andere Frage ist, wie mit den verspätet benannten Hauptzeugen zu verfahren ist, wenn die Gegenzeugen nicht mehr rechtzeitig zum Termin geladen werden können. Dann wäre eine Vertagung erforderlich, die ihre Ursache in dem verspäteten Beweisantritt hätte; das rechtfertigt dann die Zurückweisung des verspäteten Beweisantritts. **33**

Erscheinen verspätet benannte, prozessvorbereitend geladene Zeugen nicht, haben die Instanzgerichte sich früher darauf berufen, ihrerseits alles getan zu haben, um die Verspätung auszugleichen, und den verspäteten Beweisantritt nunmehr zurückgewiesen. Nach der Rspr. des BGH[60] muss jedoch in einem solchen Fall der Verhandlungstermin vertagt und die nicht erschienenen Zeugen müssen erneut geladen werden. Es soll einer Partei nicht zum Nachteil gereichen, dass ein Zeuge verhindert ist oder aus anderen Gründen nicht kommt. **34**

Wenn auch widerstrebend, haben sich die Oberlandesgerichte inzwischen dieser Rspr. gebeugt. Um Vertagungen zu vermeiden, sind sie aber dazu übergegangen, sehr viel zurückhaltender die Zeugenvernehmung erster Instanz zu wiederholen. Außerdem gehen sie verstärkt neuem Vorbringen mit der Begründung nicht nach, das Vorbringen sei unsubstantiiert, vgl. § 2 Rdn 43. Das wiederum hat den BGH seine restriktive Rspr. zur Substantiierungslast ausbauen lassen.

Die Präklusionsvorschriften sind auch im Verhältnis zu den Hinweispflichten des Gerichts nach § 139 ZPO zu sehen. Beruht die Verzögerung (oder das Unterlassen ihrer Entschuldigung) auch auf einem Fehlverhalten des Gerichts, scheidet schon wegen der rechtsstaatlich gebotenen fairen Verhandlungsführung eine Präklusion nach § 296 ZPO grundsätzlich aus.[61] **35**

60 BGH NJW 1987, 502.

61 MüKo/*Prütting*, § 296 ZPO Rn 119 f.

Nach dem OLG Celle in NJW-RR 1998, 499 kann das Gericht den ergänzenden Vortrag nicht als verspätet zurückweisen, wenn es erst 20 Tage vor dem Termin einen rechtlichen Hinweis gibt.

Sieht sich ein Gericht außerstande, durch prozessvorbereitende Maßnahmen die Verzögerung einer Partei auszugleichen, hat es das in seinen Entscheidungsgründen konkret darzustellen.

BGH NJW 1999, 585:

> *Gründe, weshalb ein Sachverständiger nicht herangezogen werden kann, ohne den Termin zur mündlichen Verhandlung hinauszuschieben und damit die Erledigung des Rechtsstreits zu verzögern, müssen im Urteil konkret und unmissverständlich niedergelegt werden.*

Allgemein kann ein neues Verteidigungsmittel nicht zurückgewiesen werden, wenn es durch einen gerichtlichen Hinweis veranlasst wurde, vgl. BGH NJW-RR 2007, 1612:[62]

> *Ein neues Verteidigungsmittel kann nicht zurückgewiesen werden, wenn es durch einen gerichtlichen Hinweis veranlasst wurde.*

E. Flucht in die Säumnis

36 Zeichnet sich ab, dass das Gericht ein Vorbringen als verspätet zurückweisen könnte, kommt zum einen in Betracht, den Richter **vor Antragstellung**, vgl. § 1 Rdn 1, zu fragen, wie er zu verfahren gedenkt. Das empfiehlt sich insbesondere, wenn eine Präklusion nach § 296 Abs. 2 ZPO, also wegen Verstoßes gegen die Prozessförderungspflicht in Betracht kommt. Denn dann liegt die Zurückweisung im Ermessen des Gerichts, und der Richter wird geneigt sein, das verspätete Vorbringen zu berücksichtigen, wenn er bei Androhung der Präklusion mit einer Flucht in die Säumnis rechnen muss, also die Sache sowieso nicht zum Abschluss bringen kann.

37 Ob eine Partei das kurz vor dem Termin (und damit verspätet) schriftsätzlich **angekündigte** Vorbringen auch tatsächlich durch Antragstellung **vorträgt**, vgl. § 1 Rdn 1 ff., oder ob sie mündlich etwas vorträgt, was dem Gericht schriftsätzlich noch gar nicht mitgeteilt worden ist, muss sie nicht zuletzt unter dem Gesichtspunkt prüfen, was aus ihrem als verspätet zurückgewiesenen Vorbringen in der Berufungsinstanz wird.

Gemäß § 531 Abs. 1 ZPO bleiben Angriffs- und Verteidigungsmittel ausgeschlossen, die im ersten Rechtszug **zu Recht** zurückgewiesen worden sind. Dabei kommt es nicht mehr darauf an, ob deren Berücksichtigung zu einer Verzögerung der Prozesserledigung in der zweiten Instanz führen würde.

62 Vgl. auch BGH NJW 2013, 3636.

Deshalb kann es sich empfehlen, wenn die hier unter Rdn 30 ff. aufgezeigten Wege zur Präklusionsvermeidung nicht greifen, in die **Säumnis** zu fliehen.[63] Das heißt, die Partei verhandelt nicht und nimmt in Kauf, dass auf Antrag des Gegners Versäumnisurteil gegen sie ergeht; allerdings mit der Kostenfolge des § 344 ZPO und dem Risiko der vorläufigen Vollstreckbarkeit des Versäumnisurteils ohne Sicherheitsleistung, § 708 Nr. 2 ZPO.

Beginnend mit der Zustellung des Versäumnisurteils kann der Beklagte innerhalb von zwei Wochen Einspruch einlegen, §§ 338, 339 ZPO. In der Einspruchsschrift hat er gemäß § 340 Abs. 3 ZPO seine Angriffs- und Verteidigungsmittel vorzutragen. Der Vortrag wird dadurch zwar nicht rechtzeitig, doch verzögert er den Rechtsstreit regelmäßig nicht mehr: Infolge des Einspruchs wird ohnehin ein weiterer Termin erforderlich (§ 341 a ZPO). Eine Präklusion droht dann nur noch, wenn trotz gerichtlicher Bemühungen der Einspruchstermin bei Berücksichtigung des verspäteten Vorbringens nicht zur Erledigung des Rechtsstreits genügt.[64]

Die Flucht in die Säumnis ist dem Beklagten nach der Rspr. des BGH[65] aber dann versperrt, wenn er schon seinen Antrag auf Klagabweisung gestellt, also verhandelt hat;[66] denn in diesem Fall soll zumindest in diesem Termin trotz des Nicht(mehr)verhandelns einer Partei kein Versäumnisurteil, sondern ein **kontradiktorisches** Urteil ergehen.[67] Es wäre also kein Einspruch nach § 338 ZPO, sondern nur noch die Berufung gegeben und anders als beim Einspruch gegen ein Versäumnisurteil lediglich die Fortsetzung des Rechtsstreits in der **nächsten Instanz** möglich. **38**

Eine Flucht in die Säumnis verbietet sich für einen Beklagten auch dann, wenn gegen ihn schon ein **Vollstreckungsbescheid** ergangen ist und er erst über einen Einspruch gegen diesen Bescheid wieder in das Verfahren hinein gekommen war. Denn wenn er jetzt nicht verhandelt und auf den Antrag des Gegners ein Versäumnisurteil ergeht, steht dieses gemäß § 700 ZPO einem **zweiten Versäumnisurteil** gleich, das ebenfalls nicht mit einem Einspruch, sondern nur noch mit der Berufung angefochten werden kann (§ 345 ZPO). Diese Berufung kann obendrein nur darauf gestützt werden, dem erstinstanzlichen Gericht sei beim Erlass des Versäumnisurteils ein **Verfahrensfehler** unterlaufen (§ 514 Abs. 2 ZPO). **39**

Wenn das Gericht auf Antrag des Gegners Versäumnisurteil erlassen hat, können mit dem Einspruch die bewusst zurückgehaltenen Tatsachen und die Beweismittel vorgetragen werden. Das Gericht muss dann zu dem auf den Einspruch hin anzube- **40**

63 OLG Saarbrücken BeckRS 2002, 30276686; BGH NJW 2002, 290, 291.

64 *Baudewin/Wegener*, NJW 2014, 1479, 1482; *Zimmermann*, JuS 2023, 31, 37; MüKo/*Prütting*, § 296 ZPO Rn 25.

65 BGH NJW 1974, 2322.

66 Vgl. auch *Baudewin/Wegener*, NJW 2014, 1479, 1483.

67 BGH NJW 1974, 2322.

raumenden Verhandlungstermin prozessvorbereitend den Beweisantritten nachgehen.[68]

Aber nicht unter allen Umständen. Es ist nämlich bei der Terminierung nicht verpflichtet, Rücksicht darauf zu nehmen, dass den verspäteten Beweisantritten auch nachgegangen werden kann.

BGH MDR 1981, 309:[69]

> *Bei der Bestimmung des Termins zur mündlichen Verhandlung über Einspruch und Hauptsache ist der Vorsitzende nicht verpflichtet, den Termin so weit hinauszuschieben, dass in ihm auch verspätetes Vorbringen noch in vollem Umfang ohne Verzögerung in der Erledigung des Rechtsstreits berücksichtigt werden kann. […] Das LG war nicht verpflichtet, den Termin soweit hinauszuschieben, dass noch vorher hätte ein* ***Sachverständigengutachten*** *eingeholt werden können […]*

Keine Veranlassung zur Flucht in die Säumnis hat eine Partei, die dem Gericht nicht rechtzeitig zum Termin die ladungsfähige Anschrift eines Zeugen mitzuteilen vermag; das Gericht muss ihr gemäß § 356 ZPO eine Frist setzen, die Anschrift nachzureichen, vgl. auch § 5 Rdn 132.

41 Schließlich hat der BGH[70] für den Fall der Flucht in die Säumnis dem Anwalt die Pflicht auferlegt, generell Einspruch gegen das Versäumnisurteil einzulegen und zwar unabhängig davon, ob eine ausdrückliche Weisung des Mandanten dahingehend vorgelegen hat. Ihm verbleibt nach eingehender Prüfung der Sachlage nur die Möglichkeit, mit dem Mandanten rechtzeitig vor Fristablauf Rücksprache zu halten, sofern nach seiner Ansicht eine Fortsetzung des Verfahrens aussichtslos erscheint.[71]

F. Flucht in die Berufung?

42 Statt in die Säumnis könnte eine Partei auch erwägen, in die Berufungsinstanz fliehen, um den endgültigen Ausschluss ihres Vorbringens zu vermeiden.[72] Allerdings sind in der Berufungsinstanz neue Angriffs- und Verteidigungsmittel nur zugelassen, wenn dies die in § 531 Abs. 2 ZPO aufgeführten besondere Gründe rechtfertigen. Dadurch wird die Möglichkeit und Sinnhaftigkeit der „Flucht in die Beru-

68 *Zimmermann*, JuS 2023, 31, 37.

69 So auch BGH NJW 2002, 290.

70 BGH NJW 2002, 290.

71 Weiter besteht noch die Möglichkeit der Flucht in die Widerklage, sofern dem Beklagten eine Gegenforderung zusteht; vgl. zu den damit verbundenen (Kosten-)Risiken *Büßer*, JuS 2009, 319, 321; *Zimmermann*, JuS 2023, 31, 37.

72 Zu der Möglichkeit einer Flucht in das Anerkenntnis nach Schluss der mündlichen Verhandlung vgl. *Kirschbaum*, NJOZ 2012, 681.

fung" ganz erheblich eingeschränkt. Dies wird noch dadurch verstärkt, dass es seit dem Zivilprozessreformgesetz im Berufungsrechtszug unerheblich ist, ob die Berücksichtigung neuer Angriffs- oder Verteidigungsmittel die Erledigung des Rechtsstreits verzögern würden.[73] Die „Flucht in die Berufung" hat deswegen als taktisches Mittel ganz erheblich an Bedeutung verloren. Die mit einer „Flucht in die Berufung" verbundenen (Präklusions-)Risiken sind aufgrund der Umwandlung der Berufungsinstanz in ein Instrument der Fehlerkontrolle und Fehlerkorrektur massiv gestiegen. Deswegen ist – von besonders gelagerten Ausnahmefällen ggf. abgesehen – von einer „Flucht in die Berufung" dringend abzuraten.[74]

Mit Blick auf die erheblichen Folgen einer Präklusion hat der BGH entschieden, dass das Berufungsgericht nicht befugt ist, einen bereits im erstinstanzlichen Verfahren erhobenen Vortrag nachträglich gemäß §§ 296 Abs. 1, 282 Abs. 1 ZPO als verspätet zurückzuweisen. 43

BGH BeckRS 2014, 15333:

> *Ein bereits im erstinstanzlichen Verfahren erhobener Vortrag des Geschädigten über die unterlassene Durchführung einer Operationsalternative kann im Berufungsverfahren nicht auf der Grundlage des § 531 Abs. 2 ZPO als verspätet zurückgewiesen werden. […] § 531 Abs. 1 ZPO erlaubt es nach seinem klaren Wortlaut dem Berufungsgericht lediglich zu überprüfen, ob eine Zurückweisung von Vorbringen in erster Instanz zu Recht vorgenommen worden ist. Die Entscheidung darüber, ob im ersten Rechtszug vorgetragene Angriffs- und Verteidigungsmittel als verspätet zurückgewiesen werden können, obliegt* ***allein*** *dem Richter dieses Rechtszuges und* ***kann deswegen nicht vom Rechtsmittelgericht nachträglich vorgenommen werden****. […]*

Nach ständiger, seit Langem gefestigter Rechtsprechung des BGH darf das im Rechtszug übergeordnete Gericht mithin weder eine von der Vorinstanz unterlassene Zurückweisung nachholen noch die Zurückweisung auf eine andere als die von der Vorinstanz angewandte Vorschrift stützen; das gilt unterschiedslos, ob den Gerichten bei der Entscheidung über die Präklusion ein Ermessen eingeräumt ist oder nicht, sie also bei Vorliegen der Voraussetzungen zwingend ist. Ein Wechsel der Präklusionsbegründung durch das Rechtsmittelgericht kommt grundsätzlich nicht in Betracht.[75] 44

73 MüKo/*Rimmelspacher*, § 531 ZPO Rn 11.

74 *Zimmerman*, JuS 2023, 31, 38.

75 BGH NJW 2006, 1741.

G. Checkliste zur Feststellung rechtswidriger Präklusionen in der Berufungsinstanz (§ 531 ZPO)

45 Ist ein Vorbringen in der ersten Instanz **zu Recht** als verspätet zurückgewiesen worden, bindet diese Präklusion gemäß § 531 Abs. 1 ZPO die Berufungsinstanz.

Ist also in dem erstinstanzlichen Urteil Vorbringen als verspätet zurückgewiesen worden, hängen die Berufungsaussichten nicht zuletzt davon ab, ob dem Gericht dabei ein Rechtsfehler unterlaufen ist; denn nur dann kann der Berufungsführer sein erstinstanzlich verspätetes Vorbringen in der Berufungsinstanz wiederholen.

Die Chancen, auf der Suche nach Rechtsfehlern fündig zu werden, sind aber nicht schlecht. Es empfiehlt sich für einen Anwalt, von seinem Recht auf **Akteneinsicht** nach § 299 Abs. 1 ZPO Gebrauch zu machen, weil sich manche Fehler erst nach einem Blick in die Akte erschließen. Gegen die Versagung der Akteneinsicht steht der Partei ein Beschwerderecht in Form der Erinnerung (§ 573 Abs. 1 ZPO) zu. Sofern das Prozessgericht in seiner Entscheidung über die Erinnerung eine Akteneinsicht ebenfalls ablehnt, steht der Partei noch ein Beschwerderecht nach §§ 567 ff. ZPO zu.

46 Folgende die Rechtswirkung des § 531 Abs. 1 ZPO ausschließende Fehler kommen in Betracht und lassen sich anhand dieser (nicht abschließenden) **Checkliste** prüfen:

- Das Gericht hat eine **zu kurze Frist** zur Klageerwiderung gesetzt;[76] nach BGHZ 124, 71, 74[77] kann bei einem komplizierten Sachverhalt selbst eine Fünf-Wochen-Frist noch zu kurz sein.
- Der BGH[78] hat aber auch schon die Auffassung vertreten, dass ein Anwaltsverschulden vorliege – das sich der Mandant gemäß § 85 Abs. 2 ZPO zurechnen lassen muss –, wenn der Anwalt keine Fristverlängerung beantragt habe.
- Die Frist ist nicht vom **Vorsitzenden**, sondern vom Beisitzer gesetzt worden, ohne dass dieser als Stellvertreter des Vorsitzenden tätig wurde.[79]
- Die Fristsetzung ist nicht **unterschrieben**, sondern nur mit einer Paraphe versehen worden.[80]
- Die beglaubigte Abschrift der dem Anwalt zugestellten Fristsetzung ist nicht mit der Unterschrift des **Urkundsbeamten der Geschäftsstelle** versehen worden.[81]

76 Vgl. auch BGH NJW 1994, 736; OLG Düsseldorf BeckRS 2011, 27232.

77 Zustimmend BVerfG NJW 1995, 2980.

78 BGH NJW 1979, 1989.

79 BGH NJW 1991, 2774.

80 BGH NJW 1980, 1167; BGH NJW 1990, 2389; vgl. auch BGH NJW 2009, 515.

81 BGH VersR 1983, 88.

- Dem Kläger ist die Frist zur Stellungnahme auf die Klageerwiderung gesetzt worden, bevor diese eingegangen war.[82]
- Der Fristsetzung zur Klageerwiderung fehlt die **Belehrung** über die Folgen der Fristversäumnis, § 277 Abs. 2 ZPO; eine Mitteilung des Wortlautes des § 296 Abs. 1 ZPO reicht zur Belehrung nicht aus,[83] die Belehrung muss **laienhaft** verständlich sein,[84] auch wenn die Partei bereits anwaltlich vertreten ist.
- Das Gericht hat nicht darauf **hingewiesen**, dass eine Zurückverweisung wegen Verspätung in Betracht kommt (und dadurch der Partei die Möglichkeit genommen, ihre Verspätung zu entschuldigen).[85]
- Die Zurückverweisung im frühen ersten Termin war unzulässig, weil es sich dabei um einen sogenannten **Durchlauftermin** handelte,[86] vgl. Rdn 16.
- Das Gericht hat das Vorbringen eines verspätet eingereichten Schriftsatzes **pauschal** zurückgewiesen, ohne konkret die verspäteten Angriffs- und Verteidigungsmittel zu benennen.
- Das Gericht hat seine Entscheidung auf eine **falsche Norm** gestützt, z.B. auf § 296 Abs. 1 ZPO statt auf § 296 Abs. 2 ZPO; eine Nachbesserung durch das BerGer ist nicht möglich.[87]
- Das Gericht hat nicht alle ihm zumutbaren Anstrengungen unternommen, die Verspätung durch prozessvorbereitende Maßnahmen auszugleichen.[88]
- Dass die betroffene Partei nach diesen Verfahrensfehlern rügelos im Sinne von § 295 ZPO verhandelt hat, hindert sie nicht, sich auf diese Mängel zu berufen.[89]

82 BGH NJW 1980, 1167; BGH NJW 2012, 2808.
83 BVerfG NJW 1982, 1453; BGHZ 86, 218.
84 BGH VersR 1992, 77, 78.
85 BGH NJW 1989, 717; OLG Bamberg NJW-RR 1998, 1607; BGH NJW-RR 2006, 524.
86 BVerfG NJW 1989, 706; BVerfG NJW 1985, 1149; BGH NJW-RR 1990, 1241.
87 BGH NJW 1990, 1302, 1304; BGH NJW 2006, 1741.
88 BGH NJW 1980, 1105, 1106; BGH BeckRS 2013, 10271.
89 BGH NJW 1990, 2389, 2390; Musielak/Voit/*Huber*, § 295 ZPO Rn 3.

§ 5 Ermittlung des Sachverhalts

A. Wann bedarf es des Beweises?

Das Gericht kann über die Berechtigung des Anspruchs einer Partei nur entscheiden, wenn es zuvor den Sachverhalt festgestellt hat. Bei dessen Feststellung sind den Parteien umfassende Mitwirkungsrechte eingeräumt. Sie legen durch ihren Sachvortrag nicht nur den Streitstoff fest, sondern bestimmen durch ihre Beweisanträge auch weitgehend, wie streitiger Sachverhalt geklärt wird.[1] Nur entscheidungserheblicher streitiger Sachverhalt kann Gegenstand der Beweiserhebung sein. 1

Die Parteien sind die Herren des Verfahrens. Sie geben dem Gericht vor, was Grundlage seiner Entscheidung sein darf und **mit welchen Mitteln** streitiger Sachverhalt zu klären ist.

Die Parteien haben ein **Recht auf Beweis**. Das Gericht kann nicht deshalb von einer Beweiserhebung über streitiges, entscheidungserhebliches Vorbringen absehen, weil der Parteivortrag wenig wahrscheinlich, der Beweisführer oder auch das Beweismittel unglaubwürdig ist, vgl. auch § 2 Rdn 43 ff.

Das Gericht kann den Parteien nicht aufgeben, wie sie den Beweis zu führen haben: 2

BGH ZIP 1997, 199, 201:

> *Mit Erfolg rügt die Revision auch, dass das Berufungsgericht den Anspruch der Beklagten auf Verzugszinsen in Höhe von 10,25 % abgewiesen hat, ohne zur Höhe der von ihr gezahlten Kreditzinsen die als Zeugin benannte Leiterin ihres Rechnungswesens zu vernehmen. Zutreffend geht das Berufungsgericht davon aus, dass die Beklagte ihren Zinsschaden gemäß § 288 Abs. 2 BGB [a.F.] nach den allgemeinen Regeln durch den Nachweis der Kreditaufnahme und der Höhe der dafür geschuldeten Zinsen beweisen muss [...]. Die Möglichkeit, den Nachweis der Kreditaufnahme durch die Vorlage von Bankauszügen und Darlehensurkunden zu führen, schließt entgegen der anscheinend von dem Berufungsgericht vertretenen Annahme die Zulässigkeit des Zeugenbeweises nicht aus.* ***Ist der Beweis ordnungsgemäß angetreten, besteht eine Pflicht zu seiner Erhebung.***

I. Nicht alles, was streitig ist, bedarf des Beweises

Die Beweiserhebung ist eine entscheidende Phase des Zivilprozesses. Hier kommt es am häufigsten zu Auseinandersetzungen zwischen Gericht, Anwalt und Partei. Hier werden durch geschicktes Agieren des Anwaltes Prozesse gewonnen, aber 3

1 Vgl. BGH NJW 1990, 3151; *Laumen*, MDR 2020, 145.

ebenso leicht auch verloren, wenn dem Anwalt die Freiheit und Grenzen des Richters in der Aufklärung des Sachverhaltes nicht bewusst sind und er deshalb auf überraschend auftretende neue Prozesslagen nicht angemessen zu reagieren weiß.

4 Die Sachverhaltsaufklärung birgt immer Risiken für die Parteien in sich, weil Unwägbarkeiten ins Spiel kommen, die der Anwalt nur begrenzt kontrollieren kann. Dazu gehören die Ungeschicklichkeit des eigenen Mandanten, die Unwahrhaftigkeit von Zeugen und die Würdigung des Beweisergebnisses durch den Richter. Diese Risiken werden vermieden, wenn es dem Anwalt gelingt, dem Gericht einen Weg aufzuzeigen, wie es trotz streitigen Parteivorbringens **ohne Beweiserhebung** zu einem abschließenden Urteil gelangen kann.

Denn es ist zwar **nur** über streitiges Vorbringen Beweis zu erheben, aber nicht alles was streitig ist, ist – selbst wenn entscheidungserheblich – deshalb schon beweisbedürftig.

5 Keines Beweises bedarf ein Vorbringen, obwohl entscheidungserheblich und streitig,

- das unsubstantiiert ist, vgl. § 2 Rdn 53 ff.,
- an das eine Partei aufgrund eines Geständnisses gebunden ist, § 288 ZPO, vgl. § 1 Rdn 16 ff.,
- das ins Blaue hinein aufgestellt ist, vgl. § 2 Rdn 29 ff.,
- das einer Schätzung nach § 287 ZPO zugänglich ist, vgl. Rdn 27 ff.,
- für das eine gesetzliche Vermutung spricht, z.B. § 1006 BGB,
- für das eine tatsächliche Vermutung spricht, z.B. die Vermutung der Vollständigkeit und Richtigkeit von Vertragsurkunden, vgl. Rdn 205 ff.,
- das wegen Verspätung präkludiert ist, vgl. § 4 Rdn 1 ff.

Keinesfalls ist aber ein Vorbringen schon deshalb von der Beweiserhebung ausgeschlossen, weil eine Partei ihren Sachvortrag geändert hat.[2]

BGH NJW-RR 2016, 1291:

> *Widersprüche im Parteivortrag sind zwar grundsätzlich ein (nicht unwesentlicher) Gesichtspunkt im Rahmen der Beweiswürdigung. Jedoch können sie nicht dazu führen, dass Beweise überhaupt nicht erhoben werden, was sonst einer vorweggenommenen Beweiswürdigung gleichkäme.*

Die Änderung des Sachvortrages ist allerdings bei der **Beweiswürdigung** gemäß § 286 ZPO zu berücksichtigen.

BGH GRUR 2016, 705, 709:

> *Zwar ist eine Partei nicht gehindert, ihr Vorbringen im Laufe des Rechtsstreits zu ändern, insbesondere zu präzisieren, zu ergänzen oder zu berichtigen. So kann etwa die Prozessentwicklung Anlass geben, bisher nur beiläufig Vorgetra-*

2 BGH NJW-RR 2000, 208; BGH NJW-RR 2012, 728; BGH NJW-RR 2016, 1291.

genes zu präzisieren. Hat eine Partei im Laufe des Prozesses ihr Vorbringen geändert, so kann dieser Umstand allerdings im Rahmen der Beweiswürdigung Bedeutung erlangen. Dasselbe kann für die Bewertung streitigen Vorbringens einer Partei in einem Rechtsstreit gelten, wenn diese in einem Vorprozess abweichend vorgetragen hat.

Der Anwalt sollte das Gericht **rechtzeitig**, also bevor es seinen Beweisbeschluss verkündet hat, auf die umfangreichen Möglichkeiten hinweisen, von einer Beweiserhebung abzusehen. Selbstverständlich kann der Richter seinen Beweisbeschluss auch wieder aufheben, wenn er ihn als überflüssig erkennt; aber wer räumt schon gern ein, einen Fehler gemacht zu haben!

II. Rolle des Anwalts und des Gerichts

Ist es nicht möglich, ohne Beweiserhebung zu einem obsiegenden Urteil zu gelangen, ist es Sache des Anwaltes, dem Gericht durch Beweisanträge den Weg zu einer seiner Partei ungünstigen, aber gleichwohl begründbaren, Entscheidung zu versperren. **Selbstverständlich nur mit legitimen Mitteln**, vgl. § 2 Rdn 19 ff. 6

Der Anwalt hat dem Gericht unter **Beachtung der Wahrheitspflicht** und – wie es ein Anwalt einmal zutreffend gesagt hat – ohne sich lächerlich zu machen, mit seinen Beweisantritten „eine Slalomstrecke" aufzubauen, die es dem Gericht erschwert, von einem dem Mandanten ungünstigen Sachverhalt auszugehen.

BGH NJW 1990, 3151:[3]

Dass im Zivilprozess die Wahrheitspflicht wesentliche Bedeutung hat, erlaubt nicht den Schluss, die Parteien seien generell zu dem Verhalten verpflichtet, das am besten der Wahrheitsfindung dient. Weder die Aufgabe der Wahrheitsfindung noch das Rechtsstaatsprinzip hindern den Gesetzgeber daran, den Zivilprozess der ***Verhandlungsmaxime*** *zu unterstellen und es* ***in erster Linie den Parteien*** *zu überlassen, die notwendigen Tatsachenbehauptungen aufzustellen und die Beweismittel zu benennen.*

Die Kunst des Richters liegt demgegenüber darin, **in angemessener Zeit** unter penibler Beachtung der Regeln des Prozessrechts die Hindernisstrecke zu meistern und gleichwohl zu einer gerechten Entscheidung zu finden. 7

Gericht und Anwalt verfolgen verschiedene Ziele; es ist nicht ihre Aufgabe kooperierend die gerechte Entscheidung zu finden. Ebenso wenig wie eine Partei dem Gegner Unterstützung bei dessen Rechtsverfolgung schuldet, vgl. § 2 Rdn 27 ff., schuldet der Anwalt sie dem Gericht bei dessen Bemühen um eine richtige Entscheidung. Wenn Kooperation mehr sein soll als höflicher Umgang miteinander, verwischt sie nur die vorgegebene, sinnvolle Rollenverteilung.

3 Bestätigt durch BGH GRUR 2018, 832, 840; BAG NZA 2016, 1339, 1341.

B. Beweismaß

I. Grundsätze

8 Genauso wie die Frage, wann es des Beweises bedarf, ist die Frage zu klären, wann ein Richter etwas als im Rechtssinne bewiesen ansehen darf, d.h. wann ein Beweis gelungen ist. Die Rechtswissenschaft bedient sich dazu des Begriffs des (Regel-) Beweismaß.[4] Unter Beweismaß versteht man das Maß an Gewissheit, das ein Richter gewinnen muss, um eine Tatsachenbehauptung als bewiesen ansehen zu können.[5] Das Beweismaß des § 286 ZPO ist die **an Sicherheit grenzende Wahrscheinlichkeit**. Die Überzeugung des Richters setzt keine mathematische Gewissheit voraus, und es muss nicht jeglicher denkbare Zweifel ausgeschlossen sein.

9 BGHZ 53, 245 (Anastasia-Fall):

> *Der Richter darf und muss sich aber in tatsächlich zweifelhaften Fällen mit einem für das praktische Leben brauchbaren Grad von Gewissheit begnügen, der den Zweifeln Schweigen gebietet, ohne sie völlig auszuschließen.*

Es braucht keine mathematische Gewissheit zu bestehen, die jeden möglichen Zweifel und jede denkbare Möglichkeit des Gegenteils ausschließt.

In einer weiteren Entscheidung hat der BGH seinen Standpunkt noch einmal bekräftigt.

BGH NJW-RR 1994, 567:[6]

> *Die Überzeugung von der Wahrheit erfordert* ***keine absolute oder unumstößliche Gewissheit,*** *da eine solche nicht zu erreichen ist. Das Gericht darf also nicht darauf abstellen, ob jeder Zweifel und jede Möglichkeit des Gegenteils ausgeschlossen ist.*

Darauf muss ein Anwalt einen Richter hinweisen, der sich nicht zu einer Überzeugung durchringen mag, wenn er die Verantwortung nicht auf andere abwälzen kann, also niemals das Risiko eingeht, von einem Lebenserfahrungssatz auf einen Geschehensablauf zu schließen, nur weil es **denkmöglich** auch anders gewesen sein kann.

Zu ergänzen ist, dass der Richter das nicht nur darf, sondern auch muss. Er hat nicht nur das Recht, sondern auch die Pflicht, die ihm gegebenen Möglichkeiten auszuschöpfen. Generell gilt, dass der Richter das, was er darf, auch muss; sein **Ermessensspielraum** ist zumeist nur sehr gering.

4 BLP/*Laumen*, Bd. 1, Kap. 5 Rn 1 und 19.

5 MüKo/*Prütting*, § 286 ZPO Rn 28.

6 So auch BGH NJW 2013, 2018, 2020.

Diese Grundsätze zum Beweismaß werden von der allgemeinen Rechtspraxis nicht in Frage gestellt. Das heißt aber nicht, dass die Rspr. ihren Entscheidungen ein durchgängig gleiches Beweismaß zugrunde legt. Sie macht vielmehr die Anforderungen, die an die Gewissheit der Überzeugung zu stellen sind, von der **Bedeutung** der Sache abhängig. 10

Bender/Nack, Tatsachenfeststellung vor Gericht, Bd. 1, Glaubwürdigkeits- und Beweislehre, 1981, Rn 401, verlangen das sogar ausdrücklich:

> *Das erforderte Beweismaß muss unterschiedlich sein, je nachdem, welche Folgen ein – aus diesem Grunde denkbarer – Justizirrtum für den Betroffenen hat.*

Im Übrigen hat sich das Beweismaß an den Erfahrungen des praktischen Lebens zu orientieren; an die beweisbelastete Partei dürfen keine unerfüllbaren Anforderungen gestellt werden.[7]

II. Reduzierung und Anhebung des Beweismaßes

Das Gesetz weicht in einer Vielzahl von Fällen vom (Regel-) Beweismaß ab, indem es einen geringeren Grad an richterlicher Überzeugung genügen lässt. In diesem Zusammenhang sind zum Beispiel die Vorschriften zu nennen, in denen das Gericht die Glaubhaftmachung der behaupteten Tatsachen ausreichen lässt (vgl. z.B. § 44 Abs. 2 ZPO, § 531 Abs. 2 Satz 2 ZPO).[8] Weiter setzen einzelne Vorschriften die Anforderungen an die richterliche Überzeugung selbst herab (vgl. z.B. § 1600d Abs. 2 BGB oder §§ 3, 287 ZPO). Genauso kennt das Gesetz Tatbestände, die eine Anhebung des Beweismaßes normieren, häufig wird dann die Formulierung „offenbar“ verwendet (vgl. z.B. § 319 Abs. 1 BGB, § 562a S. 2 BGB).[9] 11

Die Praxis setzt das zu fordernde Beweismaß auch im Wege richterrechtlicher Rechtsfortbildung herauf oder herab, und für typisierte Fälle macht die Rspr. des BGH den Instanzgerichten Vorgaben, welcher Beweiswert bestimmten Beweismitteln beizumessen ist. Das ist nicht unumstritten, rechtlich aber zulässig.[10]

Eine Beweismaßreduzierung verbietet sich allerdings regelmäßig in den Fällen, in denen eine Partei selbst dagegen Vorkehrungen treffen kann, später nicht in Beweisschwierigkeiten zu geraten. Das gilt ganz allgemein für den Bereich des **Vertragsrechts**.[11]

Nachfolgend sollen einige Beispiele dafür gegeben werden, in denen die Rechtsprechung Regeln/Prinzipien entwickelt hat, die das Beweismaß beeinflussen.

7 BGH NJW 1982, 2874.
8 BLP/*Laumen*, Bd. 1, Kap. 5 Rn 14.
9 BLP/*Laumen*, Bd. 1, Kap. 5 Rn 17.
10 BLP/*Laumen*, Bd. 1, Kap. 5 Rn 15 und 18.
11 Vgl. BGHZ 24, 313.

1. Arzthaftung

12 Einen nicht unerheblichen Eingriff in die Freiheit der Überzeugungsbildung des Richters nimmt der BGH[12] beispielsweise im Bereich der **Arzthaftung** vor, was schließlich zur Kodifikation des Arzthaftungsrecht im BGB geführt hat, vgl. Rdn 282 ff. Behauptet der Arzt, den Patienten umfassend über die Risiken eines Eingriffs aufgeklärt zu haben und hat er bewiesen, dass er regelmäßig gründlich aufkläre, **so soll das Gericht grundsätzlich gehalten sein**, ihm auch dann die behauptete sorgfältige Aufklärung **zu glauben,** wenn es darüber keine Aufzeichnungen gibt und er sie deshalb nicht belegen kann.

BGH NJW 2014, 1527:

> *Nach der Rechtsprechung des erkennenden Senats hat der aufklärungspflichtige Arzt nachzuweisen, dass er die von ihm geschuldete Aufklärung erbracht hat. An den dem Arzt obliegenden Beweis dürfen allerdings keine unbilligen und übertriebenen Anforderungen gestellt werden. Danach hat der Tatrichter die besondere Situation, in der sich der Arzt während der Behandlung des Patienten befindet, ebenso zu berücksichtigen wie die Gefahr, die sich aus dem Missbrauch seiner Beweislast durch den Patienten zu haftungsrechtlichen Zwecken ergeben kann. Ist einiger Beweis für ein gewissenhaftes Aufklärungsgespräch erbracht, sollte dem Arzt im Zweifel geglaubt werden, dass die Aufklärung auch im Einzelfall in der gebotenen Weise geschehen ist; dies auch mit Rücksicht darauf, dass aus vielerlei verständlichen Gründen Patienten sich im Nachhinein an den genauen Inhalt solcher Gespräche, die für sie etwa vor allem von therapeutischer Bedeutung waren, nicht mehr erinnern. In jedem Fall bedarf es einer verständnisvollen und sorgfältigen Abwägung der tatsächlichen Umstände, für die der Tatrichter einen erheblichen Freiraum hat.*

Des Weiteren soll es einer sorgfältigen ärztlichen Dokumentation in der Regel Glauben schenken.[13] Einer elektronischen Dokumentation, die nachträgliche Änderungen entgegen § 630f Abs. 1 S. 2 und 3 BGB nicht erkennbar macht, kommt demgegenüber keine positive Indizwirkung dahingehend zu, dass die dokumentierte Maßnahme von dem Behandelnden tatsächlich getroffen worden ist.[14]

2. Einzahlungsquittung

13 Sehr instruktiv ist auch der vom BGH[15] entschiedene Fall, in dem ein Kreditinstitut einem Bankkunden eine Einzahlung in Höhe von 49.725 DM **quittierte**, dann aber

12 BGH NJW 1985, 1399; BGH NJW 2014, 1527.

13 BGH VersR 1978, 542.

14 BGH GuP 2021, 218.

15 BGH NJW-RR 1988, 881.

unter Berufung auf das Zeugnis ihrer Kassiererin geltend machte, tatsächlich sei nur ein Betrag von 4.725 DM eingezahlt worden:

Die Beweiskraft einer Quittung hängt von den Umständen des Einzelfalles ab [...]. Im vorliegenden Falle ist für die Beweiskraft der vom Kl. vorgelegten Quittung von ausschlaggebender Bedeutung, dass es sich um eine Bankquittung handelt. Nach der Lebenserfahrung kann davon ausgegangen werden, dass die Bestätigung eines Kreditinstitutes, einen bestimmten Geldbetrag empfangen zu haben, richtig ist [...]

Die Kreditinstitute als die wesentlichen Träger des Geldverkehrs, sind in hohem Maße für dessen Ordnungsmäßigkeit verantwortlich [...] Dies alles rechtfertigt, der Bankquittung einen hohen Beweiswert beizulegen [...] Dem Kunden, der bares Geld bei der Bank einzahlt, steht nämlich in der Regel kein anderes Beweismittel als die Bankbestätigung zur Verfügung.

Aus diesen Gründen kann der ***Beweiswert von Bankquittungen nur in Ausnahmefällen erschüttert werden*** *[...] Die Bank muss aber den Nachweis erbringen, dass der Empfang der quittierten Gelder unwahrscheinlich ist [...]* ***Sie wird ihn auch selten allein mit der Aussage*** *der für die ordnungsgemäße Abwicklung des Bargeldverkehrs unmittelbar* ***verantwortlichen Personen führen können****, wenn sie nicht alle ihr möglichen und zumutbaren Maßnahmen zum objektiven Nachweis des eingezahlten Betrages getroffen hat.*

Spricht der BGH noch davon, dass in einem Fall wie dem vorigen der Beweis „**selten**“ mit der Aussage bestimmter Personen geführt werden kann, so geht das KG Berlin noch einen Schritt weiter und schließt für bestimmte Fälle schlechthin die Beweisführung durch am Ausgang des Rechtsstreits Interessierte aus. 14

KG Berlin NJW 1993, 2879:

Ist in den AGB eines Kreditkartengebers eine Regelung enthalten, nach der allein der vom Karteninhaber unterschriebene Belastungsbeleg Grundlage einer Leistungspflicht des Kartenherausgebers gegenüber dem Vertragsunternehmen ist, und wonach der Karteninhaber diese Leistung im Innenverhältnis ausgleichen muss, dann ist es dem Kreditkartenherausgeber mangels Originalbelegs ***verwehrt, sich auf das Zeugnis der Mitarbeiter des Vertragsunternehmens zu berufen****.*

3. Kfz-Diebstahl

Die für den Fall des Kfz-Diebstahls reduzierten Anforderungen an die Darlegungslast, vgl. § 2 Rdn 95 ff., gelten auch für das Beweisrecht: 15

Der Versicherungsnehmer muss nicht den Diebstahl als solchen, sondern nur Tatsachen beweisen, aus denen sich mit hinreichender Wahrscheinlichkeit ein versicherter Diebstahl ergib,[16] dieses Mindestmaß aber voll. Wenn dem Versicherungsnehmer nicht einmal das gelingt, muss das Gericht nach der Rspr. des BGH prüfen, ob ihm nicht nach einer Anhörung gemäß § 141 ZPO, gegebenenfalls über eine ergänzende Vernehmung nach § 448 ZPO Glauben geschenkt werden kann.[17]

Der Zweck der Diebstahlsversicherung liegt nach BGH[18] auch darin, den Versicherungsnehmer für den Fall zu schützen, in dem die Umstände der Entwendung nicht umfassend aufgeklärt werden können. Um diesen Zweck zu erreichen, entnimmt BGH VersR 1986, 53 aus § 12 AKB eine stillschweigende Einigung über die Herabsetzung des Beweismaßes, vgl. auch Rdn 303.[19]

4. Negativtatsachen

16 Von einer Beweismaßreduzierung geht der BGH[20] auch generell für den Fall aus, dass einer Partei die Beweislast für den schwer zu führenden negativen Beweis obliegt, z.B. dafür, die Unmöglichkeit der Leistung nicht verschuldet zu haben, § 280 Abs. 1 S. 2 BGB, vgl. Rdn 226.

Aber AG München VersR 2001, 636 (für den Fall eines Gepäckverlustes):

> *Beweiserleichterungen können dem Versicherten nicht zugutekommen, wenn der Fall Besonderheiten aufweist, die Zweifel am Abhandenkommen des Gepäcks wecken. Als solche Besonderheit kommt in Betracht, dass im Umfeld des Versicherten bei früheren Reisen auffällig viele angebliche Reisegepäckverluste eingetreten waren.*

5. Vaterschaft

17 Sehr hohe Anforderungen werden an den Nachweis der Vaterschaft gestellt; selbst eine durch Gutachten nachgewiesene Wahrscheinlichkeit der Vaterschaft von 99,99 % ist nicht in jedem Fall ausreichend. Im Einzelfall kann selbst bei einer über 99,99 % liegenden Wahrscheinlichkeitswerten eine weitere Beweiserhebung erforderlich sein, wenn Anhaltspunkte vorliegen, die gegen die Vaterschaft des in Anspruch genommenen Mannes sprechen. So hat der BGH eine Beweiserhebung über die Behauptung für notwendig erachtet, er habe sich zum Zeitpunkt des nach Angaben der Kindesmutter maßgeblichen Geschlechtsverkehrs für mehrere Wochen im Ausland aufgehalten.[21]

16 BGH VersR 1986, 53.
17 BGH VersR 1991, 917; BGH NJW 2011, 1364.
18 BGH NJW 1993, 2678, 2679.
19 Zu weiteren Einzelheiten vgl. *Hofmann*, zfs 1995, 83.
20 BGH NJW 1990, 446, 447.
21 BGH NJW 1987, 2296.

Aber OLG Brandenburg NJWE-FER 2001, 55:

> *Der Antrag auf Einholung eines DNA-Gutachtens ist abzulehnen, wenn ein eingeholtes Blutgruppengutachten eine Vaterschaftswahrscheinlichkeit von 99,99 % ergeben hat und keine Hinweise auf einen Mehrverkehr der Mutter während der gesetzlichen Empfängniszeit bestehen [vgl. auch § 2 Rdn 73].*

C. Freie Überzeugung des Gerichts

Die Freiheit des Gerichts in der Feststellung des seiner Entscheidung zugrunde zu **18**
legenden Sachverhaltes ist geringer als gemeinhin angenommen. Das Verständnis des Begriffs der freien Überzeugung erschließt sich erst vor seinem geschichtlichen Hintergrund, nämlich als Abgrenzung zu der früher geltenden Bindung des Gerichts an feste Beweisregeln. Die Freiheit der Überzeugung will also nicht mehr ausdrücken, als dass der Richter (von geringen, nicht sehr relevanten Ausnahmen abgesehen) nicht mehr an Beweisregeln gebunden ist.[22]

Instruktiv BGH NJW-RR 2005, 1024 f. zur Würdigung eines Strafurteils durch das Zivilgericht:[23]

> *Eine Bindung des Zivilrichters an strafgerichtliche Urteile ist mit der das Zivilprozessrecht beherrschenden freien Beweiswürdigung nicht vereinbar. Aus diesem Grund setzt § 14 II Nr. 1 EGZPO anderslautende landesrechtliche Prozessvorschriften außer Kraft. Der Zivilrichter muss sich seine Überzeugung grundsätzlich selbst bilden und ist regelmäßig auch nicht an einzelne Tatsachenfeststellungen eines Strafurteils gebunden. Allerdings darf er bei engem rechtlichen und sachlichen Zusammenhang von Zivil- und Strafverfahren rechtskräftige Strafurteile nicht völlig unberücksichtigt lassen, er ist vielmehr gehalten, sich mit den Feststellungen auseinanderzusetzen, die für seine eigene Beweiswürdigung relevant sind. Die freie Tatsachenprüfung findet ihre Grenze nur, soweit Existenz und Inhalt eines Strafurteils Tatbestandsvoraussetzungen eines Anspruchs bilden.*

Gebunden ist das Gericht allerdings an die Denk- und Erfahrungsgesetze. Schlussfolgerungen müssen widerspruchsfrei und nachvollziehbar sein. Bei den einzelnen Beweismitteln sind auch die diesen eigenen Fehlerquellen zu berücksichtigen.[24] Weiter muss das Gericht die vorhandenen Beweise vollständig würdigen und den unterbreiteten Sachverhalt umfassend ausschöpfen.[25] Dabei gilt die Regel, dass sich eine Partei die bei einer Beweisaufnahme unerwartet zutage tretenden Umstände jedenfalls hilfsweise zu eigen macht, soweit sie ihre Rechtsposition zu stützen

22 Saenger/*Saenger*, § 286 ZPO Rn 3, 4.

23 Vgl. auch BAG NJW 2015, 561.

24 BGH NJW-RR 2004, 425; BGH NJW 2011, 1217, 1219.

25 BGH NJW 1992, 1392, 1393; BGH NJW-RR 2004, 425, 426.

geeignet sind. Werden diese Umstände nicht berücksichtigt, kann dies eine Verletzung des Anspruchs auf rechtliches Gehör darstellen.[26]

Frei ist das Gericht im Übrigen nicht darin wie es Beweis erhebt. Das Gericht ist zur vollständigen Aufklärung des Sachverhalts verpflichtet und muss deshalb grundsätzlich alle angetretenen Beweise zu einer entscheidungserheblichen Frage erheben, soweit nicht ein verfahrens- oder beweisrechtlicher Ablehnungsgrund gegeben ist, nachgehen.[27]

19 Die Freiheit des Gerichts erfährt insbesondere eine wesentliche Einschränkung durch die in § 286 Abs. 1 S. 2 ZPO normierte **Begründungspflicht**. Das Gericht kann sich nicht damit begnügen festzustellen, es sei von der Wahrheit oder Unwahrheit überzeugt, sondern muss konkret benennen, worauf diese Überzeugung fußt.[28] Es muss die für seine Überzeugung tragenden Gesichtspunkte (s auch § 313 Abs. 3) in der Begründung des Urteils nachvollziehbar darlegen und sich dabei insbesondere mit solchen Umständen und Beweismitteln auseinander setzen, die zu einer anderen Beurteilung führen können.[29]

Damit ist unter anderem das Recht der Parteien gewährleistet zu erfahren, **weshalb** das Gericht einen bestimmten Sachverhalt als erwiesen ansieht oder nicht.[30] Der Zweck der Begründungspflicht erschöpft sich auch noch nicht darin, den Richter zur Eigenkontrolle seiner Überzeugungsbildung zu zwingen, wenngleich auch das ein wesentlicher Gesichtspunkt ist. Die Begründungspflicht **greift vielmehr – vorwirkend – in die Feststellung des Sachverhaltes selber ein**. Nur das Begründbare, also das Dritten nachvollziehbar Darstellbare, kann festgestellter Sachverhalt und damit Entscheidungsgrundlage sein.

Sander, StV 2000, 45 (für den Strafprozess):

> *Die Überzeugung des Gerichts ist notwendige, aber nicht zureichende Voraussetzung für die Verurteilung. Hinzutreten muss ein die Überzeugung stützendes Tatsachenmaterial, d.h. eine tragfähige Tatsachengrundlage.*

20 Die Begründungspflicht beschränkt sich in ihrer Wirkung nicht darauf, die Feststellungen darzustellen und wie man zu ihnen gelangt ist, sondern beeinflusst die Feststellungen selbst.

Das ist keineswegs selbstverständlich und die Einengung auf das Begründbare führt auch zu Verlusten. Denn es gibt auch eine Wahrnehmung, die sich nicht bewusst über die Sinnesorgane, sondern unbewusst vollzieht. Ob eine Zeugenaussage wahr

26 BGH NJW 2001, 2177, 2178; BGH NJW 2006, 63, 65; BGH NJW-RR 2010, 495.

27 Saenger/*Saenger*, § 286 ZPO Rn 8; BGH NJW 1992, 1768, 1769; BGH NJOZ 2002, 2019, 2020.

28 BGH NJW 1995, 966; BGH NJW 1998, 2969; vgl. dazu *Meyke*, NJW 1989, 2032; dagegen *Foerste*, NJW 2001, 321.

29 BGH NJW 1993, 269, 270; BGH NJW-RR 1998, 1117.

30 Saenger/*Saenger*, § 286 ZPO Rn 9.

ist oder nicht, kann auch erspürt werden. Dieses Gespür ist allerdings sehr irrtumsanfällig und wird sehr leicht von der emotionalen Verfassung des Entscheiders beeinflusst. Dem aber soll der Rechtsunterworfene nicht ausgeliefert werden. Deshalb sind ein **Ahnen, Meinen, Fühlen** und ein nicht näher bestimmbarer Eindruck keine den Anforderungen des § 286 ZPO genügende Begründung für eine Sachverhaltsfeststellung.[31]

Das bedeutet nicht, dass Eindruck und Gefühl des Richters bei der Sachverhalts- 21
feststellung keine Rolle spielen dürften – insoweit dem Rechtsgefühl vergleichbar. So wird der nicht näher belegbare Eindruck, ein Zeuge sage die Unwahrheit, Veranlassung geben, durch weitere intensive Befragung, durch Vorhalte oder selbst Fangfragen seine Wahrhaftigkeit zu überprüfen. Gelingt es dem Richter nicht, seine Zweifel und Bedenken an konkreten benennbaren Punkten festzumachen, z.B. das Auftreten des Zeugen, sein ständiger Blickkontakt zu der von ihm begünstigten Partei o.Ä., können die nicht begründbaren, weil nur auf einem unbestimmten Gefühl beruhenden Zweifel nicht Grundlage seiner Entscheidung sein. Eben weil das bloße Gefühl keine zulässige Begründung für die Tatsachenfeststellung ist.

Also sucht der Richter nach tragfähigen, für Dritte nachvollziehbare Begründungen. Denn es reicht nicht, dass er seine Überzeugung auf rechtsfehlerfrei festgestellte Tatsachen gründet, sondern diese Überzeugung muss auch intersubjektiv vermittelbar und diskutierbar sein.[32]

Da dem Richter eine Amtsermittlung weitestgehend untersagt ist, hat er seine belegbare Überzeugung aus dem Parteivortrag und dem Beweisergebnis darzustellen, das er aus den von den Prozessparteien ihm vorgegebenen Beweisantritten zu entwickeln hat. Zum Beweisantritt ist wiederum nur ein Numerus clausus von Beweismitteln zugelassen; Strengbeweis ist die Regel, Freibeweis eine seltene Ausnahme.

Bei dieser starken Begrenzung der Freiheit des Richters in seiner Überzeugungsbil- 22
dung verwundert, wie unerbittlich daran festgehalten wird, eine zulässige Beweiswürdigung setze die subjektive Gewissheit des Richters voraus. *Baumgärtel*[33] wendet sich gegen die Auffassung, dass bei einer 99,73 % Vaterschaftswahrscheinlichkeit, die von dem Sachverständigen dargelegt werde, die subjektive Gewissheit eine bloße Formalie sei, auf die verzichtet werden könne:

> *[…] die Auffassung […] beachtet nicht, dass der Richter von dem ordnungsgemäßen Erbringen des Sachverständigenbeweises überzeugt sein muss. Nur dann kann er das Ergebnis des Gutachtens als brauchbares Beweismittel inhaltlich der Entscheidung zugrunde legen. Es trifft wohl zu, dass mit dem raschen Fortschritt der Wissenschaft Erfahrungssätze und naturwissenschaftliche Erkenntnisse ständig zunehmen und daher der Freiraum für die „persönliche Ge-*

31 Stein/Jonas/*Leipold*, § 286 Rn 12.

32 *Sander*, StV 2000, 45, 46.

33 *Baumgärtel*, Beweislast im Privatrecht, 3. Aufl. 2016, Kap. 4 Rn 32.

> *wissheit" immer schmaler wird, das berechtigt aber nicht dazu, die Beweiswürdigung von dem persönlichen Überzeugungsurteil des Richters zu lösen. Es trete sonst der Sachverständige an die Stelle des Richters.*

Baumgärtel macht zunächst einen Schritt in die richtige Richtung, indem er den Richter nur noch von dem **ordnungsgemäßen Erbringen** des Sachverständigenbeweises überzeugt sein lassen will; kehrt dann aber wohl wieder zu der Ansicht zurück, die eine subjektive Gewissheit auch hinsichtlich des Ergebnisses verlangt.

23 *Wohlers*[34] hat sehr anschaulich (für den Strafprozess) die h.M. zur richterlichen Überzeugungsbildung zusammengefasst:

> *[...] Andererseits wäre es aber verfehlt, die richterliche Überzeugungsbildung als einen Vorgang zu verstehen, der dem Richter einen Freiraum im Sinne eines Ermessens- und Beurteilungsspielraumes eröffnet. Die* ***persönliche Gewissheit*** *des erkennenden Richters vom Vorliegen der Verurteilungsvoraussetzungen ist zwar eine unverzichtbare Voraussetzung dafür, dass ein Angeklagter verurteilt wird. Sie allein vermag eine Verurteilung indes nicht zu tragen. Hinzukommen muss, dass die subjektive Überzeugung des Richters auf Gründen basiert, die die Verurteilung des Angeklagten* ***intersubjektiv vermittelbar und einsehbar machen****. Hieran fehlt es, wenn vernünftige Zweifel an der Plausibilität der richterlichen Überzeugungsbildung bestehen.*
>
> *Die Schlussfolgerungen des Richters sind dann – und nur dann – objektiv hinreichend fundiert, wenn und soweit der Richter in der Lage ist, eine Schlussfolgerung* ***in einer Art und Weise zu begründen, die einen als vernünftig, d.h. rationalen Argumenten zugänglichen gedachten Diskussionspartner dazu zwingt, diese Schlussfolgerung als plausibel zu akzeptieren****. Dies wiederum setzt voraus, dass alle anderen, mit den Schlussfolgerungen des Tatrichters in Widerspruch stehenden, angesichts der festgestellten Beweiszeichen aber konkret in Betracht zu ziehenden Deutungsalternativen durch rationale Argumente ausgeschlossen und damit die den Schlussfolgerungen des Tatrichters als einzige mögliche Erklärung der festgestellten Beweisanzeichen verblieben ist.*

24 Dem ist für den Zivilprozess mit der Einschränkung zuzustimmen, dass hier eine subjektive Gewissheit bei **eindeutigem Beweisergebnis** nicht verlangt werden kann. Für eine persönliche Gewissheit ist erst Raum, wenn ein nicht eindeutiges Beweisergebnis Zweifel aufkommen lässt und zu prüfen ist, ob es plausible Gründe gibt, diese Zweifel zu eliminieren.

34 *Wohlers*, JuS 1995, 1022.

Kirchhoff[35] hat zu dieser Auffassung[36] ausgeführt, sie sei sicher nicht mit § 286 ZPO zu vereinbaren. Er fährt dann fort:

> *Dennoch ist es in jedem Fall erforderlich, Kriterien für eine bessere Beurteilungsmöglichkeit zu entwickeln, um insbesondere auch Zweifel und Bedenken konkret artikulieren und in die Beweiswürdigung einfließen lassen zu können.*

Wer will dem wohl widersprechen? Die Frage ist aber gerade, wie zu entscheiden ist, wenn sich die Zweifel und Bedenken nicht konkret artikulieren lassen – auch nicht unter Berücksichtigung des Inbegriffs von Parteivorbringen und übriger Beweiserhebung –, sich aber gleichwohl nicht das subjektive Erleben der Gewissheit einstellen will. Wie will dann der Richter einer Partei begreiflich machen, dass er ihren Beweis nicht als geführt ansieht, obwohl er nichts anzuführen weiß, was gegen die Glaubwürdigkeit des Beweismittels und die Glaubhaftigkeit ihrer Aussage spricht?

Foerste[37] will diesem Problem dadurch beikommen, dass er die Anforderungen an die Begründung der Überzeugungsbildung des Richters reduziert und auch eine „irrationale Beweiswürdigung" zulässt:

> *Es gibt aber auch kein allgemeines Verbot nicht-rationaler Beweiswürdigung. Allerdings ist der Richter prinzipiell an Logik und Erfahrungen gebunden. Dies galt im 19. Jahrhundert geradezu als Schutzwall gegenüber der als Wagnis empfundenen freien Beweiswürdigung. Entsprechend hohen Rang hat die Pflicht des Richters zur Angabe der Gründe, die seine Beweiswürdigung geleitet haben (§ 286 Abs. 1 S. 2 ZPO). Das heißt aber nicht, dass die Wahrheitsfindung lückenlos an empirische Erwägungen gekettet werden sollte. Gewiss darf Beweiswürdigung nicht gegen Denkgesetze verstoßen, zum Beispiel nicht widersprüchlich sein. Überhaupt muss sie der Ratio den Vorrang lassen, wo immer dies möglich ist. Es ist aber nicht immer möglich. Und dann können allenfalls richterliche Erfahrung und Intuition helfen, will man nicht rationalistische Fehldeutungen riskieren und letztlich in Beweisregeln zurückfallen.*

Eine solche Argumentation ist nicht mit der Begründungspflicht des § 286 Abs. 1 S. 2 ZPO in Einklang zu bringen; zumindest nicht für den Fall, dass keine begründbaren Zweifel aufgezeigt werden können.

Man muss sich auch deutlich vor Augen halten, dass der Zweck der Beweisaufnahme nicht allein und nicht einmal vordringlich darin liegt, dem Richter eine Überzeugung zu vermitteln, sondern dass die Beweiserhebung auch ihren Wert an sich hat. Der liegt darin, dass in einem **formalisierten** Verfahren unter großer Einwirkungsmöglichkeit der Parteien ermittelt wird, was Entscheidungsgrundlage sein darf.

35 *Kirchhoff,* MDR 1999, 1473.

36 *Meyke*, NJW 1989, 2032, 2035.

37 *Foerste*, NJW 2001, 321, 325.

25 Dass die Überzeugungsbildung des Richters nur ein Aspekt unter anderen für die Beweiserhebung ist, wird darin deutlich, dass es ihm sogar untersagt ist, **privates Wissen** seiner Entscheidung zugrunde zu legen; nur das, was in einem förmlichen Verfahren in den Sachverhalt eingeführt ist, kann Entscheidungsgrundlage sein.[38]

Hat etwa ein Richter zufällig einen Verkehrsunfall beobachtet und entwickelt sich aus diesem Unfall ein Rechtsstreit, der vor diesem Richter ausgetragen wird, darf er keineswegs seine eigenen Beobachtungen einbringen und seine Entscheidung darauf stützen. Er kann sich lediglich den streitenden Parteien als Zeuge anbieten, und wenn diese davon Gebrauch machen, aus dem Prozess ausscheiden. Beruft sich niemand auf sein Zeugnis, hat er auf der Basis der von ihm erhobenen Beweise seine Entscheidung zu treffen – auch wenn sie noch so sehr von dem abweichen, was er gesehen hat (oder meint gesehen zu haben.)

Dieses Beispiel ist nicht sehr praxisrelevant; es soll auch nur verdeutlichen, dass es auf die subjektive Gewissheit eben nicht entscheidend ankommt.

Der Richter hat auf der Basis des Parteivorbringens und des Beweisergebnisses eine einem Dritten plausibel zu machende Entscheidung zu fällen, auch wenn er sich (nicht nur völlig fernliegend) vorzustellen vermag, dass sich der seiner Entscheidung zugrunde gelegte Sachverhalt ganz anders abgespielt haben kann.

Zumindest für den Zivilrichter – im Unterschied vielleicht zum Strafrichter – gibt es nicht nur die Alternative subjektiver Gewissheit und Zweifel. Als zuverlässiger Maßstab für die Überzeugung gilt seit jeher, welchen Betrag jemand für die Zuverlässigkeit seiner Überzeugung zu **wetten** bereit ist. Befragt man Richter(-kollegen) unter diesem Gesichtspunkt nach der Qualität ihrer Überzeugung, ist die Wettbereitschaft zumeist nicht sehr hoch. Und trotzdem trifft der Richter überwiegend keine Beweislastentscheidung, sondern judiziert auf der Basis des Beweisergebnisses; eben weil er für verbleibende Zweifel keine für Dritten nachvollziehbaren Gründe zu benennen vermag. Selbstverständlich weiß er, dass ein am Ausgang des Rechtsstreits interessierter Zeuge nicht nur bewusst wahrheitswidrig ausgesagt haben könnte, sondern durch sein Interesse schon in seiner Wahrnehmung und Erinnerung beeinflusst sein kann. Wenn aber der Gesetzgeber – dem das selbstverständlich auch bekannt ist – gleichwohl jedermann Zeuge sein lässt, kann der Richter nicht berechtigt sein, den Gesetzgeber zu korrigieren, und den Aussagen bestimmter Beweispersonen **von vornherein** den Beweiswert absprechen. Er hat sich vielmehr darauf zu beschränken, die Vernehmung des am Ausgang des Rechtsstreits interessierten Zeugen besonders kritisch durchzuführen. Dass er dann das Interesse dieses Zeugen **neben anderen** Gesichtspunkten, die bei der Beweiserhebung zu Tage getreten sind, in seine Beweiswürdigung einfließen lässt, versteht sich von selbst.

38 Musielak/Voit/*Foerste*, § 286 Rn 4.

Grundlage der Überzeugungsbildung können im Übrigen keine Beweiserhebungen sein, die verfahrensfehlerhaft durchgeführt worden sind; es sei denn, der Verfahrensfehler ist durch die rügelose Einlassung geheilt, § 295 ZPO. 26

Das Gericht darf in seine Überzeugungsbildung auch keine Straftaten einbeziehen, die bereits gelöscht sind, BGH VersR 1998, 488; siehe § 51 BzRG.

(Wie der Richter das Wissen um diese Straftaten bei seiner Überzeugungsbildung – bei der es doch um subjektive Gewissheit gehen soll – ausklammert, sagt die Rspr. nicht.)

Zusammenfassend lässt sich zur richterlichen Überzeugung mit *Prütting*[39] sagen: Sie ist „die prozessordnungsgemäß gewonnene Erkenntnis des Richters, dass die vorhandenen Eigen- und Fremdwahrnehmungen sowie Schlüsse ausreichen, die Erfüllung des vom Gesetz vorgesehenen Beweismaßes zu bejahen."

D. Schadensermittlung nach § 287 ZPO

I. Schadensschätzung

Im Unterschied zu § 286 ZPO verlangt § 287 ZPO vom Gericht nicht, darüber zu entscheiden, „ob eine tatsächliche Behauptung für wahr oder für nicht wahr zu erachten" ist. Daraus wir eine **Herabsetzung des Beweismaßes** auf die **überwiegende Wahrscheinlichkeit** abgeleitet. 27

Der BGH[40] verlangt „eine **deutlich überwiegende,** auf **gesicherter Grundlage** beruhende Wahrscheinlichkeit für die richterliche Überzeugungsbildung."

Dazu der BGH in NZV 2017, 374, 375 bei Anwendung der Vorschrift des § 254 Abs. 2 BGB in Verbindung mit § 287 ZPO:

> *Der Tatrichter ist bei seiner Überzeugungsbildung im Rahmen des § 254 Abs. 2 1 BGB nach § 287 BGB [Anm. der Schriftleitung: gemeint ist wohl ZPO] besonders freigestellt. Denn die Bemessung der Höhe des Schadensersatzanspruchs, auf die sich die Verletzung der Schadensminderungspflicht auswirken kann, ist revisionsrechtlich nur daraufhin überprüfbar, ob der Tatrichter erhebliches Vorbringen der Parteien unberücksichtigt gelassen Rechtsgrundsätze der Schadensbemessung verkannt, wesentliche Bemessungsfaktoren außer Betracht gelassen oder seiner Schätzung unrichtige Maßstäbe zugrunde gelegt hat.*

Die Vorschrift des § 287 ZPO ist auch bei der Bestimmung desjenigen, was sich der Geschädigte nach den Regeln des Vorteilsausgleichs anrechnen lassen muss, anwendbar.[41]

39 MüKo/*Prütting*, § 286 ZPO Rn 19.

40 BGH NJW 1983, 934; BGH NJW 1992, 2694, 2695; BGH BeckRS 2009, 86145.

41 BGH NJW 2023, 3010, 3011.

Im Anwendungsbereich des § 287 ZPO müssen Tatsachen also **nicht zur vollen Überzeugung** des Gerichts nachgewiesen werden; es reicht aus, dass deutlich mehr für die eine als für die andere Wahrscheinlichkeit spricht. Das Gericht muss andere, weniger wahrscheinliche Verlaufsmöglichkeiten nicht mit der sonst gebotenen, an Sicherheit grenzenden Wahrscheinlichkeit ausschließen.[42]

Der Zweck der Vorschrift liegt in der **Vereinfachung und Beschleunigung** des Verfahrens.[43]

Allerdings werden die Möglichkeiten, die § 287 ZPO bietet, nicht hinreichend genutzt:

Schneider, Beweis und Beweiswürdigung, 5. Aufl., Rn 252:

> *In der Praxis werden leider die Möglichkeiten der freien Schadensschätzung häufig nicht ausgeschöpft. Insbesondere gilt das hinsichtlich der Möglichkeit des Richters, die Höhe eines Schadensersatzanspruches oder einer sonstigen Forderung ohne Beweisaufnahme zu beziffern. Von der Vorschrift des § 287 ZPO wird zu wenig und zu ängstlich Gebrauch gemacht.*

28 Eine richtige Anwendung des § 287 ZPO schränkt die **Substantiierungslast** der Parteien ein.[44] Ist etwa eine schädigende Handlung bewiesen,[45] braucht der Geschädigte nur noch die sogenannten **Ausgangs- und Anknüpfungstatsachen** zur Schadensbestimmung vorzutragen (und gegebenenfalls zu beweisen – und zwar nach dem Maßstab des § 286 ZPO), die geeignet sind, dem Ermessen bei der Beweiswürdigung eine Grundlage zu geben.[46] Werden die Tatsachen, die Schätzgrundlage sein sollen, bestritten, ist (Voll-)Beweis zu erheben.[47]

Der Kläger braucht nicht Tatsachen vorzutragen, die einen **zwingenden** Schluss auf die Entstehung und die Höhe des behaupteten Schadens zulassen, sondern nur Tatsachenbehauptungen aufzustellen, die sich als Grundlage einer richterlichen Schätzung eignen. Selbst wenn der Vortrag Lücken und Unklarheiten enthält, genügen greifbare Anhaltspunkte, die wenigstens zur Schätzung des Mindestschadens geeignet sind.[48] Mit der Reduzierung des Beweismaßes korrespondiert mithin eine Erleichterung der Substantiierungslast.[49] Die Erleichterung der Substantiierungslast veranschaulicht folgendes Beispiel aus der Rspr. des BGH:[50]

42 BGH NJW 1976, 1145, 1146.

43 BGH VersR 1976, 389; BGH NJW-RR 2002, 1072; BGH NJW-RR 2022, 23, 25; Anders/Gehle/*Hartmann*, § 287 Rn 2.

44 BGH VersR 1976, 389.

45 Für den konkreten Haftungsgrund und die haftungsbegründende Kausalität gilt § 287 ZPO nicht, insoweit verbleibt es bei § 286 ZPO, vgl. Saenger/*Saenger*, § 287 Rn 4 und 6.

46 BGH NJW 1988, 3016, 3017; BGH NJW-RR 1996, 1077, 1078, BGH NJW 2002, 128.

47 BGH NJW 1988, 3016, 3017; BGH NJW-RR 1998, 331, 333; Saenger/*Saenger*, § 287 Rn 16.

48 BGH NJW-RR 1996, 1077; BGH NZM 2005, 700, 702.

49 BGH NJW 1994, 663, 664; BGH NJW-RR 2007, 569, 571; Saenger/*Saenger*, § 287 Rn 17.

50 BGH NJW 1995, 733.

Wird ein 4-jähriges Kind bei einem Verkehrsunfall schwer verletzt und macht es auf seine Schmerzensgeldforderung von 150.000 EUR einen Verzugsschaden von 6 % Zinsen geltend, braucht es nichts weiter dazu vorzutragen, dass es die von einer Bank aufgezeigten Anlagemöglichkeiten auch wahrgenommen hätte.

Die Erleichterungen des § 287 ZPO kommen einer Partei aber nicht zugute, wenn sie sich weigert, durch wahrheitsgemäße Angaben die Sachaufklärung zu fördern.[51]

Einwendungen des Gegners gegen die Schätzgrundlage sind nur beachtlich, wenn sie auf den konkreten Fall bezogen sind.[52]

Dem Geschädigten wird eine **Beweiserleichterung** eingeräumt; er braucht nur eine **überwiegende Wahrscheinlichkeit** zu beweisen;[53] diese Wahrscheinlichkeit muss allerdings auf gesicherter Grundlage beruhen.[54] Dadurch wird ausgeglichen, dass der Schädiger den Geschädigten häufig in **Beweisnot** gebracht haben wird. Dass die Schadensschätzung unter Umständen nicht mit der Wirklichkeit übereinstimmt, wird in Kauf genommen.[55] 29

Das Gericht ist **verpflichtet**, von der Möglichkeit der Schadensschätzung Gebrauch zu machen, wenn eine genauere Schadensbestimmung nicht möglich ist. 30

BGH MDR 1994, 250:

> *Stehen Haftungsgrund und Schadenseintritt fest, darf das Gericht von einer Schätzung des Schadens nach § 287 ZPO nicht schon deshalb absehen, weil der Sachvortrag des Geschädigten eine abschließende Beurteilung seines gesamten Schadens nicht zulässt. Vielmehr ist zu prüfen, ob und in welchem Umfang auf dieser Grundlage ein in jedem Fall eingetretener und aufgrund der geltend gemachten Anspruchsgrundlage auszugleichender Schaden ermittelt werden kann […].*

Sofern noch eine Schadensschätzung möglich ist, ist eine non-liquet-Entscheidung **verfahrensfehlerhaft**. Daher darf eine Klage nicht wegen lückenhaften Vortrags zu Schadensentstehung und -höhe abgewiesen werden, solange greifbare Anhaltspunkte für eine Schadensschätzung vorhanden sind.[56] 31

Von einer Schätzung darf auch nicht schon deshalb abgesehen werden, weil der Sachvortrag des Geschädigten eine abschließende Beurteilung des gesamten Schadens nicht zulässt. Vielmehr ist zu prüfen, ob und in welchem Umfang auf dieser

51 OLG Frankfurt VersR 1991, 1070; BAG NJOZ 2005, 4421, 4431.

52 BGH NJW 2008, 2910, 2911.

53 BGH NJW 1972, 1515, 1516; BGH NJW 2002, 128; BGH NJW-RR 2006, 1238, 1239.

54 BGH NJW 2000, 2814, 2815.

55 BGH NJW 1964, 589; BGH BeckRS 2014, 04363.

56 BGH NJW 2012, 2267, 2268; BGH NJW 2010, 3434, 3435; BGH NJW 2017, 1310, 1312; Saenger/*Saenger*, § 287 Rn 17.

Grundlage ein in jedem Fall eingetretener und aufgrund der geltend gemachten Anspruchsgrundlage auszugleichender **(Mindest-)Schaden** ermittelt werden kann.[57]

BGH NJW-RR 1992, 202, 203:

> *Zwar ist es Sache des Anspruchstellers, diejenigen Umstände vorzutragen und gegebenenfalls zu beweisen, die seine Vorstellungen zur Schadenshöhe rechtfertigen sollen. Enthält der diesbezügliche Vortrag Lücken und Unklarheiten, ist es in der Regel jedoch nicht gerechtfertigt, dem jedenfalls in* ***irgendeiner Höhe*** *Geschädigten jeden Ersatz zu versagen. Der Tatrichter muss vielmehr nach pflichtgemäßem Ermessen beurteilen, ob nach § 287 ZPO nicht wenigstens die Schätzung eines Mindestschadens möglich ist […]. Mit der Einräumung der Schätzungsbefugnis nimmt das Gesetz in Kauf, dass das Ergebnis mit der Wirklichkeit vielfach nicht übereinstimmt; die Schätzung soll allerdings möglichst nahe an diese heranführen. Der Richter muss daher die schätzungsbegründenden Tatsachen feststellen und* ***selbst nicht vorgetragene Tatsachen*** *nach freiem Ermessen berücksichtigen […]. Mag auf verlässlicher Grundlage schließlich auch nur ein Betrag geschätzt werden können, der hinter dem wirklichen Schaden zurückbleibt, so wird entsprechend dem Zweck des § 287 ZPO doch wenigstens vermieden, dass der Geschädigte völlig leer ausgeht, obwohl die Ersatzpflicht des in Anspruch Genommenen für einen erheblichen Schaden feststeht […].*

32 Die Schadensschätzung ist aber nur dann zulässig, wenn wenigstens **gewisse Anhaltspunkte** vorhanden sind;[58] denn die Wahrscheinlichkeit muss auf „gesicherter Grundlage" beruhen.[59]

BGH NJW 2013, 2584, 2586:

> *Der Tatrichter muss vielmehr nach pflichtgemäßem Ermessen beurteilen, ob nach § 287 ZPO nicht wenigstens die Schätzung eines Mindestbetrages möglich ist, und darf eine solche Schätzung erst dann gänzlich unterlassen, wenn sie* ***mangels jeglicher konkreter Anhaltspunkte völlig in der Luft hinge und daher willkürlich wäre.***

33 **Aber** BGH NJW 1987, 909, 910:[60]

> *[…] Zwar muss das Gericht von jeder Schätzung absehen, wenn sie mangels greifbarer Anhaltspunkte völlig in der Luft hängen würde […]. Steht indessen fest, dass ein Schaden in einem der Höhe nach nicht bestimmbaren, aber jedenfalls erheblichem Ausmaß entstanden ist, dann wird sich in der Regel aus den*

57 BGH JZ 1994, 530; BGH NZM 2005, 700, 702; BGH NJW 2012, 2267; BGH NJW 2013, 2584, 2586.

58 BGH NJW-RR 1992, 997, 998.

59 BGH NJW 2000, 2814, 2815; BGH NJW-RR 2003, 1569, 1571; BGH BeckRS 2009, 86145.

60 Vgl. auch BGH NJW 2012, 2267.

Umständen, die die Annahme eines erheblichen Schadens begründen, eine ausreichende Grundlage für die Ermittlung eines gewissen ***(Mindest)Schadens*** *gewinnen lassen […]*

Und BGH NJW-RR 2000, 1340:[61]

Steht die Schadensersatzpflicht des Beklagten dem Grunde nach fest, kann der Kläger den ihm entstandenen Schaden aber nicht hinreichend konkret darlegen, hat das Gericht zu prüfen, ob und gegebenenfalls in welchem Umfang in jedem Falle entstandener Mindestschaden aufgrund des festgestellten Sachverhaltes im Wege der Schätzung (§ 287 Abs. 1 ZPO) festgestellt werden kann und zu diesem Zweck auch von seinem ***Fragerecht*** *Gebrauch zu machen.*

Ist eine Beweiserhebung möglich, ist generell ein angetretener Beweis auch zu erheben. Es liegt zwar im Rahmen des § 287 ZPO – nicht des § 286 ZPO – im Ermessen des Gerichts, ob es Beweisantritten nachgeht oder den Schaden schätzt;[62] die Zurückweisung der Beweise darf jedoch nicht willkürlich erfolgen[63] und den Geschädigten dadurch hindern, seinen wahren Schaden nachzuweisen.[64] **34**

Nicht willkürlich ist es, wenn das Gericht von einer Beweiserhebung absieht, weil diese **unverhältnismäßige Kosten** verursachen würde.

OLG Nürnberg NJW-RR 2021, 481:

Von der Erholung eines Sachverständigengutachtens zur Schadenshöhe wird vor allem dann regelmäßig gem. § 287 I 2 ZPO abzusehen sein, wenn die Kosten der Begutachtung dasjenige deutlich übersteigen, was nach einer richterlichen Schätzung absehbar an Unsicherheit verbleibt.

Dass die genaue Feststellung der rechtserheblichen Tatsachen mit besonderen **Schwierigkeiten** verbunden ist, gibt dem Gericht hingegen noch nicht die Befugnis, zu einer Schätzung zu greifen.

Gemäß § 287 Abs. 2 ZPO ist eine Schätzung aber nicht nur zulässig, wenn es um eine Schadensschätzung geht, sondern auch in **anderen vermögensrechtlichen** Streitigkeiten, in denen die Höhe einer Forderung streitig ist und die vollständige Aufklärung aller hierfür maßgebenden Umstände mit Schwierigkeiten verbunden ist, die zu der Bedeutung des streitigen Teiles der Forderung in keinem Verhältnis steht. Ob die vollständige Aufklärung mit Schwierigkeiten verbunden ist, die außer Verhältnis zur Bedeutung des streitigen Teils der Forderung stehen, ist vom Einzelfall abhängig.[65] Jedenfalls kann § 287 Abs. 2 ZPO nicht entnommen werden, dass **35**

61 Ebenso BGH NJW 2003, 358, 360.

62 BGH NJW 2002, 128.

63 BGH VersR 1996, 369; Anders/Gehle/*Hartmann*, § 287 Rn 3.

64 Zöller/*Greger*, § 287 Rn 6.

65 Vgl. BGH NJW 2005, 2074, 2075.

immer dann eine Schätzung vorzunehmen ist, wenn die genaue Feststellung der rechtserheblichen Tatsachen mit besonderen Schwierigkeiten verbunden ist.[66]

So kann etwa die **Minderung** eines Kaufpreises, um den umständlichen und häufig kostenträchtigen Weg nach § 441 BGB zu vermeiden, gemäß **§ 287 Abs. 2** ZPO geschätzt werden.[67] Der BGH[68] hat auch die Schätzung des Minderungsbetrages für die Vergütung einer Kreuzfahrt zugelassen, bei der entgegen der vertraglichen Vereinbarung nicht alle Häfen angelaufen werden konnten. Auch bei der Bestimmung der Höhe einer Mietminderung kann § 287 ZPO zum Einsatz gelangen.[69]

II. Haftungsausfüllende Kausalität

1. Richterliche Würdigung

36 Begehrt ein Kläger von dem Beklagten Schadensersatz – z.B. aus einem Verkehrsunfall –, hat er hinsichtlich des den Anspruch begründenden Geschehensablaufes (der haftungsbegründenden Kausalität) den Vollbeweis nach § 286 ZPO zu führen. Zur Frage, **inwieweit** das schädigende Ereignis den behaupteten Schaden ausgelöst hat, kommt ihm jedoch die **Beweiserleichterung** des § 287 ZPO zur Hilfe.[70]

Anders als im Falle der Sachverhaltsermittlung nach § 286 ZPO ist der Richter, wenn die Voraussetzung des § 287 ZPO vorliegen, nicht verpflichtet, die angebotenen Beweismittel auszuschöpfen,[71] vgl. aber Rdn 32.

OLG München RuS 2006, 474:

> *Nach dem Maßstab des § 286 ZPO ist damit der erste Verletzungserfolg, die sog. haftungsbegründende Kausalität mit einem für das praktische Leben brauchbaren Grad von Gewissheit […] zur Überzeugung des Senats nachgewiesen.*
>
> *[…] Für den Nachweis der Dauer der Beeinträchtigung als Folge der Verletzung und die Weiterentwicklung der Schädigung reicht das Beweismaß des § 287 ZPO aus.*

BGH VersR 1998, 1153 spricht von „Primärschaden".[72]

LG Wuppertal VersR 2005, 1098:

> *Auch die Beweiserleichterung des § 287 Abs. 1 ZPO kommt der Klägerin entgegen ihrer Ansicht nicht zugute. Denn diese Beweiserleichterung gilt nur für*

66 BGH NJW-RR 1992, 1077, 1078.
67 Vgl. Grüneberg/*Weidenkaff*, 83. Aufl., § 441 BGB Rn 18.
68 BGHZ 77, 320, 326.
69 OLG Koblenz NZM 2008, 405; BGH NZM 2018, 1018.
70 BGH NJW 2020, 1430; Anders/Gehle/*Hartmann*, § 287 Rn 10.
71 BGH NJW 2002, 128.
72 Auch BGH NJW 2013, 3094, 3095.

die Kausalität einer feststehenden Verletzung des Rechtsguts (Körper oder Gesundheit) und der ***Weiterentwicklung*** *oder dem* ***Umfang der Schädigung****, also für die sog. haftungsausfüllende Kausalität.*

Also z.B. nicht für die Frage, ob der Kläger überhaupt eine HWS-Verletzung erlitten hat.[73]

Ist aber eine Körperverletzung als Unfallfolge bewiesen und tritt später der Tod des Verletzten ein, reicht die **deutlich überwiegende** Wahrscheinlichkeit, um von der Kausalität der Körperverletzung für den Tod überzeugt zu sein;[74] es darf keine an Sicherheit grenzende Wahrscheinlichkeit verlangt werden, die medizinisch-wissenschaftlichen Kriterien standhält.

Ein Fall zur **Notarhaftung**, BGH VersR 1997, 369:[75] 37

Zur Beantwortung der Frage, welchen Schaden eine Amtspflichtverletzung zur Folge hat, ist zu prüfen, welchen Verlauf die Dinge bei pflichtgemäßem Verhalten genommen hätten und wie die Vermögenslage des Betroffenen sein würde, wenn der Notar die Pflichtverletzung nicht begangen hätte […]. Hat der Notar eine gebotene Belehrung unterlassen, so ist zu fragen, wie die Dinge bei pflichtgemäßem positiven Handeln des Notars gelaufen wären […]. Die erforderliche Feststellung dieses Schadens gehört zur ***haftungsausfüllenden Kausalität,*** *so dass dem Geschädigten die Beweiserleichterung des § 287 Abs. 1 ZPO zugutekommt […]*

Eine sehr weitgehende **Aufweichung** des Verbotes der **vorweggenommen Beweiswürdigung** leitet der BGH in der folgenden Entscheidung aus § 287 ZPO ab. 38

BGH, NJW 1996, 2501, 2502:

[§ 287 ZPO] stellt den Richter insbesondere hinsichtlich des Umfangs der Beweiserhebungspflicht freier. Ob und inwieweit eine beantragte Beweisaufnahme oder von Amts wegen ein Sachverständigengutachten anzuordnen ist, bleibt danach dem pflichtgemäßen Ermessen des Richters überlassen (§ 287 Abs. 1 S. 2 ZPO). Im Unterschied zu den Anforderungen des § 286 Abs. 1 ZPO kann er von einer weiteren Beweisaufnahme absehen, wenn ihm bereits hinreichende Grundlagen für ein Wahrscheinlichkeitsurteil zur Verfügung stehen […]. Das hat für den Geschädigten eine Beweiserleichterung zur Folge, bedeutet aber auf der anderen Seite auch, dass ***der Richter die Tatsachen nicht weiter aufzuklären braucht****, wenn der Nachweis bisher nicht ansatzweise geführt und bereits hinreichend erkennbar ist, dass die noch zur Verfügung stehenden Beweise nicht ausreichen werden, die Behauptung des Kl. mit Wahrscheinlichkeit zu be-*

73 KG NZV 2000, 164; BGH NJW 2003, 1116.

74 BGH NJW 1992, 3298.

75 Ebenso BGH BeckRS 2010, 23439.

> *legen.* ***In diesem Rahmen ist dem Richter eine vorweggenommene Beweiswürdigung erlaubt*** *[…]*

Diese Entscheidung wird viel zu wenig beachtet. Besagt sie doch, dass das Gericht, wenn die Voraussetzungen des § 287 ZPO im Übrigen erfüllt sind, von einer Beweiserhebung nicht nur absehen darf, wenn es sich schon so in der Lage sieht, etwa den Schadensumfang zu bestimmen, sondern dass es trotz entscheidungserheblichen Sachvortrages im Rahmen des § 287 ZPO einen Beweisantritt zurückweisen darf, **wenn das Gelingen des Schadensnachweises unwahrscheinlich** ist.

Zu einem Kartellschadenersatzfall, BGH NJW 2020, 1430, 1433 f.:

> *Die nach § 287 ZPO vorzunehmende Würdigung hat alle Umstände einzubeziehen, die festgestellt sind oder für die diejenige Partei, die sich auf einen ihr günstigen Umstand mit indizieller Bedeutung für oder gegen einen Preiseffekt des Kartells beruft, Beweis angeboten hat. Der Tatrichter ist jedoch nicht gezwungen, jeden angebotenen Beweis zu erheben. Weil er bei der Behandlung von Anträgen zum Beweis von Indizien freier gestellt ist als bei sonstigen Beweisanträgen, darf und muss er bei einem Indizienbeweis vor der Beweiserhebung prüfen, ob die vorgetragenen Indizien – ihre Richtigkeit unterstellt – ihn von der Wahrheit der Haupttatsache überzeugten. Führt diese Prüfung zu dem Ergebnis, dass auch der Nachweis der in Rede stehenden Hilfstatsachen die richterliche Überzeugung von der Haupttatsache nicht begründen könnte, dürfen Beweisanträge, die diese Hilfstatsachen betreffen, abgelehnt werden. Dies gilt entsprechend für diejenigen Indizien, die der Gegner der beweisbelasteten Partei vorbringt. Kann der Tatrichter die Überzeugung von der Haupttatsache auch dann gewinnen, wenn er die behaupteten gegenläufigen Indiztatsachen – mit dem vollen Gewicht, das ihnen zukommen kann – als wahr unterstellt, bedarf es auch in diesem Fall keiner Beweiserhebung.*

39 Der nach § 287 ZPO begünstigte Nachweis der haftungsausfüllenden Kausalität ist der des **Ursachenzusammenhangs** zwischen Rechtsbeeinträchtigung und Schaden.[76] Denn dieser Nachweis des Ursachenzusammenhangs zwischen schädigendem Ereignis und Schadensfolge ist häufig schwer zu führen.

Dazu ein Fall aus der Praxis:

Der Kläger nimmt den Beklagten auf Schadensersatz und Schmerzensgeld in Anspruch und behauptet dazu, der Beklagte habe ihn am Kopf verletzt; seither leide er unter Tinnitus. Der Kläger hat Tatsachen vorzutragen und den Anforderungen des § 286 ZPO genügend zu beweisen, ob und in welchem Umfang der Beklagte für seine Kopfverletzung verantwortlich ist. Er muss auch beweisen, dass er aufgrund der Kopfverletzung an Tinnitus leidet; dafür kommt ihm aber die Beweiserleichterung des § 287 ZPO zu Hilfe.

76 BGH NJW 2020, 1430; Anders/Gehle/*Hartmann*, § 287 Rn 10.

Es ist gerichtsbekannt, dass Kopfverletzungen eine solche Erkrankung auslösen können.

Das Gericht hat deshalb hinreichende Anhaltspunkte, dem Kläger in seiner Beweisnot zu helfen und ihn gemäß § 287 Abs. 1 S. 3 ZPO zu seinem eigenen Vorbringen zu **vernehmen**, ohne dass die Voraussetzungen des § 448 ZPO vorliegen müssten. Diese Vernehmung ist **Beweismittel**, nicht lediglich Anhörung im Sinne von § 141 ZPO, vgl. Rdn 96 ff. Kraft der ausdrücklichen gesetzlichen Regelung kommt sie aber nur für Fälle des Schadensersatzes nach § 287 Abs. 1 ZPO, nicht für sonstige vermögensrechtliche Ansprüche nach § 287 Abs. 2 ZPO in Betracht.

2. Besonderheit: Neurotische Erkrankungen

a) Unfallneurose

Besondere Schwierigkeiten ergeben sich, wenn ein Kläger als Unfallfolge eine 40
neurotische Erkrankung behauptet; sie ist nicht selten Folge von HWS-Schleudertraumata. Häufig wird aufgrund unangemessener Erlebnisverarbeitung des Unfallgeschehens eine psychische Fehlentwicklung, eben eine Neurose ausgelöst. Nach der Rspr. des BGH[77] haftet der Schädiger für eine derartige seelische Reaktion, auch wenn sie nicht auf eine organische Schädigung zurückzuführen ist.

Dem Verletzten kann dann vom Schädiger nicht entgegengehalten werden, er sei psychisch labil und nur deshalb habe der Unfall die Neurose auslösen können.[78]

BGH NJW 1996, 2425, 2426:[79]

> *Die Zurechnung solcher Schäden scheitert nicht daran, dass sie auf einer konstitutiven Schwäche des Verletzten beruhen. Der Schädiger kann sich nach ständiger Rechtsprechung nicht darauf berufen, dass der Schaden nur deshalb eingetreten [sei] oder ein besonderes Ausmaß erlangt hat, weil der Verletzte infolge von körperlichen Anomalien oder Dispositionen* ***zur Krankheit besonders anfällig*** *gewesen sei. Wer einen gesundheitlich geschwächten Menschen verletzt, kann nicht verlangen, so gestellt zu werden, als wenn der Betroffene gesund wäre [...]*

Einschränkend BGH NJW 2004, 1945:

> *Besteht bei zwei voneinander unabhängigen Schadensfällen (hier: HWS-Verletzungen) der Beitrag des Erstunfalls zum endgültigen Schadensbild nur darin, dass eine anlagebedingte Neigung des Geschädigten zu psychischer Fehlverarbeitung geringfügig verstärkt wird, so reicht das nicht aus, um eine Haftung des Erstschädigers für die Folgen des Zweitunfalls zu begründen [...]*

77 BGH NJW 1991, 747.

78 BGH NJW 1986, 777, 778; OLG Düsseldorf BeckRS 2018, 38629.

79 So auch BGH NJW 2012, 2964.

Es liegt auf der Hand, dass der Nachweis der Ursächlichkeit des Unfallereignisses für die psychische Erkrankung häufig schwer zu führen ist. Dem Geschädigten kommt aber auch insoweit wiederum die Beweiserleichterung des § 287 ZPO zur Hilfe. Wenn das Auftreten der neurotischen Beeinträchtigungen in einem nahen zeitlichen Zusammenhang mit dem Unfallereignis steht und ein Sachverständiger bekundet, dass die Ursächlichkeit des Unfallereignisses eine gewisse Wahrscheinlichkeit hat, müsste der Beklagte schon besondere Gründe aufzeigen, wenn die Erkrankung nicht als Unfallfolge gewertet werden soll.

41 Das ist aber dann anders, wenn die psychischen Beschwerden nach einem Unfall auftreten, der normalerweise gar nicht zu einer HWS-Verletzung führen kann; also etwa bei einem Auffahrunfall mit einer kollisionsbedingten Geschwindigkeitsänderung von bis zu 10 km/h.

OLG Hamm r+s 2000, 502, 503:

> *Zwar setzt ein sog. „HWS-Schleudertrauma" nicht voraus, dass es im HWS-Bereich unfallbedingt nachweislich zu einer Strukturveränderung gekommen ist. I.S.d. § 823 Abs. 1 BGB besteht die Körperverletzung in der Befindlichkeitsbeeinträchtigung und nicht in dem morphologischen Substrat, durch das diese ausgelöst wird. Denn nicht die Materie, sondern die körperliche Befindlichkeit ist das geschützte Rechtsgut (vgl. BGH VersR 1994, 55; ferner Senat in VersR 99, 990). Diese Befindlichkeitsbeeinträchtigung darf allerdings nicht nur ganz unwesentlich sein. Vor allem muss es aber um eine körperliche Befindlichkeitsbeeinträchtigung gehen und nicht lediglich um eine psychische. Denn es geht um die körperliche Integrität und nicht um die psychische. […] Auch muss diese nicht ganz unwesentliche Befindlichkeitsbeeinträchtigung im Wege des **Vollbeweises nach § 286 ZPO** nachgewiesen werden; d.h. ihr Vorliegen muss mit an Sicherheit grenzender Wahrscheinlichkeit feststehen; eine erhebliche Wahrscheinlichkeit reicht insoweit nicht aus.*

Das OLG Hamm[80] bestätigt deshalb die Abweisung der Klage eines zum Unfallzeitpunkt 43-jährigen Diplomingenieurs, auf dessen vor einer Ampel haltenden Pkw ein anderer Pkw mit einer Geschwindigkeit von 7 km/h aufgefahren war und der vier Stunden nach dem Unfall Beschwerden im Schulter- und Nackenbereich verspürte und seither über weitere Beeinträchtigungen klagt. Obwohl das OLG nicht davon ausgeht, dass der Kläger simuliert, hat es seine Klage abgewiesen und sich dafür u.a. auf die oben bereits zitierte Entscheidung des BGH[81] berufen. Denn zwar setze die Ersatzpflicht nicht voraus, dass die psychisch bedingten Ausfälle eine organische Ursache hätten, aber BGH NJW 1996, 2425:

80 OLG Hamm r+s 2000, 502, 503.

81 BGH NJW 1996, 2425, 2426.

Handelt es sich bei den psychisch vermittelten Beeinträchtigungen hingegen nicht um schadensausfüllende Folgewirkungen einer Verletzung, sondern treten sie haftungsbegründend erst durch die psychische Reaktion auf ein Unfallgeschehen ein, wie dies in den sog. Schockschadensfällen regelmäßig und bei Aktual- und Unfallneurosen häufig der Fall ist, so kommt eine Haftung nur in Betracht, wenn die Beeinträchtigungen selbst Krankheitswert besitzen, also eine Gesundheitsbeeinträchtigung i.S.d. § 823 Abs. 1 BGB darstellen […]

b) Rentenneurose

Etwas anderes gilt auch im Fall der sogenannten **Rentenneurose, bei der der Unfall unbewusst** zum Anlass genommen wird, sich den Belastungen des Erwerbslebens zu entziehen. Hier führt die psychische Fehlleistung der Unfallverarbeitung dazu, dass der Unfall (wenn auch unbewusst!) zum Anlass genommen wird, in körperliche Beschwerden zu **flüchten**.[82] Der Unterschied zu der eine Schadensersatzpflicht auslösenden Neurose liegt darin, dass in diesen Fällen das Schadensereignis nur einen **zufälligen**, seinem Wesen nach auswechselbaren Kristallisationspunkt für die Kompensation innerer Konflikte bildet.[83] **42**

Aufgrund seiner besonderen Persönlichkeitsstruktur kompensiert der Geschädigte anlässlich des Unfalls latente innere Konflikte und **flüchtet** in eine Neurose, die keinen Bezug mehr zu dem Unfallgeschehen aufweist.[84] In einem solchen Fall sind die psychischen Beeinträchtigungen nur rein zufällig durch das Unfallgeschehen ausgelöst worden, hätten in gleicher Weise auch aus womöglich geringfügigen anderen Anlässen eintreten können und gehören deshalb zum **allgemeinen Lebensrisiko** des Verletzten, das dieser entschädigungslos zu tragen hat.[85] In diesen Fällen wird also ein Schadensersatzanspruch mit der Begründung versagt, in den Gesundheitsschäden aus Anlass des Unfalls **aktualisiere sich lediglich das außerhalb des Schutzbereichs der verletzten Norm liegende allgemeine Lebensrisiko**.[86]

Da es nun außerordentlich schwierig ist festzustellen, ob die Neurose lediglich eine (wenn auch unbewusste) Flucht in die Krankheit darstellt oder nicht, wäre der ganze Begründungsaufwand müßig, wenn Zweifel zulasten des Geschädigten gingen. Die **Beweislast** für die Behauptung, bei der unfallbedingten Neurose handele es sich um eine nicht entschädigungspflichtige Rentenneurose, trägt aber der **Schädiger**.[87] **43**

82 BGH NJW 1986, 777, 779; BGH NJW 2012, 2964, 2965; OLG Saarbrücken NJW-RR 2018, 1112, 1115.

83 BGH NJW 1979, 1935, 1936.

84 BGH NJW 1991, 747; OLG Düsseldorf BeckRS 2018, 38629.

85 BGH VersR 1991, 432; BGH NJW 2012, 2964, 2965.

86 BGH NJW 1993, 1523; BGH NJW 2012, 2964, 2965.

87 BGH NJW 1993, 1523; BGH NZV 2003, 328, 329; KG NZV 2003, 328, 329.

BGH NZV 2003, 328:

Die Beweislast dafür, dass die Unfallfolgen in keinem inneren Zusammenhang stehen, sondern sich durch den Unfall letztlich nur das allgemeine Lebensrisiko des Geschädigten verwirklicht hat, trägt der Schädiger.

Wie jeder Geschädigte ist auch der unfallbedingt psychisch Erkrankte gemäß § 254 Abs. 2 BGB generell gehalten, den Schaden abzuwenden oder zu mindern; etwa indem er sich einer therapeutischen Behandlung unterzieht.

Aber OLG Hamm VersR 1997, 374:

Den Verletzten trifft kein Mitverschulden, wenn er eine Psychotherapie verweigert, weil er wegen seiner psychischen und intellektuellen Anlage die Notwendigkeit einer Therapie nicht erkennt.

Auf die Zumutbarkeit der einer therapeutischen Behandlung abstellend, BGH NJW 2015, 2246, 2247:

Der Umstand, dass die Klägerin sich nach den getroffenen Feststellungen mit Rücksicht auf die mit einer Behandlung verbundene Trennung von ihren Kindern nicht weiter therapieren ließ, könnte ein Mitverschulden begründen, wenn der Klägerin eine weitere Behandlung der Essstörung zumutbar gewesen wäre.

44 **Kein** Schadensersatzanspruch kann einem Geschädigten aus einem sog. **Bagatellereignis** erwachsen; allerdings werden strenge Anforderungen an die Annahme gestellt, dass nur ein Bagatellereignis gegeben ist.[88]

Zunächst einmal kommt es auf die durch den Unfall erlittene Primärverletzung an. Diese ist als Bagatellereignis zu werten, wenn sich die Beeinträchtigung im Rahmen dessen hält, woran man sich schon aufgrund des Zusammenlebens mit anderen Menschen gewöhnt hat und häufiger vergleichbaren Störungen seiner Befindlichkeit ausgesetzt ist.

Wie oben, Rdn 40, bereits ausgeführt steht dem Anspruch des Verletzten nicht entgegen, dass der Unfall nur deshalb zu einer psychischen Störung hat führen können, weil der Verletzte eine negative psychische Veranlagung hat. Wohl aber hat der BGH[89] entsprechend seiner Rspr. zum Schmerzensgeld es im Rahmen der Billigkeit für geboten erachtet, u.U. eine **Reduzierung** des Schmerzensgeldes, aber auch einen **prozentualen Abschlag** von seinem Verdienstausfall vorzunehmen.

Der Tatrichter soll bei psychischen Vorschäden durch ein Gutachten klären lassen, ob die Erwerbsunfähigkeit auch ohne Unfall (früher oder später) eingetreten wäre.[90]

88 BGH NJW 1998, 810; BGH NJW 2015, 2246.

89 BGH JZ 1980, 680.

90 *Müller*, VersR 1998, 133, 135.

BGH JZ 1998, 680 m. Anm. *Schiemann*:

Beruht die vom Geschädigten geltend gemachte Erwerbsunfähigkeit auf einer psychischen Fehlverarbeitung des Schadensereignisses, so kann es der Tatrichter für Dauer und Höhe eines etwa in Betracht kommenden Verdienstausfallschadens berücksichtigen, wenn eine Prognose mit einer für § 287 ZPO ausreichenden Wahrscheinlichkeit ernsthafte Risiken für die Entwicklung der Berufslaufbahn des Geschädigten aufgrund seiner vorgegebenen psychischen Struktur ergibt.

Die **Darlegungs- und Beweislast** für diesen Einwand der „überholenden Kausalität" liegt dann beim Schädiger.[91]

3. § 287 ZPO im Vertragsrecht

Der Anwendungsbereich des § 287 ZPO beschränkt sich nicht auf das Deliktsrecht, sondern kommt auch im **Vertragsrecht** zum Tragen. 45

Nach dem BGH in NJW 1993, 3073, 3076 erstreckt sich der Bereich des nach § 286 ZPO zu beweisenden Haftungsgrundes nur bis zur Feststellung, wenn der Kläger einen Anspruch aus Vertragsverletzung geltend macht, der auf Ersatz eines reinen Vermögensschadens gerichtet ist.

Der Vertragspartner sei von dem Verstoß so betroffen, dass nachteilige Folgen für ihn eintreten konnten. Für den Nachweis der Ursächlichkeit der Vertragsverletzung für den eigentlichen Schadenseintritt ist dagegen die Beweiserleichterung des § 287 ZPO maßgebend [...]. Der von der Klägerin nach § 286 ZPO zu führende Beweis darf danach nicht so weit ausgedehnt werden, dass für die Beweiserleichterung des § 287 ZPO nur noch die Höhe eines etwaigen Schadens verbliebe.

Und BGH NJW 2000, 2814, 2815 zur Anwaltshaftung:

Bei einem Schadensersatzanspruch aus Vertragsverletzung gehört der Ursachenzusammenhang zwischen Pflichtverletzung und dem Eintritt eines daraus erwachsenen allgemeinen Vermögensschaden [...] nicht mehr zur haftungsbegründenden, sondern zur sog. haftungsausfüllenden Kausalität.

4. Entgangener Gewinn

Für die Geltendmachung entgangenen Gewinns gewährt sowohl die materiellrechtliche Bestimmung des § 252 BGB wie auch die prozessuale des § 287 ZPO dem Geschädigten gegenüber dem Schädiger **Beweiserleichterungen**. Er kann den entgangenen Gewinn geltend machen, welcher nach dem gewöhnlichen Lauf der 46

91 Vgl. *Heß*, NZV 1998, 402, 404.

Dinge oder nach den besonderen Umständen mit Wahrscheinlichkeit erwartet werden konnte.

Der Geschädigte braucht lediglich **Ausgangs- und Anknüpfungstatsachen** für eine Schadensbestimmung vorzutragen und gegebenenfalls zu beweisen.[92] Er muss nicht nachweisen, welcher Schaden ihm unter Berücksichtigung der Umstände des Einzelfalles konkret entstanden ist. Es wird nämlich kraft Gesetzes vermutet, dass der Geschädigte mindestens den nach dem **gewöhnlichen Lauf der Dinge** wahrscheinlichen Gewinn gezogen hätte.

Der **Schädiger** kann diese Vermutung nur dadurch widerlegen, dass er Umstände beweist, aus denen sich ergibt, dass der Geschädigte einen solchen Gewinn nicht gehabt hätte.[93]

Die vorgetragenen Tatsachen **erfordern nicht den zwingenden Schluss** auf den behaupteten Schaden; es genügt der Nachweis von Tatsachen, die den Schadenseintritt als Folge des schädigenden Ereignisses **wahrscheinlich** machen.

BGH NJW 2005, 3348, 3349:

> *[D]er Tatrichter [darf] sich seiner Aufgabe, auf der Grundlage des § 252 BGB und § 287 ZPO eine Schadensermittlung vorzunehmen, nicht vorschnell unter Hinweis auf die Unsicherheit möglicher Prognosen entziehen. Wird dem Geschädigten durch vertragswidriges Verhalten des Schädigers die Möglichkeit genommen oder beschränkt, sein neues Produkt auf den Markt zu bringen, darf der Wahrscheinlichkeitsnachweis nicht schon deshalb als nicht geführt angesehen werden, weil sich eine überwiegende Wahrscheinlichkeit nicht feststellen lässt.*

Darüber hinaus kommt dem Geschädigten zum Nachweis des ihm entstandenen Schadens § 287 ZPO zur Hilfe (Schadensschätzung, geringere Anforderungen an die Wahrscheinlichkeit, auf die der Richter seine Überzeugung stützen darf und **muss**).

47 Trotz der dem Geschädigten zum Nachweis seines Schadens eingeräumten Vergünstigungen, darf aber ein selbstständiger Gewerbetreibender seinen Schaden **nicht abstrakt** berechnen; vielmehr bedarf es der Darlegung konkreter Anhaltspunkte für die Schadensermittlung; das gilt auch im Rahmen der Schadensschätzung nach § 252 S. 2 BGB und § 287 ZPO.[94]

Wegen der Schwierigkeiten, die hypothetische Entwicklung eines Geschäftsbetriebes zu ermitteln, dürfen jedoch keine zu hohen Anforderungen gestellt werden.[95] Da nicht eine Momentaufnahme Maßstab für die künftige Entwicklung sein kann,

92 BGH NJW 1988, 3016, 3017.

93 BGH NJW 1987, 1703, 1707.

94 Vgl. z.B. LG Osnabrück NZV 2002, 190.

95 BGH VersR 1992, 618; OLG Nürnberg NJOZ 2003, 1772.

ist es in der Praxis üblich, dass das Gericht dem Geschädigten aufgibt, die **Einkommensteuererklärung** der letzten drei Jahre vorzulegen. Es ist dann Sache des **Schädigers** nachzuweisen, dass in dem konkreten Fall ein geringerer Gewinn angefallen wäre.[96]

Stößt die Darlegung des nach dem gewöhnlichen Lauf der Dinge zu Erwartenden auf unüberwindbare Schwierigkeiten, hat das Gericht dem Geschädigten im Wege der Schätzung wenigstens ein **Existenzminimum** zuzusprechen.[97]

E. Anscheinsbeweis, insbesondere am Beispiel des Verkehrsunfalls

I. Grundlagen des Anscheinsbeweises

Der Anscheins- oder prima-facie-Beweis[98] ist gesetzlich nicht geregelt, sondern eine Schöpfung der Rechtsprechung und mittlerweile (gewohnheitsrechtlich) anerkannt.[99] Der Anscheinsbeweis ermöglicht es, vom Vorliegen eines schuldhaften Verhaltens oder eines ursächlichen Zusammenhangs auszugehen, obwohl die korrespondierenden Tatsachen nicht feststehen. Es wird also mithilfe der allgemeinen Lebenserfahrung eine Lücke in der Sachverhaltsfeststellung überbrückt.[100] Es handelt sich um eine Methode der indirekten Beweisführung.[101] **48**

BGH GRUR 2017, 386, 388:[102]

> *Der Beweis des ersten Anscheins greift bei typischen Geschehensabläufen ein, also in Fällen, in denen ein bestimmter Tatbestand nach der Lebenserfahrung auf eine bestimmte Ursache für den Eintritt eines bestimmten Erfolges hinweist. Im Wege des Anscheinsbeweises kann gegebenenfalls von einem bestimmten eingetretenen Erfolg auf die Ursache geschlossen werden. Dieser Schluss setzt einen typischen Geschehensablauf voraus. Typizität bedeutet in diesem Zusammenhang allerdings nur, dass der Kausalverlauf so häufig vorkommen muss, dass die Wahrscheinlichkeit, einen solchen Fall vor sich zu haben, sehr groß ist.*

Der Rückschluss auf das schuldhafte Verhalten oder den ursächlichen Zusammenhang ist in diesen Fällen mithin zulässig, da es bestimmte Erfahrungssätze gibt, die entweder das schuldhafte Verhalten oder den ursächlichen Zusammenhang nahelegen.

96 Vgl. z.B. LG Osnabrück NZV 2002, 190.
97 BGH NJW-RR 1989, 606.
98 *Doukoff*, SVR 2015, 245.
99 *Reimer*, NZV 2018, 258 ff.; BLP/*Laumen*, Bd. 1, Kap. 17 Rn 5.
100 BLP/*Laumen*, Bd. 1, Kap. 17 Rn 4.
101 *Doukoff*, SVR 2015, 245.
102 Vgl. auch BGH r+s 2023, 971, 974.

BGH BeckRS 2018, 11143:[103]

> *Der Anscheinsbeweis greift jedoch nicht ein, wenn das Geschehen Umstände aufweist, die es ernsthaft als möglich erscheinen lassen, dass das Schadensereignis anders abgelaufen ist als nach dem Muster der der Anscheinsregel zugrundeliegenden Erfolgstypik; das ist der Fall, wenn besondere Umstände hinzukommen, die wegen der Abweichungen des Sachverhalts von den typischen Sachverhalten einen anderen Geschehensablauf als ernsthafte, ebenfalls in Betracht kommende Möglichkeit nahelegen.*

Gelingt es den beweisbelasteten Parteien, die Voraussetzungen eines Anscheinsbeweises darzulegen und zu beweisen, ist der ursächliche Zusammenhang oder das schuldhafte Verhalten bewiesen.[104]

Aber BGH GRUR 2017, 386, 388:[105]

> *Der Anscheinsbeweis ist entkräftet (erschüttert), wenn der Gegner die ernsthafte Möglichkeit eines anderweitigen Geschehensablaufs beweist.*

Der Anscheinsbeweis hat mithin zwei Voraussetzungen: (i) das Vorliegen eines typischen Geschehensablaufs und (ii) Erfahrungssätze, die von einem typisierten Geschehensablauf auf das Verschulden oder einen Ursachenzusammenhang schließen lassen. Die Darlegungs- und Beweislast für die tatsächlichen Voraussetzungen des Anscheinsbeweises trägt die Partei, die aus ihm Rechtsfolgen für sich herleiten möchte.[106]

II. Typische Geschehensabläufe/Erfahrungssätze

49 Voraussetzung für einen Anscheinsbeweis ist das Vorliegen eines typischen Geschehensablaufs bzw. eines Erfahrungssatzes, der zur Begründung der vollen richterlichen Überzeugung geeignet ist.[107] Die den Anscheinsbeweis konstituierende Lebenserfahrung beruht mithin auf Erfahrungssätzen, aus vielen sinnesmäßig beobachteten gleichförmigen Einzeltatsachen abgeleiteten Allgemeinregeln, wonach nach oftmaliger Wiederholung gewisser Vorgänge ihre Wiederkehr auch in der Zukunft erwartet werden kann.[108]

BGH NJW-RR 1988, 789, 790:[109]

> *Der Anscheinsbeweis ist bei **typischen Geschehensabläufen** anwendbar zum Nachweis des **ursächlichen Zusammenhangs** und des **Verschuldens**. Er er-*

103 BGH NJW 1991, 230, 231; BGH NJW 2012, 2263, 2264.
104 *Reimer*, NZV 2018, 258 ff.
105 BGH NJW-RR 2007, 1077; BGH NJW 2010, 1072, 1073; BGH NJW 2013, 1092.
106 BLP/*Laumen*, Bd. 1, Kap. 17 Rn 31.
107 BGH r+s 2023, 971, 974.
108 *Doukoff*, SVR 2015, 245, 246.
109 Vgl. auch BGH NJW 2010, 1072 ff.; BGH r+s 2014, 149, 150.

laubt es, in solchen Fällen aufgrund einer bestimmten Wirkung eine bestimmte Ursache ***und umgekehrt****, sowie das* ***Verschulden*** *beteiligter Personen als bewiesen anzusehen. Er setzt jedoch voraus, dass ein Tatbestand feststeht, bei dem der behauptete ursächliche Zusammenhang oder das behauptete Verschulden typischerweise gegeben ist, beruht also auf der Auswertung von Wahrscheinlichkeiten, die aufgrund der Lebenserfahrung anzunehmen sind […]. Es muss sich also um ein Geschehen gehandelt haben, bei dem die Regeln des Lebens und der Erfahrung des Üblichen und Gewöhnlichen dem Richter die Überzeugung (§ 286 ZPO) vermitteln, dass auch in dem von ihm entschiedenen Fall der Ursachenverlauf so gewesen ist, wie in den vergleichbaren Fällen […]*

Laumen wählt zur Illustration eines typischen Geschehensablaufs / Erfahrungssatzes folgenden Fall: „Eine Kundin rutscht in einem Lebensmittelmarkt aus und verletzt sich dabei schwer. In dem unmittelbaren Bereich, in dem sie hingefallen ist, lag ein Salatblatt herum. Eine Zeugin hat nach dem Unfall beobachtet, dass dieses Salatblatt zertreten war." Hier spricht der Beweis des ersten Anscheins dafür, dass die Kundin auf dem Salatblatt ausgerutscht ist. Abstrakter formuliert lässt sich der typische Geschehensablauf so formulieren: Wenn sich der Sturz einer Person (Kundin) in unmittelbarer Nähe einer Gefahrenquelle (zertretenes Salatblatt) ereignet, kann typischerweise davon ausgegangen werden, dass der Sturz auf diese Gefahrenquelle zurückzuführen ist.[110]

BGH NJW 2010, 1072 ff.:

Dieser Schluss setzt einen typischen Geschehensablauf voraus. Typizität bedeutet in diesem Zusammenhang allerdings nur, dass der Kausalverlauf so häufig vorkommen muss, dass die Wahrscheinlichkeit, einen solchen Fall vor sich zu haben, sehr groß ist.

Kommen für den eingetretenen Schaden zwei unabhängig voneinander denkbare typische Geschehensabläufe in Betracht (Beispiel: Sturz wegen unterlassenen Streuens oder unterlassenen Schneeräumens), so reicht es aus, dass einer dieser Anscheinstatbestände greift, soweit beide in Betracht kommenden Möglichkeiten eine Haftung des in Anspruch genommenen begründen. Führt jedoch nur einer der Geschehensabläufe zur Haftung der anderen Partei, so ist zu klären, welcher Fall eingreift.[111] **50**

BGH MDR 1954, 349:

Kann ein Unfall durch zwei verschiedene Ursachen erklärt werden, die beide typische Geschehensabläufe sind, haftet der Beklagte aber nur für eine der möglichen Ursachen, so muß der Kläger nachweisen, daß gerade dieser Umstand ursächlich gewesen ist. Es kommt nicht darauf an, ob die eine oder die

110 BLP/*Laumen*, Bd. 1, Kap. 17 Rn 11 ff.

111 BLP/*Laumen*, Bd. 1, Kap. 17 Rn 17.

andere Möglichkeit nach den Erfahrungen des täglichen Lebens oder aus sonstigen Gründen eine größere Wahrscheinlichkeit für sich hat. In einem derartigen Fall kann weder der Beweis des ersten Anscheins noch § 287 ZPO zugunsten des Klägers angewendet werden.

Ähnlich auch das OLG Köln NZV 2005, 523:

Wird der Verlust eines Bargeldbetrages, der in einem Pkw während einer Unfallfahrt mitgeführt worden war, erst mehrere Tage nach dem Unfall durch den Kfz-Fahrer nach zwischenzeitlichem Krankenhausaufenthalt entdeckt, so spricht kein Anscheinsbeweis dafür, dass der Geldbetrag bei dem Unfallgeschehen abhanden gekommen ist.

III. Rechtsfolgen des Anscheinsbeweises

51 Hauptanwendungsbereich des Anscheinsbeweises ist im Ergebnis der Beweis der **Kausalität** und der **Fahrlässigkeit** einer Handlung.[112] Er ist aber nicht darauf beschränkt. Grundsätzlich kann der Anscheinsbeweis auch herangezogen werden, um andere Tatbestandsmerkmale zu beweisen, vorausgesetzt es sind genügend gesicherte Erfahrungsgrundsätze vorhanden, die den Schluss auf ein bestimmtes tatbestandsmerkmal zulassen.[113]

Steht ein Sachverhalt fest, der nach der Lebenserfahrung auf eine bestimmte Ursache oder einen bestimmten Geschehensablauf hinweist, ist diese Ursache oder dieser Ablauf, wenn er das Gepräge des Üblichen und Gewöhnlichen trägt, als bewiesen anzusehen.[114]

Es ist eine Gesamtschau des Geschehensablaufs unter Einbeziehung aller Einzelfakten vorzunehmen.[115] Je komplexer ein Sachverhalt ist und je weniger standardisierte Kausalverläufe denkbar sind, desto mehr entfernt man sich vom Anwendungsbereich des Anscheinsbeweises.

52 Grundsätzlich abgelehnt wird vom BGH[116] der Anscheinsbeweis für individuelle Verhaltensweisen von Menschen in bestimmten Lebenslagen. Denn ein entsprechender Willensentschluss werde von jedem Menschen nach verschiedenen, ihm besonders eigenen Gesichtspunkten gefasst.

BGH NJW 1988, 2040 (bei Vorsatztatbeständen):[117]

Durch die Lebenserfahrung gesicherte Typizität menschlichen Verhaltens und seiner Begleitumstände lässt sich nicht ausmachen, wenn es darum geht, ob der

112 BGH r+s 2016, 146, 149.
113 BLP/*Laumen*, Bd. 1, Kap. 17 Rn 44.
114 OLG München r+s 2000, 415.
115 BGH VersR 1986, 343; BGH r+s 2016, 146, 149; *Reimer*, NZV 2018, 258, 259.
116 BGHZ 31, 351, 357; BGHZ 100, 216.
117 Ebenso BGH VersR 2002, 613.

Versicherungsnehmer den Versicherungsfall ***in der Absicht****, den Versicherer in Anspruch zu nehmen,* ***vorsätzlich*** *herbeigeführt hat. Eine Beweisführung mittels Anscheinsbeweises kann deshalb in diesem Bereich nicht in Betracht kommen.*

Mangels typischen Geschehensablaufs ist auch ein Anscheinsbeweis für einen Selbstmord abgelehnt worden.[118]

Regelmäßig verneint wird eine Anwendung der Regeln des Anscheinsbeweises auch für die subjektive Seite der **groben** Fahrlässigkeit.[119]

BGH NJW 2003, 1118, 1119:

Es gibt keinen Grundsatz, nach dem das Nichtbeachten des Rotlichts einer Verkehrsampel stets als grob fahrlässige Herbeiführung des Versicherungsfalls anzusehen ist.

Das Nichtbeachten des roten Ampellichts wird wegen der damit verbundenen erheblichen Gefahren in aller Regel als objektiv grob fahrlässig anzusehen sein. Nach den jeweiligen Umständen kann es jedoch schon an den objektiven oder an den subjektiven Voraussetzungen der groben Fahrlässigkeit fehlen. Dies kann der Fall sein, wenn die Ampel nur schwer zu erkennen oder verdeckt ist und bei besonders schwierigen, insbesondere überraschend eintretenden Verkehrssituationen. Eine Beurteilung als nicht grob fahrlässig kann auch in Betracht kommen, wenn der Fahrer zunächst bei „Rot“ angehalten hat und dann in der irrigen Annahme, die Ampel habe auf „Grün“ umgeschaltet, wieder angefahren ist. Diese Beispiele sind nicht abschließend. ***Wegen der „Verschlingerung“ objektiver und subjektiver Gesichtspunkte und der Notwendigkeit, die Würdigung auf die besonderen Umstände des Einzelfalls abzustellen, lassen sich nur mit großen Vorbehalten allgemeine Regeln darüber entwickeln, wann eine unfallursächliche Fahrlässigkeit als grobe zu qualifizieren ist.***

Aber OLG Nürnberg NJW-RR 1994, 1184, 1185: 53

Allerdings kann sich die insoweit beweisbelastete Bekl. zum Nachweis, dass auch in subjektiver Hinsicht der Vorwurf grober Pflichtwidrigkeit begründet ist, nicht auf die Regeln des Anscheinsbeweises berufen (vgl. BGH VersR 1970, 568). Jedoch ist es [...] zulässig und berechtigt zu folgern, dass dem nach außen in Erscheinung getretenen menschlichen Verhalten auf der subjektiven Seite Vorstellung und Wille entspricht. Daher kann von dem äußeren Geschehensablauf und dem Ausmaß des objektiven Pflichtenverstoßes auf die subjektive Seite der Verantwortlichkeit geschlossen werden (vgl. OLG Karlsruhe VersR 1994, 211). Dementsprechend hat auch [...] [der BGH in NJW 1992, 2418] hervorgehoben, dass der Tatrichter aus dem äußeren Verhalten unter Umständen auf innere Vorgänge und Vorstellungen schließen kann und darf. Entschei-

118 BGH VersR 1987, 503.

119 BGH VersR 1974, 593.

dend ist dabei, ob in den äußeren Umständen dafür ein ausreichender Grund zu finden ist [...]

Die Rspr. des BGH kennt weitere Ausnahmen, in denen ein Anscheinsbeweis für individuelle Verhaltensweisen von Menschen zugelassen wird, z.B. der Anscheinsbeweis für die Vermutung beratungsgerechten Verhaltens, vgl. Rdn 276. Deswegen weisen beispielsweise *Doukoff* und *Laumen* auch zu Recht darauf hin, dass die Rechtsprechung des BGH mit Blick auf die Anwendung des Anscheinsbeweises bei individuell geprägten Verhaltensweisen nicht widerspruchsfrei ist.[120]

IV. Beweislast und Gegenbeweis beim Anscheinsbeweis

54 Die Feststellung der Typizität erfolgt nicht aufgrund statistischer Erhebungen oder der Einholung von Sachverständigengutachten, sondern der Richter beruft sich auf seine **eigene Lebenserfahrung**.[121] Die erstinstanzlichen Gerichte zeigen zumeist große Zurückhaltung darin, ihrer eigenen Lebenserfahrung Allgemeingültigkeit beizumessen, so dass es vornehmlich die Obergerichte sind, insbesondere der BGH, die Sätze des Anscheinsbeweises entwickeln.

Da mit den eingangs dargestellten Formeln wenig gewonnen ist, um zu beurteilen, ob dem **konkreten Fall** die erforderliche Typizität zukommt, hat sich eine ausufernde Kasuistik entwickelt, die eine Partei – insbesondere wenn sie in Beweisnot ist – darauf überprüfen muss, ob sich eine einschlägige Entscheidung findet.

55 Der Anscheinsbeweis **ändert nichts an der Darlegungs- und Beweislast**.[122] Er erleichtert dem Darlegungspflichtigen nur den Sachvortrag, weil er sich darauf beschränken kann, einen Sachverhalt vorzutragen, der einen typischen Geschehensablauf darstellt. Auch wenn der Sachverhalt vom Gegner bestritten wird, ist der Nachweis der anspruchsbegründenden Tatsachen geführt, sofern nur der typische Geschehensablauf unstreitig oder bewiesen ist. Der Anscheinsbeweis führt mithin dazu, dass die beweisbelastete Partei keine Einzelheiten des Kausalverlaufs darlegen muss. Der konkrete Geschehensablauf muss gerade nicht festgestellt werden.

BGH NJW 2010, 1072, 1073:

Die Funktion dieser Beweiserleichterung, den Anspruchsteller vom Vortrag konkreter – ihm zumeist unbekannter – Einzelheiten des Kausalverlaufs zu entlasten, würde nicht unbeträchtlich entwertet, wenn dem Anspruchsteller abverlangt würde, als Teil des typischen Lebenssachverhalts vorzutragen und zu beweisen, dass bestimmte Einzelheiten, welche die Gegenseite zum Kausalverlauf vorträgt, unrichtig seien. Der Anscheinsbeweis unterscheidet sich von Feststellungen nach allgemeinen Beweisregeln gerade dadurch, dass der konkrete Ge-

120 BLP/*Laumen*, Bd. 1, Kap. 17 Rn 55 ff.; *Doukoff*, SVR 2015, 245, 252.

121 Vgl. *Doukoff*, SVR 2015, 245, 248 f.

122 BLP/*Laumen*, Bd. 1, Kap. 17 Rn 31.

schehensablauf nicht festgestellt zu werden braucht, weil von einem typischen Hergang ausgegangen werden kann, solange nicht von dem Gegner Tatsachen bewiesen werden, die den Anschein entkräften.

Der Anscheinsbeweis ist aber nur „**vorläufiger**" Beweis.[123] Der Beweisgegner kann seine Wirkung zu Fall bringen, indem er einen Sachverhalt vorträgt und im Bestreitensfalle **beweist**, der einen **abweichenden Geschehensablauf** ernsthaft in Betracht ziehen lässt.[124]

Der Gegner braucht **keinen Gegenbeweis** zu führen, sondern den Anscheinsbeweis lediglich zu **erschüttern**.[125] Der Anscheinsbeweis ist erschüttert, wenn der Gegner Tatsachen vorträgt und **beweist**, die geeignet sind, dem Geschehensablauf das Typische zu nehmen; der Erfahrungssatz begründet dann eben nicht mehr die Wahrscheinlichkeit, dass eine bestimmte Ursache eine bestimmte Wirkung hat oder umgekehrt. 56

BGH NJW-RR 1986, 323:

Der Anscheinsbeweis ist entkräftet, wenn der Versicherungsnehmer Umstände nachweist, aus denen sich die reale Möglichkeit eines abweichenden Geschehensverlaufs ergibt.

[…] Er ist demnach schon dann entkräftet, wenn der Gegner der beweisbelasteten Partei Umstände nachweist, aus denen sich die ernsthafte („reale") Möglichkeit eines abweichenden Geschehensverlaufs ergibt […]

Dass ein anderer Geschehensablauf **denkmöglich** ist, reicht zur Erschütterung des Anscheinsbeweises nicht aus. 57

OLG Karlsruhe r+s 1993, 454:

Allein die Möglichkeit, dass ein technischer Defekt die Unfallursache gewesen sein kann, reicht zur Erschütterung des Anscheinsbeweises nicht aus.

OLG München NJW-RR 2014, 601, 602:

Erschüttert ist der Anscheinsbeweis, wenn die ernsthafte (reale) Möglichkeit eines anderen, als des erfahrungsgemäßen Geschehensablaufs besteht. Die Tatsachen, aus denen diese ernsthafte Möglichkeit hergeleitet wird, müssen unstreitig oder (voll) bewiesen sein. Zweifel gehen zulasten dessen, gegen den der Anscheinsbeweis streitet. Allein die Möglichkeit, dass ein technischer Defekt die Unfallursache gewesen sein kann, reicht zur Erschütterung des Anscheinsbeweises nicht aus.

123 *Lepa*, NZV 1992, 130.

124 BGH r+s 2014, 149, 150.

125 Musielak/Voit/*Foerste*, § 286 Rn 65; *Reimer*, NZV 2018, 258, 259.

Ist der Anscheinsbeweis erschüttert, tritt wieder die übliche Beweisführungslast in Kraft.[126]

V. Beispiele für die Anwendung des Anscheinsbeweises

1. Anscheinsbeweis im Straßenverkehr

58 Der Anscheinsbeweis spielt insbesondere in zivilrechtlichen Auseinandersetzungen, die den Straßenverkehr betreffen, eine zentrale Rolle.[127] Nachfolgend werden diverse Beispiele angegeben, um die voranstehenden abstrakteren Prinzipien zu veranschaulichen.

a) Abbiegen

59 Stößt ein **Linksabbieger** mit einem entgegenkommenden Fahrzeug zusammen, spricht der Anscheinsbeweis für ein Verschulden des Linksabbiegers.[128] Stößt ein überholendes Fahrzeug mit einem Grundstücksabbieger zusammen, spricht ein Anscheinsbeweis für das Verschulden des Grundstücksabbiegers. Eine Alkoholisierung des Überholenden ist nur relevant, wenn ein Fahrfehler des Überholenden festzustellen ist. Nur in diesem Fall spricht – jedenfalls bei absoluter Fahruntüchtigkeit – ein Anscheinsbeweis dafür, dass die Alkoholisierung unfallursächlich war.[129]

Bei einem Auffahrunfall eines nachfolgenden Fahrzeugs auf den Linksabbiegenden kann ein Anscheinsbeweis gegen den Abbiegenden nicht angenommen werden.[130]

b) Abkommen von der Fahrbahn

60 Der Beklagte ist mit seinem Pkw auf gerader Strecke von der Fahrbahn gekommen und hat dadurch einen schweren Unfall verursacht. Der Kläger, den der Beklagte aus Gefälligkeit mitgenommen hatte, ist bei dem Unfall so schwer verletzt worden, dass er sogleich das Bewusstsein verloren hatte und deshalb zu dem Unfallverlauf im Einzelnen nichts sagen kann. Mit seiner Klage begehrt er von dem Beklagten Schadensersatz und Schmerzensgeld.

Der Kläger genügt seiner Darlegungs- und Substantiierungslast schon dann, wenn er zu dem Unfallverlauf nichts weiter vorträgt, als dass der Beklagte mit seinem Fahrzeug auf gerader Strecke von der Fahrbahn geraten ist und ihn dadurch verletzt hat.

126 BGH NJW 1951, 653; BGH NJW 1952, 1137; OLG Köln VersR 1992, 115; OLG München NJW-RR 2014, 601, 602.

127 Vgl. *Herz*, NJW-Spezial 2018, 201; *Schröder*, SVR 2020, 164 ff.

128 OLG Oldenburg VersR 1978, 1028; BGH NJW-RR 2007, 1077.

129 OLG München NJW 2015, 1892.

130 OLG Düsseldorf SVR 2015, 419.

Weil typischerweise ein solcher Unfall auf ein **Verschulden** des Fahrers zurückzuführen ist, gilt nicht nur ein Fahrfehler, sondern auch ein Verschulden des Beklagten als bewiesen.[131]

Der Beklagte kann sich gegenüber dem Anspruch des Klägers nicht darauf berufen, er habe ihn lediglich aus Gefälligkeit mitgenommen, und es sei deshalb von einem stillschweigend vereinbarten Haftungsausschluss auszugehen.[132] Ein solcher Haftungsausschluss wird zumindest für den Fall verneint, dass der Beklagte haftpflichtversichert ist.[133]

Macht der Beklagte geltend, er sei nur deshalb von der Fahrbahn geraten, weil er einem Hasen habe ausweichen wollen, der unversehens vor ihm die Fahrbahn überquert habe, ist seine Einlassung unerheblich; denn es wird von einem Pkw-Fahrer verlangt, das Überfahren eines Hasen in Kauf zu nehmen, wenn sonst ein größerer Schaden droht.[134] (Eine andere Frage ist, ob sein Verhalten im Verhältnis zur Kaskoversicherung als grob fahrlässig einzustufen ist.)

Beruft sich der Beklagte darauf, er sei nicht einem Hasen, sondern einem Rind (oder einem Fuchs)[135] ausgewichen, könnte ihn dies entlasten. Der Kläger kann dieses Vorbringen aber gemäß § 138 Abs. 4 ZPO mit Nichtwissen bestreiten. Um den gegen ihn sprechenden Anscheinsbeweis zu erschüttern, müsste der Beklagte dann **beweisen**, dass das Rind über die Straße gelaufen ist; wenn auch nicht exakt den Abstand zu dem sich nähernden Fahrzeug. Kein ausreichendes Indiz wäre es, dass an dieser Stelle häufiger Rinder auf der Straße laufen. Aber immerhin könnte sich das Gericht veranlasst sehen, den Beklagten zu seinem eigenen Vorbringen gemäß § 448 ZPO (vgl. Rdn 164) zu vernehmen.

Trägt der Beklagte vor, der Kläger sei betrunken gewesen und habe ihm deshalb plötzlich ins Steuer gegriffen, reicht der Nachweis der Trunkenheit allein nicht aus, um den Anscheinsbeweis zu erschüttern; wohl aber kommt bei nachgewiesener Trunkenheit auch hier eine Vernehmung des Beklagten nach § 448 ZPO zu seinem eigenen Vorbringen in Betracht.

c) Alkohol

Bei **absoluter** alkoholbedingter Fahruntauglichkeit (1,1 ‰ Blutalkoholgehalt) 61
spricht der Anschein für die Unfallursächlichkeit des Alkoholgenusses, **wenn** sich der Unfall unter Umständen zugetragen hat, die einem nüchternen Fahrer keine Schwierigkeiten bereitet hätten.

131 Vgl. BGH VersR 1986, 343, 344; OLG Saarbrücken NJW-RR 2011, 754, 755.
132 Vgl. OLG Karlsruhe OLGZ 1980, 386.
133 Vgl. BGHZ 43, 72, 76.
134 OLG München VersR 1994, 928.
135 BGH NJW 2007, 2988.

OLG Düsseldorf RuS 2008, 9:

> *Bei absoluter Fahruntüchtigkeit spricht der erste Anschein dafür, dass der Unfall auf die Alkoholbeeinflussung zurückzuführen ist.*

Nach dem BGH in VersR 1972, 292 spricht der Anscheinsbeweis für Alkoholursächlichkeit, wenn ein **betrunkener** Kraftfahrer eine Verkehrssituation nicht zu meistern weiß, die für einen nüchternen unproblematisch gewesen wäre.

OLG Köln VersR 1983, 293:

> *Nach dem ersten Anschein ist eine Fehlleistung des Fahrzeugführers bei einer Blutalkoholkonzentration (BAK) von 1,14 Promille vor allem dann auf den Alkohol zurückzuführen, wenn andere Fahrer die Verkehrssituation gemeistert haben.*

Ansonsten kann die alkoholbedingte Fahruntüchtigkeit bei der Abwägung nach § 17 StVG nur berücksichtigt werden, wenn **feststeht**, dass sie sich in dem Unfall niedergeschlagen hat;[136] es ist also unzulässig, die absolute Fahruntüchtigkeit eines Unfallbeteiligten bei der Abwägung der Schadensursächlichkeiten nach § 17 StVG zu berücksichtigen, wenn sich die Schadensursächlichkeit nicht – auch nicht über den Anscheinsbeweis – feststellen lässt; die Fahruntüchtigkeit muss sich als Gefahrenmoment[137] in dem Unfall tatsächlich niedergeschlagen haben.

BGH NJW 1995, 1029, 1030:

> *Zu Unrecht knüpfen demgegenüber [...] [OLG Celle VersR 1988, 608 und OLG Hamm NZV 1990, 393] an die abstrakte Gefahrenerhöhung, nämlich an die durch die alkoholbedingte Fahruntüchtigkeit begründete Gefährdung an. Damit wird der Unterschied zwischen dem Haftungsgrund bei der Gefährdungshaftung (§§ 7, 18 StVG) und der Bestimmung der jeweiligen Haftungsanteile (§ 17 StVG) verkannt. Die von einem Kfz bei seinem Betrieb ausgehende Gefährdung bildet den Zurechnungsgrund für die Einstandspflicht des Halters nach § 7 StVG bzw. des Fahrers nach § 18 StVG, von der sie nur freigestellt werden, wenn sie den Beweis nach § 7 Abs. 2 StVG bzw. § 18 Abs. 1 S. 2 StVG führen. Anders verhält es sich dagegen, wenn die Haftung dem Grund nach feststeht und es nunmehr um die Haftungsverteilung zwischen den am Unfall beteiligten Fahrzeughaltern bzw. -führern geht. In diesem Stadium müssen die Umstände, die das Gewicht der einzelnen Verursachungsbeiträge bestimmen und damit als betriebsgefahrerhöhende Faktoren den Haftungsanteil des jeweils anderen beeinflussen, bewiesen werden [...]*

Hiervon kann im Falle absoluter Fahruntüchtigkeit nicht abgewichen werden. Andernfalls müssten auch andere Umstände (etwa überhöhte Geschwindigkeit, mangelnde Beleuchtung, Ermüdung und dgl.) ohne Rücksicht darauf, ob sie als gefah-

136 BGH NJW 1995, 1029.

137 BGH NJW-RR 2015, 1056, 1057.

rerhöhendes Moment im Unfall wirklich zum Tragen gekommen sind, im Rahmen der Abwägung nach § 17 StVG berücksichtigt werden. Das würde indes zu einer Haftungsverteilung nicht mehr nach Verursachungsanteilen, sondern nach bloßen Möglichkeiten einer Schadensentstehung führen.

Verursacht ein Kraftfahrer einen Verkehrsunfall mit einem Blutalkoholgehalt von mehr als 1,1 ‰, ist von **grober Fahrlässigkeit** im Sinne des **§ 81 VVG**[138] auszugehen; also Verlust des Anspruchs aus der Kaskoversicherung, Verlust des Anspruchs der Hinterbliebenen aus der Lebensversicherung. 62

Im Übrigen ist sehr streitig, ob es hinsichtlich der groben Fahrlässigkeit überhaupt einen Anscheinsbeweis geben kann. Überwiegend wird der Anscheinsbeweis abgelehnt,[139] vgl. auch Rdn 52.

d) Auffahrunfall

Wendet man die Grundsätze des Anscheinsbeweises auf einen **Auffahrunfall** an, so geht die Rspr. von der allgemeinen Erfahrung aus, dass der auf den Vordermann Auffahrende in der Regel entweder zu schnell oder aber unaufmerksam gefahren ist. Daraus ergibt sich der allgemein anerkannte Anscheinsbeweis: **„Wer auffährt, hat Schuld.“**[140] 63

Unter diesen Erfahrungssatz wird der Sachverhalt **wie unter eine Rechtsnorm subsumiert**. Zwar hat der BGH wiederholt darauf hingewiesen – so schon in der zitierten Entscheidung[141] – dass zu den für die Anwendung des Erfahrungssatzes zu fordernden Voraussetzungen die **Überzeugung** des Gerichts hinzukommen müsse, dass der Ursachenverlauf in der konkret zu entscheidenden Sache so wie in den vergleichbaren Fällen sei. Das passt aber nicht zu den – wohl auch heute noch – zutreffenden Ausführungen des früheren Vorsitzenden des 6. Zivilsenates des BGH auf dem Karlsruher Forum 1989, dass man der – dogmatisch sehr umstrittenen – Rechtsfigur des Anscheinsbeweises nur bedürfe, weil es den Instanzrichtern häufig an Entscheidungsfreude mangele.[142] 64

Diese Richter sollen durch die Rechtsfigur des Anscheinsbeweises gerade in der Überzeugungsbildung entlastet werden.

Obwohl also dem Gericht durchaus bewusst ist, dass der Erfahrungssatz lediglich eine hohe Wahrscheinlichkeit begründet – aufgrund besonderer Umstände der Geschehensablauf ganz anders gewesen sein kann –, gibt das Gericht sich in dem Bei- 65

138 BGH NJW 1992, 119; BGH NJW 2011, 3299, 3300.

139 Vgl. die Rechtsprechungsübersicht bei Prölss/Martin/*Armbrüster*, 31. Aufl., § 81 VVG Rn 71 ff.; BGH NJW-RR 2007, 1630, 1632.

140 BGH VersR 1969, 900; BGH VersR 1988, 412; BGH NJW 2005, 1351, 1352; BGH NJW 2013, 1679.

141 BGH VersR 1969, 900; BGH NJW 1998, 79, 81.

142 Vgl. *Prütting*, Beweiserleichterungen für den Geschädigten, Karlsruher Forum 1989, 19.

spielsfall zunächst mit dem schlichten Vortrag des Klägers zufrieden, der Beklagte sei auf sein Fahrzeug aufgefahren.

Der Beklagte muss nun seinerseits einen vom gewöhnlichen Geschehensablauf abweichenden Hergang vortragen, um das Gericht zu weiterer Sachaufklärung zu veranlassen. Er könnte etwa geltend machen – so eine häufige Einlassung in der Praxis:

Der Kläger fuhr zunächst hinter mir; dann setzte er zum Überholen an; wegen Gegenverkehrs auf der Überholspur ist er unmittelbar vor mir eingeschert und hat obendrein wegen eines plötzlich auftauchenden Hindernisses gebremst; deshalb war es mir unmöglich, mein Fahrzeug rechtzeitig zum Halten zu bringen.

Dieser Vortrag wäre geeignet, den gegen den Beklagten sprechenden Anscheinsbeweis zu erschüttern. Der Beklagte müsste diesen Sachverhalt aber nicht nur vortragen, sondern im Bestreitensfalle auch **beweisen**.

66 Da der Anscheinsbeweis aber nur erschüttert, nicht widerlegt zu werden braucht, braucht der Beklagte nicht alle Einzelheiten nachzuweisen, also nicht exakt zu beweisen, mit welchem Abstand sich der Kläger vor ihm eingeordnet hat.

Kommt es auf diese Frage an, so wäre sie durch weitere Beweiserhebungen zu klären und das Beweisergebnis gemäß § 286 ZPO frei zu würdigen.

Da nur ein ernsthaft in Betracht kommender Geschehensablauf den Anscheinsbeweis zu erschüttern geeignet ist, ist der Unterschied zum Führen des Gegenbeweises in der Praxis nicht so groß. Die Verteidigungsstrategie verspricht deshalb mehr Erfolg, wenn schon die Voraussetzungen in Frage gestellt werden können, aus denen sich ein Anscheinsbeweis ableiten lässt. Bei einem Auffahrunfall ist z.B. zu fragen, ob der Vortrag des Klägers überhaupt als Auffahren im Sinne des Erfahrungssatzes zu werten ist, auf den sich der Anscheinsbeweis stützt. Oder ob nicht etwa ein Einbiegen des Klägers aus der Seitenstraße erfolgte. Denn die Regeln des Anscheinsbeweises kommen nur zum Tragen, wenn es ein Auffahrunfall üblicher Art war. Ist das streitig, muss der Kläger zunächst einmal einen Sachverhalt beweisen, dem das Typische eines Auffahrunfalles zukommt; erst dann ist es Sache des Beklagten, den dadurch begründeten Anscheinsbeweis zu erschüttern.

67 Der Grundsatz **„Wer auffährt, hat Schuld“**[143] gilt mithin dann nicht, wenn der Anscheinsbeweis (nach den allgemeinen Regeln) erschüttert werden kann. Beispielsweise gilt die Regel „Wer auffährt, hat Schuld“ nicht, wenn das Fahrzeug, auf das der Hintermann auffährt, plötzlich die Fahrspur gewechselt und dadurch den

143 BGH VersR 1969, 900; BGH VersR 1988, 412; BGH NJW 2005, 1351, 1352; BGH NJW 2013, 1679; LG Bonn RuS 1985, 32.

Bremsweg verkürzt hat;[144] auch der Linksabbieger kann sich nicht auf den Anscheinsbeweis berufen.[145]

Mit **plötzlichem Anhalten** des Vorausfahrenden muss gerechnet werden. Lediglich mit nicht vorausschaubarem, ruckartigem Anhalten braucht nicht gerechnet zu werden.[146] Ist einer Fahrzeugkollision ein Schleudervorgang beider unfallbeteiligter Fahrzeuge aufgrund einer Ölspur vorausgegangen, gilt der Anscheinsbeweis nicht zu Lasten des Auffahrenden.[147]

Eine Mithaftung des abbremsenden Vordermannes kommt in Betracht, wenn er ohne zwingenden Grund stark abbremst, etwa weil er eine Parkmöglichkeit zu spät erkannt hat.[148]

LG Itzehoe zfs 1997, 7:

> *Wenn ein Fahrzeugführer behauptet, er sei rechtzeitig hinter einem anderen Fahrzeug zum Stehen gekommen und dieses habe dann einen Unfallschaden durch* ***Zurückrollen*** *verursacht, hat er diese Behauptung zwecks Beseitigung des gegen ihn sprechenden Anscheinsbeweises eines Auffahrunfalls durch schuldhaftes Verhalten zur vollen Überzeugung des Gerichts zu beweisen.*
>
> *Beim Auffahren, auch im* ***Kolonnenverkehr****, spricht der Anscheinsbeweis für die Nichteinhaltung des erforderlichen Abstandes und damit gegen den auffahrenden Hintermann.*[149]
>
> *Der letzte Auffahrende muss beweisen, dass es bereits vorher durch Auffahren zu Kollisionsschäden gekommen ist.*[150]
>
> *Kann der Auffahrende nicht beweisen, dass er von dem nachfolgenden Fahrzeug aufgeschoben worden ist, so haftet dessen Halter in voller Höhe.*[151]

OLG München Schaden-Praxis 2013, 63:

> *Ergibt die Beweisaufnahme, dass ein Kraftfahrzeug beim Anfahren auf einer Tiefgaragenrampe mit einem Gefälle von 15° maximal einen halben Meter zurückrollen kann und rechnet der dahinterfahrende Kraftfahrzeugführer nicht damit und fährt auf das zurückrollende Auto auf, so greift zulasten des Auffahrenden der Anscheinsbeweis mit der Folge, dass dieser allein für den entstandenen Schaden haftet.*

144 OLG Köln VersR 1991, 1195.

145 OLG Köln DAR 2000, 407; OLG Stuttgart BeckRS 2008, 17575.

146 KG DAR 1995, 482, 483; OLG Hamm SVR 2014, 235, 236.

147 OLG Koblenz SP 2015, 364.

148 OLG Köln VersR 1993, 1165, 1166.

149 BGH NZV 1989, 105.

150 LG Heilbronn VersR 1987, 290.

151 OLG Frankfurt NZV 1989, 73.

e) Ausfahren

68 Ereignet sich ein Unfall in unmittelbarem zeitlichem und örtlichem Zusammenhang mit dem Ausfahren aus einer Ausfahrt (hier: Tankstellenausfahrt), streitet zunächst der Beweis des ersten Anscheins im Hinblick auf einen Verstoß gegen § 10 StVO für eine vollständige Haftung des Ausfahrenden. Diesen Anscheinsbeweis kann der Ausfahrende nach allgemeinen Regeln entkräften. Steht danach fest, dass der Unfallgegner das sich in Höhe der Tankstelle befindliche Stau-Ende links überholt hat, um auf die Linksabbiegerspur zu kommen, er den Ausfahrenden und die Lücke, die sein Vordermann diesem gelassen hat, nicht gesehen hat, woraufhin es zu dem Unfall gekommen ist, liegt ein gleichwertiger Verursachungsbeitrag beider Unfallgegner und damit eine jeweils hälftige Haftung vor. Dabei ist auch zu berücksichtigen, dass der Unfallgegner bei einer Tankstellenausfahrt nicht in demselben Umfang mit einem ausfahrenden Fahrzeug rechnen musste wie bei einer untergeordneten Querstraße, andererseits die Tankstelle als solche ebenso wie die Lücke, die der Vorausfahrende gelassen hat, erkennbar war.[152]

f) Gegenfahrbahn

69 Beispiele aus der umfangreichen Judikatur zum Anscheinsbeweis, denen besondere Relevanz für die Praxis zukommt:

- Kommt ein Kraftfahrer ohne erkennbaren Grund auf die **Gegenfahrbahn**, spricht der Anscheinsbeweis für sein Verschulden.[153]
- Der Anscheinsbeweis ist erschüttert, wenn eine Behinderung durch ein anderes Fahrzeug bewiesen wird.[154]
- Fährt ein Kraftfahrer gegen einen Baum, weil er bei Dunkelheit Rehen, die sich am rechten Fahrbahnrand befanden, nach links ausgewichen ist, liegt keine Anscheinsbeweislage für sein Verschulden vor.
- Kommt es auf einer Kreuzung oder an einer Straßeneinmündung zu einem Zusammenstoß zweier Fahrzeuge, spricht der Anscheinsbeweis für eine Vorfahrtsverletzung des Wartepflichtigen.[155]

g) Gestellter Unfall

70 Der BGH[156] und ihm folgend die überwiegende Rspr. wendet die Regeln des Anscheinsbeweises auch auf die sogenannten „**gestellten Unfälle**“ an. An den Nachweis eines gestellten Unfalls sind keine überzogenen Anforderungen zu stellen.[157] Es ist insbesondere nicht ein logisch oder naturwissenschaftlich zwingender Nach-

152 *Schröder*, SVR 2017, 293, 294 nach LG Köln VersR 2015, 1443.
153 BGH VersR 1986, 344.
154 OLG Köln VersR 1982, 708; OLG Hamm NJW-RR 1997, 24.
155 BGH NJW 1964, 1371; BGH NJW 1982, 2668.
156 BGH VersR 1979, 514; OLG Köln MDR 2015, 826.
157 BGH VersR 1979, 514; OLG Köln DAR 2000, 67; OLG Köln BeckRS 2016, 02002.

weis erforderlich. Die Überzeugung des Gerichts kann vielmehr durch eine Häufung unausgeräumt gebliebener Ungereimtheiten und durch typische Anzeichen, die nach der Lebenserfahrung für eine Unfallmanipulation sprechen, begründet werden.[158] Dabei mögen die einzelnen Indiztatsachen isoliert für sich betrachtet auch einer anderen Deutung des Geschehens zugänglich sein. Die **Gesamtheit aller Indizien** in ihrer ungewöhnlichen Häufung und ihrem stimmigen, den Beweiswert steigernden Zusammenwirken können jedoch die Überzeugung des Gerichts begründen, dass ein gestellter, willentlich herbeigeführter Schadensfall vorliegt.

Wenn eine Reihe von bestimmten Indikatoren vorliegt, sollen diese also den Schluss darauf zulassen, dass bei einem Zusammenstoß zweier Kraftfahrzeuge die Fahrer den Unfall zum Nachteil der hinter einem der Beteiligten stehenden Versicherung abgesprochen haben.

In der Praxis gibt es zumeist folgenden Prozessverlauf:

Der Schädiger und die Versicherungsgesellschaft werden von dem Unfallgegner verklagt. Der beklagte Fahrer lässt Versäumnisurteil gegen sich ergehen, während die mitbeklagte Versicherung gegenüber der Klageforderung einwendet, der Unfall sei abgesprochen gewesen. Für diese Behauptung trägt sie Anhaltspunkte vor, die für einen vorgetäuschten Unfall typisch sind und deshalb die Anwendung der Regeln des Anscheinsbeweises rechtfertigen.

Solche Anhaltspunkte sind:[159] 71

- abgelegener, ruhiger Unfallort,
- Nachtzeit,
- keine Zeugen,
- Schädiger und Geschädigter kennen sich,
- Polizei wird nicht eingeschaltet,
- werthaltiges Fahrzeug mit erheblicher Laufleistung,
- Klein-Lkw wurde für einen Umzug gemietet, aber dann doch nicht für diesen Zweck verwandt,
- Schädiger gibt am Unfallort Schuldanerkenntnis ab, vgl. auch Rdn 308,
- Unfallbeteiligte sind vorbestraft,
- Unfallbeteiligte sind verschuldet,
- Schädiger lässt Versäumnisurteil gegen sich ergehen.

OLG Hamm VersR 2000, 252:

> *Als Indizien für einen manipulierten Unfall sind folgende Umstände zu werten: Eine Unfallkonstellation, bei der der Geschädigte dem Grunde nach volle Haftung der Gegenseite erwarten kann, Abwesenheit unbeteiligter Zeugen, begrenzte Bereitschaft zur Sachaufklärung, widersprüchliche Darstellungen zum*

158 OLG Hamm VersR 1993, 1418; OLG Köln MDR 2015, 826.

159 BGH VersR 1979, 514; OLG Köln VersR 1980, 1051; OLG Köln BeckRS 2016, 02002.

Unfallgeschehen, fehlender Grund für den behaupteten Fahrfehler, wertloses Schädigerfahrzeug, Beteiligung von Personen, die erfahrungsgemäß aus finanziellen Gründen leicht zur vorsätzlichen Herbeiführung von Unfällen gewonnen werden können, Beteiligung des Geschädigten an mehreren ähnlichen Unfällen sowie schneller Weiterverkauf des Schädigerfahrzeugs kurz nach dem Unfall.

72 Selbstverständlich kann nicht das Vorliegen **eines** dieser Anhaltspunkte den Anscheinsbeweis für einen vorgetäuschten Unfall begründen. Anders aber, wenn diese Anhaltspunkte **gehäuft** auftreten; einzelne Indizien können ein Mosaik bilden, welches im Gesamtbild unzweideutig erkennen lässt, dass der Schädiger den Unfall konstruiert hat.[160] Den dann begründeten Anscheinsbeweis muss der Schädiger zu erschüttern suchen, indem er entweder die Anhaltspunkte bestreitet oder aufzeigt, dass sie trotz ihrer Häufung ausnahmsweise nicht den Schluss auf ein Täuschungsmanöver zulassen.

Die Frage des Anscheinsbeweises stellt sich im Übrigen erst, wenn feststeht, dass es überhaupt einen Unfall gegeben hat. Das ist nicht schon deshalb selbstverständlich, weil ein beschädigtes Fahrzeug vorgefunden wird und ein anderer einräumt, dieses beschädigt zu haben. Es kann auch so gewesen sein, dass ein schon beschädigtes Fahrzeug an die angebliche Unfallstelle gebracht worden ist.

Wird von dem beklagten Versicherer eingeräumt, dass das Fahrzeug des Klägers von dem Fahrzeug des Versicherungsnehmers beschädigt worden ist und macht er zur Verteidigung lediglich geltend, dass der Unfall abgesprochen war, muss er diese Behauptung gegenüber dem auf § 7 StVG gestützten Anspruch beweisen.

Bestreitet er hingegen, dass es überhaupt einen Unfall gegeben hat – weil die Fahrzeuge schon beschädigt an die Unfallstelle gebracht worden sein können –, hat der Kläger den behaupteten Unfall zu beweisen. Verbleibende Zweifel gehen zu seinen Lasten.

Nach dem OLG Köln[161] lässt der Umstand, dass der Schädiger bei dem Unfall selbst ein Schleudertrauma erleidet, nicht zwingend darauf schließen, dass der Unfall unfreiwillig war.

73 Es mehren sich Stimmen, die den gestellten Unfall nicht am Anscheinsbeweis, sondern am **Indizienbeweis** gemessen sehen wollen.

Sehr instruktiv dazu die Entscheidung des OLG Düsseldorf, r+s 1996, 132 m. Anm. *Lemcke*, bei der ein Klein-Lkw gegen das Heck eines geparkten Pkw Jaguar XJ 3,6 älteren Baujahrs geprallt war. Der Unfall hätte sich unschwer vermeiden lassen. Das OLG löst diesen Fall auf der Grundlage des Indizienbeweises, aber anhand von Kriterien, die die h.M. auch für den Anscheinsbeweis verwendet.

160 OLG Köln VersR 1996, 1292; OLG Köln BeckRS 2016, 02002.

161 OLG Köln DAR 2000, 67.

- Der Fahrer des **Klein-Lkw** hatte diesen kurzfristig ohne Selbstbeteiligung vollkaskoversichert angemietet.
  (Er sei durch den Unfall also keinen wesentlichen finanziellen Belastungen ausgesetzt gewesen und habe wegen des robusten Fahrzeugs auch keine nennenswerten Verletzungen zu befürchten brauchen.)
- Der Jaguar ist ein Fahrzeug der **Luxusklasse**, das bereits zuvor durch einen Unfall einen wirtschaftlichen Totalschaden erlitten hatte; das Heck war bei dem Vorunfall nur wenig beschädigt worden.
  (Es sei kein Zufall, dass nur das Heck beschädigt worden sei, weil so der Heckschaden zur fiktiven Abrechnung habe gestellt werden können, ohne dass ein Vorschaden-Einwand habe befürchtet werden müssen.)
- Der Ehemann der Pkw-Halterin hatte das Fahrzeug nach dem Vorunfall als Elektriker selbst instandgesetzt.
  (Es entspreche der Erfahrung des Gerichts, dass bei manipulierten Unfällen häufig im Bereich des Autohandels Tätige beteiligt seien, die über Kenntnisse und Möglichkeiten auf dem Gebiet der Unfallreparatur verfügten.)
- Der Unfall ereignete sich in der Nähe des Sitzes der Mietwagenfirma kurz vor der Ablieferung des Mietfahrzeuges.
- Der routinierte Fahrer stieß gegen das Heck des Fahrzeugs, das nur 20 cm in die Fahrbahn hinein ragte. (Das könne nur bei einem ungewöhnlichen Maß an Unaufmerksamkeit oder eben bei Vorsatz geschehen.)

h) Glatteis

Anscheinsbeweis für die Ursächlichkeit des **Glatteises**, wenn der Verletzte an nicht gestreuter Stelle innerhalb der zeitlichen Grenzen der Streupflicht zu Fall kommt.[162] 74

Aber OLG Schleswig NZV 1998, 411:[163]

> *Für ein Verschulden des Pkw-Fahrers, der auf Glatteis von der Fahrbahn abgekommen ist, spricht nur dann der Anscheinsbeweis, wenn feststeht, dass die Straßenglätte rechtzeitig vorhersehbar war.*

LG Kiel SVR 2015, 31:

> *Gerät ein Fahrzeug bei schneeglatter Fahrbahn aufgrund eines Fahrfehlers auf die Gegenfahrbahn und kollidiert mit einem entgegenkommenden Fahrzeug, tritt die Betriebsgefahr des entgegenkommenden Fahrzeugs im Rahmen der Abwägung der Verursachungsanteile nach § 17 Absatz 1 StVG vollständig zurück. Bei einem solchen Unfallverlauf spricht der Anscheinsbeweis dafür, dass der Fahrer seine Geschwindigkeit nicht oder nicht hinreichend den besonderen Straßenverhältnissen und Wetterverhältnissen angepasst hat.*

162 BGH VersR 1984, 40, 41.

163 So auch BGH BeckRS 2009, 23927.

OLG Frankfurt a.M. NJW-RR 2016, 278:

> *Kommt ein Fahrzeug bei winterglatter Fahrbahn ohne äußeren Anlass ins Schleudern, spricht der Anschein dafür, dass der Schleudervorgang auf einem Fahrfehler (zu schnelles Fahren, fehlende Aufmerksamkeit etc.) beruht.*

i) Radfahrer/Elektroroller

75 Steht der Sturz eines Radfahrers in unmittelbaren zeitlichen und örtlichen Zusammenhang mit der Begegnung mit einem frei laufenden Hund, besteht ein Anscheinsbeweis für die Verursachung des Sturzes durch den Hund.[164]

Bei Linksabbiegung des Führers eines Fahrers eines Pedelecs, ohne Rücksicht nachfolgenden Verkehrs und Verursachung eines Sturzes des Fahrers eines überholenden Elektrorollers, trifft den Pedelecfahrer die volle Haftung. Sofern Tatsachen bewiesen werden, die für ein Mitverschulden des Fahrers des Elektrorollers sprechen könnten, gilt dies nicht.[165]

j) Rückwärtsfahren

76 Nach der Rechtsprechung zu § 9 Abs. 5 StVO spricht der Anscheinsbeweis gegen den Rückwärtsfahrenden, wenn es in einem engen zeitlichen und räumlichen Zusammenhang mit dem Rückwärtsfahren zu einem Zusammenstoß kommt.[166] Das gilt grundsätzlich auch für Unfälle, die beim Rückwärtsfahren auf einem Parkplatz verursacht werden.[167]

Aber BGH NJW 2016, 1098, 1099:

> *Demnach kann bei einem Unfall auf einem Parkplatz im Zusammenhang mit dem Rückwärtsfahren grundsätzlich der erste Anschein, für ein Verschulden des Rückwärtsfahrenden sprechen. Es reicht allerdings allein das „Kerngeschehen" – hier: Rückwärtsfahren – als solches dann als Grundlage eines Anscheinsbeweises nicht aus, wenn weitere Umstände des Unfallereignisses bekannt sind, die als Besonderheiten gegen die bei derartigen Fallgestaltungen gegebene Typizität sprechen.*
>
> *Nach den vorstehend dargelegten Grundsätzen ist die Anwendung des Anscheinsbeweises gegen den Rückwärtsfahrenden auf einem Parkplatz nicht zu beanstanden, wenn feststeht, dass die Kollision beim Rückwärtsfahren des Verkehrsteilnehmers stattgefunden hat. Die geforderte Typizität liegt aber regelmäßig nicht vor, wenn zwar feststeht, dass – wie hier – vor der Kollision ein Fahrzeugführer rückwärts gefahren ist, aber nicht ausgeschlossen werden kann,*

164 LG Tübingen SVR 2015, 382.

165 OLG München NJOZ 2016, 685.

166 BGH NJW 2016, 1098, 1099.

167 Vgl. z.B. OLG Saarbrücken NJW-RR 2020, 1289.

dass sein Fahrzeug im Kollisionszeitpunkt bereits stand, als der andere Unfallbeteiligte (hier: Bekl. zu 1) mit seinem Fahrzeug in das stehende Fahrzeug hineingefahren ist. Denn es gibt keinen allgemeinen Erfahrungssatz, wonach sich der Schluss aufdrängt, dass auch der Fahrzeugführer, der sein Fahrzeug vor der Kollision auf dem Parkplatz zum Stillstand gebracht hat, die ihn treffenden Sorgfaltspflichten verletzt hat. Anders als im fließenden Verkehr mit seinen typischerweise schnellen Verkehrsabläufen, bei denen der Verkehrsteilnehmer grundsätzlich darauf vertrauen darf, dass sein Verkehrsfluss nicht durch ein rückwärtsfahrendes Fahrzeug gestört wird, gilt in der Situation auf dem Parkplatz ein solcher Vertrauensgrundsatz nicht. Hier muss der Verkehrsteilnehmer jederzeit damit rechnen, dass rückwärtsfahrende oder ein- und ausparkende Fahrzeuge seinen Verkehrsfluss stören. Er muss daher, um der Verpflichtung zur gegenseitigen Rücksichtnahme nach § 1 Abs. 1 StVO genügen zu können, von vornherein mit geringer Geschwindigkeit und bremsbereit fahren, um jederzeit anhalten zu können. Hat ein Fahrer diese Verpflichtung erfüllt und gelingt es ihm, beim Rückwärtsfahren vor einer Kollision zum Stehen zu kommen, hat er grundsätzlich seiner Verpflichtung zum jederzeitigen Anhalten genügt, so dass für den Anscheinsbeweis für ein Verschulden des Rückwärtsfahrenden kein Raum bleibt.

Das Rückwärtsfahren eines Verkehrsteilnehmers aus einem Grundstück begründet regelmäßig den Beweis des ersten Anscheins, wenn es dann zu einem Unfall kommt. Das gilt jedoch nicht, wenn der andere Unfallteilnehmer in einer Einbahnstraße ebenfalls rückwärts fährt und es dann zum Zusammenstoß kommt.[168]

k) Sicherheitsgurt

Das Nichtanlegen des **Sicherheitsgurtes** begründet den Anscheinsbeweis für ein Mitverschulden[169] in Höhe von 50 % bei Kopf- und Gesichtsverletzungen, von 30 % bei Schlüsselbein- und Lendenwirbelbruch. **77**

l) Spurwechsel

Gemäß § 17 Abs. 5 StVO hat sich der Fahrer des ausscherenden Fahrzeugs so zu verhalten, dass eine Gefährdung anderer Verkehrsteilnehmer ausgeschlossen ist. Hieraus folgt ein Anscheinsbeweis dahingehend, dass der Beweis des ersten Anscheins dafür spricht, dass diese Sorgfaltspflicht verletzt wurde, wenn es in örtlichen und zeitlichen Zusammenhang mit einem Fahrspurwechsel zu einem Unfall gekommen ist.[170] **78**

168 BGH BeckRS 2023, 32805.
169 BGH NJW 1991, 230.
170 AG Hamburg BeckRS 2015, 18905.

m) Starkes Bremsen

79 Der durch Grün bevorrechtigte Fahrzeugführer ist gehalten, die Grünphase einer Ampel auszunutzen, um einen ungehinderten Verkehrsfluss zu gewährleisten. Bremst er während der Grünphase ohne zwingenden Grund vor dem Kreuzungsbereich stark ab und fährt das nachfolgende Fahrzeug auf, ist der gegenüber dem Auffahrenden sprechende Anscheinsbeweis erschüttert.[171]

n) Türöffnen

80 Kommt es im örtlichen und zeitlichen Zusammenhang mit dem Aussteigen aus einem Kfz zu einer Kollision mit dem fließenden Verkehr, spricht der Anscheinsbeweis für einen Sorgfaltsverstoß des Aussteigenden. Der Verkehrsteilnehmer im fließenden Verkehr muss beim Vorbeifahren an einem geparkten Kfz nicht mit einem plötzlich weiträumigen Öffnen einer Fahrzeugtür rechnen, sondern allenfalls mit einem zur Rückschau genügenden Öffnen eines Türspalts.[172]

Öffnet der Fahrer eines am rechten Fahrbahnrand geparkten Fahrzeugs unachtsam die Fahrzeugtür in den Verkehrsraum des fließenden Verkehrs hinein, so begründet dies ein erhebliches Verschulden, hinter dem die einfache Betriebsgefahr des Fahrzeugs im fließenden Verkehr regelmäßig zurücktritt.[173]

o) Unterlassene Sicherung

81 Das OLG Nürnberg hat offengelassen, ob bei unterlassenen Sicherungsmaßnahmen nach § 15 StVO ein Beweis des ersten Anscheins für die Ursächlichkeit der unterlassenen Maßnahmen auch dann gilt, wenn sich das liegengebliebene Fahrzeug vollständig auf dem Standstreifen befindet. Wenn das andere unfallbeteiligte Fahrzeug ohne erkennbaren Grund in einer Breite von ca. 0,7–0,95 m den Standstreifen befährt, ist der Anscheinsbeweis jedenfalls erschüttert. Der Verursachungsanteil des anderen unfallbeteiligten Fahrers kann in diesem Fall so sehr überwiegen, dass die Haftung des Fahrers des liegengebliebenen Fahrzeugs vollständig zurücktritt.[174]

p) Vorfahrt

82 Der Beweis des ersten Anscheins spricht für einen Vorfahrtsverstoß des in den Kreisverkehr Einfahrenden, wenn es im Einmündungsbereich zu einer Kollision zwischen ihm und dem auf der Kreisfahrbahn fahrenden Verkehrsteilnehmer kommt. Ist offen, welcher Unfallbeteiligte zuerst in den Kreisverkehr eingefahren ist, so spricht der Beweis des ersten Anscheins für einen Vorfahrtsverstoß desjeni-

171 LG Saarbrücken NJW-RR 2016, 409.

172 OLG Köln VersR 2015, 999.

173 LG Stuttgart SVR 2015, 258.

174 OLG Nürnberg r+s 2015, 571.

gen, in dessen Einmündungsbereich sich der Unfall ereignet hat. Etwas anderes gilt aber, wenn feststeht, dass die Unfallbeteiligten aus Einmündungen in den Kreisverkehr eingefahren sind, die so eng beieinander liegen, dass sie gewissermaßen einen einheitlichen Einmündungsbereich bilden und sich der aus der untergeordneten Straße einmündende Verkehr im Zeitpunkt der Kollision noch nicht in den vorfahrtsberechtigten Verkehr eingeordnet hat. In diesem Fall besteht keine Vorfahrt des einen gegenüber dem anderen.[175]

Fährt ein Wartepflichtiger aus einer untergeordneten Straße nach rechts in eine bevorrechtigte Straße ein und stößt er in dem durch die Vorfahrt geschützten Bereich mit einem vorfahrtsberechtigten Fahrzeug zusammen, spricht gegen den Wartepflichtigen jedenfalls dann der Anscheinsbeweis, wenn er – etwa wegen der Straßenbreite – nicht darauf vertrauen durfte, dass er ohne Behinderung oder Gefährdung des bevorrechtigten Verkehrs in die Straße einfahren durfte.[176]

Kommt es in einem engen räumlichen und zeitlichen Zusammenhang mit dem Einbiegen zwischen einem vorfahrtsberechtigten und einem wartepflichtigen Fahrzeug zu einer Kollision, so hat der Wartepflichtige den Anscheinsbeweis einer schadhaften Unfallverursachung gegen sich.[177]

q) Wenden

Kommt es im Rahmen eines Wendemanövers zu einem Verkehrsunfall, spricht ge- 83
gen den Wendenden der Beweis des ersten Anscheins, dass er diesen Anforderungen nicht genügt hat. Ein Mitverschulden des Fahrers des nachfolgenden Lkws ergibt sich aus dem Umstand, dass dieser sein Fahrzeug unter Verstoß gegen die Regelung des § 3 Abs. 1 Satz 4 STVO nicht lediglich so schnell geführt hat, dass er innerhalb der überschaubaren Wegstrecke anhalten konnte.[178]

Fährt ein nachfolgendes Fahrzeug auf ein Fahrzeug auf, das im Begriff ist, zu wenden, rechtfertigt die Lebenserfahrung nicht die Annahme, dass ein Anscheinsbeweis für ein Verschulden des Wendenden besteht. Die hohen Sorgfaltsanforderungen, die § 9 Abs. 5 StVO an den Wendenden stellt, gelten allerdings dem Wendevorgang als Ganzem. Sie erfassen mithin die Vorbereitung der Richtungsänderung ebenso wie die Richtungsänderung selbst. Wer wenden will, muss auch bezüglich des nachfolgenden Verkehrs höchstmögliche Sorgfalt walten lassen.[179]

175 LG Saarbrücken NJW 2015, 177.
176 LG Saarbrücken NJW-RR 2016, 1307.
177 AG Hamburg BeckRS 2015, 15990.
178 OLG Celle BeckRS 2015, 2560.
179 OLG Düsseldorf r+s 2015, 621.

2. Unfallverhütungsvorschriften und Schutzgesetze

84 Hat ein von dem Verletzten in Anspruch genommener gegen ein **Schutzgesetz** im Sinne des § 823 Abs. 2 BGB verstoßen, das typischen Gefährdungsmöglichkeiten entgegenwirken soll, und ist im Zusammenhang damit gerade derjenige Schaden eingetreten, der mithilfe des Schutzgesetzes verhindert werden sollte, spricht der Anscheinsbeweis dafür, dass der Verstoß für den Schadenseintritt ursächlich gewesen ist. Voraussetzung ist allerdings, dass sich der Schadensfall in zeitlichem und sachlichem Zusammenhang mit dem vorschriftswidrigen Verhalten ereignet hat.[180]

Steht die Verletzung eines Schutzgesetzes objektiv fest, muss also der das Schutzgesetz Übertretende in aller Regel Umstände darlegen und beweisen, die geeignet sind, die daraus folgende Annahme seines Verschuldens auszuräumen.[181] (In der Rspr. wird nicht immer sauber zwischen Anscheinsbeweis und Beweislastumkehr unterschieden.)[182]

85 Ebenso gilt der Anscheinsbeweis der Kausalität bei Verstoß gegen **Unfallverhütungsvorschriften**.[183] Entscheidend ist auch hier, dass sich eine Rechtsgutverletzung verwirklicht, die zu vermeiden die Unfallverhütungsvorschrift gerade bezweckt.[184]

Denn BGH NJW 1983, 1380:

> *Vielmehr sind solche Unfallverhütungs- und Schutzvorschriften ihrerseits Ausdruck einer Erfahrung über die Gefährlichkeit bestimmter Handlungsweisen und den Nutzen der vorgeschriebenen Sicherheitsmaßnahme zur Abwehr dieser Gefahren.*

86 Ebenso bei Verstoß gegen **Verkehrssicherungspflichten**, die wie ein Schutzgesetz und Unfallverhütungsvorschriften durch genaue Verhaltensanweisungen typischen Gefährdungen entgegenwirken sollen, wenn sich in dem Schadensereignis gerade diejenige Gefahr verwirklicht, der durch die Auferlegung der konkreten Verhaltenspflichten begegnet werden sollte. „Denn auch solche Verkehrssicherungspflichten beruhen auf einer Erfahrungstypik, die die Feststellung rechtfertigt, dass sich die Gefahr, der sie steuern sollen, bei pflichtgemäßem Verhalten nicht verwirklicht hätte.“[185] (Eine Frau war auf einer Treppe gestürzt, deren Stufen mit glatten Steinfliesen belegt waren; andere Ursachen, z.B. Unaufmerksamkeit oder körperliche Mängel der Stürzenden, werden ausgeschieden, weil dafür keine Anhaltspunkte bestehen.)

180 OLG Hamm NJW-RR 1993, 340.

181 BGHZ 51, 91.

182 Vgl. dazu BGH VersR 1986, 765.

183 BGH VersR 1984, 775, 776; BGH NJW 1994, 945; BGH NZV 2013, 534, 535.

184 BGH VersR 1984, 775, 776; BGH NJW 1994, 945.

185 BGH NJW 1994, 945; vgl. auch *Musielak*, Die Grundlagen der Beweislast im Zivilprozeß, 1975, S. 106.

So spricht nach dem BGH[186] die Vermutung auch für die Außerachtlassung der inneren Sorgfalt,[187] so dass ein Anscheinsbeweis des Verschuldens oder – je nach Stärke der Pflicht – sogar eine Umkehr der Beweislast in Betracht kommt, wenn die Verwirklichung des objektiven Tatbestandes, also die objektive Verletzung einer Verkehrspflicht feststeht.

Ein Beispiel zur Verletzung von Verkehrssicherungspflichten nach OLG München BeckRS 2018, 23400:

> *Hebt ein Handwerksbetrieb auf einer in einem Innenhof gelegenen Baustelle einen metertiefen Graben über die gesamte Breite des Innenhofs aus und ergreift er keine adäquaten Maßnahmen zur Sicherung der Gefahrenquelle, so haftet er aufgrund schuldhafter Verletzung seiner Verkehrssicherungspflicht gegenüber einem Dritten auf Schadensersatz, der bei Dunkelheit in den Graben stürzt. [...] Typische Folge der mangelnden Absicherung eines Loches ist, dass jemand hineinstürzt. Versuche der Beklagten, den somit bestehenden Anscheinsbeweis zu erschüttern, sind nicht ersichtlich.*

3. Zugang von Willenserklärungen

Geht es um den Zugang empfangsbedürftiger Willenserklärungen (wie z.B. einer Kündigung) ist nicht auf die Person des Erklärenden, sondern allein auf den Zugang beim Empfänger abzustellen.[188] Nach der herrschenden (allerdings nicht unumstrittenen) Meinung kann von der ordnungsmäßigen Absendung eines einfachen Briefs oder eines Telefaxes **nicht** auf den Zugang geschlossen werden.[189] **87**

Im Ergebnis beizupflichten ist dem OLG Naumburg[190] für einen besonders gelagerten Fall:

> *Die Gefahr des Verlustes einer gewöhnlichen Briefsendung bei der Deutschen Post AG ist nach der allgemeinen Lebenserfahrung als gering einzuschätzen. Die Rechtsprechung vertritt zwar die Auffassung, dass die Aufgabe eines Schreibens zur Post noch nicht den Beweis des ersten Anscheins mit der entsprechenden Darlegungslasterleichterung für den Zugang begründet. Der Senat lässt es offen, welche Anforderungen an den Beklagten gestellt werden, wenn es sich nur um **ein** Schreiben handelt. Hier behauptet der Beklagte aber, dass die **vier** Schreiben, die mit der gewöhnlichen Post versandt worden sind, mit dem Transport verlorengingen, wohingegen die zwei förmlich zuzustellenden Schreiben zugegangen sind. Aufgrund der Unwahrscheinlichkeit des Vortrags und der*

186 BGH VersR 1986, 765.

187 So auch BGH r+s 2012, 460, 461.

188 BLP/*Kessen*, § 130 Rn 1.

189 BGH NJW-RR 2022, 995, 996; BLP/*Kessen*, § 130 Rn 3 ff. und Rn 27 ff.; *Mrosk*, NJW 2013, 1481, 1482.

190 OLG Naumburg NJW-RR 2000, 1666, 1667.

Darlegungslastverteilung ***obliegt es dem Beklagten, wenigstens einen Sachverhalt darzustellen****, der eine gewisse Plausibilität für den Verlust der vier Schreiben ermöglicht.*

(OLG Oldenburg[191] geht von der Verpflichtung des Notars aus, eine Grundschuld mit einem Einschreibebrief zu versenden, um den Nachweis zu erleichtern, dass der Brief angekommen oder auch nicht angekommen ist.)

Für den Wettbewerbsprozess geht die Rspr. der Instanzgerichte allerdings von einem Anscheinsbeweis für den Zugang des Abmahnschreibens aus.[192]

OLG Braunschweig NJW 2005, 372:

Die Wirksamkeit der Abmahnung setzt nicht den Nachweis des Zugangs beim Adressaten (Verletzer) voraus, da ein effektiver Rechtsschutz bei Wettbewerbsverstößen nur bei einem schnellen Vorgehen des Verletzten zu erreichen ist.

An dieser Beurteilung ändert auch die Möglichkeit nichts, die Abmahnung per Einwurfeinschreiben zu versenden, da aufgrund der postinternen Verarbeitung nicht sichergestellt ist, dass der Absender (Verletzter) den Beleg für den Zugang seines Abmahnschreibens innerhalb der häufig sehr kurzen Fristen erhält.

Der BGH hat diese Rechtsprechung relativiert und darauf hingewiesen, dass die Frage des Nachweises des Zugangs eines Abmahnschreibens im Rahmen der Beantwortung der Frage, ob der Beklagte Anlass zur Klageerhebung gegeben hat (§ 93 ZPO), nach allgemeinen Regeln vom Beklagten zu beweisen ist, BGH GRUR 2007, 629, 630:

Im Rahmen dieser Kontroverse wird teilweise dem prozessrechtlichen Kontext nicht hinreichend Rechnung getragen, in dem sich die Frage der Beweislast stellt. Denn die maßgebliche Frage lautet nicht, wer für den Zugang der Abmahnung die Beweislast trägt; sie lautet vielmehr, wer darzulegen und gegebenenfalls zu beweisen hat, ob der Bekl. im Falle eines sofortigen Anerkenntnisses Anlass zur Klage gegeben hat (§ 93 ZPO). Dass dies nicht der Kl., sondern allein der Bekl. ist, ist im Prozessrecht allgemein anerkannt.

Bei der Ausgestaltung der danach den Bekl. treffenden Darlegungs- und Beweislast ist allerdings zu berücksichtigen, dass es sich bei dem vom Bekl. darzulegenden und zu beweisenden Umstand um eine negative Tatsache handelt (hier: kein Zugang des Abmahnschreibens des Kl. vom 25. 2. 2005). Dies führt indes nicht zu einer Umkehr der Darlegungs- und Beweislast, sondern allenfalls zu einer sekundären Darlegungslast des Kl. Der Bekl. kann sich zunächst auf die schlichte Behauptung der negativen Tatsache – das Abmahnschreiben sei ihm nicht zugegangen – beschränken. Nach dem auch im Prozessrecht gültigen Grundsatz von Treu und Glauben (§ 242 BGB) ist der Kl. ausnahmsweise ver-

191 DNotZ 1998, 651 m. Anm. *Waldner*, anders OLG Düsseldorf RnotZ 2005, 374.

192 OLG Karlsruhe WRP 1997, 477; OLG Braunschweig NJW 2005, 372.

pflichtet, dem einfachen Bestreiten mit eigenem qualifizierten Vortrag entgegenzutreten. Dies findet seine Rechtfertigung darin, dass der Kl. die für einen substanziierten Vortrag notwendigen Informationen im Allgemeinen besitzt oder sich diese jedenfalls leichter beschaffen kann als die darlegungspflichtige Partei. Im Anschluss daran muss jedoch die darlegungspflichtige Partei ihren Vortrag konkretisieren und detailliert – gegebenenfalls unter Beweisantritt – auf das Bestreiten der Gegenpartei eingehen. Auf den Zugang des Abmahnschreibens bezogen bedeutet dies, dass der Kl. gehalten ist, die genauen Umstände der Absendung vorzutragen und gegebenenfalls unter Beweis zu stellen. Eine weitergehende Verpflichtung des Kl. – etwa dahingehend, dass er besondere Versendungsformen zu wählen habe, die einen Nachweis des Zugangs ermöglichten – kann aufgrund der sekundären Darlegungslast dagegen nicht begründet werden.

Damit wird dem Bekl. keine unzumutbare Belastung aufgebürdet. Er hat die Möglichkeit, die Tatsache, aus der sich ergibt, dass er keinen Anlass zur Klage gegeben hat – etwa den Umstand, dass ihm kein Abmahnschreiben des Kl. zugegangen ist – durch Benennung von Zeugen – beispielsweise von Büropersonal – unter Beweis zu stellen. Gelingt dem Bekl. dieser Beweis (§ 286 ZPO), ist grundsätzlich Raum für eine Kostenentscheidung zu seinen Gunsten (§ 93 ZPO). Denn das Risiko, dass ein abgesandtes Abmahnschreiben auf dem Postweg verlorengegangen ist, trägt grundsätzlich der Kl. An den Nachweis der negativen Tatsache dürfen auch keine übertriebenen Anforderungen gestellt werden. Denn ein Missbrauch ist nicht nur auf Seiten des Bekl. denkbar, der zu Unrecht den Zugang einer Abmahnung bestreitet; er ist auch auf Seiten des Kl. nicht auszuschließen, der wahrheitswidrig die Absendung einer Abmahnung behauptet. Der Kl. wiederum kann das Risiko, dass dem Bekl. der Nachweis des fehlenden Zugangs eines vorprozessualen Abmahnschreibens gelingt, dadurch verringern, dass er eine besondere Versandform – beispielsweise Einschreiben mit Rückschein – wählt oder in Eilfällen das Abmahnschreiben mit einfacher Post und parallel dazu noch per Telefax und/oder E-Mail übermittelt. Steht fest, dass die Abmahnung als Brief, als Telefax und als E-Mail abgesandt worden ist, erscheint das Bestreiten des Zugangs von vornherein in einem wenig glaubhaften Licht.

Bei einem Einwurf-Einschreiben ist dies nach BGH NJW 2017, 98 anders: **88**

Beim Einwurf-Einschreiben erfolgt die Ablieferung durch Einwurf der Sendung in den Briefkasten oder das Postfach des Empfängers. Unmittelbar vor dem Einwurf zieht der Postangestellte das so genannte „Peel-off-Label" (Abziehetikett), das zur Identifizierung der Sendung dient, von dieser ab und klebt es auf den so vorbereiteten, auf die eingeworfene Sendung bezogenen Auslieferungsbeleg. Auf diesem Beleg bestätigt der Postangestellte nach dem Einwurf mit seiner Unterschrift und der Datumsangabe die Zustellung. Auch beim Einwurf-Einschrei-

ben erhält der Absender auf Wunsch – neben der telefonischen Auskunft – eine Reproduktion des elektronisch archivierten Auslieferungsbelegs. Bei Einhaltung dieses Verfahrens ist der Schluss gerechtfertigt, dass die eingelieferte Sendung tatsächlich in den Briefkasten des Empfängers gelangt ist. Für den Absender streitet daher beim Einwurf-Einschreiben nach Vorlage des Einlieferungsbelegs zusammen mit der Reproduktion des Auslieferungsbelegs der Beweis des ersten Anscheins dafür, dass die Sendung durch Einlegen in den Briefkasten bzw. das Postfach zugegangen ist, wenn das vorbeschriebene Verfahren eingehalten wurde.

Die Anwendbarkeit der Grundsätze über den Anscheinsbeweis beim Einwurf-Einschreiben setzt allerdings voraus, dass die Dokumentation der Ablieferung ordnungsmäßig erfolgt ist.[193] Das setzt voraus, dass die beweisbelastete Partei sowohl den Einlieferungsbeleg als auch die Reproduktion des Auslieferungsbelegs vorlegt.[194] Vergleichbares gilt im Ergebnis bei Übergabe-Einschreiben und der Versendung per Einschreiben-Rückschein.[195]

89 Der Beweis des Zugangs einer E-Mail bzw. deren Anhang ist nicht immer unproblematisch. Das LG Nürnberg-Fürth[196] erkennt als Zugang der E-Mail den Tag an, an dem diese in den elektronischen Briefkasten eingegangen ist. Das hat der BGH mittlerweile bestätigt, auf den Abruf der E-Mail kommt es nicht an.[197] Nach Auffassung des LG Offenburg soll ausnahmsweise jedoch kein Zugang gegeben sein, wenn die E-Mail von einer Firewall oder einem Spam-Filter „abgefangen" wurde.[198] In der bisherigen Rechtsprechung war ein Zugang hingegen meist auch in solchen Fällen bejaht worden.[199] Wird der Zugang bestritten, stehen dem Beweisbelasteten verschiedene Möglichkeiten zur Beweiserhebung zur Verfügung, welche sich jedoch in ihrem Beweiswert deutlich unterscheiden. Beim Versand von E-Mails kann der Zugang nur dann im Wege des Anscheinsbeweises nachgewiesen werden, wenn die Eingangsbestätigungs- oder Lesebestätigungsfunktion verwendet worden ist, der Nachweis der Versendung der E-Mail genügt nicht.[200] Bei der Eingangsbestätigungsfunktion ist allerdings zu beachten, dass trotz Eingangsbestätigung nicht ausgeschlossen ist, dass die E-Mail durch den Spam-Filter des Empfän-

193 LG Potsdam NJW 2000, 3722.

194 *Uth/Barthen*, NJW 2021, 685, 686.

195 BLP/*Kessen*, § 130 Rn 24 ff.

196 LG Nürnberg-Fürth MMR 2003, 620 f.

197 BGH NJW 2022, 3791.

198 LG Offenburg MMR 2023, 788.

199 LG Bonn MMR 2014, 709; LG Hamburg MMR 2010, 654.

200 *Mankowski*, NJW 2004, 1901, 1902; *Hengstberger*, NJW 2022, 1780, 1783; LAG Berlin-Brandenburg BeckRS 2013, 66632; OLG Köln BeckRS 2007, 00267; AG Hamburg MMR 2018, 551.

gers ausgesondert worden ist, was wohl einem Zugang entgegenstehen dürfte.[201] Die Lesebestätigung dokumentiert demgegenüber auch, dass der Empfänger die E-Mail geöffnet hat.[202]

Will der Gegner den Zugang einer E-Mail mit Lesebestätigung bestreiten, muss er Tatsachen darlegen und gegebenenfalls beweisen, die einen atypischen Sachverhalt darstellt. Zum Beispiel könnte der Empfänger einwenden, dass er von der E-Mail-Adresse keine Kenntnis erhalten hat, weil ein Dritter sie für ihn eingerichtet hat. Der Anscheinsbeweis ist ferner dann entkräftet, wenn der Empfänger darlegen kann, dass die E-Mail in einem Format versandt worden ist, welches er nicht öffnen konnte.[203]

Man beachte auch BGH NJW 2014, NJW 2014, 556:

> *Ein Rechtsanwalt, der einem anderen Rechtsanwalt einen Rechtsmittelauftrag per E-Mail zuleitet, darf nicht allein wegen der Absendung der E-Mail auf deren ordnungsgemäßen Zugang beim Adressaten vertrauen. Er muss vielmehr organisatorische Maßnahmen ergreifen, die ihm eine Kontrolle des ordnungsgemäßen Zugangs ermöglichen.*

Der Zugangszeitpunkt des E-Mail-Anhangs unterscheidet sich nicht von dem der E-Mail. Jedoch besteht hinsichtlich des Zugangsbeweises aufgrund der vielen betrügerischen sog. Phishing-Mails die Problematik, dass eine Eingangs- oder Lesebestätigung alleine nicht mehr ausreichen kann, da von einer allgemeinen Angst vor einer Virusinfizierung durch Öffnen eines E-Mail-Anhangs ausgegangen werden kann.[204] *Wietzorek*[205] fordert eine Anpassung der Rechtsprechung dahingehend, dass zusätzlich der Beweis geführt werden muss, „dass bei objektiver Würdigung der (…) versandte E-Mail-Anhang nicht dazu geeignet ist, den berechtigten Anschein einer Spam-Email, einer Fälschung oder eines Virus zu erwecken".

Einen gesetzlichen Anscheinsbeweis bei privaten elektronischen Dokumenten, die mit einer qualifizierten elektronischen Signatur versehen sind, regelt die Vorschrift **90**
des § 371a ZPO. Verwendet der Versender eine qualifizierte Signatur gilt zu seinen Gunsten eine Beweiserleichterung: Der Empfänger soll entsprechend den für den Beweis des ersten Anscheins von der Rechtsprechung entwickelten Grundsätzen den Nachweis, dass die Erklärung von dem Signaturschlüssel-Inhaber abgegeben worden ist, grundsätzlich schon durch eine Überprüfung der Signatur nach dem seinerzeit geltenden SigG (durch Überprüfung der Zuordnung des Signaturprüfschlüssels) erbringen können. Auf diese Weise schützt die Vorschrift den Erklärungsemp-

201 Anders aber LG Hamburg MMR 2010, 654 bei einer Abmahnung per E-Mail, die von der Firewall des Abgemahnten aufgehalten und nicht zurückgesendet worden ist.

202 Saenger/*Saenger*, § 286 Rn 49; BLP/*Kessen*, § 130 Rn 30; *Willems*, MMR 2013, 551, 553.

203 BLP/*Kessen*, § 130 Rn 30; *Wietzorek*, MMR 2007, 156, 157.

204 *Wietzorek*, MMR 2007, 156, 157.

205 *Wietzorek*, MMR 2007, 156, 157.

fänger als die regelmäßig beweispflichtige Partei vor unbegründeten Einwänden des Signaturausstellers, z.B. davor, das elektronische Dokument stamme nicht von ihm, sei ohne sein Wissen abgesandt oder auf dem Transport verfälscht worden. Solche Behauptungen könnte der Erklärungsempfänger praktisch nicht widerlegen, zumal ihm kein Auskunftsanspruch gegen den Zertifizierungsdiensteanbieter des Signaturausstellers zusteht.[206]

Der gemäß § 372a Abs. 1 S. 2 begründete Anschein der Echtheit kann nur „durch Tatsachen erschüttert werden, die ernstliche Zweifel daran begründen, dass die Erklärung mit dem Willen des Signaturschlüssel-Inhabers abgegeben worden ist". Solche „ernstliche Zweifel" werden sich insbesondere aus einer unberechtigten Verwendung des Signaturschlüssels oder aus dem Signieren anderer Daten als die eigentlich gewollten ergeben. Erforderlich ist – in Abweichung von den Rechtsprechungsgrundsätzen zur Sorgfaltspflichtverletzung bei Verwendung von EC-Karten – der Nachweis des Abhandenkommens; denn die Erzeugung der Signatur setzt neben dem Wissen der PIN den Besitz der Signaturerstellungseinheit voraus. Anwälten ist aus Haftungsgründen nur die Verwendung höchstpersönlicher Signaturkarten zu empfehlen.[207]

91 Wird eine Willenserklärung von einem eBay-Mitgliedskonto abgegeben, gibt es keinen Anscheinsbeweis dafür, dass diese dem entsprechenden Mitgliedskonto zuzusprechen ist.[208] Ebenso ist die Frage der Aufsichtspflicht nach § 832 BGB bei einem unbefugten Herunterladen einer urheberrechtlich geschützten Datei eines Familienangehörigen[209] sowie die Vermutung der begangen Rechtsverletzung bei einer Wohngemeinschaft[210] nicht mittels Anscheinsbeweis zu klären.

4. Aufklärungspflichtverletzung

92 Nach der Rspr. des BGH[211] – unter Aufgabe früherer Rspr. – besteht nur ein Anscheinsbeweis und keine Beweislastumkehr dafür, dass ein Geschädigter bei geschuldeter Aufklärung sich **„aufklärungsrichtig"** verhalten hätte, wenn die nicht erteilte Aufklärung von Angehörigen **rechtsberatender Berufe** geschuldet wurde; im Übrigen hält die Rspr. jedoch bei der Verletzung der Aufklärungspflicht an der Beweislastumkehr fest.[212]

206 Musielak/Voit/*Huber*, § 371a Rn 6.

207 Musielak/Voit/*Huber*, § 371a Rn 7; *Roßnagel*, NJW 2006, 806, 807; *Roßnagel*, NJW 2011, 1473; *Degen*, NJW 2009, 199 ff.; vgl. auch *Willems*, MMR 2013, 551, 554.

208 AG Frankenthal MMR 2023, 236; OLG Bremen NJW-RR 2012, 1519.

209 BGH NJW 2013, 1441.

210 OLG Köln CR 2012, 412.

211 BGH NJW 1993, 3259; BGH DStRE 2016, 250.

212 BGH DB 1994, 1079.

BGH NJW 2000, 2110, 2111 (zur Notarhaftung):

> *Nach allgemeiner Lebenserfahrung kann der Beweis des ersten Anscheins für ein **beratungsgemäßes Verhalten** der Urkundsbeteiligten sprechen [...]. Das gilt grundsätzlich auch bei Verträgen zwischen Familienangehörigen. Die Vermutung ist erschüttert, wenn tatsächliche Umstände festgestellt sind, aus denen sich die ernsthafte Möglichkeit ergibt, dass die Vertragsteile sich bei Vereinbarung der konkret nachteiligen Klausel wesentlich von verwandtschaftlichen Rücksichtnahmen haben leiten lassen [...].*

Vgl. auch BGH r+s 2023, 770:

> *Schuldet ein Notar einen bestimmten Rat, Hinweis oder eine bestimmte Warnung, so spricht der erste Anschein dafür, dass die Beteiligten dem gefolgt wären. Voraussetzung dafür ist allerdings, dass bei ordnungsgemäßem Verhalten nach der Lebenserfahrung lediglich ein bestimmtes Verhalten nahegelegen hätte oder sämtliche vernünftigen Verhaltensmöglichkeiten identische Schadensbilder ergeben hätten.*

Der Anscheinbeweis bei Aufklärungspflichtverletzungen findet allerdings immer **93**
dann keine Anwendung, wenn nicht nur eine einzige Handlungsoption besteht, sondern verschiedene Handlungsweisen ernsthaft in Betracht kommen.

BGH r+s 2023, 770:

> *Besteht dagegen nicht nur eine einzige verständige Entschlussmöglichkeit, sondern kommen verschiedene Handlungsweisen ernsthaft in Betracht und bergen sämtliche gewisse Risiken in sich, ist für einen Anscheinsbeweis kein Raum.*

Genauso gelten die Regeln des Anscheinsbeweises **nicht** im folgenden Anwaltshaftungsfall:

BGH NJW-RR 1999, 641, 642:[213]

> *Die Regeln des Anscheinsbeweises sind dagegen unanwendbar, wenn unter wirtschaftlichen Gesichtspunkten **verschiedene Entscheidungen** ernsthaft in Betracht kommen und die Aufgabe des Beraters lediglich darin besteht, dem Mandanten durch die erforderlichen fachlichen Informationen eine sachgerechte Entscheidung zu ermöglichen.*

Und BGH NJW 2000, 2814, 2815:

> *[D]er Erfahrungssatz des beratungsgemäßen Verhaltens [kommt] nur dann in Betracht [...], wenn ein bestimmter Rat geschuldet war und es in der gegebenen Situation **unvernünftig** gewesen wäre, diesen Rat nicht zu befolgen (BGH NJW-RR 1999, 641).*

213 Ebenso BGH BeckRS 2008, 16750.

[…] Bei einem Schadensersatzanspruch aus Vertragsverletzung gehört der Ursachenzusammenhang zwischen der Pflichtverletzung und dem Eintritt eines daraus erwachsenen allgemeinen Vermögensschadens nach der Rechtsprechung des BGH nicht mehr zur haftungsbegründenden, sondern zur sogenannten haftungsausfüllenden Kausalität.

Behauptet der Anwalt, sein Mandant habe die Rechtslage gekannt und sei deshalb gar nicht belehrungsbedürftig gewesen, trifft den Anwalt insoweit die Beweislast.[214]

F. Sachverhaltsermittlung durch Parteianhörung

94 Das Gericht hat gemäß § 286 ZPO „unter Berücksichtigung des gesamten Inhalts der Verhandlung" zu entscheiden. Der gesamte Inhalt der Verhandlung umfasst nicht nur den Sachvortrag der Parteien, d.h. etwaige Schriftsätze nebst Anlagen und den mündlichen Vortrag, sondern auch das prozessuale Verhalten der Partei sowie ihre Glaubwürdigkeit.[215]

LAG BaWü NZA-RR 2000, 514, 515:[216]

Der Begriff „Beweiswürdigung" ist demgegenüber missverständlich, da er nahelegt, es gehe nur um die Würdigung der Beweisaufnahme. Zu würdigen sind vielmehr auch die prozessualen und vorprozessualen Handlungen, Erklärungen und Unterlassungen der Parteien und ihrer Vertreter.

Damit versteht sich eigentlich von selbst, dass auch das Ergebnis der **Anhörung** der Parteien Grundlage der Überzeugungsbildung des Gerichts sein kann.[217]

Der BGH in NJW 1998, 306, 307 formuliert sogar, dass das Gericht einer Anhörung den Vorzug vor der Bekundung eines Zeugen geben darf.[218] Zum Näheren vgl. Rdn 103 ff.

95 Denn dass die **Parteianhörung** im Gegensatz zur **Parteivernehmung** nach ganz überwiegender Meinung kein Beweisverfahren ist, bedeutet noch nicht, dass sie für die Feststellung des Sachverhaltes nicht herangezogen werden darf – eben weil § 286 ZPO die Sachverhaltsermittlung gar nicht allein auf eine Beweiserhebung stützt; auch nicht, soweit der Sachverhalt streitig ist.

Dass die Funktion der Anhörung der Parteien nach § 141 ZPO nicht darin liegt, Beweis zu erbringen, sondern lediglich darin, einen undurchsichtigen Parteivortrag zu

214 BGH NJW 1996, 2037, 2938.

215 Saenger/*Saenger*, § 286 ZPO Rn 17.

216 Vgl. auch *Kockentiedt/Windau*, NJW 2019, 3348.

217 BGHZ 82, 13, 20; BGH NJOZ 2001, 2386; *Kockentiedt/Windau*, NJW 2019, 3348.

218 So auch: BGH NJW 2003, 2527, 2528; BGH NJW-RR 2018, 249.

klären, schließt die Verwertung des Ergebnisses der Anhörung zur Überzeugungsbildung nicht aus.[219]

Eine ganz andere – bislang wohl ungeklärte[220] – Frage ist jedoch,

- ob das Gericht **allein** auf die Anhörung der Parteien seine Überzeugung stützen,
- ob es die Anhörung der Parteien **gezielt** zur Ermittlung streitigen Sachverhaltes einsetzen darf.

I. Praxis der Instanzgerichte

Die Praxis vieler Instanzgerichte geht aber noch viel weiter: Sie bedienen sich der Anhörung der Parteien zur direkten Ermittlung des Sachverhaltes. Zwar stellen sie nicht in Abrede, dass die Anhörung kein Beweismittel ist; leiten aber aus § 286 ZPO die Befugnis ab, die Anhörung gezielt zur Sachverhaltsaufklärung einzusetzen. **96**

Die Rspr. verfährt insbesondere dann häufig so, wenn eine Partei in Beweisschwierigkeiten gerät, weil die Gegenseite einen Zeugenbeweis antreten kann, sie aber nicht. Etwa in Fällen, in denen über Schadensersatzansprüche aus dem Zusammenstoß zweier Kraftfahrzeuge zu entscheiden ist und der Fahrer des einen Fahrzeuges seinen Ehepartner als Zeugen benennen kann, der andere Fahrer aber allein in seinem Fahrzeug gesessen hat. Einige Gerichte helfen der Beweisnot des allein Fahrenden dadurch ab, dass sie der Zeugenaussage des Ehepartners des anderen jeglichen Beweiswert absprechen, sofern sie nicht durch objektive Beweismittel bestätigt werden.

Dem ist BGH NJW 1988, 566 jedoch zu Recht entgegengetreten:[221] **97**

> *Es verstößt gegen den Grundsatz der freien Beweiswürdigung, den Aussagen von Insassen unfallbeteiligter Kraftfahrzeuge (sog. „Beifahrerrechtsprechung“) oder von Verwandten oder Freunden von Unfallbeteiligten nur für den Fall Beweiswert zuzuerkennen, dass sonstige objektive Gesichtspunkte für die Richtigkeit der Aussage sprechen.*

Schneider[222] meint dazu, „dass der Realitätsgehalt der Aussagen unfallbeteiligter Zeugen nur durch besonders kritische Würdigung ermittelt werden kann, wobei in der Regel zu verlangen ist, dass die Aussage durch feststehende objektive Umstände gestützt wird.“ *Schneider*[223] schränkt diese Aussage aber sogleich wieder ein,

219 Vgl. BGH NJW 2003, 2527, 2528; *Meyke*, MDR 1987, 358; Zöller/*Greger*, § 141 Rn 1.
220 Vgl. dazu *Kockentiedt/Windau*, NJW 2019, 3348 ff.
221 So auch BGH NJW-RR 1999, 246, 247.
222 *Schneider*, Beweis und Beweiswürdigung, 5. Aufl., Rn 1057.
223 *Schneider*, Beweis und Beweiswürdigung, 5. Aufl., Rn 1058.

indem er betont, dass daraus aber wiederum auch keine Beweisregel gemacht werden dürfe.[224]

98 Andere Gerichte wollen das Ungleichgewicht in der Beweisführungslast dadurch ausgleichen, dass sie das persönliche Erscheinen der Parteien nach § 141 ZPO anordnen und neben der Vernehmung des Zeugen die Parteien anhören. Das Ergebnis ist dann zumeist, dass das Gericht Aussage und Anhörungen dahingehend würdigt, weder die Unfalldarstellung des Klägers noch die des Beklagten sei bewiesen und deshalb sei eine Beweislastentscheidung zu treffen.

Gegen eine Einbeziehung des Ergebnisses der Anhörung der Parteien ist zwar im Prinzip nichts einzuwenden; sie ist durch § 286 ZPO gedeckt; vgl. Rdn 108, 169. Wohl aber dagegen, durch die Anhörung die Bestimmungen der Parteivernehmung nach § 445 ZPO gezielt zu unterlaufen.

99 Der Gesetzgeber hat die Parteivernehmung als **subsidiäres** Beweismittel ausgestaltet. Sie ist nur zulässig, wenn andere Beweismittel nicht in Betracht kommen. Die Vernehmung einer Partei zu ihrem eigenen Vorbringen ist nur mit Zustimmung des Gegners, § 447 ZPO, oder nach § 448 ZPO von Amts wegen zulässig, wenn schon ein Anfangsbeweis erbracht ist, vgl. Rdn 164.

Diese gesetzliche Regelung darf nicht kurzerhand dadurch unterlaufen werden, dass **gezielt** zur Sachverhaltsermittlung eine Parteianhörung angeordnet wird, die in Form einer Parteivernehmung erfolgt, nur nicht so genannt wird.[225]

100 LG Berlin MDR 2000, 882 sieht demgegenüber gerade in einem Unterlassen der Anhörung zur Sachverhaltsermittlung einen Verfahrensfehler:

> *Das Gericht handelt verfahrensfehlerhaft, wenn es im Prozess um die Kollision zweier Kraftfahrzeuge die Mitfahrenden aus einem der Fahrzeuge als Zeugen vernimmt, den Unfallgegner jedoch, der keinen Zeugen benennen kann, zu seinem abweichenden Vorbringen nicht anhört.*

Das AG habe den seiner Entscheidung zugrunde gelegten Sachverhalt unter Verstoß gegen das aus Art. 2 Abs. 1 GG i.V.m. dem Rechtsstaatsprinzip herzuleitende Gebot der fairen Verfahrensgestaltung und den – über den Gleichheitssatz des Art. 3 Abs. 1 GG im Übrigen auch mit Grundrechtsschutz ausgestatteten – herkömmlichen Grundsatz der prozessualen Waffengleichheit festgestellt.

Allerdings will das LG es nicht zulassen, dass das Gericht seine Entscheidung allein auf das Ergebnis einer Anhörung stützt. Diese soll lediglich den entgegenstehenden Zeugenaussagen ihre Beweiskraft nehmen. Kommt das Gericht bei seiner Anhörung zu dem Ergebnis, der Parteivortrag sei wahr, soll es diese Partei nach § 448 ZPO vernehmen. Das LG respektiert letztlich also doch, dass die Anhörung der Partei kein Beweismittel ist.

224 So auch *Schneider*, MDR 2001, 246.

225 Vgl. *Meyke*, MDR 1987, 360.

Sehr weitgehend auch OLG München NJW 2011, 3829:[226]

> *In Verkehrsunfallsachen sind die unfallbeteiligten Parteien grundsätzlich von Amts wegen anzuhören; das Unterlassen einer Parteianhörung oder Parteieinvernahme von Amts wegen stellt einen Verstoß gegen den Anspruch auf Gewährung rechtlichen Gehörs dar.*

Die Rspr. bedient sich der Anhörung mit unterschiedlicher Zielrichtung: **101**

Zum einen soll dem Beweispflichtigen über Beweisschwierigkeiten hinweggeholfen werden, also eine Anhörung zu seinem Vorteil. Dafür plädieren z.B. *Schlosser*[227] und *Schöpflin*,[228] um auf diesem Wege der Anforderung des Europäischen Gerichtshofs für Menschenrechte[229] zu genügen, der in bestimmten Fällen der Beweisnot einer Partei eine Parteivernehmung von Amts wegen verlangt, um auf diesem Wege die **Waffengleichheit** sicherzustellen;[230] vgl. Rdn 169.

EGMR NJW 1995, 1413:

> *Das aus Art. 6 I EMRK folgende Prinzip der Waffengleichheit im Zivilprozeß kann verletzt sein, wenn es einer klagenden Gesellschaft, die für eine Tatsache im Schadensersatzprozeß beweispflichtig ist, verwehrt wird, ihren Alleingesellschafter als Zeugen für den Verlauf eines Gesprächs zu benennen, an dem nur der Alleingesellschafter und ein Vertreter der Beklagten beteiligt waren, wenn die Anhörung des Vertreters der Beklagten als Zeuge vom Tatrichter als zulässig erachtet wurde.*

Häufiger noch wird die Parteianhörung eingesetzt, um an dem Anwalt vorbei aus der Partei ihr ungünstige Informationen herauszulocken.[231]

Das OLG Zweibrücken[232] hat – gestützt auf die Entscheidung des EGMR[233] – in der Nichtanhörung einer Partei zur Wiederherstellung der Waffengleichheit gegenüber dem durch eine Zeugenaussage begünstigten Gegner sogar einen Verfahrensfehler gesehen und die angefochtene Entscheidung des Landgerichts aufgehoben: **102**

> *[…] Dem Einzelrichter war bewusst, dass bei den unter Beweis gestellten Gesprächen einmal nur die Parteien und der Zeuge B und beim anderen Mal nur die Kl. und Zeuge B zugegen waren. Aufgrund dieser tatsächlichen Umstände konnte nur der Bekl. seinen „Verhandlungsführer" als Zeugen anbieten, während die Kl. niemand anderes gegenbeweislich als Zeugen benennen konnte. In einem solchen Falle gebietet es der in Art. 6 Abs. 1 EMRK verankerte und im*

226 So auch OLG Schleswig NJW-RR 2008, 1525; OLG München, BeckRS 2010, 5186.
227 *Schlosser*, NJW 1995, 1404.
228 *Schöpflin*, NJW 1996, 2134.
229 EGMR NJW 1995, 1413.
230 Vgl. *Geipel*, Handbuch Beweiswürdigung, § 30 Rn 38.
231 Zur Kritik daran vgl. *Birk*, NJW 1985, 1489, 1491.
232 OLG Zweibrücken NJW 1998, 167.
233 Vgl. auch BVerfG NJW 2008, 2170, 2171.

Zivilprozess zu wahrende Grundsatz der Waffengleichheit, dass jede Partei ihren Fall vor Gericht unter Bedingungen präsentieren kann, die für diese Partei keinen substantiellen Nachteil im Verhältnis zum Prozessgegner bedeuten (vgl. EGMR NJW 1995, 1413 mit Anm. Schlosser, NJW 1995, 1404). Bei der hiesigen Sachlage kann dahinstehen, ob im Hinblick auf die zitierte Entscheidung des EGMR nach deutschem Verfahrensrecht die Einvernahme des Beweisgegners, hier die Kl., als Partei zur Führung des Gegenbeweises gestattet ist (verneinend beim Beweisführer […] OLG München NJW-RR 1996, 958 […]). Die Kl. ist für die in das Wissen des Zeugen B gestellten Tatsachen nicht beweisbelastet. Den Gegenbeweis hätte sie erst zu führen, wenn der Bekl. Beweis erbracht hätte. Geht es aber zunächst nur um die Würdigung der zum Vortrag der beweisbelasteten Partei erhobenen Beweise, lässt sich das ***Prinzip der Waffengleichheit oft schon durch die Anhörung der anderen Partei i.S.v. § 141 ZPO genügen*** *[…]. Die Anordnung der Anhörung ist von Amts wegen zu treffen, so dass es hierzu auch keines Antrages bedarf. Eine Anhörung in diesem Sinne, auch wenn sie keine Beweiserhebung darstellt, insbesondere nicht wie eine Parteivernehmung gewürdigt werden darf […], gibt dem Gericht zumindest zusätzliche Gesichtspunkte bei der Würdigung der Aussage des auf Antrag der anderen Partei, hier des Bekl., gehörten Zeugen. Das gilt insbesondere, wenn die Aussage eines Zeugen gewürdigt werden soll, bei dem eine Interessenverflechtung und eine mehr „formale" Zeugenstellung zu gewärtigen ist (vgl. BGH NJW-RR 1990, 1061; NJW 1992, 1559). Dieser Bewertungsgrundlage hat sich der Einzelrichter verschlossen. Damit hat er einmal die Grundsätze eines fairen Verfahrens nicht eingehalten und außerdem seine Beweiswürdigung auf ein unzureichend ausgestaltetes Verfahren gestützt […].*[234]

Und OLG Karlsruhe MDR 1998, 493 f.:

Sind die einzigen zur Verfügung stehenden Aussagepersonen in gleicher oder ähnlicher Weise nicht neutral, wäre es willkürlich, den Wert ihrer gegensätzlichen Aussagen von vornherein aus formalen prozessualen Gründen (einerseits Zeuge, andererseits informatorisch gehörte Partei) unterschiedlich zu gewichten.

Noch weitergehend LAG Sachsen NZA-RR 2000, 497:

Eine Parteianhörung im Sinne des § 141 ZPO steht im Lichte der Entscheidung des EGMR […] – bei entsprechender Würdigung des Wahrheitsgehalts der Bekundung – dem Beweismittel der ***Parteivernehmung gleich****.*

Klarstellend allerdings BVerfG NJW 2008, 2170, 2171:[235]

Um eine solche Gleichbehandlung beider Parteien zu erreichen, muss das Gericht aber eine anwesende Partei, die keinen Beweis für ihren Vortrag zum Inhalt eines Vier-Augen-Gesprächs anzubieten vermag, nicht in jedem Fall von

234 Zustimmend *Schneider*, MDR 1998, 690, 694; ablehnend Stein/Jonas/*Leipold*, § 448 Rn 24.

235 Vgl. zum Vier-Augen-Gespräch auch BVerfG NJW 2001, 2531.

Amts wegen informatorisch anhören oder als Partei vernehmen. Der Zivilprozess wird durch das Prinzip der Parteifreiheit und der Parteiverantwortung beherrscht. Dies kommt in dem Verhandlungs- oder Beibringungsgrundsatz zum Ausdruck, der den Zivilprozess prägt und nach dem allein die Parteien den Streitstoff in den Prozess einführen, über seine Feststellungsbedürftigkeit entscheiden und grundsätzlich auch seine Feststellung ermöglichen. [...] Eine verfahrensrechtliche Gleichstellung der Parteien eines Zivilprozesses verlangt daher nicht, dass die über keine Zeugen verfügende Partei von Amts wegen angehört oder vernommen wird, sondern nur, dass ihre diesbezüglichen Anträge nicht abgelehnt werden.

II. Rechtsprechung des BGH

Die Rspr. zu dieser Frage ist nicht einheitlich.[236] In einer Entscheidung aus dem Jahr 1978[237] hat der BGH die Ansicht vertreten, das Gericht dürfe seine Überzeugung allein auf das Vorbringen einer Partei stützen. Daran knüpft eine Entscheidung des BGH v. 2.7.1985[238] an, ohne sich allerdings mit den abweichenden Ansichten auseinanderzusetzen: 103

*[...] Grundsätzlich ist es dem Richter aus Rechtsgründen nicht einmal verwehrt, **allein** aufgrund des (in sich stimmigen) Vortrages einer Partei festzustellen, was für wahr und was für unwahr zu erachten ist, sofern er damit nicht Beweisanträge übergeht [...] Hierzu bedarf es entgegen der Meinung der Revision auch nicht der Parteivernehmung nach § 448 ZPO.*

In einer Entscheidung aus dem Jahre 1967 hat der BGH demgegenüber ein Urteil eines Oberlandesgerichtes aufgehoben, das auf den persönlichen Eindruck gestützt war, den eine Partei bei ihrer Anhörung hinterlassen hatte. Die Anhörung, so der BGH,[239] dürfe nicht zu Beweiszwecken eingesetzt werden. Wolle ein Gericht die Angaben einer Partei zum Beweismittel erheben, habe es nach §§ 445 ff. ZPO vorzugehen; das OLG habe eine Parteivernehmung nach § 448 ZPO anordnen müssen.

Mit einer Entscheidung vom 6.10.1981 hat der BGH dann ausgesprochen, dass es dem Richter zwar grundsätzlich erlaubt sei, allein aufgrund des Vortrags der Parteien und ohne Beweiserhebung festzustellen, was für wahr und was für nicht wahr zu erachten ist. Gleichzeitig merkt der BGH aber an, dass ein solches Verfahren, wenn beide Parteien Beweis angeboten haben, aber nur in Ausnahmefällen und nur dann angewandt werden darf, wenn der vorgetragene Sachverhalt beider Parteien klar, widerspruchsfrei und überzeugend ist.[240] 104

236 Vgl. *Kockentiedt/Windau*, NJW 2019, 3348 ff.

237 BGH LM § 286 ZPO Nr. 4 = BeckRS 1978, 31117398.

238 BGH BeckRS 1985, 30401809.

239 BGH MDR 1967, 834.

240 BGH GRUR 1982, 95, 97.

In einer Entscheidung des BGH vom 29.10.1987[241] hat der BGH sodann seine Ansicht, das Gericht dürfe seine Überzeugung allein auf das Vorbringen der Parteien ohne Beweiserhebung stützen, wiederholt und nicht im Widerspruch zu BGH MDR 1967, 834 gesehen, weil in dieser Entscheidung die Anhörung vom Tatrichter in unzulässiger Weise zum Beweismittel erhoben worden sei. Es müsse deutlich werden, dass dem **Tatrichter bewusst sei,** dass die Anhörung keine Parteivernehmung sei und dieser ein höherer Beweiswert zukommen könne.

105 Für ein sehr weitgehendes Recht des Richters zur Verwertung von Parteivortrag auch BGH NJW 1996, 1131, 1135:

> *Das Berufungsgericht durfte ohne Rechtsverstoß von der Richtigkeit des Vortrags des Klägers ausgehen, dass ihm Mitbürger seit der Veröffentlichung des Buches „Der Lohnkiller" mit Zurückhaltung und Vorbehalten begegnen. Dem steht nicht entgegen, dass die Beklagten diesen Vortrag bestritten haben.* ***Es ist dem Tatrichter nicht verwehrt, allein aufgrund des Parteivortrags und ohne Beweiserhebung festzustellen****, was für wahr und was für nicht wahr zu erachten ist […]. Das Berufungsgericht durfte auch auf die von ihm für glaubhaft erachteten Angaben des Klägers bei seiner Anhörung nach § 141 ZPO abstellen; denn der Tatrichter ist nicht gehindert, derartige Erklärungen im Rahmen der Beweiswürdigung zu verwerten […].*

Und BGH NJW 1999, 363:

> *Dem Gebot der prozessualen Waffengleichheit kann allerdings auch durch eine persönliche Anhörung nach § 141 ZPO genügt werden.*[242]

In einer neueren Entscheidung hat der BGH – im Anschluss an die Entscheidung des BGH vom 29.10.1987 – erneut ausgesprochen, dass es dem Tatrichter nach § 286 ZPO grundsätzlich erlaubt ist, allein aufgrund des Vortrags der Parteien und ohne Beweiserhebung festzustellen, was für wahr und was für nicht wahr zu erachten ist. Der Tatrichter könne im Rahmen der freien Würdigung des Verhandlungsergebnisses den Behauptungen und Angaben (vgl. § 141 ZPO) einer Partei unter Umständen auch dann glauben, wenn diese ihre Richtigkeit sonst nicht – auch nicht mittels Parteivernehmung, weil es an der erforderlichen Anfangswahrscheinlichkeit fehlt – beweisen könne.[243]

106 Es existiert allerdings auch eine andere Meinungsströmung in der Rechtsprechung des BGH, die den Grundsatz der Subsidiarität der Parteivernehmung in den Vordergrund rückt. Danach kann ein Gericht seine Überzeugung zugunsten des Tatsachen-

241 BGH BeckRS 1987, 31067682 – Würdigung 1.

242 Zustimmend *Gehrlein*, EWiR 1999, 45.

243 BGH NJW-RR 2018, 249; vgl. auch BGH NJW-RR 2006, 672; BVerfG NJW 2017, 3218, 3220.

vortrags einer Partei gerade nicht allein oder auch nur maßgeblich auf die Anhörung dieser Partei stützen, vgl. BGH NJW 1997, 1988:[244]

> *Nach den allgemeinen Grundsätzen des Zivilverfahrensrechts **müssen** bestrittene, erhebliche Parteibehauptungen in der Regel mit den in der ZPO vorgesehen Beweismitteln bewiesen werden [...]. § 286 Abs. 1 ZPO begründet für den Tatrichter die **Pflicht** zur möglichst vollständigen Aufklärung des Sachverhalts [...].*
>
> *Die Frage, ob der Tatrichter seine Entscheidung auf bestrittenes Vorbringen einer Partei im Wege der **Anhörung nach § 141 ZPO oder Vernehmung nach § 448 ZPO** stützen kann, stellt sich grundsätzlich nur, wenn die Partei sich in **Beweisnot** befindet [...], ihr also keine Beweismittel zur Verfügung stehen oder diese nicht ausreichen.*

Hat beispielsweise der Versicherungsnehmer zum Beweis des äußeren Bildes eines Kfz-Diebstahls Zeugen benannt, sind diese zu vernehmen, weil sich der Versicherungsnehmer nicht in Beweisnot befindet. Der BGH hat diese vorgenannte Rspr. zur Subsidiarität der Parteivernehmung mit Urt. v. 12.12.2019 bestätigt und dahingehend präzisiert, dass die beweisbelastete Partei lediglich ihr zumutbare Beweismittel benannt haben muss, damit eine Parteivernehmung von Amts wegen in Betracht kommt. Man muss also nicht Zeugen aus dem Lager der Gegenpartei benennen, um den Weg für die (subsidiäre) Parteianhörung freizumachen.

BGH NJW 2020, 776:

> *Eine Parteivernehmung von Amts wegen kommt nur in Betracht, wenn zuvor alle angebotenen Beweismittel ausgeschöpft worden sind und keinen vollständigen Beweis erbracht haben. Weiterhin muss die beweisbelastete Partei alle ihr zumutbaren Zeugenbeweise angetreten haben.*
>
> *Dagegen ist es zur Wahrung der Subsidiarität der Parteivernehmung nach § 448 ZPO nicht erforderlich, dass die beweisbelastete Partei eine im Lager des Prozessgegners stehende Person als Zeugen benennt. Erst recht muss sie nicht die Parteivernehmung des Gegners beantragen.*

Gegen eine Entscheidung aufgrund des alleinigen Vorbringens einer Partei hat **107**
Brehm[245] gewichtige Einwände erhoben. Richtiger dürfte es sein, in einem Fall, in dem der Vortrag einer Partei eine erhebliche Wahrscheinlichkeit für sich hat, diese gemäß § 448 ZPO zu ihrem eigenen Vorbringen zu vernehmen,[246] vgl. auch Rdn 164 ff.

244 Vgl. auch BGH BeckRS 2011, 15319; KG NJW 2018, 239; OLG Naumburg NJOZ 2017, 488.

245 *Brehm*, Die Bindung des Richters an den Parteivortrag und Grenzen freier Verhandlungswürdigung, 1982; vgl. aber auch *Kockentiedt/Windau*, NJW 2019, 3348, 3349.

246 Stein/Jonas/*Leipold*, § 141 Rn 5.

III. Literatur

108 Während sich also in der (veröffentlichten) Rspr. der Instanzgerichte Tendenzen abzeichnen, die Unterscheidung von Parteianhörung und Parteivernehmung aufzugeben, hält die (Kommentar-)Literatur, auch diejenige, die einer Ausweitung der Anwendung des § 448 ZPO das Wort redet, vgl. Rdn 172, eher an einer einschränkenden Auslegung des § 141 ZPO fest.[247]

Erhebliche Bedenken hat auch *Messer*,[248] der gegen eine Ausweitung der Anhörung nach § 141 ZPO zur Sachverhaltsermittlung geltend macht:[249]

> *Die Anhörung der Partei nach § 141 ZPO ist der Parteivernehmung nicht gleichwertig. Das gilt schon für ihre Protokollierung; die Anhörung der Partei bedarf – anders als die Parteivernehmung – keiner Protokollierung (§ 160 Abs. 3 Nr. 4 ZPO); deshalb ist die Verwertung der von einer Partei bei ihrer Anhörung gemachten Aussage als Beweismittel nur statthaft, wenn die Aussage protokolliert worden ist. Die lediglich angehörte, nicht vernommene Partei wird vor ihrer Vernehmung nicht zur Wahrheit ermahnt. Es fehlt regelmäßig die im Falle einer Parteivernehmung nach § 162 Abs. 1 i.V.m. § 160 Abs. 3 Nr. 4 ZPO erforderliche Feststellung über die Verlesung und Genehmigung der Aussage oder den Verzicht der Beteiligten hierauf. Die lediglich angehörte Partei hat keine Möglichkeit, die Überzeugungskraft ihrer Aussage durch Beeidigung zu verstärken – und geht nicht das Risiko einer Beeidigung nach § 452 ZPO ein. Sie ist nicht der Befragung durch den Gegner (gem. §§ 397, 451 ZPO) ausgesetzt. Die bloße Anhörung der Partei bleibt hinter deren Vernehmung weit zurück. Sie gleicht die strukturelle Benachteiligung der Partei gegenüber dem über einen Zeugen verfügenden Gegner beim Beweis des Inhaltes eines Vieraugengesprächs nicht in einer die Waffengleichheit herstellenden Weise aus.*

Dem ist mit der Einschränkung zuzustimmen, dass die Protokollierung nicht das entscheidende Argument sein kann, weil die Verwertung der Anhörung der Partei zur Überzeugungsbildung des Gerichts gar nicht davon abhängt, ob die Anhörung Beweismittel ist. Denn das Gericht hat gemäß § 286 ZPO seine Überzeugung aus dem **Inbegriff der gesamten Verhandlung** zu bilden, nicht allein auf der Grundlage seiner Beweiserhebung.[250]

247 Vgl. Anders/Gehle/*Hartmann*, § 141 Rn 2; Zöller/*Greger*, § 141 Rn 1; Stein/Jonas/*Leipold*, § 448 Rn 24 (zumindest für den Fall, dass eine Partei den ihr obliegenden Beweis durch eine Anhörung erbringen will); MüKo/*Fritsche*, § 141 ZPO Rn 2 ff., 4, 5; Musielak/Voit/*Stadler*, § 141 Rn 2; Thomas/Putzo/*Reichold*, vor § 445 Rn 2; *Reimer*, NZV 2018, 258, 260.

248 In: Festschrift aus Anlaß des fünfzigjährigen Bestehens von Bundesgerichtshof, Bundesanwaltschaft und Rechtsanwaltschaft beim Bundesgerichtshof, 2000, S. 67, 82 (in einer Stellungnahme zu BGH NJW 1998, 306, 307).

249 Kritisch auch *Lange*, NJW 2002, 476.

250 Stein/Jonas/*Leipold*, § 286 Rn 15; vgl. auch *Stackmann*, NJW 2012, 1249 ff.

IV. Abwehr unzulässiger Anhörung

109 Eine Anhörung der Parteien erfolgt oft aber mit dem Ziel, ihr ungünstige Geständnisse zu entlocken. Das ist vor allem deshalb so bedenklich, weil sich eine Partei ihrer Anhörung leicht entziehen kann, indem sie der Ladung keine Folge leistet; sie riskiert dann zwar, dass gegen sie ein Ordnungsgeld verhängt wird, doch schmerzt das häufig weniger, als sich einer peinlichen Befragung auszusetzen und sich durch die eigene Einlassung um den Prozesserfolg zu bringen. Der Prozessgegner, der der richterlichen Anordnung Folge leistet, kann dann der Dumme sein.

Wenn der Richter die **Anhörung** der Partei an dem Anwalt vorbei vornimmt, sollte dieser ihn fragen, welchem Zweck die Befragung dient. Er sollte auf die Bestimmungen der §§ 445 ff. ZPO verweisen, wonach eine **Parteivernehmung** nur aufgrund **förmlichen Beweisbeschlusses** erfolgen darf und die Partei über ihr Aussageverweigerungsrecht zu belehren ist. Notfalls sollte er seinem Mandanten anraten – unter Hinweis etwa auf die Benachteiligung, die ihm dadurch widerfährt, dass nur er, nicht aber der Gegner erschienen ist – von seinem Recht Gebrauch zu machen, sich nicht zu erklären. Es gibt – soweit ersichtlich – keine veröffentlichte Entscheidung, in der ein Gericht sich als befugt angesehen hat, aus einem solchen Schweigen nachteilige Schlüsse zu ziehen.

110 Außerdem kann eine Partei, der eine unzulässige, als Anhörung kaschierte Vernehmung droht, sich dieser dadurch entziehen, dass sie von ihrem Recht Gebrauch macht, gemäß § 141 Abs. 3 S. 2 ZPO der Ladung zum Termin nicht selbst zu folgen, sondern einen **Vertreter** zu entsenden. Als ein solcher Vertreter kommt auch der Prozessbevollmächtigte in Betracht. Voraussetzung ist allerdings, dass der Vertreter „zur Aufklärung des Tatbestandes in der Lage und zur Abgabe der gebotenen Erklärungen, insbesondere zu einem Vergleichsabschluss, ermächtigt ist“.

G. Beweismittel im Zivilprozess

I. Zeugenbeweis

111 *„Das praktisch wichtigste und zugleich mit Abstand schlechteste Beweismittel ist der Zeuge.“*

So wie bei *Schneider*[251] beginnen die meisten Abhandlungen zum Zeugenbeweis. Da der Zeugenbeweis aber ein unverzichtbares Beweismittel ist, kann die Konsequenz seiner Mängel nicht sein, dass sein Beweiswert von vornherein in Frage gestellt wird, sondern die Konsequenz kann lediglich sein, die Beweiserhebung und die spätere Würdigung des Zeugenbeweises mit besonderer Sorgfalt durchzuführen.[252]

251 *Schneider*, Beweis und Beweiswürdigung, 5. Aufl., Rn 872.
252 Vgl. auch *Balzer/Walther*, Beweisaufnahme, Rn 152 ff.

Wenn der Gesetzgeber in selbstverständlicher Kenntnis der Problematik dieses Beweismittels, den Zeugenbeweis in Abweichung von früheren Prozessordnungen uneingeschränkt zulässt, kann das Gericht nicht befugt sein, der Aussage bestimmter Beweispersonen, etwa am Ausgang des Rechtsstreits interessierter Verwandter oder Angestellter, schlechthin den Beweiswert abzusprechen. Da ein Interesse eines Zeugen am Ausgang des Rechtsstreits nicht gelegentliche Ausnahme, sondern die Regel ist, könnte sich das Gericht sonst die Zeugenvernehmung in den meisten Fällen von vornherein sparen.

112 BGH NJW 1988, 566:[253]

> *Es verstößt gegen den Grundsatz der freien Beweiswürdigung, den Aussagen von Insassen unfallbeteiligter Kraftfahrzeuge (sog. „Beifahrerrechtsprechung") oder von Verwandten und Freunden von Unfallbeteiligten nur für den Fall Beweiswert zuzuerkennen, dass sonstige objektive Gesichtspunkte für die Richtigkeit der Aussage sprechen.*

BVerfG NJW-RR 1995, 441[254] sieht in der Beifahrerrechtsprechung sogar einen Verfassungsverstoß:

> *Die Vernehmung eines Zeugen* ***von vornherein abzulehnen****, weil dieser am Ausgang des Rechtsstreits interessiert ist, verstößt gegen Art. 103 GG.*

Denn die Vernehmung am Ausgang des Rechtsstreits interessierter Zeugen wäre sinnlos, wenn das Gericht ihnen **allein** wegen dieses Interesses schon die Glaubwürdigkeit absprechen dürfte.

BGH NJW 1995, 955:

> *Das OLG hat dem Zeugen allein deshalb nicht geglaubt, weil er ein erhebliches Eigeninteresse am Ausgang des Rechtsstreits habe und bei seiner Vernehmung keine Umstände zutage gefördert worden seien, welche die aus seinem Engagement abzuleitenden Bedenken zerstreut hätten. Das verstößt gegen den Grundsatz der freien Beweiswürdigung, weil die Entscheidung des Gerichts sich nicht, wie es § 286 Abs. 1 ZPO gebietet, auf eine individuelle Würdigung des gesamten Inhalts der Verhandlungen und des Ergebnisses der Beweisaufnahme, sondern in verfahrensrechtlich unzulässiger Weise auf eine abstrakte Beweisregel gründet, die das Gesetz nicht kennt. Es gibt keinen Erfahrungssatz des Inhalts, dass Zeugen, die einer Prozesspartei nahestehen und/oder am Abschluss des dem Prozess zugrundeliegenden Vertrages beteiligt waren, von vornherein als parteiisch und unzuverlässig zu gelten haben und ihre Aussagen grundsätzlich unbrauchbar sind.*

113 Dass der Aussage, des am Ausgang des Rechtsstreits interessierten Zeugen größere Skepsis zu begegnen hat als der eines Neutralen, liegt auf der Hand. Das Gericht

253 So auch KG Berlin MDR 2009, 680.

254 Vgl. BVerfG NJW-RR 2001, 1006.

muss sich deshalb alle Mühe geben, mit den ihm zu Gebote stehenden Mitteln die Glaubwürdigkeit des Zeugen zu testen.[255] Hat es aber nichts gefunden, was über sein Interesse am Ausgang des Rechtsstreits hinaus Anlass gibt, seine Glaubwürdigkeit in Frage zu stellen, kann das Gericht sich wegen dieses generellen Vorbehaltes nicht über die Aussage hinwegsetzen.

Stein/Jonas/*Berger*, vor § 373 Rn 27:

> *Es ist selbstverständlich, dass ein Urteil im Einzelnen anzugeben hat, aus welchen Gründen z.B. die Aussage eines Zeugen unglaubwürdig ist. Freie Beweiswürdigung bedeutet die Freiheit von gesetzlichen Beweisregeln, nicht aber die Befreiung von der präzisen Angabe der Gründe der richterlichen Überzeugungsbildung. Deshalb ist der Richter gezwungen,* ***genau die Umstände anzugeben****, weshalb er die Aussage des Zeugen für unglaubhaft hält.*

Ein **allein** auf das Interesse am Ausgang des Rechtsstreits gestützter Zweifel muss zurücktreten. Der Richter hat sich **der Entscheidung des Gesetzgebers** zu beugen, der die Wahl zwischen einem risikobehafteten Beweismittel und dem weitgehenden Ausschluss der Beweisführung für viele zugunsten des Risikos getroffen hat. **114**

(Vgl. zum Näheren auch Rdn 19 ff.)

1. Zeugnisfähigkeit

Zeuge eines Zivilrechtsstreits kann jeder sein, der nicht Partei dieses Rechtsstreits ist. Der gesetzliche Vertreter der Partei kann ebenfalls nicht Zeuge sein.[256] **115**

Also auch

- der **Insolvenzschuldner** bzw. das Geschäftsleitungsorgan des Insolvenzschuldners bei einer Unternehmensinsolvenz im Prozess des Insolvenzverwalters,
- der **Erbe** im Prozess des Testamentsvollstreckers,
- der **Kommanditist** im Prozess der Kommanditgesellschaft.

Wichtig: **Kein** Zeuge sein kann

- der GmbH-Geschäftsführer als Organ der GmbH in deren Rechtsstreitigkeiten, wohl aber der nur faktische Geschäftsführer.[257]

Sonderfall:

- Der durch seine Eltern im Prozess vertretene Minderjährige kann, solange er das sechzehnte Lebensjahr noch nicht vollendet hat, nicht als Partei, § 455 Abs. 2 ZPO, vernommen werden, wohl aber im **eigenen Prozess** Zeuge sein.[258]

255 *Balzer/Walther*, Beweisaufnahme, Rn 158.
256 *Geipel*, Handbuch der Beweiswürdigung, § 30 Rn 1.
257 OLG München OLGR München 1997, 257.
258 BGH NJW 1965, 2253, 2254.

Sein Interesse am Ausgang des Rechtsstreits ist bei der Beweiswürdigung gemäß § 286 ZPO zu berücksichtigen.[259]

a) Manipulation der Zeugnisfähigkeit

116 Die Rspr.[260] duldet es auch, dass die Parteien des Rechtsstreits durch **Manipulationen** Zeugnisfähigkeiten begründen oder umgekehrt auch nehmen: z.B. durch

- Abtretung einer Forderung, um dann in dem Prozess des Zessionars selbst als Zeuge auftreten zu können;[261] der BGH und ihm folgend die h.M. halten das für unbedenklich, weil das Gericht das Interesse des Zeugen am Ausgang des Rechtsstreits nach § 286 ZPO in der Beweiswürdigung berücksichtigen könne;[262]
- vorübergehende Abwahl des GmbH-Geschäftsführers in der Gesellschafterversammlung, der nach Abschluss des Rechtsstreits wieder zum Geschäftsführer bestellt werden soll; denn maßgeblich für seine Stellung im Verfahren ist der Zeitpunkt der Vernehmung, nicht seine frühere und künftige als Geschäftsführer (gegen die Zeugnisfähigkeit des vorübergehend abgewählten Geschäftsführers hat sich *Schmitz*[263] ausgesprochen, allerdings mit der gekünstelt wirkenden Begründung, er sei gar nicht aus „wichtigem Grund" i.S.d. § 38 GmbHG abberufen worden).[264]

Die Bedenken gegen diese Praxis der Zeugnismanipulation sind gleichwohl durchaus berechtigt.[265] Das AG Bad Homburg[266] hat in der Abtretung von Forderungen zum Zwecke der Manipulation einen Verstoß gegen § 242 BGB gesehen und den Kläger als nicht aktiv legitimiert behandelt. Das Problem ist nur, dass die Manipulationsabsicht zumeist bestritten sein wird, deshalb über diese Frage Beweis erhoben werden müsste und der Rechtsstreit sich dann erst einmal auf einen Nebenkriegsschauplatz verlagern würde.

117 Einem potenziellen Zeugen der Gegenseite kann seine Zeugnisfähigkeit **genommen** werden dadurch, dass gegen ihn **Widerklage** erhoben und er dadurch zur Partei des Rechtsstreits wird, z.B. der Fahrer des Pkw der Gegenseite;[267] teilweise wird darin aber auch ein unzulässiger Missbrauch gesehen.[268]

259 KG r+s 2000, 482; BGH WM 2001, 736, 739.
260 BGH WM 1985, 613.
261 BGH WM 1976, 424.
262 Dagegen *Buß/Honert*, JZ 1997, 694.
263 *Schmitz*, GmbH-Recht, BTR Beratung und Treuhand Ring GmbH 2001, S. 1140.
264 Abweichend auch OLG München OLGR München 1997, 257.
265 Vgl. schon *Meyke*, NJW 1989, 2032, Fn 14.
266 AG Bad Homburg NJW-RR 1998, 1530.
267 Vgl. BGH NJW 1987, 3138, der das als zulässig ansieht.
268 OLG Bamberg JurBüro 2011, 368.

So OLG Celle OLG-Report 1996, 45:

> *Die sachlich nicht begründete Erweiterung der Berufung auf einen Dritten mit dem offenkundigen Ziel, diesen als Zeugen zu eliminieren, ist rechtsmissbräuchlich. Soll durch prozessuale Manipulationen die Vernehmung eines Zeugen verhindert werden, kann vorab durch* ***Teilurteil*** *die Erweiterung der Berufung auf den Zeugen als unzulässig abgewiesen werden. Allein die Tatsache, dass eine Partei wegen der Kostenentscheidung im Prozess bleibt, hindert nicht ihre Vernehmung als Zeuge, wenn die Kostenentscheidung durch diese Vernehmung nicht mehr beeinflusst werden kann.*

Ebenso OLG Frankfurt VersR 1969, 546; AG Köln VersR 1980, 272; LG Koblenz MDR 1999, 1020. Wenn man für diesen Standpunkt auch Sympathie haben mag, stellt sich aber wieder die Frage, wie diese Manipulationsabsicht so festgestellt werden kann, dass sie eine hinreichende Entscheidungsgrundlage abzugeben vermag.[269]

Jedoch OLG Düsseldorf BeckRS 2003, 30324293:

> *Soweit die Klägerin zum Beweis für ihre Version des Beratungsgespräches ihren Ehemann als Zeugen angeboten hat, kommt eine Zeugenvernehmung nicht in Betracht, da der Ehemann der Klägerin in prozessual zulässiger Weise von den Beklagten im Wege der Drittwiderklage in Anspruch genommen wurde. Er ist daher Partei des Rechtsstreites geworden, was seine Vernehmung als Zeugen ausschließt. Soweit die Klägerin in erster Instanz die Meinung vertreten hat, die Drittwiderklage sei unzulässig, weil sie lediglich erfolgt sei, um ihren Ehemann als Zeugen „auszuschalten", steht dies in der vorliegenden Fallkonstellation der Zulässigkeit der Drittwiderklage nicht entgegen. Denn die Zeugenstellung des Ehemannes ist erst durch die „taktische" Zession geschaffen worden, so dass die parteierweiternde Drittwiderklage nur den beweisrechtlichen Normalzustand wieder herstellt.*

Ist eine Partei in Beweisnot, kann ihr durchaus empfohlen werden, sich durch **Abtretung** der Forderung selbst die Zeugenstellung zu verschaffen. Eine Auffassung, **118** die das für unzulässig hält, hat sich nicht durchsetzen können.[270] Die Rspr.[271] und auch die Kommentarliteratur betonen zwar, das Gericht müsse bei seiner Beweiswürdigung berücksichtigen, der Zeuge sei wirtschaftlich gesehen der Inhaber der Forderung.[272] Ist seine Aussage aber überzeugend, wird das Gericht ihr auch folgen. In den Entscheidungsgründen wird es ausführen, dass sich zwar wegen der für diesen Prozess durch die Abtretung geschaffenen Zeugnisfähigkeit Bedenken hin-

269 Vgl. *Uhlmannsiek*, MDR 1996, 114, 116, Fn 32.

270 Vgl. *Meyke*, NJW 1989, 2032; BGH WM 2013, 2065, 2067.

271 BGH WM 1976, 424.

272 *Geipel*, Handbuch der Beweiswürdigung, § 30 Rn 72 ff.

sichtlich der Glaubwürdigkeit ergeben, diese jedoch aufgrund der überzeugenden Aussage letztlich nicht durchgreifen.

119 Es gibt aber für die Partei, deren Rechtsposition dadurch geschwächt ist, dass sich der Gegner durch Manipulation ein Beweismittel verschafft, Strategien, dem entgegenzuwirken. Sie kann unter Berufung auf BGH NJW 1999, 363[273] anregen, zur Wiederherstellung der **Waffengleichheit** gemäß § 448 ZPO zu ihrem eigenen Vorbringen vernommen zu werden.[274]

120 Einer Prozesspartei kann es auch passieren, dass der Gegner den Ehepartner mitverklagt, um ihn als Zeugen auszuschließen, obwohl er ganz offensichtlich als Mitverpflichteter nicht in Betracht kommt. In einem solchen Fall kann sich zwar das Gericht nicht über die Parteirolle des Mitverklagten hinwegsetzen und kann ihn deshalb nicht als Zeugen vernehmen. Der Betroffene sollte aber anregen, wenn der Richter von sich aus nicht darauf kommt, dass die Klage gegen den Mitverklagten durch Teilurteil abgewiesen wird, damit dieser dann wieder als Zeuge zur Verfügung steht.

b) Mithöranlage

121 Die Verwertung einer Zeugenaussage soll nach einer Ansicht nicht schon deshalb stets unzulässig sein, weil der Zeuge von dem Inhalt eines Telefongesprächs (ohne Kenntnis des anderen Gesprächspartners) über eine **Mithöranlage** erfahren hat.[275]

OLG Düsseldorf NJW 2000, 1578:

> *Da heutzutage zahlreiche Telefongeräte mit Mithöreinrichtungen ausgestattet sind, kann der Gesprächspartner eines Telefonats nicht mehr darauf vertrauen, dass ein Mithören unterbleibt; deshalb bestehen grundsätzlich keine Bedenken gegen die Verwertung der Aussagen eines Zeugen über seine Wahrnehmung beim Mithören eines Telefongesprächs.*

Allenfalls, wenn und soweit ein Gespräch vertraulicher Natur war oder der Belauschte bewusst getäuscht worden ist, soll nach dieser Ansicht ein Beweisverwertungsverbot bestehen.[276]

Nach anderer, strengerer Ansicht liegt – trotz der weiten Verbreitung von Mithöreinrichtungen und der angeblichen Üblichkeit eines derartigen Vorgehens in bestimmten (z.B. Geschäfts-) Kreisen – ein Beweisverwertungsverbot vor.[277]

273 Vgl. auch BVerfG NJW 2001, 2531.

274 Vgl. zu § 448 ZPO als Mittel der Wiederherstellung der Waffengleichheit auch OLG Düsseldorf BeckRS 2015, 05518.

275 Vgl. OLG Celle, BeckRS 2014, 2277.

276 BGH NJW 1982, 1397; BGH NJW 1964, 165; OLG Brandenburg NJW-RR 2002, 1127, 1129; OLG Düsseldorf NJW 2000, 1578; weniger streng im geschäftlichen Bereich OLG Celle BeckRS 2014, 2277; OLG Jena MDR 2006, 533.

277 BVerfG NJW 2003, 2375; NJW 2002, 3619, 3623; BGH NJW-RR 2010, 1289, 1292.

BGH NJW-RR 2010, 1289, 1292:[278]

> *Die Aussage der Zeugin über den Inhalt dieses Telefongesprächs, das sie ohne Wissen des Beklagten mitgehört hat, durfte nicht verwertet werden. Nach der Rspr. des BVerfG liegt in der Erhebung und Verwertung der Aussage eines Zeugen, der ein Telefonat ohne Einwilligung des Gesprächspartners mitgehört hat, ein Eingriff in das durch Art. 2 Abs. 1 i.V.m. Art. 1 Abs. 1 GG geschützte Recht des Gesprächspartners am gesprochenen Wort, für den es einer dem Rang des grundrechtlichen Schutzes des allgemeinen Persönlichkeitsrechts Rechnung tragenden Rechtfertigung bedarf (vgl. BVerfG BVerfGE 106, 28, 44ff.; BGH MDR 2003, 767; BGH MDR 2005, 632). Das allgemeine Interesse an einer funktionstüchtigen Straf- und Zivilrechtspflege reicht für eine Rechtfertigung nicht aus. Es müssen weitere Aspekte hinzutreten, die ergeben, dass das Interesse an der Beweiserhebung trotz der Persönlichkeitsrechtsbeeinträchtigung schutzwürdig ist. Das BVerfG und die neuere Rspr. des BGH verweisen insoweit auf notwehrähnliche Situationen, wie die Anfertigung heimlicher Tonbandaufnahmen zur Feststellung der Identität eines anonymen Anrufers oder zur Feststellung erpresserischer Drohungen oder den Fall eines auf andere Weise nicht abwehrbaren Angriffs auf die berufliche Existenz.*

Vertrauliche Gespräche sind – nach beiden Ansichten – besonders geschützt.[279] Trotz zugesicherter Vertraulichkeit soll ein Beweisantritt durch Vernehmung eines sog. Lauschzeugen ausnahmsweise nur dann zulässig sein, wenn es dem Beweisbelasteten darauf ankam, „einem auf andere Weise nur schwer, möglicherweise überhaupt nicht abwehrbaren kriminellen Angriff auf seine berufliche Existenz zu begegnen“.[280]

Generell als unzulässig gilt nach der Rechtsprechung des BAG das heimliche Mithörenlassen von Telefongesprächen zwischen **Arbeitnehmer und Arbeitgeber**.[281]

(Im BAG-Fall hatte die Arbeitnehmerin mithören lassen.)[282]

Sind Informationen rechtswidrig erlangt, führt das nicht notwendig zu einem Verbot von deren prozessualer Verwertung.[283] Falls die betreffenden Tatsachen nicht bestritten werden, besteht ein solches Verbot nur, wenn der Schutzzweck der Norm, die bei der Informationsgewinnung verletzt wurde, einer gerichtlichen Verwertung der Information zwecks Vermeidung eines Eingriffs in höherrangige Rechtspositio- **122**

278 Vgl. auch BGH NJW 2003, 1727.

279 BGH NJW 1982, 1397.

280 BGH MDR 1994, 766.

281 BAG NJW 1998, 1331.

282 Gegen die Rspr. des BAG *Helle*, JR 2000, 353.

283 Vgl. dazu auch *Werner*, NJW 1988, 993.

nen dieser Partei zwingend entgegensteht.[284] Anders das OLG Karlsruhe,[285] welches solche Informationen nicht nur nicht Gegenstand der Beweiserhebung sein lässt, sondern den Tatsachenvortrag überhaupt nicht berücksichtigt; auch wenn er unstreitig ist; a.A. *Schneider*.[286] Gegen OLG Karlsruhe auch *Heinemann*[287] mit der Begründung, das Zivilprozessrecht kenne kein Sachvortragsverwertungsverbot. Er will aber den Beklagten von seiner Wahrheitspflicht des § 138 Abs. 1 ZPO entbinden und ihm das Recht einräumen den, auf rechtswidrig erlangte Informationen gestützten Vortrag auch dann zu bestreiten, wenn er der Wahrheit entspreche. Dem Kläger sei dann der Beweisantritt zu versagen.

Dieser Lösungsweg erscheint gekünstelt; ihm kann gegenüber dem des OLG Karlsruhe nicht der Vorzug gegeben werden.

123 *Lenz/Meurer*, MDR 2000, 73:

> *Das allgemeine Persönlichkeitsrecht ist verfassungsrechtlich gemäß Art. 2 i.V.m. Art. 1 Abs. 1 GG und zivilrechtlich gemäß §§ 823 Abs. 1, 1004 BGB geschützt. Wird ein Beweismittel unter Verletzung des allgemeinen Persönlichkeitsrechts des Belauschten gewonnen, so wird das Beweismittel rechtswidrig erlangt. Eine Verletzung des allgemeinen Persönlichkeitsrechts des Belauschten liegt vor, wenn die Gewinnung des Beweismittels in das allgemeine Persönlichkeitsrecht eingreift und dieser Eingriff widerrechtlich ist.*

Die Frage, wann ein solcher Eingriff widerrechtlich ist, ist aber eine schwer abzugrenzende Einzelfallentscheidung.

124 Von dem Mithören zu unterscheiden ist die Aufnahme eines Gespräches auf **Tonträger**, ohne die Zustimmung des Gesprächspartners einzuholen. Das ist gemäß § 201 StGB strafbar. Deshalb scheidet die Verwendung dieses Beweismittels für den Zivilprozess generell aus und wird nur ausnahmsweise zugelassen, wenn ein Beweismittel auf andere Weise nicht zu beschaffen ist.[288]

BGH NJW 1998, 155:

> *Wie das BerGer zutreffend ausführt, hat der Kläger mit der ohne Wissen des Bekl. gefertigten Tonaufzeichnung gegen das gem. Art. 1, 2 GG verfassungsrechtlich gewährleistete Persönlichkeitsrecht des Bekl. verstoßen. Über die Frage, ob eine in solcher Weise erstellte Aufzeichnung als Beweismittel in einem Zivilprozess verwendet werden darf, ist aufgrund einer Abwägung zwischen dem Persönlichkeitsrecht des Verletzten und dem Interesse des Verletzers an der beweismäßigen Verwertung zu entscheiden; dabei kann dem Interesse des Verletzers nur in besonderen Ausnahmefällen der Vorrang zukommen.*

284 BAG NZA 2011, 571.
285 OLG Karlsruhe MDR 2000, 847.
286 *Schneider*, MDR 2000, 1029, 1030.
287 *Heinemann*, MDR 2001, 137.
288 Saenger/*Saenger*, § 286 ZPO Rn 24.

c) Vernehmung zu inneren Tatsachen

Ein Beweisantrag auf Vernehmung eines Zeugen zu **inneren Tatsachen** in der Person **eines anderen** (z.B. zu dessen Wissen, Absichten) ist nur dann schlüssig, wenn dargelegt wird, aufgrund welcher **Umstände** der Zeuge von den inneren Tatsachen Kenntnis erlangt hat.[289] Es müssen also Tatsachen unter Beweis gestellt werden, die den Schluss auf die innere Tatsache eines Dritten zulassen.[290] 125

Geht es aber um innere Tatsachen **in der Person des zu Vernehmenden selbst**, ist ein Beweisantritt unter erleichterten Voraussetzungen zulässig; diese Voraussetzungen sind jedenfalls dann erfüllt, wenn der Beweisführer objektive Tatsachen vorträgt, die geeignet sind, die Beweisbehauptung zu **unterstützen**.

d) Wertung der Aussageverweigerung

Ehegatten, auch geschiedene, und nahe Verwandte haben ein **Aussageverweigerungsrecht**, § 383 ZPO. Das gleiche Recht steht demjenigen zu, bei dem eine wahrheitsgemäße Aussage zu Vermögensschäden führen oder dem diese zur „Unehre gereichen" könnte, § 384 ZPO. 126

Anders als im Strafprozess darf das Gericht die Aussageverweigerung aber **frei würdigen**, ebenso wie die Weigerung einer Partei, dem Gegner einen ihr bekannten Zeugen zu benennen,[291] sowie die Versagung einer Aussagegenehmigung.[292]

Die Würdigung wird **in aller Regel** so ausfallen, dass aus der Aussageverweigerung nachteilige Schlüsse für die Partei gezogen werden, der der Zeuge nahesteht; aber eben nur in der Regel.

BGH NJW-RR 1996, 1534:

> *Befreit eine Partei einen von der Gegenpartei gestellten Zeugen, der gegenüber beiden Parteien einer Schweigepflicht unterliegt (hier: Notar), nicht von seiner Schweigepflicht, dann fällt dieser Partei* ***keine Beweisvereitelung*** *zur Last, wenn ihr Verhalten nicht vorwerfbar und missbilligenswert ist. Davon kann keine Rede sein, wenn sie Anlass zur Besorgnis hatte, der Zeuge könne aufgrund mandantschaftlicher Verbundenheit zu der anderen Partei bzw. unter dem Eindruck einer drohenden Schadensersatzpflicht dazu neigen, einseitig den Rechtsstandpunkt der Gegenpartei zu untermauern.*

Macht ein Ehepartner nach der Belehrung durch das Gericht von seinem Aussageverweigerungsrecht Gebrauch, weil ihm dessen Konsequenzen nicht bewusst sind – darüber wird er ja auch nicht belehrt –, sollte der Anwalt der beweisführen- 127

289 BGH NJW 1986, 1541; BGH NJW 1992, 2489; OLG München BeckRS 2009, 08106; *Ahrens*, Kap. 32 Rn 31.

290 Zur Hinweispflicht des Gerichts BGH NJW 1983, 2034, 2035.

291 BGH NJW 1960, 821.

292 BGH NJW 1979, 266, 268.

den Partei um eine kurze Unterbrechung der Verhandlung bitten, um gemeinsam mit dem Mandanten den Zeugen darüber zu belehren, welche Folgen seine Aussageverweigerung voraussichtlich haben wird.

Hat ein Zeuge in der ersten Instanz die Aussage verweigert, ist der Beweisführer deswegen noch nicht gehindert, sich gleichwohl in der Berufungsinstanz erneut auf das Zeugnis dieses Zeugen zu berufen. Der Beweisführer hat aber eine schriftliche Erklärung des Zeugen zur nunmehrigen Aussagebereitschaft beizubringen; das Berufungsgericht braucht ihn sonst nicht zu laden.[293]

2. Ladung des Zeugen

128 Zeugen können nur auf Antrag der Parteien, nicht von Amts wegen zum Termin geladen werden. Selbst wenn es offensichtlich ist, dass eine Partei nur versehentlich einen Zeugen nicht benannt hat, darf das Gericht ihn nicht kurzerhand laden, sondern muss zunächst gemäß § 139 ZPO anregen, dass die Partei Beweis antritt.

Das Gericht kann (nicht muss) die Ladung des Zeugen davon abhängig machen, dass der Beweisführer einen hinreichenden **Vorschuss** zur Deckung der Auslagen zahlt, die der Staatskasse durch die Vernehmung des Zeugen erwachsen, § 379 S. 1 ZPO. Haben beide Parteien sich auf denselben Zeugen berufen, ist die Partei vorschusspflichtig, die die Beweislast trägt.[294] Wird der Kostenvorschuss nicht eingezahlt, wird der Zeuge nicht geladen, wobei ein Termin bestehen bleibt.[295]

Wird in erster Instanz auf die Vernehmung eines Zeugen **verzichtet**, steht das einem Beweisantritt für die Berufungsinstanz nicht entgegen, die Benennung des Zeugen in der zweiten Instanz ist aber neues Vorbringen und nur unter den Voraussetzungen des § 531 Abs. 2 ZPO zulässig.[296]

129 Zur **Unerreichbarkeit** eines Zeugen, vgl. OLG Saarbrücken NJW-RR 1998, 1685:

> *Unerreichbar ist ein im Zivilprozess zu vernehmender Zeuge in analoger Anwendung von § 244 Abs. 3 StPO, wenn er sich im Ausland aufhält und einer Ladung unter Hinweis auf eine dauerhafte psychische Erkrankung nicht Folge leistet.*[297]

> *Der Zeuge ist trotz der Möglichkeit einer Vernehmung im Rechtshilfeverkehr als unerreichbar anzusehen, wenn nur eine Anhörung durch das erkennende Gericht zur Wahrheitsfindung beizutragen vermag.*

293 BGH NJW-RR 1987, 445; OLG Köln NJW 1975, 2074.
294 BGH MDR 1999, 1083; BGH NJW 2000, 1420, 1422; *Ahrens*, Kap. 33 Rn 12.
295 *Geipel*, Handbuch der Beweiswürdigung, § 30 Rn 184.
296 Zöller/*Greger*, § 399 Rn 3; *Tiedemann*, MDR 2008, 237 ff.
297 Ebenso BGH VersR 2011, 1563, 1565.

Ein inländisches Gericht ist nicht verpflichtet, an der Vernehmung eines Zeugen durch das Rechtshilfegericht teilzunehmen, um sich auf diese Weise einen Eindruck von der Glaubwürdigkeit des Zeugen zu verschaffen.

Bestehen bloße Zweifel an der Aussagebereitschaft eines ausländischen Zeugen, so ist der die Einholung des Beweises beantragenden Partei Gelegenheit zu geben, von sich aus den Zeugen zum Termin zu stellen, BGH NJW 1992, 1768.

Aber OLG Köln NVersZ 2000, 483:

Eine Klage kann nicht mit der Begründung abgewiesen werden, ein zum Termin geladener Zeuge sei nicht erreichbar, wenn dieser bisher drei Terminsladungen nicht Folge geleistet hat und die angeordnete Vorführung erfolglos blieb, weil der Zeuge inzwischen umgezogen ist.

Sowie BGH WM 2015, 1572, 1573:

Die Vernehmung ist nur deshalb unterblieben, weil der Zeuge zweimal nicht vor Gericht erschienen ist. Zu Unrecht hat das Berufungsgericht den Zeugen schon deshalb als unerreichbar angesehen. Zwar findet die Vorschrift des § 244 Abs. 3 S. 2 StPO im Zivilprozessrecht entsprechende Anwendung, jedoch sind an die Annahme der Unerreichbarkeit eines Zeugen strenge Anforderungen zu stellen. Die Ablehnung eines Beweisantrags wegen Unerreichbarkeit des Zeugen ist nur dann gerechtfertigt, wenn das Gericht unter Beachtung seiner Aufklärungspflicht alle der Bedeutung des Zeugnisses entsprechenden Bemühungen zur Beibringung des Zeugen vergeblich entfaltet hat und keine begründete Aussicht besteht, das Beweismittel in absehbarer Zeit zu beschaffen.

Werden Zeugen **prozessvorbereitend**, also ohne Beweisbeschluss, zum Verhandlungstermin geladen, sind die Parteien gemäß § 273 Abs. 4 ZPO davon zu benachrichtigen. Eine Partei kann der Zeugenvernehmung **widersprechen**, wenn ihr die Ladung nicht rechtzeitig angezeigt worden ist; widerspricht sie nicht, hat sie sich allerdings rügelos im Sinne des § 295 ZPO eingelassen und kann sich später nicht mehr auf den Verfahrensfehler des Gerichts berufen. **130**

a) Sistierte Zeugen

Nicht geladene Zeugen können von den Parteien zum Termin **sistiert** werden. Das **131** kann sich dann empfehlen, wenn eine Ladung durch das Gericht nicht mehr rechtzeitig erfolgen kann und eine Partei Gefahr läuft, mit ihrem Vorbringen wegen Verspätung ausgeschlossen zu werden. Das Gericht kann von sich aus nicht schlechthin die Vernehmung des sistierten Zeugen ablehnen, etwa unter Berufung auf die Verspätungsvorschriften. (Etwas anderes gilt dann, wenn mit der Vernehmung dieses

Zeugen der Rechtsstreit noch nicht abgeschlossen werden kann, weil sich daraus die Notwendigkeit weiterer Sachaufklärung ergeben könnte.)[298]

Hat das Gericht am Sitzungstag keine ausreichende Zeit zur Vernehmung des Zeugen, muss es die Sache notfalls vertagen.

Der **Gegner** kann aber der Vernehmung des sistierten Zeugen widersprechen, wenn ihm die beabsichtigte Sistierung nicht rechtzeitig vor dem Termin angekündigt worden und er dadurch etwa gehindert war, Erkundigungen zur Glaubwürdigkeit des Zeugen einzuziehen.[299] Erst durch diesen Widerspruch wird dem Gericht der Weg eröffnet, den Beweisantritt unter Verspätungsgesichtspunkten zu prüfen.

b) Zeugnis N.N.

132 Ein Beweisantritt „Zeugnis N.N." ist grundsätzlich nicht ausreichend;[300] das Gericht braucht keinen Beweisbeschluss dahin gehend zu erlassen, dem Beweisführer werde aufgegeben, die ladungsfähige Anschrift des Zeugen mitzuteilen.

Beschließt das Gericht trotz unzulänglichen Beweisantritts die Vernehmung des Zeugen, muss es gemäß § 356 ZPO der Partei durch **förmliche Zustellung** eine Frist setzen, den Namen und die ladungsfähige Anschrift des Zeugen mitzuteilen. Erst nach Fristablauf darf es sich dann über den Beweisantritt hinwegsetzen.

Für die Fristsetzung nach § 356 ZPO kommt es nicht darauf an, ob die unvollständige oder fehlerhafte Anschrift auf einem Verschulden des Beweisführers beruht.[301]

BGH NJW 1993, 1926:

> *Wird ein Zeuge konkret und rechtzeitig, aber ohne ladungsfähige Anschrift benannt, so ist nach § 356 ZPO eine Frist zu setzen; die verspätet nachgereichte Anschrift kann nicht wegen § 296 Abs. 2 ZPO unbeachtet bleiben.*

Die Frist des § 356 ZPO ist aber eine **Ausschlussfrist**; eine Fristversäumnis führt auch ohne Verschulden des Beweisführers zum Ausschluss seines Beweismittels, wenn die Berücksichtigung des nach Fristablauf noch benannten Beweismittels zu einer Verzögerung des Rechtsstreits führen würde.[302]

133 Diese Rspr. hat der BGH noch weiterentwickelt, ohne die oben zitierte Rspr.[303] aufgegeben zu haben.

298 BGH NJW 1986, 2257.

299 OLG Hamm MDR 1986, 766.

300 BGH NJW-RR 1989, 1323, 1324; anders wohl *Geipel*, Handbuch der Beweiswürdigung, § 30 Rn 160, der auch bei nicht individualisierbaren Beweisantritten davon ausgeht, dass eine Frist nach § 356 ZPO gesetzt werden muss.

301 BGH NJW 1981, 1319.

302 BGH NJW 1987, 893, 894; BGH NJW 1989, 227, 228.

303 BGH NJW-RR 1989, 1323.

BGH MDR 1998, 855:

> *Ist ein mit N.N. bezeichneter Zeuge hinreichend* ***individualisierbar****, so darf das Gericht von seiner Vernehmung nicht absehen, ohne dem Beweisführer zuvor eine Frist zur Beibringung des Namens zu setzen.*

Aber BGH ZInsO 2015, 305:

> *Ausnahmsweise ist ein Angebot auf Vernehmung eines mit „N.N." benannten Zeugen zu berücksichtigen, wenn dieser – etwa durch Hinweis auf seine konkrete betriebliche Funktion – hinreichend individualisierbar ist. Die pauschale Benennung eines „instruierten Mitarbeiters" oder eines „zuständigen Mitarbeiters" lässt die gebotene Individualisierung vermissen.*

Nach dieser Rspr.[304] würde es z.B. ausreichen, wenn in einem Bauprozess Beweis angetreten wird durch Zeugnis „des Bauleiters N.N."

Das BVerfG[305] hat die Entscheidung eines OLG aufgehoben, das einen Beweisantritt präkludiert hatte, weil die ladungsfähige Anschrift des Zeugen nicht rechtzeitig mitgeteilt worden sei. Darin liege die Verletzung rechtlichen Gehörs. Dem Beweisführer habe erst eine Frist nach § 356 ZPO gesetzt werden müssen.

c) Unentschuldigtes Fehlen

Bleibt ein ordnungsgemäß geladener Zeuge **unentschuldigt** der Beweisaufnahme fern, sind ihm gemäß § 380 ZPO die durch sein Ausbleiben entstandenen Kosten, sowie ein Ordnungsgeld aufzuerlegen. **134**

Der unentschuldigt ferngebliebene Zeuge kann – anders als im Strafprozess – nicht durch die Polizei **vorgeführt** werden; die Vorführung kann lediglich aufgrund eines Vorführungsbefehls des Vorsitzenden durch einen Gerichtswachtmeister oder durch den **Gerichtsvollzieher** erfolgen; der Beweisführer hat dafür einen Kostenvorschuss einzuzahlen.

d) Unmittelbarkeit

Wegen des im Zivilprozess geltenden **Unmittelbarkeitsprinzips** hat der Zeuge regelmäßig vor dem Prozessgericht, d.h. vor sämtlichen an der Entscheidung beteiligten Richtern,[306] auszusagen. Die Unmittelbarkeit der Zeugenaussage kann jedoch dadurch unterlaufen werden, dass eigens für das Verfahren eine **Zeugnisurkunde** hergestellt wird;[307] die BGH-Rspr. ist widersprüchlich: einerseits BGH MDR 1970, 135 – andererseits BGHZ 80, 389, 395. **135**

304 Zur abweichenden Auffassung vgl. Zöller/*Greger*, § 356 Rn 4.

305 BVerfG NJW 2000, 945.

306 BGH NJW-RR 1997, 152, 153; BGH NJW 2000, 140, 1421.

307 Stein/Jonas/*Leipold*, § 284 Rn 35 f.; RGZ 49, 374.

Will also ein Zeuge nicht vor Gericht erscheinen, wohl aber eine schriftliche Erklärung abgeben, darf das Gericht diese nach h.M. nicht zur Grundlage seiner Entscheidung machen. Der Anwalt der beweisführenden Partei sollte versuchen, auf das Gericht einzuwirken, dass es dem Zeugen gemäß § 377 Abs. 3 ZPO eine schriftliche Aussage ermöglicht. Dazu darf aber nicht die schriftliche Erklärung herangezogen werden, die er bereits vor einem entsprechenden Beschluss des Gerichts durch einen Anwalt hat überreichen lassen. (Der Zeuge ist – anders als im angloamerikanischen Recht – nicht Zeuge der Parteien, sondern des Gerichts.)

Der Grundsatz der Unmittelbarkeit schließt nicht aus, dass Aufzeichnungen, die aus ganz anderem Anlass, also nicht für diesen Prozess, gemacht wurden, im Wege des Urkundenbeweises verwertet werden. Denn nur das gezielte Unterlaufen des Unmittelbarkeitsprinzips ist unzulässig.

Der Grundsatz der Unmittelbarkeit wird auch verletzt, wenn ein Vorsitzender einen Zeugen schriftlich **informatorisch** anhört und sich dessen Vernehmung vorbehalten will.

Wird die **schriftliche Aussage** eines Zeugen eingeholt, haben die Parteien ein Fragerecht nach § 397 ZPO.[308]

Kommt es auf die Glaubwürdigkeit eines Zeugen in besonderem Maße an, darf die Vernehmung nicht einem ersuchten oder beauftragten Richter übertragen werden.[309]

3. Durchführung der Beweisaufnahme

a) Vernehmung des Zeugen

136 Die Art und Weise der Anhörung von Zeugen wird durch die Bestimmungen der Zivilprozessordnung über den Zeugenbeweis (§§ 373–401 ZPO) **zwingend** vorgegeben. Eine **informatorische** Anhörung sehen diese Vorschriften nicht vor. Sie kann nur insoweit erfolgen, als sich der Richter die Überzeugung vom Vorhandensein prozessrechtlich bedeutsamer Tatsachen von vornherein im Wege des Freibeweises verschaffen will, z.B. Zulässigkeitsvoraussetzungen eines Rechtsmittels.[310]

Gemäß § 396 Abs. 1 ZPO ist dem Zeugen – nach Ermahnung/Belehrung nach § 395 ZPO und der Vernehmung zur Person (§ 395 Abs. 2 ZPO) – zunächst Gelegenheit zu geben, im **Zusammenhang** zur Sache auszusagen.[311] Gegen diese eindeutige gesetzliche Regelung wird vom Gericht häufig verstoßen, indem der Zeuge von

308 Vgl. dazu *Schneider*, MDR 1998, 1133.

309 BGH NJW 1996, 2734.

310 BGH NJW-RR 1998, 1601.

311 Nach MüKo/*Damrau/Weinland*, § 396 ZPO Rn 2, soll der Zeuge sogar ein Recht auf Einhaltung dieser gesetzlichen Bestimmung haben.

vornherein Satz für Satz befragt wird, und der Richter seine Antworten unmittelbar zu Protokoll diktiert.[312] Das erleichtert dem nicht wahrheitsliebenden Zeugen die Falschaussage, zumal er an der Fragestellung häufig erkennen kann, welche Antwort der von ihm favorisierten Partei günstig ist. Weiter erschwert sich das Gericht die Aufgabe Kriterien zur Glaubwürdigkeitsprüfung zu erlangen, wenn es den Zeugen in seiner freien Erzählung unterbricht.[313]

Der Grund für diese gesetzwidrige Art der Vernehmung liegt zumeist darin, dass der Richter nicht (mehr) über die nötige Konzentration verfügt, den Inhalt einer längeren Aussage zusammenfassend zu Protokoll zu diktieren. Ist das nicht der Grund, sollte der Anwalt das Gericht an die Einhaltung der gesetzlich vorgeschriebenen Form erinnern.

Diktiert der Richter das Beweisergebnis zu Protokoll, hat er vielfach schon das später abzusetzende Urteil vor Augen. Dabei besteht die – zumeist unbewusste – Neigung, Ungenauigkeiten und Widersprüche der Zeugenaussage bei der Protokollierung zu glätten. Dem sollte der Anwalt der davon betroffenen Partei entschieden entgegentreten. Und zwar nach Möglichkeit, bevor die Aussage im Protokoll festgehalten ist. Den unausbleiblichen Unwillen des Richters sollte er in Kauf nehmen. Eine entschlossene Wahrnehmung der Mandanteninteressen nötigt letztlich auch dem Richter mehr Respekt ab, als ein unterwürfiges Schielen auf seine Gunst. Nach der Protokollierung der freien Erzählung des Zeugen folgte gegebenenfalls die ergänzende Befragung des Zeugen durch das Gericht (§ 396 Abs. 2 ZPO).[314]

b) Urkundenbeweisliche Verwertung von Zeugenaussagen

Eine Partei kann den ihr obliegenden Beweis auch durch die Aussage eines Zeugen 137
führen, die dieser zu Protokoll eines Strafverfahrens gemacht hat; der BGH sieht darin eine urkundenbeweisliche Verwertung und keinen Verstoß gegen das Unmittelbarkeitsprinzip.[315] Der Beweisgegner kann die urkundenbeweisliche Verwertung **nicht dadurch verhindern**, dass er ihr widerspricht.[316] Das Gericht darf also ohne eigene Vernehmung des Zeugen seine Entscheidung, auf dessen Aussage bei der polizeilichen Vernehmung stützen. Will der Beweisgegner das verhindern, kann er eine nochmalige Vernehmung des Zeugen allerdings dadurch erzwingen, dass er sich seinerseits **gegenbeweislich** auf Vernehmung eben dieses Zeugen beruft.[317]

312 Vgl. auch *Natter/Mohn/Hablitzel*, NJW 2013, 1770 ff.

313 *Balzer/Walther*, Beweisaufnahme, Rn 169.

314 *Balzer/Walther*, Beweisaufnahme, Rn 172 ff.

315 BGH MDR 1992, 803; OLG München OLGR München 2007, 440; OLG München BeckRS 2011, 25090; vgl. *Arz*, NJW 2022, 2165.

316 BGH ZOV 2013, 120.

317 BGH NZV 1992, 403; BGH NJW 1995, 2856, 2857; BGH BeckRS 2011, 29058; BGH, BeckRS 2011, 29059; BGH BeckRS 2011, 24539; BGH ZOV 2013, 120; BGH NJOZ 2014, 572; BGH NJW-RR 2018, 1534.

BGH BeckRS 2011, 29058:

> *Niederschriften über Zeugenvernehmungen aus anderen Verfahren können im Wege des Urkundenbeweises verwertet werden, wenn dies von der beweispflichtigen Partei beantragt wird. Das ist auch dann zulässig, wenn die Gegenpartei der Verwertung widerspricht; denn die Führung des Urkundenbeweises bedarf grundsätzlich nicht des Einverständnisses der Gegenpartei. Wenn eine Partei zum Zwecke des unmittelbaren Beweises jedoch die Vernehmung eines Zeugen beantragt, ist die urkundenbeweisliche Verwertung seiner früheren Aussage anstelle der beantragten Vernehmung unzulässig; dann ist dem Antrag, soweit er erheblich ist, durch Vernehmung des Zeugen zu entsprechen.*

138 *Beispiel*

In einer Verkehrssache beruft sich der Kläger zum Beweis für seine Behauptung, beim Linksabbiegen das Blinklicht gesetzt zu haben, auf die Aussage zweier Zeugen, die das in der polizeilichen Vernehmung so zu Protokoll gegeben haben; er beantragt die Beiziehung der polizeilichen Akte.

Will nun der Beklagte trotz dieser Urkunden dem Vorbringen des Klägers entgegentreten, hat er allenfalls dann eine Chance, wenn es ihm gelingt, eine (nochmalige) Vernehmung dieser Zeugen durch das Gericht zu erreichen; deshalb muss er ihre Vernehmung zum Beweis für seine Behauptung beantragen, der Kläger habe beim Abbiegen **nicht** das Blinklicht gesetzt.

Das Gericht kann die Beweiserhebung nicht mehr der Begründung ablehnen, es seien keine Anhaltspunkte dafür vorgetragen, dass die Zeugen etwas anderes bekunden würden als in ihrer polizeilichen Vernehmung; eine vorwegnehmende Beweiswürdigung ist generell unzulässig.

Hat das Gericht den Zeugen in einer Parallelsache bereits selbst vernommen, führt ein gegenbeweislicher Beweisantrag einer Partei ebenfalls dazu, dass das Gericht den Zeugen hören muss. Das Gericht kann sich nicht darauf zurückziehen, dass ihm das Ergebnis der Zeugeneinvernahme im Parallelprozess gerichtsbekannt ist.[318]

Im Berufungsverfahren ist die Lage mit Blick auf die in erster Instanz erfolgte Protokollierung einer Zeugenaussage wie folgt: Grundsätzlich steht es im Ermessen des Berufungsgerichts, einen Zeugen, der in der Vorinstanz bereits vernommen worden ist, erneut zu vernehmen. Wenn das Berufungsgericht ohne erneute Zeugenvernehmung die Aussage anders würdigen möchte als die Vorinstanz, muss es den Zeugen allerdings erneut hören. Ansonsten liegt eine Verletzung rechtlichen Gehörs vor.[319] Eine erneute Vernehmung ist insbesondere dann geboten, wenn das

318 BGH BeckRS 2011, 24539.

319 BGH r+s 2023, 47.

Berufungsgericht die protokollierte Aussage anders verstehen will als die Vorinstanz, und zwar insbesondere dann, wenn die Aussage des Zeugen widersprüchlich oder mehrdeutig ist und es für die Auffassung des Erstrichters nicht an jedem Anhaltspunkt in der protokollierten Aussage fehlt.[320]

Etwas anderes gilt, wenn das Gericht im **PKH-Verfahren** die Erfolgsaussicht des Klagebegehrens oder der beabsichtigten Verteidigung zu prüfen, oder nach Erledigterklärung der Parteien gemäß § 91a ZPO über die Kosten des Rechtsstreits zu entscheiden hat. Dann ist das Gericht nicht gehindert, davon auszugehen, dass die Zeugen bei einer erneuten Vernehmung wahrscheinlich nicht anders aussagen werden, als bei der Polizei und könnte mit dieser Begründung Prozesskostenhilfe versagen oder den Beklagten im Falle der Erledigterklärung mit den Kosten des Rechtsstreits belasten. Denn in diesen Fällen ist das Gericht berechtigt und verpflichtet, **hypothetische** Erwägungen anzustellen.[321] 139

OLG Hamm NJW-RR 2000, 1669: 140

Fällt die Beweisprognose dahin aus, dass die Richtigkeit einer unter Beweis gestellten Tatsache für sehr unwahrscheinlich angesehen werden muss, darf Prozesskostenhilfe auch dann verweigert werden, wenn das Gericht aus beweisrechtlichen Gründen einem von der Partei gestellten Beweisantrag im Erkenntnisverfahren stattgeben müsste, BGH NJW 1994, 1160. Die Entscheidung über die Erfolgsprognose im Rahmen des PKH-Prüfungsverfahrens ist nämlich unabhängig von dem strengen Maßstab der Beweiserhebungspflicht zu treffen. Während das Gericht einem Beweisantritt auch dann folgen muss, wenn auch nur die nicht ausgeschlossene Möglichkeit besteht, dass eine Tatsache beweiserheblich ist, bindet das Gesetz die Bewilligung von Prozesskostenhilfe an die hinreichende Erfolgsaussicht, ist also insofern enger als das Gebot der Beweiserhebung.

BVerfG NJW 2020, 534, 535:

Allerdings begegnet die Verweigerung von Prozesskostenhilfe keinen verfassungsrechtlichen Bedenken, wenn ein Erfolg in der Hauptsache zwar nicht schlechthin ausgeschlossen, die Erfolgschance aber nur eine entfernte ist. Daher ist auch eine Beweisantizipation im Prozesskostenhilfeverfahren in begrenztem Rahmen zulässig. Die verfassungsgerichtliche Prüfung beschränkt sich in diesen Fällen darauf, ob konkrete und nachvollziehbare Anhaltspunkte dafür vorliegen, dass eine Beweisaufnahme über die streitigen Tatsachen mit großer Wahrscheinlichkeit zum Nachteil des Bf. ausgehen würde. Kommt jedoch eine Beweisaufnahme ernsthaft in Betracht und liegen keine konkreten und nachvollziehbaren Anhaltspunkte dafür vor, dass die Beweisaufnahme mit großer Wahr-

320 BGH NJOZ 2015, 487.
321 BGH NJW 1988, 266; OLG Hamm NJW-RR 2000, 1669, 1670; BVerfG NJW 2020, 534, 535.

scheinlichkeit zum Nachteil des Bf. ausgehen würde, so läuft es dem Gebot der Rechtsschutzgleichheit zuwider, dem Unbemittelten wegen fehlender Erfolgsaussichten seines Rechtsschutzbegehrens Prozesskostenhilfe zu verweigern.

141 Der BGH[322] will aber die urkundenbeweisliche Verwertung von Zeugenaussagen zurückdrängen und dem Unmittelbarkeitsgrundsatz stärkere Geltung verschaffen. Er betont, dass die urkundenbeweislich verwertete Aussage im allgemeinen von **geringerem Beweiswert** ist als die Aussage eines unmittelbar vernommenen Zeugen;[323] der eingeschränkte Beweiswert einer solchen Urkunde beruhe im Wesentlichen darauf, dass die Verfahrensbeteiligten von dem Zeugen keinen persönlichen Eindruck hätten, ihm keine Frage stellen und Vorhaltungen machen könnten und Gegenüberstellungen nicht möglich seien. Hieraus ergäben sich insbesondere dann erhebliche Probleme, wenn es auf die **Glaubwürdigkeitsbeurteilung** des Zeugen ankomme.[324]

Der BGH[325] hat deshalb eine Entscheidung der Vorinstanz aufgehoben, weil aus der Würdigung der Zeugenaussage nicht deutlich geworden sei, ob das Berufungsgericht sich des geringeren Beweiswertes der urkundenbeweislich verwerteten Zeugenaussage auch bewusst gewesen sei.

Verwertet das Gericht die protokollierte Aussage einer Strafakte urkundenbeweislich, versteht es sich von selbst, dass es die Richtigkeit der Aussage nicht aus Gründen anzweifeln darf, die sich nicht aus der Akte ergeben.[326] Eine Verwertung der Aussage aus einer Strafakte kommt auch nur dann in Betracht, wenn der Zeuge über ein eventuell gegebenes **Aussageverweigerungsrecht** aufgeklärt worden war.[327]

Andererseits:

142 Verwertet das Gericht aber urkundenbeweislich eine Strafakte, die beispielsweise ein **Geständnis** des Beklagten enthält, soll das Zivilgericht nach OLG Köln[328] nicht zu einer Beweiserhebung über den Tatverlauf verpflichtet sein, wenn der Beklagte das Geständnis nunmehr als unrichtig bezeichnet. Es sei Sache des Beklagten, die inhaltliche Unrichtigkeit des Geständnisses zu beweisen. Diese Rechtsprechung ist durch die Entscheidung des BGH NJW 2022, 705 **überholt**:[329]

322 BGH NJW 1995, 2856, 2857.

323 BGH ZIP 2000, 635, 637.

324 BGH NJW 2000, 1420, 1421; BGH NJW 2004, 1324, 1325; BGH ZOV 2013, 120.

325 BGH NJW 2000, 1420.

326 BGH NZV 1992, 403.

327 BGH NJW 1985, 1470, 1471; OLG Hamm NVersZ 2002, 478.

328 OLG Köln VersR 2000, 1303; vgl. auch OLG München BeckRS 2011, 25090; OLG Frankfurt a. M. OLG-Report 2009, 411, 414.

329 Vgl. auch OLG Hamm BeckRS 2023, 6343.

Wird ein deliktischer Schadensersatzanspruch auf eine rechtskräftige strafrechtliche Verurteilung wegen Beihilfe zum Betrug gestützt, trifft den Anspruchsgegner eine gesteigerte Erwiderungslast, in deren Rahmen er konkrete Umstände für die von ihm behauptete Unwahrheit seines im Strafverfahren abgelegten Geständnisses darlegen muss. Hat er insoweit substanziiert vorgetragen, obliegt dem Anspruchsteller der Beweis der Richtigkeit des Geständnisses.

Zur Verwertung eines rechtskräftigen Strafurteils im Zivilprozess, vgl. OLG Stuttgart DStRE 2022, 1205:

Grundsätzlich ist zwar die rechtskräftige strafrechtliche Verurteilung einer Partei im Zivilprozess nicht bindend, auch wenn die Akten eines Strafverfahrens und ein rechtskräftiges Strafurteil als Beweisurkunden gemäß §§ 415, 417 ZPO herangezogen werden können, auf die der Tatrichter seine Überzeugung stützen kann. Allerdings darf der Tatrichter bei einem engen rechtlichen und sachlichen Zusammenhang von Zivil- und Strafverfahren ein rechtskräftiges Strafurteil nicht unberücksichtigt lassen, sondern muss sich mit dessen Feststellungen auseinandersetzen, soweit sie für seine eigene Beweiswürdigung von Bedeutung sind. Der Tatrichter hat die in der Beweisurkunde dargelegten Feststellungen einer eigenen kritischen Überprüfung zu unterziehen. IdR wird den strafgerichtlichen Feststellungen zu folgen sein, sofern nicht von den Parteien gewichtige Gründe für deren Unrichtigkeit vorgebracht werden. Allerdings erhöht es nach allgemeinen Grundsätzen des Zivilprozesses die (sekundäre) Darlegungslast des Beklagten, wenn der Kläger seinen Anspruch durch Vorlage eines ausführlich begründeten rechtskräftigen Strafurteils schlüssig dargetan hat. Einer den Darstellungen im Strafurteil spiegelbildlichen, in sich geschlossenen Darstellung des Gesamtgeschehens durch den Anspruchsgegner bedarf es allerdings nicht.

Im Übrigen ist nach BGH NJW 2000, 1420 ein Gericht – wenn es auf die Glaubwürdigkeit eines Zeugen ankommt – nicht einmal dann berechtigt, eine Aussage aus einem anderen Verfahren urkundenbeweislich zu verwerten, wenn die Akte des anderen Verfahrens Vermerke über die Umstände der seinerzeitigen Vernehmung enthält. **143**

c) Fragerecht

Das Gesetz regelt in § 397 ZPO ausdrücklich das **Fragerecht** der Parteien; es gilt auch für die Befragung eines Sachverständigen.[330] Der Anwalt hat einen **Anspruch** darauf, **unmittelbar** Fragen an den Zeugen zu richten; der Partei selbst **kann** das Recht zu unmittelbarer Frage eingeräumt werden; einen Anspruch darauf hat sie nicht. **144**

330 BGH NJW 1997, 802; BVerfG NJW-RR 2013, 626.

Die Frage eines Anwaltes kann vom Vorsitzenden nicht schon mit der Begründung zurückgewiesen werden, sie sei nicht sachdienlich;[331] wohl aber dann,

- wenn sie ersichtlich nichts mit dem Rechtsstreit zu tun hat,
- wenn sie bereits gestellt worden ist oder
- wenn es sich um eine Suggestivfrage handelt.[332]

Wird die Zulassung einer Frage abgelehnt, ist der Antrag auf Zulassung nebst der Frage zu **Protokoll** zu nehmen, § 160 Abs. 3 S. 2 ZPO. Mit dem Antrag auf Protokollierung erzwingt der Anwalt am sichersten, in seiner Prozessführung nicht unangemessen eingeschränkt zu werden.

145 Ein Anwalt sollte von seinem Fragerecht aber nur vorsichtigen Gebrauch machen. Dem jungen Anwalt, der anstelle des Seniorpartners den Termin wahrnimmt, wird manchmal nichts anderes übrigbleiben, als sich durch Fragen hervorzutun, um dem Mandanten das Gefühl zu vermitteln, er werde tatkräftig vertreten. Das Gericht sollte diese Notlage des Anwaltes respektieren.

Gefährlich ist ein Zuviel an Fragen aber bei folgender (häufigen) Konstellation:

Der am Ausgang des Rechtsstreits interessierte Zeuge beantwortet die Beweisfrage ausweichend. Weder mag er die Wahrheit sagen noch der von ihm begünstigten Partei einen Schaden zufügen. Also beantwortet er die ihm gestellte Frage nicht konkret, sondern etwa so: „Wenn das so gemacht würde, hätte das ja folgende Konsequenzen …“ (In der Erwartung, dass das Gericht daraus auf die Verneinung der Frage schließt, ohne dass der Zeuge das so ausdrücklich bekundet hat.)

Wenn jetzt der Richter nicht weiter nachfragt, muss der Anwalt versuchen, in dessen Mienenspiel zu lesen, ob der Richter mit dieser ausweichenden Antwort den Beweis geführt sieht oder ob er, was wahrscheinlicher ist, den Zeugen schont und ihn nicht durch weiteres Nachfragen zu einer Falschaussage verleiten will.

Ist letzteres der Fall, wäre es höchst unklug von dem Anwalt der Gegenseite, dem Zeugen seinerseits vertiefende Fragen zu stellen, weil es ihm dann geschehen kann, dass der Zeuge den Konflikt zwischen wahrheitsgemäßer Aussage und Begünstigung der ihm verbundenen Partei, dem er durch seine ausweichende Antwort aus dem Wege gehen wollte, durch eine Falschaussage löst.

Als Rettungsversuch verbleibt dem Anwalt dann noch, darauf zu dringen, dass zunächst die ausweichende Aussage in das Protokoll aufgenommen wird und erst ergänzend die konkretere, damit die Zweifelhaftigkeit dieser Aussage sich bereits aus dem Protokoll ergibt.

331 Thomas/Putzo/*Reichold*, § 397 Rn 1.

332 Zöller/*Greger*, § 397 Rn 3.

d) Vereidigung

Eine Partei kann die Vereidigung eines Zeugen beantragen; die Vereidigung hat gemäß § 391 ZPO zu erfolgen, wenn sie mit Rücksicht auf die Bedeutung der Sache geboten ist. Das Gericht muss die Nichtbeeidigung einer entscheidungserheblichen Aussage begründen, um die Nachprüfung seiner Ermessensausübung zu ermöglichen; zumindest dann, wenn ein Antrag auf Vereidigung gestellt war.[333] **146**

Vereidigungen erfolgen in der Praxis so gut wie nie, weil der Wert der Vereidigung für die Wahrheitsermittlung zu Recht gering eingeschätzt wird. Wer aber auf der Suche nach Verfahrensfehlern ist, um eine erneute Zeugenvernehmung zu erzwingen, könnte hier fündig werden. Allerdings kann der Verlust des Rügerechts nach § 295 ZPO eintreten, wenn nicht spätestens in der auf die Beweisaufnahme folgenden mündlichen Verhandlung der Verfahrensmangel gerügt wird.[334]

e) Würdigung der Zeugenaussage

Zur Aussagepsychologie der Zeugenaussage und deren Würdigung ist auf die eingehenden Untersuchungen von *Ahrens*, Der Beweis im Zivilprozess, 2015; *Arntzen*, Psychologie der Zeugenaussage, System der Glaubwürdigkeitsmerkmale, 2. Aufl. 1983; *Balzer*, Beweisaufnahme und Beweiswürdigung im Zivilprozess, 3. Aufl. 2011; *Bender/Nack*, Tatsachenfeststellung vor Gericht, Bd. 1, Glaubwürdigkeits- und Beweislehre, 1981; *Bosch*, Grundsatzfragen des Beweisrechts, 1963; *Geipel*, ZAP 2015, 1005; *ders.*, Handbuch der Beweiswürdigung, 3. Aufl. 2017; *Hohlweck*, JuS 2002, 1105 und 1207; *Kirchhoff*, MDR 2010, 791; *Meyke*, NJW 1989, 2032; *Miebach*, NStZ-RR 2014, 233; *Natter/Mohn/Hablitzel*, NJOZ 2013, 1041; und *Schneider*, Beweis und Beweiswürdigung, 5. Aufl., Rn 917 ff.; zu verweisen. **147**

Hier soll nur noch ein Aspekt angesprochen werden, auf den der für Versicherungsfälle zuständige IV. Senat des BGH großen Wert legt, nämlich auf die Unterscheidung zwischen der **Glaubwürdigkeit** eines Zeugen und der **Glaubhaftigkeit** seiner Aussage. Darin wird nicht nur ein sprachlicher Unterschied gesehen, sondern der BGH[335] rügt, dass zu wenig Gewicht auf den Aspekt der Glaubwürdigkeitswürdigung gelegt wird.[336] Der Tatrichter soll die Aussage eines Zeugen nicht losgelöst davon würdigen, wie es zu dieser Aussage gekommen ist und wie sie mit seinem bisherigen Verhalten und seinen früheren Aussagen in Einklang zu bringen ist.

Welche Unterlassungen als Verfahrensfehler gerügt werden können, sei durch einen Auszug aus der nachfolgend zitierten BGH-Entscheidung aufgezeigt, bei dem es um die Frage ging, ob das Berufungsgericht das Vorbringen eines Versicherers hinreichend aufgeklärt hat, der von einem Versicherungsnehmer mit der Behauptung in Anspruch genommen worden war, beraubt worden zu sein.

333 Zum Meinungsstand vgl. Zöller/*Greger*, § 391 Rn 5.

334 Anders/Gehle/*Hartmann*, § 391 Rn 9.

335 BGH VersR 1991, 924.

336 Vgl. auch *Zopfs*, VersR 1993, 140; BGH NJW-RR 2002, 671; OLG Koblenz RuS 2013, 543.

BGH VersR 1991, 924:

> *Zur Glaubwürdigkeit des Zeugen K. hat die Kl. auf eine Reihe von Umständen hingewiesen, die näher hätten geprüft und bewertet werden müssen. Das wird der Tatrichter nachzuholen haben. Dazu gehört in erster Linie die für sich genommen im Rahmen der* ***Glaubhaftigkeit*** *zu beurteilende Tatsache, dass die erste, sechs Seiten lange Aussage des Zeugen von der Kriminalpolizei in wesentlichen Teilen mit seiner späteren Aussage kaum vereinbar ist. Für die* ***Glaubwürdigkeit*** *kann von Bedeutung sein, dass der Zeuge zu seiner zweiten, die Kl. belastenden Aussage vor der Kriminalpolizei auf Betreiben und im Beisein des von der Bekl. eingeschalteten Detektivs erschien. Die von der Kl. mehrfach aufgeworfene Frage nach einer etwaigen Beeinflussung des Zeugen K. durch Dritte bedarf näherer Beantwortung. Es ist nicht auszuschließen, dass auch ein Versicherer oder ein von diesem eingeschalteter Detektiv Zeugen zu bestechen versucht, BGH VersR 1989, 842. Auch unter diesem Gesichtspunkt, nicht nur im Hinblick auf die Aussage der Zeugin V, ist diese Frage zu beantworten. Möglicherweise gewinnt dann die Aussage dieser Zeugin, der der Tatrichter bislang nicht glaubt, ein anderes Gewicht.*

Der BGH[337] betont auch, dass nicht jede falsche Angabe eines Versicherungsnehmers zur Schadenshöhe den Schluss auf die erhebliche Wahrscheinlichkeit der Vortäuschung eines Diebstahls zulässt.

Eben wegen der Bedeutung, die der Glaubwürdigkeit des Zeugen (neben der Glaubhaftigkeit seiner Aussage) zukommt, verlangt der BGH[338] auch, dass ein Kollegialgericht seine Entscheidung nur dann auf das Ergebnis einer von einem Einzelrichter durchgeführten Zeugenvernehmung stützt, wenn dieser seinen Eindruck von der Glaubwürdigkeit des Zeugen zu Protokoll genommen hat.[339]

148 Eine Partei kann auch durch Beweisantritt die Glaubwürdigkeit eines Zeugen der Gegenseite zu erschüttern versuchen. Zwar gilt nicht der Satz „Wer einmal lügt …“. Aber selbstverständlich kann es für die Würdigung einer Aussage nicht außer Betracht bleiben, dass ein Zeuge sich schon vielfach als unzuverlässig erwiesen hat.

> *Beispiel*
>
> Eine Partei führt ihren Beweis durch einen bezahlten Informanten. Die Gegenseite macht geltend, dessen Informationen hätten sich schon in anderen Verfahren später als fehlerhaft herausgestellt. Dem wird das Gericht nachgehen müssen.

337 BGH VersR 1987, 61 sowie LG Bochum v. 1.4.2015 – I-4 O 345/14.

338 BGH NJW 1992, 1966.

339 Vgl. im Übrigen auch BGH VersR 1999, 1535; *Römer*, r+s 2001, 45.

4. Erneute Vernehmung eines Zeugen in der Berufungsinstanz

Ob das Berufungsgericht einen bereits in erster Instanz vernommenen Zeugen zum **selben Beweisthema** erneut vernimmt, hängt letztlich davon ab, ob das Berufungsgericht Zweifel an der Richtigkeit der entscheidungserheblichen Tatsachenfeststellungen hat und auf welche Art und Weise das Berufungsgericht die Aussage des Zeugen bewerten will.[340] 149

BGH NZM 2015, 944:

> *Hegt das Berufungsgericht Zweifel an der Richtigkeit der entscheidungserheblichen Tatsachenfeststellungen, die sich auch aus der Möglichkeit unterschiedlicher Wertungen ergeben können, so sind nach § 529 Abs. 1 Nr. 1 ZPO erneute Feststellungen geboten. Im Zuge dieser erneuten Tatsachenfeststellung muss das Berufungsgericht einen in erster Instanz vernommenen Zeugen gem. § 398 ZPO grundsätzlich nochmals vernehmen, wenn es seiner Aussage eine andere Tragweite oder ein anderes Gewicht als das erstinstanzliche Gericht beimessen möchte. Unterlässt es dies, so verletzt es den Anspruch der benachteiligten Partei auf rechtliches Gehör. Die erneute Vernehmung eines Zeugen darf unterbleiben, wenn sich das Berufungsgericht auf Umstände stützt, die weder die Urteilsfähigkeit, das Erinnerungsvermögen oder die Wahrheitsliebe des Zeugen, d.h. seine Glaubwürdigkeit, noch die Vollständigkeit oder Widerspruchsfreiheit seiner Aussage, d.h. die Glaubhaftigkeit, betreffen und es die Zeugenaussage deshalb ohne Verstoß gegen das Verbot der vorweggenommenen Beweiswürdigung bewerten kann, weil es keines persönlichen Eindrucks von dem Zeugen bedarf.*

Dies ist präzisiert worden durch BGH BeckRS 2018, 30995:

> *Hat das erstinstanzliche Gericht zu streitigen Äußerungen und den Umständen, unter denen sie abgegeben worden sind, Zeugen vernommen und ist es aufgrund einer Würdigung der Aussagen zu einem bestimmten Ergebnis gekommen, so kann das Berufungsgericht diese Auslegung nicht ohne Weiteres verwerfen und zum gegenteiligen Ergebnis kommen, ohne zuvor die Zeugen gemäß § 398 Abs. 1 ZPO selbst vernommen zu haben.*

Vgl. auch BGH NJW 2000, 1199:

> *Stützt das erstinstanzliche Gericht eine Feststellung auf die Aussagen mehrerer Zeugen, darf das Berufungsgericht eine hiervon abweichende Feststellung nicht mit der erneuten Vernehmung nur eines dieser Zeugen begründen.*

340 Instruktiv *Nassall*, NJW 2023, 1470 ff.

Man beachte in diesem Zusammenhang auch BGH NJW 2014, 550:[341]

Sieht das Berufungsgericht eine von dem Gericht des ersten Rechtszugs getroffene entscheidungserhebliche Tatsachenfeststellung als verfahrensfehlerhaft an, weil die Vernehmung eines Zeugen unterblieben ist, so entfällt die Bindung an die Feststellung, und das Berufungsgericht hat nicht nur den Zeugen zu vernehmen, sondern alle erhobenen Beweise insgesamt selbst zu würdigen.

Aber BGH MDR 1997, 876:[342]

*Wird ein in erster Instanz gestellter Beweisantrag im Berufungsrechtszug nicht wiederholt, obwohl ihm dort erst seine eigentliche Bedeutung zukommt, und sind keine Umstände dafür zu erkennen, dass die Partei auf ihm bewusst nicht mehr zurückgreifen will, so hat das Gericht **gemäß § 139 Abs. 1 ZPO nachzufragen,** bevor es den Antrag für nicht mehr gestellt erachtet.*

Die Vorschrift des § 139 Abs. 1 ZPO dient der Verwirklichung des sachlichen Rechts. Sie begründet für das Gericht u.a. die Pflicht darauf hinzuwirken, dass die Parteien ihre Beweismittel bezeichnen. Dadurch soll insbesondere verhindert werden, dass eine Partei, die Beweismittel beibringen kann und will, dies aufgrund eines bloßen Versehens unterlässt.

150 Die besondere Bedeutung einer Aussage **zwingt nicht** zu erneuter Vernehmung. Die mitunter in der Literatur vertretene, auf den Grundsatz der Unmittelbarkeit gestützte, abweichende Auffassung berücksichtigt nicht in gebührendem Maße, dass das Erinnerungsvermögen des Zeugen durch den weiteren Zeitablauf noch mehr eingeschränkt ist und ein nicht wahrheitsliebender Zeuge, dem es in erster Instanz nicht gelungen ist, der von ihm begünstigten Partei zum Prozesssieg zu verhelfen, aufgrund des erstinstanzlichen Urteils nunmehr weiß, wie seine Aussage ausfallen muss, um die Entscheidung zu beeinflussen. Eine Beweisaufnahme ist ein einmaliger, nicht wiederholbarer Vorgang. Es muss alles daran gesetzt werden, dass sie im ersten Anlauf gelingt. Gericht, Anwalt und Partei müssen ihr Bestes geben, dass sie – gemessen an ihren allerdings unterschiedlichen Interessen – auf Anhieb zum Erfolg führt. Eine misslungene Beweisaufnahme ist zumeist nicht mehr zu reparieren. Die erneute Vernehmung eines Zeugen ist der Wahrheitsfindung häufig eher hinderlich als dienlich.

151 Muss eine Partei befürchten, dass sich dem Berufungsgericht die Mangelhaftigkeit der erstinstanzlichen Beweiserhebung und/oder -würdigung nicht bereits aus dem Protokoll oder den Urteilsgründen erschließt, müssen schon in der ersten Instanz die Voraussetzungen dafür geschaffen werden, eine erneute Vernehmung in der Berufungsinstanz zu erzwingen.

341 Ebenso OLG München BeckRS 2015, 03552.

342 Ebenso BGH NJW-RR 2002, 1500.

Die Partei kann beantragen und hat einen Anspruch darauf, § 160 Abs. 3 Nr. 2 ZPO, dass der erstinstanzliche Richter, der ihre Fragen nicht zulassen will, diese zu Protokoll nimmt.

Da die Nichtzulassung der Fragen häufig zu engherzig erfolgt, wäre das Berufungsgericht gehalten, die Beweisaufnahme zu wiederholen.

Die bei der Beweiserhebung zutage getretenen „Lügenindikatoren" kann sie in einer schriftsätzlichen Beweiswürdigung dem erstinstanzlichen Richter aufzeigen, bevor er sein Urteil abgesetzt hat.

Wenn das erstinstanzliche Gericht sich dann in seinem Urteil mit den gegen die Glaubwürdigkeit des Zeugen aufgezeigten Erwägungen nicht oder nicht angemessen auseinandersetzt, kommt das Berufungsgericht nicht umhin, die Beweisaufnahme zu wiederholen.

BGH NJW-RR 1998, 1601: **152**

> *Die **informatorische** Anhörung eines in erster Instanz vernommenen Zeugen durch das Berufungsgericht kann eine nach § 398 Abs. 1 S. 2 ZPO gebotene Zeugenvernehmung nicht ersetzen (vgl. Rdn 136).*

a) Zwingende Wiederholung der Zeugenvernehmung

Das BerGer **muss** die erstinstanzliche Zeugenvernehmung wiederholen, wenn **153**

- die Beweiserhebung auf einem **Verfahrensfehler** beruht, der nicht durch rügelose Einlassung geheilt ist oder geheilt werden kann, § 295 ZPO. (Ein solcher Verfahrensfehler wäre z.B. die Verwertung der Aussage eines Zeugen, an dessen Vernehmung nur ein Richter des nunmehr entscheidenden Kollegialgerichts teilgenommen hat, wenn dieser seinen persönlichen Eindruck von dem Zeugen nicht **aktenkundig** gemacht hat.[343] Wird dieser Mangel nicht rechtzeitig gerügt, kann er allerdings nach § 295 ZPO geheilt sein; jedoch nicht, wenn er erst in dem Urteil des Kollegialgerichts zutage tritt.)[344] Ebenso stellt das unberechtigte Übergehen eines Beweisantrages einen Verfahrensfehler und somit zwingenden Grund dar, die Zeugenvernehmung zu wiederholen;[345]
- das BerGer Bedenken hat, der Beweiswürdigung des erstinstanzlichen Richters zu folgen;[346]
- wenn das Berufungsgericht einer Zeugenaussage eine andere Tragweite, ein anderes Gewicht oder eine vom Wortsinn abweichende Auslegung geben will, oder wenn es die protokollierten Angaben des Zeugen für vage und präzisierungsbedürftig oder für widersprüchlich oder mehrdeutig hält und es für die

343 BGH WM 1992, 1712.

344 BGH NJW-RR 1997, 506.

345 OLG München BeckRS 2015, 03552.

346 BGH BauR 2010, 1095.

Auffassung des Erstrichters nicht an jedem Anhaltspunkt in der protokollierten Aussage fehlt;[347]

- es darf die Glaubwürdigkeit eines Zeugen nicht anders als der erstinstanzliche Richter beurteilen, ohne sich von ihm einen **persönlichen Eindruck** zu verschaffen.[348] Obwohl das jedem Berufungsrichter bekannt sein dürfte, wird gegen diese Regel ständig verstoßen. Der Grund dafür dürfte darin liegen, dass es häufig schwierig ist, Zeugen zu bewegen, noch ein weiteres Mal vor Gericht zu erscheinen; deshalb versucht das Berufungsgericht, ihre Ladung von vornherein zu vermeiden;
- dem BerGer **frühere Aussagen des Zeugen bekannt werden**, die im Widerspruch zu der erstinstanzlichen Aussage stehen.[349] Sofern die Glaubwürdigkeit noch nicht vom erstinstanzlichen Gericht festgestellt wurde, kann eine Partei in der Berufungsinstanz auch Gründe vortragen, die gegen die Glaubwürdigkeit des Zeugen sprechen; sind diese streitig, muss darüber Beweis erhoben werden; werden die gegen die Glaubwürdigkeit sprechenden Verdachtsmomente bewiesen, muss das BerGer den Zeugen erneut vernehmen;
- die Würdigung der Vorinstanz in eindeutigem **Widerspruch zum Vernehmungsprotokoll steht**.[350] Die Erfahrung zeigt, dass dieser Widerspruch sich zumeist schnell aufklärt und seine Ursache lediglich in der ungeschickten Protokollierung hat; die erneute Vernehmung wird dadurch aber nicht entbehrlich;
- das erstinstanzliche Gericht die Aussage des von ihm vernommenen Zeugen gar **nicht oder ungenügend gewürdigt** hat.[351] Das ist der in diesem Zusammenhang wohl häufigste Verfahrensfehler; das BerGer darf seine Entscheidung also nicht auf eine noch so klar protokollierte Aussage stützen, wenn das erstinstanzliche Gericht sie nicht gewürdigt hat, weil sie nach seiner – bei der Urteilsabsetzung vertretenen – Ansicht für die Entscheidungsfindung entbehrlich war.

BGH NJW 1986, 2885:

Als Grundlage für seine Beweiswürdigung steht dem BerGer dann nämlich nur die Niederschrift über die Zeugenvernehmung zur Verfügung, die über ihren reinen Wortlaut hinaus den Gang der Vernehmung nur unvollkommen wiederzugeben pflegt und in der Regel keine Aufschlüsse über das Aussageverhalten geben kann.

154 Ein Beispiel für eine vom BGH gerügte Unterlassung erneuter Zeugenvernehmung, BGH NJW 1997, 466:

[…] Insgesamt lassen sich den Ausführungen des LG keinerlei Bedenken gegen die Glaubwürdigkeit der beiden Zeugen entnehmen. Demgegenüber hat das

347 BGH NJW 1993, 64, 66; BGH NJW-RR 2002, 1500; BGH BeckRS 2017, 142597.

348 BGH NJW 1982, 2874; BGH NJW-RR 1986, 285; BGH NJW 1997, 66; BGH NJW 2005, 1487; BGH MDR 2013, 1184; BGH NJW-RR 2021, 718.

349 BGH MDR 1979, 481.

350 BGH NJW 1982, 1052.

351 BGH NJW 1986, 2885; BGH NJW-RR 2000, 432, 433.

BerGer die Aussage des Zeugen K ausdrücklich als nicht glaubwürdig bezeichnet und ihr jeden Beweiswert abgesprochen und auch den Beweiswert der Aussage des Zeugen J für so stark gemindert erachtet, dass es sie nicht zur Grundlage seiner Entscheidung machen könne. Damit hat das BerGer der Sache nach die Glaubwürdigkeit der beiden Zeugen verneint, ohne sie selbst vernommen zu haben. Eine solche Beurteilung, die nicht auf dem persönlichen Eindruck des Gerichts von den beiden Zeugen beruht, verletzt jedoch jedenfalls dann das Gebot der Unmittelbarkeit der Beweisaufnahme (§§ 286, 398 ZPO), wenn sie – wie hier – nicht in ***gleichgerichteten Erwägungen*** *des erstinstanzlichen Richters eine Stütze findet. Auch wenn einzelne vom BerGer angeführte Umstände möglicherweise die objektive Richtigkeit der Zeugenaussagen in Frage stellen, durfte es diesen Aussagen entgegen der Auffassung der Revisionserwiderung nicht jeden Beweiswert absprechen, ohne sich einen persönlichen Eindruck von den Zeugen zu verschaffen.*

Eine **Ausnahme** von der Verpflichtung zu erneuter Vernehmung lässt der BGH[352] allenfalls für den Fall gelten, dass „das Berufungsgericht seine von der Vorinstanz abweichende Würdigung der Aussage auf solche Umstände stützt, die weder die Urteilsfähigkeit, das Erinnerungsvermögen oder die Wahrheitsliebe des Zeugen noch die Vollständigkeit oder Widerspruchsfreiheit seiner Aussage betreffen." **155**

Die Frage, ob eine Zeugenvernehmung zu wiederholen ist, stellt sich auch dann, wenn das Revisionsgericht eine Entscheidung des Berufungsgerichts aufhebt und die Sache **zurückverweist** und an der erneuten Verhandlung andere Richter mitwirken; etwa deshalb, weil die Sache an einen anderen Senat zurückverwiesen wird. **156**

Dazu BAG DB 1964, 996:

Hat das Revisionsgericht unter Aufhebung des Berufungsurteils, jedoch nicht unter Aufhebung des zweitinstanzlichen Verfahrens, die Sache an die Berufungsinstanz zurückverwiesen, so bleibt eine im ersten Berufungsverfahren durchgeführte Beweisaufnahme in der Welt. Es besteht kein Zwang, sie in jedem Fall zu wiederholen. Jedoch muss eine neue Beweiswürdigung vorgenommen werden. Das gilt auch dann, wenn, wie es die Regel ist, in der erneuten Verhandlung andere Landesarbeitsrichter mitwirken. Auch in diesem Fall setzt eine neue Beweiswürdigung keine Wiederholung der Beweisaufnahme voraus.

Diese Entscheidung dürfte mit dem heutigen Verständnis der Unmittelbarkeit der Beweisaufnahme nicht mehr im Einklang stehen.

b) Denkfehlerhafte Beweiswürdigung

Es ist auch sinnvoll, die erstinstanzliche Beweiswürdigung daraufhin zu überprüfen, ob sie **zirkelschlüssig** ist. Häufig wird von einer nicht feststehenden, von ei- **157**

352 BGH MDR 1998, 793, 794; BGH NZM 2015, 944.

nem Zeugen bekundeten Tatsache darauf geschlossen, dass auch eine andere von ihm bekundete Tatsache wahr sei. Wenn es für die Wahrheit der ersten Tatsache keine außerhalb der Aussage liegende Bestätigungen gibt, ist der Schluss von dem ersten Teil der Aussage auf die Wahrheit des zweiten Teiles unzulässig. Hat das erstinstanzliche Gericht es unterlassen, die Aussage unabhängig von diesem fehlerhaften Schluss auf ihre Wahrheit hin zu bewerten, so ist das BerGer gehalten, insoweit die Zeugenvernehmung zu wiederholen.[353]

Ein Beispiel aus der Praxis, BGH NJW 2017, 1310, 1311:

> *Die Revision zeigt einen solchen Denkfehler auf. Sie weist zutreffend darauf hin, dass sich das BerGer. die Angaben aus dem Privatgutachten des Kl. zu eigen gemacht, dabei aber übersehen hat, dass der Privatgutachter für die Dauer der Wiederbeschaffung von elf Werktagen ausging und nicht, wie vom BerGer. ohne Weiteres im Urteil niedergelegt, von elf (Kalender-)Tagen. Die auf diesem Fehlverständnis aufbauende Herleitung von 6,63 Tagen Nutzungsausfalldauer ist denkfehlerhaft.*

II. Parteivernehmung

158 Das Gesetz kennt eine Parteivernehmung
I. auf eigenen Antrag der beweispflichtigen Partei, § 447 ZPO,
II. als Antrag auf Vernehmung des Beweisgegners, § 445 Abs. 1 ZPO,
III. von Amts wegen §§ 448, 287 Abs. 1 S. 3 ZPO.

Zu I.: Die Vernehmung einer Partei zu ihrem eigenen Vorbringen gibt es gemäß § 447 ZPO nur mit Zustimmung des Gegners; da dieser kaum jemals Veranlassung haben wird, sie zu erteilen – aus einer Verweigerung dürfen keine nachteiligen Schlüsse gezogen werden[354] – hat dieses Antragsrecht keine praktische Relevanz.

1. Parteivernehmung des Gegners

159 Wird durch die Worte „Beweis: Parteivernehmung“ Beweis angetreten, so ist regelmäßig die Vernehmung des Gegners nach § 445 ZPO gemeint. Den Antrag nach § 445 ZPO kann immer nur die Partei stellen, die für die zu beweisende Tatsache die Darlegungs- und Beweislast trifft. Als Mittel des Gegenbeweises ist ein Antrag nach § 445 ZPO mithin unzulässig.[355]

Die Parteivernehmung ist **subsidiäres Beweismittel**.[356] Sie kommt zum einen in Betracht, wenn zuvor alle anderen Beweismittel ausgeschöpft sind und die Beweis-

353 Vgl. im Übrigen die Zusammenstellung von Denkfehlern bei *Schneider*, Beweis und Beweiswürdigung, 5. Aufl., Rn 819 ff.; BGH VersR 2006, 949.

354 Zöller/*Greger*, § 447 Rn 4.

355 *Balzer/Walther*, Beweisaufnahme, Rn 288.

356 Zöller/*Greger*, § 445 Rn 3.

führung noch unvollständig ist (§ 445 Abs. 1 Alt. 1 ZPO). Das heißt, dass dem Antrag auf Parteivernehmung nicht nur nicht entsprochen werden darf, wenn andere Beweise angetreten sind, sondern schon dann nicht, wenn andere Beweise angetreten werden **könnten**. Ein Antrag auf Parteivernehmung kann somit eigentlich nicht neben einem Antrag auf Zeugenvernehmung gestellt werden. Hat sich aber die beweispflichtige Partei in einem vorbereitenden Schriftsatz sowohl auf Zeugen- wie auch auf Parteivernehmung berufen, ist das Gericht gemäß § 139 ZPO verpflichtet, die Partei nach der zunächst durchzuführenden Vernehmung der Zeugen und Ausschöpfung sonstiger Beweismittel zu fragen, ob sie ihren Antrag auf Parteivernehmung aufrecht erhält.[357]

Nach der zweiten Alternative des § 445 Abs. 1 ZPO ist die Parteivernehmung dann zulässig, wenn die beweispflichtige Partei andere Beweismittel nicht benannt hat. Es schadet der Partei nicht, wenn sie andere gegebenenfalls andere Beweismittel zur Verfügung gehabt hätte; es ist ihre eigene Sache, wenn sie sich allein auf das unsichere Mittel der Vernehmung des Gegners beschränkt.[358]

In Durchbrechung des Grundsatzes des Verbotes **vorweggenommener Beweiswürdigung** hat das Gericht gemäß § 445 Abs. 2 ZPO einem Antrag auf Parteivernehmung des Gegners nicht zu entsprechen, wenn er Tatsachen betrifft, deren Gegenteil es bereits für **erwiesen** erachtet. Damit soll verhindert werden, dass eine Partei, die alle Beweismittel ausschöpfen konnte, nunmehr noch den Gegner mit seiner Vernehmung behelligt (und obendrein den Prozess verschleppt). Ein Anwalt muss sich also dagegen wehren, wenn dem Gegner nach Ausschöpfung aller Beweismittel nichts anderes mehr einfällt, als nunmehr die Vernehmung seines Mandanten zu beantragen und das Gericht sich anschickt, unter Missachtung des § 445 Abs. 2 ZPO diesem Antrag zu entsprechen. **160**

Anders als der Zeugenbeweis setzt die Parteivernehmung einen **förmlichen Beweisbeschluss** voraus, § 450 Abs. 1 S. 1 ZPO. Gestaltet das Gericht eine Anhörung wie eine Parteivernehmung, vgl. dazu Rdn 94 ff., sollte der Anwalt das Gericht darauf hinweisen, dass schon mangels Beweisbeschlusses die förmlichen Voraussetzungen für die Parteibefragung nicht erfüllt sind. **161**

Eine Partei kann ohne Angabe von Gründen die Aussage **verweigern**; das Gericht kann aber – nicht muss – die Weigerung zum Nachteil der Partei werten, § 446 ZPO. **162**

Das Gericht hat die Partei über ihr Aussageverweigerungsrecht zu **belehren**. Ist die Belehrung unterblieben, darf die Aussage nicht zum Nachteil der Partei verwertet werden.

357 OLG Oldenburg NJW-RR 1990, 125.

358 *Balzer/Walther*, Beweisaufnahme, Rn 292.

Erscheint eine Partei unentschuldigt trotz Anordnung des persönlichen Erscheinens nicht. Können hieraus im Einzelfall auch nachteilige Schlüsse bei der Beweiswürdigung gezogen werden, OLG Naumburg NJW 2016, 1102:

> *Dagegen hat sich der Bekl. nunmehr wiederholt einer Äußerung vor Gericht entzogen. Mögen sich in erster Instanz hieraus zu ziehende nachteilige Schlüsse noch durch den Hinweis des Bekl. auf das laufende Strafverfahren verboten haben. Spätestens nach dem rechtskräftigen Freispruch des Bekl. gibt es keinen Anlass mehr, von einer freien und vorliegend nachteiligen Würdigung seines Prozessverhalten (vgl. §§ 286 Abs. 1 S. 1, 446, 453, 454 ZPO) abzusehen. Wenn die Schilderung des Kl. nicht zuträfe, bestünde für den Bekl. keine Veranlassung, im Termin des Senats nicht zu erscheinen. Zunächst wäre es ihm sicher ein persönliches Bedürfnis, seinen Ärger über die falsche Anschuldigung und die damit verbundenen Gerichtsverfahren zum Ausdruck zu bringen. Außerdem musste der Bekl. davon ausgehen, dass sein Prozesserfolg von der Darstellung seiner Sicht der Dinge abhängen würde. Der Klage wurde in erster Instanz stattgegeben. Das LG hatte den Bekl. für beweispflichtig gehalten und durchblicken lassen, dass die Ablehnung einer Befragung durch das Gericht dem Bekl. zum Nachteil gereichte. Sein Prozessbevollmächtigter hatte dem Bekl. erklärtermaßen vor dem Senatstermin deutlich vor Augen geführt, es komme auf seine Anwesenheit an. Erscheint der Bekl. nach alldem dennoch nicht, lässt das den Schluss auf seine fehlende Bereitschaft an der Aufklärung des Sachverhalts mitzuwirken, zu. Der Bekl. will weder zugeben noch abstreiten, dem Kl. Falschgeld übergeben zu haben. Dies macht nach Abschluss des Strafprozesses nur Sinn, wenn der Bekl. befürchten muss, sich wegen seines Prozessverhaltens erneut vor einem Strafgericht verantworten zu müssen. Davon kann aber nur dann die Rede sein, wenn die Version des Kl. zutrifft.*

2. Vereidigung der Partei

163 Seit im Strafprozess die früher regelmäßige Vereidigung der Zeugen zu einer seltenen Ausnahme geworden ist, erfolgt auch im Zivilprozess nur noch selten eine Vereidigung – und zwar weder der Zeugen noch der Parteien.

Diese Praxis ist vom Gesetz aber nicht gedeckt: § 452 Abs. 1 ZPO: Reicht das Ergebnis der unbeeidigten Aussage einer Partei nicht aus, um das Gericht von der Wahrheit oder Unwahrheit der zu erweisenden Tatsache zu überzeugen, so kann es anordnen, dass die Partei ihre Aussage zu **beeidigen** habe.

Insbesondere, wenn eine Partei den Antrag auf Vereidigung des Gegners stellt, ist das Ermessen des Gerichts eingeschränkt.

Die Beeidigung liegt im Ermessen des Gerichts;[359] aber es ist ein Ermessensmissbrauch, wenn die Beeidigung unterbleibt, obwohl die Aussage sich über einen nur der Partei bekannten Sachverhalt verhält und das Gericht an der Richtigkeit der Aussage zweifelt;[360] das gilt insbesondere dann, wenn die Beeidigung ausdrücklich beantragt war.

Verweigert eine Partei die Aussage oder den Eid, gilt § 446 ZPO entsprechend (§ 453 Abs. 2 ZPO): Das Gericht hat unter Berücksichtigung der gesamten Sachlage, insbesondere der für die Weigerung vorgebrachten Gründe, nach freier Überzeugung zu entscheiden, ob es die behauptete Tatsache als erweisen ansehen will oder nicht.[361]

3. Parteivernehmung von Amts wegen

Nach § 448 ZPO kommt die Vernehmung einer Partei zu ihrem eigenen Vorbringen **164**
von Amts wegen in Betracht, wenn schon **gewisser Beweis** erbracht ist, dem Gericht aber noch die letzte Überzeugung fehlt.[362] Es muss die richterliche Gesamtwürdigung von Verhandlung und bisheriger Beweiserhebung eine **gewisse,** nicht notwendig hohe Wahrscheinlichkeit für die Richtigkeit der streitigen Behauptung erbringen, d.h. es muss mehr für als gegen sie sprechen.[363]

Die erforderliche Wahrscheinlichkeit kann auch ohne Beweisaufnahme aufgrund der Lebenserfahrung zu bejahen sein.[364]

Der BGH[365] hält auch nach der Entscheidung des EGMR[366] teilweise daran fest, dass Voraussetzung für eine Vernehmung nach § 448 ZPO eine gewisse **Anfangswahrscheinlichkeit** ist und dass die Beweisnot einer Partei kein rechtfertigender Grund ist, von diesem Erfordernis Abstriche zu machen. Die Rechtsprechung des BGH ist aber nicht einheitlich (vgl. dazu oben Rdn 101 ff. und auch Rdn 169).

Und auch BGH NJW 1999, 363, 364:[367]

> *Die Parteivernehmung von Amts wegen darf nur angeordnet werden, wenn aufgrund einer vorausgegangenen Beweisaufnahme oder des sonstigen Verhandlungsinhalts bereits eine gewisse Wahrscheinlichkeit für die zu beweisende Tatsache spricht.*

359 BFH BFH/NV 2004, 976.

360 BGH NJW 1964, 1027.

361 *Balzer/Walther*, Beweisaufnahme, Rn 302.

362 BGH NJW 1989, 3222, 3223; OLG Koblenz MDR 2015, 1097.

363 BGH NJW 1994, 320, 321; BGH NJW 1998, 814, 815; BGH NJW 2002, 2247, 2249; BGH NJW 2015, 74, 76; OLG Düsseldorf BeckRS 2008, 05766.

364 Stein/Jonas/*Leipold*, § 448 Rn 8; BGH NJW-RR 1991, 983, 984.

365 BGH NJW 1998, 814, 815; OLG Koblenz BeckRS 2013, 02333.

366 EGMR NJW 1995, 1413; OLG Frankfurt NJOZ 2003, 178, 179.

367 Ebenso LG Meiningen Schaden-Praxis 2003, 254.

165 Gleichwohl ist die Bestimmung des § 448 ZPO eine wertvolle Beweiserleichterung für den Beweispflichtigen, die häufig nicht hinreichend genutzt wird.

Zwar gibt es für die gemäß § 448 ZPO von Amts wegen durchzuführende Vernehmung **kein Antragsrecht** der Parteien; sie können eine solche Vernehmung aber **anregen**. Und sofern diese Anregung nicht völlig deplatziert ist, hat das Gericht in seinen Entscheidungsgründen darzulegen, weshalb es der Anregung nicht gefolgt ist.

166 *Beispiel*

Ein älterer Herr kommt mit dem Fahrrad um Mitternacht auf einem Radweg zu Fall und verletzt sich dabei schwer. Er will gemäß § 12 PflVG die Verkehrsopferhilfe in Anspruch nehmen und trägt dazu vor, von einem flüchtigen Mopedfahrer gerammt worden zu sein. Das bestreitet die Verkehrsopferhilfe. Aufgrund der vom Landgericht durchgeführten Beweisaufnahme steht fest, dass der Kläger am Boden liegend um Hilfe gerufen und die herbeieilenden Anwohner gefragt hat, ob jemand den Mopedfahrer gesehen habe. Da es fernliegend sei, dass der Kläger in diesem Moment schon daran gedacht habe, Ansprüche gegen die Verkehrsopferhilfe durchzusetzen, hat das Landgericht aufgrund dieses Beweisergebnisses einen gewissen, aber allein noch nicht ausreichenden Beweis als erbracht gesehen. In der daraufhin nach § 448 ZPO durchgeführten Vernehmung des Klägers zu seinem eigenen Vorbringen hat dieser den Unfallverlauf anschaulich und überzeugend geschildert; die Beklagte wurde antragsgemäß verurteilt.

167 Die Vernehmung einer Partei nach § 448 ZPO hat zu unterbleiben, wenn ihr Vortrag ebenso gut wahr wie unwahr sein kann.[368]

Sie soll nicht erfolgen, wenn eine Partei unglaubwürdig ist,[369] es soll niemand in eine Falschaussage getrieben werden.

168 Das Gericht entscheidet nach **freiem Ermessen**.[370] Welche Partei zu vernehmen ist, bestimmt das Gericht ohne Rücksicht auf die Beweislast allein danach, welche Partei zum Beweisthema eigene Wahrnehmungen bekunden kann. Dies kann ohne Weiteres auch der Prozessgegner des Beweisführers sein.[371] Liegt aber eine Vernehmung nach § 448 ZPO nahe und enthält das Urteil keine Ausführungen darüber, weshalb das Gericht von dieser Möglichkeit keinen Gebrauch gemacht hat, kann darin ein Verfahrensfehler liegen, der in der Revisionsinstanz zur Aufhebung des Urteils führt.

368 BGH NJW-RR 1992, 920; BGH VersR 2006, 663.

369 OLG Hamm VersR 1991, 687; BGH WM 2003, 1740.

370 OLG Koblenz BeckRS 2014, 14850.

371 BGH NJW 1999, 363, 364.

BGH NJW-RR 1994, 636:

> *Hält das Gericht den Inhalt einer Parteibehauptung für „durchaus möglich" und ist es der Meinung, dass „gewichtige Umstände" für die Richtigkeit dieser Behauptung sprechen, so liegen auch die Voraussetzungen für eine beantragte Parteivernehmung vor.*

Die Parteivernehmung nach §448 ZPO soll vor allem demjenigen helfen, der sich in **Beweisnot** befindet.[372] Deshalb zieht *Schlosser*[373] aus der Entscheidung des Europäischen Gerichtshofs[374] die Schlussfolgerung, §448 ZPO müsse im Lichte des Grundsatzes der Waffengleichheit sowie des fairen Verfahrens dahin gehend neu interpretiert werden, dass entgegen des allgemeinen Grundsatzes, dass niemand Zeuge in eigener Sache sein kann, die Partei als solche zur Vernehmung zugelassen werden muss[375] Dies bezieht er jedoch auf die Situation des Vieraugengesprächs, in der die maßgebliche Person auf der Gegenseite als Zeuge vernommen wurde. 169

Entschieden ablehnend gegen eine Ausdehnung der Anwendung des §448 ZPO OLG Düsseldorf VersR 1999, 205, 206:

> *Es ist Sache der Parteien, für den Streitfall Vorsorge zu treffen und Beweismittel zu sichern. Wenn eine Partei davon Gebrauch macht und die andere nicht, so beruht der Vorteil nicht auf formellen und zufälligen Gegebenheiten, sondern auf Umsicht. Eine Vernehmung des Beklagten würde auf eine Bevorzugung der weniger vorausschauenden Partei hinauslaufen.*

Ähnlich *Schmidt-Schondorf*,[376] *Oberhammer*,[377] welche diesen Standpunkt für lebensfremd halten; er dürfte in der Tat überzogen sein.

Gegen eine Neuinterpretation des §448 ZPO auch LAG Köln.[378] Dem Gebot der prozessualen Waffengleichheit werde durch den Grundsatz der freien Beweiswürdigung hinreichend genügt, wonach das Gericht in seiner Überzeugungsbildung gar nicht auf die Beweismittel beschränkt sei, sondern sich auf den Inbegriff der gesamten Verhandlung stützen könne.

LAG Köln MDR 1999, 1085:

> *Durch den Grundsatz der freien Beweiswürdigung ist das Gebot der zivilprozessualen Waffengleichheit in vollem Umfang gewahrt, während gleichzeitig die* ***Problematik einer quasi obligatorischen Zeugenschaft*** *in eigener Sache vermieden wird.*

372 BGH NJW 2002, 2247; BGH BeckRS 2004, 09779.

373 *Schlosser*, NJW 1995, 1404.

374 EuGH NJW 1995, 1413.

375 Dagegen mit überzeugenden Gründen OLG München NJW-RR 1996, 958.

376 *Schmidt-Schondorf*, JR 1996, 268.

377 *Oberhammer*, ZZP 2000, 295, 309.

378 LAG Berlin MDR 1999, 1085.

In diese Richtung auch OLG Koblenz BeckRS 2014, 14850:

> *§ 448 ZPO will und darf nicht die beweisbelastete Partei von den Folgen der Beweisfälligkeit befreien. Ihr Zweck besteht vielmehr darin, wenn nach dem Ergebnis der Verhandlungen eine gewisse Wahrscheinlichkeit für die Richtigkeit der streitigen Behauptung spricht und andere Erkenntnisquellen nicht mehr zur Verfügung stehen, dem Gericht ein Mittel zur Gewinnung der letzten Klarheit an die Hand zu geben.*

170 Auch die **Literatur** lehnt überwiegend eine Neuinterpretation des § 448 ZPO in dem Sinne ab, dass der Anfangsbeweis nicht mehr Voraussetzung für eine Parteivernehmung von Amts wegen sein solle:

Greger[379] macht gegenüber *Gehrlein*,[380] der verfassungsrechtliche Bedenken gegenüber § 448 ZPO ins Feld führt, geltend, es stehe dem Gesetzgeber frei zu bestimmen, welche Erkenntnisquellen bei einer förmlichen Beweiserhebung zur Verfügung stehen sollen. Auch der Grundsatz prozessualer Waffengleichheit verpflichte nicht zu einer vom sonstigen Beweisergebnis unabhängigen Beweiserhebung.

Nach *Schreiber*[381] ist eine Vernehmung ohne Anfangswahrscheinlichkeit Willkür.

4. Vieraugengespräch

171 Eine Besonderheit zeichnet sich aber in Gefolgschaft der Entscheidung des BGH NJW 1999, 363 für das sogenannte „**Vieraugengespräch**" ab.

Hartmann[382] hält zwar nicht eine Uminterpretation des § 448 ZPO für erforderlich, folgt BGH NJW 1999, 363 aber darin, dass es im Falle eines „Vieraugengesprächs" aus Gründen der prozessualen Waffengleichheit geboten sein kann, den Gegner einer Partei, die im Unterschied zu dieser keinen Zeugen hat, von Amts wegen zu vernehmen. Bereits *Schlosser*[383] hatte sich für eine entsprechende Interpretation des § 448 ZPO im Lichte des Grundsatzes der Waffengleichheit im Falle eines Vieraugengesprächs ausgesprochen (vgl. Rdn 169).

Abgesehen von dem Fall des Vieraugengesprächs halten aber auch diese Autoren daran fest, dass es nicht im Belieben des Gerichts steht, eine Parteivernehmung durchzuführen. Und die Regeln der Parteivernehmung dürfen auch nicht dadurch

379 Zöller/*Greger*, § 448 Rn 2, 4a; wie auch MüKo/*Schreiber*, § 445 ZPO Rn 2.

380 *Gehrlein*, ZZP 1997, 474.

381 MüKo/*Schreiber*, § 448 Rn 3.

382 Anders/Gehle/*Hartmann*, § 448 ZPO Rn 7; so auch Thomas/Putzo/*Reichold*, § 448 Rn 4; ebenso Musielak/Voit/*Huber*, § 448 Rn 7.

383 *Schlosser*, NJW 1995, 1404.

unterlaufen werden, dass eine Parteianhörung wie eine Parteivernehmung behandelt wird.[384]

Für den Fall des Vieraugengesprächs hält es der BGH[385] zur Herstellung der Waffengleichheit für geboten, dass entweder eine Partei, die in Beweisnot ist, von Amts wegen vernommen wird, oder aber ihre Anhörung nach § 141 ZPO erfolgt.[386] Vgl. dazu Rdn 94 ff.

BGH NJW-RR 2006, 61:

> *Erfordert der Grundsatz der Waffengleichheit, dass der Partei, die für ein Gespräch keinen Zeugen hat, Gelegenheit gegeben wird, ihre Darstellung des Gesprächs persönlich in den Prozess einzubringen, kann nicht sowohl die Vernehmung der Partei gem. § 448 ZPO als auch ihre Anhörung gem. § 141 ZPO von einer überwiegenden Wahrscheinlichkeit für ihr Vorbringen abhängig gemacht werden.*

BAG NJW 2007, 2427:

> *Hat ein Gespräch allein zwischen den Parteien stattgefunden, kann die für den Inhalt des Gesprächs beweisbelastete Partei Beweis antreten, indem sie ihre eigene Anhörung oder Vernehmung beantragt.*

Insoweit kann von einem Paradigmenwechsel gesprochen werden; ausgelöst durch die Entscheidung des EGMR.[387] Es mag dahinstehen, ob dieser von der Sache her geboten war.

Über das Vieraugengespräch hinaus wollen manche Autoren schlechthin darauf verzichten, die Anfangswahrscheinlichkeit zur Bedingung einer Vernehmung nach § 448 ZPO zu machen.[388] **172**

Gehrlein[389] und ihm folgend *Leipold*[390] sind der Ansicht, dass eine **verfassungskonforme Auslegung** des § 448 ZPO dazu zwingt, auf das Erfordernis der Anfangswahrscheinlichkeit als Voraussetzung für die Vernehmung einer Partei zu ihrem eigenen Vorbringen zu verzichten. Aus dem verfassungsrechtlichen Anspruch einer Partei auf effektiven Rechtsschutz sei auch ein Recht der Partei auf Beweis und damit grundsätzlich auf Nutzung aller Beweismittel zu entnehmen.

384 Vgl. MüKo/*Schreiber*, § 445 ZPO Rn 6; *Meyke*, MDR 1987, 358.

385 BGH NJW 1999, 363, 364; BGH NJW-RR 2006, 61, 63; BGH NJW 2011, 2889; BGH NJW 2013, 2601; OLG Düsseldorf BeckRS 2015, 05518.

386 Ebenso schon OLG Zweibrücken NJW 1998, 167; BVerfG NJW 2008, 2170, 2171.

387 EGMR NJW 1995, 1413.

388 Vgl. *Wittschier*, DRiZ 1997, 247; *Schöpflin*, NJW 1996, 2134, 2136; *Gehrlein*, ZZP 1997, 451 ff.

389 *Gehrlein*, ZZP 1997, 451 ff.

390 Stein/Jonas/*Leipold*, § 448 Rn 28 ff.

Stein/Jonas/*Leipold*, § 448 Rn 22:

> *Jedenfalls dann, wenn eine Partei über kein anderes Beweismittel in ihrem Lager verfügt als über ihre eigene Vernehmung, ergibt sich auf diese Weise eine Pflicht des Gerichts, die beantragte Vernehmung anzuordnen, ohne dass eine Anfangswahrscheinlichkeit verlangt werden darf. Dies muss auch dann gelten, wenn die beweispflichtige Partei für ihre Behauptung Zeugenbeweis anbieten konnte, der Gegner aber abgesehen von der eigenen Vernehmung über keine Beweismittel zur Erschütterung des Beweises verfügt. In dieser Situation kann aus verfassungsrechtlichen Gründen auch nicht an dem Grundsatz der Subsidiarität der Parteivernehmung i.S.d. § 445 Abs. 2 ZPO festgehalten werden.*

5. Fehlerhafte Parteivernehmung

173 Wird eine Parteivernehmung nach § 448 ZPO durchgeführt, obwohl die Voraussetzungen dafür nicht vorliegen, darf das Beweisergebnis **nicht verwertet** werden.[391]

OLG Braunschweig OLGR 1995, 173:

> *Die Parteivernehmung zur Herstellung der „Waffengleichheit" war unzulässig. Die Parteivernehmung darf nur angeordnet werden, wenn aufgrund einer vorausgegangenen Beweisaufnahme oder des sonstigen Verhandlungsinhalts wenigstens eine gewisse Wahrscheinlichkeit für die zu beweisende Tatsache spricht, so dass bereits „einiger Beweis" erbracht ist, vgl. BGH NJW 1989, 3223. Davon konnte hier nicht die Rede sein. Die Anordnung der Parteivernehmung war daher unzulässig mit der Folge, dass die dennoch herbeigeführte Aussage des Beklagten der Entscheidung nicht zugrunde gelegt werden darf.*

OLG München NJW-RR 1996, 958, 959:

> *Von der Kann-Bestimmung des § 448 ZPO ist zurückhaltend Gebrauch zu machen; denn § 448 ZPO gibt dem Gericht ein zwar wichtiges, aber auch gefährliches, verführerisches Machtmittel, das nur zur Ergänzung der Beweise herangezogen werden darf.*

OLG Düsseldorf BeckRS 2005, 07025:

> *Der Aussage des als Partei vernommenen Klägers kommt kein Beweiswert zu, da die Voraussetzungen für eine Parteivernehmung gemäß den § 448 ZPO nicht vorgelegen haben.*

Ist eine Parteivernehmung nach § 448 ZPO durchgeführt worden, ohne dass die Voraussetzungen dafür vorlagen, kann dies noch in der Berufungsinstanz gerügt werden; ein rügeloses Verhandeln im Sinne des § 295 ZPO steht dem jedenfalls dann

391 OLG Celle OLG-Report 1994, 254; OLG Düsseldorf BeckRS 2005, 07025.

nicht entgegen, wenn eine Partei erst nach Vorliegen der Entscheidungsgründe zu beurteilen vermag, ob die Voraussetzungen des § 448 ZPO vorlagen.[392] Vgl. auch § 1 Rdn 13.

Ein zulässiges und empfehlenswertes Verfahren ist es, sich über eine Anhörung nach § 141 ZPO (vgl. Rdn 94) den Zugang zu einer Vernehmung nach § 448 ZPO zu verschaffen.[393] 174

Wie hier OLG Köln OLGR 1995, 8:

> *Zum Beweis des Versicherungsfalles durch eine von Amts wegen anzuordnende Parteivernehmung gemäß § 448 ZPO bedarf es eines „**Anfangsbeweises**", eine schon bestehende gewisse Wahrscheinlichkeit für die Richtigkeit der durch die Parteivernehmung vollständig zu beweisenden Behauptungen.*
>
> *Dieser „Anfangsbeweis" kann auch aus einer Anhörung der beweisbelasteten Partei gemäß **§ 141 ZPO** geführt werden, setzt allerdings uneingeschränkte Glaubwürdigkeit – Zuverlässigkeit und Redlichkeit – der Partei voraus.*

Die Parteivernehmung von Amts wegen setzt weiterhin voraus, dass alle in Betracht kommenden Beweismittel ausgeschöpft sind.[394]

Hat das erstinstanzliche Gericht eine Parteivernehmung von Amts wegen nach § 448 ZPO durchgeführt und war diese nicht aus den unter Rdn 173 aufgeführten Gründen verfahrensfehlerhaft, kann das Berufungsgericht sie nicht mit der Begründung unbeachtet lassen, es selbst habe sie nicht für geboten erachtet. Es darf nicht abweichend vom Ergebnis dieser Parteivernehmung entscheiden, ohne diese (aus seiner Sicht nicht erforderliche) Parteivernehmung zu wiederholen.[395]

III. Sachverständigenbeweis

Der Sachverständige gilt als Richtergehilfe. Er soll dem Richter die ihm fehlenden Spezialkenntnisse und die Kenntnis der für seine Entscheidung erforderlichen Erfahrungssätze vermitteln. Medizinische Fragen etwa darf der Richter nur dann ohne Sachverständigen entscheiden, wenn er eigene Sachkunde besitzt und im Urteil auch darlegt, worauf diese beruht.[396] Die eigene Sachkunde könnte sich zum Beispiel aus der langjährigen Zugehörigkeit zu einer Spezialkammer ergeben.[397] 175

392 BGH NJW 1999, 363, 364.

393 Vgl. auch *Meyke*, NJW 1989, 2032.

394 BGH NJW 1997, 1988; BGH NJW 2002, 2247, 2249; Zöller/*Greger*, § 448 Rn 3; *Laumen*, MDR 2020, 334.

395 BGH NJW 1999, 363, 364.

396 BGH NJW 1993, 2378; BGH VersR 2015, 712, 714; BGH BeckRS 2016, 06588.

397 *Balzer/Walther*, Beweisaufnahme, Rn 200.

Aber BGH NJW 1997, 1446:[398]

Gutachten von Sachverständigen unterliegen der freien Beweiswürdigung (§§ 287 Abs. 1, 286 Abs. 1 ZPO). Dementsprechend darf das Gericht grundsätzlich von dem Gutachten eines Sachverständigen abweichen, wenn es von dessen Ausführungen nicht überzeugt ist. Es bedarf aber der ***Ausweisung entsprechender Sachkunde****, wenn ein Gericht fachkundigen Feststellungen oder fachlichen Schlussfolgerungen nicht folgen will.*

Eine zulässige Abweichung des Gerichts vom Gutachten eines Sachverständigen erfordert stets die Darlegung der hierfür maßgeblichen Erwägungen im Sinne einer einleuchtenden und nachvollziehbaren Begründung im Urteil, die nicht darauf beruhen darf, dass das Gericht eine ihm nicht zukommende eigene Sachkunde für sich in Anspruch nimmt.

176 Das (deutsche) Recht hat der Richter selbst zu kennen, nicht nur das Zivil- und das Zivilprozessrecht. Das bringt ihn in arge Verlegenheit, wenn für seine Entscheidung steuerrechtliche Fragen von Belang sind; etwa in einem Haftpflichtprozess des Mandanten gegen seinen Steuerberater. Für diesen Fall lässt der BGH[399] aber die Einholung eines Sachverständigengutachtens von einem Steuerberater zu.

177 Der Richter kann und muss **von Amts wegen** ein Gutachten einholen, wenn seine **eigene Sachkunde** nicht ausreicht. Anders als bei einem zulässigen Zeugenbeweisantritt – dem das Gericht grundsätzlich nachzugehen hat – muss der Richter dem Antrag ein Sachverständigengutachten einzuholen, also nicht zwingend nachgehen, wenn er über eigene Sachkunde verfügt.[400] Allerdings stellt der BGH an den Nachweis eigener Sachkunde des Richters hohe Anforderungen.[401]

BGH NJW 2000, 1946:

Die Würdigung eines nicht einfachen medizinischen Sachverhalts, wie ihn die Folgen eines Badeunfalls darstellen, erfordert aber regelmäßig eine spezielle Sachkunde und wird nicht schon durch die Kenntnis allgemeiner Erfahrungssätze ermöglicht, die sich das Gericht in anderen Verfahren oder aus vorgelegten schriftlichen Gutachten angeeignet haben mag. Sie setzt stets die sachkundige Berücksichtigung, der aus medizinischer Sicht maßgeblichen Umstände des konkreten Einzelfalls voraus und übersteigt damit das gemeinhin zuzumutende Laienwissen. Die medizinischen Kenntnisse, die ein Gericht aus anderen von ihm zu entscheidenden Fällen und in diesen möglicherweise erstatteten Gutachten zu gewinnen vermag, sind dagegen notwendig bruchstückhaft, auf den jeweils zur Entscheidung gestellten Einzelfall ausgerichtet, und nicht verall-

398 Ebenso BFH BFH/NV 2007, 1499; BGH VersR 2015, 712, 714.

399 BGH JZ 1999, 301 (mit abl. Anmerkung *Spickhoff*); BGH BeckRS 2005, 3602.

400 *Balzer/Walther*, Beweisaufnahme, Rn 200.

401 BGH NJW 2000, 1946; BGH NJW 2015, 1311.

gemeinerungsfähig. Sie sind in aller Regel nicht geeignet, die erforderliche Sachkunde des Gerichts in einem anderen Fall zu begründen. Solche Kenntnisse sind erwünscht und in der Regel auch erforderlich, um dem Gericht die Möglichkeit zu verschaffen, in zur Entscheidung anstehenden Rechtsstreitigkeiten erforderliche und zweckdienliche Fragen an Parteien und Sachverständige richten zu können (vgl. § 139 Abs. 1 ZPO). Sie vermögen jedoch wegen der in jedem Einzelfall möglichen Besonderheiten die Entscheidung medizinischer Fragen aus eigenem Wissen nicht zu tragen.

Sofern das Gericht auf ein Sachverständigengutachten verzichtet und bei seiner Entscheidung eigene Sachkunde in Anspruch nehmen will, muss es den Parteien zuvor einen entsprechenden Hinweis erteilen.[402] Nach OLG Frankfurt[403] soll das Gericht **nicht verpflichtet** sein, von Amts wegen ein Gutachten einzuholen, wenn es auf die Beweisbedürftigkeit einer Frage hingewiesen hat, von der beweisbelasteten Partei jedoch kein entsprechender Beweisantrag gestellt wird.[404]

Diese wird vielleicht deshalb von einem solchen Beweisantritt absehen, weil das Gericht die Einholung eines Gutachtens gemäß § 17 Abs. 3 GKG von einem **Kostenvorschuss** abhängig machen kann.

(Um diese Kosten zu vermeiden, wird häufig, wenn neben der zivilrechtlichen Haftung eine strafrechtliche Verantwortung des Schädigers in Betracht kommt, Strafanzeige erstattet, um die Staatsanwaltschaft zu zwingen, auf Staatskosten die Sachverständigenfrage klären zu lassen.)

OLG Oldenburg[405] sieht die Verletzung der Prozessförderungspflicht gegeben, wenn eine Partei lediglich ein Privatgutachten vorlegt und keinen Antrag auf Einholung eines gerichtlichen Gutachtens stellt.

Tritt eine Partei Beweis durch Sachverständigengutachten an, hat sie die zu begutachtenden Punkte zu bezeichnen. **178**

Dazu der BGH NJW 1995, 130, 131:[406]

§ 403 ZPO nimmt zur Beweiserleichterung auf die Informationsnot der beweispflichtigen Partei Rücksicht und verlangt keine wissenschaftliche (sachverständige) Substantiierung. Für den Antritt eines Sachverständigenbeweises genügt die ***summarische Angabe*** *der „zu begutachtenden Punkte“. Es muss* ***nur das Ergebnis*** *mitgeteilt werden, zu dem der Sachverständige kommen soll, nicht der Weg, auf dem dies geschieht.*

402 BGH VersR 2015, 472; BGH BeckRS 2016, 06588.

403 OLG Frankfurt MDR 1993, 81.

404 Vgl. auch BGH NJW-RR 2019, 719.

405 OLG Oldenburg NJW-RR 2000, 949.

406 So auch Saarländisches OLG Saarbrücken GI aktuell 2015, 19.

179 Nach § 404a ZPO soll das Gericht den Sachverständigen führen und eng mit ihm zusammenarbeiten; es kann ihm für die Art und den Umfang seiner Tätigkeit Weisungen erteilen.

Eine enge Zusammenarbeit mit dem Sachverständigen ist insbesondere für den Arzthaftungsprozess angezeigt, der nach der Rspr. des BGH[407] fast immer die Einholung eines Gutachtens erfordert.

Da der Sachverständige nur Richtergehilfe sein soll, darf das Gericht ihm nicht die Entscheidung der Sache überlassen. Der Richter selbst soll durch das Gutachten überzeugt werden, was allerdings dann große Probleme aufwirft, wenn die Sache so kompliziert ist, dass sie dem Richter nur schwer vermittelt werden kann. *Sendler*[408] spricht in diesem Zusammenhang zu Recht von einer frommen Lüge.

180 Notwendige Voraussetzung für die Einholung eines Gutachtens ist nicht, dass dem Richter eine Sachfrage **zweifelhaft** erscheint. Entscheidend ist allein, dass der Richter für eine entscheidungserhebliche Tatsachenbehauptung nicht die nötige Sachkompetenz nachweisen kann. Insofern dient die Mehrzahl der eingeholten Gutachten gar nicht der Aufklärung des Sachverhaltes für den streitentscheidenden Richter. Darauf kommt es aber auch nicht an. Denn das Gutachten hat eben nicht nur die Funktion, mangelnde Kenntnis auszugleichen, sondern den Parteien des Rechtsstreits das Gefühl zu vermitteln, es werde auf der Grundlage von Sachkompetenz entschieden.

181 Der Anwalt sollte darauf achten – unabhängig von den Pflichten des Gerichts –, dass der Sachverständige seinem Gutachten den wahren Sachverhalt zugrunde legt. Beraumt der Sachverständige einen Termin zur Augenscheinnahme an, wovon er die Parteien unterrichten muss, sollte der Anwalt den Termin nach Möglichkeit wahrnehmen um zu verhindern, dass die Gegenseite dem Sachverständigen einen auch nur in Nuancen veränderten Sachverhalt unterbreitet.

BGH NJW 1997, 1447:[409]

> *Soweit der Sachverständige Anknüpfungstatsachen wie medizinische Befunde, Zeugenaussagen oder anderes zugrunde legt, deren Berücksichtigung der Tatrichter – etwa weil unbewiesen oder widerlegt – für falsch hält, ist es Sache des Tatrichters, dem Sachverständigen die richtigen Anknüpfungstatsachen an die Hand zu geben und im Wege eines Ergänzungsgutachtens oder der Anhörung des Sachverständigen den aufgrund anderer Anknüpfungstatsachen neuen Sachverhalt und dessen Auswirkungen auf das Gutachten mit diesem oder einem anderen Sachverständigen vor Schluss der mündlichen Verhandlung zu klären.*

407 BGH VersR 1971, 764.

408 *Sendler*, NJW 1986, 2907.

409 Wie auch BGH NVersZ 2002, 501; BFH BFH/NV 2010, 1650.

Jedermann kann zum Sachverständigen bestellt werden; eine Vereidigung durch die Industrie- und Handelskammer oder ähnliche Einrichtungen ist nicht Voraussetzung. Gutachtertätigkeit ist Bürgerpflicht, § 407 ZPO. 182

Das Gericht kann durch die Auswahl des Sachverständigen das Prozessergebnis steuern. In einem Bauprozess wird das Gutachten mit großer Wahrscheinlichkeit bauherrenfreundlicher ausfallen, wenn der Professor einer Fachhochschule zu entscheiden hat, ob der Haarriss im Mauerwerk zu vermeiden war, als wenn ein Baumeister darüber zu befinden hat.

Das Gericht muss aber denjenigen zum Sachverständigen bestellen, auf den sich die Parteien **geeinigt** haben, § 404 Abs. 5 ZPO.

Häufig erstellt der vom Gericht beauftragte Sachverständige das Gutachten nicht selbst, sondern reicht den Auftrag weiter, z.B. der Chefarzt der Klinik an einen der Oberärzte. Den sich daraus ergebenden prozessualen Schwierigkeiten beugt der BGH dadurch vor, dass das Instanzgericht unter **stillschweigender Abänderung** seines Beweisbeschlusses dieses Gutachten soll verwenden dürfen.[410] 183

Hat ein Sachverständiger seine Feststellungen in einem Gutachten getroffen, stellt sich die Frage, ob diese durch einen **Zeugenbeweis** widerlegt werden können, ob das Gericht also einem solchen Beweisantritt überhaupt nachgehen muss. 184

Dazu BGH NJW-RR 1996, 185:[411]

> *Stützt sich ein Gericht bei seiner Feststellung, eine gelieferte Wärmerückgewinnungsanlage sei mangelhaft, allein auf die Erfahrung und Sachkunde eines Sachverständigen, ohne Messungen und tatsächliche Erhebungen zum Beleg der Funktionstauglichkeit zu fordern, dann ist es rechtsfehlerhaft, wenn es die Vernehmung eines Zeugen unterlässt, in dessen Wissen gestellt ist, dass die Anlage mindestens 14 Tage ausreichend funktioniert hat.*

Ein Gutachten muss nicht schriftlich erstattet werden, sondern kann von dem Gutachter in der Verhandlung auch mündlich vorgetragen werden.[412] Der Anwalt sollte ein **mündliches Gutachten** anregen, wenn seine Partei Gefahr läuft, mit dem durch Sachverständigengutachten unter Beweis gestellten Vorbringen wegen **Verspätung** ausgeschlossen zu werden; denn ein schriftliches Gutachten wird selten schneller als in einem Monat erstattet; zumeist dauert es noch viel länger. Allerdings dürfte sich ein mündliches Gutachten nur empfehlen, wenn es um eine einfache Frage geht. 185

410 BGH NJW 1985, 1399, 1400; sowie OLG Oldenburg GesR 2011, 481.

411 So auch BGH FamRZ 2014, 749; BGH v. 15.10.15 – V ZR 52/15.

412 *Balzer/Walther*, Beweisaufnahme, Rn 209.

1. Urkundenbeweisliche Verwertung von Sachverständigenfeststellungen

186 Das Gericht kann bei einem darauf gerichteten Beweisantritt auch ein Gutachten aus einem anderen Verfahren, z.B. einem strafrechtlichen Ermittlungsverfahren, urkundenbeweislich verwerten (§ 411a ZPO).[413] Es steht im Ermessen des Gerichts, ob ein Gutachten aus einem anderen Verfahren als Sachverständigengutachten beigezogen wird. Das Gericht hat die Parteien darüber zu informieren, dass es ein Gutachten beiziehen möchte.[414] Weiter darf ein beigezogenes Gutachten nur dann verwertet werden, wenn es gemäß § 411a ZPO in das Verfahren eingeführt und dem Betroffenen Gelegenheit gegeben worden ist, zu den Ausführungen des zu verwertenden Gutachtens in dem vorliegenden Verfahren Stellung zu nehmen.[415] Verhandelt jedoch eine zuvor nicht zur Verwertung angehörte Partei nach Kenntnisnahme von der auf § 411 a ZPO gestützten Verwertung zur Sache und stellt Sachanträge, ohne die mangelnde Verwertbarkeit des früheren Gutachtens bzw. eine mangelnde Unmittelbarkeit der Beweisaufnahme zu rügen, ist diese Partei gem. § 295 ZPO mit der Verfahrensrüge ausgeschlossen.[416]

Man beachte auch BGH MDR 2000, 1148, 1149:[417]

> *Reichen die urkundenbeweislich herangezogenen Ausführungen nicht aus, so muss der Tatrichter, um die von einer Partei zum Beweisthema angestellten Überlegungen und die in ihrem Vortrag angesprochenen aufklärungsbedürftigen Fragen zu beantworten, einen Sachverständigen hinzuziehen und eine schriftliche oder mündliche Begutachtung anordnen. Dabei kommt es nicht darauf an, ob die Behauptung der Partei in der urkundenbeweislich herangezogenen Begutachtung eine Stütze findet oder nicht. Der Urkundenbeweis darf nämlich nicht dazu führen, dass den Parteien das ihnen zustehende Recht, dem Sachverständigen* **Fragen zu stellen**, *verkürzt wird. Deshalb hat der Tatrichter eine schriftliche oder mündliche Begutachtung schon dann anzuordnen, wenn eine Partei zu erkennen gibt, dass sie von einem Sachverständigen die Beantwortung weiterer, das Beweisthema betreffender Fragen erwartet.*

In einem Arzthaftungsprozess kommt auch die urkundenbeweisliche Verwertung des Gutachtens einer ärztlichen Gutachter- oder Schlichtungsstelle in Betracht;[418] vgl. auch Rdn 282 ff.

413 *Seidel,* DS 2021, 302.
414 *Seidel,* DS 2021, 302, 303; BGH ZEV 2012, 100, 102.
415 BGH NJW-RR 2016, 833.
416 *Seidel,* DS 2021, 302, 303.
417 Vgl. auch OLG Koblenz NJOZ 2004, 127.
418 BGH NJW 1994, 1596.

Aber BGH NJW 2019, 2399:

> *Das Gutachten einer medizinischen Schlichtungsstelle kann im Arzthaftungsprozess im Wege des Urkundenbeweises gewürdigt werden. Dies führt aber weder zu einer Erhöhung der Darlegungslast des Patienten noch ist das Schlichtungsgutachten auf Beweisebene geeignet, den Sachverständigenbeweis zu ersetzen.*

Das beigezogene Gutachten wird im Ergebnis wie ein im eigenen Verfahren eingeholtes Gutachten behandelt. Die §§ 404 ff. ZPO sind entsprechend anzuwenden.[419]

2. Ablehnung wegen Befangenheit

Der Richter kann den Sachverständigen mit der **Erforschung** eines Sachverhaltes beauftragen, z.B. Bremsproben zur Berechnung des Bremsweges einholen. 187

Der Sachverständige darf aber nicht – was jedoch häufig geschieht – auf eigene Faust Ermittlungen anstellen. Er darf z.B. bei einer Augenscheinnahme nicht auf Mängel hinweisen, die keine der streitenden Parteien behauptet hat.

Ein solches Verhalten rechtfertigt seine Ablehnung durch die Prozesspartei wegen Befangenheit, § 406 ZPO. Die Ablehnungsgründe sind mit einer Ausnahme (früherer Zeugenvernehmung, § 406 Abs. 1 S. 2 ZPO) dieselben wie bei einem Richter.[420]

Die Ablehnung des Sachverständigen wegen Befangenheit kommt beispielsweise in Betracht,

- wenn er **eine** Partei nicht vom Besichtigungstermin **benachrichtigt**,[421]
- wenn er Informationen verwertet, die er **von nur einer** Partei hat,[422]
- wenn er **eigene Ermittlungen** anstellt, ohne hierzu vom Gericht bevollmächtigt zu sein,[423]
- wenn er in derselben Sache in einem Verfahren der außergerichtlichen Konfliktbeilegung, wozu auch ein Verfahren vor der Gutachter- und Schlichtungsstelle einer Landesärztekammer zählt, als Sachverständiger mitgewirkt hat.[424]

OLG Celle OLGR 1996, 46:

> *Der Sachverständige ist von der Mitwirkung im Verfahren ausgeschlossen, wenn er die Gegenpartei und das Gericht vor Übernahme des Auftrags nicht darauf hingewiesen hat, dass er für die antragstellende Partei einen umfangreichen Bauauftrag ausführt. Hat der Sachverständige schuldhaft nicht mitgeteilt, dass Gründe vorliegen, die die Besorgnis seiner Ablehnung wegen Befangenheit*

419 *Balzer/Walther*, Beweisaufnahme, Rn 244; *Seidel*, DS 2021, 302, 304.
420 *Balzer/Walther*, Beweisaufnahme, Rn 226.
421 BGH NJW 1975, 1363; vgl. auch BVerfG NJW 2006, 2059.
422 OLG Oldenburg MDR 1978, 1028; OLG Stuttgart DS 2014, 95.
423 OLG Hamburg MDR 1969, 489; OLG München VersR 2008, 944.
424 BGH NJW 2017, 1247.

rechtfertigen könnten, so muss das Gericht prüfen, ob dem Sachverständigen überhaupt eine Entschädigung zu gewähren ist.

Die Ablehnung wegen Befangenheit kann auch noch nach Erstattung des Gutachtens erfolgen, wenn sie nicht früher möglich war, § 406 Abs. 2 S. 2 ZPO.

Die auf den Inhalt eines Gutachtens gestützte Ablehnung des Sachverständigen als befangen ist aber verspätet, wenn sie erst mehr als einen Monat nach Erhalt des Gutachtens erfolgt.[425]

188 Gelingt es dem Beweisgegner, den Sachverständigen durch Ablehnung wegen Befangenheit auszuschalten, hat der Beweisführer aber die Möglichkeit, zumindest die Wahrnehmungen des Sachverständigen aus einer Augenscheinnahme in den Prozess einzubringen.

Er kann nämlich den Sachverständigen als Zeugen benennen. Ein Zeuge kann im prozessrechtlichen Sinne nicht befangen sein.[426]

Das Gericht hat ihn auf Antrag des Beweisführers als **sachverständigen Zeugen** über Tatsachen zu vernehmen, die ihm bei Durchführung des ihm erteilten Auftrages bekanntgeworden sind. Eine Anhörung des sachverständigen Zeugen zu dessen Schlussfolgerungen aus den wahrgenommenen Tatsachen muss allerdings unterbleiben.[427]

Auf diese Weise kann also eine Partei versuchen, die ihr günstigen Feststellungen des Sachverständigen für den Rechtsstreit zu retten. Bei der Beweisaufnahme wird es dann ein Gerangel darum geben, inwieweit die Aussage Bekundung eines sachverständigen Zeugen oder nicht doch schon mündlich erstattetes Sachverständigengutachten ist.[428]

Man beachte allerdings BGH NJW 2013, 3570:[429]

Ein (auch „sachverständiger“) Zeugenbeweis ist ungeeignet und somit ein Sachverständigengutachten einzuholen, wenn es vorrangig nicht oder nicht nur um die Ermittlung der Befund- und Zusatztatsachen, sondern um die objektive Bewertung eines im Wesentlichen feststehenden Sachverhalts geht (hier: Echtheit einer auf einer Kunstauktion erworbenen Skulptur). Denn es ist nicht Aufgabe eines Zeugen, dem Gericht allgemeine Erfahrungssätze oder besondere Fachkenntnisse in einem Wissensgebiet zu vermitteln, jedenfalls wenn dem Gericht die notwendige eigene Sachkunde fehlt, um die Verlässlichkeit der

425 OLG Düsseldorf NJW-RR 1998, 933; LSG Thüringen BeckRS 2009, 58917.

426 KG MDR 2009, 946.

427 BGH NJW 1965, 1492; BGH NStZ-RR 2010, 210. Diese Entscheidungen sind zwar in Strafsachen ergangen, können aber auch für den Zivilprozess Geltung beanspruchen, vgl. LG Freiburg NJOZ 2018, 736, 749.

428 Vgl. dazu *Hille*, DS 2017, 237, 238.

429 Vgl. dazu *Motzke,* DS 2014, 142 ff.

Schlussfolgerungen des sachverständigen Zeugen selbst beurteilen zu können oder wenn eine eigene Auseinandersetzung mit dessen fachlichen Schlussfolgerungen fehlt.

3. Anhörung des Sachverständigen

Liegt das Gutachten des gerichtlich bestellten Sachverständigen vor, muss der Richter das Gutachten zunächst durcharbeiten. Kommt das Gericht zu dem Ergebnis, dass das Gutachten das Beweisergebnis nicht beantwortet, muss er von Amts wegen auf eine Vervollständigung des Gutachtens hinwirken.[430] Liegt das fertige Gutachten vor, wird in aller Regel zumindest eine der streitenden Parteien damit nicht einverstanden sein. Häufig wird dann der Antrag auf Einholung eines **Gegengutachtens** oder **Obergutachtens** gestellt, § 412 ZPO. 189

Ein solcher Antrag ist nur dann begründet, wenn

- die Sachkunde des bisherigen Gutachters zweifelhaft ist und der Richter keine eigene besitzt,[431]
- das Gutachten von unzutreffenden tatsächlichen Voraussetzungen ausgeht,
- Widersprüche enthält[432]
- oder ein anderer Sachverständiger über bessere Erkenntnismöglichkeiten, etwa neuere Forschungsmittel oder überlegene Sachkunde, verfügt.[433]

Einem Antrag auf Einholung eines Obergutachtens wird das Gericht aber zumeist erst dann entsprechen, wenn es das Gutachten für völlig unbrauchbar hält. In diesem Fall muss das Gericht einen zweiten Gutachter beauftragen.[434]

Ansonsten wird es das Gutachten nach Möglichkeit durch einen Auftrag zur Ergänzung oder durch Anhörung des Sachverständigen zu retten suchen. Inhaltlichen Unklarheiten im Sachverständigengutachten müssen im Wege gezielter Befragung des Sachverständigen durch das Gericht geklärt werden.[435] Denn holt das Gericht ein weiteres Gutachten ein und kommt der neue Sachverständige zu einem abweichenden Ergebnis, bringt es sich in die schwierige Lage, entscheiden zu müssen, welchem Gutachten zu folgen ist.

Besser ist es deshalb, die Anhörung des Sachverständigen zu beantragen. Die Anhörung des Sachverständigen kommt **von Amts wegen** gem. § 411 Abs. 3 ZPO oder auf **Antrag** nach dem Grundsatz der Gewährleistung rechtlichen Gehörs aus §§ 397, 402 ZPO einer Partei in Betracht.

430 BGH NJW 2004, 2828; BGH NJW 2010, 3230.
431 BGH NJW 2001, 3054, 3056.
432 BGH NJW 2001, 1787, 1788.
433 BGH NJW 1999, 1778.
434 BGH NJW 1996, 730.
435 BGH NJW 2011, 375, 376.

190 Die Prozessparteien haben gemäß §§ 402, 397 ZPO einen Anspruch darauf, dem Sachverständigen in einem Anhörungstermin zu seinem Gutachten Fragen zu stellen.

BGH NJW-RR 2017, 1144:

> *Für die Frage, ob die Ladung eines Sachverständigen zur mündlichen Erläuterung des von ihm erstatteten Gutachtens geboten ist, kommt es nicht darauf an, ob das Gericht noch Erläuterungsbedarf sieht oder ob ein solcher von einer Partei nachvollziehbar dargetan worden ist. Jede Partei hat einen Anspruch darauf, dass sie dem Sachverständigen die Fragen, die sie zur Aufklärung der Sache für erforderlich hält, zur mündlichen Beantwortung vorlegen kann (§§ 397, 402 ZPO).*

Der Antrag muss aber rechtzeitig vor dem nächsten auf die Vorlage des Gutachtens folgenden Termin gestellt werden.[436] Ein erst in der Berufungsinstanz gestellter Antrag auf Anhörung des Sachverständigen zu seinem in erster Instanz erstatteten Gutachten ist deshalb in der Regel verspätet.

Aber BGH VersR 2006, 950:[437]

> *Hat das LG einem rechtzeitig gestellten Antrag auf Ladung eines Sachverständigen zur mündlichen Erläuterung nicht entsprochen, so muss das Berufungsgericht dem im zweiten Rechtszug wiederholten Antrag stattgeben.*

Die Partei braucht in ihrem Antrag auf Anhörung zwar nicht darzulegen, welche Fragen sie dem Gutachter vorlegen will; allerdings muss aus dem Antrag hervorgehen, **in welche Richtung** die beabsichtigten Fragen gehen.[438] Ob aus der Entscheidung des BGH vom 21.2.2017 folgt, dass eine Begründung des Antrags auf mündliche Erläuterung des Gutachtens insgesamt entbehrlich ist,[439] bleibt abzuwarten. Sicherer dürfte es stets sein, jedenfalls zu skizzieren, in welche Richtung die Fragen gehen sollen, dies schon um den Einwand der Rechtsmissbräuchlichkeit des Antrags die Grundlage zu nehmen.[440]

Das Gericht darf den Antrag auf Befragung des Sachverständigen nur bei Rechtsmissbräuchlichkeit ablehnen oder wenn es ausschließen kann, dass die Anhörung zu einer anderen Beurteilung des Rechtsstreits führen könnte.[441] Der sicherste Weg dürfte es allerdings auch im letzten Fall sein, die Befragung zuzulassen. Insoweit ist auch zu berücksichtigen, dass in der Entscheidung des BGH vom 21.2.2017 nur noch davon gesprochen wird, dass die Anhörung bei Rechtsmissbräuchlichkeit unterbleiben kann.[442]

436 BGH NJW-RR 1987, 339; BGH VersR 2006, 950.
437 So auch BGH NJW-RR 2017, 1144.
438 BGH MDR 1981, 1014; BGH NJW-RR 2006, 1503, BGH NJW-RR 2017, 762.
439 So wohl *Balzer/Walther*, Beweisaufnahme, Rn 224.
440 Vgl. BGH NJW-RR 2017, 762.
441 BGH NJW-RR 1986, 1470.
442 BGH NJW-RR 2017, 762.

BGH MDR 1997, 286:

> *Das Gericht muss dem von einer Partei rechtzeitig gestellten Antrag, den gerichtlichen Sachverständigen nach Erstattung eines schriftlichen Gutachtens zu dessen mündlicher Erläuterung zu laden,* ***auch dann stattgeben****, wenn die schriftliche Begutachtung aus* ***seiner Sicht*** *ausreichend und überzeugend ist.*

Unrichtig deshalb OLG Oldenburg VersR 1998, 636, das einen Antrag auf Anhörung des Sachverständigen mit der Begründung abgelehnt hat, es bestehe kein Erläuterungsbedarf bzw. dieser sei nicht nachvollziehbar geltend gemacht worden.

BVerfG NJW-RR 1996, 183, 184:[443]

> *Abgelehnt werden kann der Antrag einer Partei prozessordnungsgemäß nur dann, wenn er* ***missbräuchlich*** *gestellt worden ist. Dies ist nicht bereits dann der Fall, wenn das schriftliche Gutachten dem Gericht vollständig und überzeugungsfähig erscheint, sondern nur dann, wenn die Notwendigkeit einer Erörterung überhaupt nicht begründet wird, wenn die an den Sachverständigen zu richtenden Fragen nicht genau genug benannt werden oder nur beweisunerhebliche Fragen angekündigt werden.*

Dass das BVerfG[444] es unter verfassungsrechtlichem Gesichtspunkt für vertretbar **191** hält, wenn das Gericht genaue Angaben der an den Sachverständigen zu richtenden Fragen verlangt, heißt nicht, dass auch die Fachgerichte die Vorlage solcher Fragen zur Bedingung des Antrages auf Anhörung des Sachverständigen machen.

In NJW 1998, 2273 hat das BVerfG aber noch einmal klargestellt, dass der Anspruch einer Partei auf Anhörung des Sachverständigen nicht davon abhängt, ob das Gericht das Gutachten bereits für überzeugend und nicht für erörterungsbedürftig hält. Maßgeblich ist allein, ob die Partei einen Anhörungsbedarf sieht. Dem nicht zu entsprechen, bedeutet eine Verletzung rechtlichen Gehörs, Art. 103 Abs. 1 GG.[445]

Ist es von einer Partei versäumt worden, rechtzeitig die Anhörung des Sachverstän- **192** digen zu beantragen, und hat sie deshalb ihren **Anspruch** auf Anhörung verwirkt, verbleibt ihr noch die Möglichkeit, auf Ungereimtheiten in dem Gutachten hinzuweisen und die Anhörung des Sachverständigen durch das Gericht (vom Amts wegen) nach §§ 402, 397 ZPO **anzuregen**.

Dieser Anregung wird sich das Gericht nicht verschließen können, wenn die Einwände gegen das Gutachten durchgreifen und vom Gericht aus eigener Sachkunde nicht ausgeräumt werden können.[446]

443 Sogleich BSG BeckRS 2015, 70119.

444 BVerfG NJW-RR 96, 183, 184.

445 BVerfG NJW-RR 96, 183, 184; BVerfG, stattgebender Kammerbeschl. v. 26.8.2002 – 1 BvR 947/01.

446 BGH NJW 1992, 1459.

Denn der Anordnung von Amts wegen steht nicht entgegen, dass ein entsprechender Antrag einer Partei wegen Verspätung zurückzuweisen wäre.[447]

Statt der beantragten Anhörung des Sachverständigen kann das Gericht diesen zunächst auch einmal zur **Ergänzung** seines Gutachtens auffordern; sofern die beantragende Partei nicht widerspricht, kann es auch damit sein Bewenden haben.[448] Beharrt die Partei aber auf einer Anhörung, hat sie auch zu erfolgen.

BGH NJW 1998, 3355, 3356:[449]

> *Ob ein Sachverständiger zu* ***vereidigen*** *ist, steht gemäß §§ 402, 391 ZPO im Ermessen des Gerichts; § 410 ZPO regelt nur, wie die Verteidigung zu erfolgen hat.*

Die Erläuterungen des Sachverständigen sind zu protokollieren. Es genügt nicht, dass festgehalten wird: „Der Sachverständige erläutert sein Gutachten". In diesem Fall kann ein Verfahrensmangel vorliegen, wenn die Aufzeichnung der Aussage nicht wenigstens in einem Aktenvermerk oder im Urteil nachgeholt wird.[450]

4. Privatgutachten

193 Ein Privatgutachten ist lediglich (qualifizierter substantiierter) Parteivortrag.[451]

BGH NJW 2016, 2328, 2333:

> *Ein Gericht darf ein Privatgutachten zwar verwerten, hierbei aber nicht außer Acht lassen, dass es sich nicht um ein Beweismittel i.S.d. §§ 355 ff. ZPO, sondern um (qualifizierten) substanziierten Parteivortrag handelt. Eine eigene Beweisaufnahme des Gerichts, insbesondere die Einholung eines gerichtlichen Sachverständigengutachtens, wird durch ein Privatgutachten nur dann entbehrlich, wenn das Gericht allein schon aufgrund dieses Parteivortrags ohne Rechtsfehler zu einer zuverlässigen Beantwortung der Beweisfrage gelangen kann und die dafür erforderliche eigene Sachkunde darlegt.*

Das Gericht kann sich allerdings trotzdem auch über ein Privatgutachten **nur hinwegsetzen**, wenn es bessere eigene Sachkunde nachweist.[452]

BGH NJW 2017, 3661:

> *Der Tatrichter hat Einwendungen einer Partei gegen das Gutachten eines gerichtlichen Sachverständigen zu berücksichtigen. Er ist verpflichtet, sich mit von der Partei vorgelegten Privatgutachten auseinanderzusetzen und auf die*

447 BGH NJW-RR 1998, 1527.

448 OLG Düsseldorf BauR 1999, 512.

449 So auch LSG Nordrhein-Westfalen BeckRS 2015, 72104.

450 BGH NJW 2001, 3269.

451 *Hille*, DS 2017, 237 ff.; BGH NJW 2016, 2328, 2333; *Ahrens*, Kap. 44 Rn 36.

452 BGH VersR 1981, 752; BGH NJW 1992, 1459; BGH NJW-RR 2007, 357; BGH NJW 2015, 1311.

weitere Aufklärung des Sachverhalts hinzuwirken, wenn sich hieraus ein Widerspruch zum Gerichtsgutachten ergeben kann. Unklarheiten, Zweifeln oder Widersprüchen hat er von Amts wegen nachzugehen und in diesem Rahmen gegebenenfalls auch ein weiteres Gutachten einzuholen.

Das Gericht ist gehalten, sich mit den Streitpunkten zwischen dem gerichtlichen Sachverständigengutachten und dem Privatgutachten sorgfältig und kritisch auseinanderzusetzen und die Streitpunkte zu würdigen. Insbesondere hat es zu begründen, warum es einem von ihnen den Vorzug gibt.

Diese Anforderungen an die Beweisaufnahme und deren Würdigung gelten unabhängig davon, ob das gerichtliche Sachverständigengutachten durch den Tatrichter oder im Rahmen eines selbstständigen Beweisverfahrens nach den §§ 485 ff. ZPO erholt worden ist. Das hat zur Folge, dass die Beweiserhebung aus dem selbstständigen Beweisverfahren fortzusetzen und gegebenenfalls ein weiteres Gutachten eingeholt werden muss, wenn sie dem Prozessgericht ergänzungsbedürftig erscheint, § 412 Abs. 1 ZPO.

Für den Arzthaftungsprozess vgl. BGH NJW 2015, 411:[453]

In Arzthaftungsprozessen hat der Tatrichter die Pflicht, Widersprüchen zwischen Äußerungen mehrerer Sachverständiger von Amts wegen nachzugehen und sich mit ihnen auseinanderzusetzen, auch wenn es sich um Privatgutachten handelt.

Weiter OLG Zweibrücken VersR 1998, 114:[454]

Einwände gegen das Gutachten eines gerichtlichen Sachverständigen, die auf diese Weise geltend gemacht werden, muss das Gericht ernst nehmen; es muss ihnen nachgehen und den Sachverhalt weiter aufklären.

Das Gericht hat sich mit Einwänden eines Privatgutachtens ebenso sorgfältig auseinanderzusetzen, als wenn es sich um die abweichende Stellungnahme eines von ihm bestellten weiteren Gutachters handeln würde, (ebenso OLG Frankfurt NJW-RR 1998, 870).

Es darf dem gerichtlich eingeholten Gutachten nicht allein mit der Begründung den Vorzug geben, der gerichtlich bestellte und vereidigte Sachverständige sei zu größerer Neutralität verpflichtet.[455]

BGH NJW-RR 2014, 760:

In Arzthaftungsprozessen hat der Tatrichter die Pflicht, Widersprüchen zwischen Äußerungen mehrerer Sachverständiger von Amts wegen nachzugehen

453 Vgl. auch BGH DS 2020, 86.

454 Vgl. auch BGH NJW-RR 2011, 609.

455 Vgl. auch BGH NJW-RR 2014, 760.

und sich mit ihnen auseinanderzusetzen, auch wenn es sich um Privatgutachten handelt.

In diese Richtung bereits OLG Oldenburg OLGR 1996, 10:[456]

Das Gericht handelt verfahrensfehlerhaft, wenn es ohne weitere Aufklärung ein für eine Partei günstiges gerichtliches Sachverständigengutachten verwertet, das keine Auseinandersetzung mit einem von der Gegenpartei eingeholten Privatgutachten enthält, wenn den zu unterschiedlichen Ergebnissen kommenden Gutachten wesentlich voneinander abweichende medizinische Befunde zugrunde liegen und das Gericht die Sachkunde des Privatgutachters ausdrücklich nicht in Zweifel zieht, sondern dem gerichtlich bestellten Gutachter schlicht wegen dieser seiner Eigenschaft folgt.

BGH NJW-RR 2000, 44, 46:

Ergeben Erkenntnisquellen einen entscheidungserheblichen Widerspruch, ist eine Überzeugungsbildung sachgerecht erst möglich, wenn die Widersprüche aufgeklärt sind. Für diese Aufklärung hat der Tatrichter zu sorgen. Diese aus § 286 ZPO folgende Pflicht besteht vor allem, wenn Sachverständige sich in streiterheblichen Punkten widersprechen […]

Die Notwendigkeit (eine ergänzende Stellungnahme oder ein weiteres Gutachten einzuholen) entfiel nicht deshalb, weil lediglich ein Privatgutachten zu berücksichtigen war. Bei jeder widersprüchlichen Begutachtung kann Anlass zu Zweifeln bestehen, ob eine ausreichende Grundlage für die Überzeugungsbildung gegeben ist, weshalb es bezüglich der Aufklärungspflicht des Tatrichters ***regelmäßig keinen Unterschied*** *macht, ob Widersprüche innerhalb der Begutachtung durch einen Sachverständigen, zwischen mehreren gerichtlichen Sachverständigen oder zu einem von einer Partei vorgelegten Gutachten nachzugehen ist.*[457]

BGH NJW-RR 2004, 1679:

Legt eine Partei ein privat eingeholtes medizinisches Gutachten vor, das im Gegensatz zu den Erkenntnissen des gerichtlich bestellten Sachverständigen steht, so ist vom Tatrichter besondere Sorgfalt gefordert. Er darf in diesem Fall den Streit der Sachverständigen nicht dadurch entscheiden, dass er ohne einleuchtende und logisch nachvollziehbare Begründung einem von ihnen den Vorzug gibt.

Dies wurde präzisiert durch BGH BeckRS 2010, 4928:

Eine sorgfältige und kritische Würdigung der Streitpunkte zwischen dem gerichtlichen Sachverständigen und dem Privatgutachter zumindest durch eine

456 Vgl. auch OLG Oldenburg NZBau 2021, 249.

457 So auch BGH NJW 2015, 411.

Erörterung mit dem gerichtlichen Sachverständigen liegt nicht vor, wenn eine solche weder aus dem Protokoll der mündlichen Verhandlung zur Anhörung des Sachverständigen noch aus den Entscheidungsgründe zu erkennen sind. Die Begründung des Berufungsgerichts, der Sachverständige habe die prozentuale Gewichtung unter Heranziehung von Fachliteratur nach dem Standard des Einfamilienhauses vorgenommen und dessen Ausführungen seien nachvollziehbar und überzeugend, erwiesen sich angesichts der Einwendungen aus dem Privatgutachten als Leerformeln.

Nach OLG Bremen[458] soll es verfahrensfehlerhaft sein, wenn das Gericht Einwendungen gegen ein Gutachten dem Sachverständigen mit der pauschalen Bitte um Ergänzung zuleitet.

Als Sachverständigenbeweis soll das Gericht ein Privatgutachten nur verwenden, **194**
wenn **beide Parteien** damit einverstanden sind.[459]

BGH NJW-RR 1994, 255:

Die Verwendung eines Privatgutachtens im Prozess als Sachverständigengutachten ist verfahrensfehlerhaft, wenn nicht beide Parteien zustimmen.

Doch ist diese Verfahrensregel in gewisser Weise eingeschränkt, denn: Im Wege des Urkundenbeweises kann das Gericht ein Privatgutachten ohne Einholung eines weiteren Gutachtens verwenden, wenn es dieses für zuverlässig und zur Beantwortung der Beweisfrage für **ausreichend** ansieht;[460] allerdings werden dafür in der Regel nur einfach gelagerte Fälle in Betracht kommen. Diese Verfahrensweise des Gerichts ist so zu werten, dass es sich allein aus dem substantiierten Vortrag der Partei – das ist das von ihr vorgelegte Privatgutachten – ohne weitere Beweiserhebung seine Überzeugung von der Richtigkeit des Parteivorbringens bildet;[461] siehe auch Rdn 94.

Bedenken begegnen der Auffassung des OLG Oldenburg,[462] wenn von einer Partei ein (unzureichendes) Privatgutachten vorgelegt werde, ohne einen Antrag auf Einholung eines gerichtlichen Gutachtens zu stellen, dass darin regelmäßig ein grob nachlässiger Verstoß gegen die Prozessförderungspflicht liege.

458 OLG Bremen NJW-RR 2001, 213.

459 BGH NJW 1982, 2874; BGH NJW 1986, 3077, 3079; BGH NJW 1993, 2383; BGH NJW-RR 1994, 567, 568; BGH NJW-RR 1994, 255, 256; LG Bad Kreuznach BeckRS 2014, 23507; vgl. auch *Hille*, DS 2017, 237 ff.

460 BGH VersR 1987, 1007; BGH VersR 1989, 587.

461 Vgl. BGH NJW 1993, 2383; OLG Oldenburg NJW-RR 2000, 949, 950; *Hille*, DS 2017, 237, 239; *Ahrens*, Kap. 44 Rn 39.

462 OLG Oldenburg NJW-RR 2000, 949, 950.

Zutreffend aber OLG Oldenburg Nds. Rpfl. 1997, 30:

> *Ein Privatgutachten kann im Wege des* ***Urkundenbeweises*** *anstelle gerichtlich erforderter Gutachten verfahrensfehlerfrei nur verwertet werden, wenn beide Parteien damit einverstanden sind oder das Gericht es im Rahmen freier Beweiswürdigung für ausreichend hält und die beweisbelastete Partei* ***nach § 139 Abs. 2 ZPO*** *darauf hinweist, damit diese gegebenenfalls die Voraussetzungen für die Einholung eines weiteren Gutachtens nach § 412 ZPO darlegen kann.*

Ein „non liquet" kann es bei widersprüchlichen Gutachten nicht geben; das Gericht ist zu weiterer Sachaufklärung verpflichtet.

Die Ergebnisse eines Privatgutachtens können im Übrigen auch durch die Vernehmung des Sachverständigen als sachverständiger Zeuge in den Prozess eingeführt werden.[463]

Aber BGH NJW 2013, 3570:[464]

> *Ein (auch „sachverständiger") Zeugenbeweis ist ungeeignet und ein Sachverständigengutachten einzuholen, wenn es vorrangig nicht oder nicht nur um die Ermittlung der Befund- und Zusatztatsachen, sondern um die objektive Bewertung eines im Wesentlichen feststehenden Sachverhalts geht (hier: Echtheit einer auf einer Kunstauktion erworbenen Skulptur). Denn es ist nicht Aufgabe eines Zeugen, dem Gericht allgemeine Erfahrungssätze oder besondere Fachkenntnisse in einem Wissensgebiet zu vermitteln, jedenfalls wenn dem Gericht die notwendige eigene Sachkunde fehlt, um die Verlässlichkeit der Schlussfolgerungen des sachverständigen Zeugen selbst beurteilen zu können oder wenn eine eigene Auseinandersetzung mit dessen fachlichen Schlussfolgerungen fehlt.*

5. Erstattung der Kosten eines Privatgutachtens

195 Bei Beendigung des Verfahrens wird regelmäßig die Frage aufgeworfen, ob die Kosten des prozessbegleitenden Gutachtens als Kosten des Rechtsstreits gem. § 91 ZPO festgesetzt werden können.[465] Der BGH hält hierzu mittlerweile fest, dass dies nur in Ausnahmefällen der Fall sei, wenn dessen Einholung „unmittelbar prozessbezogen" und als ex-ante-Sicht sachdienlich war.[466] Unmittelbare Prozessbezogenheit heißt, dass sich das Gutachten „auf den konkreten Rechtsstreit bezieht und gerade mit Rücksicht auf den Prozess in Auftrag gegeben worden" ist. Das ist

463 *Hille*, DS 2017, 237, 238.

464 Vgl. dazu auch *Motzke*, DS 2014, 142 ff.

465 Instruktiv *Hille*, DS 2017, 237, 240.

466 BGH NJW 2013, 1820; BGH NJW 2017, 1397.

nicht der Fall, wenn das Gutachten bei Beauftragung außerprozessualen Zwecken dienen soll. Hieran ändert auch die spätere Verwertung im Prozess nichts.[467]

Sachdienlichkeit setzt voraus, dass der beauftragenden Partei die erforderliche Sachkunde fehlt, um den Prozess ordnungsgemäß führen zu können. Hierzu gehört vor allem die Substantiierung des eigenen Vortrags, beispielsweise, wenn ein Privatmann einem Bauunternehmer Mängel entgegenhält,[468] deren Erscheinungsbild er als technischer Laie nicht ausreichend zu erfassen vermag, oder zur Darlegung der Zahlungsunfähigkeit eines größeren Unternehmens, welches im Konzernverbund über einen Cash-Pool finanziert wurde. Weitere Beispielsfälle sind die Erwiderung auf ein Privatgutachten der Gegenseite oder ein gerichtliches Gutachten, sowie die Vorbereitung von Fragen bei der Anhörung des Sachverständigen.[469]

OLG Stuttgart NJW-RR 1996, 255:[470]

> *Die Kosten eines **vor** oder **während** eines Rechtsstreits eingeholten Privatgutachtens sind nur **ausnahmsweise**[471] erstattungsfähig, nämlich dann, wenn eine ausreichende Grundlage für die Klage oder das weitere Vorbringen nur durch einen Sachverständigen beschafft werden konnte, das Gutachten also zur Durchsetzung des mit der Klage verfolgten Anspruchs **erforderlich** war. Dabei kommt es im vorliegenden Fall nicht auf den Unterschied zwischen **prozessvorbereitenden** und **prozessbegleitenden** Gutachten an. Zwar wird allgemein bei einem prozessbegleitenden Gutachten ein strengerer Maßstab an die Notwendigkeit der Beauftragung eines Sachverständigen angelegt. In diesem Stadium ist es primär Sache des Gerichts, die erforderlichen Beweise einzuziehen. Daher werden solche Beweise als unnötig angesehen, die die Beweisaufnahme vorwegnehmen. Geht es aber der Partei in erster Linie darum, sich die Grundlage für ihr weiteres Vorbringen – hier im Rahmen des Betragsverfahrens nach Erlass des Grundurteils – zu beschaffen, ist die angeführte Unterscheidung nicht mehr angebracht. In dieser Lage ist lediglich ausschlaggebend, ob die Partei selbst und ohne sachverständige Hilfe zu einem den Prozess fördernden Vortrag in der Lage war oder ob sie hierzu einen Sachverständigen benötigte. Dabei kommt es auf die objektive Erforderlichkeit und Geeignetheit aus der Sicht einer verständigen Prozesspartei an.*
>
> *Aus der Sicht des Klägers war ein hinreichender Anlass zur Beauftragung des Sachverständigen vorhanden. Ein solcher besteht immer dann, wenn das Gericht einer Partei aufgibt, ihr Vorbringen zu substantiieren und diese die dafür erforderliche Sachkunde nicht besitzt.*

467 *Hille*, DS 2017, 237, 240.

468 *Hille*, DS 2017, 237, 240.

469 OLG Koblenz NJW-RR 2010, 1036; OLG Nürnberg NJW-RR 2017, 60.

470 Ebenso LG Kiel BeckRS 2012, 19041.

471 So auch BGH GuT 2012, 271.

OLG Düsseldorf BauR 1998, 1282:

Die Klärung umstrittener Tatsachenfragen ist nicht Sache der Parteien, sondern des Gerichts in dem nach der ZPO hierfür vorgesehenen Beweisaufnahmeverfahren. Deshalb wird die Notwendigkeit der Einholung eines Privatgutachtens, dessen Beweiswert ohnehin vielfach geringer ist als der des Gutachtens eines gerichtlich bestellten Sachverständigen, nur in ganz besonderen Ausnahmefällen bejaht werden können.

BGH VersR 2006, 1236:

Die Beurteilung, ob das eingeholte Privatgutachten erstattungsfähig ist, hat sich daran auszurichten, ob eine verständige und wirtschaftlich vernünftig denkende Partei, diese die Kosten auslösende Maßnahme ex ante als sachdienlich ansehen durfte. Dabei darf die Partei die zur vollen Wahrnehmung ihrer Belange erforderlichen Schritte ergreifen. Über diesen Blickpunkt kommt eine Erstattung der Kosten eines Privatgutachtens dann in Betracht, wenn die Partei infolge fehlender Sachkenntnisse nicht zu einem sachgerechten Vortrag in der Lage ist.

IV. Urkundenbeweis

196 Urkunde im Sinne der §§ 415 ff. ZPO sind durch Niederschrift verkörperte Gedankenerklärungen, die geeignet sind, Beweis für streitiges Parteivorbringen zu erbringen;[472] siehe aber auch Rdn 204.

Aufgrund des unterschiedlichen Beweiswertes ist zwischen öffentlichen Urkunden und Privaturkunden zu unterscheiden. Öffentliche Urkunden sind solche, die im Rahmen ihrer amtlichen Zuständigkeit ausgestellt worden sind von Behörden des Bundes, der Länder, der Gemeinden und Kirchen oder von Personen, die – wie beispielsweise Notare oder Gerichtsvollzieher – kraft staatlicher Ermächtigung öffentlich-rechtliche Aufgaben wahrnehmen.[473] Privaturkunden sind alle übrigen Urkunden.[474]

1. Was ist eigentlich ein Urkundenbeweis?

197 Wenn man einer gängigen Floskel glauben darf, die in Urteilen – aller Instanzen – zu lesen ist, dann wird landauf, landab über Unstreitiges Beweis erhoben. Gemeint ist der Fall, dass ein Zivilgericht, etwa in einer Verkehrsunfallsache, Strafakten beizieht und die dort zu findenden polizeilichen oder richterlich protokollierten Zeugenaussagen zur Überzeugungsbildung verwendet. Dies wird dann zumeist mit den Worten verlautbart, der Inhalt der Strafakten sei im Wege des Urkundenbeweises verwertet worden. Daraus muss der arglose Leser den Schluss ziehen, es sei ein Ur-

472 BGH MDR 1976, 304; BSG NZS 2002, 202; *Balzer/Walther*, Beweisaufnahme, Rn 246.

473 *Balzer/Walther*, Beweisaufnahme, Rn 247.

474 *Balzer/Walther*, Beweisaufnahme, Rn 248.

kundenbeweis erhoben worden. In Wahrheit hat aber gar keine Beweiserhebung stattgefunden. Der Inhalt der im Verhandlungstermin vorliegenden Strafakten ist ausnahmslos unstreitig. Keine der Parteien kann und wird bestreiten, dass in den Akten genau das steht, was dort steht. Die dortigen Aussagen könnten ebenso gut ohne Beiziehung der Akten in der Weise in den Prozess eingeführt werden, dass die Parteien sie wörtlich zitieren; Gegenstand des Urkundenbeweises ist bekanntlich nur der gedankliche Inhalt der Urkunde, nicht etwa ihr Erscheinungsbild. Dass das Gericht die Akten stattdessen zum Gegenstand der Verhandlung macht, wie man diesen Vorgang gewöhnlich umschreibt, besagt demgemäß nichts anderes und nicht mehr, als dass der Akteninhalt beiderseits vorgetragen worden ist oder jedenfalls so behandelt werden soll.

Wie kann bei so bewandten Dingen noch die Erhebung irgendeines Urkundenbeweises in Betracht kommen und was sollte er bewirken?

Auf diese Frage kann man gelegentlich hören, bei der Verwertung der Zeugenaussagen aus einem anderen Verfahren gehe es nicht darum, die Existenz einer protokollierten Aussage festzustellen, sondern darum, den Inhalt der Aussage für die Tatsachenfeststellung zu verwerten. Dieser Einwand offenbart eine bemerkenswerte Verkennung von Zweck und Tragweite des Urkundenbeweises. Die Erhebung des Urkundenbeweises zielt in jedem Fall einzig und allein darauf ab, die behauptete Existenz einer Urkunde bestimmten Inhalts nachzuweisen. Mit diesem Nachweis ist der Urkundenbeweis geführt und die Beweiserhebung beendet. Das Weitere sind nur Schlussfolgerungen aus der nachgewiesenen Urkunde. Diese Schlussfolgerungen sind zwar Teil der Tatsachenfeststellung, aber nicht Teil der Beweiserhebung.

Wem das nicht unmittelbar einleuchtet, der braucht sich nur den Fall vorzustellen, dass eine Quittung bestimmten Inhalts unstreitig ausgestellt worden ist. Aus dieser unstreitigen Quittung wird man sicher bedeutsame Schlüsse ziehen; so wird man etwa mittels des prima facies Satzes, dass niemand eine ihm nachteilige Erklärung abgibt, wenn sie nicht stimmt, schließen, dass die quittierte Zahlung auch wirklich erfolgt ist, und die entsprechende Feststellung treffen. Aber es käme doch im Traum keiner auf den Gedanken, in diesem Fall irgendeinen Urkundenbeweis zu erheben.

Weiter ist ins Gedächtnis zu rufen, dass sämtliche im Gesetz geregelten Arten der Urkundenbeweiserhebung einzig und allein die Vorlage der Urkunde und deren Einsichtnahme durch das Gericht zum Ziel haben, also offenbar nur auf den Nachweis ihres Vorhandenseins abzielen.

Das Gericht gewinnt auch gar nichts dadurch, dass eine Urkunde statt durch unstreitigen Parteivortrag durch Erhebung des Urkundenbeweises in den Prozess eingeführt wird. Der inhaltliche Beweiswert einer Urkunde hängt davon nicht ab.

Die in einem anderen Verfahren protokollierten unstreitigen Zeugenaussagen gewinnen nichts an Beweiskraft dadurch, dass das Gericht sie mit dem Bemerken zur Kenntnis nimmt, die Akten seien im Wege des Urkundenbeweises verwertet worden. Das ist beim Zeugenbeweis naturgemäß anders. Der Beweiswert einer Zeugenaussage ist durchaus verschieden, je nachdem, ob der Richter den Zeugen selbst vernommen hat oder nicht. Der Inhalt einer unstreitigen Urkunde dagegen gewinnt durch die Einsicht in das Original nichts.

Die erhellendste Darstellung des Verhältnisses von Urkundenbeweis und Aktenverwertung findet sich in einer älteren Reichsgerichtsentscheidung, RGZ 102, 328/330, die allein schon wegen ihrer einmaligen Klarheit vor dem Vermodern in der amtlichen Sammlung bewahrt werden sollte:

> *[...] bestreitet (der Gegner) nicht, dass das Vorgetragene in den beigezogenen Akten tatsächlich steht, was die Regel sein wird, so folgt daraus allerdings nur, dass der Akteninhalt richtig wiedergegeben ist und die Akten das Vorgetragene enthalten, nichts aber über die sachliche Richtigkeit des vorgetragenen Akteninhalts. Das macht jedoch einen Beweis durch Vorlegung der Akten nicht erforderlich, weil auch im Falle des Urkundenbeweises die materielle Beweiskraft der Urkunde durch den Inhalt der Urkunde allein nicht entschieden wird. Denn auch in diesem Fall steht durch die Urkunde nur fest, was sie enthält, nicht aber, ob richtig ist, was in ihr erklärt ist.*

Dass man dies verkennt und zwischen der Urkundenbeweiserhebung, die einzig und allein auf das Vorhandensein der Urkunde abzielt, und den aus der Urkunde zu ziehenden Schlüssen, der Beweiswürdigung, nicht unterscheidet, sondern das Schlussfolgern unbedachterweise zur Beweiserhebung rechnet, scheint die Hauptquelle der herrschenden Verwirrung zu sein, so etwa KG MDR 1973, 860; OLG Hamburg Büro 1984, 704; zutreffend dagegen z.B. OLG München MDR 1980, 152; SchlHOLG Büro 1980, 1689. Besonders deutlich – was an sich für die Güte des Kommentars spricht – tritt dieser Fehlschluss bei Stein/Jonas/*Leipold*, Rn 18, 19 vor § 415. „Wird der Urkundenbeweis geführt, um darzutun, dass der Aussteller die in der Urkunde enthaltene Erklärung abgegeben hat, so ist die Beweisaufnahme mit der Feststellung der Echtheit beendet. Anders ist es, wenn die in der Urkunde enthaltene Erklärung nicht selbst das Beweisthema ist, sondern ein Indiz dafür.“ Es ist überhaupt nicht anders; auch im zweiten Fall ist die Beweisaufnahme mit der Feststellung der Echtheit beendet. Das Folgern aus der Urkunde einschließlich der Anwendung von prima facie Sätzen und sonstigen Schlussregeln (§§ 415–418 ZPO) gehört in keinem Fall zur Beweiserhebung.

Dies alles scheint so klar und unwidersprechlich, dass man offene Türen einzurennen fürchtet. Umso erstaunlicher ist es, dass in Urteilen gleichwohl stets und ständig vom Urkundenbeweis die Rede ist, wenn es um die Verwertung inhaltlich unstreitiger Strafakten geht.

Wer hierzu von den ZPO-Kommentaren oder ZPO-Lehrbüchern Aufschluss erhofft, der hofft vergebens; er findet nichts Erhellendes.

Am Ende fragt man sich irritiert, ob hier vielleicht nur eine sprachliche Unklarheit vorliegt. Soll die Rede vom Urkundenbeweis in dem erörterten Zusammenhang vielleicht gar nicht bedeuten, dass eine Beweiserhebung stattgefunden habe? Immerhin könnte man – in einem sehr verwaschenen Sinne – vom Urkundenbeweis ja schon dann reden, wenn das Gericht seine Feststellungen wenigstens auf eine Urkunde stützt, mag deren Inhalt auch unstreitig sein. Wenn das Gericht aufgrund einer unstreitigen Quittung die Überzeugung gewinnt, der Schuldner habe das Darlehen zurückgezahlt, dann hat dieser die Zahlung – so könnte man sagen – durch eine Urkunde bewiesen, obgleich eine Beweiserhebung gar nicht stattgefunden hat.

Dagegen ließe sich allerdings nur noch anführen, dass dies nicht eben ein glücklicher Wortgebrauch wäre. Der begrifflichen Klarheit wegen und um arglose Gemüter nicht in ärgerliche Irrtümer zu verwickeln, sollte man zwischen Tatsachenfeststellung und Beweiserhebung deutlich unterscheiden. Das Gericht kann seine Überzeugung in streitigen Tatfragen ohne jegliche Beweiserhebung aus anderen unstreitigen Tatsachen gewinnen wie z.B. aus einer Reihe unstreitiger Indizien oder eben aus unstreitigen Urkunden. Einen solchen urkundenmäßigen Nachweis darf man aber weder deswegen für einen Urkundenbeweis halten noch sollte man ihn auch nur so nennen. Wer ihn erst so nennt, der hält ihn bald auch dafür und glaubt am Ende allen Ernstes auch noch, die Gerichte verwerteten sogar den unstreitigen Inhalt ihrer eigenen Verfahrensakten im Wege des Urkundenbeweises.[475]

2. Öffentliche Urkunden

Öffentliche Urkunden sind solche von Behörden, auch vom Gerichtsvollzieher, Wachtmeister, Postbediensteten und Notar ausgestellte.[476] 198

Sie erbringen **vollen Beweis** für die Richtigkeit des beurkundeten **Vorgangs**, § 415 ZPO, nicht jedoch für die Richtigkeit des **Inhaltes** der Urkunde. Hinsichtlich der Richtigkeit des beurkundeten Vorganges unterliegt die Urkunde nicht der freien Beweiswürdigung durch das Gericht; aber es kann nach § 415 Abs. 2 ZPO der Gegenbeweis geführt werden. Richtigkeit auch des Inhaltes bezeugt eine Urkunde i.S.d. § 417 ZPO, und zwar unwiderlegbar.

Der auf einem Schriftsatz aufgebrachte Eingangsstempel des Gerichts ist eine öffentliche Urkunde, vgl. BGH NJW 2017, 2285:

> *Der auf einem Schriftsatz aufgebrachte Eingangsstempel des Gerichts erbringt als öffentliche Urkunde im Sinne des § 418 I ZPO Beweis dafür, dass ein in den Nachtbriefkasten des Gerichts eingeworfener Schriftsatz erst an dem im Stempel angegebenen Tag beim Berufungsgericht eingegangen ist. Hiergegen ist jedoch gem. § 418 II ZPO der im Wege des Freibeweises zu führende Gegen-*

475 So z.B. Stein/Jonas/*Leipold*, § 526 Rn 6 (Verwertung der erstinstanzlichen Beweisaufnahme durch das Berufungsgericht) und BGH NJW 1991, 1302 (Protokoll des beauftragten oder ersuchten Richters); BGH VersR 2000, 337.

476 *Balzer/Walther*, Beweisaufnahme, Rn 247.

beweis zulässig, der die volle Überzeugung des Gerichts von dem rechtzeitigen Eingang des Schriftsatzes erfordert.

Dabei dürfen wegen der Beweisnot der betroffenen Partei die Anforderungen an die Erbringung dieses Gegenbeweises nicht überspannt werden. Da der Außenstehende in der Regel keinen Einblick in die Funktionsweise des gerichtlichen Nachtbriefkastens sowie in das Verfahren bei dessen Leerung und damit keinen Anhaltspunkt für etwaige Fehlerquellen hat, ist es zunächst Sache des Gerichts, die insoweit zur Aufklärung nötigen Maßnahmen zu ergreifen.

Bei einer detaillierten Schilderung der Partei über die genauen Umstände des Einwurfs des Schriftstücks darf sich das Gericht nicht mit einer pauschal gehaltenen dienstlichen Stellungnahme des/der zuständigen Mitarbeiters/in der Poststelle begnügen, die sich in der Aussage erschöpft, es seien weder Störungen festgestellt, noch Fehler gemacht worden.

Die Rspr. lässt die urkundenbeweisliche Verwertung von Strafakten im Zivilprozess zu. Was eine solche Verwertung ihrer dogmatischen Einordnung nach ist, ist unklar. In der Praxis werden Beweiserhebung des Strafverfahrens (z.B. durch Zeugenvernehmung) so verwertet, wie wenn ein erstinstanzlicher Richter einen Zeugen vernimmt und das Berufungsgericht auf dessen Vernehmung seine Entscheidung stützt; Näheres zur Beiziehung eines Sachverständigengutachtens unter Rdn 186 ff., zur Verwertung von Zeugenaussagen aus einem Strafprozess unter Rdn 137 ff.

3. Aktenbeiziehung

199 Gemäß § 273 Abs. 2 Nr. 5 ZPO kann das Gericht zur Vorbereitung des Verhandlungstermins Urkunden und Akten anderer Behörden von den Parteien beiziehen. Nach § 432 ZPO kann eine Partei auch durch Antrag auf Beiziehung öffentlicher Urkunden Beweis antreten.

Sowohl die Aktenbeiziehung nach § 273 ZPO, als auch nach § 432 ZPO setzt aber voraus, dass sich eine Partei auf eine behördliche Akte bezogen hat, § 142 ZPO, wenn auch nicht ausdrücklich, aber wenigstens durch Ansprechen des behördlichen Vorgangs[477] geschehen zu sein braucht.[478] Es ist also nicht zulässig, dass das Gericht – wie es allerdings häufig geschieht – von Amts wegen Akten beizieht, auf die sich keine der Parteien – auch nicht mittelbar – berufen hat, und dann deren Inhalt zur Grundlage seiner Entscheidung macht. Ist z.B. Gegenstand des Rechtsstreits eine Wirtshausschlägerei, darf der Zivilrichter nicht von Amts wegen einen Strafregisterauszug anfordern, um sich anhand dessen einen Eindruck davon zu verschaffen, welcher der streitenden Parteien eher ein aggressives Verhalten zuzutrauen ist.

477 BVerfG NJW 2014, 1581, 1582.

478 Vgl. Zöller/*Greger*, § 273 Rn 7a.

Ein korrekter Antrag auf Aktenbeiziehung setzt eine konkrete Behauptung voraus, die durch die Akte belegt werden soll. Da die beweisführende Partei häufig gar nicht wissen kann, wo ein entsprechender Beleg ihrer Behauptung zu finden ist, kann von ihr **nicht verlangt werden**, genaue Blattzahlen anzugeben. Sicherer ist die konkrete Angabe von Blattzahlen aber natürlich, soweit möglich.[479] Das Gericht ist insbesondere nicht befugt, von sich aus die Akte über den Antrag der Parteien hinausgehend daraufhin zu durchforsten, ob sie Entscheidungserhebliches enthält. 200

Siehe auch BGH VersR 1994, 1231, 1233:

> *Grundsätzlich genügt ein Antrag auf Beiziehung von Akten nach § 432 ZPO* ***nicht*** *den gesetzlichen Erfordernissen, wenn die Partei nicht näher bezeichnet, welche Urkunden oder Aktenteile sie für erheblich hält. Gibt der Richter einem Antrag auf Beiziehung von Akten statt, obwohl dieser den genannten Anforderungen nicht genügt, wird damit* ***nicht ohne Weiteres*** *der gesamte Akteninhalt zum Gegenstand des Rechtsstreits; denn das wäre mit dem, im Zivilrecht geltenden* ***Beibringungsgrundsatz*** *nicht vereinbar. Infolgedessen ist der Tatrichter nicht verpflichtet, von sich aus die Akten daraufhin zu überprüfen, ob sie Tatsachen enthalten, die einer Partei günstig sind;* ***andernfalls betriebe er unzulässige Beweisermittlung****.*

Aktenteile, auf die sich keine Partei erkennbar beruft, gehören folglich selbst dann nicht zum Prozessstoff, wenn es in der Terminsniederschrift oder im Urteil heißt, eine Akte sei zum Gegenstand der mündlichen Verhandlung gemacht worden.

Aber OLG Schleswig-Holstein OLGR Schleswig 2009, 187:

> *Wenn das Gericht aus antragsgemäß beigezogenen Akten einen, bisher schriftsätzlich nicht vorgetragenen Sachverhalt durch gezielte Fragen an die Parteien in den Prozess einführt, liegt darin kein Verstoß gegen den Verhandlungs- und Beibringungsgrundsatz.*

Diese Entscheidung des OLG Schleswig-Holstein geht zu weit. Durch die ZPO-Reform hat das Bezugnahmeerfordernis deutlich an Bedeutung gewonnen; der neu eingeführte § 273 Abs. 2 Nr. 5 ZPO mit der expliziten Verweisung auf § 142 ZPO stellt die Notwendigkeit einer Bezugnahme für alle Urkunden fest.

Der in der Rspr. anerkannte Grundsatz, dass durch die Stellung der Anträge und anschließendes Verhandeln der gesamte, bis zum Termin anfallende Akteninhalt zum Gegenstand der mündlichen Verhandlung gemacht worden ist, betrifft die **Hauptakten**, die in der Regel das gesamte Parteivorbringen enthalten, nicht dage-

479 Die Angabe von Blattzahlen ist beispielsweise dann möglich, wenn die Partei über § 299 ZPO Akteneinsicht in ein Gerichtsverfahren vor den ordentlichen Gerichten erhalten und Kopien gefertigt hat.

gen die Akten anderer Behörden, die nach §§ 273 Abs. 2 Nr. 5, 432 ZPO beigezogen werden.

Ausgeschlossen ist der Urkundenbeweis durch Antrag auf Aktenbeiziehung im Urkundenprozess, wenn diese Akten dem Prozessgericht nicht vorliegen.[480]

Liegt ein Strafurteil vor und kann sich der Kläger dieses im Zivilprozess zunutze machen, sollte der Kläger das Strafurteil in den Prozess einführen, vgl. BGH NJW 2022, 705 sowie OLG Stuttgart, DStRE 2022, 1205:

> *Grundsätzlich ist zwar die rechtskräftige strafrechtliche Verurteilung einer Partei im Zivilprozess nicht bindend, auch wenn die Akten eines Strafverfahrens und ein rechtskräftiges Strafurteil als Beweisurkunden gemäß §§ 415, 417 ZPO herangezogen werden können, auf die der Tatrichter seine Überzeugung stützen kann. Allerdings darf der Tatrichter bei einem engen rechtlichen und sachlichen Zusammenhang von Zivil- und Strafverfahren ein rechtskräftiges Strafurteil nicht unberücksichtigt lassen, sondern muss sich mit dessen Feststellungen auseinandersetzen, soweit sie für seine eigene Beweiswürdigung von Bedeutung sind. Der Tatrichter hat die in der Beweisurkunde dargelegten Feststellungen einer eigenen kritischen Überprüfung zu unterziehen. IdR wird den strafgerichtlichen Feststellungen zu folgen sein, sofern nicht von den Parteien gewichtige Gründe für deren Unrichtigkeit vorgebracht werden. Allerdings erhöht es nach allgemeinen Grundsätzen des Zivilprozesses die (sekundäre) Darlegungslast des Beklagten, wenn der Kläger seinen Anspruch durch Vorlage eines ausführlich begründeten rechtskräftigen Strafurteils schlüssig dargetan hat. Einer den Darstellungen im Strafurteil spiegelbildlichen, in sich geschlossenen Darstellung des Gesamtgeschehens durch den Anspruchsgegner bedarf es allerdings nicht.*

4. Privaturkunden

201 Privaturkunden beweisen lediglich, dass die in ihnen enthaltene Erklärung vom Aussteller stammt, § 416 ZPO, **nicht die Richtigkeit des Inhaltes**.

BGH NJW-RR 2015, 819:

> *Die in einer notariell beglaubigten Urkunde niedergelegte Erklärung, einen Darlehensbetrag ausbezahlt erhalten zu haben, erbringt vollen Beweis nur für die **Abgabe** der Erklärung. Die Beweiskraft des § 416 ZPO erstreckt sich nicht auf die inhaltliche **Richtigkeit**. Ob die Angaben tatsächlich zutreffen, unterliegt der freien Beweiswürdigung nach § 286 ZPO.*

Voraussetzung für die Beweiskraft ist eine eigenhändige Unterschrift; sie muss echt sein. Wird die **Echtheit** bestritten, so hat derjenige die Echtheit der Urkunde zu beweisen, der sich auf sie beruft.

480 BGH JZ 1995, 468.

BGH JR 1996, 333, 334:

Nachdem der Beklagte die Echtheit seiner unter der Privaturkunde befindlichen Unterschrift bestritten hat (§ 439 Abs. 2 ZPO), war die Echtheit der Urkunde zu beweisen (§ 440 Abs. 1 ZPO), und zwar von der Klägerin, die für die tatsächlichen Voraussetzungen des Klageanspruches beweisbelastet ist und die Urkunde zum Beweis der von dem Beklagten in Abrede genommenen Zahlungsverpflichtung vorgelegt hatte. Entscheidungserheblich ist nicht, ob die Unterschriftsfälschung, sondern umgekehrt, ob die Echtheit der Urkunde festgestellt werden kann.

Da für die Echtheit der Unterschrift keine gesetzliche Vermutung gilt, ist insoweit der Vollbeweis erforderlich.[481] Dieser Beweis kann mit allen zugelassenen Beweismitteln und zusätzlich mit der Schriftvergleichung gemäß § 441 ZPO geführt werden. Weigert sich der Prozessgegner, hinreichendes Material für eine Schriftvergleichung zur Verfügung zu stellen, so kann – nicht muss – das Gericht gemäß § 441 Abs. 3 S. 3 ZPO die Urkunde als echt ansehen; die Weigerung führt noch nicht zu einer Beweislastumkehr.[482] **202**

Steht die Echtheit der Unterschrift fest, so wird (widerlegbar) auch die Echtheit der darüberstehenden Schrift vermutet, § 440 Abs. 2 ZPO,[483] nach dieser Vorschrift aber nur die Echtheit, nicht die Richtigkeit des Inhaltes. Dies gilt auch, wenn der Text über der Unterschrift von dem Aussteller weder geschrieben noch verfasst worden ist.[484]

Räumt jemand ein, dass die Unterschrift unter einer Vertragsurkunde von ihm stammt, und macht er geltend, dass der darüber befindliche Text teilweise ergänzt worden sei, also eine Urkundenfälschung verübt worden ist, trifft ihn wegen der Vermutung des § 440 Abs. 2 ZPO für diese Behauptung die Beweislast.[485]

Die Rspr. geht aber weiter und von der Vermutung der Vollständigkeit und Richtigkeit von Vertragsurkunden aus;[486] vgl. dazu eingehender Rdn 205 ff.

Wird eine Urkunde vorgelegt, behandelt die Praxis ihren Inhalt, der nur Parteivortrag ist, als unstreitig, solange der Gegner seine Richtigkeit nicht ausdrücklich bestreitet, z.B. bei Vorlage einer Bankbescheinigung über die Kreditaufnahme; obwohl Urkunden zu Beweiszwecken in Urschrift vorzulegen sind, gilt das auch für Fotokopien.

481 BGH WM 2000, 2170; OLG Brandenburg BeckRS 2010, 08961.

482 Vgl. OLG Braunschweig OLGR 2000, 247.

483 BGH NJW 1995, 1683; BGH NJW-RR 2015, 819.

484 BGH NJW-RR 2015, 819.

485 Zöller/*Geimer*, § 440 Rn 3.

486 BGH NJW 1980, 1680; BGH NJW 2002, 3164, 3165.

203 Der Urkundenbeweis wird durch **Vorlage** der Urkunde in der mündlichen Verhandlung geführt; es genügt nicht das Anerbieten, eine Urkunde vorzulegen.

§ 421 ZPO:

> Befindet sich die Urkunde nach der Behauptung des Beweisführers in den Händen des Gegners, so wird der Beweis durch den Antrag angetreten, dem Gegner die Vorlage der Urkunde aufzugeben.

Die Anordnung ist an die Voraussetzungen des § 425 ZPO geknüpft. Sie setzt einen zulässigen und begründeten Antrag voraus, erfolgt also **nicht von Amts wegen**.[487]

204 Verfasser der nachfolgenden Abhandlung ist der VRiOLG a.D. *Oehlers*; er hat sie sowohl der NJW wie auch der MDR vergeblich zur Veröffentlichung angeboten. Da sie sehr lesenswert erscheint, soll sie mit Zustimmung des Verfassers die Ausführungen zum Urkundenbeweis abschließen.

5. Vermutung der Vollständigkeit und Richtigkeit von Privaturkunden

205 Das Gesetz kennt in BGB und ZPO sowohl Tatsachenvermutungen wie auch Rechtsvermutungen.

Darüber hinaus sind von der Rspr. sogenannte **tatsächliche** Vermutungen entwickelt worden.

Aus diesem Bereich soll – wegen ihrer großen praktischen Bedeutung – die Vermutung der Vollständigkeit und Richtigkeit von Vertragsurkunden dargestellt werden.

Nach § 416 ZPO beweist eine Privaturkunde **nur**, dass die in ihr enthaltene Erklärung von dem Aussteller abgegeben wurde. Steht die Echtheit der Unterschrift fest, wird darüber hinaus gemäß § 440 Abs. 2 ZPO vermutet, dass die über der Unterschrift stehende Schrift auch echt ist.

Die Richtigkeit der in der Urkunde enthaltenen Erklärung **beweist sie hingegen nicht**.

Die Rspr. hat jedoch, gestützt auf die allgemeine Lebenserfahrung, den Satz von „der Vermutung der Richtigkeit und Vollständigkeit der über ein Rechtsgeschäft aufgenommenen Urkunde“ entwickelt:[488]

> *Die Vermutung der Vollständigkeit und Richtigkeit der über ein Rechtsgeschäft aufgenommenen Urkunde wirkt sich bei der Auslegung des Vereinbarten dahin aus, dass die Partei, die ein ihr günstiges Auslegungsergebnis auf Umstände außerhalb der Urkunde stützt, dieses zu beweisen hat […].*

Wird z.B. ein Grundstückskaufvertrag notariell beurkundet und enthält dieser keine Angaben zur Grundstücksgröße, spricht die Vermutung dafür, dass insoweit auch

487 Thomas/Putzo/*Reichold*, § 421 Rn 2; BGH NJW-RR 1999, 254, 256.

488 BGH DB 1999, 1318; vgl. auch BGH NJW 1956, 665.

keine Zusicherungen gemacht worden sind.[489] Das Schweigen des Urkundentextes begründet die Vermutung gegen eine Zusicherung. Wer Gegenteiliges behauptet, muss es also beweisen; **es reicht nicht, die Vermutung nur zu erschüttern**.[490]

Seiner dogmatischen Einordnung nach handelt es sich bei der Vermutung um einen Erfahrungssatz, der der freien Beweiswürdigung zuzurechnen ist. In der praktischen Anwendung wird die Vermutung aber – ebenso wie der Anscheinsbeweis, vgl. Rdn 54 ff. – **wie eine Beweisregel** gehandhabt.

„Mündliche Nebenabreden gelten nicht." 206

Besondere Bedeutung kommt der Vermutung der Vollständigkeit und Richtigkeit bei Angriffen gegen die Richtigkeit des Inhaltes von Vertragsurkunden zu. Nicht selten macht ein Vertragspartner nach Abschluss des Vertrages geltend, die Urkunde gebe den gewollten Inhalt der Vereinbarung unrichtig wieder oder sei unvollständig. Es wird etwa behauptet, es sei ein vom Vertragsinhalt **abweichender Preis** vereinbart worden oder der Verkäufer habe besondere **Zusicherungen** gemacht, die in der Vertragsurkunde keinen Niederschlag gefunden hätten. Selbst wenn, was häufig der Fall ist, die vom Verkäufer verwandten AGB vorsehen: **„mündliche Nebenabreden gelten nicht"**, kann die behauptete Nebenabrede nicht ohne Weiteres ignoriert werden. Zwar stehen §§ 307, 309 Nr. 12 BGB einer solchen Vertragsklausel nicht entgegen, weil sie nur etwas festschreibt, was ohnehin gilt, nämlich die Vermutung der Vollständigkeit und Richtigkeit.[491] Da aber in der Klausel „mündliche Nebenabreden sind nicht getroffen" keine Schriftformvereinbarung nach § 127 BGB liegt, bleibt es einer Partei unbenommen, sich auf eine vom Vertragstext abweichende mündliche Nebenabrede zu berufen.[492]

Auch die Klausel der Allgemeinen Geschäftsbedingung des Anwenders kann den Vertragspartner nicht daran hindern, sich darauf zu berufen, es sei vom schriftlichen Vertragstext Abweichendes vereinbart worden.[493] Denn gemäß § 305b BGB hat die Individualabrede Vorrang vor den Allgemeinen Geschäftsbedingungen. Außerdem wäre es ein in sich widersprüchliches Verhalten, einerseits Nebenabreden auszuschließen, sie aber dann doch zu treffen. 207

Wer aber eine vom Vertragstext abweichende mündliche Nebenabrede behauptet, muss sie **beweisen**.[494]

489 BGH DNotZ 1986, 78.
490 BGH NJW 1998, 1470.
491 BGH NJW 1985, 2329, 2331.
492 OLG Karlsruhe NJW-RR 1988, 1194.
493 BGH NJW-RR 2021, 872.
494 BGH NJW 1980, 1680; BGH NJW-RR 2021, 872.

Und es bedarf **sehr substantiierter Darlegungen**, um mit einer vom Vertragstext abweichenden Behauptung **zur Beweiserhebung** überhaupt **zugelassen** zu werden.

OLG Köln WM 1976, 362:

> *Derjenige, der sich darauf beruft, eine Schriftformklausel sei abbedungen, hat substantiierte Darlegungen dahin gehend vorzutragen und unter Beweis zu stellen, dass nicht nur abweichende Gespräche geführt worden sind, sondern dass es der übereinstimmende Wille der Parteien gewesen ist, die ihnen bekannte Schriftformklausel teilweise außer Kraft zu setzen.*
>
> *[...] Es bestehen keinerlei tatsächliche Anhaltspunkte dafür [...], dass die Klägerin, ein großes Unternehmen, zwar ihre Mietverträge streng der Schriftform unterwirft, sich im Einzelfall gleichwohl zu entscheidenden vertragsändernden, mündlichen Sondervereinbarungen bereit erklärt. Dahingehende Darlegungen sind im Streitfall insbesondere deshalb zu erwarten, weil weniger bedeutsame Vertragsänderungen in einer Zusatzvereinbarung schriftlich fixiert worden sind. Die vom Beklagten aufgestellte **bloße Behauptung**, neben dem schriftlich abgefassten Hauptvertrag und den schriftlich fixierten Abänderungen dieses Vertrages sei weiterhin eine mündliche Verkürzung der Vertragsdauer vereinbart worden, ist angesichts dessen bereits aus Rechtsgründen ungeeignet, die umfassende Gültigkeit der Schriftformklausel auszuräumen. **Eine Beweisaufnahme über diese Behauptung scheidet daher aus.***

208 Streitig ist, wie der Beweis zu führen ist, es seien mündliche Nebenabreden getroffen worden. Während der BGH[495] einen **vollen Gegenbeweis** verlangt, wird in der Literatur die Auffassung vertreten, es reiche – ähnlich wie beim Anscheinsbeweis – die Vermutung der Vollständigkeit zu erschüttern. Große Bedeutung kommt dieser Streitfrage aber nicht zu, denn Einigkeit besteht wiederum insoweit, als **strenge Anforderungen** an den Nachweis der Unrichtigkeit oder Unvollständigkeit zu stellen sind. Das gilt insbesondere, wenn derjenige, der die Urkunde selbst entworfen hat, später eine abweichende Vereinbarung behauptet.

BGH LM Nr. 24 zu § 242 BGB (Be):

> *Schriftliche Verträge haben grundsätzlich die Vermutung für sich, dass ihr Inhalt das Vereinbarte zutreffend und vollständig wiedergibt. Wer etwas Abweichendes geltend macht, ist dafür beweispflichtig. Handelt es sich dabei, wie hier, um den Inhalt eines von dem Beweispflichtigen selbst entworfenen Vertrages, so genügt indessen die bloße Behauptung einer anderweitigen Vereinbarung nicht, vielmehr muss dargetan werden, worauf es beruht, dass der Inhalt von dem angeblich Besprochenen abweicht. Das gilt vor allem dann, wenn es sich um eine Abweichung von erheblicher und wirtschaftlicher Tragweite handelt und wenn der Beweispflichtige überdies bei Vertragsabschluss rechtlich beraten war.*

495 BGH NJW 1980, 1680; BGH NJW-RR 2000, 273, 275.

Von einem richtigen Ansatz aus letztlich weit über das Ziel hinausschießend OLG Bamberg NJW-RR 1994, 1333: 209

Besonders strenge Anforderungen an die Führung eines solchen Beweises sind dann zu stellen, wenn die im Vertrag enthaltenen Individualangaben nach allgemeinem Verständnis sogar das Gegenteil dessen besagen, was angeblich mündlich abgesprochen worden sein soll [...]

Diesen Beweis konnte der Beklagte nicht führen. Der Senat schließt sich voll der vom LG vorgenommenen Würdigung der Aussagen, der von der Beklagten benannten Zeugen an und betont mit Nachdruck, dass ein solcher Beweis mit den Aussagen von Ehegatten, Verwandten, Angestellten und wirtschaftlich Abhängigen in aller Regel nicht geführt werden kann, wenn nicht ausnahmsweise eine vernünftige Erklärung dafür ersichtlich ist, warum [...]

In solchen Fällen ist vor allem bei Gebrauchtwagenhändlern, im Gegenteil in hohem Maße zu vermuten, dass diese Schäden nicht etwa aus Versehen oder Nachlässigkeit, sondern in der Absicht so unzureichend angegeben werden, Art und Umfang der tatsächlich eingetretenen Schäden zu vertuschen.

Keine Geltung soll nach der Rspr. des BGH[496] die Vermutung der Richtigkeit und Vollständigkeit für ein in der Privaturkunde enthaltenes **Datum** haben; diese Einschränkung gilt auch für Hinweise und Informationen, die in dem Vertrag aufgeführt, **nicht aber eigentlicher Gegenstand** der Vereinbarung sind.[497] 210

Abschließend noch ein instruktiver Fall aus der Praxis 211

Der Verkäufer eines Grundstücks klagt gegen den Verkäufer einen Betrag von 50.000 EUR ein und macht geltend, abweichend von dem notariell beurkundeten Kaufpreis von 250.000 EUR sei in Wahrheit ein Preis von 300.000 EUR vereinbart worden. Dafür tritt er auch Beweis an. Dass der, nach der Behauptung des Klägers gewollte Kaufpreis nicht notariell beurkundet ist, muss seinem Anspruch nicht entgegenstehen, weil die Auflassung und die Eintragung in das Grundbuch bereits erfolgt waren, § 311b Abs. 1 S. 2 BGB.

Aber das Gericht eröffnete dem Kläger, dass es seinem Beweisantritt gleichwohl nicht nachgehen wolle, weil die Vermutung der Richtigkeit der Vertragsurkunde entgegenstehe und es an substantiiertem Vorbringen für die behauptete abweichende Vereinbarung fehle. Daraufhin ergänzte der Kläger seinen Vortrag dahingehend, es sei deshalb ein niedrigerer Preis als vereinbart in die Vertragsurkunde aufgenommen worden, weil er mit seiner Ehefrau in Scheidung lebe und den Betrag von 50.000 EUR dem Zugewinnausgleich habe entziehen wollen.

496 BGH NJW-RR 1990, 737, 738.

497 BGH DNotZ 1986, 78; BGH DNotZ 2003, 696, 698.

Nunmehr war die erforderliche Substantiierung nachgeholt; aber die Klage war unschlüssig geworden, weil das jetzt behauptete Geschäft sittenwidrig und deshalb nichtig ist, § 138 BGB. Dass der Beklagte dem Vorbringen des Klägers hinsichtlich der behaupteten Nebenabrede in vollem Umfang widersprochen hat, ist unerheblich. Das Vorbringen des Klägers ist unabhängig von der Einlassung des Beklagten auf seine Schlüssigkeit hin zu prüfen.

V. Augenschein (insbesondere zur On-board-Kamera)

212 Unter Augenschein ist jede **eigene** und **gegenständliche** Wahrnehmung des Gerichts zu beweiserheblichen und streitigen Tatsachen über die Beschaffenheit von Sachen und Personen sowie sonstigen Vorgängen zu verstehen.[498] Als Gegenstand des Augenscheins bezeichnet das Gericht auch elektronische Dokumente (§ 371 Abs. 1 S. 2 ZPO).[499]

Im Vergleich zu den anderen Beweismitteln ist die Frage des **Beweisverwertungsverbots** insbesondere bei der Erhebung eines Anscheinsbeweises praxisrelevant, wenn es um die Verwertung von Videos, Tonbändern oder anderen elektronischen Daten geht.

Greger widerspricht insbesondere einem Verwertungsverbot von Video-Aufnahmen sog. On-board-Kameras bei Verkehrsunfällen und sieht dieses Beweismittel als zulässig an.[500] Er argumentiert, dass das Datenschutzinteresse hinter das Interesse an einer funktionstüchtigen Rechtspflege treten müsse, da eine Persönlichkeitsverletzung des Gegners mangels Zur-Schau-Stellen nicht zu erwarten sei. Von der Beweisverwertung unabhängig sei die noch nicht abschließend geklärte Frage zu beantworten, inwiefern das Installieren einer entsprechenden Kamera mit dem Datenschutzrecht vereinbar ist.[501]

Mittlerweile hat der BGH mit Urt. v. 15.5.2018 zur Verwendbarkeit von Dashcam- bzw. On-board-Aufnahmen als Beweismittel in einem Unfallhaftpflichtprozess die Frage bejaht, ob die Verwertung von so genannten Dashcam-Aufzeichnungen, die ein Unfallbeteiligter vom Unfallgeschehen gefertigt hat, als Beweismittel im Unfallhaftpflichtprozess zulässig ist, obwohl ein Verstoß gegen das BDSG vorliegt. Der BGH setzt damit seine Rechtsprechung dazu fort, dass rechtswidrig geschaffene oder erlangte Beweismittel im Zivilprozess nicht schlechthin unverwertbar sind. Über die Frage der Verwertbarkeit muss vielmehr aufgrund einer Interessen- und Güterabwägung nach den im Einzelfall gegebenen Umständen entschieden werden.

498 Musielak/Voit/*Huber*, § 371 ZPO Rn 3.

499 *Balzer/Walther*, Beweisaufnahme, Rn 201.

500 *Greger*, NZV 2015, 114.

501 Vgl. auch *Froitzheim*, NZV 2018, 109 ff.; *Wirsching*, NZV 2016, 13 ff.

BGH NJW 2018, 2883 ff.:[502]

Die permanente und anlasslose Aufzeichnung des Verkehrsgeschehens ist mit den datenschutzrechtlichen Regelungen des Bundesdatenschutzgesetzes nicht vereinbar.

Die Verwertung von so genannten Dashcam-Aufzeichnungen, die ein Unfallbeteiligter vom Unfallgeschehen gefertigt hat, als Beweismittel im Unfallhaftpflichtprozess ist dennoch zulässig.

Dazu auch OLG Nürnberg NJW 2017, 3598:

Aufzeichnungen einer im Frontbereich des Fahrzeugs installierten Dashcam über einen Auffahrunfall können verwertbar sein, wenn die persönlichen Daten einer Partei allein in Bezug auf ihr konkretes Fahrverhalten auf einer öffentlichen Autobahn in einem Zeitraum von weniger als einer Minute festgehalten wird, die Partei, ebenso wie unbeteiligte Dritte, als Person nicht erkennbar ist, der anderen Partei keine sonstigen Beweismittel zur Verfügung stehen und ohne Berücksichtigung der Dashcam-Aufzeichnung eine der materiellen Gerechtigkeit widersprechende, falsche Entscheidung getroffen werden müsste.

Nach Auffassung des OLG Saarbrücken gelten die vorstehenden Überlegungen auch unter Geltung der DSGVO fort, r+s 2023, 461, 462:

Diese Grundsätze gelten nach der Auffassung des Senats auch nach Inkrafttreten der DSGVO fort, so dass solche Aufzeichnungen weiterhin nach diesem Maßstab verwertbar sind (so auch Schmidt in: Geigel, Der Haftpflichtprozess, 28. Aufl. 2020, Kapitel 36 Rn 5).

Das AG Geilenkirchen hat allerdings permanent anlasslose Aufzeichnung einer an einem Haus installierten Videokamera für unverwertbar erklärt, BeckRS 2023, 19474:

Beruht die Videoaufnahme eines möglichen Verkehrsunfalls auf einer permanenten anlasslosen Aufzeichnung einer an einem Haus installierten Videokamera, ist die Aufnahme mangels Erforderlichkeit gem. § 4 Abs. 1 BDSG unzulässig und als Beweismittel in einem Schadensersatzprozess nicht verwertbar.

Die Entscheidung des AG Geilenkirchen ist problematisch, weil sie sich nicht mit den vom BGH entwickelten Abwägungskriterien befasst und vom Verstoß gegen § 4 Abs. 1 BDSG unmittelbar auf ein Beweisverwertungsverbot schließt.[503]

Im Fall einer in Privaträumen installierten Kamera hat das OLG Köln NZM 2005, 758 allerdings ein Verwertungsverbot angenommen, da die Kamera heimlich instal-

502 Vgl. auch OLG München BeckRS 2022, 12498; LG Aachen BeckRS 2023, 22715; LG Frankenthal NJOZ 2016, 1195; AG Nienburg SVR 2015, 348; AG München ZD 2014, 530; AG Lörrach BeckRS 2023, 3313.

503 Vgl. dazu auch die Anmerkung von *Halder/Ittner*, ZD 2023, 691.

liert worden war und zu berücksichtigen ist, dass die Videoaufzeichnung in Privaträumen gefertigt worden ist:[504]

Bei der Verwertung heimlicher Videoaufzeichnungen zu Beweiszwecken (hier: Beschädigungen an Waschmaschinen) ist grundsätzlich eine Interessenabwägung zwischen dem Persönlichkeitsrecht des Beobachteten und den Interessen des Beobachtenden vorzunehmen.

Eine dauernde, schrankenlose heimliche Videoüberwachung einer Waschküche aufgrund früherer Beschädigungen ist grundsätzlich unzulässig, wenn keine weiteren Besonderheiten hinzutreten. Insbesondere ist abzuwägen, ob nicht eine offene Videoüberwachung den gleichen Zweck erfüllte.

Für das Arbeitsrecht bzw. einen Kündigungsschutzprozess ist nunmehr eine Entscheidung des BAG vom 29.6.2023 zu berücksichtigen, BAG ZD 2023, 693:[505]

In einem Kündigungsschutzprozess besteht nach Maßgabe der DS-GVO und der ZPO grundsätzlich kein Verwertungsverbot in Bezug auf solche Aufzeichnungen aus einer offenen Videoüberwachung, die vorsätzlich vertragswidriges Verhalten des Arbeitnehmers belegen sollen. Das gilt auch dann, wenn die Überwachungsmaßnahme des Arbeitgebers nicht vollständig im Einklang mit den Vorgaben des Datenschutzrechts steht.

Zur Frage der Zulässigkeit eines Augenscheinbeweises bei der Mitwirkung eines blinden Richters ist die Entscheidung des OLG Frankfurt NJW-RR 2010, 1651 instruktiv:

Die Mitwirkung eines blinden Kollegialrichters bei einer Augenscheinseinnahme im Rahmen eines Beschwerdeverfahrens der freiwilligen Gerichtsbarkeit (GBO) begründet keine Nichtigkeit im Sinn des § 579 Abs. 1 Nr. 1 ZPO analog.

H. Beweisvereitelung

213 Die Vorschrift des § 444 ZPO enthält eine gesetzliche Regelung der Beweisvereitelung[506] für den Fall der Urkundenbeseitigung. Wenn eine Partei eine Urkunde in der Absicht, ihre Benutzung dem Gegner zu entziehen, beseitigt oder wenn sie die Urkunde zur Benutzung untauglich macht, können die Behauptungen des Gegners über die Beschaffenheit und den Inhalt der Urkunde als bewiesen angesehen werden. Diese Rechtsfolge entspricht den Rechtsfolgen des § 371 Abs. 3 ZPO (Nichtvorlage oder Veränderung eines Augenscheinsobjekts, des § 427 S. 2 ZPO (Nichtvorlegen durch den Gegner des Beweisführers) und des § 441 Abs. 3 S. 3 ZPO (Nichtvorlegen von Vergleichsschriften).[507]

504 Zur Videoüberwachung im Nachbarrecht vgl. AG Brandenburg NJOZ 2017, 365.

505 Kritisch zur Entscheidung des BAG *Halder/Ittner*, ZD 2023, 691, 692.

506 Vgl. *Laumen*, MDR 2009, 177.

507 *Balzer/Walther*, Beweisaufnahme, Rn 284.

Der Rechtsgedanke, der § 444 ZPO zugrunde liegt, wird entsprechend angewandt auf andere, auch fahrlässige Beweisvereitelungen.[508] Voraussetzung ist aber, dass die spätere Beweisfunktion bei Vernichtung des Beweisstücks bereits erkennbar war.[509] Es muss einer Partei ein Vorwurf daraus gemacht werden können, dass der Prozessgegner einen Beweis nicht führen kann.[510]

BGH NJW 1998, 79, 81:

> *Die Beweisvereitelung kann vorprozessual oder während des Prozesses durch gezielte oder fahrlässige Handlungen geschehen, mit denen bereits vorhandene Beweismittel vernichtet oder vorenthalten werden. Sie kann auch in einem fahrlässigen Unterlassen einer Aufklärung bei bereits eingetretenem Schadensereignis liegen, wenn damit die Schaffung von Beweismitteln verhindert wird, obwohl die spätere Notwendigkeit einer Beweisführung dem Aufklärungspflichtigen bereits erkennbar sein musste.*

Die Beweisvereitelung führt **nicht** generell **zu einer Beweislastumkehr**, zumindest aber dazu, dass das Gericht sie **bis zum Beweis des Gegenteils** bei seiner Beweiswürdigung zu berücksichtigen hat.[511]

BGH NJW 2006, 434, 435:

> *Nach der ständigen Rechtsprechung des BGH liegt in Anwendung des Rechtsgedankens aus §§ 427, 441 III 3, 444, 446, 453 II 454 I ZPO eine Beweisvereitelung vor, wenn eine Partei ihrem beweispflichtigen Gegner die Beweisführung schuldhaft erschwert oder unmöglich macht. Dies kann vorprozessual oder während des Prozesses durch gezielte oder fahrlässige Handlungen geschehen, mit denen bereits vorhandene Beweismittel vernichtet oder vorenthalten werden. Das Verschulden muss sich dabei sowohl auf die Zerstörung oder Entziehung des Beweisobjekts als auch auf die Beseitigung seiner Beweisfunktion beziehen, also darauf, die Beweislage des Gegners in einem gegenwärtigen oder künftigen Prozess nachteilig zu beeinflussen.* ***Als Folge der Beweisvereitelung kommen in solchen Fällen Beweiserleichterungen in Betracht, die unter Umständen bis zur Umkehr der Beweislast gehen können.***

BGH NJOZ 2016, 1563:

> *Kann einer Partei der Vorwurf gemacht werden, sie habe den vom Prozessgegner zu führenden Beweis vereitelt, führt dies nicht dazu, dass eine Beweiserhebung gänzlich unterbleiben kann und der Vortrag der beweispflichtigen Partei als bewiesen anzusehen ist. Vielmehr sind zunächst die von der beweispflichti-*

508 *Balzer/Walther,* Beweisaufnahme, Rn 285; BGH NJW 2006, 434, 435.

509 BGH NJW 1994, 1594; BFH BeckRS 2015, 94657.

510 BGH DAR 2000, 526; *Laumen,* MDR 2009, 177, 178.

511 BGH NJW 1998, 79, 81; BGH NJW 2006, 434, 435; BGH NJW 2009, 360; BFH BeckRS 2015, 94657; BGH GRUR 2022, 899, 909.

gen Partei angebotenen Beweise zu erheben. Stehen solche Beweise nicht zur Verfügung oder bleibt die beweisbelastete Partei nach dem Ergebnis der Beweisaufnahme beweisfällig, ist eine Beweislastumkehr in Betracht zu ziehen und den Beweisangeboten des Prozessgegners nachzugehen.

214 *Beispiele*

- Nichtaufbewahren eines Beweismittels,[512]
- Weigerung des Schädigers, dem Geschädigten die Namen von in Betracht kommenden Zeugen zu benennen,[513]
- Versagung der Aussagegenehmigung,[514]
- Weigerung, sich ärztlich untersuchen zu lassen,[515] obwohl dieses zumutbar ist,
- Entfernen von der Unfallstelle,[516]
- Austausch und Vernichtung eines mangelhaften Autoteils,[517]
- Verletzung von Dokumentationspflichten,[518] insbesondere Verletzung der Befundsicherungspflicht bei Ärzten,[519]
- Verletzung der Pflicht des Geschäftsleiters zur Führung und Aufbewahrung von Büchern und Belegen,[520]
- Verweigerung des Zutritts zu Räumen, die der Sachverständige betreten muss, um ein Gutachten fertigen zu können.[521]

Vgl. aber auch BGH NJW-RR 1996, 1534, zitiert unter Rdn 212.

Ein weiteres Beispiel einer Beweisvereitelung (Verletzung der Dokumentationspflicht) aus der Rechtsprechung des BGH (MDR 2009, 80) nach *Laumen*:[522]

Der Kläger klagt als Insolvenzverwalter restlichen Werklohn der Gemeinschuldnerin ein. Die Beklagte errichtete als Generalunternehmerin ein Parkhaus. Sie beauftragte die Gemeinschuldnerin mit der Ausführung von Betonarbeiten. Unmittelbar nach Einbringung des Betons zeigten sich Mängel, die die Beklagte ggü. der Gemeinschuldnerin rügte. Nach erfolgloser Aufforderung zur Mängelbeseitigung ließ die Beklagte die gerügten Mängel selbst beseitigen, wobei sich deren Umfang in den tieferen Schichten der Betonarbeiten nach ih-

512 BGH LM § 282 ZPO Nr. 2; BGH DZWIR 2012, 421.
513 BGH LM § 286/B ZPO Nr. 11.
514 BGH MDR 1972, 495.
515 BGH NJW 1986, 2371; VG Düsseldorf BeckRS 2013, 46226.
516 LG Saarbrücken NJW-RR 1988, 37.
517 BGH NJW 2006, 434, 435.
518 *Laumen,* MDR 2009, 177; BGH MDR 1996, 262.
519 BGH MDR 1987, 573; BGH MedR 2020, 842.
520 BGH NZG 2012, 464.
521 BGH MDR 1986, 831, 832.
522 *Laumen,* MDR 2009, 177.

rer Behauptung erst im Zuge der Mängelbeseitigungsmaßnahmen sichtbar wurde. Entgegen einer entsprechenden Bitte gab die Beklagte der Gemeinschuldnerin keine Gelegenheit, sich an der Schadensfeststellung zu beteiligen. Eine Dokumentation der angeblich festgestellten Mängel unterblieb ebenfalls. Mit den Kosten der Mängelbeseitigung rechnet die Beklagte ggü. der Werklohnforderung auf. Das Berufungsgericht hat der Klage im Wesentlichen stattgegeben. Zwar trage die Gemeinschuldnerin als Auftragnehmerin vor der Abnahme grundsätzlich die Beweislast für die Mangelfreiheit der von ihr erbrachten Leistungen. Das Verhalten der Beklagten sei jedoch als Beweisvereitelung zu werten, die dazu führe, dass sich die Beweislast umkehre. Die Beklagte müsse dementsprechend den Beweis für den Umfang der Mangelhaftigkeit erbringen, was ihr aber nicht gelungen sei.

Sehr instruktiv auch der Fall des LG Bautzen VersR 1996, 366:

Der Versicherer verstößt gegen das Verbot des venire contra factum proprium, wenn er einerseits vorprozessual auf die vom Anspruchsteller angeregte Autopsie der Leiche des Versicherungsnehmers verzichtet, andererseits jedoch prozessual das Vorliegen eines Unfalltodes bestreitet.

In diesem Verhalten liegt **gleichzeitig eine Beweisvereitelung** mit der Folge, dass der Beweis für einen Unfalltod des Versicherungsnehmers als bewiesen angesehen werden kann.

Im Arzthaftungsrecht spielt die Verletzung der Befundsicherungspflicht immer wieder eine Rolle, die aber auch gewisse Einschränkungen erfahren hat, BGH MedR 2020, 842:

Ein Verstoß gegen die Pflicht zur Erhebung und Sicherung medizinischer Befunde und zur ordnungsgemäßen Aufbewahrung der Befundträger lässt im Wege der Beweiserleichterung für den Patienten zwar auf ein reaktionspflichtiges positives Befundergebnis schließen. Dies ist jedoch nur dann der Fall, wenn ein solches Ergebnis hinreichend wahrscheinlich ist. Es geht zu weit, als Folge der Unterlassung medizinisch gebotener Befunderhebung oder Befundsicherung unabhängig von der hinreichenden Wahrscheinlichkeit des Befundergebnisses eine Vermutung dahingehend anzunehmen, dass zugunsten des Patienten der von diesem vorgetragene Sachverhalt für den Befund als bestätigt gilt.

Eine Beweisvereitelung soll aber nicht vorliegen, wenn es der beweisbelasteten Partei möglich gewesen wäre, den Beweis – etwa im Wege eines selbstständigen Beweisverfahrens – zu sichern.[523]

Offengelassen hat der BGH[524] ob es als Beweisvereitelung zu werten sei, wenn ein Versicherer es einem Versicherungsnehmer unmöglich macht, die Echtheit seiner 215

523 BGH NJOZ 2016, 1563.

524 BGH DAR 2000, 526; BGH NJW-RR 2008, 696.

Unterschrift auf dem Versicherungsvertrag zu beweisen, indem er das Original nach Mikroverfilmung vernichtet. Auf jeden Fall stelle es ein **widersprüchliches Verhalten** dar (§ 242 BGB), wenn der Versicherer, der das Verfahren der Verfilmung und Vernichtung zu seinem (Rationalisierungs-)Vorteil eingeführt habe, die durch dieses Verfahren erzeugten Beweisnachteile auf den Versicherungsnehmer abwälze. **Entgegen dem allgemeinen Grundsatz** müsse deshalb der Versicherer die Fälschung der Unterschrift beweisen.

216 Für die Frage, welche Schlussfolgerungen aus einer Beweisvereitelung zu ziehen sind, ist jeweils auf den Einzelfall abzustellen:[525] Es lassen sich aber auch auf die allgemeine Lebenserfahrung gestützte generalisierende Aussagen machen. Dazu *Musielak*, 50 Jahre Bundesgerichtshof, Festgabe der Wissenschaft, 2000, S. 193, 220:

> *Gibt es sichere Anhaltspunkte dafür, dass der Gegner der beweisführungsbelasteten Partei über Informationen verfügt oder im Besitz von Gegenständen ist, die zur Feststellung der zu beweisenden Tatsachen beitragen können, dann ist zu verlangen, dass er die Gründe angibt, warum die Hilfe zur Tatsachenaufklärung unterbleibt. Die vorgetragenen Gründe hat der Richter im Rahmen seiner Beweiswürdigung zu werten. Vermag der Gegner der beweisführungsbelasteten Partei nicht überzeugend darzulegen, dass seine Mitwirkung an der Tatsachenaufklärung unmöglich oder unzumutbar ist,* ***dann wird der Richter regelmäßig davon auszugehen*** *haben, dass die Behauptung der beweisführungsbelasteten Partei, deren Beweis durch den Gegner verhindert wird, zutrifft. Der Beweis dafür, dass der Gegner der beweisführungsbelasteten Partei in der Lage ist, zur Tatsachenaufklärung beizutragen, obliegt zunächst der beweisführungsbelasteten Partei. Erst wenn dieser Beweis gelungen ist, ist es Sache der anderen Partei, eine Begründung für ihr Verhalten zu geben.*

I. Beweisverwertungsverbote

217 Der Umgang mit rechtswidrig erlangten Beweismitteln spielt insbesondere bei der Verwertung von Augenscheinsobjekten, aber auch beim Urkunden- und Zeugenbeweis eine Rolle,[526] vgl. auch bereits Rdn 121 ff. Die Verwertung unzulässig erlangter Beweismittel[527] ist in der ZPO allerdings nicht ausdrücklich geregelt[528] (vgl. aber § 51 BZRG); sie kennt selbst für rechtswidrig erlangte Informationen oder Beweismittel kein – ausdrückliches – prozessuales Verwendungs- oder Verwertungsverbot.[529] Auch in der Europäischen Menschenrechtskonvention (EMRK)

525 Vgl. BGH NJW 2006, 434, 435.

526 *Ahrens*, Kap. 6 Rn 1.

527 Vgl. auch *Kiethe*, MDR 2005, 965.

528 *Ahrens*, Kap. 6 Rn 9.

529 Saenger/*Saenger*, § 286 Rn 20 ff.

sind keine entsprechenden Regeln enthalten. Art. 6 EMRK garantiert nur allgemein das Recht auf ein faires Verfahren.[530] Auch die Bestimmungen des Bundesdatenschutzgesetzes bzw. der DSGVO konkretisieren „lediglich" den Schutz des Rechts auf informationelle Selbstbestimmung. Sie ordnen für sich genommen jedoch nicht an, dass unter ihrer Missachtung gewonnene Erkenntnisse oder Beweismittel im Zivilprozess vom Gericht nicht berücksichtigt werden dürften.[531]

BGH NJW 2018, 2883, 2886:

> *Die Unzulässigkeit oder Rechtswidrigkeit einer Beweiserhebung führt nicht ohne Weiteres zu einem Beweisverwertungsverbot. Ob ein Eingriff in das allgemeine Persönlichkeitsrecht des Beweisgegners durch die Verwertung von Beweismitteln gerechtfertigt ist, richtet sich nach dem Ergebnis der Abwägung zwischen dem, gegen die Verwertung streitenden allgemeinen Persönlichkeitsrecht, hier in seiner Ausprägung als Recht auf informationelle Selbstbestimmung, auf der einen und den, für die Verwertung sprechenden rechtlich geschützten Interessen auf der anderen Seite. Das Grundgesetz – insbesondere das unter anderem in Art. 20 Abs. 3 GG verankerte Rechtsstaatsprinzip – misst dem Erfordernis einer wirksamen Rechtspflege eine besondere Bedeutung bei. Im Zivilprozess, in dem über Recht und Rechtspositionen der Parteien innerhalb eines privatrechtlichen Rechtsverhältnisses gestritten wird, sind die Aufrechterhaltung einer funktionstüchtigen Rechtspflege und das Streben nach einer materiell richtigen Entscheidung wichtige Belange des Gemeinwohls. Um die Wahrheit zu ermitteln, sind die Gerichte deshalb grundsätzlich gehalten, von den Parteien angebotene Beweismittel zu berücksichtigen, wenn und soweit eine Tatsachenbehauptung erheblich und beweisbedürftig ist. Dies gebieten auch der in § 286 ZPO niedergelegte Grundsatz der freien Beweiswürdigung sowie das grundrechtsähnliche Recht auf rechtliches Gehör gem. Art. 103 Abs. 1 GG. Aus ihnen folgt die grundsätzliche Verpflichtung der Gerichte, den von den Parteien vorgetragenen Sachverhalt und die von ihnen angebotenen Beweise zu berücksichtigen.*

Zur Frage der Verwertbarkeit von Zeugenaussagen im Zivilverfahren, die auf dem rechtswidrigen Mithören von Telefongesprächen Dritter beruhen, hat das BVerfG weiter entschieden, dass allein das allgemeine Interesse an einer funktionstüchtigen Straf- und Zivilrechtspflege nicht ausreicht, um im Rahmen der Abwägung stets von einem gleichen oder gar höheren Gewicht ausgehen zu können, als es dem allgemeinen Persönlichkeitsrecht zukommt. Vielmehr müssen weitere Aspekte hinzutreten, die ergeben, dass das Interesse an der Beweiserhebung trotz der Persönlichkeitsbeeinträchtigung schutzbedürftig ist. Im Zivilprozess kann es Situationen geben, in denen dem Interesse an der Beweiserhebung – über das stets bestehende

530 EGMR NJW-RR 2018, 294, 298; *Ahrens*, Kap. 6 Rn 9.
531 BGH NJW 2018, 2883, 2886.

„schlichte“ Beweisinteresse hinaus – besondere Bedeutung für die Rechtsverwirklichung einer Partei zukommt. In der fachgerichtlichen Rechtsprechung werde dies etwa in Fällen angenommen, in denen sich der Beweisführer in einer Notwehrsituation oder einer notwehrähnlichen Lage befinde.[532] Demgegenüber reiche allein das Interesse, sich ein Beweismittel für zivilrechtliche Ansprüche zu sichern, nicht aus.[533] Schematische Betrachtungen verbieten sich mithin, vgl. beispielsweise BGH NJW 2003, 1123:

> *Ist die Partei des Zivilprozesses in einem vorangegangenen Strafverfahren entgegen §§ 163a Abs. 4, 136 Abs. 1 S. 2 StPO nicht belehrt worden, so folgt im nachfolgenden Zivilprozess nicht allein daraus ein Beweisverbot bezüglich der Vernehmung der Verhörsperson als Zeuge und der urkundlichen Verwertung der polizeilichen Niederschrift über diese Vernehmung. Über die Frage der Verwertbarkeit ist vielmehr aufgrund einer Interessen- und Güterabwägung im Einzelfall zu entscheiden. Jedenfalls wenn das Strafverfahren bereits rechtskräftig zu einem Freispruch geführt hat, ist ein Schutzbedürfnis der Partei grundsätzlich nicht mehr gegeben.*

218 Das Gericht muss im Übrigen nur dann von Amts wegen prüfen, ob ein Verwertungsverbot eingreift, wenn entsprechende Anhaltspunkte dazu Anlass geben und die betreffende Partei nicht wirksam darauf verzichtet hat, die – etwaige – Verletzung ihres allgemeinen Persönlichkeitsrechts geltend zu machen.[534] So kommt beispielsweise ein Beweisverbot wegen eines unterlassenen Hinweises nach §§ 163a Abs. 4, 136 Abs. 1 S. 2 StPO nur in Betracht, wenn das Gericht im Freibeweisverfahren die Überzeugung gewonnen hat, dass die Voraussetzungen des Beweisverbots vorliegen.[535]

Ist ein Beweisverwertungsverbot wegen eines ungerechtfertigten Eingriffs in das allgemeine Persönlichkeitsrecht anzunehmen, so umfasst das Beweisverwertungsverbot nicht nur das unrechtmäßig erlangte Beweismittel selbst, sondern auch dessen mittelbare Verwertung wie etwa die Vernehmung eines Zeugen über den Inhalt des Bildmaterials.[536]

BVerfG NZA 2002, 284:

> *Einem Beweisverwertungsverbot unterliegt hingegen die unter Verletzung des Persönlichkeitsrechts des Gesprächspartners gewonnene Tonbandaufnahme selbst, sowie deren mittelbare Heranziehung durch Verlesung von Niederschriften oder die Vernehmung von Zeugen über den Inhalt des Tonbands.*

532 Vgl. *Ahrens*, Kap. 6 Rn 35.
533 Vgl. BVerfGE NJW 2002, 3619; BVerfG NJW 2007, 753; BAG NJW 2017, 843.
534 BAG NZA 2018, 1329, 1331.
535 BGH NJW 2003, 1123.
536 BVerfG NZA 2002, 284; BAG NJW 2017, 843, 844.

J. Beweislast

Die Frage nach der Beweislast stellt sich zum einen, wenn es zu bestimmen gilt, wer für eine streitige Behauptung Beweis anzutreten hat, **Beweisführungslast.**[537] Der Beweispflichtige ist gegebenenfalls vom Gericht gemäß § 139 ZPO zum Beweisantritt aufzufordern. Er hat den Kostenvorschuss zur Ladung von Zeugen und Sachverständigen zu entrichten. 219

Zum anderen ist zu klären, wem es zum Nachteil gereichen soll, dass eine Tatsachenbehauptung nicht zur Überzeugung des Gerichts bewiesen ist, **objektive Beweislast**. Die Beweislast regelt also insoweit die Risikoverteilung für den Fall der Nichterweislichkeit von Tatsachenvorbringen;[538] sie ist ein Hilfsmittel, trotz eines nicht aufgeklärten Sachverhaltes eine Entscheidung treffen zu können; nur dadurch wird der Zwang des Richters erträglich, jede ihm vorgetragene Sache entscheiden zu müssen.

Die Beweislast deckt sich weitgehend mit der Darlegungslast bzw. Behauptungslast: 220

Jede Partei ist beweisbelastet für das **Vorliegen der tatsächlichen Voraussetzung der ihr günstigen Norm**; also für rechtsbegründende, rechtsverneinende, rechtsvernichtende, rechtshemmende Tatsachen – auch für die negativen.[539]

BGH MDR 1999, 350:

> *Auf der ersten Ebene ist der Antragsteller für die rechtserzeugenden Tatsachen seines Anspruchs beweispflichtig [...]. Auf einer zweiten Ebene trägt derjenige, welcher sich auf Nichteintritt, Hemmung oder Untergang des an sich bestehenden Anspruchs beruft, die Beweislast für die rechtshindernden, rechtshemmenden oder rechtsvernichtenden Tatsachen [...]. Auch den rechtsvernichtenden Tatsachen können vernichtungshindernde (rechtserhaltende) Tatsachen gegenübertreten, die wiederum zu einer auf der Gegenseite liegenden Beweislast führen [...]. Ihnen können weitere Normen mit entgegengesetzter Wirkung entgegentreten, und so ergibt sich ein „weitreichendes, sich ständig wiederholendes Widerspiel von Rechtssätzen, weil die Wirkung jeder Norm durch eine andere gehindert, oder vernichtet werden kann [...]*[540]

Eine Beweislastumkehr aus **Billigkeitsgründen** im Einzelfall ist unzulässig.[541] 221

Die Schwierigkeit, einen **negativen Beweis** zu führen, ändert nichts an der Beweislastverteilung; allerdings hilft die Rechtsprechung dem Beweisbelasteten u.U. mit 222

537 BLP/*Laumen*, Bd. 1, Kap. 9 Rn 6, Rn 32.

538 Zöller/*Greger*, vor § 284 Rn 17a; BLP/*Laumen*, Bd. 1, Kap. 9 Rn 10.

539 Vgl. BLP/*Laumen*, Bd. 1, Kap. 9 Rn 59.

540 So auch *Rosenberg*, Die Beweislast, 1965, S. 101 ff.

541 BGH NJW-RR 1997, 892; MüKo/*Prütting*, § 286 ZPO Rn 131.

reduzierten Anforderungen an das **Beweismaß**;[542] siehe auch Rdn 8 ff. Darüber hinaus kann sich der Gegner des Beweispflichtigen gegenüber der Behauptung einer negativen Tatsache nicht auf ein bloßes Bestreiten zurückziehen, sondern er muss eine **positive Gegenbehauptung**, z.B. einen bestimmten Rechtsgrund gegenüber einem auf § 812 BGB gestützten Anspruch aus ungerechtfertigter Bereicherung vortragen, etwa das Vorliegen einer Schenkung. Dann hat der Beweispflichtige die Möglichkeit, die negative Tatsache zu beweisen, denn er muss nicht mehr alle erdenklichen positiven Möglichkeiten ausschließen, sondern nur die konkrete Gegenbehauptung widerlegen.

Die Beweislast hängt **nicht** von der Rolle ab, die eine Partei im Prozess innehat, also ob sie Kläger oder Beklagter ist; somit keine Änderung der Beweislast etwa bei negativer Feststellungsklage.

223 Die Beweislast ist mitunter ausdrücklich im **Gesetz** geregelt, z.B. in den §§ 179 Abs. 1, 280 Abs. 1 S. 2, 286 Abs. 4, 476, 892, 932 BGB.

Häufig ergibt sich die Beweislast aus der Fassung des **Gesetzeswortlauts**. Wer sich auf einen Gesetzespassus beruft, der mit den Worten „wenn nicht …“, „soweit nicht …“, „ausgenommen …“ eingeleitet ist, hat dessen Voraussetzungen zu beweisen.

224 *Beispiel*

Die Hinterbliebenen eines, bei einem Verkehrsunfall tödlich verunglückten Fußgängers, nehmen den Halter und Fahrer des Pkw auf Schadensersatz in Anspruch, der den Fußgänger überfahren hat. Dieser hatte zum Unfallzeitpunkt einen Blutalkoholgehalt von 2,0 ‰.

Der Pkw-Fahrer behauptet, der Fußgänger sei ihm plötzlich von rechts vor das Auto gelaufen; die Hinterbliebenen bestreiten das mit Nichtwissen. Ein vom Gericht eingeholtes Sachverständigengutachten hat den Geschehensablauf nicht klären können.

Soweit die Hinterbliebenen als Erben **Schmerzensgeld** begehren, müssen sie die Voraussetzungen der §§ 823, 253 Abs. 2 BGB, also einen Sachverhalt beweisen, aus dem sich ein Unfallverschulden des Fahrers ergibt. Da sich der Unfallverlauf nicht aufklären ließ, haben die beweispflichtigen Kläger kein Verschulden nachweisen können; also haben sie keinen (übergegangenen) Schmerzensgeldanspruch gegen den Beklagten.

Für den Anspruch auf Ersatz des übrigen Schadens (Sachschaden, entgangener Unterhalt) genügt gemäß § 7 Abs. 1 StVG das – hier unstreitige – Vorbringen, der Fußgänger sei beim Betrieb eines Kraftfahrzeuges zu Tode gekommen. Der Fahrer kann den Ersatzanspruch nur abwenden, wenn er Tatsachen vorträgt und

542 Vgl. BGH NJW-RR 1990, 446, 447.

beweist, aus denen sich ergibt, dass der Unfall für ihn im Sinne des § 7 Abs. 2 StVG unabwendbar war. Seine Behauptung, der Fußgänger sei ihm plötzlich vor das Auto gelaufen, wäre geeignet, die Unabwendbarkeit zu begründen. Die Hinterbliebenen haben sie aber in zulässiger Weise gemäß § 138 Abs. 4 ZPO mit Nichtwissen bestritten. Und da das Sachverständigengutachten nicht zu einer weiteren Aufklärung des Sachverhaltes geführt hat, hat der Fahrer nicht den ihm obliegenden Beweis für die Unabwendbarkeit des Unfalls geführt. Dass der Verunglückte im Unfallzeitpunkt einen Blutalkoholgehalt von 2 ‰ hatte, ändert nichts an der Beweislastverteilung und begründet auch keinen Anscheinsbeweis zulasten der Hinterbliebenen.

Obwohl der Unfallverlauf also ungeklärt blieb, haben die Hinterbliebenen gegen den Fahrer Anspruch auf Ersatz des vollen Schadens. (Der Anwalt des Beklagten hätte versuchen sollen, eine Anhörung seines Mandanten nach § 141 ZPO anzuregen. Hätte dieser den Sachverhalt sehr überzeugend geschildert, wäre das Gericht womöglich bereit gewesen, ihn gemäß § 448 ZPO zu seiner eigenen Unfalldarstellung zu vernehmen, vgl. Rdn 164 ff.).

Um den Schwierigkeiten der Beweisführung zu entgehen, kann eine Partei die Beweislast vertraglich dem Gegner aufbürden;[543] aber nicht in Allgemeinen Geschäftsbedingungen, § 309 Nr. 12 BGB. Zwar ist diese Bestimmung gemäß § 310 Abs. 1 BGB nicht auf den kaufmännischen Verkehr anwendbar, eine Beweislastverschlechterung verstößt aber auch im kaufmännischen Verkehr generell gegen § 307 BGB.[544] **225**

Nachfolgend wird die Beweislast bei typischen Konstellationen dargestellt.

I. Beweislast im Allgemeinen Teil des BGB

1. Unmöglichkeit

Steht die Unmöglichkeit einer Leistung fest, hat der Schuldner zu beweisen, dass er die Unmöglichkeit **nicht zu vertreten** hat, §§ 283, 280 Abs. 1 S. 2 BGB.[545] **226**

Aber BGH NJW-RR 1990, 446, 447:[546]

> *Aufgrund der bisher vom BerGer angestellten Erwägungen stellt es eine Überspannung der nach § 282 BGB a.F. an den Bekl. zu stellenden Anforderungen dar, wenn man von ihm den Nachweis dafür verlangt, dass er die Brandlegung, die zur Zerstörung der in seinem Strickereibetrieb lagernden Garne der Ver-*

543 MüKo/*Prütting*, § 286 ZPO Rn 169.

544 BGHZ 101, 184; BGH NJW 2006, 47, 49.

545 BeckOK-BGB/*Lorenz*, § 283 Rn 3.

546 Diese Grundsatzentscheidung ist auch auf § 280 BGB übertragbar, vgl. MüKo/*Ernst*, § 280 BGB Rn 39.

sicherungsnehmerin der Kl. geführt hat, nicht seinerseits in irgendeiner Weise veranlasst oder beeinflusst hat. Im Anwendungsbereich des § 282 BGB a.F. kann nicht verlangt werden, dass der Schuldner in jedem Falle den Umstand zu beweisen hat, der die unverschuldete Unmöglichkeit seiner Leistung herbeigeführt hat. Die Vorschrift beruht auf dem Gedanken, dass der Schuldner in der Regel selbst am besten in der Lage ist, die Umstände darzulegen und zu beweisen, die ihm die Erfüllung seiner Verpflichtung unmöglich gemacht haben. Dazu wird er vielfach gar nicht in der Lage sein, da völlige Gewissheit in solchen Fällen meist nicht zu erlangen ist. Ebenso wie bei den Grundsätzen für den Beweis negativer Tatsachen muss es daher im Rahmen des § 282 BGB a.F. im Allgemeinen genügen, wenn der beweispflichtige Schuldner die Umstände widerlegt, die für sein Verschulden oder für die Ursächlichkeit seines Verschuldens mit der eingetretenen Unmöglichkeit sprechen [...]

Unter Berücksichtigung der Schwierigkeiten, die die Führung eines Negativbeweises mit sich bringt, wird das BerGer nach den Grundsätzen des § 286 ZPO abzuwägen haben, in welchem Verhältnis die Wahrscheinlichkeit für eine von dem Bekl. nicht verschuldete, zu einer von diesem verschuldeten oder möglicherweise verschuldeten Brandentstehung steht. Ergibt sich bei dieser Abwägung für eine von dem Bekl. nicht zu vertretende Brandentstehung ein so hohes Maß an Wahrscheinlichkeit, dass demgegenüber die Wahrscheinlichkeit einer von dem Bekl. zu verantwortenden Brandlegung zurücktritt, dann ist der nach § 280 Abs. 1 S. 2 BGB zu führende Entlastungsbeweis als erbracht anzusehen.

2. Verschulden

a) Vorsatz

227 Die Beweislast für den Vorsatz, d.h. das Wissen und Wollen der objektiven tatbestandsmerkmale, trägt grundsätzlich der Anspruchsteller, wenn der Vorsatz zum Anspruchsgrund gehört.[547] Ob der Vorsatz dem Anscheinbeweis zugänglich ist, wird uneinheitlich beurteilt, vgl. Rdn 52.

b) (Grobe) Fahrlässigkeit

228 Der Verschuldensgrad der (groben) Fahrlässigkeit als Rechtsbegriff ist selbst nicht dem Beweis zugänglich; insoweit kann es nur um die Tatsachen gehen, die einen Fahrlässigkeitsvorwurf begründen.[548] Um zu einem Fahrlässigkeitsvorwurf zu kommen bedarf es einer Bewertung des Sachverhalts: Einerseits muss für den Handelnden erkennbar gewesen sein, dass er eine Sorgfaltspflicht verletzt, andererseits muss die Tatbestandsverwirklichung vermeidbar gewesen sein. Der Beweisbelastete muss mithin die Erkennbarkeit eines Schadenseintritts bei Verletzung einer Sorg-

547 BLP/*Repgen*, § 280 Rn 4.

548 BGH NJW 1953, 1139; BLP/*Repgen*, § 276 Rn 5.

faltspflicht (haftungsbegründende Kausalität) und die Vermeidbarkeit des schädigenden Erfolges beweisen, d.h. nachweisen, dass sein Schaden bei pflichtgemäßen Verhalten des Gegners nicht eingetreten wäre (haftungsausfüllende Kausalität).[549] Die Rechtsprechung wendet für die haftungsausfüllende Kausalität § 287 ZPO an, vgl. Rdn 36. Für die haftungsbegründende Kausalität gilt § 287 ZPO nicht.

Grobe Fahrlässigkeit liegt vor, wenn die im Verkehr erforderliche Sorgfalt in besonders schwerem ungewöhnlichen Maße verletzt wird; wenn schon einfachste, ganz naheliegende Überlegungen nicht angestellt werden und das nicht beachtet wird, was im gegebenen Fall jedem einleuchten musste.[550] Ein Gläubiger, der einen Schädiger wegen grober Fahrlässigkeit in Anspruch nehmen will, hat grundsätzlich einen Sachverhalt vorzutragen, der diesen Anforderungen genügt.[551] Ist die Haftung auf grobe Fahrlässigkeit beschränkt und steht das **Verschulden** des Schädigers aber bereits fest, so hat **er** sich zu entlasten, **nicht** grob fahrlässig gehandelt zu haben.[552]

Zur Frage des Anscheinsbeweises bei grober Fahrlässigkeit vgl. Rdn 52.

3. Mitverschulden

Gemäß § 254 Abs. 1 BGB muss sich ein Geschädigter auf seinen Schadensersatz- **229**
anspruch (sei es aus Vertrag, Delikt oder Gefährdungshaftung) sein eigenes Mitverschulden zurechnen lassen. Die Darlegungs- und Beweislast trifft aber insoweit den Schädiger.[553] Der Geschädigte hingegen hat einer sekundären Behauptungslast zu genügen, vgl. § 2 Rdn 62, soweit es um Umstände aus seiner Sphäre geht; er hat z.B. darzulegen, was er zur Schadensminderung unternommen hat.[554]

4. Verzug

Kommt jemand mit seiner Leistung in Verzug, § 286 BGB, hat er gemäß § 280 **230**
Abs. 1 S. 2 BGB zu beweisen, dass er den Verzug **nicht zu vertreten** hat.[555]

Zum Beispiel BGH VersR 1983, 60, 61:

> *Wendet die auf Erstattung von Verspätungszuschlägen in Anspruch genommene Steuerberaterin ein, sie sei an den Fristüberschreitungen nicht schuld, weil ihr Auftraggeber es trotz Aufforderung unterlassen habe, die für die Steuererklä-*

549 BLP/*Repgen,* § 276 Rn 5 ff.
550 BGH NJW 1992, 3236; BGH NJW 2007, 2988, 2989.
551 BLP/*Repgen,* § 277 Rn 2.
552 BGH NJW 1967, 612.
553 BLP/*Luckey,* § 254 Rn 5.
554 BGH NJW 1998, 3706.
555 BLP/*Repgen,* § 286 Rn 10.

rung erforderlichen Unterlagen zur Verfügung zu stellen, so trägt sie die Beweislast für die Richtigkeit dieser Behauptung.

Vgl. zum Verzug des Bürgen beispielsweise BGH NJW 2011, 2120, 2121:

Der Bürge kommt, wie jeder andere Schuldner, nicht in Verzug, wenn er an der Leistung durch eine nicht zu vertretende Ungewissheit über das Bestehen und den Umfang der gesicherten Forderung gehindert ist. Zu berücksichtigen ist, dass ein Bürge nicht Partei des Vertrags ist, aus dem der Gläubiger einen von ihm, dem Bürgen, abgesicherten Anspruch gegen den Schuldner erhebt. Er ist häufig nicht über die Umstände informiert, die diesen Anspruch begründen können. Fehlen dem Bürgen die Informationen, die ihm eine zuverlässige Prüfung ermöglichen, ob die, die Hauptforderung begründenden Tatsachen vorliegen, so ist es an dem Gläubiger, ihm diese Informationen zu erteilen sowie ihm gegebenenfalls dazu erforderliche Unterlagen zugänglich zu machen. Werden die notwendigen Informationen nicht erteilt, gerät der Bürge nicht in Verzug, wenn ihn kein eigenes Verschulden daran trifft, dass er sie nicht erhalten hat.

Ein eigenes Verschulden trifft den Bürgen, wenn er nicht selbst ausreichende, ihm zumutbare Anstrengungen unternimmt, die ihm fehlenden Informationen zu erlangen. Reichen dem Bürgen die ihm mit der Mahnung zur Verfügung gestellten Unterlagen zur Prüfung der Berechtigung der geltend gemachten Forderung nicht aus, darf er entgegen der Auffassung der Revision nicht untätig bleiben. Er muss vielmehr zur Vermeidung des Verzugseintritts dem Gläubiger von dem Leistungshindernis Mitteilung machen und die zur Prüfung aus seiner Sicht erforderlichen Unterlagen anfordern. Diese Anforderung muss ausreichend deutlich machen, welche fallbezogenen Unterlagen fehlen, so dass der Gläubiger ohne weiteres in die Lage versetzt wird, darauf zu reagieren.

5. Vollmacht

231 Der Geschäftsgegner, der den Vertreter auf Erfüllung oder Schadenersatz wegen Nichterfüllung in Anspruch nimmt, hat zu beweisen, dass der Vertreter mit ihm in fremden Namen einen Vertrag geschlossen und der Vertretene die Genehmigung verweigert hat. Der Beweis der Verweigerung der Genehmigung kann auch durch den Nachweis der Voraussetzungen für eine nach § 177 Abs. 2 S. 2 BGB fingierte Verweigerung der Genehmigung geführt werden.[556]

Tritt jemand im Namen eines anderen auf, hat er umgekehrt zu beweisen, bevollmächtigt zu sein;[557] gelingt ihm dieser Beweis nicht, ist er gemäß § 179 BGB dem anderen nach dessen Wahl (verschuldensunabhängig) zur Erfüllung oder zum Schadensersatz verpflichtet.

556 BGH NJW-RR 2005, 1585, 1586; BLP/*Prütting*, § 179 Rn 1.
557 BLP/*Prütting*, § 179 Rn 2.

Beispiel

Ein Anwalt schließt namens seines Mandanten einen Vergleich, wonach dieser dem Gegner, der 15.000 EUR verlangt hatte, 10.000 EUR zahlen soll. Der Anwalt behauptet, sein Mandant habe ihn bevollmächtigt, in dieser Höhe abzuschließen. Nimmt der Mandant das in Abrede und kann der Anwalt die behauptete Vereinbarung nicht beweisen, schuldet er gemäß § 179 Abs. 1 BGB dem Gegner den Betrag von 10.000 EURO (und der Anwalt kann sehen, ob er eine Erstattung dieses Betrages gegen seinen Mandanten durchsetzen kann).

6. Willenserklärungen

a) Auslegung von Willenserklärungen

BGH NJW 2001, 144: **232**

> *Nach anerkannten Auslegungsgrundsätzen hat die Vertragsauslegung in erster Linie den von den Parteien gewählten Wortlaut der Vereinbarung und den diesem zu entnehmenden objektiv erklärten Parteiwillen zu berücksichtigen. Beruft sich eine Vertragspartei auf einen vom eindeutigen Wortlaut des Vertrages abweichenden übereinstimmenden Willen der Vertragspartner, so obliegt ihr für die dem zugrundeliegenden auslegungsrelevanten Umstände die* ***Darlegungs- und Beweislast****.*

b) Zugang von Willenserklärungen

Wer eine Kündigung oder eine Mängelrüge per Post ausspricht, hat Schwierigkeiten, den rechtzeitigen Zugang bei dem Adressaten zu beweisen. Obwohl nur 0,000633 % der Briefe bei der Post verloren gehen, genügt der Nachweis der Absendung eines Briefes nicht;[558] ein Einschreibebrief mit Rückschein ist deshalb ratsam, vgl. oben Rdn 87 ff. **233**

Zum Nachweis des Zugangs einer E-Mail, vgl. oben Rdn 89. **234**

c) Unternehmensbezogene Willenserklärung

Wer eine Willenserklärung im eigenen Namen abgegeben hat und sich darauf beruft, sie sei unternehmensbezogen und wirke deshalb gegen den mit ihm nicht personengleichen Unternehmensinhaber, hat die Unternehmensbezogenheit zu beweisen. Zweifel gehen zulasten des Erklärenden.[559] **235**

Steht die Unternehmensbezogenheit aber fest (weil das Geschäft typischerweise zum Geschäftsbereich des Unternehmens gehört oder sogar in dessen Betriebsräumen abgeschlossen wurde[560]), geht bei diesen Geschäften der Wille der Beteiligten

558 BGH NJW 1987, 2235; OLG Schleswig GRUR-RR 2008, 138.

559 BGH NJW 1995, 43.

560 OLG Köln GmbHR 1995, 661.

im Zweifel dahin, dass der Betriebsinhaber Vertragspartner werden soll.[561] Dies gilt aber nur, wenn der Handelnde sein Auftreten für das Unternehmen hinreichend deutlich macht.[562]

OLG Köln BB 1997, 229:

> *Sollen Werbeanzeigen in einem Publikationsorgan fortlaufend für ein Unternehmen unter einer bestimmten Geschäftsbezeichnung geschaltet werden, kann der Vertragspartner bei Vertragsschluss mangels entgegenstehender Anhaltspunkte davon ausgehen, dass die Anzeigenaufträge im Namen dieses Geschäftsbetriebes erteilt werden sollen. Existiert die Unternehmung als eigene Rechtsperson nicht, so haftet der in ihrem Namen Handelnde für die Folgen des Rechtsgeschäfts in entsprechender Anwendung von § 179 Abs. 1 BGB persönlich.*[563] *Wendet er ein, er habe in Wirklichkeit bei Auftragserteilung für eine, von ihm als Gesellschaftergeschäftsführer betriebene GmbH mit einem anderslautenden Firmennamen auftreten wollen, so obliegt ihm die volle* ***Darlegungs- und Beweislast*** *für die Unternehmensbezogenheit der Anzeigenaufträge im Hinblick auf deren Geschäftsbetrieb.*

Das Problem der Unternehmensbezogenheit kommt vor allem dann zum Tragen, wenn ein Geschäftsführer einer GmbH einen Vertrag abschließt, ohne ausdrücklich zu betonen, dass er den Vertrag im Namen der GmbH abschließen will. Ist der Vertrag schriftlich geschlossen worden, spricht die (rechtliche) Vermutung der Vollständigkeit zunächst einmal dafür, dass das Geschäft im eigenen Namen geschlossen worden ist. Ist das Geschäft aber betriebsbezogen, tritt die Vermutung der urkundlichen Erklärung hinter der Vermutung zurück, dass es als betriebsbezogenes eben im Namen der GmbH gewollt ist.[564]

OLG München NZG 2000, 892, m. Anm. *Waldner*, NZG 2000, 1037:[565]

> *Erklärungen eines Geschäftsführers in einer notariellen Urkunde wirken auch dann unmittelbar für und gegen die GmbH, wenn der Geschäftsführer in der notariellen Niederschrift weder als solcher bezeichnet wird noch mit der Firma der Gesellschaft gezeichnet hat und auch Nachweise über dessen Vertretungsberechtigung nicht der Niederschrift beigefügt worden sind, soweit nur das Handeln für die Gesellschaft* ***offenkundig*** *ist; §§ 10 und 12 BeurkG sind lediglich Sollvorschriften, § 35 Abs. 3 GmbHG ist nur Ordnungsvorschrift.*

Hat der Geschäftsführer eine Verpflichtungserklärung im Rahmen eines unternehmensbezogenen Geschäfts gegenüber einem Geschäftspartner der GmbH mit dem

561 BGH WM 2016, 614, 615; BGH NJW 2012, 3368, 3369; BGH NJW 1974, 1191; BGH NJW-RR 2021, 1223.

562 BGH BB 1995, 11; BGH NJW-RR 2006, 109.

563 So auch BGH NJW 2012, 3368.

564 Vgl. LG Hanau NJW-RR 2000, 1420, 1421 m.w.N.

565 So auch im Fall einer Fahrzeugmiete OLG Düsseldorf MDR 2012, 835, 836.

Zusatz von Firma und Sitz der Gesellschaft unterzeichnet, hat er hierdurch selbst dann seine Stellvertretung hinreichend kenntlich gemacht, wenn er ergänzt: „Sie werden von mir diesen Betrag auf jeden Fall zurückerhalten.“[566]

Trägt der Gegner einen Sachverhalt vor, aus denen sich ergibt, dass ein unternehmensbezogenes Geschäft vorlag, ist es Sache der anderen Partei darzulegen und zu beweisen, dass eben kein unternehmensbezogenes Geschäft vorlag, sondern – beispielsweise ein Darlehensvertrag – mit dem Handelnden geschlossen werden sollte.

BGH NJW 1986, 1676:

> *Bei einem betriebsbezogenen Darlehen hat dagegen der Darlehensgeber den Nachweis zu erbringen, daß er die Zahlungen an den Verhandlungspartner persönlich geleistet hat.*

II. Beweislast bei (vor-)vertraglichen Ansprüchen

1. Darlehensvertrag

Der Darlehensgeber (z.B. eine Bank) hat gemäß § 488 Abs. 1 S. 2 BGB einen An- **236**
spruch auf Rückerstattung des Darlehens und auf Zahlung der geschuldeten Zinsen. Verlangt er vom Darlehensnehmer Rückerstattung des Darlehens, trifft ihn die Beweislast für den Abschluss eines Darlehensvertrags, die Hingabe der Darlehensvaluta und der Fälligkeit des Darlehensrückzahlungsanspruchs.[567]

Wird gegenüber einem auf Rückzahlung des Darlehens gestützten Anspruch, der Einwand der Schenkung erhoben, muss an sich der Kläger/Darlehensgeber beweisen, dass **keine Schenkung** vorliegt.[568] Denn der Zahlungsempfänger leugnet in diesem Fall lediglich den Klagegrund (d.h. das Bestehen eines Darlehensvertrags).[569]

> *Beispiel*
>
> Eine Witwe und ein Frührentner beschließen, gemeinsame Wochenendausflüge mit einem Pkw zu unternehmen, der mit dem Geld der Witwe angeschafft und dem Rentner zum Eigentum übertragen wird, der allein über eine Fahrerlaubnis verfügt. Nach einiger Zeit kommt es zum Zerwürfnis. Die Witwe begehrt von dem Rentner Rückzahlung des von ihr aufgewandten Kaufpreises, den sie ihm lediglich darlehensweise zur Verfügung gestellt habe. Ein schlichtes Bestreiten würde als unsubstantiiert und die Behauptung der Klägerin gemäß § 138 Abs. 3

566 OLG Köln GmbHR 2000, 383; vgl. auch BGH NZG 2021, 302.

567 BLP/*Bülow*, § 488 Rn 2.

568 BGH NJW 1986, 2571; vgl. auch BGH NJW 2014, 2275; BFH BeckRS 2014, 94717.

569 BLP/*Bülow*, § 488 Rn 2.

ZPO als zugestanden gewertet. Der Beklagte behauptet aber Schenkung. Diese Einlassung müsste die Klägerin ausräumen.[570]

Es wird demgegenüber jedoch teilweise auch vertreten, dass es zu einer Umkehr der Beweislast komme und deswegen der Empfänger die Beweislast für die Schenkung bzw. die Unentgeltlichkeit trage.[571]

Die Schwierigkeiten, diesen negativen Beweis zu führen, versucht die Rspr. auszuräumen, indem sie tatsächliche Vermutungen behauptet, die aber wenig überzeugen: So etwa eine tatsächliche Vermutung für eine Darlehenshingabe bei Tilgung von Geschäftsschulden unter Eheleuten[572] oder bei einer nur kurzfristigen Liebesbeziehung.[573] Zur Darlegung von negativen Tatsachen vgl. auch Rdn 16 und Rdn 258 zur ungerechtfertigten Bereicherung.

2. Frachtführervertrag

237 Die Vorschrift des § 461 Abs. 1 HGB statuiert eine verschuldensunabhängige Obhutshaftung für den Spediteur. Für sonstige Pflichtverletzungen haftet der Spediteur gem. § 461 Abs. 2 HGB für vermutetes Verschulden. Die Beweislastverteilung richtet sich dann nach den auch für § 280 Abs. 1 BGB geltenden Regeln, wonach der Gläubiger beweispflichtig für den haftungsausfüllenden Schaden ist.[574]

Begehrt ein Geschädigter für den Verlust seines Transportgutes von dem Spediteur Ersatz seines **vollen** Schadens, ist der Anspruchssteller nicht mehr darlegungs- und beweispflichtig für ein etwaiges Verschulden des Spediteurs.[575] Beweisrechtlich ist gem. Nr. 25.1 ADSp der **Auftraggeber** beweispflichtig für die Übergabe der Waren im mangelfreien Zustand, in bestimmter Menge und Beschaffenheit;[576] der **Spediteur** dafür, dass er die Waren so, wie er sie erhalten hat, abgeliefert hat. Die Darlegungspflicht für den Schadenseintritt beim Transport obliegt gem. Nr. 25.2 ADSp demjenigen, der dies behauptet.

OLG Köln VersR 1999, 1040:[577]

Die dem Anspruchsteller obliegende Darlegungs- und Beweislast wird dadurch gemildert, dass der Spediteur angesichts des unterschiedlichen Informationsstandes der Vertragsparteien nach Treu und Glauben gehalten ist, soweit möglich und zumutbar zu den näheren Umständen aus seinem Betriebsbereich ein-

570 BGH NJW 1986, 2571.
571 OLG Naumburg NJW 2009, 1679.
572 OLG Schleswig FamRZ 1988, 165.
573 OLG Koblenz NJW-RR 1998, 1516; OLG Koblenz WM 2013, 842.
574 BGH VersR 2012, 1318.
575 Anders vor der Reform BGH VersR 1998, 657.
576 OLG Zweibrücken Hamburger Seerechts-Report 2008, 38.
577 Fortführend BGH TranspR 2004, 175.

gehend vorzutragen. Dabei reicht es nicht aus, wenn er allgemein zur Lagerorganisation vorträgt. Er ist vielmehr gehalten, die konkret eingerichteten Kontrollen so detailliert darzulegen, dass für den Anspruchsteller und das Gericht erkennbar wird, wie die einzelnen Maßnahmen getroffen worden sind, um sicherzustellen, dass die theoretisch vorgesehenen ***Organisationsmaßnahmen*** *auch praktisch durchgeführt werden, BGH VersR 97, 725, 726.*

Eine vom Auftraggeber zu beweisende Tatsache kann zum Beispiel in dem Mangel des Kontroll- und Sicherungssystems liegen; z.B. dadurch, dass es nicht den Zutritt Fremder zu den Lagerräumen verhindert,[578] oder dass Transportgut völlig außer Kontrolle geraten kann, ohne dass sich der Weg des Transportgutes nachvollziehen lässt.[579]

Auch bei der Haftung des **Frachtführers** nach **Art. 17 CMR** werden die entscheidenden Weichen für die Anspruchsdurchsetzung durch die Verteilung der Darlegungs- und Beweislast gesetzt. Nach Art. 17 Abs. 1 CMR schuldet der Frachtführer grundsätzlich Schadensersatz für den Verlust des seiner Obhut anvertrauten Transportgutes. Der Ersatzberechtigte muss zwar darlegen und gegebenenfalls beweisen, das Transportgut an den Frachtführer ausgeliefert zu haben. Sodann aber ist von dem Frachtführer zu beweisen, dass er das ordnungsgemäß übernommene Gut an den rechtmäßigen Empfänger ausgeliefert hat.[580] **238**

BGH NJW-RR 2000, 1631:

Der Frachtführer ist gemäß Art. 17 Abs. 2 CMR unter anderem nur dann befreit, wenn der Schaden durch ein Verschulden des Verfügungsberechtigten, durch eine nicht vom Frachtführer verschuldete Weisung des Verfügungsberechtigten oder durch Umstände verursacht worden ist, die sowohl für ihn selbst als auch für seine Gehilfen (Art. 3 CMR) unvermeidbar waren und deren Folgen keine dieser Personen abwenden konnte. ***Unvermeidbarkeit*** *im Sinne von Art. 17 CMR ist nur anzunehmen, wenn der Frachtführer darlegt und gegebenenfalls beweist, dass der Schaden auch bei Anwendung der äußersten ihm möglichen und zumutbaren Sorgfalt nicht hätte vermieden werden können.*

Zum Verlust der zugunsten des Frachtführers eingreifenden **Haftungsbeschränkung** (Art. 29 CMR) hat die Rechtsprechung folgende Beweislastregelungen für die Fälle des Verlusts und die Beschädigung des Transportguts beim Transport entwickelt:

578 Vgl. OLG Köln VersR 1999, 1039, 1040.
579 Vgl. OLG Oldenburg IHR 2001, 159.
580 BGH NJW-RR 2000, 1631, 1632.

BGH NJW 2012, 3774, 3775:[581]

Grundsätzlich hat allerdings der Anspruchsteller die Voraussetzungen für den Wegfall der zugunsten des Frachtführers bestehenden gesetzlichen oder vertraglichen Haftungsbegrenzungen darzulegen und zu beweisen. Danach trägt er die Darlegungs- und Beweislast dafür, dass der Frachtführer vorsätzlich oder in einer dem Vorsatz gleichstehenden Weise schuldhaft gehandelt hat.

Die dem Anspruchsteller obliegende Darlegungs- und Beweislast kann jedoch dadurch gemildert werden, dass der Frachtführer angesichts des unterschiedlichen Informationsstands der Vertragsparteien nach Treu und Glauben gehalten ist, soweit möglich und zumutbar, zu den näheren Umständen des Schadensfalls eingehend vorzutragen. Eine solche sekundäre Darlegungslast des Anspruchsgegners ist zu bejahen, wenn der Klagevortrag ein qualifiziertes Verschulden mit gewisser Wahrscheinlichkeit nahelegt oder sich Anhaltspunkte für ein derartiges Verschulden aus dem unstreitigen Sachverhalt ergeben. Insbesondere hat der Frachtführer in diesem Fall substanziiert darzulegen, welche Sorgfalt er zur Vermeidung des eingetretenen Schadens konkret angewendet hat. Kommt er dem nicht nach, kann nach den Umständen des Einzelfalls der Schluss auf ein qualifiziertes Verschulden gerechtfertigt sein. Diese Grundsätze hat die Rechtsprechung für den Fall des Verlusts von Transportgut entwickelt.

Diese beim Verlust von Transportgut bestehenden Rechtsprechungsgrundsätze gelten regelmäßig auch bei einer während des Transports eingetretenen Beschädigung des Frachtguts. Liegt ein qualifiziertes Verschulden aufgrund des Parteivorbringens nahe, muss der beklagte Frachtführer Angaben zu den näheren Umständen der Schadensentstehung machen. Er muss insbesondere mitteilen, welche Kenntnisse er über den konkreten Schadensverlauf hat und welche Schadensursachen er ermitteln konnte. Ihn trifft mithin eine Recherchepflicht. Etwas anderes kann allerdings je nach Art der Beschädigung gelten. Von einem derartigen Ausnahmefall ist etwa auszugehen, wenn beim Warenumschlag gebotene Kontrollmaßnahmen unterblieben sind, diese aber – anders als beim Verlust des Transportguts – bei der konkreten Art der Beschädigung der Sendung keinen Rückschluss auf ein qualifiziertes Verschulden des Frachtführers zulassen.

3. Kaufvertrag

239 Bei einem Kaufvertrag muss der **Verkäufer** für seinen Kaufpreisanspruch nach allgemeinen Regeln den Abschluss des Kaufvertrags, die Kaufpreishöhe und die Fälligkeit des Anspruchs darlegen und beweisen. Wendet der Käufer ein, der Vertrag sei unwirksam, weil ein Verbraucherdarlehensvertrag vorliege und dem Schriftformerfordernis nach § 492 Abs. 1 BGB nicht Rechnung getragen worden ist, muss

581 Vgl. auch OLG Bamberg RdTW 2015, 331; OLG Köln RdTW 2021, 352.

der **Verkäufer** beweisen, mit dem Käufer **keine** Stundung oder Ratenzahlung vereinbart zu haben.[582] Der BGH begründet seine Auffassung damit, dass das „Wie" der Zahlung zu den anspruchsbegründenden Tatsachen gehöre. Nur dann, wenn der Käufer in Widerspruch zum Inhalt eines schriftlichen Kaufvertrages behauptet, ihm sei die Befugnis eingeräumt worden, den Kaufpreisrest in mehreren Raten zu zahlen, trägt er hierfür die Beweislast.[583]

Um ein Gewährleistungsrecht geltend zu machen, muss der **Käufer**, wenn die Gefahr schon auf ihn übergegangen ist, grundsätzlich beweisen, dass die Ware schon bei Übergabe mangelhaft war.[584]

Anders, wenn die Gewährleistungshaftung vertraglich abbedungen und stattdessen eine Garantievereinbarung getroffen worden war; hier genügt der Nachweis, dass der Mangel innerhalb der Garantiezeit aufgetreten ist,[585] oder es sich um einen Verbrauchsgüterkauf handelt, § 477 BGB.[586]

OLG Köln BeckRS 2002, 05699 (zum Widerruf eines Haustürgeschäfts):

> *Bei einem Haustürgeschäft hat der Lieferant zu beweisen, dass die mündlichen Verhandlungen, auf denen der Abschluss des Vertrages beruhen soll, auf eine vorhergehende Bestellung des Kunden geführt worden sind.*

4. Maklervertrag

Hat der Makler den Abschluss eines Hauptvertrages dargelegt und bewiesen, **240**
spricht eine **Vermutung** für die Ursächlichkeit der Maklertätigkeit, wenn der Hauptvertrag in angemessenem zeitlichem Zusammenhang zur Maklertätigkeit steht;[587] der Auftraggeber trägt dann die Beweislast für seine behauptete **Vorkenntnis** des nachgewiesenen Objektes oder für die von ihm behauptete Unterbrechung des Ursachenzusammenhangs zwischen der Nachweistätigkeit und dem Vertragsschluss.[588]

5. Mietvertrag

Bei Ansprüchen, die auf die Verletzung von Pflichten bei der Miete von Wohn- und **241**
Gewerberäumen gestützt werden, stellt sich häufig die Frage, worin ein Mangel der Mietsache seine Ursache hat: In der Mietsache selbst oder in dem fehlerhaften Gebrauch der Mietsache durch den Mieter? Des Weiteren ist ein häufiger Streitpunkt

582 BGH NJW 1975, 206; BGH MDR 1985, 667.

583 BGH NJW 1980, 1680, 1681.

584 MüKo/*Westermann*, § 434 BGB Rn 53.

585 Grüneberg/*Putzo*, 83. Aufl., § 477 BGB Rn 22.

586 Vgl. *Saueressig*, NJOZ 2008, 2072; *Fellert*, JA 2015, 818.

587 BGH NJW 1999, 1257; BGH NJW 2008, 651; OLG Zweibrücken BeckRS 2020, 44898.

588 BGH NJW 1971, 1133; BGH WM 1978, 885; BGH WM 1985, 359; OLG Zweibrücken BeckRS 2020, 44898.

zwischen den Vertragsparteien, ob ein Mangel schon bei Mietantritt vorhanden war oder erst während der Mietzeit eingetreten ist.

242 Der **Vermieter** hat zu beweisen, dass die Sache von ihm mängelfrei übergeben worden und nunmehr mit Mängeln und Fehlern behaftet ist.[589] Der **Mieter** hat demgegenüber zu beweisen, dass die eingetretenen Verschlechterungen auf vertragsgemäßen Gebrauch zurückzuführen und deshalb von ihm nicht zu vertreten sind, § 538 BGB.

Diese vielfach kritisierte (als den Mieter zu sehr belastende) Rechtsprechung, hat der BGH bislang nicht aufgegeben, aber doch insoweit relativiert, als er darauf hinweist, dass im Falle NJW 1978, 90 keine Anhaltspunkte für die Annahme bestanden hätten, andere Umstände als der vom Mieter ausgeübte Mietgebrauch könnten als Ursache für den, in einer Lagerhalle ausgebrochenen Brand in Betracht kommen.[590]

Für den Fall, dass auch andere Ursachen in Betracht kommen, haben der BGH und der BerlVerfGH folgende Leitsätze formuliert.

BGH NJW 1994, 2019:[591]

> *Ist streitig, ob vermietete Räume infolge des Mietgebrauchs beschädigt worden sind, trägt der **Vermieter** die Beweislast dafür, dass die Schadensursache dem **Obhutsbereich des Mieters** entstammt; eine in seinen eigenen Verantwortungsbereich fallende Schadensursache muss der Vermieter ausräumen.*

BerlVerfGH NJW-RR 2005, 1536:

> *Nach der Beweislastverteilung bei behauptetem Mietmangel hat zunächst der Vermieter sämtliche Schadensursachen aus seinem Herrschaftsbereich sicher auszuschließen, bevor der Mieter im Wege der Beweislastumkehr beweisen muss, dass er den Eintritt des Schadens gleichwohl nicht zu vertreten habe.*

243 Hat der Vermieter den Entlastungsbeweis für alle möglicherweise von ihm zu vertretenden Ursachen geführt, tritt eine Beweislastumkehr zulasten des **Mieters** ein;[592] der Mieter muss sich dann hinsichtlich der Verursachung und des Verschuldens entlasten.[593]

Unter Umständen kann den Parteien auch der **Anscheinsbeweis** (vgl. Rdn 48 ff.) zu Hilfe kommen:

Nimmt der Vermieter den Mieter wegen Feuchtigkeitsschäden (infolge unzureichenden Lüftens) in Anspruch und beruft sich dieser zu seiner Entlastung auf Bau-

589 OLG Düsseldorf WuM 2003, 621.

590 BGH ZIP 1994, 1027.

591 Vgl. auch BGH NJW-RR 2005, 381.

592 OLG München NJW-RR 1989, 1499; VerfGH Berlin NJW-RR 2005, 1536; BLP/*Börstinghaus*, § 538 Rn 4 ff.

593 BGH NZM 1998, 117.

mängel (unzureichende Isolation), spricht der Anscheinsbeweis gegen den Mieter, wenn der Mangel weder bei dem Vormieter noch bei dem Nachmieter aufgetreten ist.[594]

Ist ein Brand in einer Gaststätte in nahem zeitlichen Zusammenhang mit dem Verlassen des Gastraumes durch die Gäste und Angestellten eingetreten, ist es Sache des mietenden Gastwirtes, sich zu entlasten.[595]

Kommt aber als Ursache für den Defekt einer Gasetagenheizung sowohl unsachgemäßer Gebrauch durch den Mieter, als auch technischer Verschleiß des Gerätes in Betracht, ist es zunächst Sache des Vermieters, sich zu entlasten;[596] bleibt die Ursache ungeklärt, haftet der Mieter nicht.

Hat der Mieter Aufwendungen getätigt, die sich wegen des Mangels der Mietsache als nutzlos erweisen, stellt sich die Frage, ob er diese auch dann als Schaden ersetzt verlangen kann, wenn sie auch bei gehöriger Erfüllung des Mietvertrages durch den Vermieter entstanden wären. Das bejaht die Rspr. mit der widerlegbaren Vermutung, dass der Mieter die Aufwendungen bei vertragsgemäßem Einsatz des Mietobjektes wieder erwirtschaftet hätte.[597]

6. Versicherungsfall/Versicherungsvertragliche Ausschlussgründe

Will der Versicherungsnehmer Leistung vom Versicherer verlangen, weil ein Ver- **244**
sicherungsfall eingetreten sei, hat er die Voraussetzungen für seinen Anspruch, d.h. den Versicherungsfall, darzulegen und zu beweisen. Beruft sich der Versicherer auf Ausschlusstatbestände, trägt er für deren Vorliegen die Darlegungs- und Beweislast – nach den Grundsätzen des Zivilprozessrechts: Jede Partei hat die für sie günstige Tatsachen darzulegen und gegebenenfalls zu beweisen.[598]

Gemäß § 81 Abs. 1 VVG haftet der Versicherer nicht, wenn dem Versicherungsnehmer Vorsatz zur Last fällt. Führt der Versicherungsnehmer den Versicherungsfall grob fahrlässig herbei, ist der Versicherer gemäß § 81 Abs. 2 VVG berechtigt, seine Leistung in einem der Schwere des Verschuldens des Versicherungsnehmers entsprechenden Verhältnis zu kürzen. Für den Vorwurf der groben Fahrlässigkeit verlangt die Rspr. auch in **subjektiver Hinsicht** ein erheblich gesteigertes Verschulden.[599]

Die Darlegungs- und Beweislast für die Voraussetzungen, die zu einer Leistungsfreiheit wegen Vorsatzes oder groben Verschuldens führen, trifft den Versicherer,

594 LG Lüneburg WM 1985, 115.

595 OLG Hamm ZMR 1988, 300.

596 LG Berlin ZMR 1992, 302.

597 BGHZ 99, 182, 197; OLG München ZMR 1995, 401, 404.

598 *Schimikowski*, Versicherungsvertragsrecht, Rn 297.

599 BGH NJW 1989, 592; OLG München UV-Recht Aktuell 2008, 750.

und zwar auch hinsichtlich des Nachweises der subjektiven Seite der groben Fahrlässigkeit.[600] Macht der Versicherungsnehmer geltend, dass es auch bei einem nicht grob fahrlässigen Verhalten zum Schadenseintritt gekommen wäre, trifft **ihn** für diese Behauptung die Beweislast.[601]

Ein Beispiel für eine 100-Prozent-Kürzung nach OLG Stuttgart NJW-RR 2011, 185:

Verursacht ein Fahrer im Zustand der absoluten Fahruntüchtigkeit (hier: 1,29 Promille) einen Unfall, dann ist der Versicherer regelmäßig berechtigt, auch bei Annahme der groben Fahrlässigkeit gem. § 81 II VVG, die Versicherungsleistung um 100 % zu kürzen.

Vgl. auch OLG Köln zfs 2000, 545:

Verliert ein Versicherungsnehmer während einer Autobahnfahrt bei einer Geschwindigkeit von 120 km/h im Zusammenhang mit dem Versuch, mit einem Handy ohne Freisprecheinrichtung zu telefonieren, die Gewalt über seinen Wagen, so hat er einen darauf folgenden Unfall grob fahrlässig verursacht.

245 Besondere praktische Bedeutung hat der Einwand des sogenannten **Augenblicksversagens**. Nach BGH[602] ist ein Augenblicksversagen allein noch kein Grund, den Schuldvorwurf der groben Fahrlässigkeit herabzustufen, wenn die objektiven Merkmale der groben Fahrlässigkeit gegeben sind. Es müssen noch weitere subjektive Umstände hinzukommen, die es rechtfertigen, im Einzelfall unter Abwägung aller Umstände den Schuldvorwurf geringer als grob fahrlässig erscheinen zu lassen; also in der Person des Handelnden liegende Umstände, die den Grund des momentanen Versagens erkennen und in einem milderen Licht erscheinen lassen.[603] Solche Umstände muss der Anspruchsteller vortragen und im Bestreitensfalle beweisen.[604] Er muss also entlastende Umstände vortragen, warum – z.B. – ihm der schadenstiftende Rotlichtverstoß unterlaufen ist,[605] oder wie es passieren konnte, dass er die Weihnachtskerzen längere Zeit unbeaufsichtigt hat brennen lassen.[606]

Beruht ein Unfall auf einem Rotlichtverstoß, ist dies kein grundsätzliches Indiz für das Vorliegen von grober Fahrlässigkeit.[607]

600 BGH NJW 1989, 592; Prölls/Martin/*Armbrüster*, § 81 VVG Rn 67.

601 BGH NJW 1986, 2838; OLG Koblenz OLGR Koblenz 2002, 318, 319; Prölls/Martin/*Armbrüster*, § 81 VVG Rn 68.

602 BGH VersR 1992, 1085; BGH NJW-RR 2011, 1055, 1056.

603 BGH VersR 1992, 1085; OLG Hamm NJW-RR 2016, 1179, 1181.

604 BGH NJW 2003, 1118, 1119; OLG Köln r+s 1992, 7.

605 BGH VersR 1992, 1085.

606 Vgl. dazu die Rspr.-Übersicht in r+s 2000, 509.

607 BGH NJW 2003, 1118; OLG Hamm NZV 1993, 438; OLG Jena VersR 1997, 691.

7. Werkvertrag

Grundsätzlich trägt der Unternehmer die Beweislast dafür, dass die Parteien die von ihm behauptete Vergütungsvereinbarung getroffen haben.[608] Es ist weiter regelmäßig davon auszugehen, dass der vereinbarte Preis die Umsatzsteuer miteinschließt; macht der Unternehmer geltend, es seien Netto-Preise vereinbart gewesen, trägt er hierfür die Beweislast.[609] 246

Haben die Parteien keine ausdrückliche Vereinbarung zur Vergütung getroffen, folgt die Höhe der Vergütung entweder aus einem Handelsbrauch oder einer stillschweigenden Vereinbarung, wobei jeweils derjenige die Beweislast trägt, der sich auf den konkreten Inhalt der Vergütungsabrede beruft.[610]

Der Unternehmer muss beweisen, dass keine **Festpreisvereinbarung** getroffen worden ist (das wird aus der Fassung des § 632 Abs. 2 BGB geschlossen: „Ist die Höhe der Vergütung **nicht** bestimmt …“).[611] Das Gesetz geht als Regelfall davon aus, dass die Vertragschließenden eine bestimmte Vergütung vereinbaren. Wer geltend macht, dass eine solche Vereinbarung nicht getroffen worden ist und deshalb auf der Basis des, für das erstellte Werk üblichen Preises abrechnen will, muss deshalb beweisen, dass **keine** Festpreisvereinbarung getroffen worden ist. Die Schwierigkeit, diesen **negativen** Beweis zu führen, wird ihm aber dadurch erleichtert, dass der Auftraggeber **substantiiert** zu Zeit, Ort und Höhe der Vereinbarung vortragen muss,[612] sonst gilt das Vorbringen der Gegenseite in entspr. Anwendung von § 138 Abs. 3 ZPO als zugestanden, vgl. § 2 Rdn 74.

OLG Düsseldorf BauR 2001, 406:

> *Um den Unternehmer, der insoweit einen Negativbeweis führen muss, nicht in unüberwindbare Beweisnot zu bringen, sind an die Darlegungslast des Bestellers hohe Anforderungen zu stellen. Erst wenn ein Besteller, der eine Pauschalpreisabrede behauptet, diese streitige Vereinbarung nach* ***Ort, Zeit und Höhe der Vergütung*** *substantiiert und schlüssig darlegt, ist der Unternehmer gehalten, die geltend gemachten Umstände, die für die behauptete Preisabsprache sprechen könnten, zu widerlegen.*

(Das OLG stellt in der weiteren Begründung auch darauf ab, dass der behauptete Pauschalpreis von dem Angebotsendpreis erheblich abweicht, und dass der Besteller in dem Prozess seine Einlassung geändert hatte.)[613]

608 OLG München NJW-RR 2010, 64.

609 BGH NJW 2001, 2464; BGH NJW 2002, 2312.

610 BLP/*Küpper*, § 632 Rn 16 ff.

611 Vgl. BLP/*Küpper*, § 632 Rn 18.

612 BGH NJW-RR 1992, 848; OLG Karlsruhe IBR 2015, 407.

613 Zum Architektenhonorar vgl. KG NJW-RR 1999, 242.

OLG Düsseldorf BauR 1996, 898:

> *Hat der Bauunternehmer schlüssig dargelegt, Zusatzleistungen erbracht zu haben, so muss der Bauherr* ***im Einzelnen aufzeigen****, weshalb die betreffenden Positionen gleichwohl von dem Pauschalfestpreis umfasst sein sollen.*

Etwas anderes gilt, wenn der Bauherr geltend macht, es sei **nachträglich** eine Festpreisvereinbarung getroffen worden;[614] diese hat der Bauherr zu beweisen.

247 Hinsichtlich der **Mangelhaftigkeit** der Bauleistung kommt es darauf an, ob diese bereits abgenommen worden ist oder nicht. Die Mangelfreiheit der Bauleistung hat **bis zur Abnahme** der Unternehmer,[615] **danach** der Bauherr zu beweisen.[616]

248 Die zum Verlust der Rechte aus § 634 BGB führende **Mängelkenntnis** des Bauherrn bei der Abnahme (§ 640 Abs. 2 BGB) hat der Bauunternehmer zu beweisen; dass er sich seine Rechte bei der Abnahme vorbehalten hat, hat der Bauherr zu beweisen.[617]

249 Für den Bauherrn dürfen die Anforderungen an die Substantiierung seines Sachvortrages nicht überzogen werden.

BGH BauR 1999, 899:

> *Ob die Ursachen eines Werkmangelsymptoms tatsächlich in einer vertragswidrigen Beschaffenheit der Konstruktion oder Ausführung zu suchen sind, ist Gegenstand des Beweises und nicht Erfordernis des Sachvortrags. Der Besteller braucht irgendwelche außerhalb der Mängel liegende Ursachen nicht auszuschließen.*

Und für das Architektenhonorar BGH BauR 1997, 1065:

> *Über die Ursachen der Mangelhaftigkeit des Werks („die Mängel selbst“), also die Abweichungen von der vertraglich geschuldeten Beschaffenheit, braucht der Besteller sich nicht zu äußern. Auch sind mit hinreichend genauer Bezeichnung der Mangelerscheinungen, unabhängig davon, ob der Besteller auch vermutete Mangelursachen bezeichnet, sämtliche Abweichungen von der vertraglich geschuldeten Beschaffenheit Gegenstand des Sachvortrages.*

250 Kündigt der Auftraggeber den Werkvertrag und wendet er gegenüber dem Anspruch des Unternehmers aus § 648 BGB ein, dieser habe Aufwendungen erspart bzw. es böswillig unterlassen, seine Arbeitskraft anderweitig zu nutzen, trifft den Auftraggeber, nicht den Unternehmer dafür die Beweislast.[618]

614 OLG Frankfurt NJW-RR 1997, 276.

615 BGH NJW-RR 1997, 339; BGH NJW 2002, 223.

616 BGH BauR 1994, 242.

617 Vgl. Grüneberg/*Sprau*, § 640 BGB Rn 6.

618 BGH DB 2001, 432; BGH NJW 2011, 1954; KG NJW 2017, 3726.

8. Exkurs I: Schadensersatz neben der Leistung

Ein Schadensersatzanspruch neben der Leistung, erwächst einer Vertragspartei gegen die andere, wenn diese schuldhaft eine vertragliche Nebenpflicht verletzt hat. 251

Grundsätzlich hat der Gläubiger die Beweislast dafür, dass der Schuldner **objektiv** eine ihm obliegende Pflicht verletzt hat.[619]

Der Gläubiger muss darüber hinaus auch den **Kausalzusammenhang** zwischen Pflichtverletzung und Schaden beweisen.[620]

Für die meisten Vertragstypen hat die Rspr. die Beweislast aber an **Gefahren- und Verantwortungsbereichen** ausgerichtet und hier eine entsprechende Anwendung des § 280 Abs. 1 S. 2 BGB zugelassen. In diesen Fällen braucht der Geschädigte also nur zu beweisen, dass dem Schuldner objektiv eine Pflichtverletzung zur Last fällt oder dass der Schaden in sonstiger Weise seine Ursache in dem Verantwortungsbereich des Schuldners hat.[621]

BGH BeckRS 2005, 03025: 252

> *Steht nämlich fest, dass als Schadensursache nur eine solche aus dem Obhuts- und Gefahrenbereich des Schuldners in Betracht kommt, muss sich der Schuldner nicht nur hinsichtlich der subjektiven Seite, sondern auch hinsichtlich der objektiven Pflichtwidrigkeit entlasten.*

Weitere Beispielsfälle 253

Beweislast des **Mieters**:

Wenn für einen Schaden an einer Mietsache allein der Gefahrenkreis des Mieters als Ursache in Betracht kommt.[622]

Beweislast des **Unternehmers**:

Bei Schweißarbeiten des Unternehmers kommt es beim Auftraggeber zu einem Brand.[623]

Beweislast des **Verkäufers**:

Ein Kunde kommt in einem Markt auf einem Salatblatt zu Fall.[624]

Nimmt ein Gläubiger seinen Vertragspartner aus Werkvertrag, Dienstvertrag, Kaufvertrag u.a. wegen Nebenpflichtverletzung auf Schadensersatz in Anspruch, muss 254

619 BGH NJW 1985, 264; BGH NJW-RR 2008, 1269.
620 BGH NJW 1989, 2946, 2949; BGH NJW 2014, 2795.
621 BGH NJW 2009, 142.
622 BGH DB 1998, 2264; BGH NJW 2009, 142.
623 BGH VersR 1974, 750.
624 BGHZ 66, 53.

er außer der Pflichtverletzung aber auch noch die **Kausalität** dieser Pflichtverletzung für den ihm entstandenen Schaden beweisen.[625]

Beweiserleichterungen können ihm aber durch die Regeln des Anscheinsbeweises, vgl. Rdn 48 ff., durch die reduzierten Anforderungen an das Beweismaß für den Fall des § 287 ZPO, vgl. Rdn 27 ff., und die Regeln über den groben Behandlungsfehler, vgl. Rdn 289, zugutekommen.

9. Exkurs II: Verschulden bei Vertragsschluss

255 Die Beweislastverteilung für einen Schadenersatzanspruch aus Verschulden bei Vertragsschluss **(culpa in contrahendo)** folgt den allgemeinen, auch für § 280 BGB gültigen Regeln. Der Anspruchsteller muss mithin insbesondere darlegen und beweisen, dass überhaupt Verhandlungen stattgefunden haben und dass die vorvertragliche Pflicht verletzt worden ist. Weiter muss der Anspruchsteller Kausalität und Verschulden beweisen.[626] Problematisch ist, ob die Beweislastumkehr des § 280 Abs. 1 Satz 2 BGB bei Verschulden aus Vertragsschluss gilt.[627]

III. Beweislast bei der Geschäftsherrenhaftung

256 Wird der Geschäftsherr in Anspruch genommen, weil der Verrichtungsgehilfe einem Dritten widerrechtlich einen Schaden zugefügt hat, wird das Verschulden des Geschäftsherrn **vermutet**; er kann sich allerdings exkulpieren, § 831 BGB, wenn er nachweist, bei der Auswahl und Überwachung des Verrichtungsgehilfen die im Verkehr erforderliche Sorgfalt beachtet zu haben.

Der Verletzte braucht zunächst nur zu beweisen, dass ihm der Verrichtungsgehilfe in Ausführung der Verrichtung, zu der ihn der Geschäftsherr bestellt hat, einen Schaden zugefügt hat.[628] Der Darlegungs- und Beweislast ist genügt, wenn feststeht, dass die handelnde Person ein Mitarbeiter des beklagten Unternehmens ist bzw. im Zeitpunkt der schädigenden Handlung war.[629] Steht hingegen fest, dass die handelnde Person kein Mitarbeiter des vermeintlichen Geschäftsherrn war, ist es Sache des Geschädigten, die Beziehung zwischen dem Beklagten und der handelnden Person aufzuklären und entsprechend vorzutragen. Den vermeintlichen Prinzipal trifft nach der Rechtsprechung keine sekundäre Darlegungslast für Umstände, die für die Feststellung der Eigenschaft als Verrichtungsgehilfe relevant sind.[630]

625 BGH NJW 1989, 2946; BGH NJW-RR 2013, 536.

626 BGH WM 2000, 2430; BGH NJW 2006, 830, 835.

627 Bejahend z.B. BeckOK-BGB/*Sutschet*, § 311 Rn 120; andere Ansicht mit guten Gründen BLP/*Reppen*, § 280 Rn 153 ff.

628 BGH VersR 1978, 1163; BGH NJW 1994, 2756; MüKo/*Wagner*, § 831 BGB Rn 55.

629 BGH VersR 2014, 1018.

630 BGH NJW-RR 2014, 614; BGH NJW 2014, 2797; kritisch MüKo/*Wagner*, § 831 BGB Rn 55.

Hat der Geschädigte seinen Teil getan, ist es Sache des Geschäftsherrn vorzutragen und im Streitfalle zu beweisen, dass sich der Gehilfe rechtmäßig verhalten hat[631] nämlich so, wie sich jede andere zuverlässige Person verhalten hätte.[632]

An die Exkulpation des Geschäftsherrn werden im Einzelfall hohe Anforderungen gestellt.[633] So gehören zur Überwachung eines angestellten **Kraftfahrers** unauffällige Kontrollfahrten;[634] aber es besteht keine Verpflichtung eines Mandanten zur Überwachung des Handelns seines Anwaltes.[635]

Sehr streng OLG Frankfurt r+s 1994, 255: 257

An den Entlastungsbeweis des Inhabers einer ***Kfz-Werkstatt*** *für einen bei ihm tätigen Mechaniker sind hohe Anforderungen zu stellen. Der Geschäftsherr muss den* ***Nachweis fortdauernder, planmäßiger, unauffälliger Überwachung*** *mit unerwarteten Kontrollen führen. Es genügt nicht, wenn der Geschäftsherr vorträgt, der Mitarbeiter habe zwei Jahre als Geselle einwandfreie Arbeit geleistet und es hätten keine Anhaltspunkte vorgelegen, dass eine Überwachung etwa wegen vorangegangener, nicht ordnungsgemäßer Reparaturen erforderlich gewesen sei. Gerade bei Kfz-Reparaturwerkstätten, die wegen der mit unsachgemäß durchgeführten Reparaturen verbundenen erheblichen Gefahrenquellen besonders sorgfältig arbeiten müssen, kommt der Pflicht zu allgemeiner fortwährender Überwachung eine besondere Bedeutung zu.*

Um den Entlastungsbeweis zu führen, muss der Geschäftsherr nach ***Zeit, Ort und Umständen spezifiziert darlegen****, wie die Überwachung durchgeführt worden ist und auf welche Weise er sich in regelmäßigen Abständen Kenntnis von der Arbeitsweise, der Sorgfalt und dem Verantwortungsbewusstsein des Mitarbeiters verschafft hat.*

Für ein Großunternehmen dürfte trotz einiger Unklarheiten grundsätzlich noch der **dezentralisierte Entlastungsbeweis**,[636] möglich sein, d.h., es braucht sich nur hinsichtlich des von ihm direkt angestellten Leiters des Personalwesens zu entlasten. Der BGH hat die Rechtsfigur des dezentralisierten Entlastungsbeweises allerdings im Bereich der Produkthaftung in Frage gestellt.[637] Es wird insbesondere angenommen, dass allgemeine Aufsichtsanordnungen zum Aufgabenkreis des Geschäftsherren selbst gehören und er sich seiner Pflicht zu einer allgemeinen Oberaufsicht nicht entledigen kann. Ohne den Nachweis, diesen Anforderungen genügt

631 BGHZ 24, 21, 29.
632 OLG Oldenburg NJW-RR 1988, 38.
633 OLG Köln NJW-RR 1997, 471.
634 BGH VersR 1984, 67; OLG Hamm NJW-RR 1998, 1403.
635 OLG Koblenz NJW-RR 1989, 363.
636 RGZ 78, 107, 107.
637 BGH NJW 1968, 247, 248; BGH NJW 1973, 1602, 1603.

zu haben, kann der Entlastungsbeweis nicht geführt werden.[638] Weiter dürfte zu fordern sein, das der Geschäftsherr im Rahmen des dezentralisierten Entlastungsbeweises nachweist, dass die leitenden Angestellten ihrerseits den nachgeordneten und schädigenden Angestellten sorgfältig ausgewählt, angeleitet und überwacht haben.[639]

IV. Beweislast bei ungerechtfertigter Bereicherung

258 Die Darlegungs- und Beweislast für die Herausgabe einer ungerechtfertigten Bereicherung trägt grundsätzlich der Anspruchsteller. Er hat das Risiko des Unterliegens im Prozess zu tragen, wenn sich die, sein Begehren tragenden Tatsachen nicht feststellen lassen. Dies gilt auch, soweit zur Anspruchsbegründung eine negative Tatsache wie das Fehlen eines Rechtsgrundes gem. § 812 Abs. 1 S. 1 BGB oder das Ausbleiben eines, mit einer Leistung bezweckten Erfolgs gem. § 812 Abs. S. 2 BGB gehört.[640] Diese Beweislastverteilung darf auch nicht aufgrund von Plausibilitätserwägungen geändert werden.[641]

Das Fehlen des Rechtsgrundes kann als Negativtatsache allerdings nicht direkt, sondern nur indirekt durch Wiederlegung der Umstände, die für einen Rechtsgrund sprechen, geführt werden.[642] Derjenige, der einen Kondiktionsanspruch geltend macht, kann sich insoweit regelmäßig darauf beschränken, die vom Empfänger – auch hilfsweise – behaupteten Rechtsgründe auszuräumen, er muss nicht jeden theoretisch denkbaren Rechtsgrund für die Leistung ausschließen.[643]

BGH NJW 2014, 3089, 3090:

> *Nach der Rechtsprechung des BGH muss ein Bereicherungsgläubiger, dem insoweit der Beweis einer negativen Tatsache obliegt, nicht jeden theoretisch denkbaren Rechtsgrund für die erbrachte Leistung ausschließen. Es genügt vielmehr der Beweis, dass der vom Schuldner geltend gemachte Rechtsgrund nicht besteht. Dabei trifft den Schuldner eine erweiterte Behauptungslast, wenn der Gläubiger außerhalb des von ihm darzulegenden Geschehensablaufs steht und keine nähere Kenntnis der maßgeblichen Tatsachen besitzt, während er selbst über derartiges Wissen verfügt und ihm nähere Angaben zumutbar sind. Im Rahmen des Zumutbaren kann von ihm dann insbesondere das substanziierte Bestreiten einer negativen Tatsache unter Darlegung der für die positive Tatsache sprechenden Umstände verlangt werden.*

638 BGH NJW 1960, 860, 862.

639 BLP/*Luckey*, § 831 Rn 27.

640 BLP/*Baack*, § 812 Rn 18.

641 BGH NJW 2014, 2275, 2276.

642 BGH NJW 2003, 1039; BGH NJW-RR 2009, 1142, 1144; BLP/*Baack*, § 812 Rn 20.

643 BGH NJW 2003, 1449; BGH BeckRS 2007, 06172; BGH NJW-RR 2009, 1424, 1425; BGH NJW 2014, 3089, 3090.

Die Rechtsprechung hilft sich insoweit über die Regeln der sekundären Darlegungslast und legt es dem Schuldner auf, zum Grund seiner Weigerung das Erlangte herauszugeben, d.h. zum Rechtsgrund des Behaltendürfens, näher vorzutragen.[644] Wird gegenüber einem auf ungerechtfertigte Bereicherung gestützten Anspruch beispielsweise eine Schenkung eingewandt, ist vom Kläger zu beweisen, dass der Beklagte **ohne Rechtsgrund** erworben hat; er hat also den Einwand der Schenkung auszuräumen.[645]

BGH NJW 2014, 2275:

> *Beruft sich der Leistungsempfänger gegenüber dem Bereicherungsanspruch auf ein nicht notariell beurkundetes Schenkungsversprechen als Rechtsgrund, so beschränkt sich die ihn treffende Beweislast auf den Nachweis, dass die Leistung mit Wissen und Wollen des Leistenden bewirkt und der Formmangel damit geheilt worden ist. Das Fehlen eines Schenkungsversprechens muss demgegenüber der Leistende beweisen.*

Der Beklagte muss allerdings **substantiiert** zum Vorliegen einer Schenkung vortragen.

BGH NJW 1999, 2887:[646]

> *Den Bereicherten kann eine sogenannte sekundäre Behauptungslast treffen, wenn die den Rechtsgrund betreffenden Tatsachen im Kenntnisbereich des Bereicherten liegen. Er muss gegebenenfalls für das Vorhandensein eines Rechtsgrundes sprechende Tatsachen darlegen, die sodann vom beweispflichtigen Gläubiger bestritten werden können.*

Etwas anderes gilt dann, wenn die Umstände nahelegen, dass der Bereicherungsschuldner etwas ohne Rechtsgrund erlangt hat.[647] Solche Umstände hat die Rspr. beispielsweise in Fällen angenommen, in denen der Schuldner von einem Sparbuch des Gläubigers oder dessen Rechtsvorgängers, das er in Besitz hatte, Geld abgehoben hat.[648]

Leistet jemand Abschlagszahlungen oder in Erwartung der Feststellung einer Forderung nimmt die Rechtsprechung eine Beweislastumkehr an. Dann hat der Empfänger darzulegen und zu beweisen, dass die Feststellung zu seinen Gunsten erfolgte oder erfolgen muss.[649]

644 BLP/*Baack*, § 812 Rn 21 ff.

645 BGH NJW 1995, 728, 729; BGH NJW 2014, 2275; BGH NJW-RR 2007, 488.

646 So auch BGH NZI 2011, 402, 403.

647 BGH NJW 1986, 2107, 2108.

648 BGH NJW 1986, 2107.

649 BGH NJW 1989, 1606; BGH NJW 1989, 161; BeckRS 2007, 06172; BGH NJW-RR 2009, 1424.

BGH NJW-RR 2009, 1424:

> *Der Bereicherungsgläubiger aus einer Leistungskondiktion trägt die Darlegungs- und Beweislast für die Tatsachen, aus denen er den Anspruch herleitet und damit auch für die Umstände, aus denen sich die Rechtsgrundlosigkeit der erbrachten Leistung ergibt. Eine Ausnahme bildet der Fall, dass die Leistung als Abschlag oder als Vorauszahlung in Erwartung einer Feststellung der Forderung erbracht wurde, denn dann hat der Empfänger darzulegen und zu beweisen, dass die Feststellung zu seinen Gunsten erfolgte oder erfolgen muss.*

V. Beweislast bei ausgewählten deliktischen Ansprüchen

1. Schadenersatz nach § 823 BGB

259 Die Beweislast für die Anspruchsvoraussetzungen des § 823 trägt nach allgemeinen Regeln der Anspruchsteller, im Prozess also der Schadensersatzkläger. Dies gilt für sämtliche Tatbestandsmerkmale der Norm, also nicht nur für die Haftungsbegründung und für die häufig zentralen Voraussetzungen der Sorgfaltspflichtverletzung und der haftungsbegründenden Kausalität, sondern auch für die haftungsausfüllende Kausalität. Mit Blick auf die Höhe des Schadens ist streitig, ob bestimmte Folgeschäden auf der Rechtsguts- oder Gesetzesverletzung beruhen, dann kommen dem Kläger die Beweiserleichterungen des § 287 ZPO zugute, vgl. Rdn 27 ff. Insbesondere ist das Beweismaß für den Schaden und die haftungsausfüllende Kausalität auf überwiegende Wahrscheinlichkeit reduziert. Für den Haftungsgrund – Rechtsgutsverletzung, Pflichtverletzung, haftungsbegründende Kausalität, Rechtswidrigkeit und Rechtfertigung – gilt das Regelbeweismaß des § 286 ZPO.[650]

260 Allerdings wird auch mit Blick auf den Haftungsgrund das Prinzip der Allokation der Darlegungs- und Beweislast beim Anspruchsteller in vielerlei Hinsicht zugunsten des Geschädigten aufgeweicht. Unmittelbar aus der Fassung des Gesetzes ergibt sich bereits, dass der Geschädigte nicht die Verschuldensfähigkeit des Schädigers zu beweisen hat, sondern sich umgekehrt der Schädiger gemäß §§ 827, 828 BGB entlasten muss, wenn er aus diesem Grund der Haftung entgehen will.[651] Stellt der Schädiger seine Haftung damit in Abrede, er sei im Zeitpunkt des Unfalls aufgrund innerer Krankheitsvorgänge handlungsunfähig gewesen, etwa weil er am Steuer seines Kfz einen Herzinfarkt erlitten habe, gilt dasselbe.

BGH NJW 1987, 121:

> *Ist streitig, ob der aus Delikt in Anspruch genommene Schädiger bei der Verursachung des Schadens bewusstlos war, so trifft ihn die Beweislast für die Bewusstlosigkeit; nicht etwa hat der Geschädigte den Beweis für eine vom Willen beherrschbare Handlung des Schädigers zu führen.*

650 MüKo/*Wagner*, § 823 BGB Rn 89.
651 MüKo/*Wagner*, § 823 BGB Rn 90.

Nach der Rechtsprechung trifft den Verletzten allerdings die Beweislast dafür, dass die Handlungsfähigkeit des Schädigers nicht aufgrund externer Umstände, wie physischen Zwangs, ausgeschlossen war.

BGH NJW 1963, 953:

> *Den Verletzten trifft die Beweislast dafür, dass dem Schädiger eine „Handlung", d.h. ein der Bewusstseinskontrolle und Willenslenkung unterliegendes, beherrschbares Verhalten, zur Last liegt. Er muss daher ausschließen, dass der Verletzungsvorgang unter physischem Zwang erfolgt, oder als unwillkürlicher Reflex durch fremde Einwirkung ausgelöst worden ist.*

Das Eingreifen von Rechtfertigungsgründen ist demgegenüber vom Schädiger darzulegen und zu beweisen, während sich der Kläger mit dem Nachweis einer sorgfaltswidrig verursachten Rechtsgutsverletzung begnügen kann. Bei den Rahmenrechten – allgemeines Persönlichkeitsrecht, Recht am Unternehmen – hat der Geschädigte die Voraussetzungen zu beweisen, unter denen das Verhalten des Schädigers als rechtswidrig qualifiziert werden kann. Diese Voraussetzungen schließen in der Regel eine Abwägung der betroffenen grundrechtlichen Schutzgüter ein. Bei mehreren Notwehrhandlungen im Rahmen einer Schlägerei gehen Zweifel daran, welcher Schlag welche Verletzung ausgelöst hat, zulasten des Angreifers und Geschädigten.[652]

Beim Kausalitätsnachweises ist zwischen positivem Kausalitätsnachweis und rechtmäßigem Alternativverhalten zu unterscheiden. Während der Geschädigte die Beweislast dafür trägt, dass die Rechtsgutsverletzung durch das pflichtwidrige Verhalten des Schädigers verursacht wurde, trägt der Schädiger die Beweislast dafür, dass bei rechtmäßigem, d.h. pflichtgemäßem Verhalten die Rechtsgutsverletzung dennoch eingetreten wäre. Gleiches gilt für die übrigen Fallgruppen hypothetischer Kausalität, bei denen der Schädiger geltend macht, der Schaden wäre aufgrund einer sog. Reserveursache ohnehin eintreten.[653] **261**

BGH NJW 2012, 2024:

> *Ob und welche Risiken sich im Falle der Vornahme nur eines Eingriffs realisiert hätten, betrifft nicht die Kausalität der tatsächlich durchgeführten Behandlung für den eingetretenen Schaden, sondern einen hypothetischen Kausalverlauf bei rechtmäßigem Alternativverhalten, für den der Bekl. beweispflichtig ist. Steht – wie hier – fest, dass ein Arzt dem Patienten durch fehlerhaftes und rechtswidriges Handeln einen Schaden zugefügt hat,* ***so muss der Arzt beweisen, dass der Patient den gleichen Schaden auch bei rechtmäßigem und fehlerfreiem ärztlichem Handeln erlitten hätte.***

652 MüKo/*Wagner*, § 823 BGB Rn 90.
653 MüKo/*Wagner*, § 823 BGB Rn 100.

Vgl. auch BGH NJW 2016, 3522:

> *Hat eine – mangels wirksamer Einwilligung – rechtswidrig ausgeführte Operation zu einer Gesundheitsbeschädigung des Patienten geführt, so ist es Sache der Behandlungsseite zu beweisen, dass der Patient ohne den rechtswidrig ausgeführten Eingriff dieselben Beschwerden haben würde, weil sich das Grundleiden in mindestens ähnlicher Weise ausgewirkt haben würde.*

2. Verletzung der Aufsichtspflicht (§ 832 BGB)

262 Hat ein Minderjähriger einem Dritten widerrechtlich – nicht notwendig schuldhaft – einen Schaden zugefügt, spricht gegen den aus § 832 BGB auf Schadensersatz in Anspruch genommenen Aufsichtspflichtigen die **Vermutung**, dass der Schadenseintritt auf seiner schuldhaften Verletzung der Aufsichtspflicht beruht.[654]

Die Vermutung erstreckt sich also nicht nur auf die Kausalität einer Aufsichtspflichtverletzung für den Schadenseintritt, sondern auch noch darauf, dass diese schuldhaft verübt worden ist.

Um sie auszuräumen, muss der Aufsichtspflichtige umfassend darlegen und gegebenenfalls beweisen, was er konkret getan hat, um seinen Pflichten zu genügen.[655] Entscheidend ist nicht, ob der Erziehungsberechtigte allgemein seiner Aufsichtspflicht genügt hat, sondern vielmehr, ob dies im konkreten Fall und in Bezug auf die zur widerrechtlichen Schadenszufügung führenden Umstände geschehen ist.[656] Er muss also darlegen, inwieweit er den Schutzbefohlenen beaufsichtigt, belehrt und ermahnt hat. Die zu stellenden Anforderungen bestimmen sich selbstverständlich nach dem Einzelfall, sind also gegenüber einem Kleinkind anders als gegenüber einem Sechzehnjährigen.[657]

BGH NJW 2009, 1952:

> *Beispiel*
>
> Ein Aufsichtspflichtiger muss dafür sorgen, dass ein Kind im Alter von fünfeinhalb Jahren auf einem Spielplatz in regelmäßigen Abständen von höchstens 30 Minuten kontrolliert wird.

Ein weiteres Beispiel zum Filesharing nach BGH NJW 2013, 1441:

> *Beispiel*
>
> Eltern genügen ihrer Aufsichtspflicht über ein normal entwickeltes 13-jähriges Kind, das ihre grundlegenden Gebote und Verbote befolgt, regelmäßig bereits

654 BLP/*Luckey*, § 832 Rn 1.
655 BGH NJW-RR 1987, 13; BGH NJW 2009, 1953.
656 BGH NJW 2009, 1952, 1953.
657 BGH NJW 2013, 1441.

dadurch, dass sie das Kind über die Rechtswidrigkeit einer Teilnahme an Internettauschbörsen belehren und ihm eine Teilnahme daran verbieten. Eine Verpflichtung der Eltern, die Nutzung des Internets durch das Kind zu überwachen, den Computer des Kindes zu überprüfen oder dem Kind den Zugang zum Internet (teilweise) zu versperren, besteht grundsätzlich nicht. Zu derartigen Maßnahmen sind Eltern erst verpflichtet, wenn sie konkrete Anhaltspunkte dafür haben, dass das Kind dem Verbot zuwiderhandelt.

3. Tierhalterhaftung (§ 833 BGB)

Fügt ein Tier einem Dritten einen Schaden zu, haftet der Tierhalter dem Dritten nach § 833 BGB. Zur Begründung eines Anspruchs aus § 833 S. 1 BGB muss der Geschädigte darlegen und beweisen, dass ihm durch ein vom Beklagten gehaltenes Tier Schaden zugefügt wurde.[658] Das schließt die Umstände ein, die die Tierhaltereigenschaft begründen. Die Qualifikation als Halter stellt allerdings eine Rechtsfrage dar, die anhand der Umstände des Schädigungshergangs zu beantworten ist.[659] Im Übrigen genügt der Geschädigte seiner Darlegungs- und Beweislast, wenn er geltend macht, die Rechtsgutsverletzung sei von dem Tier verursacht worden.[660] **263**

Handelt es sich bei dem Tier um ein Luxustier, gibt es keine Entlastungsmöglichkeit für den Tierhalter;[661] denn sein Verschulden ist nicht Anspruchsvoraussetzung. Handelt es sich um ein Nutztier („dem Berufe, der Erwerbstätigkeit oder dem Unterhalte des Tierhalters“ dienend), kann sich dieser gemäß § 833 S. 2 BGB dadurch entlasten, dass er beweist, die im Verkehr erforderliche Sorgfalt angewandt zu haben. Er haftet also aus **vermutetem** Verschulden. **264**

Beispiel

Ein Pferd läuft auf die Straße und verursacht dadurch einen Verkehrsunfall. Der auf Schadensersatz in Anspruch genommene Bauer macht zu seiner Entlastung geltend, das Tier sei aus einer ordnungsgemäß abgesperrten Weide entlaufen. Ein Dritter müsse unbemerkt das Gatter geöffnet haben. Dieser schwer zu führende Beweis obliegt dem Bauern.

BGH VersR 1966, 186:[662]

Angesichts der beträchtlichen Gefahren, die ein frei umherlaufendes Pferd für den Verkehr auf einer Bundesstraße bedeutet, sind an den Entlastungsbeweis des Halters, der das Tier in einem neben der Straße gelegenen Weidegarten zu

658 MüKo/*Wagner*, § 833 BGB Rn 76.
659 MüKo/*Wagner*, § 833 BGB Rn 76.
660 BGH NJW-RR 1990, 789, 791.
661 Vgl. BGH NJW 1982, 763.
662 Im Fall von Kühen BGH VersR 2009, 1275, 1277.

verwahren pflegt, ***strenge Anforderungen*** *zu stellen. Hierbei ist von der Pflicht des Halters auszugehen, das vom Weidegarten zur Straße führende Tor nicht nur gegen ein Öffnen durch die in der Umzäunung befindlichen Tiere, sondern nach Möglichkeit auch gegen Manipulationen von Unbefugten zu sichern.*

Ähnlich hohe Anforderungen werden auch an die Haltung von gefährlichen Hunden gestellt. Der BGH spricht von erhöhten Sorgfaltsanforderungen bei der Beaufsichtigung von aggressiven und bissigen Hunden, die auch eine einsprechende Sicherung des Tieres umfassen können.[663]

265 Besondere Probleme stellen sich bei **Reiterunfällen**. Voraussetzung für einen Anspruch aus § 833 BGB ist nämlich, dass sich die **typische Tiergefahr** verwirklicht, die sich in einem der tierischen Natur entsprechenden unberechenbaren und selbstständigen Verhalten äußert.[664] Diese kann fehlen, wenn ein Reiter von einem Pferd fällt.[665]

OLG Koblenz VersR 1999, 239:

Die Beweislast dafür, dass der eingetretene Schaden auf eine „spezifische Tiergefahr" zurückzuführen ist, trifft den geschädigten Reiter, wenn das Pferd im Zeitpunkt des Unfalles unter seiner Lenkung stand.

Dass der Reiter das lustlose Pferd mit einer Reitgerte traktiert hat und dieses darauf sich seiner entledigt hat, schließt den Ersatzanspruch des Reiters hingegen nicht aus; auch dann nicht, wenn ihm das Pferd von dem Tierhalter gefälligkeitshalber überlassen worden war.[666] Allerdings hält der BGH in entspr. Anwendung des § 834 BGB in einem solchen Fall ein Mitverschulden für möglich. Der Reiter hat die ihn treffende Verschuldens- und Verursachungsvermutung zu widerlegen.[667]

Vgl. auch OLG Köln NJW-RR 2012, 1374:

Es entspricht gefestigter Rechtsprechung, dass gegenüber der Haftung des Tierhalters aus § 833 BGB im Rahmen des Mitverschuldens nach § 254 BGB die Beweislastregel des § 834 BGB mit der Folge zu berücksichtigen ist, dass der geschädigte Tierführer (hier: Reiter) den Vorwurf des Mitverschuldens auszuräumen hat. Der Minderjährigenschutz ist bei der Anwendung dieser Beweislastregel in der Weise zu berücksichtigen, dass es darauf ankommt, ob der Minderjährige aufgrund seiner Erfahrungen im Umgang mit einem entsprechenden Tier, das heißt sowohl in Bezug auf eine entsprechende Einsichtsfähigkeit (§ 828 III BGB) in die Erforderlichkeiten der Steuerung als auch körperlich in der Lage war, selbstständig Einflussmöglichkeiten auf eine Steuerung des Tieres wahrzunehmen.

663 BGH MDR 2005, 1290, 1291.

664 BGH NZV 1990, 305, 306.

665 BGH NJW 1982, 763, 764.

666 BGH VersR 1992, 1145; OLG Hamm BeckRS 2013, 09476.

667 BGH VersR 1992, 1145.

Ist der erforderliche Beweis des fehlenden Mitverschuldens nicht erbracht, so ist nicht von einem überwiegenden Haftungsanteil des Tierhalters, sondern mangels abweichender Anhaltspunkte von einer hälftigen Schadensteilung auszugehen.

4. Produzentenhaftung (ohne Produkthaftung)

Kauft jemand in einem Handelsgeschäft Ware ein und kommt er durch diese Ware **266** zu Schaden – z.B. durch das Explodieren einer Sprudelflasche[668] –, könnte ihm daraus gegen den Händler ein Anspruch aus Vertragsverletzung zustehen. Voraussetzung dafür ist aber ein Verschulden des Händlers; an diesem von dem Käufer zu führenden Nachweis wird der Anspruch zumeist scheitern. Will der Verletzte den **Hersteller** der Ware aus § 823 Abs. 1 BGB in Anspruch nehmen, setzt dieser Anspruch ebenfalls ein Verschulden voraus.

Müsste der Geschädigte das **Verschulden** nachweisen, würde auch diese Anspruchsgrundlage dem Verletzten wenig nützen, da er die innerbetrieblichen Abläufe des Herstellerbetriebes nicht kennt und deshalb nur selten ein Verschulden des Herstellers nachweisen kann. Hinzu kommt, dass dieser sich in aller Regel eines Verrichtungsgehilfen bedient hat und deshalb den Entlastungsbeweis nach § 831 BGB führen könnte, vgl. Rdn 256. Deshalb hilft die Rspr. dem Verletzten durch eine **Beweislastumkehr**.[669]

Der **Verletzte** muss nur beweisen, dass er durch ein **vom Hersteller in den Ver- 267 kehr gebrachtes und schon zu diesem Zeitpunkt fehlerhaftes Produkt** in einem seiner Rechtsgüter verletzt worden ist und dadurch einen Schaden erlitten hat; er hat also lediglich einen Fehler des von dem Hersteller gelieferten Produktes, seinen Schaden und die **Kausalität** des Fehlers für seinen Schaden zu beweisen.[670]

Den Verletzten trifft also die Beweislast dafür, dass sein Schaden im Organisations- und Gefahrenbereich des Herstellers ausgelöst worden ist, und zwar durch einen objektiven Mangel oder Zustand der Verkehrswidrigkeit. Hinsichtlich des von dem Verletzten geschuldeten Kausalitätsbeweises könnten sich Schwierigkeiten ergeben, wenn der dem Hersteller zu machende Vorwurf in einer unzulänglichen Aufklärung des späteren Verletzten liegt. Hier kommt dem Verletzten aber die Vermutung zustatten, dass er, wenn er gewarnt worden wäre, diese Warnung auch beachtet hätte.[671]

Der **Hersteller** muss dann zu seiner **Entlastung** beweisen, dass er objektiv nicht **268** gegen die ihm obliegende Verkehrssicherungspflicht verstoßen hat oder ihn an einem derartigen Verstoß kein Verschulden trifft oder der Verletzte eine Warnung

668 Vgl. BGH NJW 1988, 2611.

669 Zuerst Hühnerpestfall BGH NJW 1969, 269.

670 BGH NJW 1991, 1948; vgl. dazu auch *Fuchs/Baumgärtner*, JuS 2011, 1057, 1060.

671 BGH NJW 1992, 560 (Kindertee-Fall); OLG Stuttgart OLG Report Süd 41/2015 Anm. 8.

nicht beachtet hätte. An den vom Hersteller zu führenden Entlastungsbeweis im Lebensmittelbereich werden sehr hohe Anforderungen gestellt.[672] Die **mangelnde Aufklärbarkeit** kann zulasten des Herstellers gehen;[673] so zum Beispiel beim Inverkehrbringen von Produkten, welche aufgrund ihrer Eigenart eine besondere Schadenstendenz aufweisen.[674]

Bei Instruktions- und Beobachtungsfehlern wird bei dem von dem **Verletzten** geforderten Nachweis, dass eine Instruktion erforderlich gewesen und der Schaden bei pflichtgemäßer Instruktion vermieden worden wäre, die Möglichkeit eines Anscheinsbeweises eingeräumt.[675] Der Verletzte hat auch eine objektive Pflichtverletzung bezüglich einer nachträglich erforderlich gewordenen Instruktion nachzuweisen.[676] Sodann trifft den Hersteller die Beweislast dafür, dass die Gefahren für ihn nicht erkennbar waren und ihn deshalb kein Verschulden trifft.[677]

VI. Beweislast bei Unterlassung/Widerruf von Behauptungen

1. Unterlassung

269 Klagt jemand auf Unterlassung einer **ehrenrührigen Behauptung**, hat er zu beweisen, dass der Beklagte die Behauptung aufgestellt hat und dass sie nicht der Wahrheit entspricht; anders aber – und das ist der Regelfall –, wenn die Behauptung eine üble Nachrede im Sinne des § 186 StGB darstellt; dann hat der **Beklagte** den Wahrheitsbeweis für seine Behauptung anzutreten.[678] Ein non liquet geht zu seinen Lasten.

Aber BGHZ 132, 13, 23:

> *Eine nicht erweislich wahre ehrenrührige Behauptung darf dann, wenn auch ihre Unwahrheit nicht bewiesen ist, zumindest in Fällen, in denen es um eine die* ***Öffentlichkeit*** *wesentlich berührende Angelegenheit geht, auf der Grundlage der dann nach Art. 5 Abs. 1 GG und § 193 StGB vorzunehmenden Güterabwägung demjenigen, der sie aufgestellt hat, zumindest solange nicht untersagt werden, als er sie zur Wahrnehmung berechtigter Interessen für erforderlich halten darf.*[679]

Der Unterlassungsanspruch nach § 1004 BGB setzt aber des Weiteren voraus, dass eine **Wiederholungsgefahr** besteht. Ist bereits ein rechtswidriger Eingriff erfolgt,

672 BGH NJW 1992, 1039.
673 BGH NJW 1988, 2611.
674 BGH NJW 1988, 2611.
675 BGH VersR 1992, 99; OLG Stuttgart OLG Report Süd 41/2015 Anm. 8.
676 BGHZ 80, 186, 197.
677 *Fiebig*, WuB 2000, 677, 682.
678 BGH NJW 1985, 1621; OLG Düsseldorf BeckRS 2012, 06254; BLP/*Laumen*, § 1004 Rn 15 ff.
679 Ebenso BGH NJW 1998, 3047; BGH VersR 2008, 1081.

begründet schon dieser regelmäßig die Wiederholungsgefahr.[680] Es ist dann Sache des Beklagten, die gegen ihn sprechende **Vermutung auszuräumen**;[681] notfalls durch eine strafbewehrte Unterwerfungserklärung.

2. Widerruf

Etwas anderes gilt für die Klage auf Widerruf ehrenrühriger **Tatsachenbehauptungen**, im Unterschied zu **Werturteilen**; hier hat der **Kläger** nicht nur zu beweisen, dass der Beklagte die Behauptung aufgestellt hat, sondern auch, dass sie nicht der Wahrheit entspricht;[682] es soll niemandem zugemutet werden, etwas zu widerrufen, was möglicherweise der Wahrheit entspricht. Denn der Widerruf einer Tatsachenbehauptung wird dahingehend verstanden, dass die beklagte Partei, die aufgestellte Behauptung als unwahr widerruft.[683] 270

Lepa, Beweislast, S. 23:

> *Eine so intensiv in den Persönlichkeitsbereich des Betroffenen hineinreichende Verurteilung lässt die Rechtsordnung aber nur dann zu, wenn die Unwahrheit der Behauptung feststeht; die Verpflichtung, eine Behauptung zu widerrufen, die doch wahr sein kann, geriete mit den grundrechtlichen Postulaten der Art. 1 und 2 GG in Konflikt.*

Allerdings hat der Gegner im Falle übler Nachrede seine Vorwürfe zu substantiieren.[684]

Einen **beschränkten** Widerruf – also die Erklärung, die Behauptung nicht aufrechtzuerhalten – kann derjenige verlangen, der zwar die Unwahrheit der gegnerischen Behauptung nicht beweisen kann, wenn ernsthafte Anhaltspunkte für die Wahrheit der Behauptung aber ausgeräumt sind.[685]

Beispiel 271

Ein Unternehmen verklagt einen Schuldner S auf Zahlung von 1.000 EUR.

Dieser macht zu seiner Verteidigung geltend, dem Angestellten A des Unternehmens den geschuldeten Betrag gezahlt zu haben. Da S den Beweis dafür nicht antreten kann, lässt er auf Anraten seines Prozessbevollmächtigten Anerkenntnisurteil gegen sich ergehen.

680 BGH MDR 1987, 1015; BLP/*Laumen*, § 1004 Rn 17.

681 BGH MDR 1987, 998.

682 BGHZ 37, 187, 190; BGH NJW-RR 1987, 664.

683 BGHZ 37, 187, 190.

684 BGH NJW 1974, 1710; BVerfG NJW-RR 2007, 1194.

685 BGHZ 37, 187, 190; BLP/*Laumen*, § 1004 Rn 23.

Nunmehr klagt aber A gegen S auf Widerruf der Behauptung, S hab ihm 1.000 EUR gezahlt, die A ja unterschlagen haben muss, wenn er sie nicht bei dem Unternehmen abgeliefert hat.

Das Gericht erhebt Beweis darüber, ob A von S 1.000 EUR **nicht** bekommen hat. Da A das nicht beweisen kann, weist es die Widerrufsklage ab. Einer Unterlassungsklage hätte es wohl stattgegeben.

Tatsächlich wären aber **beide** Ansprüche unbegründet, weil hinsichtlich einer in einem Prozess aufgestellten Behauptung, soweit sie der Verteidigung dient, eine Partei im Zivilrechtsweg nicht belangt werden kann.[686] Eine Partei soll in einem Zivilverfahren alles vortragen dürfen, was sie zur Wahrung ihrer Rechte für erforderlich hält, auch wenn der Gegner oder sogar Dritte davon in ihrer Ehre berührt werden. Etwas anderes gilt für unsachliche Äußerungen, die nicht für sich in Anspruch nehmen können, der Wahrnehmung der eigenen Rechte zu dienen, sondern ausschließlich ehrverletzend sein sollen, also für die Schmähkritik.

VII. Zur Beweislast der Haftung besonderer Berufsgruppen

1. Beweislastumkehr bei grober Verletzung von Berufspflichten

272 Werden Berufspflichten **grob fahrlässig** verletzt, die dem Schutz des Körpers oder der Gesundheit anderer Personen dienen, kehrt sich die Beweislast für die Schadensursächlichkeit der Pflichtverletzung um.

BGH NJW 2018, 301 zur Schwimmbadaufsicht:[687]

> *Wer eine besondere Berufs- oder Organisationspflicht, andere vor Gefahren für Leben und Gesundheit zu bewahren, grob vernachlässigt hat, muss die Nichtursächlichkeit festgestellter Fehler beweisen, die allgemein als geeignet anzusehen sind, einen Schaden nach Art des eingetretenen herbeizuführen. Dies gilt auch im Fall einer grob fahrlässigen Verletzung der Verpflichtung zur Überwachung eines Schwimmbadbetriebs.*

BGH NJW 2017, 2108 zum Hausnotrufvertrag:

> *Wer eine besondere Berufs- oder Organisationspflicht, die dem Schutz von Leben und Gesundheit anderer dient, grob vernachlässigt hat, kann nach Treu und Glauben die Folgen der Ungewissheit, ob der Schaden abwendbar war, nicht dem Geschädigten aufbürden. In derartigen Fällen ist die regelmäßige Beweislastverteilung dem Geschädigten nicht zuzumuten. Der seine Pflichten grob Vernachlässigende muss daher die Nichtursächlichkeit festgestellter Fehler be-*

686 BGH NJW 1971, 284; BGH ZIP 1994, 1963.
687 Vgl. *Koch/Rupp*, NJW 2018, 267.

weisen, die allgemein als geeignet anzusehen sind, einen Schaden nach Art des eingetretenen herbeizuführen.

Diese insbesondere für die Arzthaftung[688] geltende Regel gilt jedoch nach BGH VersR 1994, 1231 **nicht** für die Anwaltshaftung.

2. Amtspflichtverletzung, fehlerhafte Stellenbesetzung

Ein Amtshaftungsanspruch gegen die öffentlich-rechtliche Körperschaft entsteht dem Bewerber für eine Einstellung oder dem Bediensteten, dem eine Beförderung versagt wird, wenn er zu Unrecht einem Konkurrenten unterlegen ist. Es liegt auf der Hand, dass der Anspruchsteller bei dem (notwendig) breiten Ermessens- und Beurteilungsspielraum des Dienstherrn Schwierigkeiten hat darzulegen, welchen Verlauf die Dinge bei pflichtgemäßem Handeln des Amtsträgers genommen hätten. Dem trägt die Rechtsprechung[689] dadurch Rechnung, dass sie dem Geschädigten durch Beweiserleichterungen hilft. Steht die Amtspflichtverletzung und eine zeitlich nachfolgende Schädigung fest, hat die öffentliche Körperschaft den Nachweis zu führen, dass der Schaden nicht auf ihrer Amtspflichtverletzung beruht; Voraussetzung ist allerdings, dass nach der allgemeinen Lebenserfahrung eine tatsächliche Vermutung für den Anspruchsteller spricht.[690] **273**

3. Anwaltshaftung

Wird der Anwalt von seinem früheren Mandanten mit der Begründung in Anspruch genommen, er habe ihn falsch beraten oder einen Rechtsstreit fehlerhaft geführt, hängt der Ausgang eines sich daraus entwickelnden Rechtsstreits nicht zuletzt von der Verteilung der Beweislast ab. **274**

Behauptet der Anwalt, seinen Mandanten hinreichend aufgeklärt zu haben, muss nämlich der Mandant das Gegenteil beweisen;[691] den Anwalt trifft allerdings eine gesteigerte Substantiierungslast,[692] vgl. § 2 Rdn 70.

OLG Düsseldorf NJWE-VHR 97, 12:

Wer einen Anwalt aus Verletzung seiner Aufklärungspflicht in Anspruch nimmt, weil dieser seine Pflicht nicht gehörig erfüllt habe, trägt für dieses Unterlassen die Beweislast, auch wenn ihm damit der Beweis einer ***negativen Tatsache*** *aufgebürdet wird.*

688 BGH NJW 1996, 2428; BGH NJW-RR 2010, 831, 833; vgl. auch § 630h Abs. 5 S. 1 BGB.
689 BGH NJW 1995, 2344, 2345; BGH NJW-RR 2004, 1065.
690 BGH NJW 1995, 2344, 2345.
691 BGH NJW 1987, 1322.
692 BLP/*Laumen*, § 675 Rn 29.

BGH NJW 2000, 730, 732:

Für den haftungsausfüllenden Ursachenzusammenhang zwischen anwaltlicher Pflichtverletzung und dem geltend gemachten Schaden, der gemäß § 287 ZPO festzustellen ist, trägt der Mandant die Beweislast, die durch den Beweis des ersten Anscheins und die – gegenüber § 286 ZPO – geringeren Anforderungen des § 287 ZPO an die Darlegungslast und das Beweismaß erleichtert wird. Einen erstattungsfähigen Schaden hat der Mandant in der Regel erlitten, wenn er einen Prozess verloren hat, den er bei sachgemäßer anwaltlicher Vertretung gewonnen hätte. Für diese hypothetische Beurteilung ist maßgeblich, wie der Vorprozess nach Auffassung des Gerichts, das mit dem Regressanspruch befasst ist, richtigerweise hätte entschieden werden müssen. Dabei ist von dem Sachverhalt auszugehen, der dem Gericht des Vorprozesses unterbreitet und von diesem aufgeklärt worden wäre. Die Beweislastregeln des Vorverfahrens gelten grundsätzlich auch für den Regressprozess.

275 Steht eine Pflichtverletzung des Anwaltes fest und lässt sich der Anwalt dahin gehend ein, sie sei wegen einer **späteren** Weisung seines Mandanten für den eingetretenen Schaden nicht kausal geworden, hat der **Anwalt** diese **behauptete Weisung** zu beweisen.[693] (Der Anwalt hatte es weisungswidrig unterlassen, Klage auf Zahlung des Kaufpreises zu erheben, und sich dahin gehend eingelassen, der Mandant habe ihn **später** aufgefordert, Rücktritt vom Vertrag zu erklären.)

Der Anwalt hat auch grundsätzlich von der Belehrungsbedürftigkeit seines Auftraggebers auszugehen:[694]

Dies gilt sogar gegenüber rechtlich und wirtschaftlich erfahrenen Personen. Behauptet der Rechtsanwalt, der Mandant habe die Rechtslage gekannt und sei deshalb nicht belehrungsbedürftig gewesen, so trifft ihn insoweit die Beweislast.

Der Anwalt muss auch beweisen, dass sein Mandant eine Schadensminderungspflicht verletzt habe.[695]

276 Steht die mangelhafte Aufklärung des Mandanten fest, traf nach früherer Rspr. den Anwalt die Beweislast, wenn er die Kausalität der Vertragsverletzung für den eingetretenen Schaden mit der Begründung bestreiten wollte, dass sein Mandant sich nicht **aufklärungsrichtig** verhalten hätte, also seinem Rat nicht gefolgt wäre.[696] Nach aktueller Rspr. begründet die Verletzung der Aufklärungspflicht aber lediglich einen **Anscheinsbeweis**.[697]

693 BGH VersR 1994, 1231; BLP/*Laumen*, § 675 Rn 26.

694 BGH ZIP 2001, 33, 34.

695 BGH NJW 1993, 1320, 1323.

696 So noch BGH NJW 1987, 1322.

697 BGH NJW 1993, 3259; BGH NJW 2014, 2795; BLP/*Laumen*, § 675 Rn 37 ff.

BGH NJW 1993, 3259:

Voraussetzung sind danach tatsächliche Feststellungen, die im Falle sachgerechter Aufklärung durch den rechtlichen Berater aus der Sicht eines vernünftig urteilenden Mandanten eindeutig eine bestimmte tatsächliche Reaktion nahegelegt hätten.

BGH NJW 2014, 2795:

In Fällen der Rechts- und Steuerberaterhaftung bestimmen sich Beweiserleichterungen für den Ursachenzusammenhang zwischen Pflichtverletzung und Schaden nach den Grundsätzen des Anscheinsbeweises.

Der Anscheinsbeweis setzt einen Sachverhalt voraus, der nach der Lebenserfahrung aufgrund objektiv deutlich für eine bestimmte Reaktion sprechender Umstände einer typisierenden Betrachtungsweise zugänglich ist. Dies ist anzunehmen, wenn bei zutreffender rechtlicher Beratung vom Standpunkt eines vernünftigen Betrachters aus allein eine Entscheidung nahe gelegen hätte.

Der **Anscheinsbeweis** kommt nur zur Anwendung, wenn im Hinblick auf die Interessenlage oder andere objektive Umstände eine bestimmte Entschließung des zutreffend informierten Mandanten, mit Wahrscheinlichkeit zu erwarten war,[698] sowie als Beweiserleichterung für den **Ursachenzusammenhang** zwischen Pflichtverletzung und Schaden nach den Grundsätzen des Anscheinsbeweises.[699] Kommen für den Mandanten hinsichtlich der Entscheidung über die Rückgabe der Zulassung verschiedene Handlungsweisen ernsthaft in Betracht, die unterschiedliche Vorteile und Risiken in sich bergen, ist grundsätzlich kein Raum für einen Anscheinsbeweis.[700] Anders als im Arzthaftungsprozess, vgl. Rdn 290, führt selbst ein feststehendes **grobes Verschulden** des Anwaltes nicht zu einer Umkehr der Beweislast hinsichtlich der Kausalität für den eingetretenen Schaden.[701]

Führt ein Anwaltsverschulden in einem Rechtsstreit zum Unterliegen seines Mandanten, so ist nicht zu fragen, wie der Richter dieses Prozesses ohne Anwaltsverschulden entschieden hätte, sondern wie er **richtigerweise** hätte entscheiden müssen.[702] 277

(Der Mandant kann sich also nicht darauf berufen, dass das Gericht ohne das Anwaltsverschulden zu seinen Gunsten entschieden hätte, wie dem Beweisbeschluss des Gerichts zu entnehmen sei, wenn die Rechtsauffassung des Gerichts, die dem Beweisbeschluss zugrunde liegt, falsch ist.)

698 BGH NJW 1993, 3259; OLG Karlsruhe BeckRS 2020, 29562.

699 BGH NJW 2014, 2795.

700 BGH NJW-RR 2007, 569.

701 BGH NJW 1994, 3295; OLG Frankfurt BeckRS 2009, 26700; BLP/*Laumen*, § 675 Rn 34.

702 BGH VersR 1983, 586; BGH NJW 1994, 1211; BGH NJW 2000, 730.

BGH MDR 2000, 1279:[703]

Wenn im Haftpflichtprozess die Frage, ob dem Antragsteller durch die schuldhafte Pflichtverletzung des Rechtsanwaltes ein Schaden entstanden ist, vom Ausgang eines anderen Verfahrens abhängt, muss das Regressgericht selbst prüfen, wie jenes Verfahren richtigerweise zu entscheiden (gewesen) wäre. Dies gilt auch dann, wenn das andere Verfahren unterbrochen ist und noch fortgesetzt werden kann.

Dass die Gefahr divergierender Entscheidungen bestehe, ändere daran nichts; der BGH[704] meint, dem könne durch eine Streitverkündung vorgebeugt werden.

278 Der Anwalt ist nicht gehindert, den Gegner des Vorprozesses als Zeugen zu benennen.[705] Der Anwalt kann sich also zu seiner Verteidigung auf dessen Zeugnis für seine Behauptung berufen, dass der Sachverhalt ein anderer war, als von ihm für seinen Mandanten im Vorprozess vorgetragen; diesem sei also trotz seines Anwaltsverschuldens kein Schaden entstanden, weil ihm der geltend gemachte Anspruch gar nicht zugestanden habe. Dass der Anwalt insoweit gegenüber seinem früheren Mandanten begünstigt ist, steht dem nicht entgegen.[706]

War im Vorprozess der Gegner beweisbelastet, trifft in dem Rechtsstreit des früheren Mandanten gegen den Anwalt jetzt diesen die Beweislast.[707] Der Mandant soll nicht schlechter gestellt werden, weil sein hypothetischer Sieg im Vorprozess nunmehr eine Voraussetzung für die Bejahung des Schadens darstellt.[708]

Macht der Anwalt zu seiner Verteidigung geltend, der Gegner des Vorprozesses habe gar kein pfändbares Vermögen gehabt und deshalb sei dem früheren Mandanten durch die fehlerhafte Prozessführung auch kein Schaden entstanden, ist diese Einlassung von dem Mandanten zu widerlegen.[709] Eine solche Verteidigung durch den Anwalt ist bereits dann erheblich, wenn er Umstände dargelegt hat, die Zweifel an der Zahlungsfähigkeit begründen können.[710]

Zur Substantiierungslast des Anwaltes vgl. § 2 Rdn 70 ff., zu den Beweiserleichterungen nach § 287 ZPO Rdn 27 ff.[711]

703 Ebenso BGH NJW 2013, 540.
704 BGH MDR 2000, 1279.
705 BGH NJW 1979, 819.
706 BGH NJW 1979, 819.
707 BGH NJW 2000, 730; BGH NJW 2005, 3071, 3072.
708 Vgl. *Borgmann*, NJW 2000, 2953, 2965.
709 BGH NJW 1986, 247.
710 BGH NJW 2007, 2485, 2489.
711 Vgl. auch BGH NJW-RR 2007, 569; OLG Karlsruhe BeckRS 2020, 29562.

4. Arbeitnehmerhaftung

Grundsätzlich hat der Arbeitgeber nach den Beweislastgrundsätzen des Schadensrechts des BGB die Tatbestandsvoraussetzungen für den Haftungstatbestand darzulegen und zu beweisen. Die Haftung des Arbeitnehmers aus Vertragsverletzung gegenüber seinem Arbeitgeber ist weiter durch die Grundsätze über die Beschränkung der Arbeitnehmerhaftung gemildert. Bei fahrlässigem Handeln haftet der Arbeitnehmer nur eingeschränkt, wenn es um Tätigkeiten geht, die durch den Betrieb veranlasst sind und aufgrund des Arbeitsverhältnisses geleistet werden.[712] Eine Haftung bei leichter Fahrlässigkeit gibt es nach den Grundsätzen des innerbetrieblichen Schadensausgleiches nicht.[713] Bei normaler Fahrlässigkeit ist der Schaden zwischen Arbeitgeber und Arbeitnehmer zu verteilen, wobei die Gesamtumstände von Schadensanlass und Schadensfolgen nach Billigkeitsgrundsätzen und Zumutbarkeitsgesichtspunkten gegeneinander abzuwägen sind.[714] Zu diesen Gesichtspunkten gehören der Grad des dem Arbeitnehmer zur Last fallenden Verschuldens, die Gefahren der Arbeit, die Höhe des Schadens, ein vom Arbeitgeber einkalkuliertes oder durch Versicherung deckbares Risiko, die Stellung des Arbeitnehmers im Betrieb und die Höhe des Arbeitsentgeltes, in dem möglicherweise eine Risikoprämie enthalten ist. Ferner gehören hierzu die persönlichen Verhältnisse des Arbeitnehmers, die Dauer seiner Betriebszugehörigkeit, sein Lebensalter, seine Familienverhältnisse und sein bisheriges Verhalten. Bei grober Fahrlässigkeit haftet der Arbeitnehmer in aller Regel voll.[715] Es sind auch insoweit Ausnahmen möglich, vor allem, wenn ein Missverhältnis von Einkommen und Haftungsrisiko vorliegt.[716] 279

Es liegt auf der Hand, dass bei einer derart ausdifferenzierten Haftungsregelung der **Beweislastverteilung** eine große Bedeutung zukommt. 280

Da es um Haftung aus einer Pflichtverletzung geht, käme eine Umkehr der Beweislast nach § 280 Abs. 1 S. 2 BGB in Betracht, vgl. Rdn 251. In entsprechender Anwendung dieser Bestimmung hat das BAG[717] auch einen Fall der Haftung eines **Arbeitgebers** gegenüber einem Arbeitnehmer entschieden. Für die Arbeitnehmerhaftung lehnte das BAG[718] damals eine entsprechende Anwendung des § 280 Abs. 1 S. 2 BGB (§ 282 BGB a.F.) aber ab. Die Einschränkung der Arbeitnehmerhaftung, die auf der Überlegung beruhe, dass der Arbeitgeber wegen seiner Organisationsmöglichkeiten ein erhöhtes Risiko tragen könne, würde teilweise wieder zu-

712 BAG NJW 1995, 210, 211; BAG NZA 2003, 37, 38.

713 BAG VersR 1988, 1306; BAG GesR 2011, 763, 765; BAG DAR 2011, 345, 347.

714 BAG VersR 1988, 1306; BAG GesR 2011, 763, 765; BAG DAR 2011, 345, 347.

715 BAG VersR 1988, 1306; BAG GesR 2011, 763, 765; BAG DAR 2011, 345, 347.

716 Vgl. BAG NJW 1999, 1049, 1051.

717 AP Nr. 7 zu § 282 BGB; ähnlich BAG ZInsO 2009, 1264.

718 BAG NJW 1999, 1049, 1052.

rückgenommen, wenn die Beweislastregel des § 280 Abs. 1 S. 2 BGB auf die Arbeitnehmerhaftung Anwendung fände.[719] Der Arbeitgeber musste mithin nicht nur die Pflichtverletzung, sondern auch das Verschulden des Arbeitnehmers beweisen.[720]

Im Wege der Schuldrechtsreform 2002 wurde diese Rspr des BAG durch § 619a BGB normiert. Die Vorschrift besagt, dass der **Arbeitgeber Darlegungs- und Beweislast für den Verschuldensgrad des Arbeitnehmers trägt**.[721] Diese Norm hält nach den Vorstellungen des Gesetzgebers die herkömmliche Rechtsprechung des BAG zur Beweislast aufrecht. Der Arbeitgeber trägt also auch die Darlegungs- und Beweislast für den Verschuldensgrad des Arbeitnehmers und muss somit insgesamt nachweisen, dass der Arbeitnehmer vorwerfbar seine Pflichten aus dem Arbeitsvertrag verletzt hat und nach § 280 Abs. 1 BGB zum Schadensersatz verpflichtet ist.[722]

281 Wie schon für andere Sachbereiche dargestellt, vgl. § 2 Rdn 78 ff., schwächt die Rspr. die sich aus dieser Verteilung der Darlegungs- und Beweislast ergebenden Unzuträglichkeiten im Wege einer gestuften Darlegungslast wieder ab.[723]

BAG NJW 1999, 1049:[724]

> *An die Darlegungs- und Beweislast dürfen keine zu hohen Anforderungen gestellt werden, wenn das schädigende Ereignis näher am Arbeitnehmer als am Arbeitgeber gelegen hat. Der Arbeitnehmer hat sich im Sinne einer* ***gestuften Darlegungslast*** *substantiiert zu äußern. Vom Arbeitgeber vorgetragene Indizien, die auf haftungsbegründendes Verschulden des Arbeitnehmers hinweisen, sind sorgfältig zu würdigen. Auch die Tatsache, dass der Arbeitnehmer die alleinige Kontrolle über bestimmte Bereiche hatte, ist ein solches Indiz. Unterlässt es der Arbeitnehmer, sich zu den konkreten Umständen des Schadensfalles zu erklären, können daraus entsprechende Schlüsse gezogen werden. Bleibt streitig, ob bestimmte Indiztatsachen vorliegen oder nicht, geht dies zulasten des Arbeitgebers. Gleiches gilt für eventuelle Unklarheiten nach Abschluss der Würdigung aller Indizien und gegebenenfalls der erhobenen Beweise.*

Die Umkehr der Beweislast gilt allerdings nicht für die Voraussetzung der Haftungsbeschränkung, d.h. die „betrieblich veranlasste Tätigkeit“, vgl. Rdn 279. Der Arbeitnehmer muss darlegen und beweisen, dass der Schaden bei einer solchen Tätigkeit entstanden ist.[725]

719 BAG NJW 1999, 1049, 1052.
720 BAG NJW 2014, 877.
721 BAG NZA 2015, 1517.
722 BAG NZA 2015, 1517.
723 BLP/*Gäntgen*, § 619a Rn 16.
724 Ebenso BAG DAR 2011, 345, 347.
725 BAG NZA 2003, 37, 38.

5. Arzthaftung

Ein Patient, der den behandelnden Arzt auf Schadensersatz in Anspruch nehmen will, gerät leicht in Beweisnot, weil ihm in aller Regel die medizinischen Fachkenntnisse fehlen und er auch nicht über die Krankenunterlagen verfügt. Hinzu kommt, dass die Kausalität des Behandlungsfehlers für einen später auftretenden Schaden häufig schwer festzustellen ist. 282

Ausgehend von einer Entscheidung des BVerfG,[726] die die mangelnde Waffengleichheit aufgezeigt hat, hilft die Rspr. dem Patienten durch reduzierte Anforderungen an die **Substantiierung** seines Vorbringens (vgl. § 2 Rdn 78 ff.) sowie durch Beweiserleichterungen.

Hervorragend zusammengefasst in BGH NJW-RR 2019, 467, 468:[727]

> *Nach der gefestigten Rechtsprechung des Senats sind an die Substanziierungspflichten des Patienten im Arzthaftungsprozess nur maßvolle Anforderungen zu stellen. Vom Patienten kann keine genaue Kenntnis der medizinischen Vorgänge erwartet und gefordert werden. Ihm fehlt die genaue Einsicht in das Behandlungsgeschehen und das nötige Fachwissen zur Erfassung und Darstellung des Konfliktstoffs; er ist nicht verpflichtet, sich zur ordnungsgemäßen Prozessführung medizinisches Fachwissen anzueignen. Die Patientenseite darf sich deshalb auf Vortrag beschränken, der die Vermutung eines fehlerhaften Verhaltens der Behandlungsseite aufgrund der Folgen für den Patienten gestattet.*
>
> *Mit der eingeschränkten primären Darlegungslast des Patienten geht zur Gewährleistung prozessualer Waffengleichheit zwischen den Parteien regelmäßig eine gesteigerte Verpflichtung des Gerichts zur Sachverhaltsaufklärung (§ 139 ZPO) bis hin zur Einholung eines Sachverständigengutachtens (§ 144 I 1 ZPO) von Amts wegen einher, soweit der Patient darauf angewiesen ist, dass der Sachverhalt durch ein solches aufbereitet wird.*
>
> *Einschränkungen der Darlegungslast des Patienten können sich nach allgemeinen zivilprozessualen Grundsätzen ferner insoweit ergeben, als der Patient außerhalb des von ihm vorzutragenden Geschehensablaufs steht und ihm eine nähere Substanziierung nicht möglich oder nicht zumutbar ist, während der Prozessgegner alle wesentlichen Tatsachen kennt oder unschwer in Erfahrung bringen kann und es ihm zumutbar ist, nähere Angaben zu machen. In diesem Fall hat die Behandlungsseite nach den Grundsätzen der sekundären Darlegungslast auf die Behauptungen des Patienten substanziiert, das heißt mit näheren Angaben zu erwidern, wenn ihr Bestreiten nach § 138 II und III ZPO beachtlich sein soll.*

726 BVerfGE 52, 131.

727 Vgl. auch BGH NJW-RR 2020, 720.

In der Kombination der genannten Grundsätze wird die erweiterte – sekundäre – Darlegungslast der Behandlungsseite im Arzthaftungsprozess ausgelöst, wenn die primäre Darlegung des Konfliktstoffs durch den Patienten den aufgezeigten maßvollen Anforderungen genügt und die Vermutung eines fehlerhaften Verhaltens der Behandlungsseite gestattet, während es dieser möglich und zumutbar ist, den Sachverhalt näher aufzuklären. Letzteres wird bei der Behauptung eines Hygieneverstoßes regelmäßig der Fall sein, entziehen sich doch sowohl die Existenz möglicher Infektionsquellen etwa in Gestalt weiterer Patienten oder verunreinigter Instrumente als auch die Maßnahmen, welche die Behandlungsseite im Allgemeinen und – bei Vorliegen konkreter Gefahrenquellen – im Besonderen zur Einhaltung der Hygienebestimmungen und zur Infektionsprävention unternommen hat, in aller Regel der Kenntnis des Patienten, während die Behandlungsseite ohne weiteres über die entsprechenden Informationen verfügt.

Seit 2013 ist der ärztliche Behandlungsvertrag in den §§ 630a ff. BGB neu geregelt worden. Die zentrale Haftungsnorm bei schuldhaften Pflichtverletzungen bleibt jedoch § 280 Abs. 1 BGB (vgl. Rdn 129 ff.);[728] somit auch die Verschuldensvermutung des § 280 Abs. 1 S. 2 BGB. Die Vorschrift wird durch § 630h BGB ergänzt. § 630h BGB enthält zugunsten des Anspruchsstellers zahlreiche Beweislastumkehrregeln in den Abs. 1, 3–5.

283 Von dem vertraglichen Haftungstatbestand ist der deliktische nach § 823 Abs. 1 BGB abzugrenzen. Während bei § 823 Abs. 1 BGB die Rechtswidrigkeit bei einer Rechtsgutsverletzung nach der h.L. des Erfolgsunrechts indiziert wird, muss die Rechtswidrigkeit beim Pflichtverletzungstatbestand im Arzthaftungsrecht genauer präzisiert werden. Zu unterscheiden sind einerseits Fehler bei der Selbstbestimmungsaufklärung gem. § 630d BGB, die die notwendige Einwilligung in die Behandlung entfallen lassen und somit grundsätzlich zur Rechtswidrigkeit jedes Eingriffs in die körperliche Unversehrtheit führen,[729] und andererseits echte Behandlungsfehler, bei welchen der Anspruchssteller die Nichteinhaltung von medizinischen Standards, sowie die daraus haftungsbegründend-kausal erwachsende rechtswidrige Rechtsgutsverletzung beweisen muss.[730] Letztere bezweckt somit den Gleichlauf von vertraglicher und deliktischer Arzthaftung.

a) § 630h Abs. 1 BGB

284 Gem. § 630h Abs. 1 BGB wird das Vorliegen eines Behandlungsfehlers vermutet, wenn sich ein allgemeines Behandlungsrisiko verwirklicht hat, das für den Behandelnden voll beherrschbar war und das zur Verletzung des Lebens, des Körpers

728 BT-Drucks 17/10488, 28.

729 *Schärtl*, NJW 2014, 3601, 3602 m.w.N.

730 OLG Köln MedR 2012, 466, 467.

oder der Gesundheit des Patienten geführt hat. Dem Patienten kommt insoweit **eine Umkehr der Beweislast**[731] zugute. Der Arzt muss bei Überzeugung des Gerichts von der Verwirklichung der Vermutungsbasis den Beweis erbringen, dass das vollbeherrschbare Risiko im Konkreten nicht abwendbar gewesen ist.[732] Die Vorschrift des § 630h BGB gilt nicht für die deliktische Haftung eines Arztes.[733]

Weber, NJW 1997, 761, 764:[734]

> *Es kommt darauf an, ob der Misserfolg nicht auf der Unberechenbarkeit des menschlichen Körpers beruht, sondern darauf, ob die schadensursächliche Handlung des Arztes in ihrer Handhabung und Wirkung auf den Patienten „**voll beherrschbar**" gewesen war.*

Von voll beherrschbaren Risiken spricht man z.B. dann, wenn bei der Behandlung des Patienten Geräte versagen oder Gegenstände, die bei der Operation verwendet werden, unbeabsichtigt im Körper verbleiben: In diesen Fällen muss der Arzt die gegen ihn sprechende Verschuldensvermutung entkräften.

Steht ein solches technisches Versagen fest und lässt sich die Ursächlichkeit für den eingetretenen Schaden nicht ausschließen, geht das zulasten des behandelnden Arztes bzw. des Krankenhausträgers.[735]

Dasselbe gilt bei Fehlern des Krankenhausträgers hinsichtlich des Personaleinsatzes und der Organisation; stehen insoweit Fehler fest, wird dadurch eine Vermutung für Organisations-, Auswahl-, Anweisungs- und Kontrollverschulden begründet.[736]

Das Gericht ist verpflichtet, dem Patienten durch **eigene Ermittlungen** bei der **285**
Aufklärung des Sachverhaltes behilflich zu sein; es hat über den üblichen Rahmen hinaus Gutachten einzuholen und Krankenunterlagen anzufordern, und zwar **auch ohne Antrag** des Patienten.

b) § 630h Abs. 3 BGB – Dokumentationspflicht

Der Arzt ist gem. § 630f BGB verpflichtet, den Behandlungsverlauf in Operations- **286**
berichten, Krankenblättern oder Patientenkarteien sorgfältig zu **dokumentieren**.[737] Ist eine Dokumentation aber aus medizinischen Gründen nicht geboten, so ist sie es auch aus Rechtsgründen nicht.[738]

731 BT-Drucks 17/10488, 28: „Weitere Beweislasterleichterungen, die über die **Umkehr der Beweislast** bezüglich des objektiven Pflichtverstoßes hinausgehen, enthält Abs. 1 nicht."

732 *Schärtl*, NJW 2014, 3601, 3603.

733 BLP/*Repgen*, § 630h Rn 1.

734 So auch BGH VersR 2007, 1416.

735 Vgl. *Müller*, DRiZ 2000, 259, 262; BGH VersR 2007, 1416.

736 *Müller*, NJW 1997, 3049, 3050; BGH NJW 2007, 1682.

737 OLG Koblenz v. 11.2.2015 – 5 U 747/14.

738 BGH NJW 1999, 3408; BGH NJW 2004, 1871.

BGH VersR 1978, 544:[739]

> *Vertrauenswürdigen Unterlagen dieser Art kann und* ***soll*** *in der Regel der Tatrichter bis zum Beweis der Unrichtigkeit Glauben schenken. Das bedeutet aber noch nicht, dass etwa jeder im Prozess vorgelegte Operationsbericht des Arztes schon die Vermutung der Richtigkeit für sich hätte, obwohl er sich zunächst als Parteivortrag darstellt. Die „Waffengleichheit" erfordert es vielmehr, dass die Beklagtenseite gleichzeitig in zumutbarem Umfang Umstände darlegt und unter Beweis stellt, aus denen sich die allgemeine Vertrauenswürdigkeit der Unterlagen ergibt.*

287 Eine Verletzung der ärztlichen **Dokumentationspflicht** begründet die Annahme, dass die nicht dokumentierte Maßnahme auch nicht erfolgt ist.[740]

Der Arzt kann jedoch die Lücken seiner Dokumentation nachträglich durch sonstige Beweismittel ausfüllen.[741]

Weigert sich der Arzt, Röntgenbilder herauszugeben oder ein Patient, sich einer Untersuchung zu unterziehen, so führt das noch **nicht zur Umkehr der Beweislast**; das Gericht hat dieses Verhalten aber bei seiner **Überzeugungsbildung** zu berücksichtigen.

c) § 630h Abs. 4 BGB

288 Das Risiko des Einsatzes von Ärzten mit mangelnder Befähigung wird von der Beweislastumkehr von § 630h Abs. 4 BGB erfasst. Ausweislich der Gesetzesbegründung handelt es sich dabei um sog. Anfängerfehler.[742]

BGH NJW 1984, 655:

> *Die Übertragung einer selbstständig durchzuführenden Operation auf einen dafür noch nicht ausreichend qualifizierten Assistenzarzt ist ein Behandlungsfehler und somit eine haftungsbegründende Pflichtverletzung.*

Die Beweislastumkehr greift an der nur schwer nachweisbaren kausalen Minderqualifikation des Behandelnden für die eingetretene Rechtsgutsverletzung an.[743] Es wird vermutet, dass die nachweislich eingetretene Rechtsgutverletzung haftungsbegründend-kausal auf der Minderqualifikation des Behandelnden beruht.

739 Ebenso LG Arnsberg BeckRS 2015, 17384.

740 OLG Düsseldorf VersR 1997, 748; *Spickhoff*, NJW 2013, 1714, 1720.

741 BGH NJW 1984, 1409; BLP/*Repgen*, § 630h Rn 108.

742 BT-Drucks 17/10488, 30.

743 *Deutsch*, NJW 2000, 1745, 1748 ff.; *Frahm*, NJW 2021, 216, 218.

d) §630h Abs. 5 S. 1 BGB – Grober Behandlungsfehler

Ist erwiesen, dass ein Gesundheitsschaden eingetreten und dem Arzt ein **grober Behandlungsfehler** unterlaufen ist, der geeignet ist, diesen Schaden herbeizuführen, wird dessen haftungsbegründende Kausalität vermutet.[744] 289

Schärtl, NJW 2014, 3601 m.w.N.:

> *Voraussetzung ist, dass der bei objektiver Betrachtung „schlechterdings nicht mehr verständliche und verantwortbare", „elementare medizinische Behandlungsstandards" verletzende Diagnose- oder Therapiefehler – zumindest grundsätzlich – die vom Patienten nachgewiesene Rechtsgutsverletzung („Primärschaden") verursachen kann.*

Ein grober Behandlungsfehler ist ein solcher, der unter Berücksichtigung der **konkreten Umstände** nicht mehr verständlich und verantwortbar erscheint, weil ein solcher Fehler einem Arzt schlechterdings nicht unterlaufen darf.[745] Der für einen Arzt geltende Ausbildungs- und Wissensmaßstab ist zugrunde zu legen.[746] Für die Beurteilung des Fehlers als grob stellt der BGH[747] auf das Gesamtgeschehen ab. Erschwerte Behandlungsbedingungen können dem Fehler die Eignung, eine Beweislastumkehr zu begründen, nehmen.

Die Beweislastumkehr gilt nicht für Schäden im Bereich der **haftungsausfüllenden** Kausalität.[748] Dem Arzt bleibt selbst bei einem groben Behandlungsfehler der Nachweis vorbehalten, der Schaden sei als Folge seines Fehlers **gänzlich unwahrscheinlich**;[749] maßgeblich ist also die **Schadensneigung** des groben Fehlers.

Dieser Beweis ist von dem Arzt aber nicht schon dann geführt, wenn der Kausalzusammenhang eher unwahrscheinlich ist, sondern erst dann, wenn er ausgeschlossen oder als ganz unwahrscheinlich anzusehen ist.[750]

Verneint hat der BGH[751] jedoch das Vorliegen eines groben Behandlungsfehlers in einem Fall, in dem eine bestimmte Untersuchung zwar zwingend geboten war, das Unterlassen einer solchen Untersuchung aber nach dem Gutachten des Sachverständigen weder unverzeihlich noch schlechterdings nicht nachvollziehbar, „sondern knapp unter dieser Schwelle einzuordnen sei". Der BGH[752] betont zwar, dass die Frage, ob ein ärztliches Versäumnis als grober Behandlungsfehler einzustufen sei, eine juristische und keine medizinische sei. Er weist aber zugleich darauf hin,

744 BGH NJW 2008, 1304; BGH NJW 2004, 2011; *Frahm*, NJW 2021, 216, 218.

745 BGH NJW 1988, 1511; BGH NJW 1996, 2428.

746 BGH NJW 1999, 862.

747 BGH NJW 1998, 1782.

748 OLG Hamm VersR 1991, 585; BLP/*Repgen*, § 630h Rn 150.

749 BGH NJW 1988, 2949, 2950; BLP/*Repgen*, § 630h Rn 147.

750 OLG Hamm VersR 1999, 488; OLG Hamm BeckRS 2015, 10693; BGH VersR 2011, 1148, 1149.

751 BGH VersR 1999, 231, 232.

752 BGH VersR 1999, 231, 232; BGH NJW 2015, 1601.

dass sich der Tatrichter auf tatsächliche Anhaltspunkte stützen können müsse, die sich in der Regel aus der medizinischen Bewertung des Behandlungsgeschehens durch den Sachverständigen ergäben.

BGH NJW 2005, 427, 428:

> *Eine Verlagerung der Beweislast auf die Behandlungsseite ist nur ausnahmsweise ausgeschlossen, [...] wenn der Patient durch sein Verhalten eine selbstständige Komponente für den Heilungserfolg vereitelt hat und dadurch in gleicher Weise wie der grobe Behandlungsfehler des Arztes dazu beigetragen hat, dass der Verlauf des Behandlungsgeschehens nicht mehr aufgeklärt werden kann.*

BGH NJW 1986, 1185:[753]

> *Zweifel an der Ursächlichkeit vermögen die allgemeine Eignung des festgestellten Behandlungsfehlers, einen bestimmten Schaden herbeizuführen, nicht in Frage zu stellen. Sie haben bei der Erwägung ihren Platz, ob der dem Arzt obliegende Beweis für die Nichtursächlichkeit erbracht ist.*

Müller, DRiZ 2000, 259, 266:

> *Die Beweiserleichterung beim groben Behandlungsfehler ist **keine Sanktion** für besonders schweres ärztliches Verschulden. Vielmehr ist sie zum Ausgleich dafür entwickelt worden, dass durch das Gewicht des groben Fehlers die Aufklärung des Behandlungsgeschehens und insbesondere der Ursachenzusammenhang zwischen Behandlungsfehler und Schaden besonders erschwert worden ist und sich der Patient deshalb unnötig in Beweisnot befindet. Tragender Gesichtspunkt ist also die **Billigkeit**.*[754]

BGH NJW 2012, 2653:

> *War ein grober Verstoß gegen den ärztlichen Standard grundsätzlich geeignet, mehrere Gesundheitsschäden bekannter oder (noch) unbekannter Art zu verursachen, kommt eine Ausnahme vom Grundsatz der Beweislastumkehr bei grobem Behandlungsfehler regelmäßig nicht deshalb in Betracht, weil der eingetretene Gesundheitsschaden als mögliche Folge des groben Behandlungsfehlers zum maßgebenden Zeitpunkt noch nicht bekannt war.*

e) § 630h Abs. 5 S. 2 BGB – Befunderhebung und Befundsicherung

290 Besondere Bedeutung kommt der Rechtsprechung zu den Beweiserleichterungen auch für den Fall zu, dass dem Arzt (oder dem Krankenhaus) der Vorwurf zu machen ist, es an der medizinisch zweifelsfrei gebotenen Befunderhebung fehlen las-

753 Ebenso OLG Hamm BeckRS 2014, 06790.

754 Vgl. auch BGH NJW 1995, 778, 779; BT-Drucks 17/10488, 30; BGH NJW 2012, 2653, 2654.

sen zu haben, wenn diese mit hinreichender Wahrscheinlichkeit ein reaktionspflichtiges positives Ergebnis gebracht hätte.

Ist ein Verstoß gegen das Gebot, Befunde zu sichern, als grob fehlerhaft zu werten, wird die von der Rechtsprechung entwickelte und in nun in § 630h Abs. 5 S. 2 BGB verankerte haftungsbegründende Kausalität vermutet.[755]

OLG Stuttgart VersR 2001, 190, 191:

> *[...] Dabei handelt es sich nach den Aussagen des Sachverständigen um eine elementare Pflicht, ein Verstoß ist aus ärztlicher Sicht schlechterdings nicht mehr verständlich. Der eindeutige Verstoß gegen bewährte medizinische Behandlungsregeln ist ein grober Behandlungsfehler, BGH NJW 1998, 1780. Der Bekl. ist damit beweispflichtig, dass die unterlassene Befunderhebung nicht zur Schädigung der Kl. geführt hat. Der grobe Behandlungsfehler führt zu einer Umkehr der Beweislast hinsichtlich der Ursächlichkeit des Behandlungsfehlers für die Primärschädigung, wenn der Kausalzusammenhang nicht äußerst unwahrscheinlich ist, BGH NJW 1998, 1780.*[756]

Nach der Rspr. des BGH[757] kam eine Beweislastumkehr zur Frage der Kausalität aber auch dann schon in Betracht, wenn die unterlassene Befunderhebung oder -sicherung als solche nicht als grober, sondern als einfacher ärztlicher Fehler zu qualifizieren ist. In diesem Fall kann nunmehr § 630h Abs. 5 S. 2 BGB eingreifen.[758] 291

BGH NJW 2014, 688:[759]

> *Die von der höchstrichterlichen Rechtsprechung entwickelten Grundsätze über die Beweislastumkehr für den Kausalitätsbeweis bei groben Behandlungsfehlern finden allerdings grundsätzlich nur Anwendung, soweit durch den Fehler des Arztes unmittelbar verursachte haftungsbegründende Gesundheitsverletzungen (Primärschäden) in Frage stehen. Für den Kausalitätsnachweis für Folgeschäden (Sekundärschäden), die erst durch die infolge des Behandlungsfehlers eingetretene Gesundheitsverletzung entstanden sein sollen, gelten sie nur dann, wenn der Sekundärschaden eine typische Folge des Primärschadens ist (Festhaltung BGH, 2.7.2013 – VI ZR 554/12, VersR 2013, 1174). Für die Haftung für Schäden, die durch eine (einfach oder grob fehlerhaft) unterlassene oder verzögerte Befunderhebung entstanden sein könnten, gilt nichts anderes.*

Die haftungsbegründende Kausalität wird folglich schon dann vermutet, wenn dem Behandelnden lediglich ein einfacher Befunderhebungs- oder Befundsicherungsfehler nachzuweisen ist, welcher **mit hinreichender Wahrscheinlichkeit** ein so 292

755 Vgl. BGH NJW 1989, 2332; LG Regensburg MedR 2015, 524.

756 So auch OLG Hamm BeckRS 2015, 10693.

757 BGH VersR 1999, 60; BGH VersR 1999, 231.

758 BLP/*Repgen*, § 630h Rn 131 ff.

759 Ebenso BGH NJW 2011, 2508.

deutliches und gravierendes reaktionspflichtiges Ereignis gefordert hätte, dass dessen Verkennung als grober Behandlungsfehler zu qualifizieren wäre.[760]

f) § 630h Abs. 2 BGB – Verletzung der ärztlichen Aufklärungspflicht

293 Der § 630h Abs. 2 BGB greift beweisrechtlich in den Bereich der Aufklärungspflicht des Behandelnden und der Einwilligung des Patienten ein. Jeder ärztliche Eingriff erfüllt den objektiven Tatbestand einer Körperverletzung im Sinne des § 223 StGB. Dieser Eingriff ist jedoch nicht rechtswidrig, wenn der Patient seine Einwilligung gem. § 630d BGB erteilt hat. Seine Einwilligung ist ihm aber nur zuzurechnen, wenn er zuvor von dem behandelnden Arzt gem. § 630e BGB über Art, Umfang, Durchführung, zu erwartende Folgen und Risiken der Maßnahme sowie ihre Notwendigkeit, Dringlichkeit, Eignung und Erfolgsaussichten im Hinblick auf die Diagnose oder die Therapie aufgeklärt worden ist;[761] auf mögliche Nebenwirkungen und Nachwirkungen ist hinzuweisen. Auf ein Risiko von 1:2.000 ist in jedem Fall hinzuweisen;[762] unter Umständen selbst auf ein solches von 1:20.000.

Nur bei Standardeingriffen reicht eine Belehrung durch Formblatt; ansonsten ist ein **Aufklärungsgespräch** erforderlich,[763] das nicht unmittelbar vor dem ärztlichen Eingriff vor der Tür des Operationssaales erfolgen darf[764] oder nachdem dem Patienten bereits eine Beruhigungsspritze verabreicht worden ist;[765] es genügt eine **Aufklärung im Großen und Ganzen** über Chancen und Risiken der Behandlung.[766] Eine telefonische Aufklärung ist mit Einverständnis des Patienten zulässig.[767]

Hat der Arzt die erforderliche Aufklärung unterlassen, haftet er dem Patienten, wenn sich ein Risiko realisiert, auch dann auf Ersatz seines Schadens, wenn den Arzt an dem Schadenseintritt **kein Verschulden** trifft.[768] Eben weil der in dem Eingriff liegenden Körperverletzung nicht durch eine dem Patienten zuzurechnende Einwilligung die Rechtswidrigkeit genommen ist.

294 Zu unterscheiden sind die Eingriffs- und die Sicherheitsaufklärung.

760 *Schärtl*, NJW 2014, 3601, 3604 m.w.N.
761 BGH NJW 1959, 814; vgl. *Mäsch*, MedR 2022, 717 ff.; *Frahm*, NJW 2022, 2899 ff.
762 BGH NJW 1980, 1905.
763 BGH NJW 1985, 1399.
764 BGH NJW 1994, 3008, 3009; OLG Hamm AHRS 2555/302.
765 BGH NJW 1998, 1784.
766 BGH VersR 2006, 838.
767 BGH NJW 2010, 2430.
768 BGH NJW 1992, 2351; BGH NJW 1997, 1637.

Mit der **Eingriffsaufklärung** sollen dem Patienten die Risiken des Eingriffs beschrieben werden, damit er die Bedeutung seiner Einwilligung erfassen und sein Selbstbestimmungsrecht sachgerecht ausüben kann.[769]

Müller, NJW 1997, 3049:

> *Bei der **Sicherheitsaufklärung** hingegen geht es um die Aufklärung des Patienten über richtiges Verhalten zur Sicherung des Heilerfolgs, etwa den Schutz vor Unverträglichkeiten oder den Hinweis auf die Notwendigkeit, den Erfolg des Eingriffs – z.B. einer Sterilisation – durch eine Untersuchung klären zu lassen (BGH NJW 1992, 2961; BGH NJW 1995, 2407). Hierzu gehört auch der Hinweis auf das Versagensrisiko bei derartigen Eingriffen.*

Dass ein Aufklärungsgespräch geführt worden ist, **hat** hinsichtlich der Eingriffsaufklärung der **Arzt zu beweisen**,[770] § 630h Abs. 2 S. 1 BGB.

Demgegenüber wird ein Unterlassen der Sicherheitsaufklärung nicht mehr generell als **Behandlungsfehler** gewertet; der Schwerpunkt des ärztlichen Fehlverhaltens liegt gegenüber der unterbliebenen Aufklärung einer zweifelsfrei erforderlichen diagnostischen Maßnahme auf der unzureichenden Sicherheitsaufklärung, so dass insoweit den **Patienten** die Beweislast trifft.[771]

Aber OLG Köln VersR 2001, 66, 67:

> *Macht der Arzt geltend, dass eine im Anschluss an eine Befunderhebung gebotene, aber unstreitig unterbliebene Sicherheitsaufklärung aus bestimmten Gründen nicht notwendig war, beruft er sich auf einen Ausnahmetatbestand, für dessen Vorliegen er darlegungs- und beweisbelastet ist.*

Liegt ein vom Patienten unterschriebenes Aufklärungsformular vor, so indiziert dies, dass überhaupt ein Aufklärungsgespräch stattgefunden hat.[772] Sind Behandlungsunterlagen unvollständig, soll es ausreichen, wenn der Arzt durch Zeugen sein **regelmäßiges** und **übliches** Verhalten beweist; wenn der Arzt dann bei seiner **Anhörung** auch noch bekundet, ein Aufklärungsgespräch geführt zu haben, soll dem Arzt im Regelfall Glauben geschenkt werden.[773]

BGH NJW 2014, 1527:

> *Das Gericht darf seine Überzeugungsbildung gem. § 286 ZPO auf die Angaben des Arztes über eine erfolgte Risikoaufklärung stützen, wenn seine Darstellung in sich schlüssig und „einiger“ Beweis für ein Aufklärungsgespräch erbracht*

769 BGH NJW 1984, 1807; *Müller*, NJW 1997, 3049, 3050; *Gehrlein*, GesR 2016, 127, 128.

770 BGH NJW 1984, 1807.

771 BGH NJW 1987, 2923; BGH NJW 1989, 2320; BGH NJW 2016, 563; OLG Köln VersR 2015, 1173.

772 BLP/*Repgen*, § 630e Rn 10.

773 BGH NJW 1985, 1399; OLG Brandenburg v. 30.4.2015 – 12 U 165/13; BGH NJW 2014, 1527.

ist. Dies gilt auch dann, wenn der Arzt erklärt, ihm sei das strittige Aufklärungsgespräch nicht im Gedächtnis geblieben.

295 Die Beweislast erstreckt sich auf die Aufklärung über die Dringlichkeit des Eingriffs wie auf die Rechtzeitigkeit der Aufklärung.[774]

Hat kein Aufklärungsgespräch stattgefunden, kann der Arzt zu seiner Entlastung unter Beweis stellen, der Patient hätte auch bei vollständiger und zutreffender Aufklärung seine Einwilligung erteilt, die sogenannte hypothetische Einwilligung (§ 630h Abs. 2 S. 2 BGB).[775]

Hat der Arzt seine Aufklärungspflicht verletzt oder kann er zumindest nicht beweisen, ihr genügt zu haben, und beruft er sich zu seiner Entlastung auf die hypothetische Einwilligung des Patienten, hat der **Patient darzulegen**, weshalb er sich bei korrekter Aufklärung **gegen alle medizinische Vernunft** gegen einen Eingriff entschieden haben würde.[776] Er kann dartun, dass er sich in einem Entscheidungskonflikt befunden hätte.[777] Er muss nicht darlegen, wie er sich tatsächlich entschieden hätte.[778] Der Richter darf seine eigene Beurteilung des Konflikts nicht an die Stelle derjenigen des Patienten setzen.[779]

296 Dem Patienten kann nicht entgegengehalten werden, dass die Verweigerung der ärztlich empfohlenen Maßnahme in höchstem Maße medizinisch unvernünftig gewesen wäre. Ein beachtlicher Entscheidungskonflikt liegt schon vor, wenn der Patient erklärt, er hätte bei ordnungsgemäßer Aufklärung sich die Sache noch einmal überlegt oder mit einem anderen Arzt oder mit einem Angehörigen besprochen.[780]

Zur hypothetischen Einwilligung soll das Gericht im Regelfall den Patienten **selbst** anhören.[781] Es kann dann dessen Einlassung nach § 286 ZPO frei würdigen und etwa aus seiner widersprüchlichen Einlassung folgern, dass er dem medizinisch gebotenen Eingriff doch zugestimmt haben würde.

297 Die Grundsätze der ärztlichen Aufklärungspflicht gelten übrigens **nicht** für die **Tiermedizin**,[782] was nicht heißt, dass es nicht auch eine Haftung des Tierarztes wegen Verletzung seiner Aufklärungspflicht geben kann; nur gelten hier die allgemeinen Regeln zur Beweislastverteilung.

774 BGH NJW 1990, 2928; BGH NJW 1995, 2410; BGH NJW 2016, 563.

775 BGH NJW 1984, 1399; BGH NJW 1991, 2342; BGH NJW 1996, 3073; OLG Frankfurt BeckRS 2014, 22709.

776 BGH NJW 1993, 2378; BGH NJW 2007, 217, 219.

777 BGH NJW 1993, 2378.

778 BGH NJW 1992, 2351.

779 BGH NJW 2005, 1364.

780 BGH NJW 1996, 3073.

781 BGH NJW 1991, 1544; BGH NJW 2007, 2771, 2772.

782 BGH NJW 1980, 1904; OLG München VersR 2005, 1546.

6. Notarhaftung

Der Geschädigte muss die Tatsachen beweisen, die geeignet sind, die Verletzung einer ihm gegenüber bestehenden Amtspflicht des Notars zu begründen; ihn trifft auch die Beweislast dafür, vom Notar nicht ordnungsgemäß belehrt worden zu sein,[783] aber wiederum eine Beweiserleichterung für den Geschädigten durch erhöhte Anforderungen an die **Substantiierungslast** des Notars.[784] Dieser hat den Gang der Besprechung im Einzelnen zu schildern, insbesondere darüber konkrete Angaben zu machen, welche Belehrungen und Ratschläge erteilt worden sind und wie der Mandant reagiert hat.[785] **298**

Den Notar trifft die Beweislast für seine Behauptung, die Rechtsuchenden sachgerecht belehrt zu haben, wenn er diese Belehrung in den gesetzlich geregelten Fällen der §§ 17 ff. Beurkundungsgesetz nicht **dokumentiert** hat.[786]

Von diesen Fällen abgesehen trifft den Notar keine generelle Verpflichtung, die von ihm erteilte Belehrung zu beurkunden, so dass aus einem fehlenden Hinweis in der Urkunde – etwa gestützt auf den Grundsatz der Vollständigkeit von Privaturkunden (vgl. § 2 Rdn 77) – nicht darauf geschlossen werden kann, dass auch keine Belehrung erfolgt ist.[787]

Zugunsten des Geschädigten spricht die **Vermutung**, dass er einen Rat des Notars befolgt hätte;[788] was aber nur gilt, wenn es mehrere naheliegende Handlungsoptionen gegeben hat;[789] zum beratungsgerechten Verhalten vgl. im Übrigen die auch hier geltenden Grundsätze der Anwaltshaftung, Rdn 138. **299**

Will der Notar geltend machen, dass es im konkreten Fall keinen Belehrungsbedarf gegeben habe, weil die Mandanten bereits hinreichend informiert gewesen seien, trifft ihn für diese Behauptung die Beweislast;[790] denn der Notar hat darzulegen und zu beweisen, weshalb eine an sich geschuldete Belehrung ausnahmsweise nicht geschuldet war.[791]

BGH WM 1996, 1694:

> *Beurkundet ein Notar den Verkauf eines Grundstücks mit Auflassung durch einen Nichtberechtigten, muss er die Beteiligten über das Erfordernis einer Genehmigung des Berechtigten und die Folgen der Versagung der Genehmigung*

783 BGH WM 1999, 1324, 1326; BGH NJW 2006, 3065; BGH r+s 2023, 770, 771.
784 BGH WM 1987, 590; BGH NJW 2006, 3065, 3067.
785 BGH WM 1996, 84, 86; BGH MittBayNot 2011, 339, 340.
786 BGH DNotZ 1990, 441, 442.
787 BGH DNotZ 1990, 441, 442; BGH NJW 2006, 3065, 3067.
788 BGH WM 1992, 1662; BGH NJW 2000, 2110: Anscheinsbeweis; BGH NJW 2015, 2646.
789 BGH r+s 2023, 770, 772.
790 BGH WM 1996, 1694.
791 BGH DNotZ 1985, 234.

belehren. Behauptet der Notar, die Belehrung sei bei der Beurkundung entbehrlich gewesen, weil er bereits zwei Monate zuvor telefonisch auf diese Umstände aufmerksam gemacht habe, trifft ihn die Beweislast.

Wurde vor einer Beurkundung die zweiwöchige Bedenkzeit nach § 17 Abs. 2a S. 2 Nr. 2 BeurkG nicht eingehalten und will sich der Notar damit entlasten, dass der Käufer eines Grundstücks auch bei Einhaltung von § 17 Abs. 2a S. 2 Nr. 2 BeurkG und nach Ablauf der zweiwöchigen Bedenkzeit die Beurkundung genauso wie geschehen hätte vornehmen lassen, trägt der Notar die Darlegungs- und Beweislast.[792]

Der Mandant ist beweispflichtig für den ihm entstandenen **Schaden** und für die **Kausalität** der Amtspflichtverletzung für diesen Schaden. Dieser Nachweis bereitet in der Praxis dem Mandanten nicht selten große Schwierigkeiten. Da es sich um eine Frage der haftungsausfüllenden Kausalität handelt, kommt ihm aber die Beweiserleichterung des § 287 ZPO zustatten, vgl. Rdn 27 ff. Möchte der Notar einwenden, dass das zum Schadensersatz verpflichtende Ereignis für den Geschädigten neben einem Vermögensnachteil auch einen Vermögensvorteil gebracht hat, ist der Notar nach allgemeinen Regeln für den Nachweis dieses Vorteilsausgleichs darlegungs- und beweispflichtig.[793]

Das Fehlen einer **anderweitigen Ersatzmöglichkeit** im Sinne von § 19 Abs. 2 BNotO muss der Geschädigte darlegen (vgl. § 2 Rdn 6) und ggf. beweisen.[794]

7. Steuerberaterhaftung/Wirtschaftsprüferhaftung

300 Nicht anders als bei der Anwalts- und Arzthaftung auch (vgl. § 2 Rdn 78), sind für den Anspruch auf Schadensersatz aus Pflichtverletzungen des Mandanten gegen den Steuerberater die Anforderungen an die Darlegungslast reduziert, um das **Informationsgefälle** des Steuerberaters zum Mandanten auszugleichen. Der Mandant braucht nur so viel vorzutragen, dass sein Vorwurf verständlich und dem Steuerberater eine sachgerechte Verteidigung ermöglicht wird.[795] Eine gesteigerte Substantiierungspflicht trifft den Steuerberater insbesondere, wenn ihm der Mandant eine Unterlassung vorwirft,[796] z.B. die Nicht-Einhaltung einer Rechtsmittelfrist (vgl. insoweit für die Anwaltshaftung § 2 Rdn 70).

Steht eine objektive Pflichtverletzung des Steuerberaters fest, hat er gemäß § 280 Abs. 1 S. 2 BGB das Verschulden auszuräumen[797] (vgl. Rdn 251 ff.).

792 BGH BeckRS 2015, 12162; OLG Frankfurt am Main BeckRS 2018, 16564.
793 OLG Frankfurt am Main BeckRS 2018, 32497; BGH DStRE 2022, 633, 635.
794 OLG Köln VersR 1991, 890; KG BeckRS 2017, 119449; BGH MittRhNotK 1999, 113.
795 BGHZ 96, 290, 292.
796 BGHZ 134, 212; OLG Düsseldorf DStR 2015, 1135.
797 BGHZ 129, 386, 399; *Laumen*, DStR 2015, 2514, 2520.

Hinsichtlich der Frage, ob der Mandant sich aufklärungsrichtig verhalten hätte, kann wieder auf die Ausführungen zur Anwaltshaftung verwiesen werden, vgl. § 2 Rdn 70. Also keine Umkehr der Beweislast, sondern Anscheinsbeweis.[798]

Bezüglich des Schadensumfanges verschaffen dem Mandanten die Bestimmungen des § 252 BGB und § 287 ZPO Beweiserleichterungen,[799] vgl. Rdn 50 ff.

Lässt sich mithilfe dieser Beweiserleichterungen feststellen, dass ein Steuerberater seinen Mandanten nicht so umfassend aufgeklärt hat, wie es von ihm geschuldet war, ist damit aber noch keineswegs erwiesen, dass er seinem Mandanten auch Schadensersatz schuldet.

Das veranschaulicht der folgende, vom BGH[800] entschiedene Fall:

Die Erben eines Mandanten des Steuerberaters nahmen diesen auf Schadensersatz in Anspruch, weil er den Erblasser bei dessen Betriebsaufgabe nicht über die steuerlichen Folgen und die Gestaltungsmöglichkeiten aufgeklärt habe, durch die diese Folgen hätten vermieden werden können. diese Gestaltungsmöglichkeiten – die Erben wiesen u.a. auf die Gründung einer Auffanggesellschaft in der Rechtsform einer GmbH hin – sind selten ohne andere Nachteile und Kosten zu haben, so dass ein Anscheinsbeweis nicht für die Vermutung greift, der Mandant habe bei Aufzeigen dieser Alternativen davon auch Gebrauch gemacht. Der BGH hat deshalb die der Klage stattgebende Entscheidung der Vorinstanz aufgehoben.

Der BGH hat mit einer vielbeachteten Entscheidung vom 26.1.2017[801] den Pflichtenkatalog des Steuerberaters bei der Beratung insolvenznaher Unternehmen konkretisiert und ausgeformt. Nach dieser Rspr. ist der mit der Erstellung eines Jahresabschlusses für eine GmbH beauftragte Steuerberater zum einen verpflichtet zu prüfen, ob sich auf der Grundlage der ihm zur Verfügung stehenden Unterlagen und der ihm sonst bekannten Umstände tatsächliche oder rechtliche Gegebenheiten ergeben, die einer Fortführung der Unternehmenstätigkeit entgegenstehen können. Hingegen ist er nicht verpflichtet, von sich aus eine Fortführungsprognose zu erstellen und die hierfür erheblichen Tatsachen zu ermitteln.[802] Das für eine Schadensersatzhaftung bei Mängeln der Werkleistung (Jahresabschlusserstellung) erforderliche Verschulden wird vermutet (§ 280 Abs. 1 S. 2 BGB). Der Steuerberater muss sich mithin entlasten. Die Kausalität der fehlerhaften Bilanz für den geltend gemachten Insolvenzverschleppungsschaden, insbesondere also den unterlassenen Insolvenzantrag muss der Insolvenzverwalter beweisen.[803] 301

798 BGHZ 123, 311, 313; BGH NJW 2015, 3447; vgl. *Laumen*, DStR 2015, 2570, 2573 ff.

799 Vgl. *Laumen*, DStR 2015, 2570.

800 BGH BB 1999, 287.

801 Vgl. auch *Mielke*, DStR 2017, 1060.

802 BGH DStR 2017, 942.

803 BGH DStRE 2013, 1533.

Weiter hat der mit der Erstellung eines Jahresabschlusses für eine GmbH beauftragte Steuerberater seine Mandantin auf einen möglichen Insolvenzgrund und die daran anknüpfende Prüfungspflicht ihres Geschäftsführers hinzuweisen, wenn entsprechende Anhaltspunkte offenkundig sind und er annehmen muss, dass die mögliche Insolvenzreife der Mandantin nicht bewusst ist (was auch gilt, wenn der Steuerberater „nur" mit der Erstellung des Jahresabschlusses befasst ist).[804]

Die Rechtsprechungsregeln zur Steuerberaterhaftung sollen auch auf die Haftung des Wirtschaftsprüfers Anwendung finden.[805]

8. Haftung nach dem Gesetz über die Sicherung von Bauforderungen

302 § 1 Abs. 1 BauFordSiG verpflichtet den Empfänger von Baugeld, dieses zur Befriedigung von Bauhandwerkern zu verwenden.

Baugeld ist nach § 1 Abs. 3 BauFordSiG solches, das nicht dem Eigenkapital des Bauherrn entstammt, sondern mit immobiliarrechtlich gesicherten Darlehen aufgenommen und zur Begleichung der Baukosten gedacht ist.

Die gesetzliche Regelung, wonach Baugeld solche Beträge sind, „die zum Zweck der Bestreitung der Kosten eines Baues oder Umbaues (…) gewährt werden", wird vom BGH[806] dahin gehend interpretiert, dass entsprechende Auszahlungen die widerlegliche **Vermutung** begründen, dass es sich um Baugeld handelt. Aus dem jeweiligen Darlehensvertrag kann sich jedoch auch ergeben, dass das Geld teilweise nicht zur Bestreitung der Baukosten dienen, sondern andere Zwecke erfüllen soll.[807]

Den Bauhandwerker, der wegen der Insolvenz des Bauherrn um seinen Werklohn gebracht wird, trifft die Darlegungs- und Beweislast dafür, dass Baugelder gesetzeswidrig verwandt wurden. Für den Beweis eines Verstoßes des Baugeldempfängers gegen die Verwendungspflicht des § 1 Abs. 1 BauFordSiG genügt regelmäßig der Nachweis, dass dieser Baugeld in mindestens der Höhe der Forderung des Baugläubigers erhalten hat und dass von dem Baugeld nichts mehr vorhanden ist, ohne dass eine fällige Forderung des Baugläubigers erfüllt worden wäre.[808] Um ihm diesen Beweis zu erleichtern, trifft im Zweifel den Empfänger die Darlegungslast, § 1 Abs. 4 BauFordSiG. Der Baugeldempfänger hat dann **nachzuweisen**, wie er mit diesem Geld umgegangen ist.

804 BGH DStR 2017, 942.

805 LG Ingolstadt ZPG 2023, 354; *Gessner*, ZIP 2020, 544.

806 BGH NJW-RR 1989, 1045, 1046; BGH NJW-RR 1996, 976; BGH NJW-RR 2013, 340, 341.

807 BGH ZInsO 2003, 564.

808 BGH NJW-RR 2013, 340, 342.

OLG Celle BeckRS 2018, 14399:

> *Der Empfänger von Baugeld muss dessen zweckgerechte Verwendung darlegen und erforderlichenfalls beweisen.*

BGH NJW 2010, 3365:

> *Der Nachweis zweckentsprechender Verwendung des Baugeldes ist geführt, wenn feststeht, dass Baugläubiger in Höhe des Baugeldbetrags befriedigt worden sind.*

Ein Baubuch[809] ist dem Gläubiger nicht mehr vorzulegen.

Da der strafbewehrte § 1 BauFordSiG Schutzgesetz im Sinne von § 823 Abs. 2 BGB ist[810] und da ein **Generalunternehmer** als Baugeldempfänger im Sinne des Gesetzes gilt,[811] spielt das Gesetz zur Sicherung der Bauforderungen insbesondere im Falle der Insolvenz des Generalunternehmers für die Subunternehmer eine wichtige Rolle. Der Anspruch richtet sich dann (zumeist) gegen den GmbH-Geschäftsführer, dem die gesetzeswidrige Verwendung der Gelder angelastet wird.[812] Die Darlegungs- und Beweislast für den Schaden, der dadurch entsteht, dass Baugeld zweckentfremdet wurde, trägt der Baugeldgläubiger. Das gilt auch insoweit, als der Baugeldempfänger behauptet, die Forderung sei wegen Mängeln nicht durchsetzbar gewesen. Allerdings ist es Sache des Baugeldempfängers, die Grundlagen für etwaige Rechte des Auftraggebers wegen Mängeln substanziiert darzulegen.[813]

VIII. Beweislast bei Kfz-Diebstahl und Verkehrsunfall

1. Kaskoversicherung, Diebstahl

Ein Versicherungsnehmer, der den Versicherer aus einem behaupteten Kfz-Diebstahl in Anspruch nehmen will, ist regelmäßig in Beweisnot. Wie soll er nachweisen, dass ihm sein Fahrzeug gestohlen worden ist? Da es aber nicht richtig sein kann, dass die Diebstahlsversicherung schon immer dann nicht einzutreten hat, wenn sich der Diebstahl nicht aufklären lässt, werden dem Versicherten Beweiserleichterungen gewährt. Im Ergebnis wendet die Rechtsprechung eine Zwei-Stufen-Theorie an.[814] Der Versicherungsnehmer genügt seiner Beweislast auf erster Stufe schon dann, wenn er das **äußere Bild einer bedingungsgemäßen Entwendung** beweist, also ein Mindestmaß an Tatsachen, die nach der Lebenserfahrung 303

809 BGH BauR 1987, 229.

810 BGH ZIP 1994, 872, 874; BGH NJW-RR 2013, 340; BGH NJW-RR 2013, 393.

811 OLG Düsseldorf NJW-RR 1996, 1363.

812 BGH BauR 1986, 235; BGH NJW-RR 2013, 340; OLG Celle BeckRS 2018, 14399.

813 BGH NJW 2010, 3365, 3367.

814 *Schimikowski*, Versicherungsvertragsrecht, Rn 459; OLG Düsseldorf r+s 2003, 54.

mit hinreichender Wahrscheinlichkeit den Schluss auf eine Wegnahme gegen den Willen des Versicherungsnehmers zulassen.[815] Den Gegenbeweis hat der Versicherer sodann auf zweiter Stufe zu erbringen. Ihm kommen insoweit ebenfalls Beweiserleichterungen zugute: Er muss „lediglich“ Umstände darlegen und beweisen, aus denen sich mit erheblicher Wahrscheinlichkeit eine Vortäuschung des Versicherungsfalls durch den Versicherungsnehmer ergibt.[816]

304 Das äußere Bild eines Kfz-Diebstahls ist gegeben, wenn feststeht, dass der Versicherungsnehmer das Fahrzeug zu einer bestimmten Zeit an einem bestimmten Ort abgestellt und dort nicht wieder vorgefunden hat. Für diese Umstände muss der Versicherungsnehmer den Vollbeweis nach § 286 ZPO erbringen.[817]

BGH VersR 2000, 1535, 1536:

> *Ist dieser Beweis – wie hier – durch Zeugen geführt, so hat der Versicherungsnehmer den ihm obliegenden Beweis einer bedingungsgemäßen Entwendung erbracht. Zweifel an seiner Glaubwürdigkeit sind dann erst bei der Frage von Bedeutung, ob der Versicherer Tatsachen bewiesen hat, die die erhebliche Wahrscheinlichkeit der Vortäuschung des Diebstahls nahelegen.*

Auch dem ansonsten unglaubwürdigen Versicherungsnehmer kommen dann die von der Rechtsprechung entwickelten Beweiserleichterungen zugute.[818]

BGH NJW 1995, 2169:

> *Zum äußeren Bild eines Kfz-Diebstahls gehört nicht, dass der Versicherungsnehmer sämtliche Originalschlüssel vorlegen oder das Fehlen eines Schlüssels plausibel erklären kann. Fehlt ein Originalschlüssel und kann der Versicherungsnehmer dafür keine plausible Erklärung abgeben, kann dies – wenn weitere Verdachtsmomente vorliegen – für die Beurteilung bedeutsam sein, ob ein Diebstahl mit erheblicher Wahrscheinlichkeit vorgetäuscht ist.*

Die Anforderungen, die an den Nachweis eines „äußeren Bildes“ eines Kfz-Diebstahls gestellt werden, werden von der Rspr. aber zunehmend angezogen.

Z.B. OLG Düsseldorf r+s 2001, 12:

> *Wenn der Versicherungsnehmer durch das Zeugnis seiner Mutter unter Beweis gestellt hat, dass er das versicherte Fahrzeug zu einer bestimmten Zeit an einem bestimmten Ort abgestellt hat und dass er die Zeugin am nächsten Morgen kurze Zeit nach dem Verlassen der Wohnung über das Abhandenkommen des Fahrzeugs verständigt hat, und wenn sich die Mutter dann selbst vergewissert hat, dass das Fahrzeug nicht mehr an dem vorherigen Abstellort vorhanden war,*

815 BGHZ 123, 217, 220; OLG Brandenburg SVR 2010 Heft 7, 271; BGH r+s 1995, 345; BGH NJW-RR 2002, 671.

816 *Schimikowski*, Versicherungsvertragsrecht, Rn 459.

817 *Römer*, r+s 2001, 45, 46; BGH NJW-RR 2002, 671.

818 BGH VersR 2000, 1535, 1536.

reicht dies zum Nachweis des äußeren Bildes einer bedingungsgemäßen Entwendung ***nicht*** *aus, da die Zeugin das Nichtwiederauffinden des Fahrzeugs nicht beobachtet hat.*

BGH NJW 2011, 1364:

Durch Anhörung des Versicherungsnehmers nach § 141 ZPO darf die Überzeugung vom Vorliegen des äußeren Bildes einer bedingungsgemäßen Entwendung nur dann gewonnen werden, wenn dem Versicherungsnehmer ein Zeuge nicht zur Verfügung steht. Ist ein Zeuge für das Abstellen und spätere Nichtwiederauffinden des Fahrzeugs angeboten worden, so kann sich der Tatrichter ***nicht*** *auf eine Anhörung des Versicherungsnehmers beschränken.*

Zu den Anforderungen an die Substantiierungslast vgl. § 2 Rdn 95 ff.

Hat der Versicherungsnehmer auf erster Stufe das äußere Bild eines Diebstahls dargelegt, muss der Versicherer auf der zweiten Stufe Umstände darlegen und beweisen, aus denen sich mit erheblicher Wahrscheinlichkeit eine Vortäuschung des Versicherungsfalls durch den Versicherungsnehmer ergibt. Solche Tatsachen können beispielsweise das Fehlen von Aufbruchspuren, Vorverurteilungen des Versicherungsnehmers wegen Versicherungsbetrugs, unrichtige Angaben über die Zahl der Fahrzeugschlüssel, Kopierspuren am Fahrzeugschlüssel etc. sein. Die Wahrscheinlichkeitsgrade sind abgestuft: Erhebliche Wahrscheinlichkeit der Vortäuschung stellt höhere Ansprüche an den Beweis des Versicherers als hinreichende Wahrscheinlichkeit des Eintritts des Versicherungsfalls. Gelingt dem Versicherer der Gegenbeweis, hat allerdings der Versicherungsnehmer den Vollbeweis zu erbringen, was regelmäßig nicht gelingt.[819] **305**

2. Verkehrsunfall

Hinsichtlich der Beweislast für einen Anspruch aus einem Verkehrsunfall kommt es darauf an, was der Geschädigte begehrt: Verlangt er Schmerzensgeld, stehen ihm nur §§ 823, 253 Abs. 2 BGB als Anspruchsgrundlage zur Verfügung. Er muss also einen Sachverhalt darlegen und beweisen, aus dem sich ein **Verschulden** des Schädigers ergibt. **306**

Ansprüche auf Ersatz sonstigen Schadens kann er auf § 7 Abs. 1 StVG stützen und braucht für seine Klage gegen den Fahrzeughalter nicht mehr zu beweisen, als **bei dem Betrieb** dessen Kfz geschädigt worden zu sein. Dieser Beweis ist in der Regel unproblematisch, wenn es zu einer Berührung des Geschädigten mit dem Kfz gekommen ist, dessen Halter in Anspruch genommen worden soll. Der Beweis ist aber dann schwer zu führen, wenn der Geschädigte z.B. behauptet, das Kfz sei mit unangemessener Geschwindigkeit an die bevorrechtigte Straße herangefahren worden und er sei aufgrund dessen bei seinem plötzlichen Ausweichmanöver ins

819 *Schimikowski*, Versicherungsvertragsrecht, Rn 459.

Schleudern geraten. Es genügt dann nicht, dass das Kfz des Beklagten im Bereich des Unfallortes war, vielmehr muss der Kläger beweisen, dass der Betrieb des Fahrzeugs zum Entstehen des Unfalls beigetragen hat, d.h. dass es ohne den entsprechenden Betriebsvorgang nicht zu dem Unfall gekommen wäre.[820]

Ist der Nachweis erbracht, dass der Schaden bei dem Betrieb eines Kraftfahrzeuges entstanden ist, obliegt es dessen Halter, gemäß § 7 Abs. 2 StVG den Nachweis zu erbringen, dass der Unfall **durch höhere Gewalt** verursacht worden ist.[821] Nach dem OLG München[822] liegt höhere Gewalt bei einem außergewöhnlichen betriebsfremden, von außen durch elementare Naturkräfte oder durch Handlungen dritter Personen herbeigeführten und nach menschlicher Einsicht und Erfahrung unvorhersehbaren Ereignis vor, das mit wirtschaftlich erträglichen Mitteln auch durch nach den Umständen äußerste, vernünftigerweise zu erwartende Sorgfalt nicht verhütet werden kann und das auch nicht in Hinblick auf seine Häufigkeit in Kauf genommen zu werden braucht. Ist der Entlastungsbeweis nach § 7 Abs. 2 StVG geführt, kann es auch keine Haftung des Fahrzeugfahrers nach § 18 StVG geben.[823]

307 *Beispiele*

1. Behauptet ein Kläger, sein Fahrzeug sei von dem Beklagten infolge dessen Überschreitung der höchstzulässigen Geschwindigkeit beschädigt worden, muss der Beklagte zum Ausschluss seiner Haftung aus Betriebsgefahr beweisen, keine Geschwindigkeitsüberschreitung begangen zu haben; bei der **Abwägung der Unfallursächlichkeiten** nach § 17 StVG ist aber nur von unstreitigen oder erwiesenen, also nur von **feststehenden Tatsachen** auszugehen;[824] bleibt der Unfallverlauf ungeklärt, ist die von beiden Parteien jeweils **zugestandene** Fahrweise zugrunde zu legen.[825]
2. Stoßen zwei Fahrzeuge in geschlossener Ortschaft auf einer Kreuzung zusammen, indem ein Linksabbieger dem Entgegenkommenden die Vorfahrt nimmt, und macht der Linksabbieger zu seiner Entlastung geltend, der Entgegenkommende sei mit überhöhter Geschwindigkeit von 80 km/h gefahren, muss er für einen auf § 823 BGB gestützten Anspruch nicht nur die behauptete Geschwindigkeitsüberschreitung beweisen, sondern auch, dass diese Verkehrsordnungswidrigkeit **unfallursächlich** war.[826] Er muss also darlegen und gegebenenfalls beweisen, nicht plötzlich vor dem Entgegenkom-

820 *Greger/Zwickel*, Haftungsrecht des Straßenverkehrs, § 7 StVG Rn 512.

821 BGH NJW 1995, 1029; BGH NJW 2007, 1063; BGH NJW 2009, 2605; OLG München v. 27.7.2007 – 10 U 2604/06, juris Rn 14.

822 OLG München v. 27.7.2007 – 10 U 2604/06, juris Rn 12.

823 BGH VersR 1960, 403.

824 OLG Koblenz zfs 2014, 380.

825 BGH VersR 1967, 137.

826 KG Berlin VRS 115, 279.

menden abgebogen zu sein, so dass dieser bei Einhaltung der höchstzulässigen Geschwindigkeit den Unfall hätte vermeiden können.

Für einen Anspruch aus § 7 StVG genügt zunächst der Vortrag, durch das Fahrzeug des anderen zu Schaden gekommen zu sein. Für die nach § 17 StVG vorzunehmende Abwägung der Unfallursächlichkeiten ist aber lediglich von der vom Beklagten eingeräumten Geschwindigkeit von 50 km/h auszugehen, wenn der Kläger die überhöhte Geschwindigkeit nicht beweisen kann. Der Abwägung sind also die Vorfahrtsverletzung durch den Kläger, der nicht gelungene Nachweis der Unabwendbarkeit durch den Beklagten, aber keine höhere als die von ihm eingeräumte Geschwindigkeit zugrunde zu legen.

Generell gilt, dass derjenige, der Umstände vorträgt, die die Betriebsgefahr des anderen erhöhen, diese beweisen muss.[827]

Für die in Betracht kommende Schadensquotierung bietet der Aufsatz von *Nugel*, DAR 2009, 105, gute Anhaltspunkte.

3. Schuldanerkenntnis nach Verkehrsunfall

Ein Schuldanerkenntnis nach einem Verkehrsunfall ist in der Regel **308**

- kein konstitutives Schuldanerkenntnis, weil sich zumeist der Wille der beiden Parteien nicht feststellen lassen wird, losgelöst vom bisherigen Schuldgrund eine selbstständige Schuld begründen zu wollen,[828]
- kein deklaratorisches Schuldanerkenntnis, weil sich zumeist nicht feststellen lassen wird, dass es Ziel der vertraglichen Vereinbarung der Parteien war, durch eine rechtsgeschäftliche Erklärung einen bestehenden Anspruch den Einwänden des Erklärenden zu entziehen,[829]
- sondern die Erklärung „ich erkläre mich hiermit zum allein Schuldigen“ bewirkt lediglich eine **Umkehr der Beweisführungslast**; sie ist kein Schuldanerkenntnis, sondern ein **Schuldbekenntnis**.[830]

Der Geschädigte ist aufgrund des Eingeständnisses des Schädigers zwar der Verpflichtung enthoben, Tatsachen zu beweisen, aus denen sich ein Verschulden des Schädigers ergibt. Diesem ist aber nicht der Nachweis abgeschnitten, er habe entgegen der von ihm abgegebenen Erklärung den Unfall doch nicht (allein) verschuldet.[831]

827 BGH VersR 1956, 732, 733; BGH NJW 2015, 1892, 1893.
828 BGH NJW 1984, 799; OLG Brandenburg DAR 2009, 461, 462; OLG Saarbrücken NZV 2011, 400.
829 BGH NJW 1984, 799; OLG Brandenburg DAR 2009, 461, 462; OLG Saarbrücken NZV 2011, 400.
830 KG Berlin NZV 2006, 376.
831 BGH NJW 1984, 799.

Aber OLG Bamberg VersR 1987, 1246:

> *Weil es sich bei der Erklärung des Bekl. nicht um ein deklaratorisches Schuldanerkenntnis handelt, sind dem Bekl. etwaige Einreden und Einwendungen nicht abgeschnitten. Andererseits kann es aber nicht genügen, dass das Schuldbekenntnis schon dann jede Wirkung verliert, wenn Anhaltspunkte vorliegen, die gewisse Zweifel an der Richtigkeit des Anerkenntnisses begründen. Vielmehr muss von dem Bekl. hierzu der Nachweis gefordert werden, dass die Erklärung inhaltlich unrichtig ist.*

4. Unfallneurose

309 Erleidet jemand aufgrund eines Unfalles eine Neurose, ist ihm der Schädiger dann nicht schadenersatzpflichtig, wenn es sich dabei um eine sogenannte Rentenneurose handelt, also eine durch Begehrensvorstellungen geprägte Verweigerungshaltung gegenüber dem Erwerbsleben; die Beweislast dafür, dass es sich um eine solche Neurose handelt, trägt der **Schädiger**.[832] Steht aber eine unfallbedingte Neurose fest, wird der Schädiger kaum jemals beweisen können, dass es sich dabei lediglich um eine Rentenneurose handelt;[833] vgl. zum Näheren auch Rdn 42.

IX. Beweislast in sonstigen Fällen

1. Entwendung einer EC-Karte

310 Wird einem Karteninhaber seine EC-Karte gestohlen und dann von einem Bankautomaten Geld abgehoben, hat allein die Bank für den Schaden aufzukommen. Es sei denn, den Bankkunden trifft ein Mitverschulden. Darlegungs- und beweispflichtig dafür ist aber die Bank.[834] Die allgemeinen Geschäftsbedingungen der Banken sehen zumeist zumindest für den Fall eines groben Mitverschuldens des Bankkunden dessen Haftung vor.

Streitig war, ob ein Anscheinsbeweis zulasten des Karteninhabers gilt, dass er entweder den Betrag selbst abgehoben oder aber nicht hinreichend Vorsorge dafür getroffen hat, dass einem Dritten die Code-Nr. nicht bekannt werden konnte.

Für einen solchen Anscheinsbeweis u.a. LG Frankfurt WM 1999, 1930; LG Stuttgart WM 1999, 1934; a.A. u.a. OLG Hamm NJW 1997, 1711 mit der Begründung, es sei nicht auszuschließen, dass sich ein Dieb durch Ausprobieren oder Entschlüsseln der auf der Karte gespeicherten Daten den Zugang verschafft hat. Da das wiederum nicht sehr schnell geht, wird teilweise in der Rspr. danach differenziert, wieviel Zeit zwischen dem behaupteten Diebstahl und der Abhebung lag, vgl. z.B. LG

832 BGH NJW 1993, 1523; KG NZV 2002, 172; OLG Saarbrücken v. 21.7.2009 – 4 U 649/07, juris Rn 63.

833 Vgl. auch *Müller*, VersR 1998, 133; *Heß*, NZV 1998, 402, 403.

834 OLG Hamm NJW 1997, 1711; LG Bonn NJW-RR 2005, 1645.

Rottweil WM 1999, 1934. Das OLG Frankfurt WM 2002, 2101, 2103 bejaht das Vorliegen eines Anscheinsbeweises mit der Begründung, dass aufgrund der außerordentlichen Schwierigkeiten, an die PIN zu kommen, davon ausgegangen werden muss, dass der Karteninhaber diese pflichtwidrig bei sich getragen hat.

Das OLG Oldenburg NJW-RR 2000, 1718 hat die Frage des Anscheinsbeweises offengelassen, weil sich im konkreten Fall Anhaltspunkte für eine andere Ursache der Kenntniserlangung des Diebes von der Code-Zahl ergaben als die Sorglosigkeit des Karteninhabers.

BGH MDR 2001, 162 geht von einer nur einfachen Fahrlässigkeit für den Fall aus, dass der Karteninhaber die EC-Karte während einer Auslandsreise in seiner Wohnung in einem unverschlossenen Behältnis auf dem Schreibtisch zurückließ. Anders sei es dann, wenn EC-Karte und Geheimnummer zusammen aufbewahrt würden, so dass ein Unbefugter sie in einem Zugriff erlangen könnte.

Im Jahr 2004 hat der BGH schließlich Folgendes entschieden, NJW 2004, 3623, 3624:

1. *Wird zeitnah nach dem Diebstahl einer ec-Karte unter Verwendung dieser Karte und Eingabe der richtigen persönlichen Geheimzahl (PIN) an Geldausgabeautomaten Bargeld abgehoben, spricht grundsätzlich der Beweis des ersten Anscheins dafür, dass der Karteninhaber die PIN auf der ec-Karte notiert oder gemeinsam mit dieser verwahrt hat, wenn andere Ursachen für den Missbrauch nach der Lebenserfahrung außer Betracht bleiben.*
2. *Die Möglichkeit eines Ausspähens der persönlichen Geheimzahl (PIN) durch einen unbekannten Dritten kommt als andere Ursache grundsätzlich nur dann in Betracht, wenn die ec-Karte in einem näheren zeitlichen Zusammenhang mit der Eingabe der PIN durch den Karteninhaber an einem Geldausgabeautomaten oder einem POS-Terminal entwendet worden ist.*

2. Kaufmännisches Bestätigungsschreiben

Schweigen auf ein kaufmännisches Bestätigungsschreiben wird als Zustimmung gewertet (§ 346 HGB), wenn die Abweichungen von dem Ergebnis der Verhandlungen nur geringfügig sind – z.B. Beifügung der AGB – und der Empfänger nicht unverzüglich widerspricht; der **Empfänger muss beweisen**, dass die Abweichungen erheblich sind.[835] 311

3. Negative Feststellungsklage

Eine negative Feststellungsklage darf nur abgewiesen werden, wenn der Anspruch, dessen sich der Feststellungsbeklagte berühmt, feststeht. Bleibt unklar, ob die streitige Forderung besteht, muss der auf Negation gerichteten Feststellungsklage ebenso stattgegeben werden, wie wenn feststeht, dass der streitige Anspruch nicht besteht. 312

835 BGH NJW 1974, 991, 992; BGH NJW-RR 2001, 680; OLG Koblenz NJW-RR 2013, 1241.

Dem Anspruchsteller in der Rolle des Feststellungsbeklagten obliegt der Beweis derjenigen Tatsachen, aus denen er seinen Anspruch herleitet, denn auch bei der leugnenden Feststellungsklage ist Streitgegenstand der materielle Anspruch.[836]

4. Haftung im Online-Bereich (insbesondere Filesharing)

313 Bei der Haftung von Access-Providern sind zwei Entscheidungen des BGH aus dem Jahr 2016 beachtenswert: Inhaltlich ging es um die Frage, unter welchen Voraussetzungen Telekommunikationsunternehmen, die ihren Kunden den Zugang zum Internet vermitteln, zur Sperrung bestimmter Internetseiten verpflichtet sein können. In den entschiedenen Fällen verlangten die klagenden Rechteinhaber jeweils von dem beklagten Access-Provider, es zu unterlassen, Dritten – namentlich den Kunden des Access-Providers – den Zugang zu näher bezeichneten Internetseiten zu vermitteln. Die in Rede stehenden Internetseiten – goldesel.to und 3dl.am – enthielten Sammlungen von Hyperlinks (URLs), die auf urheberrechtlich geschützte Musikwerke verweisen, welche zuvor bei Sharehostern von Dritten widerrechtlich hochgeladen worden waren (3dl.am) bzw. in einem Peer-to-Peer-Netzwerk zum Abruf bereitstanden (goldesel.to).[837]

Zwar lehnte der BGH die Verpflichtung der Beklagten zur Einrichtung der begehrten Zugangssperren im Ergebnis ab, ebnete zugleich jedoch den Weg für die gerichtliche Verhängung von Netzsperren gegen Access-Provider. Eine täterschaftliche Haftung für die in Rede stehenden Rechtsverletzungen kommt insoweit zwar nicht in Betracht, wohl aber ein entsprechender Unterlassungsanspruch nach den Grundsätzen der Störerhaftung. Als Störer haftet, wer – ohne Täter oder Teilnehmer zu sein – willentlich und adäquat-kausal an einer fremden Rechtsverletzung mitwirkt, wobei die Inanspruchnahme als Störer – um die Störerhaftung nicht über Gebühr auf Dritte zu erstrecken – ferner die Verletzung zumutbarer Prüfungspflichten voraussetzt. Weiter besteht hier die Besonderheit darin, dass eine Störerhaftung des Access-Providers erst in Betracht kommen soll, wenn einem Vorgehen gegen übrige Verletzer jede Erfolgsaussicht fehlt (Subsidiarität der Störerhaftung).[838]

Anspruchsbegründende Voraussetzungen der Störerhaftung sind das Vorliegen einer Rechtsverletzung, ein willentlicher und adäquat-kausaler Beitrag des als Störer in Anspruch Genommenen zu dieser Rechtsverletzung, sowie schließlich die Verletzung zumutbarer Prüfpflichten. Hierfür ist der Anspruchsteller nach allgemeinen Regeln darlegungs- und beweisbelastet.[839] Mit Blick auf die Zumutbarkeit der Sperranordnung ist indes zu berücksichtigen, dass der Anspruchsteller (hier das Tonträgerunternehmen) von außen regelmäßig nicht erkennen kann, welche

836 BGH MDR 1993, 1118, 1119.

837 *Sesing-Wagenpfeil*, Multimedia-Recht, Teil 18.5 Rn 27 ff.

838 BGH MMR 2016, 180; BGH MMR 2016, 188.

839 *Sesing-Wagenpfeil*, Multimedia-Recht, Teil 18.5 Rn 32 ff.

Schutzmaßnahmen vom Access-Provider ergriffen worden sind bzw. warum ihm keine weiteren Maßnahmen zuzumuten sind. Der BGH hilft insoweit mit der Anwendung der Regelungen der sekundären Darlegungslast.[840] Da der Access-Provider lediglich subsidiär haftet, ist auch insoweit die Darlegungs- und Beweislastverteilung zu klären. Im Ergebnis dürfte die Darlegungs- und Beweislast insoweit auch beim Anspruchsteller liegen; den Access-Provider dürfte keine sekundäre Darlegungslast treffen, da es insoweit an der typischen Beweisnot des Anspruchstellers fehlen dürfte.[841]

Mit Blick auf die Haftung von Host-Providern (d.h. Dienstleister, die eine technische Plattform zur Speicherung fremder Informationen bereitstellen) für Rechtsverletzungen durch Nutzer/Dritte gelten zunächst die allgemeinen Regeln, mithin hat der Anspruchsteller die Voraussetzungen der Störerhaftung darzulegen und zu beweisen. **314**

Vgl. beispielsweise BGH NJW 2016, 2106, 2110:

> *Allerdings trifft die Bekl. hinsichtlich des Behandlungskontakts eine sekundäre Darlegungslast, weil dem Kl. insoweit eine nähere Darlegung nicht möglich ist und er auch keine Möglichkeit zur weiteren Sachaufklärung hat. Die sekundäre Darlegungslast umfasst zunächst diejenigen für einen solchen Behandlungskontakt sprechenden Angaben, die der Bekl., insbesondere ohne Verstoß gegen § 12 Abs. 1 TMG, möglich und zumutbar sind.*
>
> *Die Bekl. hat im Streitfall jedoch eine darüber hinausgehende Recherchepflicht. Dem Bestreitenden obliegt es im Rahmen seiner sekundären Darlegungslast, Nachforschungen zu unternehmen, wenn ihm dies zumutbar ist. Im Streitfall folgt die Zumutbarkeit einer Recherche schon daraus, dass die Bekl. aufgrund ihrer materiellen Prüfpflicht ohnehin gehalten ist, vom Bewertenden zusätzliche Angaben und Belege zum angeblichen Behandlungskontakt zu fordern. Dem entspricht in prozessualer Hinsicht ihre Obliegenheit, im Rahmen ihrer sekundären Darlegungslast vom Bewertenden entsprechende Informationen zu fordern.*
>
> *Kommt die Bekl. dieser Obliegenheit nicht nach, ist die Behauptung des Kl., der von ihm angegriffenen Bewertung liege kein Behandlungskontakt zu Grunde, nach den allgemeinen Regeln über die sekundäre Darlegungslast nach § 138 Abs. 3 ZPO als zugestanden zu bewerten.*

Demgegenüber trägt der Host-Provider die Darlegungs- und Beweislast für die tatsächlichen Voraussetzungen dafür, dass die Veröffentlichung eines Bildnisses durch einen Nutzer nach § 23 KUG ausnahmsweise gestattet ist.[842] Wegen der Zumutbar-

840 BGH MMR 2016, 180, 182 ff.

841 *Sesing-Wagenpfeil*, Multimedia-Recht, Teil 18.5 Rn 41.

842 *Sesing-Wagenpfeil*, Multimedia-Recht, Teil 18.5 Rn 59.

keit der dem Störer obliegenden Prüfpflichten geht der BGH davon aus, dass dem Host-Provider eine sekundäre Darlegungslast obliegt, da dem darlegungs- und beweisbelasteten Anspruchsteller insoweit ein substantiierter Sachvortrag regelmäßig nicht möglich ist.[843] Der Host-Provider muss daher näher darlegen, welche tatsächlichen Gründe gegen eine Zumutbarkeit von Prüfpflichten sprechen.[844]

315 Das sog. Filesharing[845] meint den Austausch von Dateien auf Internet-Tauschbörsen. Ein unberechtigtes Zur-Verfügung-Stellen von beispielsweise Blockbustern kann zu Urheberrechtsverletzungen führen. Problematisch stellt sich in diesem Zusammenhang die Darlegungs- und Beweislast des klagenden Rechtsinhabers dar, welcher „den vollständigen Beweis für einen konkreten Urheberrechtsverstoß des beklagten Anschlussinhabers mangels Einsichtsmöglichkeit in dessen private Sphäre regelmäßig nicht erbringen"[846] kann. Die Darlegungs- und Beweislast bei einer Haftung des Inhabers eines Internetanschlusses für illegale Nutzung von Musiktauschbörsen (sog. Filesharing) folgt trotzdem grundsätzlich den allgemeinen Regeln, wenn der Anschlussinhaber als Täter in Anspruch genommen werden soll. Dann muss der Anspruchsteller darlegen und beweisen, dass der Anschlussinhaber für die behauptete Urheberrechtsverletzung als Täter verantwortlich ist.[847] Geholfen wird dem Anspruchsteller einerseits über eine tatsächliche Vermutung[848] und dem Anspruchsgegner über die Regeln der sekundären Darlegungslast.[849]

BGH MMR 2010, 565:

> *Wird ein geschütztes Werk der Öffentlichkeit von einer IP-Adresse aus zugänglich gemacht, die zum fraglichen Zeitpunkt einer bestimmten Person zugeteilt ist, so spricht zwar eine* ***tatsächliche Vermutung*** *dafür, dass diese Person für die Rechtsverletzung verantwortlich ist. Daraus ergibt sich eine* ***sekundäre Darlegungslast des Anschlussinhabers****, der geltend macht, eine andere Person habe die Rechtsverletzung begangen.*

In Fortführung dazu BGH MMR 2014, 547:

> *Wird über einen Internetanschluss eine Rechtsverletzung begangen, ist eine tatsächliche Vermutung für eine Täterschaft des Anschlussinhabers nicht begründet, wenn zum Zeitpunkt der Rechtsverletzung (auch) andere Personen diesen Anschluss benutzen konnten. Dies ist insbesondere dann der Fall, wenn der Internetanschluss zum Zeitpunkt der Rechtsverletzung nicht hinreichend gesichert war oder bewusst anderen Personen zur Nutzung überlassen wurde.*

843 BGH GRUR 2008, 1097, 1099.
844 *Sesing-Wagenpfeil*, Multimedia-Recht, Teil 18.5 Rn 60.
845 *Sesing/Eusterfeldhaus*, MMR 2016, 376 ff.
846 *Solmecke/Rüther/Herkens*, MMR 2013, 217.
847 BGH MMR 2014, 547, 548; BGH NJW 2013, 1441, 1443; BGH MMR 2016, 131; BGH NJW 2017, 78, 89; BGH GRUR 2017, 386, 387.
848 *Sesing-Wagenpfeil*, Multimedia-Recht, Teil 18.5 Rn 67 ff.
849 *Sesing-Wagenpfeil*, Multimedia-Recht, Teil 18.5 Rn 79 ff.

Wird über einen Internetanschluss eine Rechtsverletzung begangen, trägt der Anschlussinhaber eine sekundäre Darlegungslast. Dieser entspricht er dadurch, dass er vorträgt, ob andere Personen und ggf. welche anderen Personen selbstständigen Zugang zu seinem Internetanschluss hatten und als Täter der Rechtsverletzung in Betracht kommen. Insoweit ist der Anschlussinhaber im Rahmen des Zumutbaren auch zu Nachforschungen verpflichtet.

Der Inhaber eines Internetanschlusses, über den eine Rechtsverletzung begangen wird, genügt seiner sekundären Darlegungslast im Hinblick darauf, ob andere Personen selbstständigen Zugang zu seinem Internetanschluss hatten, jedoch nicht bereits dadurch, dass er die theoretische Möglichkeit des Zugriffs von in seinem Haushalt lebenden Dritten auf seinen Internetanschluss behauptet.[850] Er hat hinsichtlich derjenigen Personen, die selbstständigen Zugang zu seinem Internetanschluss hatten und als Täter in Betracht kommen, im Rahmen des Zumutbaren vielmehr Nachforschungen anzustellen und mitzuteilen, welche Kenntnisse er dabei über die Umstände einer eventuellen Verletzungshandlung gewonnen hat.[851]

Die Reichweite der sekundären Darlegungslast des Anschlussinhabers bei der Nutzung durch den Ehegatten hat der BGH in GRUR 2017, 386 wie folgt präzisiert:[852]

Bei der Bestimmung der Reichweite der dem Inhaber eines Internetanschlusses im Falle einer über seinen Anschluss begangenen Urheberrechtsverletzung obliegenden sekundären Darlegungslast zur Nutzung des Anschlusses durch andere Personen sind auf Seiten des Urheberrechtsinhabers die Eigentumsgrundrechte gem. Art. 17 Abs. 2 GrCH und Art. 14 Abs. 1 GG zu berücksichtigen. Handelt es sich bei den Personen, die den Anschluss mitgenutzt haben, um den Ehegatten oder Familienangehörige, so wirkt zugunsten des Anschlussinhabers der grundrechtliche Schutz von Ehe und Familie (Art. 7 GrCH, Art. 6 Abs. 1 GG).

Dem Inhaber eines privaten Internetanschlusses ist es regelmäßig nicht zumutbar, die Internetnutzung seines Ehegatten einer Dokumentation zu unterwerfen, um im gerichtlichen Verfahren seine täterschaftliche Haftung abwenden zu können. Ebenfalls unzumutbar ist es regelmäßig, dem Anschlussinhaber die Untersuchung des Computers seines Ehegatten im Hinblick auf die Existenz von Filesharing-Software abzuverlangen.

Im Nachgang erging sodann eine weitere BGH-Entscheidung, die festgestellt hat, dass die sekundäre Darlegungslast des Anschlussinhabers bei Inanspruchnahme durch den Urheber oder den Inhaber eines verwandten Schutzrechts – hier durch den Tonträgerhersteller – die Angabe des Namens ihres volljährigen Kindes, das

850 BGH MMR 2016, 131.

851 BGH NJW 2017, 78, 82.

852 Vgl. LG Leipzig MMR 2017, 426.

ihnen gegenüber die Begehung der Rechtsverletzung zugegeben hat, mitumfasst.[853] Das BVerfG hat diese Entscheidung bestätigt.[854]

Hieran anknüpfend hat das AG Düsseldorf die Rechtsprechung zur sekundären Darlegungslast des Anschlussinhabers treffend zusammengefasst, ZUM-RD 2023, 100:

In diesem Fall trifft den Anschlussinhaber eine sekundäre Darlegungslast hinsichtlich der Einzelheiten der Nutzung seines Internetanschlusses (BGH ZUM 2010, 696 Rn 12 – Sommer unseres Lebens; ZUM 2017, 503 Rn 15 – Afterlife; ZUM 2014, 707 – BearShare; ZUM 2016, 1043 Rn 28 – Silver Linings Playbook). Der Anschlussinhaber genügt dieser Darlegungslast, indem er vorträgt, ob andere Personen und gegebenenfalls welche anderen Personen selbstständigen Zugang zu seinem Internetanschluss hatten und als Täter der Rechtsverletzung in Betracht kommen. Der Beklagte muss konkrete Anhaltspunkte vortragen, die ernsthaft darauf schließen lassen, dass allein ein Dritter für die Rechtsverletzung verantwortlich sein kann (BGH ZUM 2016, 373 – Tauschbörse III). Eine mögliche Rechtsverletzung durch einen anderen Nutzer muss im Hinblick auf das Nutzerverhalten, die Kenntnisse und Fähigkeiten sowie den zeitlichen Zusammenhang plausibel erscheinen (BGH ZUM 2017, 62 – Everytime we touch; ZUM 2017, 924 – Loud). Der Umfang der sekundären Darlegungslast hat sich daher auf diejenigen Informationen zu beschränken, die in der Sphäre des Anschlussinhabers zugänglich sind und zumutbar vorgetragen werden können. Der in häuslicher Gemeinschaft lebende, in Anspruch genommenen Beklagte muss daher Umstände vortragen, aus denen sich die ernsthafte Möglichkeit der Nutzung seines Internetanschlusses durch Dritte ergibt, und in diesem Zusammenhang auch das Ergebnis von ihm durchgeführter Befragungen mitteilen (vgl. BGH ZUM 2016, 173 – Tauschbörse I; ZUM 2016, 373 Rn 37 – Tauschbörse III). Es kann vom Anschlussinhaber jedoch nicht die Untersuchung des Computers seiner Familienmitglieder im Hinblick auf die Existenz von Filesharing-Software verlangt werden (BGH ZUM 2017, 503 Rn 26 – Afterlife; ZUM-RD 2018, 65 Rn 18 – Ego-Shooter). Im Rahmen des Vortrags zu Umständen, die seine eigene Internetnutzung betreffen, kann der Anschlussinhaber aber zu der Angabe verpflichtet sein, ob auf dem von ihm genutzten Computer Filesharing-Software vorhanden war (BGH ZUM 2017, 503 Rn 27 – Afterlife).

Die sekundäre Darlegungslast trifft einen Anschlussinhaber auch dann, wenn dieser ein offenes WLAN installiert hat, vgl. AG Köln MMR 2020, 636:

Wer als Anschlussinhaber wegen Urheberrechtsverletzungen durch Filesharing in Anspruch genommen wird, hat zur Erfüllung seiner sekundären Darlegungs-

853 BGH MMR 2018, 172.
854 BVerfG MMR 2019, 366.

last mögliche Dritte als Täter zu benennen, auch wenn ein offenes WLAN installiert ist.

Instruktiv ist auch der vom LG Köln entschiedene Fall, in dem es insbesondere darum ging, ob die Beklagte ein Lichtbild über ihren Instagram-Account öffentlich zugänglich gemacht hat, LG Köln ZUM-RD 2023, 536:

Ein Gericht darf keine „unerfüllbaren Beweisanforderungen" stellen. Es darf auch keine unumstößliche Gewissheit bei der Prüfung verlangen, ob eine Behauptung wahr und erwiesen ist. Der Zivilprozessrichter darf sich allerdings im Hauptsacheverfahren nicht mit einer bloßen Wahrscheinlichkeit begnügen. Denn nach § 286 ZPO muss der Richter aufgrund der Beweisaufnahme entscheiden, ob er eine Behauptung für wahr oder nicht für wahr hält. Er darf sich also gerade nicht mit einer bloßen Wahrscheinlichkeit beruhigen. Im Übrigen stellt § 286 ZPO nur darauf ab, ob der Richter selbst die Überzeugung von der Wahrheit einer Behauptung gewonnen hat. Diese persönliche Gewissheit ist für die Entscheidung notwendig, und allein der Tatrichter hat ohne Bindung an gesetzliche Beweisregeln und nur seinem Gewissen unterworfen die Entscheidung zu treffen, ob er die an sich möglichen Zweifel überwinden und sich von einem bestimmten Sachverhalt als wahr überzeugen kann. Eine von allen Zweifeln freie Überzeugung setzt das Gesetz dabei nicht voraus. Auf diese eigene Überzeugung des entscheidenden Richters kommt es an, auch wenn andere zweifeln oder eine andere Auffassung erlangt haben würden. Der Richter darf und muss sich aber in tatsächlich zweifelhaften Fällen mit einem für das praktische Leben brauchbaren Grad von Gewissheit begnügen, der den Zweifeln Schweigen gebietet, ohne sie völlig auszuschließen. Das wird allerdings vielfach ungenau so ausgedrückt, dass das Gericht sich mit einer an Sicherheit grenzenden Wahrscheinlichkeit begnügen dürfe; das ist falsch, falls damit von der Erlangung einer eigenen Überzeugung des Richters von der Wahrheit abgesehen werden sollte.

Nach Maßgabe dieser Grundsätze sind die Mitglieder der Kammer nicht mit der erforderlichen Gewissheit davon überzeugt, dass das streitgegenständliche Lichtbild, wie von der Klägerin vorgetragen, über den Social Media Account der Beklagten mit der URL https://… in Form einer geschalteten Werbung „Gesponsert" zugänglich gemacht worden ist. Eine andere Einschätzung ergibt sich auch nicht durch eine Gesamtschau und Gesamtwürdigung sämtlicher Indizien und Beweisanzeichen.

5. Vorsteuer

Die lange Zeit sehr streitige Frage, wer hinsichtlich der Vorsteuerabzugsberechti- **316**
gung darlegungs- und beweispflichtig ist, ist für das Kostenfestsetzungsverfahren vom Gesetzgeber durch das KostRÄndG 1994 in § 104 Abs. 3 S. 2 ZPO dahin ge-

hend entschieden worden, dass der Kostengläubiger lediglich zu erklären braucht, nicht abzugsberechtigt zu sein; es bedarf keiner Glaubhaftmachung. Es ist Sache des Antragsgegners, die Richtigkeit dieser Erklärung zu widerlegen.[855]

855 OLG Karlsruhe MDR 1994, 1252.

§ 6 Berufung- und Berufungsbegründung

A. Berufungsfrist und Berufungsbegründungsfrist

Eine Berufung ist innerhalb von einem Monat nach Zustellung des Urteils gem. §§ 517, 520 Abs. 2 ZPO einzulegen. Die Berufungsfrist ist eine Notfrist, kann also weder verkürzt noch verlängert werden, § 224 Abs. 1 ZPO. Erfolgt die Zustellung des Urteils gar nicht oder nicht ordnungsgemäß, beginnt die Berufungsfrist (ebenso wie die Berufungsbegründungsfrist) mit dem Ablauf von fünf Monaten nach der Verkündung des Urteils. § 519 ZPO nennt den Mindestinhalt einer Berufungsschrift: Es muss das angefochtene Urteil bezeichnet und ausdrücklich erklärt werden, dass Berufung eingelegt werden soll. Darüber hinaus müssen die Berufungsparteien eindeutig bezeichnet,[1] die Berufung vom Anwalt eigenhändig unterschrieben (bzw. nach § 130a ZPO signiert) und das angefochtene Urteil sollte beigefügt werden, § 519 Abs. 3 ZPO. 1

BGH NJW 2002, 1430:

> *Das BerGer. geht allerdings zutreffend davon aus, dass zum notwendigen Inhalt der Berufungsschrift gem. § 518 II ZPO a.F. auch die Angabe gehört, für und gegen welche Partei das Rechtsmittel eingelegt wird; aus der Berufungsschrift muss entweder für sich allein oder mit Hilfe weiterer Unterlagen bis zum Ablauf der Rechtsmittelfrist eindeutig zu erkennen sein, wer Berufungskl. und wer Berufungsbekl. sein soll (...). Dabei sind vor allem an die eindeutige Bezeichnung des Rechtsmittelführers strenge Anforderungen zu stellen; bei verständiger Würdigung des gesamten Vorgangs der Rechtsmitteleinlegung muss jeder Zweifel an der Person des Rechtsmittelkl. ausgeschlossen sein (...). Dies bedeutet jedoch nicht, dass die erforderliche Klarheit über die Person des Berufungskl. ausschließlich durch dessen ausdrückliche Bezeichnung zu erzielen wäre; sie kann auch im Wege der Auslegung der Berufungsschrift und der etwa sonst vorliegenden Unterlagen gewonnen werden (...). Dabei sind, wie auch sonst bei der Ausdeutung von Prozesserklärungen, alle Umstände des jeweiligen Einzelfalls zu berücksichtigen.*

Legt eine Partei gegen eine Entscheidung mehrfach Berufung ein, handelt es sich um dasselbe Rechtsmittel. Entspricht die zunächst eingelegte Berufung den förmlichen Anforderungen nicht, darf sie daher nicht gesondert als unzulässig verworfen werden.[2]

Eine Berufung ist innerhalb von zwei Monaten ab ihrer Einlegung zu begründen, § 520 Abs. 2 S. 1 ZPO. Ohne (ordnungsgemäße) Zustellung gilt Folgendes: Spätes-

1 BGH NJW 1992, 2413; BGH NJW 2002, 1430.

2 BGH BeckRS 2009, 11148.

tens fünf Monate nach Verkündung des Urteils beginnt eine zweimonatige Berufungsbegründungsfrist, § 520 Abs. 2 S. 1 Halbs. 2 ZPO. Wird die Frist versäumt, verwirft das BerGer die Berufung durch Beschluss als unzulässig, § 522 Abs. 1 S. 3 ZPO. Der Beschluss ist mit der Rechtsbeschwerde anfechtbar, §§ 522 Abs. 1 S. 4 i.V.m. 574 Abs. 1 Nr. 1 ZPO; und zwar ohne Rücksicht auf den Wert der Beschwer.

Wird die Berufung als unzulässig verworfen, beispielsweise aufgrund nicht fristgerechter Berufungseinlegung, und gegen diesen Beschluss Rechtsbeschwerde eingelegt, hemmt diese nicht den Lauf der Begründungsfrist;[3] die Berufung ist also auch in diesem Fall innerhalb von zwei Monaten ab Zustellung des in vollständiger Form abgefassten Urteils, spätestens aber mit Ablauf von fünf Monaten nach der Verkündung des Urteils zu begründen, ohne dass die Entscheidung des BGH über die sofortige Beschwerde abgewartet werden könnte.

BGH BeckRS 2014, 15374:

> *Will der Berufungsführer die Verwerfung der Berufung mit der Rechtsbeschwerde angreifen, kann dies nur dann Erfolg haben, wenn er die Berufung fristgemäß begründet hat. Der Lauf der Berufungsbegründungsfrist wird weder durch die Berufungsverwerfung noch durch ein Wiedereinsetzungsverfahren unterbrochen.*

Wird Wiedereinsetzung in den vorigen Stand wegen Versäumung der Berufungsbegründungsfrist beantragt, muss dies innerhalb eines Monats zusammen mit der Berufungsbegründung beantragt werden, §§ 234 Abs. 1 S. 2, 236 Abs. 2 ZPO; ein vor Ablauf der Berufungsbegründungsfrist eingereichter Antrag auf Fristverlängerung vermag eine vorsorgliche Berufungsbegründung nicht zu ersetzen.[4]

Auch ein Antrag auf Wiedereinsetzung in den vorigen Stand hat keinen Einfluss auf den Lauf der Berufungsbegründungsfrist.[5]

I. Fristverlängerung

2 Die Frist zur Begründung ist keine Notfrist (anders als die Berufungsfrist) und kann von dem Vorsitzenden auf Antrag verlängert werden, § 520 Abs. 2 S. 3 ZPO. Der Antrag ist schriftlich zu stellen;[6] entspricht der Vorsitzende einem mündlich gestellten Antrag gemäß § 520 Abs. 2 S. 3 ZPO, ist die Verlängerung aus Vertrauensschutzgründen aber gleichwohl wirksam.[7]

3 BGH FamRZ 2005, 194; BGH BeckRS 2005, 3251; BGH BeckRS 2009, 11994.
4 BGH NJW-RR 1990, 379; MüKo/*Rimmelspacher*, § 520 ZPO Rn 22.
5 BGH NJW 1998, 1155; Musielak/*Voit/Ball*, § 520 Rn 4.
6 BGH BeckRS 2004, 09965; BGH NJW 1998, 1155. 1156.
7 BGH NJW 1985, 1558.

Der Antrag auf Fristverlängerung muss vor Fristablauf beim Gericht eingehen,[8] wohingegen die Entscheidung des Vorsitzenden auch noch nach Fristablauf ergehen kann.[9]

Nach der Rspr. des BGH[10] ist das Ermessen des Vorsitzenden, die beantragte Fristverlängerung zu gewähren oder zu versagen, stark eingeschränkt. Der Anwalt darf darauf grundsätzlich vertrauen, dass ihm Fristverlängerung gewährt wird, wenn er seinen Antrag mit Krankheit,[11] Urlaub,[12] Vergleichsverhandlungen[13] oder situationsbedingter Arbeitsüberlastung begründet,[14] oder auch damit, es sei noch eine Rücksprache mit seinem Mandanten erforderlich, was ihm erst nach Einsicht in die Gerichtsakte bewusst geworden sei.[15] 3

BGH NJW 1997, 400:[16]

> *Der Rechtsmittelführer muß zunächst mit dem Risiko rechnen, daß der Vorsitzende des Rechtsmittelgerichts in Ausübung seines pflichtgemäßen Ermessens eine beantragte Verlängerung der Rechtsmittelbegründungsfrist versagt. Der Rechtsanwalt kann jedoch nach ständiger Rechtsprechung des BGH [...] regelmäßig erwarten, daß einem ersten Antrag auf Verlängerung der Berufungsbegründungsfrist entsprochen wird, wenn einer der Gründe des § 519 II 3 ZPO vorgetragen wird. Mit einer hiervon abweichenden Verfahrenspraxis braucht der rechtsuchende Bürger nicht zu rechnen; sie widerspricht rechtsstaatlicher Verfahrensgestaltung.*

Hat der Anwalt die Gerichtsakte noch gar nicht einsehen können – gemäß § 299 ZPO hat die von ihm vertretene Partei einen Anspruch darauf –, obwohl er sich rechtzeitig darum bemüht hat, ist ihm in jedem Fall Fristverlängerung zu gewähren. Ihm kann in diesem Fall auch ein Recht auf Wiedereinsetzung in den vorigen Stand zustehen, vgl. BGH NJW 2018, 952:

> *Dem Berufungsführer ist Wiedereinsetzung wegen der Versäumung der Frist zur Begründung der Berufung zu gewähren, wenn sein Prozessbevollmächtigter rechtzeitig vor Ablauf der nicht mehr verlängerbaren Frist einen Antrag auf Bewilligung von Akteneinsicht gestellt hat und ihm diese ohne sein Verschulden nicht vor Fristablauf gewährt wurde.*

8 Eichele/Hirtz/Oberheim/*Eichele*, Berufung, Kap. 5 Rn 222.

9 BGH NJW 1982, 2651; Eichele/Hirtz/Oberheim/*Eichele*, Berufung, Kap. 5 Rn 223 f.

10 BGH NJW 1991, 2081; BGH MDR 1999, 374; ebenso OLG Rostock OLGR Rostock 2004, 127.

11 BGH NJW 1996, 1540; OLG Rostock BeckRS 2008, 24727.

12 BGH NJW 1997, 400; OLG Rostock BeckRS 2008, 24727.

13 BGH NJW-RR 1998, 573.

14 BGH VersR 2000, 1258, 1259; BGH VersR 2005, 998; BGH NJW-RR 2018, 569.

15 BGH NJW 1991, 1359; BGH NJW 2001, 3552; BGH NJW 2010, 1610; OLG Rostock BeckRS 2008, 24727.

16 Vgl. auch BGH MDR 2010, 645, 646.

BGH NJW 1994, 2957:

> *Der Hinweis, eine weitere Besprechung mit der Partei sei notwendig, um die Durchführung des Rechtsmittels zu klären, kann jedenfalls dann einen erheblichen Grund im Sinne dieser Vorschrift [§ 520 Abs. 2 S. 3 ZPO] darstellen, wenn der Anwalt zugleich darlegt, er könne diesen Termin wegen eines Fortbildungslehrgangs nicht innerhalb der Begründungsfrist wahrnehmen.*

4 Aber es bleibt dabei, dass die Fristverlängerung im **Ermessen** des Vorsitzenden liegt.

BGH NJW 1999, 430:[17]

> *[Der Rechtsmittelführer] ist vielmehr mit dem* ***Risiko*** *belastet, dass der Vorsitzende in Ausübung seines ihm gemäß § 520 Abs. 2 S. 3 ZPO eingeräumten Ermessens eine beantragte Verlängerung auch dann versagt, wenn die erforderlichen Voraussetzungen vorliegen, BGH NJW 1993, 134. Etwas anderes gilt indessen, wenn der Rechtsmittelführer mit großer Wahrscheinlichkeit die Bewilligung der Fristverlängerung erwarten konnte. Das ist regelmäßig bei einem ersten Verlängerungsantrag der Fall, wenn ein ihn rechtfertigender erheblicher Grund im Sinne des § 520 Abs. 2 S. 3 ZPO geltend gemacht wurde […]*

Ist dem Anwalt aber bekannt, dass – z.B. – ein LAG abweichend von der Rspr. des BAG strengere Anforderungen an die Begründung eines Fristverlängerungsantrages stellt, sieht das BVerfG[18] keine Verletzung des rechtlichen Gehörs darin, dass die urlaubsbedingte Abwesenheit des sachbearbeitenden Anwalts nicht als hinreichende Begründung angesehen wird.

Der Anwalt muss sicherstellen, dass nachgehalten wird, dass die Frist tatsächlich verlängert worden ist.[19]

BGH BeckRS 2010, 631:

> *Wird die Verlängerung der Berufungsbegründungsfrist beantragt, darf sie nicht in der Weise vorgemerkt werden, dass schon mit der Antragstellung der Endpunkt der Frist im Kalender eingetragen wird, als ob sie bereits zu diesem Zeitpunkt bewilligt worden sei. Es handelt sich nämlich zunächst um eine hypothetische Frist, da der Vorsitzende die Frist auch auf einen kürzeren Zeitraum als beantragt bewilligen kann. Der Eintrag des endgültigen Fristablaufs ist deshalb erst dann zulässig, wenn die Verlängerung tatsächlich gewährt worden ist. In jedem Fall ist durch geeignete Maßnahmen sicherzustellen, dass vor dem Ablauf der Frist, deren Verlängerung beantragt worden ist, das wirkliche Ende der Frist – gegebenenfalls durch Rückfrage bei Gericht – festgestellt wird […]. Das*

17 So auch BGH RuS 2002, 218.

18 BVerfG NJW-RR 2000, 1366; wie auch OLG Rostock OLGR Rostock 2004, 127.

19 BGH NJW 1991, 2081; BGH MDR 2010, 645, 646.

gilt auch, wenn die Fristverlängerung bereits einige Tage vor Fristablauf beantragt wird.

Das bedeutet aber nicht, dass der Anwalt bei der ersten Fristverlängerung gezwungen ist, beim Gericht nachzufragen, ob die Frist verlängert worden ist, BGH NJW-RR 2018, 569:[20]

Ein Rechtsanwalt darf regelmäßig erwarten, dass einem ersten Antrag auf Verlängerung der Berufungsbegründungsfrist entsprochen wird, wenn er einen erheblichen Grund vorträgt. Demgemäß besteht keine Verpflichtung, sich innerhalb des Laufs der Berufungsbegründungsfrist beim Gericht zu erkundigen, ob der Verlängerungsantrag rechtzeitig eingegangen ist und ob ihm stattgegeben werde.

Keine Fristverlängerung ist allerdings zu erwarten, wenn der Anwalt seinen Antrag 5
nicht **begründet hat**.[21]

BGH NJW 1996, 1682:

Der Rechtsanwalt darf von antragsgemäßer Verlängerung der Berufungsbegründungsfrist ausgehen, wenn ihm seine zuverlässig arbeitende ***Kanzleiangestellte*** *mitteilt, nach telefonischer Auskunft der Geschäftsstellenbeamtin des zuständigen Senats sei die beantragte Verlängerung bewilligt worden.*

Keine Begründung stellt es dar, wenn der Anwalt lediglich ausführt, dass „vorsorglich" eine Fristverlängerung beantragt wird.[22]

Der Rechtsmittelführer darf die Verlängerung der Frist zur Berufungsbegründung nur dann erwarten, wenn es sich um den ersten Verlängerungsantrag handelt und er in dem Antrag erhebliche Gründe für die beantragte Verlängerung darlegt. Der Wendung, der Antrag werde „vorsorglich" gestellt, ist nicht zu entnehmen, aus welchen Gründen eine Verlängerung begehrt wird.

Wird ein auf die angegebenen Gründe gestützter **erster** Antrag auf Fristverlängerung gleichwohl versagt, besteht ein Anspruch auf **Wiedereinsetzung** in den vorigen Stand, sofern der Berufungskläger mit großer Wahrscheinlichkeit die Bewilligung der beantragten Fristverlängerung erwarten konnte.[23]

Sehr großzügig BGH NJW-RR 2000, 799:[24]

Der Fristverlängerungsantrag ist gerechtfertigt, wenn er am letzten Tag der Berufungsbegründungsfrist von dem an diesem Tag beauftragten Anwalt gestellt wird, um Gelegenheit zu erhalten, sich in die Akte einzuarbeiten.

20 Vgl. auch BGH NJW-RR 2017, 1532.

21 BGH NJW 1992, 2426; BGH NJW 2008, 3304; BGH NJ 2022, 124.

22 BGH NJW-RR 2019, 1392.

23 BGH NJW 1994, 55, 56; BGH RuS 2002, 218.

24 BGH MDR 2010, 645, 646.

Der Partei wird also nicht angelastet, dass sie den Anwalt doch hätte früher beauftragen können.

Aber OLG Thüringen GI aktuell 2014, 41:

> *Beruft sich ein Rechtsanwalt hinsichtlich der möglichen und zumutbaren Beantragung einer Fristverlängerung für die Berufungsbegründung einerseits gegenüber dem Mandanten auf ein Zurückbehaltungsrecht wegen der Nichtzahlung des geforderten Vorschusses, und wird andererseits zur gleichen Zeit tätig und nimmt Akteneinsicht, ist dieses Verhalten rechtsmissbräuchlich und verstößt gegen Treu und Glauben. Bei Versäumung der Berufungsbegründungsfrist muss der Mandant sich dieses Verhalten seines Prozessbevollmächtigten nach § 85 Abs. 2 ZPO zurechnen lassen.*

Mündliche Mitteilungen des Vorsitzenden über die gewährte Fristverlängerung sind wirksam.[25] Weicht beispielsweise die schriftliche Mitteilung über die Länge der verlängerten Frist von der schriftlichen Verfügung zur Fristverlängerung ab, kann sich der Anwalt an der schriftlichen Mitteilung orientieren.[26] Mit der „antragsgemäßen" Verlängerung macht das BerGer. den Antrag zum Inhalt der Verfügung über die Fristverlängerung selbst. Die Verfügung ist mithin gemeinsam mit dem (in Bezug genommenen) Fristverlängerungsantrag zu lesen.[27]

Ist aufgrund des Wortlauts der Verfügung des Gerichts, die eine Fristverlängerung gewährt (oder aufgrund des in der Verfügung in Bezug genommenen Fristverlängerungsantrags) allerdings unklar, wie lang die nunmehr laufende Frist bemessen ist, ist besondere Vorsicht geboten. In keinem Fall darf man zu früh eine vermeintlich verlängerte Frist notieren lassen, vgl. BGH NJW 2013, 2821:

1. *Bestehen nach dem Wortlaut der Verfügung, durch die die Berufungsbegründungsfrist verlängert worden ist, Unklarheiten und begründete Zweifel über den Umfang der Verlängerung, ist das Vertrauen des Mitteilungsempfängers in eine antragsgemäße Verlängerung nicht geschützt.*
2. *Bei Beantragung einer Fristverlängerung muss das hypothetische Ende der beantragten Fristverlängerung bei oder alsbald nach Einreichung des Verlängerungsantrags im Fristenkalender eingetragen, als vorläufig gekennzeichnet und rechtzeitig spätestens nach Eingang der gerichtlichen Mitteilung überprüft werden, damit das wirkliche Ende der Frist festgestellt wird.*

Das Vertrauen, einem ersten Verlängerungsgesuch werde stattgegeben, ist natürlich auch in zeitlicher Hinsicht nicht unbegrenzt: Eine solche Grenze stellt jedenfalls der Zeitpunkt dar, bis zu dem die Verlängerung beantragt wurde. Hat der Berufungsführer bis zu diesem Zeitpunkt keine Mitteilung über die Fristverlängerung

25 BGH NJW 1998, 1156; BGH NJW-RR 2008, 1162.

26 BGH MDR 1963, 588; Eichele/Hirtz/Oberheim/*Eichele*, Berufung, Kap. 5 Rn 235.

27 BGH NJOZ 2017, 261.

erhalten, muss er sich an diesem Tag bei dem Berufungsgericht erkundigen, ob und in welchem Umfang Fristverlängerung gewährt wurde. In diesem Zeitpunkt beginnt zugleich auch die einmonatige Wiedereinsetzungsfrist.[28]

Auch kann gemäß § 520 Abs. 2 S. 2 ZPO eine Fristverlängerung vom Berufungskläger beantragt werden, wenn der Gegner einwilligt. Die Einwilligung des Berufungsbeklagten in die Verlängerung der Berufungsbegründungsfrist bedarf nicht der Schriftform, sie kann vom Prozessbevollmächtigten des Berufungsklägers eingeholt und gegenüber dem Gericht anwaltlich versichert werden.[29] Der bloße Hinweis auf schwebende Vergleichsverhandlungen steht der anwaltlichen Versicherung einer Einwilligung des Prozessgegners in die wiederholte Verlängerung der Berufungsbegründungsfrist gemäß § 520 Abs. 2 S. 2 ZPO jedoch nicht gleich.[30]

II. Weitere Fristverlängerung

Eine **zweite Verlängerung** (oder gar eine weitere) ist gemäß § 225 Abs. 2 ZPO nur nach **Anhörung** des Gegners zulässig. Die Anhörung kann durch den Vorsitzenden telefonisch erfolgen. Zur Vereinfachung kann der Antragsteller vom Antragsgegner telefonisch dessen Zustimmung zur weiteren Fristverlängerung erbitten und dessen Einverständnis dann dem Gericht gegenüber in der Antragsschrift versichern: „im versicherten Einverständnis des Gegners …" 6

Hat der Gegner der Fristverlängerung zugestimmt, kann der Anwalt regelmäßig davon ausgehen, dass die Berufungsbegründungsfrist – auch erneut – verlängert werden wird. Die Bewilligung der Fristverlängerung hängt auch bei der wiederholten Fristverlängerung nicht davon ab, dass der Rechtsmittelführer hierfür erhebliche Gründe geltend machen kann, die er deshalb auch nicht darlegen muss. Das Vertrauen in die Gewährung einer wiederholten Fristverlängerung ist im Regelfall erst erschüttert, wenn aus Sicht eines Rechtsmittelführers Anhaltspunkte dafür gegeben sind, dass die Ausübung des pflichtgemäßen Ermessens trotz der Einwilligung zu einer Ablehnung der begehrten Fristverlängerung führen kann. Das kann z.B. der Fall sein, wenn der Antrag auf Verlängerung der Berufungsbegründungsfrist missbräuchlich ist oder der Rechtsstreit nach Ablauf der zweifach verlängerten Frist (nunmehr) der Beschleunigung bedarf.[31] Dieses Vertrauen in eine weitere Verlängerung bei Einverständnis des Gegners soll selbst dann nicht erschüttert sein, wenn das BerGer in der Entscheidung über den vorangegangenen Fristverlängerungs-

28 Eichele/Hirtz/Oberheim/*Eichele*, Berufung, Kap.5 Rn 231c; BGH FamRZ 2016, 367.

29 BGH NJW 2005, 72; OLG Düsseldorf BeckRS 2012, 17090.

30 BGH NJW-RR 2012, 1462.

31 BGH NJOZ 2023, 1109.

antrag festgehalten hat, dass es sich um die „letztmalige" Fristverlängerung handele, vgl. BGH NJOZ 2023, 1109:

> *Ein Berufungsführer darf grundsätzlich davon ausgehen, dass das Berufungsgericht bei einer Einwilligung des Gegners in eine weitere Fristverlängerung sein Ermessen erneut pflichtgemäß ausüben werde, ohne sich an die Kundgabe der vorangegangenen Fristverlängerung als „letztmalig" zu halten oder wegen dieser Kundgabe andere Maßstäbe an die Begründetheit des Fristverlängerungsantrags anzulegen als die gesetzlich vorgegebenen.*

Die Fristverlängerung wird insbesondere dann großzügig und auch weiträumig gewährt, wenn ein **Vergleichsabschluss** in Aussicht gestellt wird. Der BGH[32] erachtet es für nicht ausreichend, wenn der Antrag auf eine erneute Verlängerung mit dem Hinweis beantragt wird, dass Vergleichsverhandlungen noch nicht abgeschlossen seien. Auch ist gerichtsbekannt, dass der Antrag auf eine weitere Verlängerung häufig nur deshalb gestellt wird, weil der Mandant den Kostenvorschuss noch nicht eingezahlt hat; es ist selbstverständlich das gute Recht des Anwaltes ohne einen Kostenvorschuss nicht tätig werden zu wollen; aber das Gericht braucht seinem säumigen Mandanten nicht durch weitere Fristverlängerungen – zulasten des Gegners – entgegenzukommen.

BGH NJW 1996, 1350:

> *Hat ein Rechtsanwalt Fristverlängerung für die Frist zur Begründung der Berufung beantragt und ist davon auszugehen, dass ihm diese zu gewähren wäre, so muss er grundsätzlich den von ihm selbst beantragten* ***Verlängerungszeitraum*** *einhalten, auch wenn er die Fristverlängerung ohne Verschulden verspätet beantragt hat. […] Es steht ihm dafür aber als Mindestfrist die des § 234 Abs. 1 ZPO zur Verfügung.*

BVerfG NJW 2000, 944:

> *Es verstößt gegen Art. 2 Abs. 1 GG i.V.m. dem Rechtsstaatsprinzip, wenn im Zivilprozess der zweite Antrag auf Verlängerung der Berufungsbegründungsfrist unter Hinweis auf § 225 Abs. 2 ZPO* ***allein*** *mit der Begründung abgelehnt wird, der Prozessgegner habe der erneuten Verlängerung nicht zugestimmt.*

B. Anforderungen an die Berufungsbegründung

I. Zweck der Berufungsbegründung

7 Die Berufung wird unzulässig, wenn nicht innerhalb der Zweimonatsfrist des § 520 Abs. 2 S. 1 ZPO eine den Anforderungen des § 520 Abs. 3 ZPO genügende Begründung beim Berufungsgericht eingeht. Welche Anforderungen das sind, ist sowohl der Gesetzesnorm wie auch der einschlägigen Kommentarliteratur nicht leicht zu

32 BGH NJW-RR 2012, 1462.

entnehmen. Dieser Frage wird in Rspr. und Literatur größere Aufmerksamkeit gewidmet; es wurden praktikable Maßstäbe entwickelt, die Anforderungen zu bestimmen. Der Rechtsmittelführer muss damit rechnen, dass seine Begründung einer strengen Prüfung unterzogen wird.

Die an die Berufungsbegründung zu stellenden Anforderungen bestimmen sich von **8**
ihrem Zweck her.

BGH NJW-RR 2016, 80, 81:

> *[D]ie Berufungsbegründung muss nach §520 Abs. 3 S. 2 Nr. 2, 3 ZPO die Bezeichnung der Rechtsverletzung und deren Entscheidungserheblichkeit oder konkreter Anhaltspunkte, die Zweifel an der Richtigkeit oder Vollständigkeit der Tatsachenfeststellungen begründen, enthalten. Dazu gehört die aus sich heraus verständliche Angabe, welche bestimmten Punkte des angefochtenen Urteils der Berufungskläger angreift und welche Gründe er ihnen entgegensetzt. […]*

Es ist klar anzugeben, gegen welche Ausführungen des Urteils sich der Angriff richtet und wie er begründet wird. Hingegen ist es für die Zulässigkeit der Berufung unerheblich, ob die Ausführungen des Berufungsführers schlüssig, hinreichend substantiiert oder rechtlich haltbar sind.[33] Dies ist eine Frage der Statthaftigkeit.

In diesem Fall hatte das BerGer die Anforderungen an den Inhalt einer Berufungsbegründung überspannt, BGH NJW-RR 2022, 731:

> *Zur Verwerfung einer Berufung durch das Berufungsgericht als unzulässig, obwohl die Berufungsbegründung, wenn auch Unzulänglichkeiten bei der Strukturierung der Berufungsgründe aufweisend, den nach der BGH-Rechtsprechung anzulegenden Anforderungen – noch – gerecht wird, also hinreichend erkennen lässt, welche Gründe die Berufung den Erwägungen der Erstgerichts entgegensetzen möchte. Ob das Berufungsvorbringen – hier: Verkennen der Bedeutung einer Mietvertragsregelung aus dem Jahr 1969 über „Instandhaltung der Mieträume" als von der gesetzlichen Instandhaltungspflicht des Vermieters nicht abweichende Regelung; Absehen von der Beweiserhebung über das Vorhandensein von (erheblichen) Mängeln und deren Anzeige gegenüber der Hausverwaltung des Vermieters; kein Vereiteln der Wohnungsbesichtigung durch den Mieter, sondern Verlangen der Hausverwaltung nach einer Besichtigung im Beisein des dieses Ansinnen ablehnenden Rechtsanwalt des Mieters; […] – in sich schlüssig oder rechtlich haltbar ist, ist allein eine Frage der Begründetheit der Berufung.*

Die gemäß § 520 Abs. 3 ZPO an die Berufungsbegründung zu stellenden Anforderungen gelten nicht für das Vorbringen des Berufungsbeklagten; er ist nicht ver-

33 BGH VersR 2001, 120, 121; BGH NJW 2015, 1458; BGH NZI 2020, 752; BGH BeckRS 2022, 25874.

pflichtet, erstinstanzliches Vorbringen zu wiederholen oder auch nur in Bezug zu nehmen.[34]

9 Die Berufungsbegründung muss auf den zur Entscheidung stehenden Fall **zugeschnitten** sein und klar erkennen lassen, in welchen Punkten tatsächlicher und rechtlicher Art das angegriffene Urteil nach Ansicht des Berufungsklägers unrichtig ist.[35]

Der BGH hatte in den sog. „Dieselverfahren", bei denen es sich um Massenverfahren handelt, häufiger Anlass zu den Anforderungen an eine Berufungsbegründung Stellung zu nehmen, vgl. z.B. BGH BeckRS 2023, 17046:[36]

> *Eine Berufungsbegründung, welche die Auffassung des Erstgerichts mit formularmäßigen Sätzen, ein anderes Verfahren betreffenden Textbausteinen oder allgemeinen Redewendungen rügt oder lediglich auf das Vorbringen erster Instanz verweist, ist unzulässig. Erforderlich ist zudem, dass die Berufung jede selbstständig tragende rechtliche Erwägung des Urteils angreift.*

Aber BGH NJW-RR 2022, 642:

> *Einer hinreichenden Rüge des erstinstanzlichen Urteils steht grundsätzlich nicht entgegen, dass die Berufungsbegründung mehrfach auch Textbausteine und abstrakte Passagen verwendet und Erwägungen des LG teils unzutreffend wiedergibt.*

Man beachte auch BGH NJW-RR 2022, 1578:

> *Auch wenn die Berufungsbegründung keinen Bezug zu den tatsächlichen Feststellungen des angefochtenen Urteils aufweist, genügt es in Fällen mit unstreitigem Sachverhalt, wenn sich ihr entnehmen lässt, welche Rechtsgründe den Erwägungen des Gerichts entgegengesetzt werden sollen.*

Der Streitstoff, der den Gegenstand des Rechtsmittels bildet, muss klar gekennzeichnet sein; er ist in solcher Weise zu unterbreiten, dass **weder Gegner noch Gericht nachzuforschen** brauchen.[37]

Für die Zulässigkeit der Berufung reicht es aber aus, wenn das Urteil **in einem Punkt** des Streitgegenstandes angegriffen wird; das Urteil unterliegt dann insgesamt der Überprüfung durch das Berufungsgericht, § 529 Abs. 2 ZPO.[38]

Ein Angriff gegen nur einen Punkt des Urteils führt allerdings dann nicht zu einer völligen Überprüfung des angefochtenen Urteils, wenn **mehrere Streitgegenstände** in einer Klage verbunden sind; dann muss das angefochtene Urteil hinsichtlich

34 BVerfG NJW 2000, 131; BVerfG NJW 2015, 1746; BGH IBR 2010, 121.

35 BGH NJW 1992, 3243; BGH NJW-RR 2023, 1421.

36 Vgl. auch BGH NJW-RR 2022, 998.

37 BGH NJW 1982, 581, 582.

38 BGH NJW-RR 1991, 1186, 1187.

jedes einzelnen Anspruchs innerhalb der Berufungsbegründungsfrist angefochten werden.[39] Denn sonst wird die Berufung unzulässig, soweit ein einzelner Anspruch nicht oder nicht in einer dem § 520 Abs. 3 S. 1 ZPO genügenden Form in der Berufungsbegründung berücksichtigt worden ist. **Eine spätere Nachbesserung ist nicht möglich.**[40] Entscheidet das Rechtsmittelgericht jedoch dennoch über den (an sich) nicht angegriffenen Streitgegenstand, kann sich daraus eine Verletzung des Grundsatz auf rechtliches Gehör zulasten den Berufungsgegners ergeben.[41]

Schwierigkeiten ergeben sich in der praktischen Anwendung dieser Grundsätze daraus, dass der Begriff Streitgegenstand mehrdeutig und streitig ist. Deshalb ist die Beurteilung des konkreten Falles aus der allgemeinen Regel kaum möglich, und es empfiehlt sich, nach einem von der Rechtsprechung anerkannten „simile" zu suchen und dieses auf die Vergleichbarkeit mit dem zu entscheidenden Fall zu überprüfen. **10**

Wird beispielsweise der Berufungsangriff darauf beschränkt, die Feststellungen und Ausführungen des angefochtenen Urteils zur **Höhe** eines Anspruchs zu rügen, ist das Berufungsgericht gemäß § 529 Abs. 1 Nr. 1 ZPO gehindert, auch den **Grund** des Anspruchs zu prüfen, da die vom Gericht des ersten Rechtszuges festgestellten Tatsachen, soweit nicht konkrete Anhaltspunkte Zweifel an der Richtigkeit oder Vollständigkeit der entscheidungserheblichen Feststellungen begründen und deshalb eine erneute Feststellung gebieten, der Entscheidung des BerGer zugrunde zu legen sind.

Im Wege des ZPO-RG wurde die Berufung zu einer Kontrollinstanz.[42] Der Berufungsrichter soll an den vom ersten Gericht fehlerfrei gewonnenen Feststellungen festhalten und die Parteien sollen zu einer stärkeren Mitarbeit am Prozess bewegt werden.[43] Die Reform hat insbesondere die Berufungsgründe eingegrenzt, was den Inhalt der Berufungsbegründung sowie den Umfang der Prüfungsbefugnis des BerGer beeinflusst hat. **11**

II. Berufungsgründe

Gemäß § 520 Abs. 3 S. 2 Nr. 2, 3 und 4 ZPO müssen in der Berufungsbegründung die Berufungsgründe (§ 513 Abs. 1 ZPO) genannt werden; sie sind Maßstab für die objektive Unrichtigkeit des Urteils. Die ZPO-Reform hat die die Berufung nur in den Fällen zugelassen, in denen ein Rechtsfehler des Erstgerichts vorliegt (§ 546 ZPO), konkrete Anhaltspunkte vorliegen, die Zweifel an der Richtigkeit oder Voll- **12**

39 BGH NJW 1990, 1184; BGH BGHReport 2001, 482; BGH NJW-RR 2007, 414; BGH NZI 2020, 752; BGH NJW 2022, 3010; BGH BeckRS 2023, 22181; BGH BeckRS 2023, 21982.

40 BGH NJW-RR 2015, 511, 512; BGH NZI 2020, 752.

41 BGH NJW 2022, 3010.

42 BGH NJW 2003, 2531.

43 *Schnauder*, JuS 2002, 263.

ständigkeit der Tatsachenfeststellungen im angefochtenen Urteil begründen und deshalb eine erneute Feststellung geboten erscheint oder Gründe vorliegen, welche die Erhebung neuer Angriffs- und Verteidigungsgründe rechtfertigen, soweit diese zugelassen sind.

1. § 520 Abs. 3 S. 2 Nr. 2 ZPO

13 Sofern das erstinstanzliche Urteil auf einem Rechtsfehler beruht, kann dieses im Wege der Berufung angegriffen werden. § 520 Abs. 3 S. 2 Nr. 2 ZPO fordert für die Zulässigkeit der Berufung eine Bezeichnung der Umstände in der Berufungsbegründung, aus denen sich die Rechtsverletzung und deren Erheblichkeit für die angefochtene Entscheidung ergibt.

14 Eine **Rechtsverletzung** liegt vor, wenn eine Rechtsnorm nicht oder nicht richtig angewendet worden ist, §§ 513 Abs. 1, 546 ZPO. Weiter muss die Rechtsverletzung auch entscheidungskausal[44] für das Entscheidungsergebnis sein, was sich aus dem Umkehrschluss des § 561 ZPO ergibt. Insbesondere muss der Berufungskläger zur Darlegung der Entscheidungserheblichkeit einer Rechtsverletzung in Form eines geltend gemachten Verfahrensfehlers aufzeigen, dass das Eingangsgericht ohne den Verfahrensverstoß möglicherweise zu einem anderen Ergebnis gelangt wäre.[45]

2. § 520 Abs. 3 S. 2 Nr. 3 ZPO

15 BGH NJW-RR 2014, 760, 761:

> *Gemäß § 520 Abs. 3 S. 2 Nr. 3 ZPO hat der Berufungsführer* ***konkrete Anhaltspunkte*** *zu bezeichnen, die Zweifel an der Richtigkeit und Vollständigkeit der Tatsachenfeststellungen im angefochtenen Urteil begründen und deshalb eine erneute Feststellung gebieten. Da das Berufungsgericht an die vom Gericht des ersten Rechtszuges festgestellten Tatsachen grundsätzlich gebunden ist (§ 529 Abs. 1 Nr. 1 ZPO), muss die Berufung, die den festgestellten Sachverhalt angreifen will, eine Begründung dahingehend enthalten, warum die Bindung an die festgestellten Tatsachen ausnahmsweise nicht bestehen soll. [...]*

16 Um entsprechende Zweifel an der Richtigkeit und Vollständigkeit der Tatsachenfeststellungen im angefochtenen Urteil zu hegen, reicht eine abstrakte Erwägung oder die bloße Vermutung der Unrichtigkeit der erstinstanzlichen Feststellungen nicht aus.[46] Gefordert wird eine aus sich heraus **verständliche Angabe**, welche bestimmten Punkte des angefochtenen Urteils der Berufungskläger bekämpft und welche tatsächlichen oder rechtlichen Gründe er ihnen im Einzelnen entgegen-

44 BGH WM 2004, 845, 847.
45 BGH WM 2004, 845, 847.
46 *Rimmelspacher*, NJW 2002, 1897, 1900.

setzt.[47] Konkrete Anhaltspunkte können sich insbesondere aus **Verfahrensfehlern** ergeben, die dem Eingangsgericht bei der Feststellung des Sachverhalts unterlaufen sind.[48] Zweifel an der Richtigkeit und Vollständigkeit der entscheidungserheblichen Feststellungen können sich aber auch aus der Möglichkeit einer unterschiedlichen Wertung des Tatsachenstoffs ergeben.[49]

BGH NJW 2023, 3496:

> *Die Prüfungskompetenz des Berufungsgerichts hinsichtlich der erstinstanzlichen Tatsachenfeststellung ist nicht auf den Umfang beschränkt, in dem eine zweitinstanzliche Tatsachenfeststellung der Kontrolle durch das Revisionsgericht unterliegt. Daher hat das Berufungsgericht die erstinstanzliche Überzeugungsbildung nicht nur auf Rechtsfehler zu überprüfen. Vielmehr können sich Zweifel an der Richtigkeit oder Vollständigkeit der entscheidungserheblichen Feststellungen im Sinne von § 529 I Nr. 1 ZPO auch aus der Möglichkeit unterschiedlicher Bewertungen der erstinstanzlichen Beweisaufnahme ergeben.*

Und weiter BGH NJW-RR 2019, 1343:

> *Das Berufungsgericht hat die erstinstanzliche Überzeugungsbildung nicht nur auf Rechtsfehler zu überprüfen. Zweifel im Sinne von § 529 I Nr. 1 ZPO liegen schon dann vor, wenn aus der für das Berufungsgericht gebotenen Sicht eine gewisse – nicht notwendig überwiegende – Wahrscheinlichkeit dafür besteht, dass im Fall der Beweiserhebung die erstinstanzliche Feststellung keinen Bestand haben wird, sich also deren Unrichtigkeit herausstellt. Bei der Berufungsinstanz handelt es sich um eine zweite – wenn auch eingeschränkte – Tatsacheninstanz, deren Aufgabe in der Gewinnung einer fehlerfreien und überzeugenden und damit richtigen Entscheidung des Einzelfalls besteht*

Die Beurteilung des Berufungsgerichts, dass konkrete Anhaltspunkte Zweifel an der Richtigkeit oder Vollständigkeit der entscheidungserheblichen Feststellungen des Gerichts des ersten Rechtszugs begründen und deshalb eine erneute Feststellung geboten sei, § 529 Abs. 1 Nr. 1 ZPO, ist der revisionsrechtlichen Überprüfung entzogen. Dies gilt auch dann, wenn die (ergänzende) Beweisaufnahme in zweiter Instanz angeordnet worden, aber ergebnislos geblieben ist.[50]

Weiter können auch **neue Angriffs- und Verteidigungsmittel** erstinstanzliche Feststellungen zweifelhaft nach § 520 Abs. 3 S. 2 Nr. 3 ZPO werden lassen. Angriffs- und Verteidigungsmittel sind neu, wenn sie erstmals im zweiten Rechtszug geltend gemacht werden. Zwar ist das BerGer gemäß § 529 Abs. 1 Nr. 1 ZPO an die Feststellungen des Erstgerichts gebunden; werden jedoch zulässige Angriffs- und **17**

47 BGH NJW-RR 2015, 757; Eichele/Hirtz/Oberheim/*Hirtz*, Berufung, Kap. 9 Rn 45.

48 BGH NJW 2004, 1876; BGH NJW 2022, 539, 541.

49 BVerfG NJW 2003, 2524; BVerfG NJW 2005, 1487; BGH NJW 2005, 1583, 1584; BGH NJW 2016, 3015; BGH NJW-RR 2017, 75.

50 BGH NJW 2019, 2169.

Verteidigungsmittel in die Berufungsinstanz eingeführt (§ 529 Abs. 1 Nr. 2 i.V.m. §§ 530, 531 Abs. 2, 532 S. 2 ZPO), wirkt sich dies letztlich auch auf die Regel des § 529 Abs. 1 Nr. 1 ZPO aus.[51]

Um ein neues Angriffs- und Verteidigungsmittel handelt es sich dann, wenn ein streitiger Vortrag bis zum Schluss der mündlichen Verhandlung in erster Instanz nicht vorgebracht und daher im erstinstanzlichen Urteil zu Recht gem. § 296a ZPO unberücksichtigt geblieben ist.[52]

Das BerGer hat neue Angriffs- und Verteidigungsmittel immer dann zu berücksichtigen, wenn sie einen Gesichtspunkt betreffen, der vom Gericht des ersten Rechtszugs erkennbar übersehen oder für unerheblich gehalten worden ist (vgl. § 531 Abs. 2 S. 1 Nr. 1 ZPO).[53] Nach der Rechtsprechung des BGH findet diese Vorschrift aber nur unter der ungeschriebenen Voraussetzung Anwendung, dass die Rechtsansicht des Gerichts den erstinstanzlichen Sachvortrag der Partei beeinflusst hat und daher, ohne dass deswegen ein Verfahrensfehler gegeben wäre, (mit-)ursächlich dafür geworden ist, dass sich Parteivorbringen in das Berufungsverfahren verlagert hat. Diese Voraussetzung ist erfüllt, wenn das Gericht des ersten Rechtszugs die Partei durch seine Prozessleitung oder seine erkennbare rechtliche Beurteilung des Streitverhältnisses davon abgehalten hat, zu bestimmten Gesichtspunkten vorzutragen. So kann das Gericht eine Partei etwa durch die Erteilung von Hinweisen veranlassen, in erster Instanz von weiterem Vorbringen abzusehen. Das erstinstanzliche Gericht kann aber auch durch das Unterlassen von Hinweisen den Eindruck erwecken, der bisherige Parteivortrag sei ausreichend.[54]

Will der Berufungsführer die Berufung auf neue Angriffs- oder Verteidigungsmittel i.S.v. § 531 Abs. 2 ZPO stützen, muss die Berufungsbegründung nach § 520 Abs. 3 S. 2 Nr. 4 ZPO die Tatsachen bezeichnen, aufgrund derer die neuen Angriffs- oder Verteidigungsmittel nach § 531 Abs. 2 ZPO zuzulassen sind.[55] Es ist auch zulässig, die mit der Berufung erstrebte Abänderung des erstinstanzlichen Urteils **ausschließlich** mit neuen Angriffs- und Verteidigungsmitteln zu begründen, soweit diese in der Berufungsinstanz zu berücksichtigen sind. Einer Auseinandersetzung mit den Gründen des angefochtenen Urteils bedarf es in diesem Fall nicht.[56]

3. § 520 Abs. 3 S. 2 Nr. 4 ZPO

18 Letztlich kann die Berufung auch auf **neue Tatsachen**, soweit diese zugelassen sind, gestützt werden, die eine andere Entscheidung rechtfertigen, §§ 513 Abs. 1,

51 *Rimmelspacher*, NJW 2002, 1897, 1901.
52 BGH NJW 2018, 1686; BGH BeckRS 2022, 32813.
53 BGH BeckRS 2016, 20637.
54 BGH BeckRS 2023, 28903.
55 BGH NZM 2021, 602.
56 BGH NJW-RR 2007, 934.

529 Abs. 1 Nr. 2 ZPO. Tatsachen i.d.S. sind neue Tatsachenbehauptungen, Beweismittel sowie neue Angriffs- und Verteidigungsmittel.[57] Diese sind gemäß § 520 Abs. 3 S. 2 Nr. 4 ZPO in der Berufungsbegründung anzugeben.

BGH BeckRS 2023, 21982:

> *In einem Fall, in dem die Abänderung der erstinstanzlichen Entscheidung mit einem neuen Angriffsmittel gerechtfertigt wird, ist nicht nur das Angriffsmittel selbst mitzuteilen, sondern sind in der Berufungsbegründung gemäß § 520 Abs. 3 S. 2 Nr. 4 ZPO auch die Tatsachen vorzutragen, aufgrund derer das neue Vorbringen nach Ansicht des Berufungsklägers nach § 531 Abs. 2 ZPO zuzulassen ist; das gilt auch für im Berufungsrechtszug nicht (mehr) bestrittene oder unstreitig gestellte Tatsachen.*

„Neue Tatsachen“ sind gemäß § 531 Abs. 2 Nr. 1 – 3 ZPO nur zuzulassen, sofern sie **19**

- Vorbringen zu den vom Eingangsgericht übersehenen oder für unerheblich gehaltenen Gesichtspunkten,
- Vorbringen, das infolge eines Verfahrensmangels nicht geltend gemacht wurde oder
- Vorbringen, das ohne Nachlässigkeit einer Partei nicht geltend gemacht wurde,

darstellen.

BGH MDR 2015, 355:

> *Wird eine Berufung ausschließlich auf neues Vorbringen gestützt, kann sie ohne Weiteres durch Beschluss verworfen werden, wenn die Berufungsbegründung keine Angaben zu den Tatsachen enthält, die eine Zulassung des neuen Vorbringens nach § 531 Abs. 2 ZPO rechtfertigen. Dass das Vorbringen zuzulassen wäre, wenn es sich im Verlauf des Berufungsverfahrens als unstreitig erwiese, steht dem nicht entgegen.*

Können letztlich nach § 532 S. 2 ZPO verzichtbare Rügen, welche die Zulässigkeit der Klage betreffen, noch in der Berufungsinstanz erhoben werden, besteht die Möglichkeit, dass auch hier eine andere Entscheidung als die des Erstgerichts vom BerGer gefällt werden könnte, weshalb auch dieser Fall von § 529 Abs. 1 Nr. 2 ZPO erfasst sein muss.[58]

III. Klageänderung in der Berufungsbegründung

Wie bereits ausgeführt, ist den Anforderungen an die Berufungsbegründung schon genügt (und damit zunächst einmal die Zulässigkeit der Berufung erreicht), wenn das Urteil in irgendeinem Punkt angegriffen wird (oder neue zulässige Tatsachen, **20**

57 Musielak/Voit/*Ball*, § 529 Rn 19.

58 *Rimmelspacher*, NJW 2002, 1897, 1905.

Beweismittel oder Beweiseinreden vorgetragen werden). Mindestens das aber muss auch geschehen. Unzulässig ist eine Berufung, mit der eine Klage schon in der Berufungsbegründung auf **eine gänzlich neue Grundlage** gestellt, in Wahrheit also eine Änderung der Klage bezweckt wird.[59] Zwar ist in der Berufungsinstanz eine Klageänderung durchaus zulässig, § 533 ZPO; Voraussetzung ist aber, dass mit dem geänderten Sachvortrag zugleich noch wenigstens hilfsweise[60] ein Angriff gegen das angefochtene Urteil geführt wird.

21 Das wird an Beispielen aus der Praxis deutlicher.

Beispiel

M hatte vertreten durch Rechtsanwalt R eine Scheckklage gegen G erhoben. Die Klage wurde abgewiesen. Daraufhin nahm M den R in Höhe der Scheckforderung in Anspruch, weil es auf dessen Verschulden zurückzuführen sei, dass er mit seiner Scheckklage unterlegen sei. Auch diese Klage wurde abgewiesen, und zwar mit der Begründung, die Scheckforderung habe gar nicht bestanden, der Rechtsstreit sei also auch nicht zu gewinnen gewesen und dem M könne deshalb durch ein Verschulden des R kein Schaden entstanden sein.

Gegen dieses Urteil legte M eine eingeschränkte Berufung ein und machte nunmehr geltend, er habe in der Tat keinen Anspruch gegen G gehabt. R habe ihm deshalb von der Scheckklage abraten müssen. Indem er das unterlassen habe, habe er schuldhaft die Kosten des Scheckprozesses verursacht. Allein Ersatz dieser Kosten begehrt er jetzt noch mit seiner Berufung.

Die Berufung ist **unzulässig,** weil nicht geltend gemacht wird, dass das angefochtene Urteil in rechtlicher und tatsächlicher Hinsicht falsch ist, sondern im Gegenteil die Richtigkeit der in der angefochtenen Entscheidung vertretenen Rechtsansicht zur Grundlage des neuen Klagebegehrens gemacht wird. (Zulässig wäre die Berufung dann gewesen, wenn der Kläger in erster Linie an seiner ursprünglich vertretenen Rechtsansicht festgehalten und sich nur **hilfsweise** die Rechtsansicht des angefochtenen Urteils zu eigen gemacht hätte.)

22 Nach einer ersten Entscheidung des BGH[61] zu dieser Frage sollte es ausreichen, das frühere Klagebegehren hilfsweise weiter zu verfolgen. Diese Auffassung hat der BGH[62] fortgeführt:

BGH NJW-RR 2012, 516:

Ein Rechtsmittel ist unzulässig, wenn es den in der Vorinstanz erhobenen Klageanspruch nicht wenigstens teilweise weiter verfolgt und damit die Richtigkeit

59 BGH NJW 1992, 3243.

60 BGH NJW 1996, 320; BGH ZInsO 2015, 421.

61 BGH NJW 1996, 320.

62 BGH NJW-RR 2012, 516.

des angefochtenen Urteils in Frage stellt, sondern lediglich im Wege der Klageänderung einen neuen, bisher nicht geltend gemachten Anspruch zur Entscheidung stellt. Eine bloße Erweiterung oder Änderung der Klage kann nicht das alleinige Ziel des Rechtsmittels sein. […]

Ein weiterer Fall aus der Praxis: 23

> *Beispiel*
>
> Der Kläger macht für einen bestimmten Zeitraum einen Zinsschaden als Hauptforderung geltend. Seine Klage wird abgewiesen. Mit der Berufung rügt er zwar das angefochtene Urteil, verlangt aber jetzt Ersatz des Zinsschadens für einen anderen Zeitraum.

Die Berufung wäre unzulässig, weil die Kritik der angefochtenen Entscheidung kein ausreichender Angriff im Sinne des § 519 ZPO ist, wenn das erstinstanzliche Klageziel nicht weiter verfolgt wird. Sein neues Klagebegehren hatte er aber hinsichtlich eines kleinen Teils auf einen Zeitraum gestützt, der sich mit dem früher geltend gemachten Zeitraum überschnitt. Weil er hinsichtlich dieses (kleinen) Zeitraumes sein erstinstanzliches Klageziel weiter verfolgte, war die Berufung zulässig, und es ist unerheblich, dass er seine Klageforderung in der Berufungsinstanz ganz überwiegend auf einen Zeitraum stützt, der erst jetzt in den Rechtsstreit eingeführt wird. Denn eine Klageänderung in der Berufungsinstanz ist möglich, wenn nur bedacht wird, dass das angefochtene Urteil – auch – angegriffen werden muss.

(Eine andere Frage ist, ob der Gegner der Klageänderung widersprechen und das Gericht dann die Sachdienlichkeit nach § 263 ZPO verneinen kann; das ist aber keine Frage der Zulässigkeit der Berufung.)

Beschränkt wird die Zulässigkeit einer Klageänderung oder -erweiterung durch § 533 Nr. 2 ZPO, welcher eine zulässige Berufung voraussetzt.

Dazu sagt der BGH in NJW-RR 2010, 1286, dass eine Erhöhung des Klagebetrags gem. § 264 Nr. 2 ZPO nicht als Änderung der Klage anzusehen ist. Der die Berufungsinstanz einschränkende § 533 bezieht sich nur auf Klageänderungen i.S.d. § 263 ZPO, weshalb die Erhöhung des Klagebetrages auch in der Berufungsinstanz zulässig ist. Trotzdem ist bei einer privilegierten Klageänderung in der Berufungsinstanz Vorsicht geboten, BGH NJOZ 2023, 89:

Auch wenn eine Änderung des Klageantrags in der Berufungsinstanz nicht den Beschränkungen des § 533 ZPO unterliegt, weil sie gem. § 264 Nr. 2 und 3 ZPO nicht als Klageänderung anzusehen ist, ist dazu gehaltener neuer Tatsachenvortrag in der Berufungsinstanz nur unter den Voraussetzungen des § 531 II ZPO zuzulassen. Die Zulassung setzt voraus, dass der Vortrag im ersten Rechtszug nicht geltend gemacht worden ist, ohne dass dies auf einer Nachlässigkeit der Partei beruht.

24 *Beispiel*

K klagt aus einer abgetretenen Forderung des A. Die Klage wird abgewiesen. In der Berufungsbegründung sagt K lediglich mit einem Satz, das angefochtene Urteil sei falsch und fährt dann fort, er stütze seine Klage nunmehr auch auf eine ihm von B abgetretene Forderung.

Die Berufung ist unzulässig. Hier wird zwar zunächst noch ein Angriff gegen das angefochtene Urteil geführt, aber nur mit einem Satz, der keine weitere Begründung enthält, und somit in unzureichender Form.

IV. Beispiele aus der Rechtsprechung des BGH

25 Nach der Entscheidung des BGH in BauR 1997, 352 genügt es den Anforderungen an eine Berufungsbegründung nicht, wenn der Beklagte und Berufungskläger den Werklohnanspruch des Klägers mit der wiederholt vorgetragenen fehlenden Abnahme bestreitet, ohne darzulegen, aus welchen Gründen die anders lautenden Feststellungen in dem angefochtenen Urteil unrichtig sein sollen.

Trotz einheitlichen Streitgegenstandes muss jedoch **jeder einzelne Posten** einer Schadensersatzforderung angefochten werden, wenn insoweit ein **Teilurteil** ergehen könnte.[63]

Weiter hält der BGH[64] fest, dass sofern in einem angefochtenen Urteil auf die **Aufrechnung** des Beklagten hin die Klage abgewiesen worden ist, im Fall der alleinigen Berufung des Beklagten das BerGer hinsichtlich der Aufrechnung an die Feststellungen des angefochtenen Urteils gebunden ist.

Ein Beispiel in Form einer Berufung gegen eine Entscheidung der Kammer für Baulandsachen, BGH BeckRS 2023, 2347:

Eine Berufungsbegründung bei einer Berufung gegen Entscheidungen der Kammer für Baulandsachen muss die Umstände bezeichnen, aus denen sich nach Ansicht des Antragstellers die Rechtsverletzung und deren Erheblichkeit für die angefochtene Entscheidung ergeben (§ 520 Abs. 3 S. 2 Nr. 2 ZPO) sowie konkrete Anhaltspunkte bezeichnen, die Zweifel an der Richtigkeit und Vollständigkeit der Tatsachenfeststellungen im angefochtenen Urteil begründen und deshalb eine erneute Feststellung gebieten (§ 520 Abs. 3 S. 2 Nr. 3 ZPO), wozu eine aus sich heraus verständliche Angabe, welche bestimmten Punkte des angefochtenen Urteils der Antragsteller bekämpft und welche tatsächlichen oder rechtlichen Gründe er ihnen im Einzelnen entgegensetzt, gehört. Die Ausführungen müssen also auf den konkreten Streitfall zugeschnitten sein, wobei es

63 BGH NJW 1957, 424.
64 BGH NJW 1962, 907.

nicht darauf ankommt, ob sie schlüssig oder rechtlich haltbar sind; hat das erstinstanzliche Gericht die Abweisung der Klage oder des Antrags auf mehrere, voneinander unabhängige, selbstständig tragende rechtliche Erwägungen gestützt, muss die Berufungsbegründung in dieser Weise jede tragende Erwägung angreifen.

V. Ausnahmen

Anders verhält es sich aber dann, wenn der in der Berufungsinstanz gegenüber der ersten Instanz geänderte Antrag keine **Klageänderung** im Sinne des Gesetzes ist. So gilt der Übergang von einem **Anspruch auf Freistellung** von einer Geldschuld zu einem **Zahlungsanspruch** als Fall des § 264 Nr. 2 ZPO und ist deshalb nicht als Klageänderung zu werten, wenn nicht der Klagegrund, sondern nur der Klageantrag geändert wird.[65] Siehe auch Rdn 23. 26

Nicht gebilligt hat der BGH[66] auch die Verwerfung einer Berufung als unzulässig, mit der der Kläger, nachdem das Landgericht seine **Feststellungsklage** als unzulässig verworfen hatte, nunmehr eine **Leistungsklage** erhob. Dem Kläger könne nicht entgegengehalten werden, dass er mit der Berufung nicht die Beseitigung einer in dem angefochtenen Urteil liegenden Beschwer verfolge. Denn der zugrunde liegende Lebenssachverhalt, auf den der Kläger seinen Anspruch stütze, sei derselbe geblieben; er wiederhole die schon in erster Instanz behauptete Begründetheit seines Schadensersatzanspruchs; insoweit greife er das vorinstanzliche Urteil wenigstens **im Ergebnis** an. 27

Noch weitergehend BGH NJW-RR 1996, 1020:

> *Dient der in I. Instanz abgewiesene Antrag auf Feststellung der Beendigung eines Pachtverhältnisses auch der Vorbereitung eines Herausgabebegehrens, so ist der Übergang zum Herausgabeanspruch in der Berufung zulässig [Argument: Prozessökonomie].*

Als **unzulässig** verworfen wurden aber Berufungen bei einem Übergang 28

- von einem vertraglichen Erfüllungsanspruch zu einem Schadensersatzanspruch,[67]
- von einem Schadensersatzanspruch zu einem Erfüllungsanspruch,[68]
- von einem Schadensersatzanspruch zur Nachbesserung.[69]

65 BGH NJW 1994, 944; BGH NJW-RR 2010, 1286.

66 BGH NJW 1994, 2098, BGH BGHReport 2001, 941; zustimmend BAG DB 2006, 1168.

67 BGH NJW-RR 1996, 1276.

68 OLG München NJW-RR 1998, 207.

69 OLG Köln ZIP 1992, 513.

VI. Mehrfach begründete Entscheidung

29 Hat das erstinstanzliche Gericht seine Entscheidung auf **„mehrere Beine“** gestellt, müssen alle Gründe angegriffen werden, denn sonst ist die Berufung schlechthin unzulässig, nicht nur hinsichtlich der nicht angegriffenen Begründung.[70] „Denn ein Angriff gegen nur einen der mehreren Gründe vermag dem angefochtenen Urteil nicht die Grundlage zu entziehen, sondern stellt nur einen Teil der Entscheidungsgründe, nicht aber die Entscheidung selbst in Frage.“[71] Ob die Begründung wirklich zutreffend ist, ist selbstverständlich für die Frage der **Zulässigkeit** der Berufung unerheblich.[72]

BGH NJW-RR 1996, 572:

> *Stützt ein Landgericht seine Klageabweisung* ***auf zwei rechtlich voneinander unabhängige Gründe****, dann verfällt das Rechtsmittel der Berufung, wenn die Berufungsbegründung sich gegenüber einem der beiden Urteilsgründe auf eine pauschale Wiederholung des erstinstanzlichen Vorbringens stützt.*

Das Landgericht hatte die auf Zahlung von Krankenhaustagegeld gerichtete Klage abgewiesen, weil (1.) eine stationäre Heilbehandlung medizinisch nicht notwendig gewesen sei und (2.) es sich überdies um eine Kurbehandlung und nicht um eine Krankenhausbehandlung gehandelt habe. Einen der beiden Gründe hatte der Berufungsführer nur durch eine pauschale Wiederholung des erstinstanzlichen Vorbringens angegriffen.

Aus demselben Grunde unzulässig ist die Berufung auch nach dem BGH in NJW 1990, 1184:[73] Hier hat das Landgericht die Schadensersatzklage gegen einen Notar abgewiesen, weil keine Amtspflichtverletzung vorliege und der Anspruch darüber hinaus verjährt sei. Mit seiner Begründung greift der Kläger nur die Ausführungen zur Amtspflichtverletzung an. Die Berufung ist unzulässig, weil schon die Ausführungen zur Verjährung die Entscheidung tragen; ebenso BGH WM 1993, 1735.

30 **Aber** BGH NJW 1994, 2289:

> *Werden in einem Urteil mehrere verschiedene Ansprüche abgewiesen, so muss eine hiergegen im Ganzen gerichtete Berufung grundsätzlich alle tragenden Erwägungen beanstanden, mit denen im Urteil die Abweisung der einzelnen Ansprüche begründet worden ist. Beruht diese Abweisung jedoch auf einem* ***einheitlichen, allen Ansprüchen gemeinsamen Grund****, so genügt es, wenn die Berufungsbegründung nur diesen einheitlichen Rechtsgrund insgesamt angreift. […]*

70 BGH NJW 1993, 3073; BGH NJW-RR 1996, 572; BGH NJW 1998, 1081; BGH NJW-RR 2015, 756; Eichele/Hirtz/Oberheim/*Hirtz*, Berufung, Kap. 9 Rn 42.

71 LAG Hamm MDR 1998, 622.

72 BGH NJW-RR 2012, 440, 441; Eichele/Hirtz/Oberheim/*Hirtz*, Berufung, Kap. 9 Rn 43.

73 Zur Abgrenzung Kommanditanteil und GmbH-Anteil an einer GmbH & Co. KG: BGH NJOZ 2001, 243.

C. Begründung durch Bezugnahme

Für die Beantwortung der Frage, ob es zur Berufungsbegründung ausreicht, auf das Vorbringen erster Instanz, auf beigezogene Akten o.Ä. Bezug zu nehmen, kommt es darauf an, unter welchem Gesichtspunkt die Frage gestellt wird. Geht es darum, welchen Anforderungen die innerhalb der Begründungsfrist einzureichende Begründung genügen muss, um den Anforderungen des § 520 Abs. 3 ZPO zu entsprechen, lautet die Antwort, dass **generell** eine pauschale Bezugnahme nicht ausreichend ist.[74] 31

Es kann also nicht schlechthin auf das Vorbringen erster Instanz verwiesen werden:[75] Denn dieser Vortrag ist nicht in Kenntnis der angefochtenen Entscheidung erfolgt und kann deshalb auch nichts darüber aussagen, weshalb diese angegriffen wird. Konkrete Bezugnahmen sind jedoch möglich, auch wenn insoweit „*Vorsicht geboten*" sein sollte.[76] Wegen der materiellen Funktion des Unterschriftenerfordernisses muss erkennbar sein, dass der Berufungsanwalt sich durch eine Bezugnahme in dem eigenhändig unterschriebenen Schriftsatz den Inhalt des anderen Schriftstücks zu eigen machen will.[77]

Ausreichend dürfte es sein, wenn auf Schriftstücke Bezug genommen wird,

- die sich bei den Akten befinden,
- die dem Berufungsgegner bekannt sind,
- die als Berufungsbegründung inhaltlich ausreichen und von einem **Anwalt** unterschrieben sind.[78]

Ein solches Schriftstück kann

- eine Berufungsbegründung aus einer Parallelakte sein[79] (wenn eine beglaubigte Abschrift beigefügt ist)[80]
- oder auch ein Prozesskostenhilfegesuch.[81]

Nach BGH NJW 1993, 3333[82] kann auch auf den die Prozesskostenhilfe bewilligenden Beschluss des BerGer Bezug genommen werden.

74 Musielak/Voit/*Ball*, § 520 Rn 29.

75 BGH NJW 1998, 155; BGH WM 2003, 2334, 2335; BGH BeckRS 2009, 08726.

76 Eichele/Hirtz/Oberheim/*Hirtz*, Berufung, Kap. 9 Rn 10; vgl. auch MüKo/*Rimmelspacher*, § 520 ZPO Rn 23.

77 Eichele/Hirtz/Oberheim/*Hirtz*, Berufung, Kap. 9 Rn 10.

78 BGH VersR 2000, 337.

79 BGH VersR 1985, 67.

80 BGH BeckRS 2010, 06952; OLG Frankfurt BeckRS 2011, 01564.

81 BGH FamRZ 1989, 849; BGH NJW-RR 2001, 789; BGH NJW-RR 1994, 569; BGH NJW 2008, 1740.

82 Wie auch BGH NJW 2008, 1740, 1741.

32 **Nicht ausreichend** ist hingegen die Bezugnahme auf Schriftsätze aus anderen Rechtsstreitigkeiten ohne Beifügung einer Abschrift des in Bezug genommenen Schriftsatzes; auch dann nicht, wenn die Sache bei demselben Gericht, selbst bei demselben Senat anhängig ist, Parteiidentität besteht und die Parteien in den verschiedenen Verfahren durch dieselben Prozessbevollmächtigten vertreten werden.[83]

33 **Unerledigte Beweisantritte** müssen allerdings für eine zulässige Berufungsbegründung wiederholt werden, wenn sie in der Berufungsinstanz Berücksichtigung finden sollen. Eine pauschale Bezugnahme auf die Beweisantritte erster Instanz reicht grundsätzlich nicht aus.[84]

Aber BGH NJW 1982, 581:[85]

> *Werden Tatsachen, die der Berufungsbeklagte in erster Instanz unter Beweis gestellt hatte und auf die es nach der Beurteilung des Erstrichters nicht ankam, im Berufungsrechtszug* ***infolge einer anderen rechtlichen Beurteilung*** *des BerGer erheblich, so muss letzteres die entsprechenden Beweisanträge des Berufungsbeklagten aus dem ersten Rechtszug jedenfalls beachten, wenn der Berufungsbeklagte pauschal darauf Bezug genommen und das BerGer ihn rechtzeitig vor der mündlichen Verhandlung auf seine, von der des Erstrichters abweichende Beurteilung der Entscheidungserheblichkeit hingewiesen hat.*

34 **Weitere Einschränkungen:**

- Bei nur pauschaler Bezugnahme darf das BerGer nicht **einem Teil** der erstinstanzlichen Beweisantritte nachgehen und einen anderen Teil als verspätet zurückweisen.[86]
- Es darf auch nicht einen erstinstanzlichen Sachvortrag verwerten, den dafür angetretenen Beweis aber unbeachtet lassen.[87]

35 BGH NJW 1998, 155, 156 unter Hinweis auf § 139 ZPO:

> *Die Vorschrift des § 139 ZPO dient der Verwirklichung des sachlichen Rechts […]. Sie begründet für das Gericht u.a. die Pflicht, darauf hinzuwirken, dass die Parteien ihre Beweismittel bezeichnen. Dadurch soll […] insbesondere verhindert werden, dass eine Partei, die Beweismittel beibringen kann und will, dies aufgrund eines bloßen Versehens unterlässt. […]*

Da die unterlassene Aufklärung nach § 139 ZPO ohnehin zur Aufhebung der mit der Revision angefochtenen Entscheidung führte, hat der BGH die von ihm aufgeworfene Frage offen gelassen, ob angesichts der Besonderheiten des Prozessverlaufs die nicht ausdrücklich wiederholten Beweisantritte als **konkludent** vorgetragen zu werten seien.

83 BGHZ 13, 244, 247; BGH VersR 1977, 1004.
84 BGH BeckRS 2009, 08726.
85 So auch BGH NJW-RR 2011, 1525.
86 BGH NJW 1987, 501.
87 BGH NJW-RR 1990, 831.

BGH NJW 1998, 155, 156:

> *Denn dem BerGer ist [...] jedenfalls insoweit ein Verfahrensfehler unterlaufen, als es von der Beweiserhebung abgesehen hat, ohne zuvor gemäß § 139 Abs. 1 ZPO bei den Klägern nachzufragen, ob sie ihren in erster Instanz gestellten Beweisantrag aufrechterhalten wollten. [...]*
>
> *[E]s [ist] verfahrensfehlerhaft, wenn das BerGer von einer solchen Ausübung des Fragerechts absieht, obwohl keine ausreichenden Anhaltspunkte vorliegen, dass die Partei eine im ersten Rechtszug unter Beweis gestellte Behauptung im zweiten Rechtszug bewusst beweislos lassen will. [...]*

Generell lässt sich also feststellen, dass die Rspr. zwar an dem Prinzip festhält, dass Beweisantritte erster Instanz von den Parteien zu wiederholen sind, wenn sie fortgelten sollen. In aller Regel wird das Gericht sich aber erkundigen müssen, ob sachdienliche Beweisantritte erster Instanz bewusst fallen gelassen werden.

D. Nachträgliche Erweiterung des Rechtsmittelantrags

Der Berufungskläger kann seinen erstinstanzlichen Antrag einschränken und eine nur teilweise Änderung des angefochtenen Urteils beantragen. Auch eine nur teilweise Anfechtung des Urteils **hemmt die Rechtskraft des Urteils insgesamt**, wenn Erweiterung des Rechtsmittelantrags noch möglich und solange Anschlussrechtsmittel noch zulässig ist.[88] 36

Ist also der Beklagte zur Zahlung von 20.000 EUR verurteilt worden und greift er das erstinstanzliche Urteil (zunächst) lediglich im Umfang von 5.000 EUR an, erwächst es dadurch **nicht** schon in Höhe von 15.000 EUR in Rechtskraft.

Aber OLG Oldenburg MDR 2004, 1199:

> *Das neue Berufungsrecht erfordert eine Modifizierung der bisherigen Rechtsprechung zur Hemmung des Eintritts der Rechtskraft bei Teilanfechtung eines Urteils. Der Teil des Urteils, der mit der Berufung nicht angegriffen wird, auf den der Berufungskläger (etwa mangels Beschwer) die Berufung nicht (mehr) erweitern kann und der nach Ablauf der Anschlussberufungsfrist auch vom Berufungsbeklagten nicht mehr angegriffen werden kann, erwächst in Teilrechtskraft.*

Der Berufungsführer kann später seinen Antrag erweitern, ohne der Zustimmung des Berufungsgegners zu bedürfen.

Der Berufungsführer kann also seine Erfolgsaussichten in der Berufungsinstanz zunächst einmal **testen**; z.B. kann er das Ergebnis der Beweiserhebung abwarten und bei günstigem Ausgang den vorerst eingeschränkten Antrag erweitern.

88 BGH NJW 1992, 2296; BGH FamRZ 2011, 31, 32.

37 Allerdings ist nach gefestigter Rspr. des BGH[89] die Erweiterung des Rechtsmittelantrages nur im **Rahmen der Begründung** zulässig, wie sie innerhalb der Begründungsfrist dem BerGer vorgetragen worden ist.

Somit wird zwar nicht schon durch den Berufungsantrag, wohl aber durch die Berufungsbegründung der Rahmen abgesteckt, innerhalb dessen sich der Berufungsgegner auf die Bestandskraft des angefochtenen Urteils verlassen kann.

(Eine zunächst nur teilweise Anfechtung des erstinstanzlichen Urteils birgt auch das Risiko in sich, dass der Berufungsgegner gemäß **§ 537 ZPO** hinsichtlich des nicht angefochtenen Teils beantragt, das Urteil durch Beschluss für vorläufig vollstreckbar zu erklären; er kann dann **ohne** Sicherheitsleistung vollstrecken.)

Erweitert der Kläger in der Berufungsinstanz gegenüber der ersten Instanz seinen Klageantrag, ändert sich nicht die Höhe des gemäß § 12 Abs. 1 GKG zu zahlenden **Kostenvorschusses**.

38 Klagt jemand beim Amtsgericht einen 5.000 EUR nicht übersteigenden Betrag ein und erhöht er seinen Berufungsantrag, nachdem er im ersten Rechtszug ganz oder teilweise unterlegen ist auf 50.000 EUR, stellt sich die Frage, ob für diese Berufung das Landgericht, als regelmäßiges BerGer nach § 72 Abs. 1 GVG, oder das Oberlandesgericht zuständig ist. Eine Zuständigkeit des Oberlandesgerichts könnte sich aus dem Gesichtspunkt ergeben, dass aufgrund der Klageerweiterung eigentlich das Landgericht erstinstanzlich zuständig gewesen wäre. Der BGH geht trotz des hohen Streitwertes von der Zuständigkeit des Landgerichts aus;[90] die ZPO kennt keine Verweisung des Landgerichts an das Berufungsgericht. Nicht entschieden hat der BGH jedoch die Frage, ob die erstinstanzliche Kammer oder die Berufungskammer des Landgerichts zuständig ist. Dies ist weitgehend umstritten.

Es wird aber die Auffassung vertreten, bei Rüge der Unzuständigkeit durch den Berufungsgegner sei in entsprechender Anwendung des § 506 ZPO auf Antrag des Berufungsführers die Sache an eine erstinstanzliche Kammer des Landgerichts zu verweisen.[91]

39 Eine **Parteierweiterung** auf der Beklagtenseite ist im Berufungsrechtszug nur zulässig, wenn die neuen Beklagten zustimmen oder die Verweigerung der Zustimmung **rechtsmissbräuchlich** und die Zustimmung damit entbehrlich ist.[92] In der Regel wird ein Missbrauch nur dann vorliegen, wenn es ersichtlich an jedem schutzwürdigen Interesse für die Weigerung fehlt und der neue Beklagte keinerlei irgendwie geartete Schlechterstellung zu befürchten hat.[93]

89 BGH NJW 1990, 1172, 1173; BGH NJW-RR 2012, 662.

90 BGH NJW-RR 1996, 891.

91 OLG Oldenburg NJW 1973, 810; LG Aachen NJW-RR 1990, 704; LG Hamburg NJW-RR 2001, 932.

92 BGH NJW 1997, 2885; OLG Düsseldorf v. 30.12.04 – I-15 U 14/01.

93 BGH MDR 1987, 752; BGH NJW-RR 2008, 176.

Missbräuchlich kann eine Zustimmungsverweigerung nicht nur deshalb sein, weil der neue Beklagte die Führung des Rechtsstreits schon bisher maßgeblich beeinflusst hat. Vielmehr kann sich aus der konkreten Prozesssituation ergeben, dass der neue Beklagte keine irgendwie geartete Schlechterstellung zu befürchten hat[94] oder wenn keine Einreden oder Einwendungen gegen die Klage denkbar sind, die nicht auch der bisherige Beklagte hätte geltend machen können.[95]

E. Änderung des Vorbringens gegenüber der ersten Instanz

Eine Partei ist gemäß § 535 ZPO **nur dann gehindert**, von ihrem Vorbringen in erster Instanz abzuweichen, wenn dieses Vorbringen als Geständnis im Sinne von § 288 ZPO zu werten ist, d.h., **40**

- wenn ein übereinstimmender Vortrag beider Parteien vorliegt,
- darüber mündlich verhandelt worden ist und
- die Voraussetzungen für einen Widerruf des Geständnisses nach §§ 525, 290 ZPO nicht gegeben sind.

Anders verhält es sich, wenn ein Vorbringen nur gemäß § 138 Abs. 3 ZPO als zugestanden gilt (vgl. § 1 Rdn 16 ff.), es also nicht oder nicht hinreichend substantiiert bestritten worden ist. Das Bestreiten kann als Teil der Angriffs- oder Verteidigungsmittel (§ 282 Abs. 1 ZPO) im zweiten Rechtszug nachgeholt werden, sofern keine Präklusion nach §§ 530, 531 Abs. 2 oder §§ 525 S. 1, 296 Abs. 2 ZPO Platz greift.[96]

Gilt ein Vorbringen nur aufgrund dieser gesetzlichen Fiktion als zugestanden, führt das dazu, dass dieses Vorbringen in den Tatbestand des angefochtenen Urteils als unstreitig aufgenommen wird. Die Beurkundungswirkung des Tatbestandes kann daher eine Partei gem. §§ 529, 531 ZPO hindern, ein solches in der ersten Instanz (fiktiv) zugestandenes Vorbringen in der Berufungsinstanz zu bestreiten. **41**

Dazu BGH NJW 2004, 2152:

> *Das Berufungsgericht hat seiner Verhandlung und Entscheidung außer den von dem erstinstanzlichen Gericht als wahr oder unwahr festgestellten Tatsachen solche Tatsachen zugrunde zu legen, die auch das erstinstanzliche Gericht seiner Entscheidung ohne Prüfung der Wahrheit zugrunde gelegt hat, weil sie offenkundig oder gerichtsbekannt, ausdrücklich zugestanden oder unstreitig waren, oder weil sie sich aus gesetzlichen Vermutungen oder Beweis- und Auslegungsregeln ergeben haben.*

94 OLG Celle OLG-Report 1995, 123.
95 OLG Stuttgart BeckRS 2013, 04339.
96 MüKo/*Rimmelspacher*, § 535 ZPO Rn 8.

Stichwortverzeichnis

fette Zahlen = Paragrafen, magere Zahlen = Randnummern